中国社会科学院创新工程学术出版资助项目

国家社科基金重大特别委托项目

西南边疆历史与现状综合研究项目·档案文献系列

中国社会科学院创新工程学术出版资助项目

国家社科基金重大特别委托项目
西南边疆历史与现状综合研究项目·档案文献系列

清前期云南督抚边疆事务奏疏汇编

（卷 四）

邹建达　唐丽娟◎主编

社会科学文献出版社
SOCIAL SCIENCES ACADEMIC PRESS (CHINA)

本卷目录

1433 云贵总督刘藻《奏报遵旨于嗣后办理调奸案件务必审得实情，请旨酌办折》

乾隆三十年十二月十九日

云贵总督臣刘藻谨跪奏：为恭折奏覆事。

窃臣接准大学士公傅恒、大学士刘统勋字寄，内开："乾隆三十年九月二十一日，奉上谕：据何煟奏，妇女因调奸羞忿自尽，案情不一，请将旌表之处分别核定一折，于事理未为允当。向来办理图奸之案，其妇女因怀羞忿激烈捐躯者，即予建坊入祠，原所以维持风化。何煟此奏，请分别妇女自尽之条，其意不过以为示之限制，妇女轻生者或可因此少息，借以博取阴功。仍伊吃斋念佛之本念，所见殊小。闺闱之内，情伪微暧，原非一辙，或妻女本不欲死，而夫与父母相逼而成者，亦不能保其必无。但著为律令，明示区分，岂善善欲长之意？所奏无庸更交部议。着传谕各省督抚，嗣后审理调奸案件，或有如何煟所奏张成、冀三群等案情节，务虚衷研鞫，审得实情，另于本内声明，候朕酌量办理可耳。不可定为例，且例亦不能概，部亦不能办也。着于各督抚奏事之便传谕知之。何煟折一并抄寄阅看。钦此。"遵旨寄信，并抄何煟原折到臣。

臣查图奸之案，有妇女羞忿自尽者，恩准旌表，建坊入祠，所以维风化而正人心，乃国家激劝之大典。今河南按察使何煟以旌典不可滥邀，请将调奸自尽之本妇，查明自尽情由，分为建坊、镌碑、给扁，以昭区别。但其间案情多端，非律令所能该，亦非条例所能概。仰荷圣明洞鉴，指示周详。嗣后审理调奸案件，或有如何煟所奏张成、冀三群等案情节，务须虚衷研鞫，审得实情，于本内声明，请旨酌办。臣即钦遵，知会云南、贵州抚臣，并札行两省布、按二司，转饬一体遵照外，理合恭折奏覆，伏祈皇上睿鉴。臣谨奏。

朱批：知道了。

(《宫中档乾隆朝奏折》第二十七辑，第 61~62 页)

1434 云贵总督刘藻、云南巡抚常钧《奏报查讯孟连土司刀派先与莽子勾结串通情弊折》

乾隆三十年十二月十九日

云贵总督臣刘藻、云南巡抚臣常钧谨跪奏：为奏闻事。

窃照云南顺宁府属孟连土司地方，于本年八月内，据报有莽子窜入索粮之事，经臣等飞檄永顺镇府，会差目练侦探。据覆称："因该处蚌丙隘口土练人少，不能堵御，故被莽子窜入。嗣经孟连应袭刀派先拨练拦阻，旋于八月十九、二十一等日退去。"并据刀派先具结，申报前来。

臣等以贼匪虽经退归，第夷性叵测，诚恐乘衅潜窥，仍饬该镇府严饬各土司，督率目练常川防守，并令营弁带兵于土司交界地方往来巡查等因，于本月内具奏在案。旋据迤西道陈作梅、永顺镇乌尔登额各抄送刀派先禀稿，情词支离，兼闻刀派先之兄刀派新秋间曾赴阿瓦，有莽子五十余人送刀派新回孟连未去。正在饬行严密查办间，兹据普洱镇刘德成等札报："据土目周通禀称，孟连地方有莽子聚集，向刀派先索要银两、马匹。刀派先兑交银七百余两，又有莽子在彼索要。"等情。

臣等查前次木匪、莽匪至土司地方窥伺，因江防严密，俱于江外遁归，原属实情。惟莽匪潜匿孟连界内，而该应袭刀派先捏饰欺蒙，竟以并无一人在彼具结申报。乃至恣其索讨，给与银两，表里为奸，实大出情理之外。且现在莽匪猖獗，其中不无勾结串通情弊，尤宜彻底根究。除饬行藩、臬两司将刀派先提讯，按法归结外，臣等谨会同提督臣达启合词恭折奏闻，伏祈皇上睿鉴。谨奏。

朱批： 已有旨了。

（《宫中档乾隆朝奏折》第二十七辑，第62页）

1435　云贵总督刘藻、云南提督达启《奏报莽匪侵占猛遮土千总地方，拿获莽匪奸细并催兵进发剿逐折》

乾隆三十年十二月十九日

云贵总督臣刘藻、云南提督臣达启谨跪奏：

窃照莽匪焚掠土司内地，臣刘藻已将会议分路攻剿大局恭折具奏。嗣因兵练未齐，尚未进攻，而又有莽匪一股从西路由打乐隘侵占猛遮土千总地方。查猛遮西北即与永顺土司、孟连、耿马地界毗连，现到兵练不敷派拨。臣等悉心商酌，已飞饬永顺镇府加谨严防，又调提标兵五百名、顺云营兵四百名，由便道速赴猛遮应援。适据普洱镇府拿获贼营奸细一名施尚贤，解送至府城。臣等各提该犯讯问，据供："系大理府民人，前年在孟艮地方贸易，被莽子掳去，遂投顺领兵头目之素领散撰，素领散撰招伊为婿，名施尚贤，为喇鲊细利大头目，随从焚掠，因探听官兵动静，致被拿获。"又供："素领散撰攻打猛捧时，被叭先捧女人杀死，还有一头目素领散听，亦被叭先捧戳死。现在不算小头目，还有大头目二人，一名素领散党，一名羡阿义。其抢劫猛遮之大头目一人，名阿乌弄。"等语。除将施尚贤暂羁宁洱县监，听候汇办外，臣等先后同赴思茅，臣达启暂至普藤查看，仍回思茅督办一切。现在催兵进发，俟一有斩获，臣等即由四百里驰赍奏闻。

此次进攻，又以阻截打乐隘，断阿鸟弄去路为要，与前日所议大局少有变更。

再莽匪头目、前获奸细阿教所供俱系缅语，经通事口译，不无舛错，致与施尚贤所供不符。合并陈明，伏祈皇上睿鉴。谨奏。

朱批：于后折已有旨了。

（《宫中档乾隆朝奏折》第二十七辑，第 63~64 页。）

夹片：臣刘藻谨跪奏：此次因另有具奏事件，适遇火牌之便，特差弁附赍。谨奏。

朱批：览。

夹片：臣刘藻谨跪奏：窃照攻剿莽匪奏折，应由四百里驿递。缘臣尚另有具奏事件，是以填用火牌，差弁驰赍。合并陈明。臣谨奏。

朱批：览。

1436 云贵总督刘藻《飞报军情折》
乾隆三十年十二月二十六日

云贵总督臣刘藻谨跪奏：为飞报军情事。

乾隆三十年十二月二十三日，据普洱镇总兵刘德成、镇沅府知府龚士模、署普洱府知府达成阿、署曲靖府知府陈元震报称："十九日，各将官率领兵练自小猛养分两路进兵，与莽子接仗，斩首五级，枪伤、淹死水中者二百余人，夺获渡船二十六支，即连夜渡江，截其后路。二十日，攻橄榄坝一路连破贼营六座，枪炮毙贼一百余人，余贼溃奔，渡江官兵追赶，击翻渡船二只，落水及投江死者一百余人，兵练带伤不过数名。"等情。又于是日戌刻，据整控办粮知事谭景崇禀称："卑职押粮赴整控，行至大发坪坡头，遇省兵退回，细询情由，据云：'二十一日，官兵行至猛往，猝遇莽匪伏于山箐，三路夹出，将官兵冲散，军装悉被抢去，现存退回兵丁一二百名，其领兵游击明浩被贼镖伤，已过江来，参将何琼诏等不知下落等情。'"臣随差弁前往确查，一面飞檄广罗协领兵都司田灏收兵暂驻，一面抽调倚邦防兵一百名、土练二百名前往应援，并咨会提臣达启及普洱镇刘德成相机接应。嗣于二十四日黎明，据整控差来把总杜唐贤面禀："二十一日申刻，明浩、何琼诏带兵过江，到猛往地方，不想山箐内走出许多贼来，不能前进，随与他对敌。因我兵止有六百，贼用的都是镖子，致尾追过江，特来禀报等情。"臣随传思茅同知汪仪、呈贡县知县唐思商议攻御之策，据禀称："思茅仅一土堡，且无兵丁钱粮可守，贼亦无觊觎之心。闻整控江有山僻小径可至普洱府城，府城内镇府官弁俱已出兵，仅有署宁洱县一人、守备一人，存城之兵不过三百五十余名，藩司解到军需银两以及各标镇协营续送火药、炮位、一切军装悉贮于此，并无大员弹压，倘贼匪由僻径直趋府城，则所系比思茅更重。不如暂至普洱，劝勉兵役，晓谕居民，防护府城兵虽单弱，尚可督率固守。"

臣思其言颇当，乃于二十四日，率唐思暂至普洱驻扎，令汪仪同游击名海在彼加谨防守。是日，适遇临安之续调土练二百五十名到府城，随委新到候补游击毛大经带往整控江口，会和广罗官兵相机堵御，一面差员飞催前调大理官兵，再添调临元、楚姚、景蒙官兵各三四百名星驰应援，俟兵有数百，臣即带领仍赴思茅等处相机接应攻剿。

至参将何琼诏、游击明浩、前该镇刘德成，原系令其带领省兵六百名驻扎整控江内，以防莽匪窜入，又以广罗协兵二百名为后应，俟剿毕九龙江一带贼营，即追杀直至猛笼、猛遮等处，然后知会该二将领兵过江，前后夹攻，方可使贼无遗类。乃何琼诏、明浩不奉军令，妄图邀功，冒昧轻率，遽尔渡江，致被败衄，罪有攸归。除事竣另行议办外，合将现在情形恭折具奏，并绘普洱土司地图一纸，恭呈御览，伏祈睿鉴。

再提臣达启现在普藤，不及会衔，臣谨填用四百里传牌，由驿驰赍。合并陈明。谨奏。

朱批：如此军机，何不即用六百里飞递？适又据常钧奏报刀派先一案，总有旨谕，卿系之此事，似不可中止，小小惩创了事矣。若大举以诘其源，或俟兵威齐聚再行进发亦可。卿只宜调度镇将，攻战之事，应督催达启奋勇为之。绿旗兵已不足称勇，况大□乎？若再加之□诈伪更不□□□，此最宜留心者。

（《宫中档乾隆朝奏折》第二十七辑，第 156~157 页）

夹片：谨奏。窃照滇省僻处边隅，距京程站遥远，偶遇紧要事件，由驿驰奏，仅用夹板封固，沿途接递，恐致擦损。伏乞圣恩赏赐报匣二个，得于紧要事件应用。其寻常事件，仍用夹板进呈。谨奏。

朱批：览。

（《宫中档乾隆朝奏折》第二十七辑，第 157 页）

1437　云南巡抚常钧《奏报永顺边情折》
乾隆三十年十二月二十七日

云南巡抚臣常钧谨奏：为奏闻永顺边情事。

窃照本年八月内，据永顺镇总兵甘国宝、永昌府知府陈大吕禀："据孟定土司罕大亮禀称，有木贼莽已觉带兵三千到外域木邦，令木邦官与耿马土司索要旧规。又据禀报，有莽子窜入孟连土司地方，人有七百各等情。随飞檄饬令会差练目侦探。旋据覆称，莽匪实止数十人，护送孟连应袭刀派先之兄刀派新回连，索要礼物，并无强抢滋事之处。又莽已觉即布普拉，共带人二百驻木邦，并无二三千之数，已于十月内患病抬归。"各缘由。

臣于十二月十四日，接准督臣刘藻移送联衔折稿，知已将大概情形具奏在案。兹于十二月十三、十五等日，据缅宁通判富森禀："十一月二十七日，据差探人禀称，从前护送孟连应袭刀派先之兄刀派新回连莽子五十余人，尚在连守候规礼，该应袭现在措办，着令起程。"等语。又据迤西道陈作梅禀："十二月初八日，据耿马土司、舍目禀报，探得木梳带兵六千来至腊速地方，要来耿马。又探闻木邦官困线领土练一千五百名，与木梳大头目定诈、莽控拨木邦口粮，每人派带船钉十个各等情到道。职道查，前次木贼莽已觉始至江边，即因病退回，其心原未甘休。是以职道会同永顺镇府，严饬照旧加谨巡防，毋得以木梳已退，稍有疏懈在案。兹据禀，木梳带兵拨粮，每人派带船钉等语，实有复来滋衅之意。该舍目等已调土练一千余名，又令罕国杭带练二百名相机策应，并移永顺镇府，飞饬沿边各土司及茂隆厂委，多选精壮目练、砂丁前往各渡口、要隘加谨防御，将船只、木筏悉行烧毁，通夷小径垒砌堵塞，倘木贼造船偷渡，即施放枪炮，相机剿逐。"等语。又准永顺镇总兵乌尔登额札报，情形相同。

臣随批饬布按二司、各道府，并移行该管镇营，严督耿马等沿边各土司，选拨勇练，严密防堵，加意巡察，仍饬专差妥目探听确情，星飞禀报，随时筹办外，伏查永昌、顺宁、镇沅、普洱等四府，系滇省西南边境，边境之附隶者，有孟连、孟定、耿马、猛猛等各土司，沿边藩卫、大小不等土司之外，有缅甸等国之边境木邦、木梳、阿瓦、整线等处，俱系荒僻弃置之地。今为野夷窟穴，每每彼此勾结，东窜西奔，形同鬼蜮，连年骚扰土境。因各土司昔年原有呈送规礼之陋例，借为口实，频来需索，遂其意则挈众而去，拂其意则肆行抢掠。而土司素常懦怯，一闻贼警，虽调练防御，仍不免暗给礼物遣去。如遇有劫掠肆横情事，则饬拨邻练，加以官兵督率驱逐。此向来办理情形，久蒙圣明洞鉴。

伏读乾隆二十八年因耿马土司被掠案内钦奉上谕："此等荒僻野夷，鼠窃狗偷，原属不成事体，只可如此办理。钦此。"钦遵在案。仰见睿谟照察、轻重咸宜之至义。臣惟有凛遵圣训，督率文武各员，严饬土司，以夷制夷，申明法令，赏罚严明，俾各土司畏威怀德，能于效命。即偶遇外夷侵挠，原不难于驱逐。但目前稍有捍格之处，如孟连土司刀派先，据称原系缅国支裔，现有莽子数十人送伊兄刀派新来连坐索礼物之事，即须彻底根究，以申法度。但孟连地界颇宽，东毗猛遮，西北即连耿马，其南俱系阿瓦野境。现今耿马有木贼滋事之说，又接准普洱镇札，知莽匪已占据猛遮、猛混等处。是孟连一境左右皆贼，均需该土司督练防御。若将刀派新之案办理过急，转致激成，勾结莽、木二贼，则滚弄江一带边境甚长，办理殊非易易。似应善为驾驭，令其竭力防范各隘口，俟普洱莽匪办有端绪，即将孟连土司之案办理完结，则国法易申，土司震慑，而边情亦不致于滋扰。臣愚昧之见，是否有合，伏乞皇上训示。

所有臣现在饬防永顺边境木匪及与普洱连界情形，谨绘具边境土司地图，注明程站，并将莽子护送孟连应袭刀派先之兄刀派新回连需索礼物一案另摘清单，恭呈御览，伏祈圣鉴。谨奏。

朱批：已有旨了。

（《宫中档乾隆朝奏折》第二十七辑，第 176 ~ 178 页）

1438　云南巡抚常钧《奏报捷音折》
乾隆三十一年正月初八日

云南巡抚臣常钧谨奏：为奏报捷音事。

乾隆三十一年正月初八日，据普洱镇总兵刘德成咨称："三十年十二月二十九日酉刻，据九龙江领兵参将刘明智，都司甘其卓、王麟，守备汪国柱、潘鸿臣报称：卑职等于二十七日攻破贼营二座，莽贼已挫其锋，正须遵照指示，乘胜攻剿。是夜会商，须将白塔寺莽贼大营先行攻破，占其要路，分开贼势，且与司、游击连络，自易攻剿。随于二十八日，以都司甘其卓、王麟，守备汪国柱、熊伟等带领兵练，分翼前进，卑职同守备潘鸿臣带领弁兵援后，沿路搜伏。前抵白塔寺莽营，挥兵攻打，有土锅寨被围游击司邦直一路官兵闻声出应，协助齐攻，自辰至午。忽有马贼拥出迎敌，被枪炮打死十数人落马，贼不能前。有普洱把总马飞云、外委张雄、黄希贤、新嶍外委崔俊、带兵奋勇上前，将白塔寺莽贼大营一座，砍开栅栏两道，都司甘其卓、王麟、守备汪国柱督兵涌前，火炮齐施，伤贼无数，斩杀五十一名，砍死穿红穿绿马贼三名，伤毙贼马八匹，并获枪、镖、器械等物，大红贼纛一杆，生擒莽匪七名，余贼溃散，亦有逃赴双龙寺贼营者，经土弁叭先拿率练跟人，杀贼甚多。我兵追至，一涌齐上，连踏营盘五座，贼人慌窜，四散奔逃。分头追击，枪炮毙贼无数。又流沙河贼营三座，莽匪不敢据敌，乘隙先遁。时将昏暮，未敢远追。查点我兵，阵亡兵丁三名、土练一名，带伤数十名。复于二十九日，分兵搜剿九龙江小渡口一带潜伏荞匪，随将贼营尽数焚烧，乘胜夺回宣慰土城一座，莽贼四路奔散。卑职等与司、游击合兵，暂扎江地，俟探明贼踪，作何攻剿，另请示办外，今将攻剿九龙江全胜情形，合先飞报。"等情，由该总兵刘德成报捷前来。臣谨据情奏报，伏祈皇上圣鉴。谨奏。

朱批：有旨谕刘藻。小小之胜，何足侈之捷音？汝非未经大敌者比，何乃亦入绿旗之习？

（《宫中档乾隆朝奏折》第二十七辑，第 199 ~ 200 页）

1439　大学士管云贵总督杨应琚《奏请酌调水师、造船兵丁缘由折》
乾隆三十二年三月十五日

大学士管云贵总督臣杨应琚跪奏：为请旨事。

窃照官兵克复新街，现在驻兵据守，业经臣缮折奏报在案。兹查缅匪猛毒，恶贯满盈，断难稍稽天讨。查自内地进兵阿瓦城，共有水陆程途四道，臣前已绘图恭呈御览。然陆路三道皆距阿瓦城稍远，惟水路新街，臣细询往来该处贸易之人，佥称自新街至阿瓦，虽江面宽广，而水势平缓，若顺流而下，不过七八日可到，实为水路进兵之捷径，更系该国扼要之重区。今既已克复，自应于秋冬大举时水陆并进，始可迅速集事。但滇省跬步皆山，向无水师兵丁，即民间亦无谙于操舟之人堪以雇募，似应临期，就近咨调湖南水师官兵二三千名，以为顺流制胜之用。第转瞬秋冬期近，船只等项，均需预为筹备。相应仰恳圣恩，敕下湖广督臣，于湖南水师兵丁内，先行挑选熟谙打造船只者四五十名，派弁押送来滇，以便预期部署一切。至此外应行预筹各事宜，统容臣通盘悉心，妥协计议，另行缕析陈奏，恭请圣训外，所有先请酌调水师、造船兵丁缘由，是否有当，理合恭奏请旨，伏祈皇上睿鉴训示。谨奏。

朱批：军机大臣会同明瑞速议具奏。

（《宫中档乾隆朝奏折》第二十七辑，第 201～202 页）

1440　云南巡抚鄂宁《奏报滇省夏收分数折》
乾隆三十二年七月初三日

云南巡抚臣鄂宁谨奏：为恭报夏收分数，仰祈圣鉴事。

窃照滇省春雨及时，豆麦茂实，所有各属收成分数，据布政使钱度查明，造册详报前来。

臣查赵州，易门、浪穹二县，豆麦高下收成俱十分；丽江府，昆阳、嵩明、陆凉三州，豆麦低下之处收成十分，高阜之处收成九分；顺宁、鹤庆、蒙化三府，邱北州、同碍嘉州判、寻甸、建水、石屏、普宁、新兴、宾川、云龙、镇南、和曲九州，罗次、富民、恩乐、太和、宜良、宝宁、文山、宁洱、楚雄、永平、保山十一县，豆麦低下之处收成十分，高阜之处收成八分；鲁甸通判、镇雄州、永善县不产南豆，其二麦高下收成俱九分；永北府、大关同知，宁州、路南、剑州三州，昆明、通海、会泽、大姚四县，豆麦低下之处收成九分，高阜之处收成八分；镇沅府、威远同知、缅宁通判，安宁、沾益、弥勒、南安、禄劝五州，禄丰、平彝、河西、蒙自，河阳、江川、定远七县，豆麦低下之处收成九分，高阜之处收成七分；中甸同知、维西通判、宣威、马龙、师宗三州，恩安县，不产南豆，其二麦，低下之处收成九分，高阜之处收成七分；阿迷、邓川二州，南宁、云南二县，豆麦高下收成俱八分；广西府，罗平、云州、姚州三州，呈贡、嶍峨、新平、广通、元谋五县，豆麦低下之处收成八分，高阜之处收成七分；思茅同知不产二麦，其南豆，低下之处收成八分，高阜之处收成七分；元江府不产南豆，其二麦，高下收成俱七分；至景东府、腾越州，俱不产豆麦，又云南、曲靖、临安、澄江、广南、开化、普洱、大理、永昌、楚雄、姚安、武定、昭通、东川十四府，俱有同城州县，收成分数已于州县造报，毋庸重复开列。总计通省各府、厅、州、县豆麦收成，高低牵算，共八分有余。除恭疏具题，并分咨邻省外，理合缮折奏闻，伏祈皇上圣鉴。谨奏。

朱批： 欣慰览之。

（《宫中档乾隆朝奏折》第二十七辑，第220~221页）

1441　云南巡抚鄂宁《奏报雨水暨栽插齐全情形折》
乾隆三十二年七月初三日

云南巡抚臣鄂宁谨奏：为恭报地方雨水、栽插情形事。

窃照滇省入夏以来时沛甘霖，田畴沾足，秋禾乘时栽插，业经臣于五月十三日奏闻在案。嗣据临安、武定、云南、曲靖、广西、昭通、元江、普洱、姚安、大理、澄江、顺宁、永北、蒙化等府属先后禀报，五月初九、初十、十一、十四五六七、十九、二十、二十一二三、二十八九等日，及六月初十日以前，各得澍雨，高阜、低下俱已栽插齐全。

臣自永昌回省途中，于六月十一日、十三四五六、十九等日，又连得透雨。经过永平县、蒙化府及大理、姚安、楚雄、云南府属各地方，见沟渠充满，平原田禾有已长至一尺五六寸及二尺不等，高阜梯田亦全行栽插，一望青葱，农民欢欣鼓舞，金称今年雨泽较诸往岁早而且勤，故禾苗滋长已比往年为盛，实属秋成丰收之象。至山地杂粮，频沾透雨，益见敷荣。现在米价中平，民情安业。所有地方雨水暨栽插齐全情形，谨缮折奏闻，伏祈皇上圣鉴。谨奏。

朱批： 欣慰览之。

（《宫中档乾隆朝奏折》第二十七辑，第221~222页）

1442　云南巡抚鄂宁《奏报遵例盘查司道库贮折》
乾隆三十二年七月初三日

云南巡抚臣鄂宁谨奏：为奏闻事。

窃照督抚到任，例应盘查司道库贮钱粮有无那移亏缺。臣于本年三月十七日到滇，即往普洱，嗣复永昌，未及盘查。兹于六月二十日回省，行据布政司并粮储道、署驿盐道，各将库贮一切正杂款项实存银数造册，呈送前来。

臣查造册款项，均属相符。随于七月初二日，赴司道各库，按款查验，抽封弹充，查得布政司库共存正杂各款银四百二十万一千五百二十七两零，粮储道库共存粮务及铜务银四十七万二千八百八十九两零，驿盐道库共存各井课款、积余粤盐等银九万一千三百六十六两零，俱系实款实存，并无那移亏缺。所有臣盘查司道库贮缘由，谨恭折具奏。

再驿盐道诺穆亲随督臣明瑞办理军务，不能兼顾本任。臣与明瑞面商，将驿盐道印务暂委按察使夔舒署理，合并声明，伏祈皇上圣鉴。谨奏。

朱批：览。

（《宫中档乾隆朝奏折》第二十七辑，第 222 ~ 223 页）

1443　云南巡抚鄂宁《奏呈滇省乾隆三十二年五月分粮价单》
乾隆三十二年七月初三日

云南巡抚臣鄂宁谨奏：谨将云南二十三府属乾隆三十二年五月分粮价缮列清单，恭呈御览。计开：

云南府属价贵：查米价与上月稍增，麦价稍减，荞豆价相同。白米每仓石价银一两九钱至二两八钱三分，红米每仓石价银一两五钱七分至二两六钱六分，小麦每仓石价银一两四钱至二两一钱，荞每仓石价银九钱八分至一两五钱一分，豆每仓石价银一两一钱五分至一两八钱六分。

曲靖府属价贵：查米、麦、豆价与上月相同，荞价稍增。白米每仓石价银一两四钱四分至二两五分，红米每仓石价银一两二钱二分至一两九钱五分，小麦每仓石价银九钱四分至二两三钱五分，荞每仓石价银七钱六分至一两三钱，豆每仓石价银六钱一分至二两四钱五分。

临安府属价贵：查米、荞价与上月稍增，麦、豆价相同。白米每仓石价银一两三钱四分至二两三分，红米每仓石价银一两三钱至二两一钱五分，小麦每仓石价银一两八分至一两八钱，荞每仓石价银四钱八分至一两一钱五分，豆每仓石价银六钱九分至一两八钱。

澄江府属价贵：查米、麦、豆价与上月稍减，荞价相同。白米每仓石价银一两八钱四分至二两三钱三分，红米每仓石价银一两七钱五分至二两一钱三分，小麦每仓石价银一两八钱至二两七钱四分，荞每仓石价银九钱五分至一两七钱九分，豆每仓石价银一两一钱八分至二两八分。

广西府属价贵：查米、荞价与上月稍增，麦、豆价相同。白米每仓石价银一两三钱至二两一钱二分，红米每仓石价银一两二钱五分至二两八分，小麦每仓石价银九钱七分至一两九钱，荞每仓石价银六钱九分至一两五分，豆每仓石价银八钱五分至一两四钱七分。

广南府属价平：查米、荞价与上月稍增，麦、豆价相同。白米每仓石价银一两二钱二分，红米每仓石价银一两六分，小麦每仓石价银四钱，荞每仓石价银三钱八分，豆每仓石价银四钱二分。

元江府属价中：查白米、荞价与上月稍增，红米价稍减，麦豆价相同。白米每仓石价银一两五钱三分至一两八钱九分，红米每仓石价银一两四钱六分至一两七钱一分，小麦每仓石价银一两二钱九分，荞每仓石价银五钱八分至一两，豆每仓石价银一两一钱三分。

开化府属价平：查米、荞价与上月相同，麦、豆价稍减。白米每仓石价银一两一钱五分，红米每仓石价银一两一钱，小麦每仓石价银一两二钱七分，荞每仓石价银四钱五分，豆每仓石价银一两。

普洱府属价中：查各色粮价俱与上月相同。白米每仓石价银一两二钱三分至一两三钱，红米每仓石价银一两二钱至一两二钱五分，小麦每仓石价银一两五钱，荞每仓石价银四钱二分至六钱，豆每仓石价银一两二钱五分至一两三钱。

武定府属价贵：查白米、荞价与上月稍增，红米、豆价相同，麦价稍减。白米每仓石价银一两八钱七分至一两九钱七分，红米每仓石价银一两八钱至一两九钱，小麦每仓石价银一两一钱七分至一两五钱，荞每仓石价银九钱至一两一钱，豆每仓石价银一两七分至一两五钱。

镇沅府属价中：查各色粮价俱与上月相同。白米每仓石价银一两四钱至一两六钱三分，红米每仓石价银一两三钱五分至一两五钱五分，小麦每仓石价银一两三钱三分至一两五钱六分，荞每仓石价银四钱三分至六钱九分，豆每仓石价银一两一钱至一两三钱五分。

东川府属价贵：查米、荞价与上月稍增，麦、豆价相同。白米每仓石价银二两六钱二分，红米每仓石价银二两五钱二分，小麦每仓石价银一两四钱七分，荞每仓石价银九钱六分，豆每仓石价银一两六钱七分。

昭通府属价贵：查米价与上月稍增，麦、荞、豆价相同。白米每仓石价银一两四钱五分至三两四分，红米每仓石价银二两四钱五分至二两七钱一分，小麦每仓石价银一两至一两六钱四分，荞每仓石价银七钱五分至一两，豆每仓石价银一两二钱至二两四钱四分。

大理府属价贵：查米、荞价与上月稍增，豆价相同，麦价稍减。白米每仓石价银一两三钱四分至二两九钱，红米每仓石价银一两二钱五分至二两七钱八分，小麦每仓石价银五钱至一两六钱七分，荞每仓石价银三钱九分至一两三钱九分，豆每仓石价银四钱至一两二钱。

鹤庆府属价中：查各色粮价俱与上月相同。白米每仓石价银一两三钱至一两五钱九分，红米每仓石价银一两一钱五分至一两五钱七分，小麦每仓石价银九钱一分至一两一钱，荞每仓石价银一两一分，豆每仓石价银六钱七分至八钱八分。

丽江府属价中：查白米价与上月稍增，红米、麦、荞价相同，豆价稍减。白米每仓石价银一两四钱二分至一两六钱五分，红米每仓石价银一两三钱五分至二两五分，小麦每仓石价银七钱四分至九钱五分，荞每仓石价银四钱至七钱五分，豆每仓石价银七钱四分。

永昌府属价中：查米价与上月稍增，麦、荞、豆价相同。白米每仓石价银一两九分至一两四钱二分，红米每仓石价银八钱九分至一两三钱六分，小麦每仓石价银七钱至一两一钱六分，荞每仓石价银四钱至五钱四分，豆每仓石价银七钱至一两二钱三分。

顺宁府属价中：查各色粮价俱与上月相同。白米每仓石价银一两四分至一两七钱五分，红米每仓石价银九钱五分至一两七钱五分，小麦每仓石价银九钱二分至一两四钱五分，荞每仓石价银三钱八分至三钱九分，豆每仓石价银八钱至一两二钱五分。

蒙化府属价中：查米、荞价与上月稍增，麦、豆价相同。白米每仓石价银一两四钱三分，红米每仓石价银一两四钱，小麦每仓石价银九钱五分，荞每仓石价银五钱六分，豆每仓石价银五钱三分。

永北府属价中：查米价与上月稍增，麦、荞、豆价相同。白米每仓石价银一两二钱九分，红米每仓石价银一两二钱二分，小麦每仓石价银七钱九分，荞每仓石价银四钱五分，豆每仓石价银七钱一分。

楚雄府属价贵：查白米价与上月稍增，红米、荞价相同，麦、豆价稍减。白米每仓石价银一两三钱五分至二两二钱五分，红米每仓石价银一两三钱五分至一两九钱，小麦每仓石价银一两至一两三钱五分，荞每仓石价银六钱四分至一两二钱，豆每仓石价银九钱一分至一两二钱。

姚安府属价贵：查米、荞价与上月稍增，麦价稍减，豆价相同。白米每仓石价银一两六钱五分至二两二钱九分，红米每仓石价银一两六钱至二两二钱六分，小麦每仓石价银一两三分至一两三钱七分，荞每仓石价银四钱八分至一两三钱七分，豆每仓石价银六钱四分至一两二钱。

景东府属价中：查各色粮价俱与上月相同。白米每仓石价银一两三钱一分，红米每仓石价银一两二钱一分，小麦每仓石价银一两四钱四分，豆每仓石价银一两八分。

朱批：览。

（《宫中档乾隆朝奏折》第二十七辑，第 223～228 页）

1444　云南巡抚鄂宁《奏请展限盘查仓储折》

乾隆三十二年七月二十一日

云南巡抚臣鄂宁谨奏：为再行奏明，请旨展限事。

窃照常平积贮税秋粮米等项，督抚交代，例应盘察具题。臣到任后，所属仓储，自应切实盘查，遵照定例办理。但现因详慎可信之员俱有经手军需要务，不能分委盘查，是以臣于钦奉上谕保奏属员亏空案内奏恳天恩，暂宽限期，一俟军务告竣，即行严饬司道彻底清查，据实保奏在案。今应盘仓项，事同一例。第到任盘查，例有定限，合再奏明，仰恳圣慈，俯准一并展至军务告竣，盘查确实，再行照例保题。臣现在仍不时访察，如有仓项亏短之劣员，立即查明参奏，断不敢因稍缓盘查，任其侵那掩饰。为此恭折具奏，伏祈皇上睿鉴训示。谨奏。

朱批：该部知道。

（《宫中档乾隆朝奏折》第二十七辑，第 370～371 页）

1445　云南巡抚鄂宁《奏报乾隆三十一年分滇省
额征民、屯地丁钱粮完欠缘由折》

乾隆三十二年七月二十一日

云南巡抚臣鄂宁谨奏：为钦奉上谕事。

案照乾隆十七年二月二十八日，承准大学士公傅恒、大学士来保字寄："乾隆十七年正月初十日，奉上谕：嗣后各省每年完欠钱粮，俱着随奏销时分晰查明，核实折奏，不必仍循岁底奏闻之例。可于各该督抚奏事之便，传谕知之。钦此。"钦遵在案。

兹当乾隆三十一年分钱粮奏销之期，经臣饬令司道，将各属完欠确数查明，分晰详报。去后，据布政使钱度、粮储道罗源浩会详称："滇省各府厅州县乾隆三十一年分额征民、屯条丁、米折六款等银二十万六百四十三两零，内征存各府厅州县坐放官役、俸工等银五万二千一百七十九两零，征解布政司库银一十四万八千四百六十四两零。又额征民、屯税秋六款麦米荞粮并条编改米，共二十一万五千八百七十一石零，内征收本色麦三千五百一十六石零，本色米一十七万五百一十石零，折色米荞四万一千八百四十五石零，各折银不等，共该折征银四万五百五十七两零，又带征宁洱县三十年缓征秋粮米四百八十一石零，俱经照数征收通完。"详报到臣，并汇册呈请奏销前来。除核明另疏题销分晰，缮造黄册，随本恭呈御览，并将清册送部外，所有乾隆三十一年分额征民、屯地丁钱粮通完无欠缘由，谨缮折奏闻，伏祈皇上圣鉴。谨奏。

朱批：览。

（《宫中档乾隆朝奏折》第二十七辑，第 371～372 页）

1446　云南巡抚鄂宁《奏报盘查司道库贮无亏折》
乾隆三十二年七月二十一日

云南巡抚臣鄂宁谨奏：为盘察司道库贮无亏，恭折奏闻事。

窃照司道库贮钱粮，例应于奏销之前，督抚亲往盘察。兹当乾隆三十一年分钱粮奏销之期，据该司道各将四柱清册备造前来。臣按款核明，分晰题咨外，随将实存库贮银款开列清单，于七月十八日赴司道各库，按款查验，抽封弹兑，查得布政司库实存正杂各款银四百二十三万七千七百四五两零，粮储道库实存粮务及铜务各款银三十九万五千七百九十四两零，俱系实款实贮，并无亏短那移。所有臣盘察司道库贮无亏缘由，谨缮折具奏，伏祈皇上圣鉴。谨奏。

朱批：览。

（《宫中档乾隆朝奏折》第二十七辑，第 372～373 页）

1447　云南巡抚鄂宁《奏报滇省乾隆三十一年分耗羡、公件等项收支、动存、管收、除在各款银两数目事》
乾隆三十二年七月二十一日

云南巡抚臣鄂宁谨奏：为遵例奏闻事。

窃照案准部咨："各省动用耗羡银两，令将一年收支动存各数，并从前民欠征完借支归款，同现存各项银两，查明有无亏空那移之处，于岁底缮折奏闻。仍备造四柱清册，送部查核汇奏。"等因。又准部咨："各省奏报耗羡银两，均于次年随地丁钱粮一同核奏。"等因。俱奉旨："依议。钦此。"钦遵在案。

今行据布政使钱度将乾隆三十一年分公件、耗羡等项分晰造册，详报前来。臣查滇省乾隆三十一年分额征公件、耗羡，除奉旨豁免思茅、宁洱二厅县六困、普藤等寨无征火耗外，实征公件、耗羡、溢额、商税、牙帖等项，共银一十一万一千二百七十四两一钱八分零，旧管乾隆三十年分报销汇奏实存库银八十七万七千八百七十八两一钱三分零，新收乾隆三十一年分公件、耗羡、溢额、铜息、归公铜价、粤盐余息、借放、裁减养廉、公事等项，共银二十八万四千七百二十三两九钱三分，旧管新收共银一百一十六万二千六百二两六分零。开除乾隆三十一年分司道提镇笔帖式、府厅州县佐杂等官养廉、存留应办地方公事等项，通共银二十四万五百五十二两九钱九分零，实存库银九十二万二千四十九两七分，并无亏空那移。所有乾隆三十一年分收支、动存、管收、除在各款银两数目，除将清册送部查核汇奏外，谨缮黄册，恭呈御览，伏祈皇上圣鉴。谨奏。

朱批：览。

（《宫中档乾隆朝奏折》第二十七辑，第 373～374 页）

1448 云南巡抚鄂宁《奏报遵旨议奏将滇省迤南道、迤西道酌加兵备衔折》

乾隆三十二年七月二十一日

云南巡抚臣鄂宁谨奏：为遵旨议奏事。

窃照案准吏部咨开：协办大学士、尚书陈弘谋奏称："云南普洱府改设迤南道一员，应酌加兵备道衔，协同办理缉拿奸匪之事。其余如迤西道，驻扎大理，与提督同城，及各直省道员与提镇同城、驻有重兵者，均宜详筹，请旨加兵备道衔。"等因。奉旨："交与各督抚议奏。钦此。"钦遵经前督抚臣檄行查议。去后，兹据布政使钱度、按察使爱舒议详前来。

臣伏查滇省道员，除粮储道、驿盐道俱驻扎省城，迤东道驻扎寻甸州，均不与提镇同城，毋庸议外，惟新设普洱府之迤南道，与总兵同城，驻有重兵，统辖土司，外接边境，分巡普洱、镇沅、元江、临安四府，一切稽查弹压与夫边防事宜，必须文武大员会商妥办，以专责成。又迤西道驻扎大理府，与提督同城，管辖大理、鹤庆、丽江、永北、永昌、顺宁、楚雄、姚安、景东、蒙化十府，地广事繁，时有兵民交涉之件。以上二道，实俱分驻边要，似应仰恳圣恩，俯如大学士陈弘谋所奏，将迤南、迤西二道均加兵备道衔，俾文武声势联络，彼此不致歧视，平日会同督率兵役，查拿奸匪，安戢地方。倘偶有调遣，该道即可与提镇相机筹办，一面禀报督抚指示机宜，更觉迅捷无误，于边疆要区实可收绥靖之益。如蒙俞允，其各该道关防、传敕字样及武职都司以下听其节制之处，均照定例办理。

至迤西道缺，向系由部请旨简用。迤南道缺，已于新设案内定为本省拣调。合并陈明。缘奉敕议，谨恭折具奏，伏祈皇上圣鉴训示。谨奏。

朱批：该部议奏。

（《宫中档乾隆朝奏折》第二十七辑，第 374~375 页）

1449 云贵总督明瑞、云南巡抚鄂宁《奏报要缺急需干员，仰恳圣恩破格升用府厅折》

乾隆三十二年闰七月初六日

云贵总督臣明瑞、云南巡抚臣鄂宁谨奏：为要缺急需干员，仰恳圣恩破格升用府厅，以裨地方事。

窃照普洱一府地处极边，界连外域，原系本省拣调、三年俸满撤回之缺。平日边防无事，膺斯郡者，固须能耐烟瘴，抚绥得宜。当兹贼氛未靖，军务殷繁，更急须干济之员以资料理。现在署知府达成阿，系蒙化府掌印同知，经前督臣刘藻奏升，部议给咨引见，恭候钦定，奉旨："依议。"钦遵在案。旋因莽匪滋扰土境，尚未请咨赴部。该员本非肆应之才，近复染患风湿之疾，手足沉滞，更难胜任，急须另选干员奏请升调，方于边陲有济。臣等与藩、臬两司于知府内逐加遴选，非现任要缺，即人地不宜，而同知中亦无有堪胜此任者。惟查有元江府他郎通判唐宸衡，年五十六岁，江苏监生，捐纳通判，拣发云南，题署大理府弥渡通判，调补今职。三十一年大计附荐，因历俸未满三年，经部议驳。该员才猷干练，办事实心，曾经委署普洱府，于边外情形、风俗最为熟悉。上年委署元江府事，与普洱接壤，军差络绎，该员办理妥协，舆论贴然，洵府佐中杰出之员，实于普洱一缺人地相宜。但通判与知府品级悬殊，资阶格碍，实无可以升授之例。而要缺急须另易干员，舍该员均不相宜。是以不揣冒昧，仰恳圣恩破格升用，以裨地方。

又元江府知府商盘病故，业经恭疏题报。所遗员缺亦系烟瘴紧要，且为赴普洱冲途，现值军兴，挽运兵粮、承办差务，必得精明强干之员方克胜任，知府中亦无可调补此缺者。查有普洱府思茅同知额鲁礼，年五十五岁，镶白旗满洲举人，拣发云南以知县用，历任平彝、昆明县知县，升署腾越州知州，丁忧回旗，服满来滇补用，题署嵩明州知州，调署腾越州知州，保举堪升知府，赴部引见，奉旨记名。乾隆三十年十二月，前督臣刘藻奏升今职，奉朱批："着照所请行。钦此。"该员办事实心，才情老练，且在滇年久，熟悉夷情，以之升补元江府知府，实属人地相宜。惟甫以知州奏升同知，虽蒙恩旨允准，尚未引见，今即请升知府，与例亦实不符。臣等因同为办理军需要郡，必须干员方能肆应，一并冒昧仰恳天恩破格升用。

至所遗思茅同知，系烟瘴要缺，现在九龙江等处驻扎防兵，一切军需事宜，均须协同普洱府经理，是员缺较之平时更为紧要，内地同知中无可选调，例应于州县中拣选升补。查有路南州知州黑光，年五十一岁，直隶宣化县监生，捐纳通判，拣选补授西城兵马司正指挥，俸满，推升今职，乾隆二十九年三月到任。该员才情敏练，任事勇往，委署镇沅府威远同知及普洱府缺，当今岁春夏缅匪滋扰之时，该员率练防御要隘，不惮劳苦，措置得宜，以之升补思茅同知，实堪胜任。但前后罚俸有数十余案之多，与例不合。而人地实在相需，亦恳仰邀特恩升用，以示鼓励。

以上三员，其人其地实属相宜，用敢奏请。倘俱蒙俞允，不特该员等感激皇上格外殊恩，倍加奋勉，即臣等亦获收臂指之益。至该员等均应引见，统俟军务告竣，陆续给咨赴部。至所遗他郎通判员缺，亦例应本省拣调。路南州员缺，滇省现有试用人员，例得题署，容臣等另行遴员，分别题请调补。现署普洱府知府达成阿，应请撤回省城调养，俟其病痊，再行给咨赴部引见，恭候钦定。

臣等为军兴重务，守丞要缺急需干员料理起见，往返札商，意见相同。谨合词缮折，由驿驰奏，伏祈皇上圣鉴训示。再该员等系请破格升用，所有各参罚事件，均未另缮清单。合并陈明。谨奏。

朱批：着照所请行，该部知道。

（《宫中档乾隆朝奏折》第二十七辑，第497~500页）

1450　云南巡抚鄂宁、云南提督谭五格奏报查办普洱边情及拨调官兵缘由折

乾隆三十二年闰七月十六日

云南巡抚臣鄂宁、云南提督臣谭五格谨奏：为奏闻事。

窃照普洱边外情形，前据总兵书敏等报称："贼匪召工、召渊由整欠侵扰猛拿，土指挥叭先捧难以抵御，退赴猛腊慢腊等处拒守。该镇等飞调倚邦土练，于补角、小猛仑二处严行防堵，书敏亲往补角相机办理。"等情。臣鄂宁随札致，督率兵练实力严防，并经督臣明瑞饬令援应叭先捧口粮、火药等项，将情形附折奏闻在案。兹闰七月十一日，据署普洱府达成阿禀："据宁洱县所属乌得土弁刀正朝禀报，猛拿、整欠等处逃难夷民陆续到内猛不断，现饬查明，好为安抚，免致失所。"等语。

臣鄂宁以此等难民系由何路逃入内猛，共有若干人数，有无滋扰，未据声明。正在饬查间，十二日戌刻，据总兵书敏专差千总高起需到省面禀："七月二十九日，贼匪约有千余，潜渡小猛仑江，将防守兵练冲散，闰七月初三日已到茨通。总兵书敏由补角驰来

堵逐，不及缮写报文，星夜令千总来省，禀请亟速添兵援应。"等语。

臣鄂宁查九龙江一带各要隘，俱分布防兵，何以贼匪竟敢深入？其茨通原驻兵一千二百名，书敏等先又移驻何处添防，未据报明。遂细询该千总，据称：猛仑一隘防兵数百名，病者甚多，其余驻守各处之兵亦大半染瘴等语。至此股贼匪是否即系召工等，与叭先捧凤有仇嫌，寻踪斗杀，抑或系猛拿等处难民结队成群，流窜觅食，如前此入乌得土境之类。询之该千总，俱不能办悉。现在书敏是否调集别隘官兵并力剿逐，及德保在九龙江已未驰来应援，及叭先捧现在何处，该千总均未详知，书敏又无报文，其间实在情形难以悬揣。适臣谭五格已于是日抵云南省城，现蒙皇上天恩调补云南提督，普洱边境情形，即当亲行阅历。况现闻有贼匪窜入茨通，系属内地土司地方，更宜亟往查办，如果属实，即相机剿逐，以先清此路贼氛。且此时永昌进兵之期尚早，先往普洱查办后，即驰赴永昌，领兵进讨，不致误期。惟是书敏亟请添兵援应，自必该处防兵多染瘴疠，难以御敌，必须益以精锐，方于剿守皆资利便。

臣等再四熟商，现在调到黔兵鼓勇前来，兵力正强，即拨留一千名，臣谭五格亲自带往普洱应用。此外，滇省临元镇标及新嶍、元江二营官兵俱附近普洱，臣明瑞、臣鄂宁原议深秋大举时留为九龙江一带添防之用，今臣等亦先行飞调临元镇兵四百名、新嶍营兵二百名、元江营兵三百名星夜前往，听候遣拨。臣谭五格即于闰七月十六日，带领黔兵起程，俟到茨通，查明实在情形，一面相机迅速办理，一面将贼匪如何潜渡混窜及书敏等因何疏于防御之处，一并据实奏闻。

至所调黔兵一万，原为永昌进剿之用，今拨往普洱一千名，即不足一万之数。臣谭五格查黔省额兵尚可加调，一面会同飞咨黔抚臣鄂宝，再调官兵一千名，选派精锐，克期来滇，驰赴永昌补足，以裨进讨，可无缺误，合并陈明。除将现在查办普洱边情及拨调官兵缘由飞咨督臣明瑞查照外，臣等谨合词缮折具奏，伏祈皇上圣鉴。谨奏。

朱批：览奏俱悉。谭五格领兵前去，甚合机宜。速将一切详悉情形奏来。

（《宫中档乾隆朝奏折》第二十七辑，第567～569页）

1451 云贵总督明瑞、云南巡抚鄂宁《奏报中甸同知缺出，请以赵州知州谈霞升署，其遗缺以试用知州杨文柏署理折》
乾隆三十二年闰七月二十日

云贵总督臣明瑞、云南巡抚臣鄂宁谨奏：为仰恳圣恩，俯准升署同知，以裨地方事。

窃照丽江府中甸同知俞大受患病乞休，业经恭疏具题在案。所遗员缺，例应拣选调补。查中甸界连西藏，为滇省西北极边要区，非干练之员不克胜任。臣等与藩臬两司于同知、通判中逐加遴选，非现属夷疆，即人地不宜，实难其选。惟查有赵州知州谈霞，年三十九岁，江苏武进县人，由贡生捐知州即用，并捐免保举，选授今职，乾隆二十九年四月到任，试俸期满，题销在案。查该员才识明练，办事老成，参罚亦在十案以内，并无降革展参之案，请以升署丽江府中甸同知，实堪胜任。惟历俸未满五年，与例稍有未符。但人地实在相需，例得专折奏请。仰恳皇上天恩，俯准以谈霞升署丽江府中甸同知，仍照例前后两任接算，扣满五年，另请实授，庶要缺得人。所遗赵州知州员缺，例得以试用人员署理。

查有试用知州杨文柏，年四十二岁，广西兴安县举人，捐知州，双月选用，乾隆三十年四月，拣选引见，奉旨发往云南差遣委用，三十年十月十七日到滇。查该员才具明白，任事勇往，现署罗次县知县，委办差务均无贻误，亦无参罚事件，请以署理赵州知州，洵属人地相宜。照例试看一年，如果称职，另请实授。

再谈霞系知州升署同知，应行引见，俟部覆至日，给咨送部。杨文柏系试用知州请署知州，衔缺相当，毋庸送部引见。

臣等往返札商，意见相同。除将谭霞参罚事件另缮清单恭呈御览外，谨合词缮折具奏，伏祈皇上圣鉴，敕部议覆施行。谨奏。

朱批：该部议奏。

（《宫中档乾隆朝奏折》第二十七辑，第602页）

1452 云贵总督明瑞、云南巡抚鄂宁《奏报永北府掌印同知缺出，请以直隶州借补临安府属阿迷州知州图敏调补，其遗缺以试用知州陈昌元署理折》

乾隆三十二年闰七月二十日

云贵总督臣明瑞、云南巡抚臣鄂宁谨奏：为仰恳圣恩，俯准调补同知，以裨地方事。

窃照永北府同知胡邦佑革职遗缺，系新改为掌印同知，例应拣选调补，必须明干之员方克胜任。臣等与藩臬两司于各府同知中详加遴选，非现任要缺，即人地未宜，实无可调之员。查有直隶州借补临安府属阿迷州知州图敏，年四十六岁，镶白旗满洲生员，由现任兵部堂主事记名，以直隶州知州用，乾隆二十八年十二月，拣选引见，发往云南差遣委用，三十年四月，题请借署今职，试署期满，三十一年十月二十日，奉旨实授。查该员才识干练，办事实心，任内并无参罚事件，请以调补新改永北府掌印同知，可资治理。惟历俸未满三年，与例稍有未符。但人地相需，例得专折奏请。合无仰恳圣恩，俯准将图敏调补永北府掌印同知，实于地方有裨。所遗阿迷州知州员缺，例得以试用人员署理。

　　查有试用知州陈昌元，年五十岁，安徽霍邱县人，由贡生捐知州，双月选用，拣发云南，乾隆二十四年八月到滇，二十八年捐免保举，先后委署大理府同知、马龙、宣威、安宁等州印务，委运京铜，现委管大碌铜厂，均无贻误。查该员为人明白，办事勤慎，各署任内止有罚俸二案，请以署理阿迷州知州，洵属人地相宜。照例试看期满，果能称职，另请实授。

　　再图敏系直隶州借补府属知州，今请对品调补同知，陈昌元系试用知州请署知州，俱衔缺相当，毋庸送部引见。

　　臣等往返札商，意见相同。除将陈昌元罚俸案件另缮清单恭呈御览外，谨合词缮折具奏，伏祈皇上圣鉴，敕部议覆施行。谨奏。

　　朱批：该部议奏。

　　　　　　　　　（《宫中档乾隆朝奏折》第二十七辑，第 603～604 页）

1453　云南巡抚鄂宁《奏呈滇省各属乾隆三十二年七月分粮价单》
乾隆三十二年闰七月二十日

　　云南巡抚臣鄂宁谨奏：谨将云南二十三府属乾隆三十二年七月分粮价缮列清单，恭呈御览。计开：

　　云南府属价贵：查米、麦、荞价与上月稍减，豆价相同。白米每仓石价银一两九钱至二两九钱七分，红米每仓石价银一两五钱一分至二两六钱六分，小麦每仓石价银一两四钱至二两一钱二分，荞每仓石价银九钱八分至一两七钱七分，豆每仓石价银一两一钱五分至一两七钱七分。

　　曲靖府属价贵：查白米、麦、荞、豆价与上月相同，红米价稍减。白米每仓石价银一两四钱五分至二两八分，红米每仓石价银一两二钱二分至一两九钱五分，小麦每仓石价银九钱九分至二两三钱五分，荞每仓石价银七钱四分至一两三钱，豆每仓石价银六钱八分至二两四钱五分。

　　临安府属价贵：查米、荞、豆价与上月相同，麦价稍增。白米每仓石价银一两三钱四分至二两三分，红米每仓石价银一两三钱二分至二两一钱五分，小麦每仓石价银一两八分至二两，荞每仓石价银四钱五分至一两一钱五分，豆每仓石价银六钱八分至一两八钱五分。

　　澄江府属价贵：查米价与上月稍减，麦、荞、豆价相同。白米每仓石价银一两九钱八分至二两九分，红米每仓石价银一两八钱至一两九钱六分，小麦每仓石价银一两七钱五分至二两七钱四分，荞每仓石价银九钱至一两七钱九分，豆每仓石价银一两二钱一分至二两八分。

广西府属价贵：查各色粮价俱与上月相同。白米每仓石价银一两三钱五分至二两一钱二分，红米每仓石价银一两三钱至二两八分，小麦每仓石价银九钱七分至一两八钱，荞每仓石价银六钱九分至一两二分，豆每仓石价银八钱五分至一两四钱七分。

广南府属价平：查各色粮价俱与上月相同。白米每仓石价银一两二钱三分，红米每仓石价银一两七分，小麦每仓石价银四钱一分，荞每仓石价银三钱八分，豆每仓石价银四钱三分。

元江府属价中。查白米、麦、荞、豆价与上月相同，红米稍减。白米每仓石价银一两五钱七分至一两八钱九分，红米每仓石价银一两五钱至一两七钱，小麦每仓石价银一两二钱九分，荞每仓石价银五钱八分至一两，豆每仓石价银一两一钱三分。

开化府属价平：查各色粮价俱与上月相同。白米每仓石价银一两二钱五分，红米每仓石价银一两二钱，小麦每仓石价银一两二钱七分，荞每仓石价银四钱五分，豆每仓石价银一两。

普洱府属价中：查米、豆价与上月稍增，麦价稍减，荞价相同。白米每仓石价银一两三钱至一两三钱一分，红米每仓石价银一两二钱五分至一两二钱八分，小麦每仓石价银一两八分，荞每仓石价银四钱六分至六钱，豆每仓石价银一两三钱至一两三钱三分。

武定府属价贵：查各色粮价俱与上月相同。白米每仓石价银一两九钱三分至二两六钱，红米每仓石价银一两八钱六分至二两四钱五分，小麦每仓石价银一两四钱至一两七钱一分，荞每仓石价银九钱至一两一钱，豆每仓石价银一两七分至一两六钱五分。

镇沅府属价中：查各色粮价俱与上月相同。白米每仓石价银一两四钱四分至一两七钱，红米每仓石价银一两三钱九分至一两六钱七分，小麦每仓石价银一两三钱一分至一两四钱八分，荞每仓石价银四钱三分至六钱，豆每仓石价银一两一钱至一两二钱五分。

东川府属价贵：查米、麦、豆价与上月相同，荞价稍增。白米每仓石价银二两六钱四分，红米每仓石价银二两五钱六分，小麦每仓石价银一两四钱七分，荞每仓石价银一两一钱一分，豆每仓石价银一两六钱七分。

昭通府属价贵：查各色粮价俱与上月稍增。白米每仓石价银一两五钱五分至三两七分，红米每仓石价银二两五钱至二两七钱四分，小麦每仓石价银一两一钱至一两六钱八分，荞每仓石价银七钱七分至一两一钱，豆每仓石价银一两二钱二分至二两四钱六分。

大理府属价贵：查各色粮价俱与上月稍增。白米每仓石价银一两四钱至三两二钱，红米每仓石价银一两三钱至三两一钱一分，小麦每仓石价银五钱五分至二两，荞每仓石价银四钱一分至一两四钱，豆每仓石价银四钱五分至一两三钱三分。

鹤庆府属价中：查白米价与上月相同，红米、麦、荞、豆价稍减。白米每仓石价银一两五钱九分，红米每仓石价银一两四钱四分至一两五钱五分，小麦每仓石价银八钱七分至一两五分，荞每仓石价银一两，豆每仓石价银六钱二分至八钱四分。

丽江府属价中：查米、麦、荞价与上月相同，豆价稍减。白米每仓石价银一两四钱六分至一两六钱五分，红米每仓石价银一两三钱五分至二两一钱，小麦每仓石价银六钱八分至一两，荞每仓石价银四钱至八钱，豆每仓石价银六钱四分。

永昌府属价贵：查米价与上月稍增，麦、荞、豆价相同。白米每仓石价银一两二钱五分至二两六分，红米每仓石价银一两二钱至二两，小麦每仓石价银一两二钱至一两四钱一分，荞每仓石价银八钱三分至八钱八分，豆每仓石价银一两二钱三分至一两五钱七分。

顺宁府属价中：查米、麦、豆价与上月相同，荞价稍增。白米每仓石价银一两五分至一两七钱五分，红米每仓石价银九钱九分至一两七钱五分，小麦每仓石价银九钱一分至一两四钱五分，荞每仓石价银三钱九分至四钱，豆每仓石价银八钱至一两二钱五分。

蒙化府属价中：查各色粮价俱与上月稍增。白米每仓石价银一两五钱六分，红米每仓石价银一两五钱三分，小麦每仓石价银一两九分，荞每仓石价银七钱，豆每仓石价银六钱三分。

永北府属价中：查白米价与上月稍增，红米价稍减，麦、荞、豆价相同。白米每仓石价银一两四钱二分，红米每仓石价银一两三钱四分，小麦每仓石价银七钱九分，荞每仓石价银五钱七分，豆每仓石价银六钱九分。

楚雄府属价贵：查米、麦价与上月稍增，荞、豆价相同。白米每仓石价银一两三钱五分至二两二钱，红米每仓石价银一两三钱五分至一两九钱五分，小麦每仓石价银一两至一两六钱，荞每仓石价银六钱三分至一两二钱，豆每仓石价银九钱一分至一两六钱。

姚安府属价贵：查各色粮价俱与上月相同。白米每仓石价银一两五钱四分至二两二钱八分，红米每仓石价银一两四钱三分至二两二钱五分，小麦每仓石价银一两三分至一两三钱七分，荞每仓石价银四钱八分至一两三钱七分，豆每仓石价银六钱四分至一两四钱。

景东府属价中：查各色粮价俱与上月稍增。白米每仓石价银一两三钱四分，红米每仓石价银一两二钱四分，小麦每仓石价银一两四钱七分，豆每仓石价银一两一钱一分。

朱批：览。

（《宫中档乾隆朝奏折》第二十七辑，第 607 ~ 612 页）

1454　云贵总督明瑞、云南巡抚鄂宁《奏报永昌府知府缺出，请以开化府知府赵珮调补，其遗缺以姚安府知府吴承勋调补折》

乾隆三十二年八月初六日

云贵总督臣明瑞、云南巡抚臣鄂宁谨奏：为仰恳圣恩俯准调补知府，以裨地方事。

窃照永昌府知府陈大吕纵役短价勒买军粮，累民不职，业经会折参奏。钦奉上谕，革职拿问在案。所遗员缺，例应本省拣调。查永昌地处极边，界连外域，平时全赖知府表率弹压，而现在办理军务，事繁任剧，更须廉能明干之员，方足以资治理。臣等与藩臬两司于通省选缺知府内悉心遴选，非莅任未久，即人地不宜，实无可调之员。惟查有开化府知府赵珮，年五十八岁，浙江桐乡县人，由监生捐通判即用，乾隆三年拣发云南奏署顺宁府右甸通判，调补丽江维西通判，题升蒙化掌印同知，二十五年题升开化府知府，请咨引见，奉旨准其升补，二十七年四月到任，三十一年大计卓异正荐，经部议准在案。查该员明白干练，在滇年久，熟悉边情，任内只有罚俸一案，纪录抵销，此外并无参罚事件，请以调补永昌府知府，实属人地相宜。惟以边调边，与例不符。但永昌现有军务，较之开化实更为紧要。是以不揣冒昧，仰恳皇上天恩，俯准以赵珮调补永昌府知府，庶于边地、军需两有裨益。如蒙俞允，所遗开化府知府员缺，亦例应拣选调补。

查有姚安府知府吴承勋，年五十六岁，安徽宿州人，由监生捐同知即用，选授湖南衡州府同知，历任山西蒲州府同知、甘肃庆阳府知府、广东潮州府知府，缘事革职，捐复原官，补授山东东昌府知府，丁艰服满，捐免保举，掣补今职，乾隆三十年五月到任。查该员为人朴实，办事老练，虽带有前任罚俸案件，已止九案未完，又本任参罚二案尚未准部覆，请以调补开化府知府，洵堪胜任。惟历俸未满三年，与例稍有未符。而人地实在相需，例得专折奏请。一并仰恳圣恩，俯准以吴承勋调补开化府知府，于极边要地，可收治理之益。至所遗姚安府知府，系部选之缺，应请归部铨选。

再赵珮、吴承勋均系对品调补，毋庸送部引见。除将该员等罚俸事件另缮清单恭呈御览外，臣等为边郡办理军需急须干员起见，往返札商，意见相同。谨合词缮折，由驿驰奏，伏祈皇上圣鉴训示。谨奏。

朱批：该部议奏。

（《宫中档乾隆朝奏折》第二十七辑，第 724～725 页）

1455　云贵总督明瑞、云南巡抚鄂宁《奏报遵旨查明永昌府知府陈大吕檄缅文稿情形折》

乾隆三十二年八月初六日

云贵总督臣明瑞、云南巡抚臣鄂宁谨奏：为查明覆奏事。

窃臣明瑞承准大学士公傅恒、大学士尹继善、大学士刘统勋字寄："乾隆三十二年五月初七日，奉上谕：昨据明瑞奏到李时升呈出往来书禀稿二本，内有永昌府檄缅甸文稿，深可骇异！缅匪连年侵扰边界，自应加以问罪之师，非可仅烦文告。设欲责谕大义，使之震慑先声，尤当奏闻请旨。岂可匿不上闻，率行驰檄？且传谕外夷，立言亦自有体。乃其中有数应归汉一语，实属舛谬。夫对远人颂述朝廷，或称天朝，或称中国，乃一定之理。况我国家中外一统，即蛮荒亦无不知大清声教，何忽撰此归汉不经之语，妄行宣示，悖诞已极。即如前此平定准夷回部时，如哈萨克拔达克山，未尝不加传谕，曾有如此荒唐者乎？且召散逃往缅甸，向彼索取，檄内何无一字提及？俱不可解。而所称调集精兵五十万、大炮千尊等语，既张大虚词，不成事体。至称杨大学士威德之语，尤为恬不知耻。永昌知府何人，率意妄行乃尔，必系杨应琚授意所致。但檄文出自谁手，及差何人持往缅甸，缅甸又如何回覆，并杨应琚如何不先行入告之处，俱着明瑞逐一确查覆奏。将此传谕知之。钦此。"遵旨寄信前来。

臣等随传永昌府知府陈大吕询问，据称："檄缅甸之文，系杨应琚谕令办理。檄稿是原任开化府革职同知、留滇效力陈元震所作。"等语。查陈元震先经委往普洱协办粮务，即行飞调。去后，嗣陈元震调到永昌，臣明瑞讯据禀称：原稿系伊宗弟陈元宪创成。陈元宪业已身故，与陈大吕称系陈元震所作之言不符，其中情节，必须面质。适陈大吕因另案参劾，先已解省，无凭对质，即饬陈元震前赴省城质讯。兹陈大吕、陈元震俱已到齐，臣鄂宁率同两司传提，逐加质讯。缘上年六月间，杨应琚调陈大吕至省，谕访熟悉缅甸之人，给与檄文，前往招抚缅酋投诚。陈大吕即以外域不便给文面禀，杨应琚必责令办理，陈大吕随即遵从，旋回永昌。适陈元震亦往永昌，同时起程，途次镇南州旅店，陈大吕与陈元震谈及委办檄文之事，遂烦创稿。陈元震转令随往宗弟陈元宪撰拟，次早交与陈大吕，各自起程。陈大吕于七月初间回至永昌，访获腾越州民人寸存福、寸盈科熟悉缅地，即照稿缮文，交与持往。寸存福等行至缅域交界，闻有把守，不敢前去，转回永昌，将檄文缴还。至十月内，又访有大老缅可以持文往谕，将原檄改填月日，交令递去。旋值缅匪猖獗，官兵分路进剿，消息不通，大老缅迄无下落，其是否递到，无从查考。

至檄内"数应归汉"一语，讯据供称："因乾隆十五年，缅甸猛达喇投诚时，有知中国之有圣人，适符诸葛归汉之验等语。陈元宪引入檄文，而陈大吕亦即以有案可据，冒昧写去。"其所称调兵五十万、大炮千尊及称杨应琚威德之处，实系张大虚词，不能置辩。至召散逃往缅甸，杨应琚已令土司缮写缅文向彼索取，令陈大吕驰檄晓谕时未提及此，是以檄内未经叙及。至杨应琚既令陈大吕檄谕缅酋，因何不先行入告，询之陈大吕，以为实未悉原委，不敢妄供，此檄文于遣寸存福等持往时，即抄稿禀明杨应琚在案。再创檄稿之陈元宪，实系病故，无凭提讯。陈大吕先供陈元震所作，因原稿本系陈元震交给，一时忘记陈元震令伊弟元宪代做之言，因而误供。除将陈大吕等供词另缮清单恭呈御览外，所有查明缘由，谨缮折具奏，伏祈皇上圣鉴。

再此案因陈元震远道调回，及陈大吕又因另案参劾解省，辗转候质，致稽时日，是以奏覆稍迟。合并陈明。谨奏。

朱批： 无可更辩，归本案治罪可也。

1456　云南巡抚鄂宁《奏报普洱、思茅现俱安静折》

乾隆三十二年八月初六日

云南巡抚臣鄂宁谨奏：为普洱、思茅现俱安静，先行奏闻事。

窃查普洱边外，据报贼匪滋扰情形及臣会同提臣谭五格办理缘由，业经会折奏闻在案。嗣据署普洱府达成阿禀称："夷民现在已无惊惶。普洱德镇于闰七月十七日，由九龙江军营回至思茅，卑职即往面见德镇，询问情由。据德镇云，在九龙江闻茨通有贼，即令所存二百八十余名兵丁装就枪炮，等候打仗。如此三日三夜，兵丁困乏。闰七月初八日晚后，据宣慰报称小猛养起火，我即带刀绍文前往迎敌。兵丁随后因听江上船响，兵丁疑是贼人过渡，一哄而散，各皆逃走，令之不遵，唤之不应，我无奈何，令刀绍文引路而走。刀绍文失足伤腿，又自回去，我的马亦跌伤，步行九昼夜方到思茅，实属惭愧。"等语。（**夹批**：特因此事有旨令汝前往查办，若德保有畏怯不堪实据，即行拿解来京。）驰禀前来。

兹于八月初四日，接总兵德保来札，与达成阿所禀相同。惟称误听有警，以致失散等语。同日，又据现署府唐宸衡禀称："旬日以来，并无贼匪声息，思茅、普洱民情甚为安贴，现在密差干役驰赴沿边侦探确情再禀。"等语。并据思茅、宁洱厅县节次禀称，夷民安堵如常。

臣思德保由九龙江退回，既因兵丁自相惊疑逃散，（**夹批**：兵丁实可恶！已有旨了。）并未遇有贼匪。则前此所报茨通、小猛仑、猛宽之贼，亦大约弁兵得之传闻，以讹传讹，相率而溃，已可概见此。时若江内尚有贼匪，民人亦必不能安堵如常。窃以该处防兵如果并力堵守，勤加哨探，即偶遇贼警，而以逸待劳，虽少可以胜众，自不难于剿逐，何至畏贼如虎，闻风奔避？实不可解！（**夹批**：盖因木邦兵丁逃散，尔等所办过宽之故。已有旨了。此次再不可姑息矣。）一切情形，统容臣等查明，据实办理。

至现在加添精锐，同时并集，如九龙江、茨通等处，果犹有贼匪蚁聚，自当分路扑灭，以安土境。倘乌合之众已各鸟兽散，则惟应收集官兵，拣择扼要凉爽之区屯驻严防，（**夹批**：甚是，与旨合。）以待大兵直捣阿瓦后，军威所至，即有余孽，亦不难以次清厘。统俟提臣谭五格查明，相机办理，再行详悉会奏外，所有现在并无贼警及普洱、思茅夷民安堵如常情形，谨先缮折奏闻，仰慰圣怀，伏祈皇上睿鉴。谨奏。

朱批：览。

（《宫中档乾隆朝奏折》第二十七辑，第 728~729 页）

1457 云贵总督明瑞、云南巡抚鄂宁《奏报茂隆 银厂课长期满，奏请留办折》

乾隆三十二年八月十八日

云贵总督臣明瑞、云南巡抚臣鄂宁谨奏：为课长期满，奏请留办，以裨厂务事。

窃照滇省茂隆银厂远在永昌边界，凡稽查厂众，抽收课银，必须诚实干练之人，始克经理无误。前督臣硕色等酌定章程，佥点课长一人及协办一人，定期三年更换，俟期满，将课长撤回，即以协办之人顶充课长，另选殷实干练之人协办，按期接管，奏奉朱批允行，钦遵在案。

查自乾隆二十九年起，至三十一年底，原佥课长陶虞臣、协办刘世衍已满三年，例应更换，当经行司查办。去后，兹据布政使钱度等详据永昌府详称："课长陶虞臣，自佥充以来，办理熟谙，额课无亏，且该厂逼近滚弄江，与木邦仅一江之隔，陶虞臣向经督率厂练，防范严密。本年春间进剿木邦，陶虞臣拨练跟随，不辞劳苦，洵属勇往出力之人。应请再留办三年，以示鼓励。其协办刘世衍，随同陶虞臣调剂厂务，亦无贻误，并请照旧留厂协办，毋庸另选更替。"等情，转详前来。

臣等查茂隆厂课长定期三年一换，虽无请留之例，但苟有益于公事，似应变通办理。今陶虞臣既于厂务熟谙，又率练防堵，颇著勤劳。现在办理军务，正当用人之际，若拘泥成例，即行更换，转少干练之人，殊于厂地无裨。合无仰恳圣恩，俯准将陶虞臣留办课长三年，刘世衍照旧协办，俟留办期满，再行照例分别撤回顶补，庶陶虞臣等倍加奋勉，而厂地益收得人之效。臣等往返札商，意见相同。谨合词缮折具奏，伏祈皇上圣鉴训示。谨奏。

朱批：如所请行。

（《宫中档乾隆朝奏折》第二十七辑，第819页）

1458 云南巡抚鄂宁《奏销修辑〈赋役全书〉银两折》

乾隆三十二年八月十八日

云南巡抚臣鄂宁谨奏：为循例具奏事。

窃照耗羡章程案内，凡有常例之外动用银两，例应专折奏闻。兹据布政使钱度详称："《赋役全书》每逢十年，应动存公银两修辑一次。滇省《赋役全书》，扣至乾隆二十九年，已届十年修辑之期，经前司于乾隆二十九年内详请咨部覆准。嗣奉上谕：《赋役全书》内凡涉琐碎不经名目，概行芟除，画一办理。当经钦遵芟除，逐加修辑，刊刻成书，详请咨部，并移行颁发在案。实需工价银四百六十一两一钱二厘，原奉文于存公银内动支报销。查乾隆三十一年奏销存贮节年公件、耗羡银九十二万二钱四十九两七分，所有修辑《全书》银四百六十一两一钱二厘，应请于前项存贮公件银内动支，理合详请具奏。"等情前来。臣覆核无异，除支销细册送部外，谨循例缮折奏闻，伏祈皇上圣鉴。谨奏。

朱批：该部知道。

（《宫中档乾隆朝奏折》第二十七辑，第821页）

1459　云南巡抚鄂宁《奏呈滇省各属闰七月分粮价单》
乾隆三十二年八月十八日

云南巡抚臣鄂宁谨奏：谨将云南二十三府属乾隆三十二年闰七月分粮价，缮列清单恭呈御览。计开：

云南府属价贵：查米、麦、豆价与上月相同，荞价稍减。白米每仓石价银一两九钱至二两九钱七分，红米每仓石价银一两五钱一分至二两六钱六分，小麦每仓石价银一两四钱至二两一钱二分，荞每仓石价银九钱八分至一两五钱一分，豆每仓石价银一两一钱六分至一两七钱七分。

曲靖府属价贵：查白米、麦、荞、豆价与上月相同，红米价稍增。白米每仓石价银一两四钱五分至二两八分，红米每仓石价银一两二钱二分至一两九钱八分，小麦每仓石价银九钱九分至二两三钱五分，荞每仓石价银七钱四分至一两一两三钱，豆每仓石价银六钱六分至二两四钱五分。

临安府属价贵：查红米、麦、荞、豆价与上月相同，白米价稍减。白米每仓石价银一两三钱四分至二两，红米每仓石价银一两三钱二分至二两一钱五分，小麦每仓石价银一两五分至二两，荞每仓石价银四钱至一两一钱五分，豆每仓石价银六钱五分至一两八钱五分。

澄江府属价贵：查各色粮价与上月相同。白米每仓石价银一两九钱八分至二两九分，红米每仓石价银一两八钱至一两九钱六分，小麦每仓石价银一两七钱五分至二两七钱四分，荞每仓石价银九钱至一两七钱九分，豆每仓石价银一两二钱一分至二两八分。

广西府属价贵：查米、荞价较上月稍减，麦、豆价稍增。白米每仓石价银一两三钱五分至一两九钱五分，红米每仓石价银一两三钱至一两九钱一分，小麦每仓石价银九钱七分至二两，荞每仓石价银六钱九分至一两，豆每仓石价银八钱五分至一两五钱二分。

广南府属价平：查各色粮价俱较上月稍增。白米每仓石价银一两二钱四分，红米每仓石价银一两八分，小麦每仓石价银四钱二分，荞每仓石价银三钱九分，豆每仓石价银四钱四分。

元江府属价中：查米、麦、荞价与上月相同，豆、价稍减。白米每仓石价银一两五钱七分至一两八钱九分，红米每仓石价银一两五钱至一两七钱，小麦每仓石价银一两二钱九分，荞每仓石价银五钱八分至一两，豆每仓石价银一两一钱二分。

开化府属价平：查各色粮价俱与上月相同。白米每仓石价银一两二钱五分，红米每仓石价银一两二钱，小麦每仓石价银一两二钱七分，荞每仓石价银四钱五分，豆每仓石价银一两。

普洱府属价中：查米、荞价较上月稍增，麦、豆价相同。白米每仓石价银一两三钱一分至一两八钱，红米每仓石价银一两二钱八分至一两七钱，小麦每仓石价银一两八分，荞每仓石价银四钱六分至一两，豆每仓石价银一两三钱三分。

武定府属价贵：查米、豆价与上月相同，麦价稍增，荞价稍减。白米每仓石价银一两九钱五分至二两六钱，红米每仓石价银一两八钱八分至二两四钱五分，小麦每仓石价银一两六钱至一两七钱四分，荞每仓石价银九钱至一两三分，豆每仓石价银一两七分至一两六钱五分。

镇沅府属价中：查米、豆价较上月稍增，麦、荞价相同。白米每仓石价银一两四钱四分至一两七钱三分，红米每仓石价银一两三钱九分至一两七钱，小麦每仓石价银一两三钱至一两四钱八分，荞每仓石价银四钱三分至六钱，豆每仓石价银一两一钱至一两三钱八分。

东川府属价贵：查米、麦、豆价与上月相同，荞价稍减。白米每仓石价银二两六钱四分，红米每仓石价银二两五钱六分，小麦每仓石价银一两四钱七分，荞每仓石价银一两二分，豆每仓石价银一两六钱七分。

昭通府属价贵：查米、麦、荞价较上月稍增，豆价相同。白米每仓石价银一两六钱至三两八分，红米每仓石价银二两五钱至二两两七钱五分，小麦每仓石价银一两一钱五分至一两六钱九分，荞每仓石价银七钱七分至一两一钱五分；豆每仓石价银一两二钱二分至二两四钱六分。

大理府属价贵：查米价较上月稍减，荞豆价稍增，麦价相同。白米每仓石价银一两四钱至三两一钱，红米每仓石价银一两三钱至二两九钱，小麦每仓石价银五钱五分至二两，荞每仓石价银四钱四分至一两五钱，豆每仓石价银四钱五分至一两四钱。

鹤庆府属价中：查白米价与上月相同，红米、麦、荞、豆价稍减。白米每仓石价银一两五钱九分；红米每仓石价银一两四钱四分至一两五钱三分，小麦每仓石价银八钱七分至一两三钱，荞每仓石价银九钱八分，豆每仓石价银六钱二分至八钱二分。

丽江府属价中：查米、麦价较上月稍增，荞、豆价相同。白米每仓石价银一两四钱六分至一两七钱五分，红米每仓石价银一两三钱五分至二两二钱，小麦每仓石价银六钱八分至一两五分，荞每仓石价银四钱至八钱，豆每仓石价银六钱四分。

永昌府属价贵：查米价与上月相同，麦、荞、豆价稍增。白米每仓石价银一两五钱九分至二两六分，红米每仓石价银一两五钱八分至二两，小麦每仓石价银一两二分至一两四钱四分，荞每仓石价银八钱三分至九钱五分，豆每仓石价银一两二钱三分至一两五钱八分。

顺宁府属价中：查各色粮价俱较上月相同。白米每仓石价银一两五分至一两七钱五分，红米每仓石价银九钱九分至一两七钱五分，小麦每仓石价银九钱一分至一两四钱五分，荞每仓石价银三钱八分至四钱，豆每仓石价银八钱至一两二钱五分。

蒙化府属价中：查各色粮价俱较上月稍增。白米每仓石价银一两六钱二分，红米每仓石价银一两五钱九分，小麦每仓石价银一两一钱四分，荞每仓石价银七钱三分，豆每仓石价银六钱五分。

永北府属价中：查米、麦价较上月稍增，荞、豆价相同。白米每仓石价银一两四钱八分，红米每仓石价银一两四钱一分，小麦每仓石价银八钱九分，荞每仓石价银五钱七分，豆每仓石价银六钱九分。

楚雄府属价贵：查白米、麦、豆价较上月稍增，红米价相同，荞价稍减。白米每仓石价银一两三钱五分至二两二钱五分，红米每仓石价银一两三钱五分至一两九钱五分，小麦每仓石价银一两至一两六钱五分，荞每仓石价银六钱一分至一两五分，豆每仓石价银九钱一分至一两六钱五分。

姚安府属价贵：查各色粮价俱与上月相同。白米每仓石价银一两五钱四分至二两二钱八分，红米每仓石价银一两四钱三分至二两二钱五分，小麦每仓石价银一两三分至一两三钱七分，荞每仓石价银四钱八分至一两三钱七分，豆每仓石价银六钱四分至一两四钱。

景东府属价中：查米价较上月稍减，麦、豆价稍增。白米每仓石价银一两三钱三分，红米每仓石价银一两二钱三分，小麦每仓石价银一两四钱八分，豆每仓石价银一两一钱二分。

朱批：览。

（《宫中档乾隆朝奏折》第二十七辑，第821~826页）

1460 云南巡抚鄂宁《奏报知县才不胜任，请改教职，以重吏治折》

乾隆三十二年八月十八日

云南巡抚臣鄂宁谨奏：为知县才不胜任，请改教职，以重吏治事。

窃照知县膺民社之寄，必须才识精明，任事勇往，始于地方有益。

今查有广通县知县李象奎，陕西进士，选授福建莆田县知县，丁忧服阕，赴补拣发云南，经前督抚臣奏补今职，本年四月，接准部覆，因先委署剑川州印务，尚未到任。查该员署理州篆、办理地方案件及差委事务，皆形竭蹶。兹卸事来省，臣察其才具，听其言论，于吏治全然未谙，实难称知县之任。广通为往永昌冲衢，现在办理军务，差繁事剧，未便仍令赴任，致有贻误。但该员系科目出身，吏治非其所长，学问犹堪秉铎。相应请旨，将李象奎改补教职，俟部覆至日，给咨送部引见，恭候钦定。所遗广通县缺，归部铨选。谨缮折具奏，伏祈皇上圣鉴，敕部议覆施行。谨奏。

朱批：该部议奏。

（《宫中档乾隆朝奏折》第二十七辑，第 827 页）

1461　云南巡抚鄂宁《奏报九龙江情形并据实参奏普洱镇总兵德保畏葸退缩折》

乾隆三十二年八月十八日

云南巡抚臣鄂宁谨奏：为查明覆奏事。

窃查普洱、思茅安堵情形，及德保自言九龙江退回思茅缘由，经臣于八月初六日恭折奏闻，并声明一切情形，统容臣等查明，据实办理在案。嗣据普洱府唐宸衡禀称："九龙江候袭车里宣慰刀维屏到思茅，面加细询，据禀："闰七月初八日，德镇传去，将赏号银一千两、缎一卷、箱子六个，着令宣慰收管。随有元江营千总苏起文由小猛养到江，对宣慰说，在橄榄坝被贼冲散，奔至小猛养，又被贼追赶，说完即进营盘，不知禀报德镇甚么话。到晚，德镇传宣慰父子进营，令集土练听点，共集得百余名。德镇令宣慰胞弟刀召厅带练十名，先往蛮乜侦探。到了半夜，德镇出营，骑着马，上前唤宣慰父子引往小路而走，众官兵随后走了。宣慰父子送德镇过蛮乜、阿卡等处，先后令回，不知德镇到何处去了。十二日，宣慰父子、弟兄回江查看，大营只有几个病兵，存贮兵粮七八百石，军械甚多。宣慰随将军械、枪炮埋藏山箐，又搬粮三十四五石藏了，其余粮米，正在觅屋搬贮。十四日下午，见小渡口民房火起，探知贼匪烧抢来了，大家惊慌，都逃往山箐内藏躲了几天。到十九日，查探贼匪尽去了，宣慰出来查看，江边房屋烧完，还烧死有好些人，粮米俱烧坏了。如今细查，贼往江外，其江内各处俱无贼匪，为首的贼名叫召工、召齐、召法、召渊、叭散猛数人，其中贼匪有四五百人，尚有孟艮、整欠、猛勇、景线胁从的外夷千余。"等语。并有九龙江粮员、司狱苏涟回普洱，复询情由，亦据禀称："闰七月初八日半夜后，黑影中，见德镇带领将备并宣慰父子、兵练出营，往沿江向北而去。卑职四顾无人，只得随后跟走。"又面加密诘，据称："走时实未目睹贼匪到江。"等情。又据署参将七十一禀称："有千总杨必选，系随在九龙江之人，即传至细加询问，据称，闰七月初八日，有在橄榄坝防守千总苏起文到营，云橄榄坝已失，德镇即于是晚带兵出营，由小路回思茅来了。"等语。又据思茅同知黑光禀报相同。

臣查唐宸衡等所禀德保退走情形，则德保前此自称领兵迎敌，兵丁因听江上船响，疑贼逃散之语，尽属捏饰。窃以德保初八日，无端安顿赏号、行装，明系预谋宵遁。追刀维屏父子引出间道，十二日转回，而九龙江营盘、军械、兵粮依然无恙。是不特宵遁时并无贼踪，即隔越数日，亦贼未遽至。使德保预先奋勇迎剿，固可一驱而散，即坚垒自守，贼亦不敢逼视。何竟安心避贼，不顾军粮、器械，首先带兵潜逃？（**夹批**：实实可恶！已有旨令汝拿解来京矣。）殊出情理之外。臣随札致督臣明瑞会参。旋于十七日，准提臣谭五格来札，并抄寄折稿，阅其所查德保逃避情节，与唐宸衡等禀报无异。兹十八日，钦奉谕旨，命臣前往该处确查办理："德保所奏如果系实情，所有逃兵即速查拿，重加治罪，以示惩儆。若德保所奏不实，或别有畏葸退缩情事，即将德保严参重处。钦此。"查滇兵怯懦不堪，臣等不能鼓励士气，使之振作改观，实深惭愤。但此次九龙江官兵之退散，实由德保一闻贼信，即自带兵潜逃，并非兵丁先德保遁走。德保以满洲专阃大员，带兵防守，既不能身先士卒，奋勇剿贼，乃畏葸退缩，反竟领兵宵遁。复敢于退走之后捏情入告，冀图归咎于兵，以卸己罪，误边防而负国恩，实属罪无可逭。（**夹批**：其罪更深于李时升、朱仑。）相应据实参奏，请旨将德保革职拿问，（**夹批**：所参是。）交部治罪，以为懦劣欺饰之戒。

至永昌集兵进剿之期已近，一切事宜，臣必当先期至彼，与督臣明瑞面为筹定。今德保之退避，非因兵逃，业经查明确实，臣自可无庸往办。（**夹批**：好。汝竟大出意矣，益当勉之。）仍将省城紧要案件赶紧料理，即于二十五日起程前往永昌。再小猛仑窜入贼匪，虽据查明即系召工等并被胁之孟艮等处夷民，（**夹批**：此应于办理缅贼功成，回兵顺剿，亦不可宽纵也。此折汝二人共看。）但来历尚未明晰，已饬选差干役前往，并令龚士模等调取叭先捧到普洱，详询原由。又九龙江等处，本年防守以来，将弁瘴故者已十余人，兵丁已据报到瘴故者已五百余名。虽瘴疠实甚，但据报受瘴未故之中，恐亦不免有借病躲避者。（**夹批**：是。应同明瑞严查。）臣已屡饬普洱文武确查具报，容俟查覆到日，臣等一并彻底办理，另行奏闻，不敢稍有姑息迁就。至于所失粮石，亦现在饬查确数，分别着落赔补。

所有遵旨查办缘由，谨缮折具奏，伏祈皇上圣鉴。谨奏。

朱批：览奏俱悉。

（《宫中档乾隆朝奏折》第二十七辑，第 827~829 页）

1462 云贵总督明瑞、云南巡抚鄂宁《特参玩误差务之丞令折》
乾隆三十二年八月二十五日

云贵总督臣明瑞、云南巡抚臣鄂宁谨奏：为特参玩误差务之丞令，以肃吏治事。

窃照军务重差，凡官兵经由各站，需用夫马，承办地方官理宜预为多备，随到随送，俾得遄行无阻，方为勇往急公。屡经臣等严檄通饬，至再至三，并委员挨查，令逐站面加晓谕。闻自省至永昌一路，有署蒙化府掌印同知、昆明县知县魏成汉，永平县知县管叙，办理站务每多贻误。即于布政使钱度前往永昌时，饬令挨站严查，兹据该司禀称："蒙化府所属漾濞站夫马短少，川黔官兵军装到境，需用人夫，不能按起照例应付，致有留滞堆积。该署同知魏成汉精神涣散，承办站差并不实心勇往。又永平县属打牛坪站军装、饷鞘堆积更多，该县管叙并不遣妥人料理，只有典史聂锡福在站，遇差即行躲避。其永平城内官兵军装积滞亦然。管叙疲玩性成，毫不急公。"等情。并据会同按察使夔舒、粮储道罗源浩、驿盐道诺穆亲、迤西道陈作梅等揭报前来。

臣等查魏成汉、管叙，人本油滑不堪，当此军兴之际，官兵军装均须克期齐集永昌，以待大举。该员等身任地方，胆敢缺少人夫，稽留迟滞，更属有心玩误。似此劣员，断难一日姑容。除遴委干员星驰前往摘印署理，将积留在站官兵军装作速多雇人夫，限日应付，运送前进外，相应参奏，请旨将魏成汉、管叙革职，留于军营效力，以为玩误差务者戒。至该员等经手仓库钱粮，一面檄饬严查，如有亏空，即行续参。永平县典史聂锡福，另行咨部斥革，合并陈明。为此合词恭折具奏，伏祈皇上圣鉴，敕部施行。谨奏。

朱批：该部知道。

（《宫中档乾隆朝奏折》第二十八辑，第 22~23 页）

1463 云南巡抚鄂宁《奏报永昌府知府陈大吕纵役
短价、勒买军粮一案审明定拟折》
乾隆三十二年八月二十五日

云南巡抚臣鄂宁谨奏：为遵旨审拟具奏事。

窃照永昌府知府陈大吕纵役短价、勒买军粮一案，经臣等会折参奏。钦奉谕旨："陈大吕着革职拿问，交臣速即严审治罪。其案内有名人犯，着一并确讯，定拟具奏。钦此。"钦遵，准督臣将陈大吕并一干犯证，委员押解至省。

臣随率同布政使钱度、按察使夔舒，提犯逐加严讯。缘进剿缅匪，筹办军粮，于永昌府属就近采买。臣等访明市价，酌定每京石给银二两。陈大吕未奉文之先，自发银三百两，令书吏张从心、王嘉言持往蒲缥、潞江等处预为定买。张从心举保该地已革之府书李又唐堪以帮办，陈大吕即给谕帖，令协同办理。讵李又唐起意压派花户承买，短给价值，以图渔利。张从心等希冀分肥，亦即允从，每石发银一两，又令交米四十土斛，以该处三十斛合一京石之数计，浮多十斛，该米三斗三升。李又唐经手称银，又每两短银二、三分不等。王嘉言分发银封，有花户李密不肯接收，即行拴锁，吓唬送官，待伊收银方释。嗣陈大吕接奉采买四千石，每石定价二两之文，因往永平办差，不能亲身料理，随将所领银两差令书役分头采买，未将定价出示晓谕。适张从心复赴府领银，闻知定有价值，即称蒲缥市上难买。陈大吕又发银五百两，连前共八百两，令其先买四百石，如可多买，再行领银。其续发银两系长随徐得禄经手，徐得禄即每百私扣银二两，共扣银十两入己。张从心不敢计较，另行倾销色银，给李又唐分发，并通知奉行定价，令其改造账簿，以便冒销。李又唐派买米六百零二石，共发过实银五百八十六两，尚存剩银二百十四两，其扣存短平银两，亦在所剩数内。旋据花户王之辅等持银呈诉，米石均未交纳，李又唐等扣短赃数，尚未入己。再四盘诘，张从心、李又唐坚称，陈大吕发银八百两，实止令买米四百石，矢口不移。是陈大吕虽非知情故纵，但以军需粮石转委书吏承办，以致派买短价，实非寻常扰累，其罪自不可逭。

查例载：采买一应仓粮，务令平价采买，不许转发里递，敢有私派勒买及短给价值者，坐赃治罪，坐赃五百两，罪止杖一百，徒三年。又律载：监临官吏挟势及豪强之人低价买物，多取价利，强者准枉法论，枉法赃无禄人一百二十两，绞监候律，称准者至死减一等。又例载：衙门蠹役恐吓，索诈十两以上，发边卫充军；长随求索得财，照蠹役诈赃例治罪、刺字各等语。陈大吕身为知府，承办军粮最关紧要。辄敢滥差匪人，勒派花户，若照寻常采买、转发里递、私派勒买例坐赃治罪，仅止杖徒，旗人折枷，不足蔽辜。应请旨从重发乌鲁木齐等处充当苦差，以示惩诫。李又唐系已革书吏，因委办军粮，即挟势压派花户，低价强买，以图取利。张从心、王嘉言现充府书，通同舞弊，俱属觑法计赃已在一百二十两以上，虽尚未入己，但事干军需，与寻常犯赃不同，均应以入己论，照低价强买取利、准枉法论，至死减一等律，杖一百，流三千里。长随徐得禄借势扣银，得赃十两，应照蠹役诈赃十两以上例，发边卫充军，刺字，所得赃银照追入官。各花户已未呈缴银两，饬令现署永昌府知府赵珮查明，加足价银，另行采买，并饬遍示晓谕，以裨小民均沾实惠。除将各犯供词另缮清单敬呈御览外，臣谨会同督臣明瑞恭折具奏，伏祈皇上圣鉴，训示施行。谨奏。

朱批：该部核议具奏。

1464　云南巡抚鄂宁《奏报遵旨查明书敏实系病故及补角、九龙江两路退散情形折》

乾隆三十二年八月二十五日

云南巡抚臣鄂宁谨奏：为覆奏事。

窃查德保带兵奔回思茅，畏葸退缩，并捏情入告缘由，业经臣于八月十九日严行参奏，并声明臣于二十五日前往永昌，又经提臣谭五格由思茅查明德保款迹，会折参奏各在案。

兹二十一日，承准大学士公傅恒、大学士尹继善字寄："乾隆三十二年八月初十日，奉上谕：德保奏总兵书敏于闰七月二十日在九叠地方病故，小猛仑等处俱被贼匪占踞，关系紧要，已于二十四日，带领官兵五百名自思茅前进剿贼一折，所奏总不明晰，已于折内批谕矣。前经降旨，令该抚鄂宁前往该处确查办理。鄂宁到后，所有贼匪情形及系何处乌合之众，并德保从前因何退至思茅，今又领兵前进各情节，自能查明具奏。至九龙江边外一带，现在瘴气既盛，谭五格带领黔兵前往，止宜相机剿逐，妥协速办，使内地土司无扰，以待将来大举，断不可冒瘴深入，亦毋庸带兵久驻边外。此等贼众，并非缅匪正贼，不过召散余党，或边外流民借端滋扰土境，原属不成事体，此时总宜静镇。谭五格于办竣此事后，可暂回至思茅，驻兵防守，候将来进兵时，再听明瑞调度。至所奏书敏病故一事，或系病亡，或系染瘴身故，及该镇领兵向在何处，因何欲回思茅，在中途病故，且书敏既在前，德保何以先行退回，亦着鄂宁查明覆奏，再降谕旨。着将此传谕鄂宁、谭五格及明瑞知之。钦此。"遵旨寄信前来。

臣查德保驻守九龙江，于闰七月初八日，无端领兵宵遁，直奔思茅。彼时贼匪并未蔓延至江，据普洱府唐宸衡等询据应袭宣慰刀维屏禀称："闰七月十四日，以至十九日，数日之内，九龙江始有贼匪，二十日内外，已陆续渡江散去，小猛仑、橄榄坝、茨通、小猛养、九龙江等处俱无贼人踪迹。"德保于闰七月十七日逃回思茅，复于二十四日领兵前往，已无贼可剿，乃并不据实奏明，犹敢以虚词妄渎圣聪，希图掩盖，居心实不可问。（**夹批**：实在可恶！罪深于李时升等。）德保前赴普洱时，臣与谆谆面言："滇省从前恶习，上下相哄，甚而敢欺皇上，总以粉饰徇隐为得计，以至坏事，身获重罪。今我等当痛除积习。大人到普洱，凡将备、兵弁，倘有欺饰者，无论事之大小，必当从重处治。至于我辈，若有办理不善之处，惟有于圣主之前据实直陈，非有心之罪，必蒙天恩宽宥。若稍涉欺饰，即是自投死地，皇上亦必不能施恩。"德保亦深以为然。乃伊领兵防御，平时既办理不善，而又风鹤皆惊，贼未来而先避，贼已退而复返，种种乖谬，更敢于肆行欺罔，殊出意想之外。其畏葸欺朦情节，屡经臣等查奏，（**夹批**：亦是汝等尽忠，方能如此查奏。若杨应琚，又复欺奏矣。然最终能欺朕耳？）自难逃圣明洞鉴。

至书敏，自贼匪窜入小猛仑，不能堵御，由猛宽、茨通退驻倚邦。前据普洱府等报称，书敏于闰七月二十日行至旧垎病故。询据伴送兵丁钱起文禀称："书镇台前于七月十九日在猛宽染病后，因心事不宁，病势更重。闰七月初八日到倚邦，日夜发热，十七日从倚邦起身，要回思茅医治，十八日歇猛旺，昏迷不醒，十九日停留一天，有开化外委何逊贤解军装前来，就一同跟随，二十日行至旧埂地方身故。经署思茅同知亲往看明，委系染瘴病故。"等语。嗣外委何逊贤赍送总兵关防到省，臣面加询问，据称："十九日，迎着书镇台，见病已沉重，后连次肚泻，气脱身亡。"等语。是书敏之死委系病亡，而得病之由，观其发热肚泄形状，自不免于染瘴。其自倚邦前赴思茅，系为医病，而病势垂危，故行至中途身故。书敏与德保本系两路分驻，一在补角，一在九龙江。（**夹批：亦何退回？无可宽罪。**）书敏由补角巡查至小猛仓，因贼匪窜入，渐次退至倚邦，离思茅尚有五站。德保则在九龙江宵遁，由小路直奔思茅。是以德保退回，在书敏之先。

至此股贼匪，前经查明，为首贼人系召工、召渊等，勾结滋扰，因来历尚未明晰，复行饬查。今据普洱府唐宸衡等禀称："叭先捧现在整董，差传到思茅面询，据称：猛勇召工原未投诚，上年大兵进剿，召工畏避远飏。土千总召齐系召工胞弟，召工结连缅匪、鬼家，复回猛勇，召齐附从胞兄猖狂。整欠召教投诚授职，因伊三子召渊结连猛勇艮子、鬼家，占回整欠，始从为贼。此番贼匪，实系召工等为首，先在猛拿，共有三千余人，内缅子有三百多，其余俱是艮子、猛勇、鬼家、整欠等处附和的猡夷。"等语。又据唐宸衡另禀："细询叭先捧情由，缘整欠一区原系召渊之父召教世守地方，上年官兵平定之后，授叭先捧为指挥，管理整欠，而召渊之父召教仅得土弁之职，为叭先捧所属，应听使令。是以召渊父子心怀不服，附贼，与叭先捧为难。"等情。是由整欠扰至猛拿，从小猛仓窜入内地贼匪，确系召工、召渊等以为之倡，其所称艮子，即系孟艮召散之余党。至据称有缅子三百多，实非缅匪正贼，总不过乌合之众，皆因从前根底办理不清，以致召渊等借端勾结，自相仇杀。而内地防范稍疏，即乘势阑入，以逞其抢掠之技，一闻追剿，纷纷远窜。将来大兵直捣阿瓦后，军威所至，自可一举扫除，歼其首恶，妥为筹办，方可以永安边境。此时江内既无贼踪，且边外瘴疠尚盛，诚如圣谕，断不可冒瘴深入。提臣谭五格抵思茅，查明贼已远飏，无需追剿，即部署防守，业将查办一切情形奏闻。兹接伊来札，已于十八日自思茅起程，前往永昌，与督臣明瑞筹商大举事宜。

所有臣遵旨查明各缘由，谨缮折具奏，伏祈皇上圣鉴。谨奏。

朱批：览奏俱悉。

（《宫中档乾隆朝奏折》第二十八辑，第 26～29 页）

1465 云南巡抚鄂宁《奏报起程赴永昌与督臣
商办军务及滇省地方情形折》

乾隆三十二年八月三十日

云南巡抚臣鄂宁谨奏：为奏闻事。

窃查永昌大举为期已近，一切事宜，臣当先期至彼与督臣明瑞面相筹定，庶明瑞统兵深入，臣驻扎永昌可以次第办理。今将省城应行即办事务及已解到刑名案件，俱已上紧赶办，于二十五日起程前往。所有京城劲旅及川黔新调之兵，俱已由省经过，约九月初旬内外可以齐抵永昌。臣查得京兵实皆踊跃鼓舞，即川黔之兵亦俱强劲，锐气甚盛，实足以壮军威而资制胜。

至滇省入秋以来晴雨合宜，稻谷黄茂，杂粮亦俱结实，现在渐次刈获，咸庆倍收。当此大兵云集，省会粮价不但不见昂贵，且较之往年竟减三分之一。行查通省，莫不皆然。访之舆论，佥谓十数年来未有如今岁之雨旸时若、年谷顺成者。此皆仰赖圣主洪福。军兴之际，得此时和年丰，臣敬观天意、人事，必能迅奏肤功，永安边境。（**夹批：此时且不可为此意。**）实不胜欢忭。谨缮折具奏，伏祈皇上圣鉴。谨奏。

朱批： 欣慰览之。

（《宫中档乾隆朝奏折》第二十八辑，第 29 页）

1466　云南巡抚鄂宁《奏报遵旨拿解普洱镇总兵德保折》
乾隆三十二年九月初一日

云南巡抚臣鄂宁谨奏：为遵旨拿解德保事。

窃照德保畏葸欺饰情节，经臣等节次参奏在案。臣奏明前往永昌，于八月三十日，行至镇南州地方，接到臣前奏普洱、思茅现俱安静及德保自言九龙江退回思茅缘由一折，钦奉朱批："若德保有畏怯不堪实据，即行拿解来京。钦此。"

臣查德保领兵防守九龙江，原以拒贼，则果有贼来，正宜身先士卒，奋勇剿杀，岂容于未见一贼，首先带兵宵遁？乃德保始则收拾赏号银两、缎匹等项，交与候袭宣慰刀维屏收存，已预为逃避之技。旋遣刀召听查探道途，以自谋出路，于半夜骑马先走，其仓皇倡逃之状已属显然。究之德保走后，贼匪相距五六日尚未到彼，则德保即安坐九龙江，贼人亦不敢逼视。是德保之畏怯不堪，实出情理之外。乃复敢于圣主之前肆行欺罔，欲卸罪于兵，更为丧心无耻。经督臣明瑞飞札提臣谭五格，即将德保摘印，委员押赴永昌，恭候谕旨。并据镇沅府龚士模、普洱府唐宸衡等禀报，已奉提臣行知，就近委员前往九龙江将德保押解。今臣遵旨，一面遴委文武妥员迎至前途，将德保锁拿接解，小心管押赴京。

臣窃见德保之畏怯倡逃情节，于臣等尚未奏到之先，已蒙皇上鉴察。其所奏不实，或别有畏葸退缩情事，益仰圣主日月之明，万里之外，无微不照。凡属大小臣工，稍有人心者，更当实力图报，事事本之良心，以承恩远罪。但有捏饰，必不能逃圣明洞鉴。臣当于滇省文武谆切诫喻，共期上答圣恩，自免罪戾。所有臣奉到谕旨，办理缘由，谨缮折具奏，伏祈皇上圣鉴。谨奏。

朱批：好，速解来。可恶之极！

（《宫中档乾隆朝奏折》第二十八辑，第69~70页）

1467 云贵总督明瑞、云南巡抚鄂宁《奏报师宗州知州缺出，请以易门县知县李鹄升署，其遗缺以试用知县吴楷署理折》
乾隆三十二年九月十六日

云贵总督臣明瑞、云南巡抚臣鄂宁谨奏：为仰恳圣恩，俯准升署知州，以裨地方事。

窃照师宗州知州石观患病解任，回籍调理，现在另疏具题。所遗员缺，例应拣选调补。查师宗州为苗疆要区，必须才识练达、熟悉夷情之员方克胜任。臣等与藩臬两司于通省知州中详加遴选，非现任要缺，即人地不宜，实无可调之员。惟查有易门县知县李鹄，年四十四岁，山东诸城县人，由进士分派各省以知县用，签掣云南，丁忧服阕赴部，仍发原省补用，乾隆二十六年正月到滇，历署宣威、沾益、蒙自等州县印务，委运京铜，题补今职，二十九年十二月到任。查该员才具明干，办事实心，任内罚俸不及十案，俱已完解，并无降留展参之案，请以升署师宗州知州，实堪胜任。惟历俸未满五年，与例稍有未符。但人地相需，例得专折奏请。仰恳圣恩，俯准以李鹄升署师宗州知州，仍照例前后两任接算，扣满五年，另请实授。所遗易门县知县员缺，例得以试用人员署理。

查有试用知县吴楷，年三十九岁，江苏进士，捐知县，双月选用，拣发云南，乾隆二十八年十一月到滇。查该员才情明白，办事勤勉，历经委署大理府同知、弥勒州知州，现署云南县知县印务，均无贻误，署任参罚止有二案，请以署理易门县知县，洵属人地相宜。照例试看一年，如果称职，另请实授。

再李鹄系知县升署知州，应行引见，俟部覆至日，给咨送部。吴楷系试用知县请署知县，衔缺相当，毋庸送部引见。除将李鹄等参罚事件另缮清单恭呈御览，臣等面商，意见相同。谨会折具奏，伏祈皇上圣鉴，敕部议覆施行。谨奏。

朱批：该部议奏。

（《宫中档乾隆朝奏折》第二十八辑，第178~179页）

1468 明瑞、鄂宁《奏报夔舒识见窒暗，难胜滇省臬司折》
乾隆三十二年九月十七日

臣明瑞、臣鄂宁谨奏：为据实奏闻事。

窃照云南按察使夔舒，人谨饬小心，识见窒暗，刑名律例亦不明晓，现在委办驿务，措置俱甚周章。臣等随时指示，尚免贻误。但臬司为刑名总汇，又现值办理军务，政事较繁，且臣明瑞不日统兵进剿，臣鄂宁驻扎永昌，省会重地，一切大小事务全恃臬司照料弹压，以夔舒之才具见地，必不能措置得宜。臣等深为系念，是夔舒于滇省臬司实难胜任。臣等留心体察，既有所见，不敢容隐，理合据实会折奏闻，伏祈皇上圣鉴训示。谨奏。

朱批：有旨谕部。

（《宫中档乾隆朝奏折》第二十八辑，第 179 页）

1469　云南巡抚鄂宁《奏呈滇省各属乾隆三十二年八月分粮价单》
乾隆三十二年九月十七日

云南巡抚臣鄂宁谨奏：谨将云南二十三府属乾隆三十二年八月分粮价缮列清单，恭呈御览。计开：

云南府属价贵：查米价较上月稍减，麦豆价相同，荞价稍增。白米每仓石价银一两九钱至二两九钱一分，红米每仓石价银一两五钱至二两六钱四分，小麦每仓石价银一两四钱至二两一钱二分，荞每仓石价银七钱至一两九钱六分，豆每仓石价银一两一钱二分至一两七钱七分。

曲靖府属价贵：查各色粮价俱与上月相同。白米每仓石价银一两四钱五分至二两八分，红米每仓石价银一两二钱一分至一两九钱八分，小麦每仓石价银九钱九分至二两三钱五分，荞每仓石价银七钱二分至一两三钱，豆每仓石价银六钱六分至二两四钱五分。

临安府属价贵：查米、荞、豆价较上月稍减，麦价相同。白米每仓石价银一两一钱二分至一两九钱五分，红米每仓石价银一两至一两八钱五分，小麦每仓石价银一两五分至二两，荞每仓石价银四钱至九钱五分，豆每仓石价银六钱五分至一两五钱七分。

澄江府属价贵：查米、荞价较上月稍减，麦豆价相同。白米每仓石价银一两九钱三分至二两，红米每仓石价银一两六钱七分至一两九钱四分，小麦每仓石价银一两七钱至二两七钱四分，荞每仓石价银八钱至一两五钱，豆每仓石价银一两二钱至二两八分。

广西府属价贵：查各色粮价俱较上月稍减。白米每仓石价银一两三钱五分至一两九钱二分，红米每仓石价银一两二钱至一两八钱八分，小麦每仓石价银九钱五分至一两九钱五分，荞每仓石价银五钱五分至九钱五分，豆每仓石八钱五分至一两四钱七分。

广南府属价平：查各色粮价俱与上月相同。白米每仓石价银一两二钱四分，红米每仓石价银一两八分，小麦每仓石价银四钱二分，荞每仓石价银三钱九分，豆每仓石价银四钱四分。

元江府属价中：查米、荞价较上月稍减，麦、豆价相同。白米每仓石价银一两五钱四分至一两八钱五分，红米每仓石价银一两四钱七分至一两六钱六分，小麦每仓石价银一两二钱九分，荞每仓石价银五钱八分至九钱六分，豆每仓石价银一两一钱二分。

开化府属价平：查米价较上月稍减，麦、荞、豆价相同。白米每仓石价银一两二钱，红米每仓石价银一两一钱五分，小麦每仓石价银一两二钱七分，荞每仓石价银四钱五分，豆每仓石价银一两。

普洱府属价贵：查米、麦、荞价较上月稍增，豆价相同。白米每仓石价银一两三钱一分至二两，红米每仓石价银一两二钱八分至一两九钱，小麦每仓石价银一两五钱，荞每仓石价银四钱六分至一两一钱，豆每仓石价银一两三钱三分。

武定府属价贵：查各色粮价俱较上月稍增。白米每仓石价银一两九钱五分至二两六钱五分，红米每仓石价银一两八钱七分至二两五钱，小麦每仓石价银一两六钱至一两七钱七分，荞每仓石价银九钱至一两一钱四分，豆每仓石价银一两七钱分至一两七钱三分。

镇沅府属价中：查各色粮价俱与上月相同。白米每仓石价银一两四钱四分至一两七钱三分，红米每仓石价银一两三钱九分至一两七钱，小麦每仓石价银一两三钱至一两四钱八分，荞每仓石价银四钱三分至六钱，豆每仓石价银一两一钱至一两三钱八分。

东川府属价贵：查米、麦、豆价与上月相同，荞价稍减。白米每仓石价银二两六钱四分，红米每仓石价银二两五钱六分，小麦每仓石价银一两四钱七分，荞每仓石价银九钱四分，豆每仓石价银一两六钱七分。

昭通府属价贵：查米、麦、豆价较上月稍增，荞价相同。白米每仓石价银一两六钱至三两一钱五分，红米每仓石价银二两五钱至二两八钱二分，小麦每仓石价银一两一钱五分至一两七钱六分，荞每仓石价银七钱七分至一两一钱五分，豆每仓石价银一两二钱二分至二两四钱八分。

大理府属价贵：查米、麦、荞价较上月稍减，豆价稍增。白米每仓石价银一两四钱至二两七钱，红米每仓石价银一两三钱至二两六钱，小麦每仓石价银四钱五分至一两九钱，荞每仓石价银四钱四分至一两三钱，豆每仓石价银四钱五分至一两六钱。

鹤庆府属价中：查白米价与上月相同，红米、麦、荞、豆价稍增。白米每仓石价银一两五钱七分至一两五钱九分，红米每仓石价银一两四钱四分至一两五钱五分，小麦每仓石价银八钱七分至一两五钱，荞每仓石价银一两，豆每仓石价银六钱二分至八钱四分。

丽江府属价中：查米、麦、荞价与上月相同，豆价稍增。白米每仓石价银一两五钱八分至一两七钱五分，红米每仓石价银一两四钱四分至二两二钱，小麦每仓石价银七钱四分至一两五钱，荞每仓石价银四钱四分至八钱，豆每仓石价银六钱六分。

永昌府属价贵：查各色粮价俱较上月稍增。白米每仓石价银一两六钱二分至二两二钱，红米每仓石价银一两六钱一分至二两一钱，小麦每仓石价银一两四钱四分至一两六钱，荞每仓石价银九钱五分至一两一钱，豆每仓石价银一两五钱八分至一两九钱五分。

顺宁府属价中：查米、麦、豆价较上月稍增，荞价相同。白米每仓石价银一两五钱至二两五钱，红米每仓石价银九钱九分至二两五钱，小麦每仓石价银九钱五分至一两六钱，荞每仓石价银三钱七分至四钱，豆每仓石价银八钱至一两四钱。

蒙化府属价中：查米、麦、豆价较上月稍增，荞价相同。白米每仓石价银一两六钱四分，红米每仓石价银一两六钱一分，小麦每仓石价银一两一钱八分，荞每仓石价银七钱三分，豆每仓石价银六钱六分。

永北府属价中：查米价较上月稍增，麦、荞、豆价相同。白米每仓石价银一两五钱四分，红米每仓石价银一两四钱八分，小麦每仓石价银八钱九分，荞每仓石价银五钱七分，豆每仓石价银六钱九分。

楚雄府属价贵：查米、麦、豆较上月稍增，荞价相同。白米每仓石价银一两三钱五分至二两三钱，红米每仓石价银一两三钱五分至二两，小麦每仓石价银一两至一两七钱，荞每仓石价银六钱至一两五分，豆每仓石价银九钱一分至一两七钱。

姚安府属价贵：查米、荞价较上月稍减，麦、豆价相同。白米每仓石价银一两七钱至二两二钱七分，红米每仓石价银一两四钱八分至二两二钱四分，小麦每仓石价银一两五分至一两三钱七分，荞每仓石价银四钱四分至一两，豆每仓石价银七钱六分至一两四钱。

景东府属价平：查米价较上月稍减，麦、豆价相同。白米每仓石价银一两三钱，红米每仓石价银一两二钱，小麦每仓石价银一两四钱八分，豆每仓石价银一两一钱二分。

朱批：览。

（《宫中档乾隆朝奏折》第二十八辑，第180~184页）

1470　云南巡抚鄂宁《奏报督臣统兵进剿，粮石、马匹、军械宽裕备存缘由折》
乾隆三十二年十月十二日

云南巡抚臣鄂宁谨奏：为奏闻事。

窃照督臣明瑞于九月二十四日统兵进剿缅匪，所有行粮、牛马、军械等项俱已宽裕，备带前进。臣在永昌，更应预筹存贮，使有余饶。

查臣等夏秋所筹办米石，除供支裹带外，现在永昌、腾越尚余存米三四万石，已属充裕。而本年各土司收成丰稔倍常，臣现又委员赍银，俟大兵出口后，就近按照时价，采买米数万石，分贮芒市、陇川土司地方，如军营有需接济，输运更为近便，即将来凯旋，沿途口粮亦可取给于此，所剩多余，运贮州县，以实仓储，亦为有济。并严饬委员等，如有抑勒浮冒情弊，立即拿问严参。

至贵州、四川、广西、湖广等省协济马匹及代买牛马，进剿以前尚有未曾解齐。因本省采办及外省已到牛马，核算足用有余，业经会同督臣飞咨各该省，将沿途倒缺之数毋庸补办，将来滇省总以收到实数报部，行知该省，即以臣等收到之数报销，以节縻费。统计现在用存之马，并各省陆续解到及各属采办马匹到齐，尚可挑留三千余匹，以之留备续运军装并军营添调之需。此项马匹，照例支给草料，派委专员好为牧放喂养，务期膘壮，力足备用。其调拨军械一项，现在余存火药十数万斤，铅弹二十余万斤，箭四万余枝，弓炮、鸟枪等项，亦俱有余。所有粮石、马匹、军械宽裕备存缘由，谨缮折奏闻，伏祈皇上圣鉴。谨奏。

朱批：好，知道了。

（《宫中档乾隆朝奏折》第二十八辑，第 357~358 页）

夹片：臣据平彝县禀报，参赞大臣、侍郎珠鲁讷已于十月初四日入云南境前进，计程，数日内即可到永昌，合行奏闻。

朱批：览。

1471 云南巡抚鄂宁《奏报滇省市年秋成分数并秋收丰稔情形折》
乾隆三十二年十月十二日

云南巡抚臣鄂宁谨奏：为恭报秋收大有分数，仰祈圣鉴事。

窃照滇省今岁雨旸时若，高下田亩、稻谷、杂粮均各畅茂倍常，现在刈获登场，农民欢庆，佥称为数十年来希觏之丰年。兹据布政使钱度查明通省收成分数，汇册详报前来。

臣查广西、思茅、晋宁、昆阳、嵩明、沾益、陆凉、赵州、邓川、腾越、镇南、镇雄、昆明、禄丰、呈贡、易门、罗次、平彝、江川、宁洱、太和、浪穹、保山、永平、楚雄、广通、大姚、恩安等二十八府、厅、州、县，稻谷及荞、豆杂粮收成，高下均系十分；鹤庆、丽江、蒙化、威远、缅宁、寻甸、师宗、弥勒、石屏、宁州、路南、新兴、南安、和曲、通海、河西、嶍峨、恩乐、河阳、定远、元谋、会泽、永善、邱北、碍嘉等二十五府、厅、州、县，高低稻谷收成十分，荞、豆杂粮收成九分；镇沅、元江、永北、顺宁、景东、大关、中甸、维西、鲁甸、安宁、宣威、马龙、罗平、建水、阿迷、宾川、云龙、剑川、云州、姚州、禄劝、宜良、富民、南宁、蒙自、宝宁、新平、文山、云南等二十九府、厅、州、县稻谷收成，低下十分，高阜九分，荞、豆杂粮收成，高低均系九分；云南、曲靖、临安、澄江、广南、开化、普洱、大理、永昌、楚雄、姚安、武定、昭通、东川等十四府，俱有同城州县，收成分数已于州县开报，不复重列。总计通省各府、厅、州、县稻谷及荞、豆、杂粮收成，牵算核计，实共九分有余。除恭疏具题并咨会邻省外，谨缮折奏闻。

再沿边土司地方年谷收成，每年例不题奏。今岁屡荷恩旨轸念边氓，臣饬令布政司行查，据实禀报。兹据禀称，查据永昌、腾越、思茅、宁洱、顺宁等五府、厅、州、县册报，所属各土司境内稻谷、杂粮收成俱有十分，理合一并附奏。臣因滇省本年秋收丰稔，实属大有，是以由驿具奏，仰慰圣怀，伏祈皇上睿鉴。谨奏。

朱批：欣慰览之。

（《宫中档乾隆朝奏折》第二十八辑，第358~359页）

1472　云南巡抚臣鄂宁《奏报拿解德保、苏起文日期暨查办德保赀财缘由折》

乾隆三十二年十月十二日

云南巡抚臣鄂宁谨奏：为奏闻事。

窃臣于九月十四日，钦奉上谕："将德保锁拿解京治罪。所有报闻贼信之千总苏起文，亦着革职拿问，解京究讯。德保任所赀财，一并查办。钦此。"查德保先经臣奉到朱批，即钦遵，委员前往普洱拿解。随飞札臬司，搜查德保随带行李、财物，并札普洱府，查封其任所赀财及九龙江有无遗物。去后，兹据臬司夔舒禀称："德保于九月十八日拿解到省，即带同云南府知府赵春福细加搜检行李，查获银四百八十八两零并零星旧衣等物，造册呈报，此外并无别物。即于十九日，委员试用知县姚可栋、都司田万鋗将德保自省押解，起程前进，饬令沿途小心防范，迅速赴京，已于二十四日出云南境。"等情。又据普洱府知府唐宬衡禀称："密往普洱镇衙门查讯，看署兵丁周国柱等供称：德镇本年五月十三日到任，并未带家眷，止有随身行李及家人六名。到任三日，即带行李、家人前往九龙江，署内并无人口、财物存留。如今拿解过普洱，并未进署，其跟随家人六名俱已瘴故。"等语。面询该镇标中军游击孝顺阿，据称："德劼镇任内应得俸饷银两，于伊解过时照数送交，同行李一并带去，实无财物隐匿寄顿，并移令思茅同知黑光，查明九龙江地方，德劼镇亦无财物存留。"等情。今谨将搜查出德保财物开列清单，敬呈御览。

至报闻贼信之元江营千总苏起文，先经督臣明瑞檄令护普洱镇七十一委员解赴永昌，因苏起文染患瘴病，已回本营调理，七十一即委把总吴现龙驰往元江押解。嗣臣奉谕旨，将苏起文革职拿问，解京究讯，会同督臣明瑞飞委试用吏目马能修自省迎至前途锁拿，径行解京。因把总吴现龙先将苏起文由景东一路解赴永昌，与臣等委去之员道途相左，今于十月初四日解到永昌。臣见苏起文病甚沉重，恐到京迟滞，即率同在永昌之司道府等讯取供词，另缮清单恭呈御览。仍委把总吴现龙，于初五日将苏起文押解往省，会同吏目马能修管解赴京，饬令沿途好为调理，加意防范，毋得稍有疏虞。所有德保、苏起文各拿解日期暨查办德保赀财缘由，理合缮折具奏，伏祈皇上圣鉴。谨奏。

朱批： 览。

（《宫中档乾隆朝奏折》第二十八辑，第 359～360 页）

夹片： 窃臣等会奏书敏身故折内，钦奉朱批，仍行枭首示众。钦此。当经会行昭通镇佟国英等钦遵办理。去后，兹据该镇等报称："饬委普洱镇游击孝顺阿、署宁洱县知县张轼，于九月二十三日，验明书敏尸身，戮取首级枭示讫。"

再臣于十月初一日，准署步军统领舒赫德咨，查封书敏任所赀财，并将伊妻子解京治罪。当即飞札臬司，密委东川府知府李豫驰往开化，严密查封，即委员解书敏妻子解京，送交刑部。容俟该司等详到，另行具奏。合并奏闻。

朱批： 览。

（《宫中档乾隆朝奏折》第二十八辑，第 361 页）

1473　云南巡抚鄂宁《奏报甄别分发云南试用举人情形折》
乾隆三十二年十月十五日

云南巡抚臣鄂宁谨奏：为遵旨具奏事。

窃臣准部咨，钦奉上谕，令："将现在到省举人详加试看，将来可以留省补用者若干，并实在难资驱策、应行甄别改教给衔者若干，即行据实汇折奏闻，候朕酌量降旨。毋得模棱姑息，致乖政体。钦此。"

臣伏查上年分发云南试用举人三十员，内除在部具呈亲老、改掣近省者五员，告病回籍调理者三员，实到滇者二十二员。又到滇后丁忧者二员，告病者一员，委署县篆、缘事参革者一员。现在举人十八员，臣留心体察，酌量差委，现经委署州、县及同知、通判印务者七员，内有委署大姚县事之四川举人叶凤立，因刘相哲殴死胞兄刘相如一案相验不实，业经臣随招附参，听候部议在案。余俱黾勉供职，尚无贻误。委运京铜者四员，虽未曾试以临民之事，但观其人，俱尚明白，堪以策励。委署经历等官及军务差遣者七员，视其办公之能否，以验其才具之优绌。今钦遵谕旨，复同藩、臬两司悉心衡量，并无应请给衔之人。惟直隶举人陈煜、山东举人吴江二员，才识迂庸，差委试看，实难膺民社之寄，即佐贰亦不相宜。应请旨以教职改补，给咨回籍候选。其余十六员，均请留滇补用。臣仍时加体察，如将来有难胜民牧者，自当随时甄别具奏，断不敢稍存模棱姑息，以抑副圣主慎重官方、爱惜人才之至意。至现在举人内，臣已将张志元一员题请借补丽江井盐大使在案，余俟有相当应补之缺，再陆续请补。合并陈明。所有臣现在甄别办理缘由，谨缮折据实奏闻，伏祈皇上圣鉴。谨奏。

朱批：该部知道。

（《宫中档乾隆朝奏折》第二十八辑，第379～380页）

1474　云南巡抚鄂宁《奏报滇省乾隆三十一年分征收过盐课等银两数目折》

乾隆三十二年十月十五日

云南巡抚臣鄂宁谨奏：为循例奏闻事。

案照钦奉上谕："嗣后各省每年完欠钱粮，俱着随奏销时分晰查明，核实折奏。钦此。"钦遵在案。

查滇省地丁之外，尚有监课一项，亦系按年奏销，历年循照地丁之例，一体具折奏闻。兹乾隆三十一年分盐课银两奏销，经臣饬令司道，将各井各属完欠确数查明，分晰详报。去后，据布政使钱度会同署驿盐道事按察使夔舒详称："乾隆三十一年分应征盐课银二十六万二千二百二十三两五钱零，内除永平县未完银一千八十四两二钱零外，实征完银二十六万九百三十九两三钱零。又催完乾隆三十一年薪本、役食，动支乾隆二十九、三十两年分盐课银六万两，内除建水、镇南、永平三州县未完银七百三十五两八钱零外，实征完银五万九千二百六十四两一钱零。又应征各井乾隆三十一年分盐务盈余银一十三万三千七百九十两零，内除支销养廉、公费、役食、脚价、廪饩并移解司库等银七万八千七百五十四两五钱零，尚该银五万五千三十五两五钱，催收抵补，各井减缺课薪银三万三千四百六十四两六钱零，未完银二万一千五百七十两八钱零，于奏销册内分别开造已未完数目等情，详报到臣。"臣查核无异，除恭疏具题外，理合缮折奏闻，伏祈皇上圣鉴。谨奏。

朱批：知道了。

（《宫中档乾隆朝奏折》第二十八辑，第380～381页）

1475　云南巡抚鄂宁《奏报查封书敏任所赀财及遗存普洱财物情形折》

乾隆三十二年十一月初四日

云南巡抚臣鄂宁谨奏：为奏闻事。

窃臣于十月初一日，准署步军统领舒赫德咨，查封书敏任所赀财，并将伊妻子解京治罪。当经飞札臬司，密委东川府知府李豫驰往开化，严密查封，即委员押解书敏妻子赴京，并行普洱府，查封书敏前在普洱军营遗存财物。去后，兹据臬司夔舒详据东川府李豫禀称："于十月十三日到开化府，即会同开化镇中营游击郑端揆、文山县知县张鼎，密赴镇署，将所有银钱、衣物等项逐一查点封贮。恐此外另有寄顿，讯据书敏家人高九儿等供：'书敏到任未久，从前积欠尚未还清，逐季关支俸廉银两尚不敷用，并无蓄积。至于衣服，书敏往普洱时已带了些去，七月内，署中又差家人伊常阿送去皮棉衣服几件，现在实止这些衣物，并无寄顿情弊。书敏只有一子，今年十岁，旧年才从京随母来至任所，因没盘费，将衣服当了二百多银才来的，当票现带在署，已蒙搜出等语。'覆加细查，委属实情。合将封贮各物造册呈报，并将书敏之妻佛氏、妾刘氏、子格布隆图，同家人男妇押解赴省解京。"等情。又据普洱府唐宸衡禀称："查书敏尚有家人伊常阿在普洱，随密赴该家人住处，将书敏遗存财物逐一抄查封贮。讯据伊常阿供，于七月十一日，自开化送衣服前赴军营，闰七月二十日到旧垤迎着，书敏已经病重，不能言语，当夜身死。从前带来的衣服俱在小猛仑丢失，仅存零星物件并银子五十多两。现在这些衣服是新送到的，并无隐匿寄顿。先跟来家人四名，有五儿一名，已回开化去了，其余三名俱在军营瘴故等语。理合造具查封物件清册，并将书敏家人伊常阿解赴省城。"等情，各详禀前来。除饬委禄丰县典史史宗朝，将书敏之妻佛氏、妾刘氏、子格布隆图三名口小心管解赴京，送交刑部请旨治罪，其家人男妇大小十三名口、雇工妇一口，一并解旗查办外，臣谨将查封书敏任所赀财及遗存普洱财物汇开简明清单，恭呈御览。

至封贮书敏及前德保各衣物，应请留滇估变，同现银、存贮备抵赔项，另造细册咨部，合并陈明。为此缮折具奏，伏祈皇上圣鉴。谨奏。

朱批：览。

（《宫中档乾隆朝奏折》第二十八辑，第 508～509 页）

1476 云南巡抚鄂宁《奏报甄别过滇省乾隆三十二年俸满教职人员折》
乾隆三十二年十一月初八日

云南巡抚臣鄂宁谨奏：为甄别教职，遵旨汇奏事。

案照钦奉上谕："甄别六年俸满教职一案，传谕各省督抚，于每年岁底，将此一年内该省甄别过六年俸满教职，其保举堪膺民社者几员，留任者几员，勒令休致者几员，汇折奏闻。钦此。"钦遵在案。

兹查乾隆三十二年分滇省六年俸满教职共十七员，经臣会同云南学臣于雯峻陆续调验，并无堪膺民社、应行保举之员，亦无老病旷职、应行勒休之员，均堪留任内。广南府教授蔡馨、姚安府教授梁和中、曲靖府教授杨景山、东川府教授吴伟柱、蒙化府教授卢镎、晋宁州学正周伯重、寻甸州学正袁炜、镇雄州学正万方泰、和曲州学正王文龙、新平县教谕武绳祖、呈贡县训导王智、赵州训导张悦、顺宁府训导张憬十三员，年力强壮，学问尚优，堪以策励，列为勤职。罗平州学正杨知颖、宣威州学正刘瑛、江川县训导孙敬宗、沾益州训导赵嗣普四员，精力尚健，仅堪司铎，列为循分供职。除遵照定例填注考语，造册咨部外，所有乾隆三十二年分甄别过俸满教职缘由，臣谨缮折具奏，伏祈皇上圣鉴。谨奏。

朱批：该部知道。

（《宫中档乾隆朝奏折》第二十八辑，第 542～543 页）

1477　云南巡抚鄂宁《奏报蒙化府掌印同知、昆明县知县缺出，请以沾益州知州贺长庚、楚雄县知县朱学醇署理，其楚雄县遗缺以试用知县王诵芬署理折》

乾隆三十二年十一月初八日

云南巡抚臣鄂宁谨奏：为仰恳圣恩俯准升调丞令，以裨地方事。

窃照蒙化府掌印同知达成阿，经前督臣等奏升普洱府知府，尚未引见。嗣臣等因达成阿才非肆应，兼患风湿之疾，难胜边郡之任，另以元江府他郎通判唐宸衡奏升普洱府知府，请将达成阿撤回省城调养，俟其病痊，再行送部引见，恭候钦定。奉朱批："着照所请行。钦此。"钦遵在案。所遗蒙化府掌印同知员缺，原经前督臣等以昆明县知县魏成汉奏请升署。今魏成汉玩误差务，经臣等恭奏革职，留于军营效力。钦奉朱批："该部知道。钦此。"钦遵亦在案。是蒙化府掌印同知、昆明县知县俱已出缺，例应本省拣选调补。

查蒙化府掌印同知地处繁要，俗悍民刁，必得熟悉风土、老成干练之员方克胜任。臣与藩、臬两司于现任同知内逐加遴选，非本属要缺，即人地不宜，实无可调之员。惟查有沾益州知州贺长庚，年四十二岁，湖北钟祥县监生，捐纳知州，并捐免保举，拣发云南，乾隆二十四年八月到滇，委运京铜，题署今职，二十八年二月初六日到任，试署期满，三十年七月初六日，奉旨实授，兼署南宁县知县，现署景东府同知。查该员才具明干，办事勇往，任内罚俸不及十案，俱已完解，并无降留展参之案，请以升署蒙化府掌印同知，实堪胜任。

又昆明县知县员缺，系省会首邑，冲、繁、疲、难四项俱全，必须明干之员方足以资治理。查有楚雄县知县朱学醇，年四十一岁，系江西大庚县举人，由教谕辛巳恩科会试下第，拣选引见，奉旨以知县试用，签掣云南，乾隆二十六年十一月到滇，委署河西县印务，题署今职，二十八年八月十五日到任，试署期满，三十年正月三十日奉旨实授。查该员才情明练，办事精详，先经委署昆明县知县并云南府通判、蒙自县等印务，均无贻误，任内未完罚俸及咨参未准部覆事件不及十案，余俱完解，并无展参例应降革留任之案，请以调补昆明县知县，实属人地相宜。惟查贺长庚历俸未满五年，朱学醇历俸未满三年，与升调之例稍有未符。而人地实在相需，例得专折奏请。仰恳圣恩，俯准以沾益州知州贺长庚升署蒙化府掌印同知，楚雄县知县朱学醇调补昆明县知县，庶要缺均得其人。如蒙俞允，贺长庚仍照例，前后两任接算俸次，扣满五年，另请实授。其所遗沾益州知州缺，滇省现无应补人员，归部铨选。

至楚雄县遗缺，例得以试用人员署理。查有试用知县王诵芬，年四十岁，系山东历城县举人，取中中书，引见，奉旨以中书学正、学录等缺补用，在内阁中书上行走，改捐知县，即用拣发云南，乾隆二十八年十一月到滇，历经委署和曲、路南、宜良、河西等州县印务，均无贻误。查该员心地明白，办事黾勉，署任内参罚案件俱已完解，请以署理楚雄县知县，亦属人地相宜。照例试看一年，如果称职，另请实授。

再贺长庚系知州升署同知，例应引见，俟部覆至日，给咨送部。朱学醇系对品调补，王诵芬系试用知县请署知州，衔缺相当，俱毋庸送部引见。除将贺长庚等参罚事件另缮清单恭呈御览外，理合缮折具奏，伏祈皇上圣鉴，敕部议覆施行。谨奏。

朱批：该部议奏。

（《宫中档乾隆朝奏折》第二十八辑，第 543～545 页）

1478　云南巡抚鄂宁《奏报甄别过滇省乾隆三十二年分佐杂人员折》
乾隆三十二年十一月初八日

云南巡抚臣鄂宁谨奏：为甄别佐杂，遵旨汇奏事。

案照钦奉上谕："嗣后佐贰、杂职等官，已满六年者照例咨部外，仍着专折具奏。其未满六年、实不可姑容者，着随时咨革。钦此。"钦遵在案。

查云南省乾隆三十二年分历俸已满六年之佐杂共五员，内新兴州吏目易昌腾一员，玩误不职，咨部斥革外，所有昆阳州海口州同蒋肇整、镇沅府威远知事王安、阿迷州吏目许缵余、南安州吏目汪楹等四员，经臣调验，俱年力强盛，办事黾勉，堪以留任，另行咨部汇题。其历俸未满六年、玩误不职之路南州吏目李芬、嵩明州吏目李大嵩、河阳县典史蒋攸钦、丽江府知事何达宪、可渡巡检方汝珪、则补巡检夏之璜、永平县典史聂锡福、老病之新抚司巡检文邦选等八员，俱经随时参革，勒休在案。此外首领、佐杂等官，臣不时稽察，如有不守官箴及平庸颓靡之员，断不敢稍事姑容，致滋贻误。所有乾隆三十二年分甄别过佐杂缘由，臣谨缮折奏闻，伏祈皇上圣鉴。谨奏。

朱批： 该部知道。

（《宫中档乾隆朝奏折》第二十八辑，第545~546页）

1479 云南巡抚鄂宁《奏报镇沅府知府缺出，请以候补知府锡福补授折》

乾隆三十二年十一月初八日

云南巡抚臣鄂宁谨奏：为仰恳圣恩俯准补用知府，以裨地方事。

窃照镇沅府知府陈奇典，接准部咨，因直隶钱局炉头舞弊案内行令解任，押发直隶质审，照例开缺等因，遵照在案。所遗镇沅府知府，系烟瘴三年俸满之缺，例应拣选调补。臣与布政使钱度于通省现任知府中逐加遴选，非本属要缺，即人地不宜，实无可调之员。查有拣发候补知府锡福，年五十六岁，镶白旗满洲举人，由国子监助教保送引见，奉旨记名，以同知用，发往湖南，题补常德府同知，乾隆十六年正月，奉旨补授湖北汉阳府知府，十九年大计卓异，回任候升，二十五年大计又经卓荐，二十六年七月送部，旋即丁忧，十一月内引见，奉旨着在吏部行走，二十七年十一月，奏署员外郎，二十九年十月，调补户部缎匹库员外郎，三十二年六月，奉旨："发往云南，以知府用。钦此。"本年八月到滇。

查该员老成干练，办事实心，现委署永北府掌印同知，并无贻误，亦无前任参罚事件。该员系奉旨命往补用人员，无论应题、应调之缺，例得准补，请以补授镇沅府知府，实属人地相宜，堪以胜任。

再该员系候补知府，今请补知府，衔缺相当，毋庸送部引见。理合缮折具奏，伏祈皇上圣鉴，敕部议覆施行。谨奏。

朱批： 该部议奏。

（《宫中档乾隆朝奏折》第二十八辑，第546~547页）

1480 云南巡抚鄂宁《奏报续参亏空盐课米谷之劾令，以便严审究追折》

乾隆三十二年十一月初八日

云南巡抚臣鄂宁谨奏：为续参亏空盐课米谷之劾令，以便严审究追事。

　　窃照永平县知县管叙玩误差务，经臣等参奏革职，留于军营效力，并声明该员经手仓库钱粮，一面檄饬严查，如有亏空，即行续参。钦奉朱批："该部知道。钦此。"钦遵在案。兹据布政使钱度会同按察使兼署驿盐道夔舒、粮储道罗源浩、迤西道陈作梅详据署永昌府知府赵珮查明："管叙未完乾隆三十一年分盐课薪本等银五千三百五十五两零，又已销三十二年分盐斤，应解课薪等银三千一百十三两零，又厂本并一切杂款银四千一百十五两零，俱系应解应存之项，并无丝毫贮库。又经管仓项，亏短税秋米九百十五石零，常平捐监等谷五千五百六十九石零。讯据管叙供称：'自乾隆三十一年六月承办军差起，至三十二年八月被参止，库无闲款银两，县境米粮缺买，不得不那动仓库钱粮，以为一切垫办之用等语。'查军务急需，虽不无那款垫用，亦何至那垫如许之多？况管叙办差用过银两，已据陆续请领，自应归款。乃将三十一年分盐课抗延不解，先经调任驿盐道孙廷槐暨现署道夔舒节次专差守催，终以垫办军需，必俟领获方能起解为词。因届奏销，未完业已按欠开参。乃查其领获之银，又消归乌有，竟至应解应存库项，共亏银一万二千五百余两，仓粮亏缺六千四百余石，明系借办公之名，任意花费侵蚀，虽经手军务银粮尚未报销，但将来断不能销用如此之多，实属亏空。至前任参劾知府陈大吕，于上年岁底及本年奏销，例应盘察之时，因管叙办理军需，动用各款尚未销算，即据所造仓库款册出结转报，并未确查。"等情。详揭前来。

　　臣查军需差务，俱系动项开销，即承办州县一时未及领银，暂为垫用，亦必有款可抵。今管叙亏缺盐课等项银一万二千五百余两，米谷六千四百余石，查其办差用过银数，已多请领，即将来报销，亦属抵款无几。其为借名办公，混动仓库钱粮，饱其私囊，自属显然，非彻底清查，严行审究，不能得其侵亏实情。而帑项攸关，亟须勒追归款。除将管叙监禁，先将任所赀财严密查封，并一面飞咨江苏抚臣转饬原籍上元县查封家产，以抵亏项，并即严审究追外，理合缮折，续行参奏，伏祈皇上圣鉴，敕部施行。

　　再查管叙亏空累累，该管道府因其承办军差，动用各款尚未报销，且任其托词那垫掩饰，均不确查，早为办理。应请俟审明管叙侵亏情由，照例分别着赔。合并陈明。谨奏。

　　朱批：该部知道。

（《宫中档乾隆朝奏折》第二十八辑，第 548～549 页）

1481　云南巡抚鄂宁《奏报滇省乾隆三十二年分民数、谷数折》
乾隆三十二年十一月十一日

　　云南巡抚臣鄂宁谨奏：为钦奉上谕事。

　　窃照民数、谷数，例应每岁仲冬奏报。兹据云南布政使钱度、粮储道罗源浩会详，将云南通省现年户口、仓谷各数确查，详报前来。

臣查云南省乾隆三十二年分民数，原额四十一万二千九百一十五户，新增三千六百八十八户，统计大小人丁二百一十四万八千五百九十七丁口。又查通省常平社仓，原额米、谷、麦、荞、青稞一百四十一万七千九百五十五石九斗二升，乾隆三十二年分新收一十二万二千九百九十二石八斗四升零，内除本年支放、巢借共谷、荞五万三千七百九十二石二斗八升，实应存仓米、谷、麦、荞、青稞，统计一百四十八万七千一百五十六石四斗八升零。除造具清册送部外，臣谨缮黄册，恭折赍呈御览，伏祈皇上圣鉴。谨奏。

朱批：册留览。

（《宫中档乾隆朝奏折》第二十八辑，第557~558页）

1482 云南巡抚鄂宁《奏报乾隆三十二年头运第一起、第二起京铜自泸州开运日期折》

乾隆三十二年十一月十一日

云南巡抚臣鄂宁谨奏：为循例具奏事。

案照钦奉上谕："嗣后运铜事宜，务须加意慎重。其沿途经过各省督抚，朕已传谕，令其将委员守风、守冻及有无事故之处奏闻。至铜铅船只于云贵本省起运，何日出境，亦着该督抚随时折奏。钦此。"钦遵在案。

兹据云南管理铜务粮储道罗源浩会同布政使钱度详称："据委驻泸州店转运京铜委用知县卜诒直报称，乾隆三十二年头运第一起委官、试用知县张钟玘，于乾隆三十二年闰七月二十日抵泸州，于八月初四日开秤起，至二十四日，兑交过铜七十四万斤，内除陆路折耗铜三千七百斤外，实该正耗余铜七十三万六千三百斤，俱照数发给，该员即于八月二十六日自泸州扫帮。又据报称，乾隆三十二年头运第二起委官、试用知县戴炳，于乾隆三十二年闰七月二十六日抵泸州，于八月二十八日开秤起，至九月十七日，兑交过铜七十四万斤，内除陆路折耗铜三千七百斤外，实该正耗余铜七十三万六千三百斤，俱照数发给，该员即于九月十九日自泸州扫帮。"各等情，转详到臣。除分咨户、工、兵部及沿途经过各省督抚转饬各该同知、通判并地方文武员弁一体督察防护，按站催趱，不许片刻停留，仍严密稽查有无盗卖情弊外，所有乾隆三十二年头运第一起、第二起京铜自泸州开运日期，理合恭折奏报，伏祈皇上圣鉴。谨奏。

朱批：览。

（《宫中档乾隆朝奏折》第二十八辑，第558~559页）

1483　云南巡抚鄂宁《奏报随德保逃回思茅之都司四达色业已病故折》
乾隆三十二年十一月十四日

　　云南巡抚臣鄂宁谨奏：为查明奏覆事。

　　窃臣于十一月十一日，承准大学士公傅恒、大学士尹继善、大学士刘统勋字寄："乾隆三十二年十月二十七日，奉上谕：鄂宁奏审讯千总苏起文供词，称伊赶上德镇，说此是小路，不是打仗路径，傍有将官四达色就拿马鞭殴打，催令快走等语。是德保立意潜逃，四达色实预知其谋，情罪甚属可恶。四达色前经明瑞奏补都司，现在曾否随从进兵，着传谕鄂宁即速查明，将四达色革职，派委员拿解来京。钦此。"遵旨寄信前来。臣遵查，都司四达色随德保逃回思茅，因染瘴病，即于闰七月十九日在思茅身故，业经督臣明瑞题报在案。谨缮折奏闻，伏祈皇上圣鉴。谨奏。

　　朱批：览。

（《宫中档乾隆朝奏折》第二十八辑，第 574 页）

1484　云南巡抚鄂宁《奏报查明市邦南境茂隆
银厂地望、程站等情形折》
乾隆三十二年十二月初九日

　　云南巡抚臣鄂宁谨奏：为查明奏闻事。

　　窃臣于十二月初二日，承准大学士公傅恒、大学士尹继善、大学士刘统勋字寄："乾隆三十二年十一月十七日，奉上谕：昨召见河南布政使佛德，因伊曾任永昌府知府，问及该处情形，据称木邦南境有茂隆银厂，为边外土司、葫芦酋长所属，向设厂委二人，凡有行厂事件，例由镇康土知州转送木邦，给与该厂，其厂委申禀文书亦由木邦土司呈递。该厂丁夫甚众，葫芦酋长向来归顺，亦非木邦所属等语。是茂隆银厂毗连木邦，向来一切文移资其递送。今木邦尚未克复，葫芦酋长现在何处，此一年之间该厂往来文报又从何处转行？且检阅明瑞呈绘地图，厂地虽在木邦东南，中间尚隔一滚弄江，原与内属土司相近，或别有水路可通，非木邦所能梗阻，亦未可定。又念该厂聚集多人，自必夷民杂处。今用兵之地与彼处相距不远，此等乌合之众是否不致为贼匪诱胁附从？再此辈既在彼佣工觅食，于缅匪风土情形必素所熟悉，或即就近调厂丁以供驱策，自属便易。但于公事是否有益，难以悬揣。着传谕鄂宁详悉查明，或可与明瑞商办，遇有奏事之便，随折附闻。钦此。"遵旨寄信前来。

　　臣遵查，茂隆银厂在耿马土司南界，系葫芦酋长所辖地方。乾隆十年，该酋献厂投诚，

— 1322 —

经前督臣张允随奏准，议以所抽课银，照募乃厂之例，亦减半纳课，以一半赏给该酋，一半由永昌府起解藩库，设立厂委正副二人，三年期满，奏请更换，从此茂隆银厂遂隶永昌府管辖。计永昌至该厂共十二站，内自府城至施甸、大关、竹寨三站系保山县地方，自竹寨至小田、象脚水、关口三站系镇康土司地方，自关口至那桑、耿马木城、蒙化箐三站系耿马土司地方，自蒙化箐至户蒜江边一站系孟定土司地方，自户蒜江边至户蒜厂、茂隆二站系葫芦酋长地方。向来行厂事件及厂委申禀文书，俱系经由此路，并不经由木邦递送。河南布政使佛德所奏例由镇康土知州转送木邦，给与该厂之语，系属讹错。且茂隆厂在木邦之东南，相距七站，中隔滚弄江，自厂至江二站，自江至木邦五站，内外隔越，并不毗连。是该厂至永昌原有往来道路，非木邦所能梗阻。其葫芦酋长所居又在厂之西南，离厂一站，崇山深箐，周围约八百余里，所辖一百二十余寨，男女大小约有一万四千余丁口，均以耕种为生，自投诚以来，渐知礼义，极其恭顺。厂地民夷杂处，人数虽多，俱各安静。乾隆二十七年，木梳滋扰边境，该厂出练防范以自保护。二十九年，前督臣刘藻奏准滚弄江上中下三渡及南捧河口等处设卡，拨练冬防夏撤。其南外渡台卡，派定该厂每年拨砂丁五十名防守。（**夹批**：将此明白画一图来。）上年用兵，调拨该厂练丁三百余名，协同官兵巡防滚弄江。今秋大举，亦派拨该厂练丁一百二十名，并葫芦酋长所属之伕伍练八十名，一同赴江防守。是该厂与缅酋地界相隔遥远，练丁人等并无为贼匪诱胁附从之事，而于彼处风土情形亦素非熟悉。惟邻近滚弄江，所需防江土练，该厂则原在调拨之列，然亦止可就近防江，兼以卫厂，若以之远调征戍，则厂练与伕伍多系愚蠢怀安，难供驱策。现在厂委陶虞臣业已三年期满，因近年来董率厂丁协力防江，颇著勤劳，经臣与督臣明瑞于八月内会奏留办三年，钦奉朱批俞允在案。所有该厂原委及经由路程并现今拨练情形，臣与布政使钱度详悉查明。适该厂委陶虞臣因解课来至永昌，臣即面加细询，均与所查无异。

至于募乃厂，坐落孟连土司地方，向系该土司自行开采。雍正七年，孟连土司刀派鼎请每年纳课银六百两，蒙世宗宪皇帝恩旨，减半收纳，钦遵在案。其课银由顺宁府解交藩库，其道路与缅宁、顺宁相通，距木邦更远，亦从无文报由木邦往来之事。合并陈明。为此缮折具奏，伏祈皇上圣鉴。谨奏。

朱批：览。

（《宫中档乾隆朝奏折》第二十八辑，第833~835页）

1485　云南巡抚鄂宁《奏请在逃兵丁有逃后自赴市营投首者，应请发往乌鲁市齐等处给与种地兵丁为奴折》

乾隆三十二年十二月初九日

云南巡抚臣鄂宁谨奏：为奏明请旨事。

窃臣等前因滇省逃兵恶习亟须痛惩，屡行严饬各营及地方官四路缉拿，获日讯明，即行正法，业经会折奏明在案。嗣督臣明瑞统兵起程后，据景蒙营、永北镇解到缉获逃兵杨忠、张连芳、胡应元等三名，因彼时督臣尚在龙陵，自应仍解赴军营，正法示众。兹据代办维西协事都司张士雄、剑川州知州稽承豫会同缉获该协逃兵熊国臣一名，鹤丽镇实泰缉获逃兵杨梦林一名，各押解前来。臣即率同在永昌司道等讯明，熊国臣、杨梦林均系派调出师，自营前进，行至中途，潜由小路脱逃，实罪无可逭。随均押赴教场，即行正法示众讫。至于在逃兵丁，有逃后自赴本营投首者，当此积玩之后，亟宜整顿之时，自不便照例免罪。（夹批：**实在可恶！滇省兵习一至于此，必当严处不贷。若自首而免死，则谁不逃回自首乎？差事，亦应正法。可恶之极！此皆以后汝之责任，若如此轻绕，汝何以永靖云南？**）应请发往乌鲁木齐等处，给与种地兵丁为奴，以示惩诫。合并奏明，恭候谕旨遵行。如蒙俞允，以后凡拿获及投首者，臣俱照此分别办理。谨缮折具奏，伏祈皇上圣鉴训示。谨奏。

朱批：览。

（《宫中档乾隆朝奏折》第二十八辑，第836页）

1486　云南巡抚鄂宁《奏报办理市邦一路大军文报、军需物资事折》
乾隆三十二年十二月初九日

云南巡抚臣鄂宁谨奏：为奏闻事。

窃查木邦一路大兵出境，自宛顶至木邦七站，每站设台马三十匹，驰递文报。自木邦以外不能设台，即用驻扎木邦马兵递送，现已如此办理。（夹批：**此应早办早奏，以慰朕心。萦望之事，殊属迟缓矣。今改经设台，仍应督催速递，一切军报毋致迟缓。**）至猛密一路大兵，自虎踞关出境后，关外俱属外境，难以安台，必须虎踞关驻兵接递，方为妥便。

查杉木笼原派有官兵驻扎，今大兵既已出境，杉木笼在虎踞关之内已无须多兵驻守。臣随于杉木笼防兵及永顺镇标存城兵内各挑马步兵三百名，共六百名，并于永昌留养马内挑选膘壮马一百匹，交督标副将孙尔桂管领，驻扎虎踞关，专递文报，并可为大兵声援，业已派拨前往。本月初七日，接猛密路领队大臣额尔登额、提臣谭五格咨称："老官屯现在攻贼木城，费用、火药、铅弹今虽足应用，但现今打仗及后进剿贼巢应宜多多备办。已调取杉木笼存贮火药、铅弹运送军营备用。其杉木笼所缺之数，令于腾越协、永顺镇两处递推补足。"等因。臣查大兵起程后，永昌贮备火药十余万斤，铅弹二十余万斤，业经奏明在案。今猛密路军营既需宽余备用，自应多备接济，并预先运贮关口，更为近捷。臣随拨火药、铅弹各二万斤，火绳一万盘，于初八日，委员解赴虎踞关，交副将孙尔桂就近收贮，一面咨明额尔登额等，听其随时调取。其杉木笼应补火药、铅弹，亦即查明数目，一并于永昌备贮药弹内拨解补足。（夹批：好。）

再军行，粮石最关紧要。臣前因沿边各土司地方秋收丰稔，奏明委员赍银采买，今已买米二万余石。但采买地方远近不一，若一时有需拨运，道路参差，即于芒市、陇川两路分贮，亦尚未为便捷。臣现在饬将永昌所属土司地方采买之米陆续运六千石至遮放存贮，腾越所属土司地方采买之米陆续运六千石至虎踞关存贮，（夹批：是。）并酌拨永昌留养羸马，交各委员收养转运，庶为便益。至前奉谕旨：大军沿路赍粮，如有未敷，作何源源接济，命臣通盘计算，与明瑞彼此熟筹，详悉奏闻。钦此。臣已遵旨札商明瑞，容俟覆到，另行具奏。

所有臣现在办理各缘由，谨缮折奏闻，伏祈皇上圣鉴。谨奏。

朱批：览。

（《宫中档乾隆朝奏折》第二十八辑，第837～838页。）

夹片：本月初七日，准额尔登额等抄寄奏稿，并据咨称，额尔景额灵柩已于初一日委员护送前来。臣随飞饬腾越州，妥为派拨夫役，送至永昌。臣现在预为料理，俟其到来，添派妥人送京。谨具奏闻。

朱批：送来之笔帖式，着驰驿速来，有问话处。

（《宫中档乾隆朝奏折》第二十八辑，第838页）

1487 云南巡抚鄂宁《奏报遵旨查讯释迦保当日有无德保商同逃遁情由折》

乾隆三十二年十二月初九日

云南巡抚臣鄂宁谨奏：为遵旨查办，先行奏覆事。

窃臣于本月初二日，承准大学士公傅恒、大学士尹继善、大学士刘统勋字寄："乾隆三十二年十一月十八日，奉上谕：今日廷鞫，德保据供，在九龙江退回时，尚有四达色、德升、释迦保三人商同退避等语。四达色、德升业经病故，其释迦保一员现任游击，如已随明瑞进兵，着明瑞就近讯问。若未经派往，即着鄂宁查讯，将该弁有无商同逃遁情由据实具奏。钦此。"遵旨寄信前来。

臣查释迦保仍在普洱小猛养军营防守，当即飞檄，行调释迦保驰来永昌，并密札昭通镇佟国英、护普洱镇七十一，将释迦保当日有无与德保商同逃遁情由就近详查，飞速移覆，密行委员沿途伴送释迦保前来。容俟释迦保到日，臣即查讯确情，并俟佟国英等查覆，一并证核，据实驰奏。谨将现在查办缘由先行缮折奏闻，伏祈皇上圣鉴。谨奏。

朱批：览。

（《宫中档乾隆朝奏折》第二十八辑，第 838～839 页）

1488 云南巡抚鄂宁《奏报审明游击释迦保跟随德保逃遁情由折》
乾隆三十二年十二月十六日

云南巡抚臣鄂宁谨奏：为查明具奏事。

窃照钦奉上谕，令："查讯游击释迦保有无与德保商同逃遁情由，据实具奏。钦此。"当经臣将释迦保在普洱小猛养军营，即飞行调来永昌查讯，并密札昭通镇佟国英等就近确查缘由，先行奏闻在案。兹于十四日，据佟国英等密行委员将释迦保伴送到永昌，并据覆称："传唤原跟随德保在九龙江防堵之把总许恩荣，面加密询，据该弁供称：把总前随德镇在江防堵，于本年闰七月初八日夜，有将官德升、四达色、释迦保同德镇，于四更时一路同走。至商同言语，把总并未听闻。"等语。

臣即率同司道研讯释迦保，据供："本年六月派往普洱，七月十一日到九龙江，听德镇差遣。到了闰七月初八日，听见苏起文报称小猛养有贼，德镇就把赏号银两、缎匹发交土司收领，又传令将火药、铅子埋藏。众官兵一齐禀告，情愿打仗。德镇不依，随传土司、将备，面谕贼已近了，我们不如绕小路回思茅再商量。那时，四达色已见了德镇出去，游击与德升同见，游击禀说，游击曾随兆将军被过围，知道是跑不得的，离了这营盘倒不好。德升回德镇说，释游击是经过的，他说的很是，大人该听。德镇说，我们的兵少，贼都来了，如何守得住？游击再三说，总不依。我是个游击，他是总兵，我又无派带的兵，只得跟着走。彼时，有四五更天，德镇就叫刀绍文领路往小路去了。我是旗人，世受国恩，实在是劝他不依，我又无兵，无奈跟着走的。这就是我该死处，所供是实。"等语。臣再三驳诘，矢口不移。除将释迦保严加看守，候旨遵行外，谨将查讯缘由据实奏闻，伏祈皇上圣鉴训示。谨奏。

朱批：释迦保着革职，发往军前效力。

（《宫中档乾隆朝奏折》第二十九辑，第 58～59 页）

1489 云南巡抚鄂宁《奏报随两路大军于马膊子、缅箐安设台站折》
乾隆三十二年十二月十六日

云南巡抚臣鄂宁谨奏：为遵旨查办先行奏覆事。

窃臣于本月十三日，钦奉上谕："猛密进兵所过程途，亦须安放军台，以资联络。应即照木邦一路安台之法，沿途派兵分置。至铁壁关，地属要隘，与木邦形势相仿，亦当派兵数百名驻守，以为接应。自铁壁关以外，亦应计算道里，酌派兵丁，安设台站。其需用兵数若干，须拣选精壮勇往之人应用，不得以滇省疲懦不堪者充数。即领驻将弁，亦应拣用晓事勇往者。其在何处调拨，俱着鄂宁详悉妥协，一面筹办，一面速即奏闻，并知会鄂尔景额一体遵办。钦此。"遵查猛密一路大兵，前因由虎踞关行走，路为较近，是以即从虎踞关出境，并未经由铁壁关。（**夹批**：尔等未奏明，朕何得知？）其关外俱属外境，难以照内地逐站安设台马，驰递军报，必须虎踞关驻兵接递方为妥便。随经臣于杉木笼防兵及永顺镇标存城兵内各挑马步兵三百名，共六百名，并于永昌留养马内挑选膘壮马一百匹，交督标副将孙尔桂管领，驻扎虎踞关，专递文报，并可为大兵声援。业于本月初九日奏闻在案，并先于派拨前往之时，一面知会军营，将递送文报如何酌办。去后，十一日，准领队大臣额尔登额、提臣谭五格咨覆："现今大兵进至老官屯，攻取贼人。木城相距虎踞关道路不甚遥远，凡有奏折及行各处紧要文件，皆系派员多带兵丁护送虎踞关，交台查接飞递。将来大兵渐次前进，路途逾远，自应酌办，沿途留兵以备往来接递事件。但攻克贼城，前进之时，相度情形，可否于何处留兵之处，难预为拟料。又听得猛密司有通木邦之捷路，或俟攻取猛密司之后，询明如有通木邦捷道，凡有应递此路军营事件，送交木邦参赞大臣军营转送之处，统俟攻克贼城、进剿贼巢之时，相度贼势、地方情形酌办妥协，再为知会。"等因。十四日，又准咨称："查马膊子地方，为此路咽喉要区，应拨兵驻扎。今就近在于虎踞关现驻兵内拨兵二百名移驻，再将杉木笼驻防土练内派拨二百名，以一百名拨驻马膊子，以一百名添驻虎踞关，一面分檄行调，移咨查照。"等因。

臣查现在老官屯军营文报，往来虽均迅速无滞，但深入之后，拨兵远送，自不如随路驻兵安台接递之更足以资联络而壮声援。查马膊子下距老官屯军营约一百三十余里，上距虎踞关约一百五十余里，正属道里酌中、地势扼要之区，应即于此处驻兵，以为军台，接递上下文报。虎踞关现有兵六百名，自可即分一半前往。臣随飞行副将孙尔桂，挑拨马兵一百名、步兵二百名，拣派守备一员，速赴马膊子驻扎。其额尔登额等所调杉木笼土练二百名，即留于虎踞关听用。至自老官屯攻剿前进，沿途安台，虽准额尔登额等覆称临时相度贼势、地形酌量留兵，但进剿之兵亦未便多分。臣又于附近永昌之提标、大理城守营调兵一千名，以备拨往安置。（**夹批**：好。但云南绿旗兵逃遁成习，是问上次逃者几名，留者几名，即速奏来。）

再查附近腾越之缅箐，原驻防兵三百余名，黄林冈原驻防兵四百余名，今大兵往前进剿，此二处均属内地，已非紧要应防之所。臣亦酌拨为安台之用，总期所需沿途安台兵丁足敷分派，俾文报不致稽滞。至大兵攻克猛密后，倘果有捷径可通木邦，即令参赞大臣珠鲁讷于捷路酌设军台，再将马腩子一路安台之兵酌量移防，俾两路军营道路通连，更于军行有益。正在查办具奏间，十四日，复钦奉谕旨，令查猛密路军营情形，并命臣"差员赍送廷寄翎匣到彼，查明即速奏闻。钦此。"臣随差千总吴邦俊恭赍驰往，并飞札副将孙尔桂，俟吴邦俊到虎踞关，带同前往老官屯军营，查明一切情形，仍同吴邦俊驰回永昌面禀。其虎踞关事务，飞调驻扎杉木笼之副将王振元前往，暂行代办。容俟孙尔桂等查明回日，臣即详悉驰奏。（**夹批**：得信即速奏来。）所有现在查办缘由，谨先缮折奏闻，伏祈皇上圣鉴。谨奏。

朱批：知道了。

（《宫中档乾隆朝奏折》第二十九辑，第59~61页）

1490 云南巡抚鄂宁《奏报接济猛密一路官兵口粮及调开化镇总兵乔冲杓前往军营缘由折》
乾隆三十二年十二月二十日

云南巡抚臣鄂宁谨奏：为奏闻事。

窃臣准额尔登额、谭五格咨称："猛密一路官兵前抵旱塔时，闻老官屯有贼人拒守，是以带兵前往攻剿。乃贼人踞长江之险，特粗大木植为犄角，水栅修理坚固，屡经围攻，将及一月，未能克捷。各营官兵所带口粮，除食用外，所存无几。而老官屯地方厂草甚属平常，兼之稀少，官兵骑驮牲畜渐至膘分减落。且闻猛连坝、新街俱有贼人，恐其来至旱塔、马腩子一带咽喉要口，况老官屯地方窄狭，树林深密，难以诱贼打仗。旱塔地方虽有树林，较之老官屯，地势尚稍宽阔，而厂草亦好。是以公同商议，于本月初九日，将营盘移到旱塔居住，已将贼人诱出，相持打仗，剿灭贼众，即进猛密。现今各营官兵所需接济口粮，应即预为筹办，就近调运，预支官兵九千名一个月口粮，以资接济。除行腾越州赶办，分起如数解送旱塔军营，并将运送日期先为呈报，以便差派官兵前往照料护解外，相应移咨查照饬办。"等语。

查猛密路官兵口粮，须预备接济。臣早已饬将所买之米预拨六千石，运至虎踞关存贮，业经奏闻在案。续又拨解马匹，于虎踞关外设站滚运，以俾便捷。兹准来咨，随飞饬腾越州及各委员，不拘牛马人夫，先行赶运一个月口粮解交军营，随后再陆续辗运。

至于马膊子设台驻兵，亦经臣于十二月十六日奏闻在案。又额尔登额等抄寄折稿内有伊柱病故，王玉廷伤亡之语，是彼处现在乏人。臣查开化镇总兵乔冲枠业已到滇赴任，臣即飞调乔冲枠驰来，前赴军营，（**夹批：甚好。**）帮同攻剿。至彼处一切情形，统俟孙尔桂查明回覆，再行详细据实奏闻。

所有现在接济口粮及调乔冲枠前往军营缘由，谨缮折具奏，伏祈皇上圣鉴。谨奏。

朱批： 知道了。

（《宫中档乾隆朝奏折》第二十九辑，第 108~109 页）

1491　云南巡抚鄂宁《奏报恭赍到钦颁世宗宪皇帝朱批谕旨二部谢恩折》

乾隆三十二年十二月二十二日

云南巡抚奴才鄂宁跪奏：为恭谢天恩事。

乾隆三十二年十二月十四日，奴才赍折差弁回至永昌，恭赍到钦颁世宗宪皇帝《朱批谕旨》二部。奴才随出郊跪迎至寓，恭设香案，望阙叩头谢恩祇领。除照例恭疏题谢外，奴才敬承宝帙，仰圣训之广大精微，恭诵瑶编，绎皇言之高深切近；引为封疆之矩矱，奉作朝夕之箴铭，贻厥万年，俾臣僚永昭法守，传之百世，使子孙常戴恩荣。所有奴才感激微忱，理合缮折奏谢，伏祈皇上圣鉴。谨奏。

朱批： 览。

（《宫中档乾隆朝奏折》第二十九辑，第 160 页）

1492　云南巡抚鄂宁《奏报查明乾隆三十二年分各省办运滇铜并无盗卖、逗留等弊折》

乾隆三十二年十二月二十二日

云南巡抚臣鄂宁谨奏：为遵旨汇奏事。

窃照各省办运铜铅数目并出境日期，查明并无偷漏盗卖情弊。钦奉谕旨："着该督抚于岁底汇齐折奏。"钦遵在案。

兹查乾隆三十二年分，有湖北、广东、陕西、江西等省委员办运滇铜，并滇省委员运赴粤东铜斤，先后共六起，均已全数运竣，由宝宁县地方陆续出境，查明并无盗卖、逗遛等弊。经管理铜务粮储道罗源浩会同布政使钱度查明办运铜斤各数及出境各日期，详请汇奏前来。臣覆查无异，除先后分案咨部及沿途经过各省督抚转饬一体稽查外，谨缮折奏闻，并另缮清单恭呈御览，伏祈皇上圣鉴。谨奏。

朱批：览。

（《宫中档乾隆朝奏折》第二十九辑，第161页）

1493 云南巡抚鄂宁《奏报乾隆三十二年分滇省俸满千总因值军务未及甄别缘由折》
乾隆三十二年十二月二十二日

云南巡抚臣鄂宁谨奏：为循例汇奏事。

案照兵部遵旨议奏："直省绿营千总，各按历俸六年后详加考验，如人材、弓马去得、年力精壮、熟谙营伍者，送部引见，发回原任，分别题补推补。年力未衰、弓马尚可者，仍留原任。庸劣衰迈者，勒令告休。于年底，将保送并留任、勒休共几员之处，分晰汇奏。"等因。又乾隆二十八年二月内，钦奉谕旨："千总等既经俸满，其下次毋庸更待六年，即改为三年一次，据实甄别。钦此。"钦遵在案。

兹查乾隆三十二年分云南省各标、镇、协、营六年俸满及又满三年各项千总，有彭耀楚、刘宽、马宸瑄、聂存纲、李丰植、马自强、赵昆玺、熊伟、李仙庚、方显、杨正华、李天福等十二员，内彭耀楚、刘宽二员，业经督臣明瑞奏升守备，钦奉上谕："着照所请行，该部知道。钦此。"钦遵在案。其余十员，多系派调出师，均未甄别，统俟军务告竣之日，照例办理。所有乾隆三十二年分滇省俸满千总因值军务未及甄别缘由，理合缮折奏闻，并另缮清单恭呈御览，伏祈皇上圣鉴，敕部查照施行。

再总督事务系臣代办，合并陈明。谨奏。

朱批：该部知道。

（《宫中档乾隆朝奏折》第二十九辑，第161～162页）

1494 云南巡抚鄂宁《奏报乾隆三十二年分滇省并无估变衙署、仓库等项银数在二百两以下咨部之案等情折》
乾隆三十二年十二月二十二日

云南巡抚臣鄂宁谨奏：为遵旨奏明事。

案照承准大学士公傅恒、大学士尹继善、大学士刘统勋字寄："乾隆三十二年六月二十日，奉上谕：各省衙署、仓库等项，遇有迁移、裁汰估变，均照工部此次奏定之例办理。其应变物件，即数在二百两以下者，除按次报部外，仍于年终汇奏一次。钦此。"钦遵，转饬遵照在案。兹届岁底，行据布政使钱度详称，乾隆三十二年分滇省并无估变衙署、仓库等项银数在二百两以下咨部之案等情。臣覆查无异，理合恭折奏明，伏祈皇上圣鉴。谨奏。

朱批：览。

（《宫中档乾隆朝奏折》第二十九辑，第 162 ~ 163 页）

1495　云南巡抚鄂宁《奏报滇省乾隆三十二年分动用钱粮及工程报销只一案未完折》

乾隆三十二年十二月二十二日

云南巡抚臣鄂宁谨奏：为遵旨汇奏事。

窃照案准部咨，钦奉上谕："外省动用钱粮及工程报销，应驳应准，俱有定例，务令克期速结。仍着于每岁底，将未完各案汇折奏闻。钦此。"钦遵在案。

兹查乾隆三十二年分准部查案件，俱已依限办结。惟部驳通省修理考棚用过工料银两饬造妥册一案，行据云南布政使钱度详称，缘各属程途遥远，造报汇核需时，现在赶办，尚未完结等情。臣覆查无异，除将报到清册咨送户、工二部查核，并饬催作速办理，详请题咨外，所有乾隆三十二年分动用钱粮及工程报销各案俱已完结，只此一案未完缘由，理合缮折奏闻，伏祈皇上圣鉴。谨奏。

朱批：知道了。

（《宫中档乾隆朝奏折》第二十九辑，第 163 页）

1496　云南巡抚鄂宁《奏报维西通判缺出，请以候补通判余庆长署理折》

乾隆三十二年十二月二十二日

云南巡抚臣鄂宁谨奏：为仰恳圣恩俯准补用通判，以裨地方事。

窃照丽江府分防维西通判赵复锐病故，业经臣恭疏题报在案。所遗员缺，例应本省拣调。查维西地处极边，界连西藏，系属最要之区，必须明干之员方克胜任。臣与两司于现任通判内详加遴选，非现居要缺，即人地不宜，实无可调之员。惟查有候补通判余庆长，年四十三岁，湖北安陆县举人，拣选知县，分发云南试用，题署通海县知县，实授，调补太和县知县，升署元江府他郎通判，旋因患病，回籍调理，病痊赴部引见，奉旨："余庆长仍以通判用。钦此。"该员由知县升任通判，未经实授，照例赴原省候补，于乾隆三十二年十月到滇。臣看得余庆长心地明白，人有才具，曾任烟瘴边缺，请以署理丽江府维西通判，实属人地相宜。如蒙俞允，仍连前任俸次，扣满五年，另请实授。再该员系候补通判，今请署通判，衔缺相当，毋庸送部引见。理合缮折具奏，伏祈皇上圣鉴，敕部议覆施行。

再查该员前在太和县任内，有监生张维藩等病故，相沿造报，不行开除一案，发俸三个月，未经完解，此外并无参罚事件。合并陈明。谨奏。

朱批：该部议奏。

（《宫中档乾隆朝奏折》第二十九辑，第164页）

1497　云南巡抚鄂宁《奏报遵旨严辑赴滇黔兵沿途逃脱，以期速获折》

乾隆三十二年十二月二十三日

云南巡抚臣鄂宁谨奏：为查明具奏事。

窃臣于十二月二十日，承准大学士公傅恒、大学士尹继善、大学士刘统勋字寄："乾隆三十二年十二月初六日，奉上谕：鄂宝奏黔省赴滇兵丁内脱逃余丁五十四名，现在拿获六名，请旨正法一折。此时在逃应缉之犯为数尚多，若先行正法，恐各犯闻风窜匿，转难弋获，已传谕该抚，令其暂行监禁，俟全获时再行请旨矣。但此等余丁，派赴军营，各有将领管押稽查，何至漫无约束，听其纷纷逃遁？该管将弁所司何事？从前黔省带兵各官，在途如何行走，余丁陆续脱逃，皆在何处，曾否报明滇省督抚查办？今明瑞已领兵进讨，此时作何彼此照会，严速究缉、务获之处，着传谕鄂宁，令其详悉查明具奏。并滇省亦有似此者否，一并严查速奏。钦此。"遵旨寄信前来。

臣随检查档案，黔兵赴滇，随带之余丁沿途脱逃五十四名，各领兵官俱系当时具报。督臣明瑞檄行滇黔臬司，通饬严拿，均有案据。其所逃之处，在入滇境以至永昌、普洱两路经由之昆明、禄丰、广通、楚雄、镇南、云南、蒙化、昆阳、新平、元江、宁洱、思茅等府、厅、州、县地方，或于行走之时，或于住宿之际乘间潜逃。查五十四名之内，逃回黔省经原营拿获者，有定广协报获荣德、冯登凤、武绍明、姜恒、刘之汉五名，镇远镇报获罗廷献、杨正谋、曾爵三名，又长寨营余丁汪得顺一名，经滇省南宁县盘获，移交领兵官递解回籍，随经明瑞檄行黔臬司，转饬原籍归化厅审讯，详请黔抚臣办理。至五十四名之外，有安笼镇余丁王廷谟一名，自永昌前进，于九月十三日在潞江脱逃，即日拿获，解回永昌。臣等会同讯明正法，于查办逃兵并请严缉拿未获处分折内奏闻在案。明瑞统兵进讨以后，拨往普洱黔兵之余丁，又据领兵官先后具报，脱逃八名。臣接到报文，俱即檄行滇黔臬司，通饬严行缉拿。是此等余丁报逃报获，滇黔两省俱有档案可稽，亦彼此关会督缉，以期速获。

至滇省所调各镇、协、营之兵，召募余丁无多，并无报有似此脱逃之事。（**夹批：余丁虽无脱逃者，正兵反有，不可谓滇省之律善也。**）谨遵旨查明，缮折奏覆，伏祈皇上圣鉴。谨奏。

朱批：另有旨谕。

（《宫中档乾隆朝奏折》第二十九辑，第 179～180 页）

1498　云南巡抚鄂宁《奏报预办口粮接济官兵及普洱边境安静缘由折》
乾隆三十二年十二月二十三日

云南巡抚臣鄂宁谨奏：为查明具奏事。

窃臣于十二月二十日，承准大学士公傅恒、大学士尹继善、大学士刘统勋字寄："乾隆三十二年十二月初七日，奉上谕：据珠鲁讷奏现驻木邦，招抚附近夷民三百余人，及搜寻缅匪踪迹，俱已远遁，亦并未续获粮石。看来必有汉奸从中指使，设为坚壁清野之狡计，更无疑义。但官兵现在整队深入，道路既远，时日亦多，所有起程时裹带口粮，为数不过两月，自应悉心筹画，善为源源接济，方于军行有裨。着传谕鄂宁，令其详悉经画，应作何办理之处，一面知会珠鲁讷，彼此照应，务使接济妥速，毋致延误。珠鲁讷处，亦应商之明瑞，或得因粮于敌，不借运饷之处，亦应随时相机，一面奏明。至于普洱一带及思茅、九龙江等处，此时土司是否宁静，并实在情形若何，亦着即速查明据实具奏，并将此传谕珠鲁讷知之。钦此。"遵旨寄信前来。

遵查大兵起程时，裹带两月口粮及牛只，折算一月，共计三月之粮。其未出口以前，仍系沿途备粮，按日支给，并不动用裹带之粮。木邦一路，自十月二十七日出至宛顶算起，虽计期尚宽，但必须先时预备接济，庶临时不致周章。臣于十二月初间，即将内地土司地方采买之米酌拨六千石运至遮放存贮，以备就近转运出口，业经奏闻在案。前奉谕旨，大军沿途赍粮如有未敷，作何源源接济，令与明瑞彼此熟筹。臣当即遵旨札商，尚未准明瑞覆到。但接明瑞屡次抄寄折稿，大兵沿途克捷，均得获粮米。（**夹批：明瑞一路竟不以粮为虑，实属大幸。**）据此光景，似可因粮于敌，不借运饷之劳。统俟明瑞覆到，再行奏闻。惟木邦地方，准珠鲁讷札称，该处被缅匪连年蹂躏，村寨荒芜，多未耕种，现在街市不过升斗，势不能买积待用等语。是木邦防兵口粮须行预运积贮，以俟裹粮期满，接续关支。臣已于宛顶至木邦一带，复拨解马匹，又设立运粮七站，将遮放转运出口之米源源滚运至木邦，多为存贮，（夹批：好。）又将内地采买之米，于六千石之外，再陆续运赴遮放滚运，于防兵口粮既有余积，即或明瑞军营有需接济，而由木邦转运，亦自便易。

再明瑞抄寄大山土司投诚折稿内称，大山产谷甚多，且近木邦，若酌量收买，屯贮木邦，可以济军粮并省内地转运劳费等因。臣查大山既有米谷，自应就近收买。但买米必须银两，从前虽带银一万两，恐不敷用。臣随又动发军需银一万两，委员解赴木邦应用，并知会珠鲁讷办理。今准札覆，尚未见大山土司到木邦，该地产米多寡，难以悬定等语。应听珠鲁讷俟该土司到时酌办，若有可买之米，不拘多寡，收买屯贮，（夹批：好。）俱为有益。总之，军行口粮最关紧要，臣惟有酌量情形，先事筹办，由近及远，逐处运贮，以待临时取用之便、接济之速，不致稍有延误。其猛密一路，亦已拨解马匹、设站，陆续滚运两月口粮前赴军营，亦不致缺误。

至于普洱边境，现在并无贼匪，（夹批：伊内顾不暇，何能更料于此？）九龙江各土司地方亦俱宁静。佟国英、七十一等于小猛养扼要之区带领官兵、土练四千余名驻扎严防，（夹批：已有旨了，想汝未接到耳。）其补角、整控、猛撒江等处，亦有官兵一千余名分驻防守。据现在情形，实属沿边无警。但贼匪遁伏，未净根株，须于兵克阿瓦，以次扫除。（夹批：既得阿瓦，此甚易事。当权轻重，壮我兵威为是。）现奉谕旨酌量前进，令臣与珠鲁讷商办，已遵旨飞札相商，容俟彼此酌定，再行会同奏闻。所有臣预办口粮接济及普洱边境安静缘由，谨缮折具奏，伏祈皇上圣鉴。谨奏。

朱批：览。

（《宫中档乾隆朝奏折》第二十九辑，第 181～182 页）

1499 云南巡抚鄂宁《奏报查明额尔登额等军营情形及拨兵安台防守各缘由折》

乾隆三十二年十二月二十八日

云南巡抚臣鄂宁谨奏：为查明具奏事。

窃照本月十四日，钦奉上谕，令臣派员查看猛密路军营情形，并赍送廷寄翎匣到彼，查明即速奏闻。臣当将差千总吴邦俊恭赍驰往，并飞札驻防虎踞关副将孙尔桂，带同前往军营，查明回覆缘由，奏闻在案。兹于二十七日，孙尔桂等回至永昌，臣细加询问，据称："二十日抵旱塔军营，详查官兵系十一月十一日到老官屯，有缅贼拒守江边，造有木栅，甚属坚固。官兵十一、十三、十六等日攻打贼营，缅贼坚守不出，未能攻开。缅贼连日修整木栅，又于江中沙洲及江对岸造立贼栅数处，经总兵王玉廷赶造挡牌，于十二月初八日攻打，仍不能攻开。贼渐增加，约有数千人。官兵阵亡、带伤之数，营中尚未查实。至初九日，领队大臣等差探，新街、猛密等处俱有缅贼窥伺，欲袭我兵后路，其后路即系旱塔、户域等处，经领队大臣等于初九日，将官兵撤出旱塔。旱塔离老官屯约四十余里，缅贼尾随至砖桥，官兵迎敌，贼即退去。初十日，缅贼亦出旱塔，在小河南岸造木栅七八处，官兵在河北田坝内扎大小营盘十二座，两边相持。十二日，有贼骑象十余只并随象步贼出栅，被官兵用炮打死骑象之贼，随象步贼亦有被枪炮打伤者，贼即退回，仍坚守不出。二十一日，有贼数百，由猛密一路冲出户域截路，彼处有参将达桑阿带领兵练与贼打仗，将贼杀败，逃往新街一路。户域离旱塔约五十余里。"等语。此臣查明额尔登额等官兵由老官屯撤出旱塔，现在相持之情形也。

至贼匪负固拒守，又敢分路抄袭，实属狡诈可恶。虽经我兵于户域地方杀败，但闻逃往新街一路。查新街路通铁壁关等处，内地防守益宜加严。（**夹批：** 此皆不知军务之重。我两路大军并进，为剿贼乎？为防贼乎？如深入得其阿瓦，则此散寇不剿自服。即如防遏，不过汝地方之事，即有贼闯入，亦非大事。若处处防遏，则仅为遏剿之兵。汝不将额尔登额、谭五格之匿遁无能查参，而反听其言，处处增添防兵，守地方，成何事体？今明瑞已悬军深入，而额尔登额等只以守地方为辞，不继进，其罪已不可问，汝亦可谓不知事体轻重矣。）

再接额尔登额等来札，将调驻马膊子之兵三百名移驻黄果树地方。自黄果树至虎踞关约一百六七十里，其中尚须安台，并虎踞关再添驻兵几百名，即可无虑等因。查臣前于缅箐、黄林冈两处防兵内酌拨三百名，为安台之用，业经前往。今即令于虎踞关至黄果树之中间，拣择扼要地方驻守，以为联络声援，并以接递上下文报。至虎踞关应行添兵及铁壁关亦应分兵专驻，臣前因永昌存留之兵，除拨往安台及两路运粮之用外，所余无几，不敷遣用，奏明于提标、大理城守营调兵一千名，今已调到，业已拨往虎踞关五百名，同先驻兵三百名、沙练二百名，共有一千名，足资防遣之用。其铁壁关，臣亦另拨兵二百名前往该处，专驻防守，并饬虎踞、铁壁、杉木笼、黄林冈、缅箐等处管领防兵将备，督率弁兵勤加哨探，实力严防，（**夹批：** 总不成话矣。）毋得稍有疏懈。至于此路大兵，若由旱塔前进，应于何处接连安台驻兵，再行递推添拨办理，随时奏闻。

所有臣查明额尔登额等军营情形及拨兵安台防守各缘由，谨缮折具奏，伏祈皇上圣鉴。谨奏。

朱批： 此奏大非。鄂尔泰之子口中所宜当者，急宜猛省，不可模棱，效法幕宾庸懦无能辈之事也。

1500 云南巡抚鄂宁《奏报遵旨查明普洱、九龙江等处贼匪情形折》

乾隆三十二年十二月二十八日

云南巡抚臣鄂宁谨奏：为遵旨查明奏闻事。

窃照本月二十一日，钦奉上谕："将木邦之兵酌拨千余，接连明瑞军营。普洱、九龙江等处若无贼匪，亦应将普洱等处之兵酌量前进。令臣与珠鲁讷，将彼处情形熟筹商定，一面办理，一面奏闻。若僻处尚有贼，暂且不可分兵，亦熟筹奏闻。钦此。"臣当即钦遵，札商珠鲁讷会同筹办。除木邦办理缘由，臣等另折会奏外，至普洱防兵酌量前进之处，珠鲁讷以相隔遥远，不能悬拟，已奏明听臣酌办，臣亦将普洱现在安静情形先经奏闻各在案。

遵查普洱、九龙江等处贼匪，自今秋遁出外境，自必潜伏荒僻，未散伙党，且外境之道路丛杂，其占踞何所，亦未知的实。而自普洱至阿瓦，路程遥远，若将防兵前进，恐中途梗阻，急切不能会合大兵。现在明瑞已于本月十三日抵宋赛地方，计此时自必攻克阿瓦。阿瓦底定，则此等余匪势孤力竭，不难一举而歼灭之。此时普洱防兵应暂且仍前驻守。臣已屡札佟国英、七十一等，侦探贼匪确情，亦屡据覆称，边境安帖。又札其细加侦探，一俟得其实在踪迹，可以相机酌办，再行一面办理，一面奏闻。理合据实缮折奏覆，伏祈皇上圣鉴。谨奏。

朱批： 知道了。尔等总以各守地方为重，不以接应大兵深入为念。但尔等已如此办理，鞭长莫及，朕惟有静候天恩之佑明瑞成功耳。

（《宫中档乾隆朝奏折》第二十九辑，第228页）

1501 云南巡抚鄂宁《奏报二龙山有缅贼抢台、锡箔桥梁为贼匪占据，添调官兵及札商额尔登额办理折》

乾隆三十三年正月初八日

云南巡抚臣鄂宁谨奏：为奏闻事。

窃查本月初八日巳刻，接防守黑山门游击袁梦麟禀称："接奉参赞大臣珠牌开，据总兵胡大猷禀称，有缅贼千余，由小路绕过木邦，欲抢二龙山台站，该将可领兵剿御，一面禀知巡抚调兵救援等因。现在游击带兵前往，但黑山门存兵无几，祈添兵接应。"等语。

臣查二龙山即系底麻台站，既称有贼匪，即当剿灭。但永昌存驻官兵亦属无多，随尽数拨兵四百名，令永顺守备陈言志星速带往，以资剿御，一面酌调官兵在案。未刻，有参赞大臣珠鲁讷八百里加紧奏折到永昌，并无文移及折底寄臣。查八百里加紧，必系军前紧急事件，刻难迟缓。臣即特折拆阅，（夹批：是。如此方为知轻重，可嘉之至。）始知锡箔桥梁为贼匪占据，官兵已撤回木邦，令臣添调兵数千前往接应等因。臣因二龙山有缅贼抢台之信，已檄调滇省兵三千名赴永备用。但各处檄调，道路远近不一，未能刻期到来。查锡箔桥为将军明瑞文报往来之路，急须克日夺回。臣查虎踞关离木邦不过十余站，旱塔离虎踞关不过三四站。目今旱塔官兵不下八九千名，既为缅贼据险固守，不能前进，此时尚在相持。（夹批：此处额尔登额未奏明，甚误事矣。）似可留兵数千防守，分兵数千，星即接应木邦，（夹批：所想亦是。但有旨令额尔登额直进，接应大军，不知此旨到否？尔等再速为酌量。）尚为捷近。俟所调之兵到永，再行分给旱塔，以资进取。臣现在札商参赞大臣额尔登额，令其相度机宜，分别留防援应，速为办理。

再查将军明瑞已经深入，虽蛮结一捷贼已胆落，但余孽未能尽剿，鸟兽星散，聚而为匪，势所必然，将来必须净尽根株。而滇省兵丁零星调拨，恐难济用，臣即酌调贵州官兵二千名，以备遣拨。（夹批：更好。滇省兵丁皆遇敌即遁，实不可用矣。）除一面行知贵州抚、提星速办理外，合将臣添调官兵及札商额尔登额缘由具折奏闻，伏祈皇上圣鉴训示。谨奏。

朱批：余有旨谕。

（《宫中档乾隆朝奏折》第二十九辑，第299页）

1502　云南巡抚鄂宁《奏报现在市邦情形折》
乾隆三十三年正月初十日

云南巡抚臣鄂宁谨奏：为奏闻事。

本月初九日亥刻，接统领木邦官兵、普洱镇总兵胡大猷禀称："正月初四日，珠大人差派，带李守备、千把、兵丁五百、沙兵一百七十名前往护桥。行有五六十里，即闻桥已失，索镇、王参将俱已回千家寨本职，催官兵到葫芦口。而索镇、色侍卫、毛侍卫、王参将等，将千家寨之兵俱已撤回葫芦口，云称缅子陆续尾至，守口要紧。至晚，有败兵逃回，云称千家寨河下立有四寨。四更后龚守备禀，守口兵瞭望，有二十里远，见缅子持火把，分两路抄木邦来。据色侍卫、毛侍卫、索镇等云，若不急回保木邦，倘或有失，守此无益，是以俱回木邦保护。不意缅子追上，且战且走，驻打五六回，至三十里之遥，兵无战心，一直逃回，虽杀，止不住。缅子见与营盘相近，亦未来追。除俟查明损伤官兵、失落器械另禀外，但此时木邦现在无粮，前有猓夷甕团饬令各处挑些粮米来卖。昨于初六日，猓夷已搬走，而大理府郭知府乃是办粮之官，亦于是日走回永昌。陈同知系与参赞办事之人，亦于是日怀参赞印跑回永昌。闻缅子有超二龙山等处截路断粮，本职惟有与参赞死守木邦，乞早发精兵护粮至木邦接应。"等语。

臣查初八日巳刻，接游击袁梦麟禀知，缅贼有抄截二龙山台站之信。未刻，拆阅珠鲁讷折奏，知锡箔桥梁已失。随即飞饬袁梦麟带兵前往二龙山堵剿，又将永昌存留兵四百名亦行拨往，并调滇省兵三千名、贵州兵二千名，一面飞移参赞大臣额尔登额等分兵救援，具折奏明在案。

今接来禀，知该镇等已率众败回，毫无纪律，军心已散，木邦恐不能保。臣查事在紧急，而永昌所有兵丁三四百名前已尽数拨往，所调滇黔之兵不能即到。随又飞行额尔登额亲自带兵，星夜赴援，并飞饬游击袁梦麟护粮接应，并饬各关隘口严为防范。查木邦官兵共有四千余众，每兵支给米六斗、牛一只，作三月之粮，计至正月二十六日止，虽木邦之粮尚未满期，臣因兵粮须预为备贮，故于十二月初间，即陆续拨马骡一千一百四十匹前赴宛顶以外安设台站，滚运粮米。据粮员具报，于正月初六日，已陆续运赴木邦。又因采买较便，前已奏明，又解银一万两赴木邦，且札致珠鲁讷，并谕郭鹏翀，宽裕给价购买，即四五两一石亦可，务俾夷民踊跃。是木邦有兵有粮，何至如此光景？乃今阅来禀情形，慌张失措，实不可解。

查将军明瑞屡次报捷，贼虽挠败，但鸟兽星散，必不能尽为除剿，自必聚集于深山密箐之中。此种多系胁从，珠鲁讷自应速为料理，抚辑招徕。乃前将弃掷军器、就擒之四十余人尽行斩戮，（**夹批：此实伊初办之谬。**）以致匪众无路可投，铤而走险。迨贼匪聚集，又不能勤探确音，先为摧散。至锡箔桥，实系为紧要之处，自当早拨重兵防守。乃毫无措置，致贼匪猝至，竟至不能抵御。今木邦如此毁败，又并无文札移臣，种种不善，实难辞咎。总兵胡大猷系统领官兵之员，理应分兵前驻锡箔，严加堵剿。乃于失桥之时，方带兵前往，及遇撤回之兵，既不能整顿戎行，前往抢夺，又不能于葫芦隘口竭力堵御，遂至率众败回致木邦军营，张皇紊乱。是该镇之罪实无可逭，相应请旨将胡大猷治罪。至效力革职同知陈元震，系珠鲁讷带往办事之员，何以不行固守，将印信怀走？珠鲁讷何至将印信交给送出？大理府知府郭鹏翀，系委往军营支放之员，当此紧迫之时，理宜戮力同心，以尽职守，何以竟行逸出？但胡大猷禀内情节未必的确，容臣查实，将珠鲁讷一并严参，请旨治罪。若果将印信送出，臣即送交额尔登额暂行管理。

再查木邦、旱塔两路军营参赞，只额尔登额一人。仰恳皇上简派熟谙军务、晓畅戎行之大臣，速赴军营，管理一切。（**夹批：已派阿里衮前往。但恐路远，未能速至。**）再现在永昌并无可以带兵将领，臣现飞调鹤丽镇总兵实泰星赴军前，以资调遣。除分行各路将佐飞探将军明瑞信息外，理合将木邦现在情形据实奏闻。

再臣看得胡大猷初七日来禀，于初九日亥刻到永昌，珠鲁讷抄寄折稿，亦于初九日未刻递到。及阅胡大猷禀内情节，是木邦现在并未被围，而二龙山台站亦并无阻隔。臣已飞饬袁梦麟查明实在情形驰禀。合并陈明，伏祈皇上圣鉴。谨奏。

朱批：另有旨谕。

（《宫中档乾隆朝奏折》第二十九辑，第309~310页）

1503　云南巡抚鄂宁《奏报妄意逃兵自首即不加斩首，蒙恩训诲谢恩折》
乾隆三十三年正月十四日

云南巡抚奴才鄂宁跪奏：为恭谢天恩事。

窃奴才奏逃兵自首一折，荷蒙圣慈批谕训诲，又钦奉谕旨严行申饬。奴才跪读之下，实深惶悚。伏念奴才愚暗无知，妄意逃兵之内自首，与拿获稍有不同，冒昧陈请圣训。今奉皇上严饬，始知意见差谬，错误已极。乃蒙天恩不加治罪，屡颁训诲。除悔惧感激之外，实不能更置一辞。惟有仰遵圣谕，事事留心整顿，不遗余力，以仰副圣慈训饬之至意。除查明逃兵已获未获确数，另折陈奏外，所有奴才感激愚衷，谨具折恭谢天恩，伏祈皇上圣鉴。谨奏。

朱批：今之逃兵甚多，皆自去年尔等宽纵所致也。然既往不咎，今后一亦不可漏网。慎之！

（《宫中档乾隆朝奏折》第二十九辑，第321页）

1504　云南巡抚鄂宁遵旨《奏报逃兵已获未获数目折》
乾隆三十三年正月十四日

云南巡抚臣鄂宁谨奏：为查明具奏事。

窃臣于本月十一日，钦奉上谕："从前随营脱逃兵丁，自应查有确数，现在正法者几人？其未经拿获者尚有若干名？着鄂宁即行查奏，一面上紧严拿。倘不实力踩缉，任其幸逃法网，则惟鄂宁是问。仍令即行明白回奏。钦此。"

伏查滇省兵丁懦怯成习，入队出征之际敢于潜行逃避，实罪不容诛。臣严檄催查，据各镇营陆续具报，共逃兵三百三十七名，内未获三百一十四名，（**夹批**：如此之多！汝等所司何事？如再不严缉务获，即汝不能辞责矣。）已获二十三名，现在解到永昌正法者二十二人，内李世荣、郑瀚、叶腾芳、苏起云、胡应元、张连芳、杨忠、杨梦林、熊国臣九名已经具奏外，续行正法者刘祚运、沐恩高、甘元、李尚仁、杨有德、曹荣华、王天得、黄应魁、赵兰、马如春、杨义盛、熊文弼、杜从美十三名，共二十二名，已获未解到永昌者一名，俟解到，讯明即行正法。至未获之犯，臣屡次严檄缉拿，并已将该犯等家属监禁追比，如限满不获，即将承缉文武各官照臣等奏明处分之例查参。（夹批：另有旨谕。）除俟陆续办理具奏外，谨将查办逃兵已获未获数目明白回奏，伏祈皇上圣鉴。谨奏。

　　朱批： 览。

（《宫中档乾隆朝奏折》第二十九辑，第322页）

1505　云南巡抚鄂宁《奏报办理军需暨军需银两已用未用数目折》
乾隆三十三年正月十四日

　　云南巡抚臣鄂宁谨奏：为查明覆奏事。

　　乾隆三十三年正月初六日，承准大学士公傅恒、大学士尹继善、大学士刘统勋字寄：乾隆三十二年十二月二十一日，奉上谕："大兵进剿缅匪，所有军需皆系鄂宁筹办。前经饬发帑金六百万两解交该省，备用军饷，现在已用若干，是否足敷拨给？该抚经理以来，作何部署，核定章程？虽将来自必按例报部核销，但目下情形若何，该抚未经奏及。着传谕鄂宁即行确实查明覆奏。钦此。"遵旨寄信前来。

　　臣遵查大兵进剿缅匪，一切军需动用业经臣酌定章程，分别题咨在案。所有奉发帑金六百万两备用军饷，自上年七月以来，办理粮运、采买马匹牛只、添设台站以及沿途州县应付兵差、大兵出境裹带糇粮盐菜银两、行装赏号等项，现在已用银二百五万八千七百三十三两零，实存贮银三百九十四万一千二百六十六两九钱零。查锡箔、猛密两路并普洱防兵军饷及内地台站存留接济马匹、草干银两，每月约计不过二十万两，即现今加调官兵、添买粮石马匹一切动用，均属有盈无绌。除俟事竣照例报销外，所有现在办理情形暨军需银两已用未用数目，谨缮折具奏，伏祈皇上圣鉴。谨奏。

　　朱批： 览。

（《宫中档乾隆朝奏折》第二十九辑，第323页）

1506　云南巡抚鄂宁《奏报现在军前情形折》
乾隆三十三年正月十四日

　　云南巡抚臣鄂宁谨奏：为奏闻事。

窃查前闻缅贼有抄截二龙山台站之信，并锡箔桥已失、官兵退回木邦情形，俱经臣奏闻在案。兹于十一日，据带兵前往二龙山堵剿之游击袁梦麟禀称："初八日申刻，抵二龙山台站，严加查探，未见贼匪踪迹，该处玀夷尚在台站河边捕鱼，亦未惊慌。初九日辰刻，据南库弄管台外委林英禀称：兵丁何维新等递送木邦公文至木邦冈下，见大营被贼围住，不能前进。卑职于戌刻抵猛撒台站，又据该外委探报如前，卑职随带兵前赴木邦应援。"等语。十二日，又据袁梦麟禀称："初十日，自猛撒起程，行至篆经塔地方，途遇沙练二十余名，询据该练等禀称：小的们跟随将军前进锡箔，于十二月二十四日，将军带兵已往猛密司去，令小的们三百名护送奏折至木邦。于正月初六日，行至葫芦口地方，忽遇缅贼冲出，将小的们三百人尽皆冲散。小的们只望投奔木邦，不期木邦大营被缅贼周围围住，不能进去，只得绕山路回来等语。理合飞禀。"等情。

臣查二龙山并无贼匪，南库弄台站离木邦三十里，亦尚安静无贼。木邦前后虽据报有贼匪围住，但此等散而复聚之贼，谅属无多。珠鲁讷处现有兵数千，即不能剿逐贼匪，亦尽可固守待援，自不致于弃失。臣已飞饬袁梦麟，将现带兵四百五十名驰往先行，奋勇援剿，务期冲开道路，会合木邦之兵，以通粮运。倘贼围猝难剿散，即于相近木邦之地择其险要防守，毋使贼匪阑入。臣遣去之永顺镇守备陈言志所领兵四百名亦可到彼接应。计算额尔登额援兵不日可以到去，俟其到时，夹剿此等乌合匪众，自不难立就歼灭也。

再袁梦麟途遇沙练，询系护送将军明瑞奏折，至葫芦口被贼冲散。此件奏折落于何处，臣已飞饬袁梦麟星速仍差此项沙练分路寻获，立即飞递永昌转递。（夹批：好。）但思护送有三百人，自属官兵多而沙练少，或系赍折弁兵见道路梗阻，仍将折匣送回明瑞军营。而此等无知沙练各自奔散，（夹批：何不即问之沙练，速行奏来。）亦未可定。统俟查明，另行奏闻。

至明瑞如果往猛密，则由旱塔一路探信，甚为直捷。虽现在路尚未通，自可设法往探。臣已飞札提臣谭五格，拣派勇干晓事将弁，（夹批：看此，量额尔登额已应援木邦，何不奏明？）或改装潜往，或绕道前进，探明回报。（夹批：甚好。）并密札驻扎虎踞关副将孙尔桂、杉木笼副将王振元、署腾越州知州唐思，各访觅能至阿瓦、木梳等处明瑞军营投文之夷人，去时赏银二十两，领回明瑞回文，赏银三百两。饬令觅得此人，星飞禀报，（夹批：如此方是。现今惟以得明瑞大军信息为要。）以便发给清字公文赍去。务期四路往探，通达信息，以利军行。除木邦等处光景并一切情节，一俟查明确实，再行详悉驰奏外，所有现在情形，谨缮折具奏，伏祈皇上圣鉴。谨奏。

朱批：余有旨谕。

（《宫中档乾隆朝奏折》第二十九辑，第324~325页）

夹片：窃臣于正月初三日奉旨，令护送额尔景额骨殖之护军校巴尔奈先行驰驿急速赴京。查巴尔奈已于上年十二月二十一日，从永昌护送额尔景额骨殖前进。臣随差弁，持文飞赶至前途。今据具报已赶及巴尔奈，交给文书，于正月初十日自省，先行驰驿急速进京。谨此奏闻。

朱批：览。

1507　云南巡抚鄂宁《奏报接准珠鲁讷来咨及查办缘由并遵旨锁拿陈元震、郭鹏翀情形折》
乾隆三十三年正月十六日

云南巡抚臣鄂宁谨奏：为奏闻事。

本月十六日，据台站递到参赞大臣珠鲁讷于初八、初十两日咨臣清字公文二角。查封套外面，据台站签写参赞大人专差永北镇把总李进采、马兵刘浚等各赍公文，由小路行至黑山门，赴永昌呈投，恐专差行走迟误，令由台马飞递字样。臣随即拆阅，除将清字原文二件恭呈御览外，伏查珠鲁讷所言木邦情形尚堪固守，（**夹批：**览奏，略慰。）额尔登额援兵虽尚未接于何日前往之信，但查旱塔军营由陇川、猛卯渡江，即可直抵木邦，计算日期，此时已将到去。臣前调开化镇总兵乔冲枓，已于初九日到省；驰来添调附近之提标兵丁，亦不日可到，一俟到永昌，臣即令其带领驰往，统领游击袁梦麟、守备陈言志各兵奋勇攻剿，务先开通道路，（**夹批：**好。以速为要。）保护粮石，速运木邦接济，并接应额尔登额援兵，与救出木邦之兵，分路剿杀，（**夹批：**此原锡箔败散之贼，是索柱退回，以致贼势乖张。）此等贼匪自必一驱而散，即乘势前进，夺回锡箔桥，搜剿余贼，亦不难于办理。其木邦以内南库弄至宛顶各台站现俱安静。臣已将粮米预行滚运各台存贮，一俟道路开通，转输即属近捷，且此时现有游击袁梦麟等领兵在彼防剿，亦可保无贼匪阑入之虞。

至陈元震、郭鹏翀，臣先已分行各路缉拿。兹据防守滚弄江都司周印禀称："陈元震、郭鹏翀同吏目黄诏凤，于初八日戌刻自木邦来至江口叫渡，即渡过江，于初十日往永昌去讫等语。"臣又差弁沿途迎往锁拿，俟到日，严讯逃避确情，监禁，候旨正法。（**夹批：**已有旨了，不必再候。二人实可恶！）其把总张杰尚无下落，臣亦专差员弁及行沿途台站分路缉拿，俟拿获，一并讯明办理。所有臣接准珠鲁讷来咨及查办缘由，谨缮折具奏，伏祈皇上圣鉴。谨奏。

朱批：览。

（《宫中档乾隆朝奏折》第二十九辑，第343~344页）

1508　云南巡抚鄂宁《奏报不拘成例厚给运粮脚价折》
乾隆三十三年正月十六日

云南巡抚臣鄂宁谨奏：为请旨事。

窃查运粮脚价，马运每站每石给银二钱，夫运每石用夫三名，每名给银五分五厘，此滇省军需向来之成例。但永昌、腾越沿边土司一带，如陇川、干崖、猛卯、芒市、遮放等处，从前被缅匪滋扰，夷民元气未复，此时运送两路军粮，除出口以外拨马设站滚运外，其自内地运至出口，俱用土司人夫牛马驮运，民力未免拮据。仰恳圣恩，不拘成例，厚给脚价，俾更踊跃趋事。臣再三筹画，每石每站请加银一钱，以示鼓励。谨缮折具奏，伏祈皇上圣鉴训示。谨奏。

朱批：自应如此。知道了。

（《宫中档乾隆朝奏折》第二十九辑，第 344 ~ 345 页）

1509　云南巡抚鄂宁《奏报遵旨绘图恭呈御览折》
乾隆三十三年正月二十一日

云南巡抚臣鄂宁谨奏：为遵旨绘图恭呈御览事。

窃臣前具奏茂隆厂情形一折，于本月初六日，奉到朱批："览。钦此。"又于折内滚弄江南外渡台卡派定该厂每年拨砂丁五十名防守之旁，奉朱批："将此处明白画一图来。钦此。"

臣伏查滚弄江外即属木邦地界，江内有渡口三处，分隶镇康、耿马土司及葫芦酋长管辖。乾隆二十九年内，经前督臣刘藻奏准沿江设卡防守，于镇康土司所属之喳里上渡设炮台一座，卡房十间，环以木城，每年秋间，拨镇康土练五十名驻防。耿马所属之滚弄中渡，较各渡为要，建设炮台两座，卡房三十间，环以木城，每年秋间，拨耿马土练一百五十名驻防。葫芦酋长所辖之南外下渡，设炮台一座，卡房十间，环以木城，每年秋间，拨附近之茂隆厂砂丁五十名驻防。又孟定土司所属之南捧河一处，亦于渡口建卡房十间，每年秋间，拨孟定土练三十名驻防。因沿江有瘴，俱于秋末赴防，夏初撤回。此从前奏明防江之定规也。

上年秋间，因系大举用兵，于南外下渡，拨茂隆厂练一百二十名，并葫芦酋长所属之佤练八十名防守，较常例派拨为多；又于滚弄中渡，派都司周印带兵二百名，与耿马土练一同驻防，余仍其旧。臣谨绘图贴说，恭呈御览，伏祈皇上圣鉴。

谨奏。

　　朱批：知道了。

（《宫中档乾隆朝奏折》第二十九辑，第 423~424 页）

1510　云南巡抚鄂宁《奏报奉到朱批等件抄寄明瑞并查询市邦近日情形及催兵前往援应缘由折》

乾隆三十三年正月二十一日

　　云南巡抚臣鄂宁谨奏：为奏闻事。

　　本月十六日，奉到朱批将军明瑞报匣二个、廷寄一件并恩赏明瑞黄带子、红宝石顶、四团龙补服等件共一箱，孔雀翎蓝翎一匣。臣查现在木邦路尚未通，将军明瑞业已深入，此次朱批廷寄等件未能驰寄。臣即专差送交额尔登额，俟开通道路，急行递去。再臣前访觅能至阿瓦、木梳等处明瑞军营投文之夷人，领回明瑞回文，给予重赏，具奏在案。兹据副将孙尔桂觅得夷人孟光，即系投诚蛮暮土司瑞团头目贺丙之兄，能由大山前往阿瓦；又据署腾越州唐思觅得乡民李密翠、李春芳、董国甫三人，能结伴前进大营，守取将军回文，各飞禀前来。臣即将朱批各折逐一敬录清字小楷，并木邦现在情形，写清字书札，封固钤印，照写二分，于十七日飞发孙尔桂、唐思，分给夷人孟光等各慎密裹带，嘱令急去速回，俟取到回文，（**夹批**：甚好，以速为要。）即飞行具奏。

　　至珠鲁讷，于初八、初十等日，遣把总李进采、马兵刘浚等由小路到底麻，前至永昌，所有珠鲁讷来文，前已由台站递来，经臣具奏在案。今该把总等到永昌，臣细加询问，据称："木邦共有大营五座，参赞珠鲁讷大营居中，木城甚坚，沟亦深阔。其余四营环列四角，土城、木栅亦坚固可守。营中牛马尚多，有米一仓，可作数十日之粮。缅贼于小河之南建立营盘，时有贼周回环伺，不敢近我兵大营。伊等于小路出来，直至底麻，并未遇贼。"等语。臣体察情形，木邦营盘尚属坚固，兵食亦未至绝乏，贼匪不敢逼近大营，谅系将军明瑞剿残，余孽散而复聚。所有游击袁梦麟带兵四百五十名，臣屡经严饬赴援，并遣守备陈言志带兵四百名前去，此时自己到彼，会合前进。（**夹批**：何尚无剿贼之信？总之，绿旗兵甚无用，即一得信，即速奏报。）总兵乔冲杓于十七日到永昌，臣即令其驰赴，统领该游击、守备所带之兵飞往援应。俟破围之后，将粮石即速护运前进，以资接济。额尔登额援兵大约不日亦可到木邦，臣调大理提标兵三百名，已于二十日到永昌，亦即令其星夜前往。诸路将兵毕集，贼匪自可剿逐，额尔登额即可由木邦洗剿深入，接应将军明瑞。

至供应一切军储，臣已于宛顶等处添办牛马、贮备粮石，（**夹批：好。**）以便裹带，不致有误。其余所调之兵，随到随即遣往援应。至前珠鲁讷遣来投文之生员黄树极，臣已传至永昌，详加询问，所称木邦情形，与把总李进采所说相同。至该生员居住芒市地方，通晓夷语，珠鲁讷令在木邦作通事，于初七日遣出投文。合并奏明。

所有奉到朱批等件抄寄明瑞并查询木邦近日情形及催兵前往援应缘由，谨具折奏闻，伏祈皇上圣鉴。谨奏。

朱批： 览奏俱悉。

（《宫中档乾隆朝奏折》第二十九辑，第 424 ~ 425 页）

1511　云南巡抚鄂宁《奏报屡催猛密一路额尔登额等速为援应明瑞将军不应，据实参奏折》

乾隆三十三年正月二十六日

云南巡抚臣鄂宁谨奏：为据实参奏事。

窃查此次大举，前经将军明瑞商定，由猛密、木邦两路进剿，至前途会合，以壮声援。是猛密一路理应奋勇剿杀前进，与将军明瑞大兵联络，直捣巢穴，庶大功可以速成。乃额尔登额、谭五格为猛密一路官兵统领，竟于老官屯久驻，既不能攻破贼栅，又不能于他途绕道进攻，转退回旱塔，老师糜饷。臣因额尔登额系久历戎行之人，退回旱塔，必有长策。乃退回之际，名为诱出贼众，其实并未能设伏出奇，使贼人胆落，乘胜剿洗，反使贼人得以连筑木栅，遂以为无可如何，以致将军明瑞大兵深入，不能会合援应，贼匪得以要截木邦，肆其猖獗，道路阻塞，并不得木邦确信。将军明瑞音信不通，皆额尔登额等逗遛观望之所致。

臣因永昌、腾越现无可拨之兵赴援木邦，一面于滇黔两省飞调官兵，又缓不济急，随将汛卡所有各兵尽数拨往，并飞行额尔登额等速为援应。当此危急之际，额尔登额等果具人心，即当速往剿逐，接应将军明瑞大营。乃经臣飞催七次，已半月有余，尚未前抵木邦，致臣遣去之游击袁梦麟、守备陈言志所带兵丁八百余名，因无接应，被贼冲散。置将军明瑞于膜外，坐失事机，实属罪不容诛。理合据实参奏，请旨将额尔登额、谭五格严加治罪，以昭炯戒。谨缮折具奏，伏祈皇上圣鉴。谨奏。

朱批： 有旨谕部。

（《宫中档乾隆朝奏折》第二十九辑，第 469 页）

1512　云南巡抚鄂宁《奏报接得明瑞将军信息，缮折驰奏折》
乾隆三十三年正月二十六日

云南巡抚臣鄂宁谨奏：为奏闻事。

本日，臣拜发奏折后，于戌刻，据怕儿台站递到将军明瑞移珠鲁讷公文一角，印封面写正月初十日，又另签粘写移木邦参赞珠，因木邦路上不通，夷人由猛尾、猛卯一路递交遮放土司，于正月二十五日送到怕儿台站，送至永昌。臣拆阅书札，查大山一路去木邦不远，当即飞札额尔登额加紧速赴木邦，取道会合，一面调取投文之夷人，面询备细光景。至于现在宛顶一带，前已预备米七八千石，一俟木邦道路开通，即探听官兵，设法迎运接济，并飞催各属添购之马骡，以备应用。谨将明瑞原札六张恭呈御览。

查臣前遣往明瑞大营投文之孟光、缓准、老二，两次所遣之三人，正系由大山一路前往，此时必已可到。今又于永昌访觅能至大山一带之人，备写旱塔、木邦两路情形，札知明瑞。臣看札内情节，额尔登额等逗兵不进，致误事机，更属可恨，臣已于本日具折参奏。所有臣接得明瑞信息，谨缮折驰奏，伏祈皇上圣鉴。谨奏。

朱批：好。知道了，速将后得音信奏来。

（《宫中档乾隆朝奏折》第二十九辑，第470页）

1513　云南巡抚鄂宁《奏陈永昌实在情形折》
乾隆三十三年正月二十六日

云南巡抚臣鄂宁谨奏：为敬陈永昌实在情形，仰祈圣鉴事。

窃本月二十五日，臣奉到朱批谕旨并承准廷寄，严行申饬。臣跪读之下，悚惧实深。

伏念臣毫无才识，诸事未谙，至于军务之事，更自恨茫无所知。前办大举时，一切与将军明瑞熟商。大兵前进，直捣巢穴，贼匪自顾不暇，必不能旁及，是以将军明瑞将所有之兵选择可用者，分路尽行带往。缘新街一路无兵进剿，故将从前旧存之兵一千数百名留于沙木笼等处防御，其余关隘俱未分兵驻防。永昌留兵数百名，以备运送军装、粮石之用。至普洱一路，缘离阿瓦辽远，且除贵州兵丁一千名外，其余皆系滇省懦弱之兵，未便前进，致成鞭长莫及之势。此将军明瑞与臣商定如此办理。（**夹批：**朕早知此事。去岁朕及尔等皆失于轻敌，然悔之于前，不如慎之于后，另行熟筹，无不可成之事也。）

至臣先于虎踞关驻兵，原为额尔登额等前进，接递往来文报。嗣额尔登额等退回旱塔，需粮甚急，并称有贼抄路截后，应驻兵防护粮运。臣是以复拨兵分驻马膊子、铁壁关等处，然仍是旧防杉木笼等处之兵及留永昌备送军装兵内酌量抽拨，移驻护粮，非敢将可以进剿之兵分为防守。又原计额尔登额由旱塔直入，必须接续安驻军台，驰递文报，复添拨提标兵七百名，预往各关，以备遣用。乃不意额尔登额等如此乖谬，臣现在另折严参，请旨治罪。至臣妄意额尔登额（**夹批**：朕谓此人不可独当一面，去岁已屡谕尔等，岂今日事后之事乎？尔等实应服朕。将此与明瑞看。）熟练军务，自必具有筹画，未能早行参奏。求皇上天恩，将臣交部治罪。（**夹批**：目下汝所办尚妥，此可宽矣。）

再臣与明瑞从前意见，以为我兵两路深入，贼匪必自顾巢穴。（**夹批**：即朕亦如此想。此即轻敌之处，又岂料滇兵懦弱如此乎？）木邦驻兵四千，已不为少，旁无可虑。不意贼匪狡诈百端，俟将军明瑞大兵深入，复聚集贼众，渐来木邦侵扰。珠鲁讷（**夹批**：伊乃初次办理军情，罪尚可宽，非如额尔登额存心误事。）既不能先事预防，搜山洗剿，及贼逼近木邦，又不能奋勇攻杀，以致贼匪四面拦阻，势甚猖獗。现在永昌汛卡兵丁已尽行拨往，存城只五十余名，虽飞檄调兵，又缓不济急。臣忧心如焚，昼夜筹画，惟有额尔登额等所领之兵尚属劲旅，可以前赴宛顶等处，奋勇剿杀，廓清木邦，援应将军明瑞。臣已七次飞催速进，以冀成功。

至永昌，为各路总汇之地，军营一切接应，事所时有，且加办马匹、拨运粮石以备接济，均须预筹，臣是以未敢擅离。现在军务紧急，调兵分拨，更须于永昌总为料理，（**夹批**：汝此时定不可离永，是与前降旨时情形不同，不去者正是，若去，更大不是矣。）此臣所以未敢冒昧请往军前，致有贻误。

总之，此次大举，将军明瑞既已深入，屡次克捷，若额尔登额、珠鲁讷两路官兵更能接继，必成功更为迅速。而此二人如此舛谬，贻误军机，实罪不容诛。臣方痛恨之不暇，又何肯代为隐狗？实缘臣庸暗无能，致廑圣怀，愧恨无地。惟有尽臣心力之所能，至若稍有旁顾，却虑上负天恩，实不足比于人数也。谨缮折覆奏，伏祈皇上圣鉴。谨奏。

朱批：有旨谕部。

（《宫中档乾隆朝奏折》第二十九辑，第 471~472 页）

1514 云南巡抚鄂宁《奏报额尔登额退驻蛮笼情形折》
乾隆三十三年二月初一日

云南巡抚臣鄂宁谨奏：为奏闻事。

窃查木邦台站被贼冲散，将军大兵在外，急须援应。额尔登额等拥兵不进，臣业经具折参奏，已前后十次飞催率兵接应在案。今又经数日，尚未闻额尔登额等大兵前赴宛顶，臣又复飞催。兹于本月初一日，接副将王振元禀称："正月二十八日未刻，奉提督差把总潘有贵持令至杉木笼，令带兵二百名至蛮笼堵御。是日途次，见大营满汉官兵、沙练俱接续往杉木笼，副将询悉，现在猛卯有贼冲出，参赞、提督于二十八日早均赴蛮笼，将原带官兵俱撤至蛮笼驻扎。副将面奉示谕，将所带兵二百名仍回杉木笼。"等语。又据副将孙尔桂禀称："正月二十七日寅刻，奉参赞额大人发令一枝，撤虎踞、铁壁等关官兵，俱赴大营，跟随大营撤至蛮笼，另候分拨驻防。"等语。臣阅之不胜骇异。

查蛮笼离杉木笼山只数十里，乃陇川之内系内地土司地方，何以额尔登额等渐次退入内地？即使猛卯有贼，额尔登额等身拥重兵，何难奋力剿逐，何致退入蛮笼，离宛顶木邦一路更为遥远，又无只字到臣？除一面飞查因何退驻情由外，臣查宛顶一路官兵甚少，惟冀额尔登额等一路劲兵剿洗贼匪，援应将军明瑞。今额尔登额等既退驻蛮笼，是宛顶既系贮粮之所，又系将军明瑞归路，急须剿通道路，接应大兵。臣一面催趱所调之兵，陆续到来者即拨给驮载马匹、盐菜、口粮等项，令其速行前进，一面飞行总兵乔冲杓，令其带兵星夜前往，剿杀贼匪，务通木邦道路，接应将军大兵，并飞饬粮员将米石迎运前进，以资接济。额尔登额等可痛恨之处（**夹批**：实实可恨。）实难枚举，容臣一一查实，再续行严参。谨此缮折具奏，伏祈皇上圣鉴。谨奏。

朱批：已有旨了。

（《宫中档乾隆朝奏折》第二十九辑，第514页）

1515 云南巡抚鄂宁《奏报市邦残破、参赞珠鲁讷自尽情形折》
乾隆三十三年二月初一日

云南巡抚臣鄂宁谨奏：为奏闻事。

窃查木邦被围情形并臣飞催各路官兵星往应援，前已具折奏明在案。兹于本月初一日，据在木邦军营之前锋、委署笔帖式官德禀称："正月初二日，缅贼毁锡箔桥，初六日，即将木邦四面围困。参赞大人带领官兵虽接战数次，无如缅贼甚众，我们官兵阵亡者亦有，受伤者甚多，因此无法防守数日。至十八日晚间，缅贼忽用火烧毁刘副将营，我们四面营盘之兵各自散去。夜间，贼匪即将中营围住。参赞大人即将我们委署笔帖式四人唤去，将将军的报匣、夹板分为四分，交付我们，说你们冲出去，转交给鄂大人等语。至五更时，参赞大人自尽身故，彼此乱了。官德将交付的报匣、夹板背负出去，途间遇着前锋兆保，彼此互相帮助迎敌，因马俱疲乏，弃马从小路来到怕台站，除一面禀知外，官德、兆保等要了台马再来永昌。"等语。

臣查委署笔帖式，系随侍珠鲁讷之人，由木邦出来，所言自必确实。除一面飞催前赴永昌详悉面询外，查木邦被围，臣将永昌汛卡之兵尽行拨往，合之游击袁梦麟所带之兵，不过七八百名，外调之兵未能即至。是以飞催额尔登额等率兵援应。乃额尔登额以参赞大臣，身拥重兵，不但不能速往，转退驻蛮笼，臣已另折奏闻。今木邦既已残破，急须整顿恢复，剿逐贼众，援应将军明瑞。现在所调之兵有陆续到永昌者，臣即将驮马、口粮等项料理停妥，飞令前进，并行总兵乔冲构，将冲散官兵拦截，酌给器械，并现在所到之兵汇齐，奋力进剿，务期剿通木邦道路，接应将军明瑞大兵。其已调未到之兵，臣又飞行催趱，随到随即拨往，并觅素谙缅地道路之邓老缅，给与清字书札，令其速赴陇川等处，加以重赏。雇觅摆猓夷前赴大山、老厂一带，探听将军明瑞大营投递，札内知会将军明瑞现在两路光景，酌量统兵剿回，再图进取。于正月二十七日，已遣邓老缅去讫。俟取有回文，再行具奏外，谨恭折奏闻，伏祈皇上圣鉴。谨奏。

朱批： 一得信息，即速具奏。

（《宫中档乾隆朝奏折》第二十九辑，第 515～516 页）

1516　云南巡抚鄂宁《奏报额尔登额等由小陇川、芒市绕道前进并遣茂汉前往将军明瑞大营缘由折》

乾隆三十三年二月初五日

云南巡抚臣鄂宁谨奏：为奏闻事。

窃查木邦道路不通，将军明瑞大兵急须援应。臣屡次飞催额尔登额等带兵驰往会合，乃额尔登额等转将大兵退驻陇川以内之蛮笼地方。臣一面飞查因何退驻缘由，并即具奏在案。今据副将孙尔桂禀称："缘猛卯有缅贼滋扰，拦截道路，大兵不能由猛卯前赴宛顶，是以退回蛮笼，由唎唻、小陇川到芒市，再赴宛顶。"等语。

查猛卯系内地土司地方，额尔登额等既将大兵退入虎踞，猛卯有贼，何以不行剿逐，任其拦截，遽行退至蛮笼？竟有恇怯畏缩之意，实出意料之外。而此时内地，惟额尔登额所统官兵尚为强劲。臣只得又一面飞催额尔登额星即由小陇川前赴宛顶，往大山一路接应将军大兵，并行副将孙尔桂、王振元等，率兵于扼要地方堵御，相机剿逐外，查额尔登额等既退回蛮笼，绕赴宛顶，道路迂回，必稽时日。今既得将军明瑞在大山一带之信，急须通信，而总兵乔冲构所带滇省之兵，实不能恃以鼓勇冲突，（**夹批：**是。）克日直达大营。适木邦冲出之侍卫茂汉已来至芒市，臣随令前在木邦赍文赴永昌、熟悉夷地之通事、生员黄树极并伊侄黄铣，及将军明瑞前遣赴木邦投书来永昌之猓夷线当、弄线，及珠鲁讷令赍文案赴永昌之官德、兆保等，给以器械、台马，将奉到廷寄录出数分，并用清字札致明瑞，嘱其回宛顶，再商进剿。（**夹批：**甚好。看来此时此势，不能即行进剿，惟待京兵到齐再商量耳。）令官德等迎往侍卫茂汉处，随往。臣飞札茂汉，令其于乔冲杓所领兵弁内，挑选强壮勇敢者数百名，及收集木邦冲出之京兵，带领冲赴大山将军明瑞大营，投递文书，一面行知乔冲杓，一面饬粮员徐名道预备干粮及膘壮马匹，按名给与乘骑裹带，以俾迅捷。

再前京兵内有患病在永昌留养之前锋校伍尔图、前锋常清、护军五云，今已病愈，亦令跟随茂汉前进。如此办理，计算十余日即可至大山，俟得明瑞回信，即行驰奏。（**夹批**：好，以速为要。）所有额尔登额等由小陇川、芒市一路前进，并臣遣茂汉前往将军明瑞大营缘由，谨具折奏闻，伏祈皇上圣鉴。谨奏。

朱批：览。

（《宫中档乾隆朝奏折》第二十九辑，第 541~542 页。）

夹片：查正月初十日，将军明瑞遣木邦玀夷线当、弄线二人持札赴木邦珠鲁讷处投递。缘木邦有贼，该玀夷等不能前进，投来内地，所有书札，前已由台马先行递到，经臣具奏在案。今该玀夷等已到永昌，臣面加详询，据称：该玀夷系木邦头目线五格手下之人，随将军大营前往，自木邦进兵，一路俱获全胜。到宋赛往前三站之写哄地方，该处夷民俱已逃尽，房屋悉行烧毁，粮食无可寻觅。闻猛弄有粮，故撤兵由猛弄一路剿杀，到猛弄，打破夷寨，得有粮食。将军又统兵剿往大山，未到大山之前一站蛮勒地方，遣我二人前来。将军在蛮勒，身子清安，各官兵俱好。（**夹批**：好。欣慰览之。）我等行至大山，见大山土司办粮数百石解送大营，因贼人拦截，尚未能前进等语。臣查猛弄，即图内之猛养，系缅贼土司，在大山之南，该玀夷熟悉彼处道路。臣面加奖赏，已令其随茂汉前往。合并奏闻。

朱批：览此，则明瑞大军自属无方。直是额尔登额误事，不惟可恨。

（《宫中档乾隆朝奏折》第二十九辑，第 516 页）

1517　云南巡抚鄂宁《奏报谨将额尔登额等与孙尔桂所言刺谬之处据实奏闻折》

乾隆三十三年二月初五日

云南巡抚臣鄂宁谨奏：为据实奏闻事。

窃臣前闻额尔登额等退驻蛮笼之信，飞饬孙尔桂等查探现在贼匪情形。兹接到孙尔桂初三日来禀，内称："哨探得贼匪近日潜伏猛卯之底麻江边一带，其邦中大山并未见贼。虎踞、铁壁等关外之贼，近日不知潜伏何处，并未窜入关内。"等语。旋接额尔登额、谭五格初三日来札，内称："贼人将邦中山梁占踞，弟等闻之，即带兵前往。奈贼人拒险，官兵若由下而上攻打，势必不能。若贼人压将下来，且恐兵练溃散，大于军威有损。龙江渡口亦被贼占守，弟等相度机会已失，由猛岳小道前进宛顶。"又称："现今虎踞、铁壁、猛卯各路探听，缅贼来有数万，妄起奸意，大有关系。"等语。

臣查额尔登额等怯懦逗遛，身拥八九千有用之兵，不能鼓勇剿贼，以致消磨其锐气。（**夹批：实是如此。可恨。**）今又以徘徊观望，不能速援木邦，接应将军大营，乃为此惊皇失措之言，必是预为欺罔张本，实实可恨，罪不容诛。臣惟有严饬将领勤加哨探，断不敢轻忽，致误边防，亦不敢稍涉张皇，旁顾却虑。谨将额尔登额等与孙尔桂所言刺谬之处据实奏闻，伏祈皇上圣鉴。谨奏。

朱批：竟误事至此之极！惟有速拿二人解京正法消气耳。

（《宫中档乾隆朝奏折》第二十九辑，第 543 页）

1518　云南巡抚鄂宁《奏报审明陈元震、郭鹏翀等畏葸逃遁实情，遵旨将其凌迟处死折》
乾隆三十三年二月十二日

云南巡抚臣鄂宁谨奏：为奏闻事。

本月初十日，钦奉上谕："将陈元震、郭鹏翀迅速拿至永昌，严行讯鞫，一俟审得实情，着即行凌迟处死。所有伊等任所赀财，一并严密查封。并查二人之子，随任者着拿送刑部治罪。钦此。"

臣前接胡大猷禀报并珠鲁讷来咨称："陈元震、郭鹏翀、黄诏凤、张杰同时不知去向。"臣随密差员弁，分往查拿。兹据将陈元震等解至永昌，臣即行讯问，初则供吐游移，迨严加夹讯，始吐实情。据陈元震供："正月初六日，据胡大猷禀报，缅贼已来至木邦，珠大人率众出外死战。彼时人情慌乱，我借保护印信、宝匣之名，思出外躲避，保全性命。随假传珠大人谕令，跟随我等听差之把总张杰带兵数名护送。原想事稍平静，再回木邦。不料走到二三十里外，闻木邦枪炮声，不敢归营，只得由滚弄江逸出。"等语。据郭鹏翀供："正月初六日，闻贼来至木邦，珠大人出外迎敌，势甚危迫。我见陈元震保护印信等物出营躲避，亦一同逸出。及至出去，贼匪已近，不能回营，只得由滚弄江出来。"等语。

臣查陈元震系看守印信之员，辄行携带逃出；郭鹏翀以知府大员专司粮饷，亦一同窜逸，情罪可恶已极。兹既审得实情，随遵旨将陈元震、郭鹏翀立即押赴法场，凌迟处死，并飞行按察司及署大理府，将伊等任所、寓所赀财严密查封，并查二人之子，随任者速行拿解刑部治罪。讯据黄诏凤供："我系跟随陈元震在木邦书写。正月初六日，珠大人出城打仗，传令众人一齐随往。我出到城外，见陈元震勒住马，站在城边。我问他为何不去？他说我身上带有参赞印信、宝匣，珠大人叫保护出去，你跟我去，很好。我见宝匣、印信是实，就同他走的。"等语。据张杰供："把总系派往木邦，跟随陈元震等听差。正月初六日未刻，陈元震对把总说，参赞的印信、将军的宝匣，大人有话叫送出去，派你带兵数名跟我护送。把总因有参赞大人的话，随即拨兵二人，带了枪刀，把总勒了撒袋，一同护送出来到滚弄江的。把总实系奉差，不是逃逸，可以问得陈元震的。"等语。随张杰之兵丁徐国瑞、胡兴志，今亦一同拿到，讯据供称："我二人系把总张杰名下之兵，派在木邦城内听差。正月初六日，张杰吩咐，令带刀枪，护送印信、宝匣。小的等随跟同出来。"等语。臣随令黄诏凤、张杰与陈元震质对，供无异辞。臣查吏目黄诏凤，系派往木邦办事之员，竟跟陈元震一同逸出，罪无可逭，亦应正法，（**夹批：**是。）相应请旨办理。

至把总张杰，查系派往木邦跟随陈元震等听差之弁，自当听陈元震等差使。陈元震既假参赞之谕令伊护送印信出外，该弁自不敢不遵。至兵丁，亦奉把总谕令跟随，今既质对明确，实非逃窜，自应仍令各归营伍。所有臣遵旨办理及审出情由，恭折奏闻，伏祈皇上圣鉴训示。谨奏。

朱批：知道了。

（《宫中档乾隆朝奏折》第二十九辑，第 626～627 页）

1519 云南巡抚鄂宁《奏报已得将军明瑞信息，催兵援应缘由折》
乾隆三十三年二月十二日

云南巡抚臣鄂宁谨奏：为奏闻事。

臣因将军明瑞在大山一路剿贼，尚无确切信息，分头遣人前往投送清字文书。兹于本月十二日，接效力原任建水州知州徐名道禀称："二月初十日亥刻，差往大山投文之马夫董上勋回到宛顶，据禀：伊同�夷二名，于二月初一日自宛顶起身，由暮董、寒盖，从山箐小路，于初七日到勐蜡，方见公将军大营扎在坡顶，四围贼扎营盘七座。伊等住了二日，不能进去。初八日，只得将公文带回报信。"细询，据称："公将军从大山、老厂打出猛蜡，系猛育地方，即在新厂坡下，离波龙老厂二站，大山四站。宛顶由暮董、寒盖至猛蜡约八站。初七、初八两日，我兵接仗，俱得胜。"等语。董上勋已令骑台马驰赴永昌，听候面询，合行禀闻。又据禀称，参赞额大人已定于十一日到宛顶等语。

臣查将军明瑞既在猛育地方，离宛顶不过八站，急须援应。而此八站，董上勋等只两三日即走到，宛顶则远，亦不过二三百里。随飞行参赞大臣额尔登额、总兵乔冲杓、侍卫茂汉，带兵裹粮，星夜前往援应。并行永昌府知府赵珮、粮员徐名道，速行齐集牛马裹粮，交乔冲杓，令其跟随大兵前进，以便接应将军明瑞营中口粮。并行令徐名道再遣妥人探听信息，飞行具报。统俟再得确信，另行奏闻。

至徐名道，能遣人探得将军明瑞信息，援应之兵得以捷往，甚属可嘉，臣已记功候叙。合并奏明。所有已得将军明瑞信息，催兵援应缘由，理合具折奏闻，伏祈皇上圣鉴。谨奏。

朱批：好，知道了。

（《宫中档乾隆朝奏折》第二十九辑，第 628 页）

1520　云南巡抚鄂宁《奏报常青、哈国兴成一队冲出，纷纷见额尔登额，无一字寄臣，据实奏闻折》

乾隆三十三年二月十五日

云南巡抚臣鄂宁谨奏：为奏闻事。

本月十四日酉刻，接总兵乔冲杓禀称："本职十二日往宛顶见参赞，有跟随将军尹侍卫来至宛顶见参赞额大人，所道清话，职不能懂，悉转回。见守备哈廷标前来，询称公将军从猛育督官兵冲杀，贼势甚大，官兵带伤、阵亡者不少。恐其被贼冲散，伊带伤出来。不知公将军现在情形，理合禀知。"等语。臣随飞饬乔冲杓，速催兵应援，并探确信报知。去后，十五日未刻，又接该镇在黑山门禀称："十三日，有常镇、哈镇过职军营，询问公将军信息，伊等俱不肯细说，即驰往宛顶见参赞提督去，并有副、参、游、守、满汉兵丁甚多，俱随二镇赴宛顶去讫。"等语。

臣查常青、哈国兴，俱系随将军明瑞之员，今成一队冲出，不肯将信息告知乔冲杓，或是明瑞遣出此队，密与额尔登额期会，夹攻贼匪，或有别故，俱未可定。臣即飞行额尔登额、谭五格及总兵常青、哈国兴，速将将军明瑞信息详细寄知，并札询额尔登额因何尚在宛顶缘由外，臣查将军明瑞于正月初十日已到大山地方，离额尔登额等大兵驻扎之虎踞、猛卯等处不远，彼时额尔登额等接臣屡催援应之札，星即奋勇由猛卯前进，自必早已会合，不但可应援声势，并可夹击贼匪，大示惩创。乃转将全师撤回蛮笼，绕道避贼，懦怯不堪，以致老官屯、旱塔之贼得以退回，并力于将军明瑞大营。追由小陇川前赴宛顶进援，又纡徐停顿将及一月，始到宛顶，且于路见猛育探信回来之董上勋，已知将军大营所在，又不即日星驰前往，以致将军明瑞悬军无援，此时不知若何？臣实痛心切骨，莫可名言！且侍卫及镇将等纷纷见伊，将军明瑞如何情形，不但无一字寄臣，且并不入告，是额尔登额之丧心失魄、观望退缩，实堪发指！臣一面将此情形飞札阿里

— 1353 —

衮，催其速来商办一切。计阿里衮出京已将一月，十日内谅必可到。

至额尔登额，今虽已离铁壁关前至宛顶，而其光景可恨至此，实属有心贻误。臣拟俟阿里衮到后，统率官兵，即传旨将额尔登额革职拿解送京，谭五格亦应请旨革职拿问，伏候谕旨遵行。除俟得有将军明瑞确信，另行具奏外，理合据实奏闻，伏祈皇上圣鉴。谨奏。

朱批： 是。知道了。

（《宫中档乾隆朝奏折》第二十九辑，第 647～648 页）

1521 云南巡抚鄂宁《奏报将军明瑞等阵亡并官兵撤回情由折》
乾隆三十三年二月十六日

云南巡抚臣鄂宁谨奏：为奏闻事。

窃臣于十五日，接总兵乔冲杓来禀：总兵常青、哈国兴等过黑山门，随询问将军信息，伊等不肯细说，赶赴宛顶见额尔登额等去。臣一面飞查，一面具奏在案。兹于十六日巳刻，接额尔登额等来文，并抄寄折稿，内称："玉鲁斯等来至宛顶，据称将军明瑞于本月十一日，在猛腊地方与贼鏖战，被鸟枪伤阵亡，领队大臣札拉丰阿、观音保并受枪伤阵亡。有跟随将军明瑞之蓝翎侍卫三保家人书翁克，将明瑞身躯掩埋，将发辫、搬指、带子带出，并将总督印信令三保等赍送永昌，给与驿马赴京，恭候皇上询问。又令哈国兴等带兵一千名，前往收聚散回官兵。其宛顶、猛卯、龙陵等处如何分兵防守，会商办理。"等因。

臣接阅之下，贼匪敢于如此猖獗，实深痛恨！除三保等来至永昌，臣即询明，将总督印信收存，给与马票，令其星驰赴京，恭候圣询外，臣查官兵既已撤回内地，各隘口自当防御。随飞行各镇将，相度机宜，可剿杀者即行剿杀，不时侦探，严密防守，一面飞饬粮员供应口粮，毋稍缺乏，并行该镇等查明收回官兵确系若干，并现在宛顶官兵共有若干，统俟阿里衮到日，再行熟商办理，（**夹批：** 此时只可如此，难言进剿。俟舒赫德到时，尔等密商，据实奏来。）另行具奏。所有将军明瑞等阵亡并官兵撤回情由，恭折奏闻，伏祈皇上圣鉴。谨奏。

朱批： 知道了。

（《宫中档乾隆朝奏折》第二十九辑，第 684 页）

1522 云南巡抚鄂宁《奏报滇省现在兵马钱粮情形折》
乾隆三十三年二月十六日

云南巡抚臣鄂宁谨奏：为遵旨查奏事。

本月初十日，钦奉上谕："军营现有兵丁、马匹尚恐不敷接济，已传谕调拨西安驻防马三千匹、荆州驻防马二千匹解送滇省接应，复令四川、广东、广西等省酌备壮健马匹，陆续解送，约计可得一万有余。京兵及索伦兵亦令挑选七千名，现在酌量预为筹备。此等兵马，沿途各该督抚，已传谕令其从容经理。其到滇以后一应口粮、草豆等项，需用紧要，尤宜先为部署。将此传谕鄂宁，酌量滇省情形，悉心妥密筹办，仍一面即速奏闻。钦此。"臣正在筹办间，接将军明瑞阵亡之信。查缅贼敢于如此跳梁，肆其猖獗，实堪痛恨！非大集兵力灭此丑类，不足以彰天讨而快人心。

查军务不过兵马钱粮四项，除银两此时尚存三百余万两，俟将来用去若干，再行另筹外，其马、粮二项，须将官兵数目算明，则按兵计马计粮，自得应行预备确数。旧岁裹粮俱用牛只。查牛只一项，所购驼牛只十分之一二，耕牛居十分之八九。耕牛不惯跋涉，是以旧岁解到永昌之牛，倒毙及不堪用者几至一半。（**夹批**：可惜物力矣。）至外省解来之牛，亦多不堪。况滇省旧岁已办过连倒毙、现用之牛共七八万余只，牛已稀少，难以再办，且出境兵丁亦俱以为累坠。此次自当易牛，以马裹粮，均以马数计算。但此时调拨兵丁尚未定有数目，难以总计。然以一千名兵核算，照此递加，亦可得其确数。查京兵一千名，照旧岁奏定章程，每兵一名给骑征马二匹，兵一千名，需马二千匹；驼载军装马骡三百匹，裹粮马骡连跟役需一千五百匹，是京兵一千名，共需马骡三千八百匹。巴图鲁兵，每兵一名给马三匹，驼载、裹粮与京兵同，共有若干，俱照此核算。绿旗兵一千名，照旧岁奏定章程，马三步七，每兵一千名，需骑征马三百匹，驼载军装马骡三百匹，裹粮马骡连余丁需一千三百匹，是绿旗兵一千名，共需马骡一千九百匹。是以旧岁大举，京兵三千名、四川兵八千名、贵州兵一万一千名、滇省兵练七千余名，共约三万名，连官员骑征、驼载、裹粮，共用牛马约八万余匹。至于兵粮一项，应宽裕，约备米二十余万石，以期充足。

又滇省山麓产草微细，马匹不能全仗牧放，而土性不产黑豆，喂马均用谷米。是喂马之米，亦需酌备二十余万石，二共须备米四十余万石。滇省兵米及常平仓米，详悉核计，共可拨运米三十五万余石，其余今岁秋成有收，永昌近属尚可采买米数万石，是米石以通省仓储拨运，尚可供应。惟远近不一，运脚未免多费，而为日迟速，亦难预定。然事处急需，自当竭力赶办。是滇省兵粮只须辇运，尚可于本省办理。惟马骡一项，所用极多，滇省既不产马，又连年采办，搜括殆尽，此时尽数收买，约只可得七八千匹。虽蒙皇上天恩，于西安、荆州、四川、广东、广西等处赏解马万余匹，将来各路官兵前给马匹，约计只可收回数千匹。臣奏明于贵州采买二千匹，尚不敷十分之七八。不得不仰恳天恩，再于外省量为酌拨，以期敷用。所有滇省情形，臣谨据实奏闻，伏祈皇上圣鉴。谨奏。

朱批：另有旨谕。

1523　云南巡抚鄂宁《奏报谨将大兵进剿，各土司之并无出力，似可无庸加恩之处据实具奏折》

乾隆三十三年二月十六日

云南巡抚臣鄂宁谨奏：为查明具奏事。

本月初四日，承准大学士公傅恒、大学士尹继善、大学士刘统勋字寄："乾隆三十三年正月二十日，奉上谕：现在降旨，将军行所过各省及云南所属，分别加恩赏给银两，蠲免钱粮，用示体恤。至沿边一带土司，前此已经加恩，此次大兵进剿，该土司等有无出力及可否加恩之处，着传谕鄂宁详悉查明具奏，候朕再降谕旨。钦此。"遵旨寄信前来。

臣遵查滇省沿边各土司，从前尚称强劲，边地借其保障。近年以来，因各该土司叠经更换，柔软怯懦，习与性成，其所属玀夷更为无用，不但不能奋勇却敌，并不能自顾室家，一闻贼匪之信，纷纷躲入山箐，招之不出。永昌、普洱边境用兵数载，各土司、土练并未曾荷戈御敌，即拨于口隘防守，闻有贼来，先行潜避，鹤唳风声，转为兵累。是各土司、土练之不能出力，历有明验。惟大兵进剿，经过该土司地方，令拨夷民抬送军装、粮米，尚堪供役，但俱是酌给运价，勉其勤力。至于土司地方采买米石，亦较时价加增，以示鼓励。其从前被贼焚烧之夷寨，亦经动项抚绥。是已叠沐圣恩，备为矜恤。今蒙谕旨垂询，谨将各土司之并无出力，似可无庸加恩之处据实具奏，伏祈皇上圣鉴。谨奏。

朱批：知道了。

（《宫中档乾隆朝奏折》第二十九辑，第 687 页）

1524　云南巡抚鄂宁《奏报筹办京兵、索伦等兵赴永昌沿途照料及军需情形折》

乾隆三十三年二月十六日

云南巡抚臣鄂宁谨奏：为奏闻事。

本月十五日，钦奉上谕："现已约派京兵及索伦等兵共计七千名，约拨各处马共计一万匹，其沿途一切按拨递送，务期军旅遄行而闾阎不扰。各省均当先时悉心部署，临事自免周章。着传谕直隶、河南、湖北、湖南、贵州、云南各督抚，即将应行预备事宜先行留心熟筹妥议，一面具折奏闻。但不得稍涉张皇，或致转滋纷扰也。将此详悉传谕知之。钦此。"

臣查滇省自平彝县入境至永昌共计三十站，道路绵长，且山径崎岖，村落稀少，所有马匹，自军兴数载，采买殆尽。是此次京兵来滇，须预为竭力妥筹，方不致临时贻误。

查京兵百名，照堪合，应给马二百五十匹，马须两班方可轮流更替，每站即需马五百匹，三十站，共需马一万五千匹，即间以人夫代马，而需夫亦属浩繁。此乃京兵一百名一起之数也。若二百名一起，则当倍之。平彝至省七站，原系通省大路，二百名一起，尚可筹办。若自省至永昌二十三站，素非大路，即间有村落，不过民居数家，草屋最多者不过数十间，不但京兵二百名一起不能住宿，且人夫、马匹，每站亦不能集如此之多。是京兵只可一百名一起，间日前进，且须严禁越站行走，方可免堆积壅滞，以期遄行。

再滇省站数既多，稽查更当周密，须派大员经理，方为有济。查藩司在永昌办事，臬司在省弹压，均难分身前往。除本管知府系专办之员，往来查办外，省以东应再派道一员、知府一员管理；省以西派道一员总理，知府三员分段管理，务期夫马齐全，闾阎不扰，倘有办理不善，即行严参。至各省所解马匹，预令各属妥备草料、人夫，以资喂送，亦并令派出之道、府稽查，不致转滋纷扰。谨据滇省情形筹议奏闻，伏祈皇上圣鉴。谨奏。

朱批：已有旨了。

（《宫中档乾隆朝奏折》第二十九辑，第 688～689 页）

1525 云南巡抚鄂宁《奏报官兵撤回内地，贼匪并无尾随情形折》
乾隆三十三年二月二十日

云南巡抚臣鄂宁谨奏：为奏闻事。

窃查官兵撤回内地，臣即飞行各镇，将查报贼匪情形并详查明满汉官兵确数，尚未据覆到。兹据总兵哈国兴、常青禀称："十一日，督率官兵且战且退，行至三十余里，至石房地方山顶，将兵札住，贼匪不敢远追。十二日，行至寒盖、李海，有马贼十数人、步贼五十余人，本职将各官兵札住，打死马贼一人，贼当即遁去，此后并无贼匪前来。现在所领官兵已抵宛顶者六千余人，其余迷失路径及患病、带伤各兵，一时难以到齐。"等语。

臣查贼匪虽不敢尾随内窜，谅必仍四散潜伏，或蜂屯蚁聚于猛腊、木邦等处，自当侦探确实。又飞行各镇，多遣妥干弁兵分头哨探，将贼匪现于某几处地方潜匿，各离内地多远，逐一查明驰报，并又催令将宛顶已收集猛腊撤回京兵及川、黔、本省兵丁实有若干，阵亡、带伤、患病、冲失等项各有若干，与额尔登额等所领官兵并木邦冲回之兵，统计实共现存若干，马匹、军装、器械现有若干，分晰造报，统俟查明，另行详悉具奏。谨先将官兵撤回内地，贼匪并无尾随情形缮折奏闻，伏祈皇上圣鉴。谨奏。

　　朱批：知道了。

（《宫中档乾隆朝奏折》第二十九辑，第716页）

　　夹片：窃查钦奉谕旨："令杨重英至京，以备询问。钦此。"查杨重英并未自木邦出来。嗣据伊家人朱贵到永昌，询据供称："正月十九日五更时，杨重英同家人周九及小的，都骑马出东门，一路走离木邦二十里金塔缅寺，有八个马贼赶来，又走十来里，前头又有七个马贼截住，杨重英拔刀冲去，不料有沟一道，杨重英连马跌入沟内，贼就将杨重英拾去，剥了衣服，驮上马走了。周九亦被贼拾去了。小的在后，连忙下马钻在草里，才能避过，走回永昌。"等语。臣等查朱贵系杨重英家人，且得之目击，所供自是实情。谨此具奏。再索柱、王栋及刘连捷等，臣鄂宁已叠行各路确查，尚未得的实下落。合并奏闻。

　　朱批：览。

（《宫中档乾隆朝奏折》第二十九辑，第717页）

　　附片：窃查滇省逃兵，未获三百一十四名，已获未解到永昌一名，前已具奏在案。兹已获之王纲一名解到，并又据各镇营拿获陈应昌、李军植、李级膺、毛有龙、王士锐、何起龙、李国奉七名，陆续解到。臣俱讯明，即行正法讫。未获逃兵，现在严切饬催文武各官上紧缉拿。谨此奏闻。

　　朱批：览。

（《宫中档乾隆朝奏折》第二十九辑，第717页）

1526　云南巡抚鄂宁《奏报通融设法筹办到滇京兵马匹折》
乾隆三十三年二月二十日

　　云南巡抚臣鄂宁谨奏：为筹议具奏事。

　　窃查京兵赴滇，照勘合车辆之例，每兵二名、跟役一名，例给马五匹，以三匹乘骑，以二匹驮载军装、行李。各站需用马匹甚多，须分一百名一起前进，方无阻滞，臣已具折奏明在案。

　　今查滇省平彝到省七站，系属大路，尚可筹办。至自省到永昌二十三站，素非大道，且山径崎岖，村落稀少，京兵一百名一起，两班轮替，每站亦需马五百匹，办理亦属艰难。查京兵到滇，总须给以骑征马匹，而各省解来之马，亦总须由省前赴永昌。

臣再三筹画，与其将马匹解到永昌分给，不如就便自云南省城，即按名给以马匹，既省马匹由省解赴永昌，而京兵于省城得马，即可骑赴永昌。是由省至永昌二十三站之马，可以毋庸多备，实为两便。应请将西安、荆州、四川、贵州、广东、广西各省解滇马匹及滇省迤东采办马匹，即留于省城喂养，照例马一匹给草干银五分，二马一夫，日支工食银四分五厘。京兵到省，每名先给马一匹，跟役亦给马一匹，以为骑乘之用，沿途照例每马一匹给料二升，如无料豆，给蚕豆或荞麦或谷三升、草十斤，准销银五分。其较勘合内不敷驮载马二匹，将来酌量四川及滇省办有骡头，或马匹多余，即给或骡或马二匹，以资驮载。如无马骡，折夫抬送。至驮马到永后，即可同跟役马匹并作驮军装及裹粮牲口。在该京兵等视为己物，自必留心爱惜，而自省至永昌二十三站，省购许多马匹，办理殊为从容。至领队大臣、官员，视到省马匹之多少酌办，如少则尽兵办理，多则大臣、官员等马俱可分给。再将来或须调别省绿旗官兵，其征骑、驮载马匹，应令各该省自行办足，带赴永昌，则滇省即可少办马匹、人夫，于民间更为有益。臣因滇省连年办理军务，雇觅人夫、马匹实为拮据，不得不通融设法筹办。理合恭折具奏，伏祈皇上圣鉴训示。谨奏。

朱批： 军机大臣速议具奏。

（《宫中档乾隆朝奏折》第二十九辑，第717～719页）

夹片： 查木邦营盘被贼匪冲散，臣前接官德等来禀，业经据禀，奏明在案。今官德等来至永昌，臣详加询问，据称："自正月初六日，守锡箔桥之官兵败回，贼匪随至，珠鲁讷率众打过几仗，也无胜负。十一二日以后，贼总未近营盘，遣人前来说要投降，珠鲁讷遣杨重英过去两次，未曾议妥。十八日亥刻，刘副将营盘起火，兵丁散逸，其余营盘俱皆纷乱。闻参赞自尽，兵丁遂各奔逃，贼人并未入营，珠鲁讷先令官德等将文案背出。今闻将军已到大山，情愿前往大营出力。"等语。臣即令其骑台马赴茂汉处，跟随前赴将军明瑞大营。合并奏闻。

朱批： 览。

（《宫中档乾隆朝奏折》第二十九辑，第719页）

夹片： 景蒙营外委阎国英、楚姚镇外委朱芳留于宛顶护粮，于正月二十二日潜逃，经粮员徐名道具禀，臣差弁拿获，交总兵乔冲枸，于二十六、二十八日在宛顶先后正法示众讫。合行奏闻。

朱批：览。看此，宛顶当虑无妨。近日情形如何？

（《宫中档乾隆朝奏折》第二十九辑，第719页）

夹片：窃臣接平彝县禀报，知阿里衮于本月十四日入境，即日过站，计程，本月二十四五必可到永昌。合行奏闻。

朱批：览。

（《宫中档乾隆朝奏折》第二十九辑，第719页）

1527 云南巡抚鄂宁《奏报遵旨查明进剿缅匪民间用过银数折》
乾隆三十三年二月二十日

云南巡抚臣鄂宁谨奏：为查明具奏事。

窃照乾隆三十二年十二月二十四日，承准大学士公傅恒、大学士尹继善、大学士刘统勋字寄："乾隆三十二年十二月十一日，奉上谕：现在进剿缅匪，所有官兵经过各省，其一切储峙供亿俱属动支公帑，丝毫不累民间。而长途护送、车马人夫，或不无稍资民力。近据阿思哈、舒赫德前后折奏，河南、湖广等省办理兵差，除按例正项支销外，所有未敷，酌令各州县公同协济，在小民感戴国恩，踊跃急公，固属分义应为之事，而国家于此等子来恐后之民，自应倍加体察。着传谕各该督抚，就该省办差之项逐一核算，除动支官项外，其经过地方及通省协济，约需民力若干，即速查明，将银数据实详悉覆奏，毋得稍有隐饰，候朕酌量加恩降旨。可将此传谕知之。钦此。"遵旨寄信前来。臣随钦遵，行司详细确查。去后，兹据布政使钱度、会同按察使宫兆麟、粮储道罗源浩，将各属所用民力、帮过银数查明分晰，详报前来。

臣查进剿缅匪，大兵云集，其经过地方，需用夫马数倍他省，除按例动项支销之外，所有未敷，不得不资民力，以免临事周章。滇省之民仰沐圣恩，久已浃髓沦肌，值此办理兵差，无不踊跃急公，争先恐后，各就应用之数按粮公帮，以均劳逸，实出乎人情之所乐从，而初未尝有所勉强于其间。今确查各属民间帮费，逐一核算。自入滇平彝县起，至永昌府属保山县，计三十站，每站约用过夫三万余名，马六千余匹，约共帮贴银五千余两，三十站共合计银十五万余两。又每站协办官，有一员者，有两员者，俱拨本地夫马前往彼站协济，夫马隔属应差，即需安家银两亦出自民间，共有三十一处，每处约计银数百两至千余两不等，共合计银二万余两。自省城昆明县至普洱府十七站，每站约用过夫一万二三千名，马一千余匹，约共帮贴银一千五六百两，十七站共合银二万六千余两。至保山、腾越、宁洱、思茅，为大兵汇集之地，每站帮贴之数又倍于他处。保山、腾越约计各有二万余两，宁洱、思茅约计各有四千余两，共合银四万八千余两。四川官兵由宣威、和曲二州入境，至姚州归入大路，共计十六站，每站夫马帮费约数百两，十六站约共银三千余两。又宁洱、思茅转运小猛养等处防兵口粮，系各属协雇马三千余匹解往应用，每马连夫，民间帮贴安家等银二三两不等，约银七八千两。

再进剿官兵骑驮马牛，滇省各属共采买牛五万四千余只，马一万余匹，除照定价领项发给，并沿途倒毙、现在俱催令承办官赔缴外，其雇用牛夫马夫，每日每名官只照例给银四分五厘，所需安家等银俱系民间帮贴，每名约七八钱至一两不等，约共用牛马夫一万五六千名，约计帮贴银共一万三四千两。又大理等府运米至永昌，用夫马多至数万，除官发脚价外，民间亦有帮贴，约计银三万余两。

以上通共约计银二十九万八千余两，俱系实在之数，出自小民，按粮均派帮给应夫应马之户，以共效子来之义。现在已奉恩旨："云南本年应征钱粮，大兵所过之地及永昌府属，俱全行蠲免，其非经过地方，亦蠲免十分之五。"是虽稍用民力，而连年特予蠲租，圣泽倍为优渥。臣惟有饬属实力奉行，以仰副圣主加惠元元之至意。

所有臣查明民间用过银数，谨缮折据实覆奏，伏祈皇上圣鉴。谨奏。

朱批：有旨谕部。

（《宫中档乾隆朝奏折》第二十九辑，第 719～721 页）

1528　云南巡抚鄂宁《奏请弛开厂限地之禁，以裕铜斤折》
乾隆三十三年二月二十七日

云南巡抚臣鄂宁谨奏：为请弛开厂限地之禁，以裕铜斤事。

窃照滇省出产铜斤，以供京外鼓铸，从前凡有可开之碖厂，原不限地之远近，止查明无碍民间田园庐墓，俱准其开采。嗣乾隆三十一年间，滇省米价偶昂，经前督臣杨应琚奏请将旧有老厂、子厂存留开采，只许在厂之周围四十里以内开挖碖硐，其在四十里以外，不准再开，以节耗米之流等因。钦奉朱批："如所议行。钦此。"钦遵在案。

兹据管理铜务粮储道罗源浩会同布政使钱度、按察使宫兆麟详称："铜碖乃天地自然之利，如附厂地方山势丰厚，地脉绵长，就近采取，足供应用，自宜定以限制。今旧有各厂开采年久，出碖稀少，乾隆三十一年分，通省旧厂仅办获铜八百余万斤，三十二年，办铜更少，不满七百万斤，较之往年办铜一千一二百万斤之数，大属短缩，除运供京局及本省各局鼓铸外，实不敷分拨外省采买之项，以致各省委员多有在滇守候。从前积存铜斤，于此两年内逐渐添补，现已用尽，办理实为掣肘。查乾隆二十一年，踩获宜良县大铜山厂，试采有效，经前任巡抚郭一裕奏明，作为大碌子厂，开后丰旺，京外鼓铸颇赖其铜。是新开子厂原以济老厂之不足。近因汤丹、大碌二厂年久字不识深，工本倍费，办理维艰，屡荷圣恩加价，以纾民力。无如不能再旺，究不若多开子厂之为有益。应请仍循旧例，如有苗引，可开山场无碍民间田园、庐墓，不拘远近，均准听民试采，如有成效，即作汤丹、大碌子厂，一体照例发银收买，以裕铜斤。"等情，详请核奏前来。

臣覆查滇省旧有老厂、子厂，近年实因硐老砐微，所出铜斤较前大减，若非多开新厂，趱办添补，实不敷拨用。且新开子厂仍不过专事开厂之民能识苗引，因旧厂衰微，遍处踩勘，得有可采之地，移旧厂之人到彼开挖，即或另有招募，亦不过衰厂之砂丁，闻有新开之旺厂，舍彼趋此。是虽多开一厂，而厂民并未加多。前督臣杨应琚以为因此耗米，不准再开，原未筹画确实。且卷查上年三月内，有永平县金榜山，离青阳旧厂百余里，据呈请开，杨应琚又准其通融开采。是杨应琚亦旋知限地之禁事有难行，而办理自相矛盾。今旧厂既出铜短缩，亟须踩开新厂。似应仰恳圣恩，俯准仍循旧例，无论离旧厂之远近，均听开采，不必拘定四十里以内之限制，俾得广觅多开，增益铜斤，以资拨用。仍严禁有碍田园、庐墓之处，不准开采，庶于铜务有所裨益。谨缮折具奏，伏祈皇上圣鉴训示。谨奏。

朱批：如所议行。

（《宫中档乾隆朝奏折》第二十九辑，第788~790页）

1529　云南巡抚鄂宁《奏报因未能将额尔登额等早行参奏，蒙恩不加罪遣，恭谢天恩折》

乾隆三十三年二月二十七日

云南巡抚奴才鄂宁跪奏：为恭谢天恩事。

窃奴才前因未能将额尔登额等早行参奏，具折请旨将奴才交部治罪。奉到朱批："目下汝所办尚妥，此可宽矣。钦此。"伏念奴才知识暗昧，意见差误，深自愧恨。乃蒙圣慈宽宥，不加罪遣，并荷恩旨下颁。奴才跪读之下，感惧益深，惭悚滋甚。惟有时切兢惕，倍加奋勉，以期仰副圣慈教诲矜全之至意。谨缮折奏谢天恩，伏祈皇上圣鉴。谨奏。

朱批：览。

（《宫中档乾隆朝奏折》第二十九辑，第790页）

1530　暂署云贵总督阿里衮、云南巡抚鄂宁《奏报遵旨查明
　　　新街上游与贼人隔远之内地实无可以密造船只、
　　　驾驶前进之处，此外又别无水路可通折》

乾隆三十三年二月二十八日

　　暂署云贵总督臣阿里衮、云南巡抚臣鄂宁谨奏：为查明具奏事。

　　本月二十一日，奉上谕："现在降旨酌调吉林所属熟悉水性兵一千名并福建水师三千名，预备分路会剿，所需驾驶船只，此时即应预为造办，庶免缓不及济。着传谕鄂宁，将一切需用物料迅即购备齐全，并知会楚省选拨熟习造船兵匠星即赴滇办理。再上年明瑞折奏于沿江将木梯顺流飘下，原因不用水师，故作疑兵之意。今趱办船只以利师行，则不可先期泄漏，致贼匪得为预备。应于新街上游内地与贼人隔远之处慎密妥办，毋令竹头木屑稍入江流，使之猝不及防。鄂宁可约计船只足敷四千人之用，上紧预造完足，以待冬初应用。并将此谕令参赞大臣阿里衮知之。钦此。"

　　臣等遵查，新街上游水路与内地相通者，乃腾越州西南之银江一带地方，节年委员查勘，由腾越州银江黄果树、曩宋关、曩转桥、黄林岗坡一带，查得水道纡回，崇山屈曲，舟楫不能通达。只南甸所属盏西、槟榔江会合干崖之海巴江直至坝尾二百余里，水深数尺、数寸不等，又均系沙石，由坝尾至江尾，约四五十里即系野人地方，山根层叠，峡缝湍流，高低阔狭不可指测，中有悬崖石洞，节次坎坷，人力决难开凿，水虽流往蛮暮，船筏万不能前进。臣明瑞、鄂宁屡觅往腾越贸易之人详加询问，所说水道情形都无互异。是以上年再四咨访、筹画，新街以内既无可造船之处，而新街又断不能打造，曾经奏明在案。故只于腾越之海巴江、小陇川等处锯造船片，令于悬崖石洞中任其流出，以作疑兵。是腾越之水虽通蛮暮、新街，而内地船只实不能前达。臣等复细加查访，新街上游与贼人隔远之内地实无可以密造船只、驾驶前进之处，此外又别无水路可通。谨查明实在情形，会折具奏，伏祈皇上圣鉴。谨奏。

　　朱批：既如此，则造船一事竟可不言矣。

（《宫中档乾隆朝奏折》第二十九辑，第799～800页）

1531　暂署云贵总督阿里衮、云南巡抚鄂宁《奏请将迤西道
　　　陈作梅、迤东道钱受谷对调折》

乾隆三十三年二月二十八日

　　暂署云贵总督臣阿里衮、云南巡抚臣鄂宁谨奏：为仰恳圣恩调补道员，以裨地方事。

窃查滇省迤西各府多处极边地方最为紧要，向设迤西道一员，管辖七府三同知，兼办大理钱局，事务繁多，且永昌现办军务，各路官兵齐集，粮运、马匹办理非易，必得精明强干之员方能料理无误。迤西道陈作梅为人尚属谨饬，而才具拘缓，一切办理未能裕如。查有迤东道钱受谷，才情练达，识见明敏，能胜繁剧之任。迤东一道管辖腹内七府，案件简少。臣等再三商酌，若以钱受谷调补迤西道缺，自能办理妥协，所遗迤东道一缺，即以陈作梅调补，事务既简，尚可胜任。一转移间，不独臣等可收指臂之效，而于边地军务大有裨益。理合会折具奏，伏祈皇上圣鉴训示。谨奏。

朱批：着照所请行，该部知道。

（《宫中档乾隆朝奏折》第二十九辑，第800页）

1532 暂署云贵总督阿里衮、云南巡抚鄂宁《奏请于邻省酌派道员、知府等员来滇差委，军务告竣再回本任折》
乾隆三十三年二月二十八日

暂署云贵总督臣阿里衮、云南巡抚臣鄂宁谨奏：为请旨事。

窃照进剿缅贼，将来再行大举，不但差遣须员，其一切马匹、粮运各要件，各路均需分派道府大员经理。至于采买军粮、管解马骡及随营支放并各项杂差，丞倅、州县、佐杂等官需员不下四五十员，方敷分办。

查滇省地方辽阔，多系极边，且�夷杂处，厂众四集，在在俱须弹压，未便概为调派，以致地方缺员。滇省除两司外，道员惟粮储、驿盐、迤东、迤西四员，虽新设有迤南道一缺，尚未颁发印信，或随营办理，或巡防要地，各有专司，不敷分派。至沿途大路，府、厅、州、县差务浩繁，及夷疆要地，须留该处管理，均不能调赴永昌差办，即偏僻地方，亦有帮办协济等事。现在各属代办、兼署，几至乏员。今岁又系科场，需员更多。上年拣发试用人员，实属不敷差遣。且拣发人员来滇，道路遥远，驰驱半载，到省之日，资斧已属艰难，胥役又无指使，一切鞍马不能自备，兵差重务，办理未免拮据。可否仰恳皇上天恩，于邻近之广东、广西、四川、湖南、贵州等省现任道府内，酌派道员三员、知府六员，并请敕下该督抚等，于同知、通判、知州、知县内，每省酌派四五员，佐杂，每省酌派五六员，迅速来滇委办差务，其原缺，听各该省暂行委员代办，将来军务告竣之日，再行回任。果有实心出力者，请旨议叙。此等皆现任之员，办理自必裕如，实为妥便。臣等为军务需人起见，据实奏闻，伏祈皇上圣鉴，训示施行。谨奏。

朱批：即有旨谕。

（《宫中档乾隆朝奏折》第二十九辑，第801页）

1533 暂署云贵总督阿里衮、云南巡抚鄂宁《奏报查明永昌、腾越沿边并无贼匪，应招集夷民复业折》

乾隆三十三年二月二十八日

暂署云贵总督臣阿里衮、云南巡抚臣鄂宁谨奏：为奏闻事。

窃臣鄂宁节次行查两路边外情形，兹据腾越一路副将王振元、孙尔桂禀称："户撒、腊撒、上下坝尾并陇川、遮坎一带，并无贼匪踪迹。"宛顶一路总兵哈国兴、达兴阿禀称："自抵黑山门宛顶以来，逐日专差干弁往探，据各弁回称，暮董砖桥以外并无贼匪，惟闻猛古一带，间有贼百十人出没，此外并无贼踪，现在宛顶、黑山门一带俱属安静。"等语。

查各沿边地方既无贼匪，则夷民田地急须耕种。陇川、猛卯、宛顶、遮放一带土司地方夷民，官兵撤回之际，不无闻警躲避。已行哈国兴、孙尔桂等，速为晓谕招集，并饬永昌府知府赵珮、腾越州知州唐思善为安抚，均使复业，并查明无力耕种者，酌借籽粒，令其无误春耕。所有查明永昌、腾越沿边并无贼匪情形，谨缮折奏闻，伏祈皇上圣鉴。谨奏。

朱批：是。知道了。

（《宫中档乾隆朝奏折》第二十九辑，第802页）

1534 暂署云贵总督阿里衮、云南巡抚鄂宁《奏请以常保住补授永顺镇总兵折》

乾隆三十三年三月初五日

暂署云贵总督臣阿里衮、云南巡抚臣鄂宁谨奏：为遵旨请补总兵事。

窃臣等钦奉上谕："常保住系吉林乌拉之人，曾在西路军营出兵打仗。但久任总兵，恐不无沾染绿营习气，是以令其来京另用。现降旨着伊驰驿前往云南，在领队大臣上行走。此次带兵剿贼，与寻常坐镇办事不同，将来遇有该省总兵员缺，可酌量奏请补授。钦此。"今常保住于二月二十九日到永昌。臣等查现有永顺镇总兵李全阵亡员缺，相应请旨，即以常保住补授永顺镇总兵，臣阿里衮就近督率指授，俾练习兵丁，得济实用。现已檄委先行署理。谨缮折具奏，伏祈皇上圣鉴，训示施行。谨奏。

朱批：览。

（《宫中档乾隆朝奏折》第二十九辑，第 869 页）

夹片：窃谭五格奉旨拿解送京，所有云南提督印务，臣等酌委总兵哈国兴暂行署理。谨此奏闻。

朱批：览。

（《宫中档乾隆朝奏折》第二十九辑，第 869 页）

1535 暂署云贵总督阿里衮、云南巡抚鄂宁《奏请再增运粮脚价并抬送军装夫役照黔省之例给价折》
乾隆三十三年三月十二日

暂署云贵总督臣阿里衮、云南巡抚臣鄂宁谨奏：为仰恳天恩事。

窃查滇省运粮脚价，马运每站每石给银二钱，夫运每石用夫三名，每名给银五分五厘；又马匹守候，准给草料二日，每匹日支银五分。此军需事宜题定之章程。惟是将来添兵进剿，需粮甚多，须于通省仓储拨运，令各属自雇夫马长运永昌。此时滇省各州县马匹节次采买殆尽，雇募维艰，且递年用兵，沿途食物昂贵，夫马所得脚价仅敷糊口喂养。再各处运至永昌、腾越，坡高路远，自一二十站以至三四十站不等，夫马回空，经旬累月，更无所资。虽运到，守候马匹例给二日草料，但为数无几，其余回空盘费仍无所出。查土司、夷民运粮，业蒙圣恩俞允，每站每石加给银一钱在案。今各州县民人承运军粮，较夷民尤为急公。况现在驮马稀少，又须多用夫运，若不宽裕给价，恐小民未能踊跃。似应仰恳圣恩，增给运价，每站每石给银三钱，无论夫马，一例给发，所有守候草料一项，仍照旧例，庶小民得以敷用，更加踊跃从事。

至滇省各站抬送军装夫役，照向来成例，每站每名给银四分五厘。连年官兵过往，所用民力已多。现在军务未竣，将来用夫正复不少，若仍照向例给价，亦殊竭蹶。查黔省应付军装夫役，每站每名例给银八分。一并仰恳圣恩，俯准滇省嗣后抬送军装夫役，亦照黔省之例，每站每名给银八分，以裕民力。如蒙俞允，仰祈皇上明降谕旨，臣等出示，遍为晓谕，俾小民益感天恩，急公恐后，更于军务有裨。臣等仍不时查察，如地方官有扣克短发情弊，即行严参治罪。谨缮折具奏，伏祈皇上圣鉴。谨奏。

朱批：有旨谕部。

（《宫中档乾隆朝奏折》第三十辑，第 54～55 页）

夹片：窃查上年锡箔、猛密两路官兵进剿缅贼，所有帐房、锣锅、马匹、军械等项，均照例备办给发。今回来之兵，锡箔一路帐房、器械、马匹俱已倒毙，损失无存，而额尔登额一路亦只存其半，将来再行进剿，一切账房、锣锅、鸟枪、腰刀、弓箭、撒袋、马鞍等件，俱应预为筹办。而火药、铅弹尤关紧要。查永昌虽尚存有火药一十一万余斤，铅弹一十七万余斤，尚恐不敷应用。臣等现在饬令各标、镇、协、营均匀派办，共添备火药二十万斤，铅弹三十万斤，其余一切帐房、锣锅、鸟枪、腰刀、弓箭、撒袋、马鞍等件，亦俱分营置备。但此等俱系添办之件，应请动支军需银两，入正报销。容俟办竣后，臣等另行造册咨部，以便将来销算。所有臣等预备军装、火药等项缘由，理合奏闻。

朱批：览。

（《宫中档乾隆朝奏折》第三十辑，第 55 页）

夹片：窃查宛顶一路军粮，去岁除各官兵裹带外，臣鄂宁又于芒市、遮放一带采买，及由保山运往，共米万余石，于宛顶、遮放、芒市、龙陵分贮，以备接济。迨正月初间，即拨给马匹，饬粮员徐名道等设台起运，前赴木邦。旋因木邦道路梗阻，已运在途之米四百八十石，于南岛站外被贼焚毁，台马亦俱冲失。至于宛顶之米，除用去外，尚存贮七千余石；遮放除用去外，尚存贮二千余石。有此米石，是以木邦、锡箔散回之兵并额尔登额带往猛密一路之兵共二万余名，于宛顶、遮放驻扎多日，得以供应无缺。兹宛顶之米尚余剩二千余石，大兵撤回后，俱经粮员徐名道（夹批：此人似能事，已有旨查奏。）等运回芒市存贮。现在芒市共存米三千余石，龙陵存米二千余石，足供支放。所有宛顶内外粮石情形，谨具奏闻。

朱批：知道了。

（《宫中档乾隆朝奏折》第三十辑，第 55～56 页）

1536　暂署云贵总督阿里衮、云南巡抚鄂宁《奏报查出额尔登额有意耽延贻误情形折》

乾隆三十三年三月十二日

暂署云贵总督臣阿里衮、云南巡抚臣鄂宁谨奏：为奏闻事。

虎踞关粮员张遐龄回至永昌。查张遐龄系自虎踞关随额尔登额至咧唻之员，臣等因细询额尔登额逗留情形，据禀："额尔登额等于正月十七日到虎踞关，十八日，住一日，十九日抵遮坎，住六日，二十六日，起营不远，即将营札住，二十七日，由大陇川复回蛮笼，二十八日，住一日，二十九日，由杉木笼山至咧唻，住五日，因连接廷寄，始于二月初四日由咧唻岔小陇川、芒市赴宛顶，到遮坎时，卑职即禀知离宛顶甚近，宛顶运贮有粮，尽可接济。乃额尔登额先檄调二十日口粮，又旋令先办十日口粮，后又在咧唻裹带满兵五日、绿营兵十日口粮，先檄调驮军装马一千匹，又令腾越州购买马四五百匹，或拣收应用，或发出驮运军粮，又檄取军需银二千两，皆无非借迁延之计。卑职俱应付，并无迟误。且忽而拨兵铁壁关，忽而拨兵邦中山，忽而调兵堵御南甸沙冲口，到处停留延缓，屡称某处有贼，某处报警。其实，额尔登额自入虎踞关后，卑职每日随营，并未遇一贼。"等语。

臣等查遮坎距宛顶只三站，额尔登额正月十九日已抵遮坎，即缓缓行走，正月二十二日亦可到宛顶。乃忽前忽却，有意担延贻误，至于此极！其心实不可问，其罪更不容诛！永昌、腾越官员人人切齿，思食其肉。臣等既又查出情节，自当据实续奏，伏祈皇上圣鉴。谨奏。

朱批：实实可恶。

（《宫中档乾隆朝奏折》第三十辑，第56～57页）

夹片：窃查边外贼匪俱已远退，现在酌留官兵驻防要隘，稽查出入，其余俱陆续撤回永昌。臣阿里衮勤加训练，务使皆成精锐，以备应用。臣鄂宁此时可以遵旨回省，将地方应办事件悉心料理，并就近督办京兵入滇事宜及马匹、粮石诸务。至于彼此有应商办之处，臣等仍往返札商妥办，必不敢稍有畛域之见。臣鄂宁今拟于本月十七日自永昌起程回省，若应赴永昌时，再赴永昌。谨此奏闻。

朱批：舒赫德到时，仍应共至永昌详议。

（《宫中档乾隆朝奏折》第三十辑，第57页）

1537　云贵总督暂管巡抚事鄂宁《奏报滇省新旧命盗各案已结未结数目折》

乾隆三十三年三月十三日

云贵总督暂管巡抚事臣鄂宁谨奏：为循例具奏事。

窃照案准部咨："每届年终，各省审理命盗各案、上年旧案及本年新事已完、未完各案数，并将未完之案因何未经审结缘由声明，开列清单，恭呈御览等因。奉旨：依议。

钦此。" 钦遵，转行遵照在案。兹据云南按察使宫兆麟将乾隆三十二年分承审新旧命盗各案，分晰已结未结之案，叙明缘由，呈详到臣。

臣查乾隆三十一年旧命盗案共二十九起，于三十二年审结二十七起，未结二起；乾隆三十二年新命盗案共七十七起，已结三十二起，未结四十五起，统计新旧未完命盗案共四十七起。除饬催上紧完结外，谨将未完命盗各案逐一声叙缘由，开列清单，恭呈御览。理合缮折具奏，伏祈皇上圣鉴。谨奏。

朱批： 该部知道。

（《宫中档乾隆朝奏折》第三十辑，第80页）

1538 云贵总督暂管巡抚事鄂宁《奏报滇省乾隆三十二年分盗窃案件已获、未获各数，并承缉、协缉及应记功各职名折》

乾隆三十三年三月十三日

云贵总督暂管巡抚事臣鄂宁谨奏：为循例奏闻事。

窃照案准部咨："嗣后各省盗案，除按限查参，照例汇题外，该督抚于年终，将某县新旧盗案几件，能获几件，逐县开列清单，恭呈御览。有能实心缉捕，拿获新旧多盗要犯及拿获邻境盗犯者，责成该督抚确查核实，加具切实考语，将文武员名声明请旨，可否送部引见，恭候钦定。其有强劫频闻，又不严缉捕获，亦即据实列入指参，请旨议处，以昭炯戒。再地方官承缉窃案，其记功、记过之最多者，亦于年底开具清单，恭呈御览。"等因。又准部咨："嗣后州县等官，统计一年内报窃之案，能拿获及半者，免其记过，亦毋庸记功。其获不及半者，按未获案数，每五案记过一次。有能于拿获及半之外复有多获者，每五案记功一次，以次递加。如有能缉获前官任内窃案及邻境贼匪者，每一案记功一次，以示鼓励。至窃贼满贯之案，扣限咨参，仍于记过册内合算，有能拿获者，每一案即予记功一次等因。奉旨：依议。钦此。"钦遵在案。兹据云南按察使宫兆麟，将乾隆三十二年分各属新旧盗案及报窃案数，分别已获、未获，造册详送前来。

臣查云南省乾隆三十二年分各属新报盗劫、窃盗、拒捕、杀伤及临时行强、掘冢等案共五件，内全获二件，共获犯七名；获破一件，已获人犯三名，未获伙犯一名；未获二件。承缉旧盗案十二件，共获人犯十三名，内已全获完结者二件，尚有伙犯未获者六件，首伙无获者四件。其全获者，或系前后两官，或届疏防期限，例免处分，亦无议叙。获破与未获者，业已按限查参，虽无能获多盗超群杰出之员，尚皆整饬地方，不事因循之习。

至窃贼案件，乾隆三十二年分，通省府厅州县共报窃四十三案，获犯四十八名，内全获十五案，获破十一案，未获十七案。核查每属报窃、获贼，皆不及五案之数，俱毋庸记功记过。其中，有窃赃满贯，例有承缉处分者，俱经按限查参。惟昆明县于限内缉获满贯贼犯一案，新兴州知州、云南县典史缉获邻境贼犯各一案，文武各官应照例记功，以示鼓励。除将未获盗窃各案饬令道府严督各属，移会营员，选拨兵役上紧设法缉拿，务获赃贼，逐案清理，如有玩纵，即行参究外，所有乾隆三十二年分盗窃案件已获、未获各数，并承缉、协缉及应记功各职名，谨分缮清单，恭呈御览。理合缮折具奏，伏祈皇上圣鉴。谨奏。

朱批： 该部知道。

（《宫中档乾隆朝奏折》第三十辑，第 81～82 页）

1539 云贵总督暂管巡抚事鄂宁《奏报奉旨升授总督暂管巡抚事务谢恩折》

乾隆三十三年三月十三日

云贵总督暂管巡抚事奴才鄂宁跪奏：为恭谢天恩事。

窃奴才承准廷寄，书衔云贵总督暂管巡抚事务。敬阅之下，恐惧战兢，罔知所措。伏念奴才材质庸下，知识短浅，荷蒙皇上天恩，豢养生成，简畀封疆重任，二年以来，毫无报效，而圣恩稠叠，有加无已，甫特加内大臣衔，兹复升授总督，暂管巡抚事务。奴才自念材识本无能胜之任，而以满洲世仆，凡受天恩任使，必不敢计难易重轻，惟有事事仰承圣训，时时奋勉，竭尽血诚，极心力之所能至，实不知如何报效始，能稍酬高厚慈恩于万一。所有感激愚忱，谨缮折奏谢，伏祈皇上圣鉴。谨奏。

朱批： 览。

（《宫中档乾隆朝奏折》第三十辑，第 82～83 页）

1540 暂管云贵总督事阿里衮、云贵总督暂管巡抚事鄂宁《奏请将革职之原任建水州知州徐名道等留滇委用折》

乾隆三十三年三月十七日

暂管云贵总督事臣阿里衮、云贵总督暂管巡抚事臣鄂宁谨奏：为仰恳圣恩事。

窃查滇省现在办理军务，一切差使，需员之际，效力人员苟实有勤劳，自应示以鼓励，俾知感奋。而可供差遣之人，亦当奏明，以备驱策。查原任建水州知州徐名道，因承审命案内革职，前经杨应琚奏请留滇效力。该员办理粮务业经数载，俱为妥协。而此次宛顶军粮保守无失，又能觅人探得确信，尤为可嘉。伏祈圣恩，准降等以知县题补，以示鼓励。又原任嵩明州革职吏目李大嵩，因调办粮运到迟，经汤聘咨参革职，呈请于军前效力，经将军明瑞留滇办理差务，未经咨部。该员自在腾越办理粮运以来，将及一载，奋勉急公，办运无误。应请留滇，俟再著有劳绩，以原衔咨补。再查有奉文降调之腾越州州判陈梦鑪，系应行回籍候补之员，该员在滇多年，人尚谨慎；又原任会泽县待补巡检饶惟照，系丁忧回籍，服满，因赔交前在滇省经管威宁铜店逾折铜斤银两，来滇呈请，情愿在滇效力，该员人亦明白勇往；又将军明瑞自京带来滇省之候选经历潘钰，系方略馆期满议叙候补经历，该员随营一载，颇著勤劳。

以上三员，仰恳皇上天恩，准其留滇委用，俟有相当之缺咨补。臣等因现办军务之际，会折仰恳圣恩，伏祈皇上圣鉴，训示施行。谨奏。

朱批：着照所请行，该部知道。

（《宫中档乾隆朝奏折》第三十辑，第 104～105 页）

1541 暂管云贵总督事阿里衮、云贵总督暂管巡抚事鄂宁《奏报遵旨查封陈元震、郭鹏翀赀财及拿解伊子折》

乾隆三十三年三月十七日

暂管云贵总督事臣阿里衮、云贵总督暂管巡抚事臣鄂宁谨奏：为查明具奏事。

窃照钦奉上谕："将陈元震、郭鹏翀所有任所赀财严密查封，并查二人之子，随任者着拿送刑部治罪。钦此。"

查陈元震系革职效力之员，家属寓居省城，郭鹏翀家属现在大理府任所。当即钦遵，飞行按察司及署大理府，各亲往严密查封，并查随任之子，拿解，并札保山县，密查伊等留存永昌寓所财物封贮。去后，兹据按察使宫兆麟禀称："率同云南府知府彭应、署昆明县知县李世保前赴陈元震寓所，将所有赀财、衣物等件逐一搜查封贮。讯据伊弟陈元霖供称，陈元震有三子，长名陈瑾，久往湖北汉口，娶亲未回，其妻父系原任湖北麻城县已故知县孟炳，镶红旗汉军人，其妻母宋氏，系湖广人，呈明出旗，现住汉口镇花布街；其次子名陈瑜，现在拿获收禁；其三子名六哥儿，年甫二岁，现在看守候解。所有封贮财物，造册呈报。"等情。臣鄂宁随飞咨湖广督抚臣严密查拿陈瑾务获，就近一面奏闻，一面解部在案。

又据布政使钱度禀："据署大理府图桑阿将郭鹏翀任所赀财逐一查抄、封贮，造册申报，并查明郭鹏翀随任之长子灵格，年十一岁，次子黉格，年七岁，俱行拿禁。三子明格，年甫三岁，看守候解。"又据署保山县知县蒋日杞将陈元震、郭鹏翀留存永昌什物查封，造报前来。谨将封贮伊等寓所、任所财物分缮简明清单，恭呈御览，委员将陈瑜、灵格、黉格解交刑部。其幼孩六哥儿、明格，未离乳哺，仍令各随家口解京，俟到京时，令各该旗送交刑部，一并请旨办理。除分别委员管解并咨明部、旗外，所有查封陈元震、郭鹏翀赀财及拿解伊子缘由，谨缮折具奏，伏祈皇上圣鉴。

再封贮财物，饬令各地方官确估变价，另造细册咨部，合并陈明。谨奏。

朱批： 另有旨谕。

（《宫中档乾隆朝奏折》第三十辑，第 105～106 页）

1542 暂管云贵总督事阿里衮、云贵总督暂管巡抚事鄂宁《奏报遵旨查办索柱、王栋原籍、任所赀财折》

乾隆三十三年三月十七日

暂管云贵总督事臣阿里衮、云贵总督暂管巡抚事臣鄂宁谨奏：为查明具奏事。

窃照钦奉上谕："将索柱任所赀财严密查封，伊子拿交刑部监禁；并查明王栋原籍何处，将伊家产一并查抄，其子并着一面监禁，奏闻请旨。钦此。"

随查索柱系由四川川北镇调任云南永北镇，到滇即赴军营接印任事，嗣调曲寻镇，亦在军营接印，革职后，仍留军营效力，并未到过各任所，其家属不曾来滇，亦无伊子随来。但恐有财物寄存各任所，飞行按察司，饬令各地方官严密确查，并伊家属是否尚在川省，飞咨四川督臣密饬查办。又查王栋系贵州朗洞营参将，系湖南人，飞咨贵州、湖南抚臣，将伊任所、原籍赀财严密查封，并拿伊子监禁，就近奏闻请旨。并饬保山县，于永昌地方密查索柱、王栋有无财物存留。去后，兹据按察使宫兆麟详称，行据永北、曲靖二府确查，各任所并无索柱财物存留寄顿，亦无伊子寓居。并准四川督臣咨覆，索柱家属已于上年九月二十一日起程回旗。又据保山县禀称："索柱前赴军营，永昌并无寓所，惟上年十月间从军营寄来银三封，布包一个，交托收存后，又寄存银二封。当将银封逐一拆兑，共重二百四十九两四钱，布包内旧白布小衫一件，布裤二条，棉马褂一件，旧缎鞋一双，布靴一双，余无别物。至王栋，并无寄存财物。此外详细确查，亦实无寄顿之处。"等情。又准贵州抚臣咨覆，将王栋任所赀财查封，并拿伊子王万年监禁。湖南抚臣咨覆，原籍并无家属，财产均已就近奏闻在案，移咨查照前来。除饬将查出索柱银两封贮、布衣等件一并估变外，所有查办缘由，谨缮折具奏，伏祈皇上圣鉴。谨奏。

朱批： 览。

（《宫中档乾隆朝奏折》第三十辑，第 107～108 页）

1543 暂管云贵总督事阿里衮、云贵总督暂管巡抚事鄂宁《奏报遵旨查抄额尔登额、谭五格任所赀财折》

乾隆三十三年三月十七日

暂管云贵总督事臣阿里衮、云贵总督暂管巡抚事臣鄂宁谨奏：为查明具奏事。

窃照钦奉上谕："额尔登额、谭五格任所赀财，着一并查抄。钦此。"当经密札永昌府保山县，将额尔登额、谭五格存留永昌并随带军营各财物逐细查抄封贮。至谭五格家属，并未来滇，闻尚住在贵州。随飞咨贵州抚臣，转饬严密查封，就近奏闻。其大理提督任所及省城有无谭五格寄存财物，密札两司查办。去后，兹据布政使钱度禀："据永昌府知府赵珮将额尔登额、谭五格随带军营什物查抄，同额尔登额家人七名，解回永昌。并据署保山县知县蒋曰杞将额尔登额存留寓所箱物、谭五格寄存永顺镇游击清泰处物件逐一开看，查点封贮，汇造清册申报。"又据署大理府知府图桑阿禀称："细查谭五格任所，并无一物存留，只有家人喜儿一名，甫从军营回至任所养病。当将喜儿随带马匹、什物起出看守，造册呈送。"等情。又据按察使宫兆麟禀称："查出谭五格寄存王世俊家衣箱二支、藏香一筒。当讯据王世俊供，系提督衙门字识，寓居省城。上年十月初一日，谭五格自普洱回省，即往永昌，因无家眷，把这两个皮箱、一个竹筒封锁，寄在世俊家内，不知是何物件，此外委无别物等语。随将箱内衣物逐一点明封贮，造册禀报。"又准贵州抚臣咨覆："谭五格家属寓居安顺府城内，当即密委署按察使永泰驰赴安顺，率同府县，将该家属寓所逐细搜查，抄出赀财造册封贮，奏闻在案。"移咨查照前来。臣等谨将查封额尔登额、谭五格存留永昌及省城财物分缮简明清单，恭呈御览。

至额尔登额家人七名、谭五格家人一名，即行递解回旗，查办入官。其封贮物件，饬令各地方官确估变价，另造细册咨部。理合缮折具奏，伏祈皇上圣鉴。谨奏。

朱批：览。

（《宫中档乾隆朝奏折》第三十辑，第 108～109 页）

1544 阿里衮《奏报普洱边外九龙江一带贼匪滋扰，酌量派兵进剿情形折》

乾隆三十三年三月二十日

臣阿里衮谨奏：为奏闻事。

窃查普洱边外九龙江一带，上年六七月间，据报贼匪滋扰补角及小猛仑等处，书敏、德保不能奋力堵御，经前督臣、公明瑞特派游击七十一，并调附近开化等营官兵一千二百八十余名，复檄调昭通镇总兵佟国英前往勤逐，并经抚臣鄂宁于到省黔兵内截调一千名，令原任提督谭五格驰往该处，督同妥办。嗣因贼匪业已远道，地方宁靖，特留佟国英、七十一等在彼防守，业经节次奏明在案。

兹于三月十九日，接据总兵佟国英、七十一禀称："三月十一日，据宣慰土司刀维屏禀报：'守隘目练回江，禀有贼匪四五百人入境，小的等不过四五人，又无火药枪炮，不能堵敌，为此禀请援救等情。'职等随一面派弁星飞往探，一面挑拨兵练一千二百名，令贵州参将彭廷栋、游击刘登俊前往九龙江堵御，职等即统兵，于十二日星赴剿捕。行至蛮洪，有马贼约四五十人，步贼数百人。职等带同参将彭廷栋等督率打仗，自巳至申，贼渐退入箐。讵意又来猛笼，马贼约数十人，步贼数百人。上前对敌，有两个时辰，天晚地险，树木丛杂，贼已退去，我兵暂行收聚回九龙江，驻扎上下渡口，严加防范。适又据橄榄坝土把总喇鲊斋禀，有贼匪漫入橄榄坝江外一带。职等恐贼由茨通窜入小猛养滋扰，于十三日，带领兵练回小猛养，并檄饬游击扬桑阿于补角小猛仑一带堵御。至蛮洪遇贼，迎敌时，有云贵弁兵李宜阳、李万林等奋勇冲锋，手刃贼匪三四名及四五名不等，并杀死马上穿红绿衣贼目三名，连枪炮，打死贼约有一百余人，兵丁张连等抢获贼人连鞍马二匹。官兵、目练亦有阵亡带伤者，俟查明，另为分晰具禀。总兵佟国英被贼炮打穿左手掌，现在小猛养防范，七十一现同游击刘登俊仍赴江防堵。"等语。

查九龙江外贼匪，上年乘夏秋雨水瘴发之时潜出滋扰，见有官兵防御，即行退遁。今据该镇等禀报，蛮洪两次接仗，马步贼均只数百余人，且一经剿杀，旋即逃入山箐，原属不成事体。查该处贼匪频年滋扰，屡烦官兵防守，糜费军糈，即发兵剿捕，以期靖扫根株，奠安边境，自属应办之事。但此时雨水渐多，瘴气日盛，官兵冒瘴深入，不无损伤可惜。俟大兵进剿阿瓦后，顺道剪除，尚属易事。是以谕令该镇佟国英等，目下只须督兵驱逐出境，毋令近边滋扰。现在该处旧存防兵及上年续添贵州、本省官兵，通共有兵三千五百余名，若欲分布各要隘防堵，未免势单。查有本年续调黔兵二千名，已抵永昌，此际尚无需用之处。莫若将此项黔兵暂行派赴资助，既可以壮声势，并可稍分永昌兵食。是以即令于本月二十日，由顺宁一路就近分起前往。

臣本拟亲往查勘，指示办理。但抚臣鄂宁已于十七日回省料理一切官兵马匹、粮运事宜，臣在永昌现有应办事件，难以分身兼顾。查有普洱镇总兵左秀、新补永顺镇总兵常保住现住永城，尚无多余应办之事，应即令其带领黔兵前往，会同酌看情形，相机妥办。臣并面谕该镇等，该处贼本无多，原不足为患，此时天气渐热，瘴疠将发，倘贼人尚窥伺滋扰，即应驱逐远飏，无事穷追深入。如已窜退江外，无须办理。左秀系普洱本镇，即应留彼，会同商办一切。倘将来四五月间，瘴疠日炽，仍将原防官兵徐徐撤回凉爽扼要之地严密防范，或于倚邦、思茅旧驻防所亦可。其现派往之黔兵二千名，原系预备进剿，如已无事，仍可撤回普洱内地就食，以备临时调拨，并令左秀等将近日贼匪情形及作何防守之处随时禀报总兵左秀，俟进剿时，临期再为酌调。其总兵常保住仍回永昌，将该处确实情形详悉面禀，再行具奏。

所有臣据禀酌办情由，理合恭折奏闻，伏祈皇上睿鉴训示。谨奏。

朱批：另有旨谕。

（《宫中档乾隆朝奏折》第三十辑，第 122~124 页）

1545 阿里衮《奏报滋扰九龙江贼匪被官兵杀败逃往猛混折》
乾隆三十三年三月二十四日

臣阿里衮谨奏：为奏闻事。

前据总兵佟国英等禀报，十二日于蛮洪地方与贼两次打仗，贼已遁去，仍恐分路窜扰等由，经臣以该处兵练势单，因有续调来永之黔兵二千名，目下尚无需用，莫若暂移该处，既可以壮声援，并可稍分永昌兵食，因令总兵常保住、左秀带同前往相度妥办，业经恭折奏明在案。

兹复接佟国英、七十一禀称："贼于十二日打仗，杀败后连夜逃回猛混。职等恐贼性狡猾，暗行设伏引诱我兵，复挑选妥干兵目前往确探。于十六日，该差等回江禀称：'路遇蛮乐剪猓夷一人，被贼拿去逃回，眼见莽子约有三四百，其余是猛勇、整欠、猛迭、蛮狃、蛮累猓夷，共有八九百人。听得他们说这回官兵很多，我们伤损二百余人，不能胜他，连夜逃往猛混去了。'职等体察贼匪被伤惧逃，似出实情。"等语。

伏查该处贼匪乃系乌合之众，现在瘴疠渐炽，无庸亟事剿捕，俟将来平定阿瓦之后回兵办理。此时业据该镇等于九龙江杀败贼匪，逃往猛混，此等小丑自不敢复出滋扰。臣已饬令该镇等仍于江坝紧要之处加意防范，不得稍有懈弛，俟常保住等到彼，再为酌看情形，会商妥办，禀报到日，另行具奏。所有贼匪遁走猛混缘由，理合奏闻，仰祈睿鉴。谨奏。

朱批：知道了。

（《宫中档乾隆朝奏折》第三十辑，第 171~172 页）

1546 云贵总督暂管巡抚事鄂宁《奏报不曾究讯额尔登额及末将谭五格之言奏闻缘由折》
乾隆三十三年三月二十五日

云贵总督暂管巡抚事臣鄂宁谨奏：为据实陈奏，仰祈圣鉴事。

窃臣于三月二十四日，钦奉上谕："额尔登额贻误军行，从前节经鄂宁参奏，不独毫无瞻顾，且深为痛恨。今解至永昌，鄂宁自当将伊畏葸情状严加究诘，据实奏闻。乃折内并未将曾否究讯之处一语提及。鄂宁如因阿里衮到彼，不无稍存推诿，是岂公忠体国之义？钦此。"

查额尔登额绕道避贼，有心迟延贻误，至于此极！不但臣痛恨，凡知此事者莫不切齿痛恨，实实粉身不足以蔽罪。伊至永昌，臣自当严加究诘具奏。缘臣派往锁拿额尔登额之知府赵珮回至永昌面禀："额尔登额向伊言：我知道你们巡抚参了我了，他那里懂得什么，我见皇上自然有的说。你告诉我他怎么参我的。卑府答以实在不知参没有，额尔登额冷笑而已。"等语。臣闻之更加愤恨，即欲见伊，痛斥其罪。继又平心思忖，此等丧心之人，非有严刑讯问，断不供吐实情，或反肆其狡横，光景又无可如何，必不能得其实在情节入告，是以臣并未见伊。

至于谭五格到永昌时，臣见伊，传旨，因即询其如何同额尔登额逗遛迟误之处，伊答非所问，但言额尔登额视伊如奴隶，伊欲分兵，额尔登额再三不依，云："你是提督，该听参赞调遣的，皇上加罪，有我，与你不相干。（**夹批**：误事确在。彼之心，有天意矣。）奉到廷寄及清字奏折，有时说两句，有时并不告知，再问就烦了，加以斥呵。自前任参赞死后，我就受委屈到如今。"等语。臣问以如何不将此情节奏闻？谭五格云："伊常加防范，我怕有不测，所以连大人书子也不敢写，且恐皇上见两人不和，上烦圣心。"臣诘以此时误事至此，如今的烦圣心如何？伊但低头无言。及再诘以到底如何迁延将及一月，不往救援，就不能自主，也该劝他。谭五格云："就劝他也不依。"询以如何劝他，劝过几次？谭五格惟有叹气，并不能指实以对。臣见其衰病已甚，无能不堪之状毕露，且恐其疑虑，因亦不复穷诘。臣向阿里衮告知，谭五格以提督大员，与额尔登额同领兵众，即真受制于额尔登额，势必不能自奋，亦当据实奏闻。乃依违随和，误事至此，其情已无可原，所言不过图卸己罪，求为开脱之意，是以臣等亦未将其言奏及。

伏思边外小丑不靖，皆地方官分内应办之事，以致上廑睿虑，宵旰忧勤，事事指示。凡有人心者，皆当仰体圣主之焦劳，自矢天良，竭心思才力之所能至，尽黜私意，以图报效。若受主上委任分内之事，再有一人同事，即存推诿之意，即臣下之家亦不愿有此奴仆。臣父子兄弟并沐高厚殊恩，而臣身之受恩尤为极重无比，若因阿里衮等到滇，即稍存意见，有推诿之心，是良心尽丧，既非人类，必不能免大诛。臣实实梦寐中亦不敢稍存此意。臣嗣后惟有益励愚诚，事事详审，与诸臣和衷妥办，共期仰副圣主委任属望之至意。

谨将臣糊涂之见，不曾究讯额尔登额及未将谭五格之言奏闻缘由，据实具奏，伏祈皇上恩鉴。谨奏。

朱批：览奏俱悉。舒赫德到彼，尔等悉心详酌，据实奏来。然若留，不能究诘指陈，无如尔于七月间速至京相商一切，且就便见汝母也。

1547　云贵总督暂管巡抚事鄂宁《奏报九龙江外已无贼匪情形折》
乾隆三十三年三月二十五日

云贵总督暂管巡抚事臣鄂宁谨奏：为奏闻事。

窃臣奏明于三月十七日回省城办理一切事件，于二十日行至赵州，接在普洱、九龙江一带防守之昭通镇佟国英、护普洱镇七十一禀称："于三月十二日，在九龙江外蛮洪地方遇贼打仗，杀贼约一百余人。佟国英被贼炮打穿左手掌，兵练亦有阵亡带伤者，查明另禀。现在贼已退去。"等语。臣即札饬："江外贼匪既已杀退，此时瘴疠已盛，毋庸冒瘴深入。仍严督兵弁于九龙江、橄榄坝各要隘相机堵剿，勿使贼匪混窜。即速查明奋勇杀贼弁兵及阵亡、带伤名数确切，分别开报，以凭照例查办。"并札致阿里衮，将该处情形联名会奏。

再永昌已有数镇，左秀现在无事，应令赴普洱办本任事务。其新升补普洱镇标将备，亦应令赴本任，以俾遣用。去后，于二十二日，接阿里衮札，并抄寄折稿，已于二十日，拨黔兵二千名，令左秀、常保住带领前往，会同酌看情形，相机妥办，奏明在案。今于二十五日，行至禄丰县地方，接佟国英等禀称："贼匪杀退之后，连夜逃遁。复差干兵，同刀维屏通事前往确探。于十六日，该差等回禀，查到猛混，遇一被贼拿去逃回之玀夷波易教，云贼匪已连夜从猛混逃遁去了。据称莽子只有三四百，其余是猛勇、整欠、猛迭、蛮扭、蛮累的，共有八九百人，头目是召光、召斋兄弟、召糯蜡等语。职等查九龙江外一阵，将贼匪杀败，已挫其锋，如果橄榄坝贼匪稍有动静，职等尽可抽调兵练，相机堵剿。"等语，具禀前来。

臣查此等贼匪，原非正贼，不过乌合觅食之辈，一遇官兵奋勇，即可一驱而散。此时已非进兵之时，不便使官兵冒瘴深入。臣仍饬该镇等于各要隘严密防守，不时侦探，并行该处镇府遣派妥干兵役，确查的系何项贼匪？现在盘踞何处？共有若干人？贼首的系何人？俟查明到日，臣与阿里衮等再行妥商筹办，另行具奏。

谨先将九龙江外已无贼匪踪迹缘由奏闻，伏祈皇上圣鉴。谨奏。

朱批：知道了。余有旨谕。

（《宫中档乾隆朝奏折》第三十辑，第192～193页）

1548　云贵总督暂管巡抚事鄂宁《奏报普洱兵粮情形及成都满兵到滇缘由折》
乾隆三十三年四月初四日

云贵总督暂管巡抚事臣鄂宁谨奏：为奏闻事。

窃查普洱九龙江外贼匪退走猛混缘由，业经臣奏闻在案。复据普洱府知府唐宸衡、镇沅府知府龚士模、思茅同知黑光禀称："贼匪已出猛混，赴猛笼一带去讫，橄榄坝江外并无贼踪。小猛养百姓前此惊避山箐，今已有归业者，其余未回夷民，现在逐一招徕。"等语。臣复饬，令好为晓谕办理，务将夷民悉行招回归业，无误耕种，并令再确探贼匪踪迹。

至普洱、思茅备贮军粮，臣去岁拨运及采买之米，除供支外，现存米一万数千石，尚有该镇额贮兵米可以动用。查该处旧驻防兵三千五百余名，新从永昌拨往黔兵二千名，现在奉上谕："命荆州将军永瑞带领湖广满兵二千五百名赴普洱、思茅无烟瘴之处屯驻。钦此。"仰见圣虑周详，既足以壮普洱沿边一带之军威，又可以省永昌驻扎之兵食，实为两得。合计满汉兵共八千余名，普洱现贮粮米已足敷供支数月；且臣前筹运永昌驻兵及将来进兵之粮石，将附近普洱之镇沅、景东、元江、临安、开化、广南等府属仓粮未经拨动，原留为普洱之用，自可随时酌拨，源源接济。是普洱一带驻兵之口粮必能充裕。俟永瑞到滇，臣与妥筹应驻何处，令其遵旨前往，再行奏闻。

再四川成都满兵一千五百名，已陆续全到云南省城。臣查此项兵丁，自不便令住民房，但若令长住帐房，则经一夏雨淋日曝，帐房尽归无用，殊为可惜。臣俱指定附近教场之空闲庙宇，令原带之协领等分起管领，居住约束，并可于教场常行操练。臣亦不时稽查，务俾安静屯驻，军民相安。副都统雅郎阿亦于初三日到省，一切应办之处，臣再与会商妥办。

所有普洱兵粮情形及成都满兵到滇缘由，谨缮折奏闻，伏祈皇上圣鉴。谨奏。

朱批：知道了。

（《宫中档乾隆朝奏折》第三十辑，第276～277页）

1549　云贵总督暂管巡抚事鄂宁《奏报自永昌回省日期及豆麦情形折》
乾隆三十三年四月初四日

云贵总督暂管巡抚事臣鄂宁谨奏：为奏闻事。

窃臣奏明于三月十七日自永昌起程，回省办理一切事件，二十七日到省。经过迤西各府属及附近省城一带地方，所见蚕豆、大麦多有成熟收割者，小麦含胎，将次结实。询诸农民，佥称今春雨水及时，豆麦畅茂，可卜有收。至秧苗，出水已有二三四寸不等。至迤东各府属禀报，雨水亦俱调匀，豆麦滋长。现在通省米价不昂，民情安贴。谨将臣回省日期及豆麦情形缮折奏闻，伏祈皇上圣鉴。谨奏。

朱批：欣慰览之。

（《宫中档乾隆朝奏折》第三十辑，第277页）

1550 云贵总督暂管巡抚事鄂宁《奏报遵旨暂增铜价，以裕泉流折》

乾隆三十三年四月初四日

云贵总督暂管巡抚事臣鄂宁谨奏：为遵旨暂增铜价，以裕泉流事。

窃照钦奉上谕："铜厂向有总办道员，开采铜斤乃其专责，自当随时筹核，以裕泉流。即或牛马稍缺，亦当设法通融；或米炭短少价昂，并不妨奏明，暂增定值，小民见有利可趋，自必踊跃从事，一切断不致于掣肘，俟大功告成之后，仍可按照旧定章程。如此，则筹饷、办铜两不相碍。着传谕鄂宁，严饬委办道员妥协经理，毋稍稽误。钦此。"

臣查滇省铜厂，系粮储道罗源浩专管。当即遵旨，严饬该道妥协经理，务使厂旺铜丰，并令将应否增价之处，会同布政司妥议。去后，兹据粮储道罗源浩会同布政使钱度禀称："滇省铜厂，自乾隆三十年以来，曾经丰旺之大铜、大兴、大美等子厂，硔砂相继衰竭，办铜渐减。复于三十一年，前任总督杨应琚偶因滇省米价昂贵，奏准旧厂四十里之外不准再开新厂，以节耗米之流。而连年旧有各厂开采已久，硐深硔薄，办铜更少，加以兵兴之际，驮脚牛马悉应军差，厂中油、米、炭多费，人力背负，价更昂于平昔，厂民办理竭蹶，且无利可图，愈难鼓舞。本司道目击情形，不敢以偶尔军务遽请加增铜价。因查添开子厂，原以济老厂之不足，从前行之曾有成效，随经详请具奏，仍循旧例，不拘远近，听民试采，以裕铜斤在案。今蒙皇上洞烛厂民办铜艰难情形，特降谕旨暂增定值，实系恩施格外，厂民必皆踊跃。查乾隆十九年以后至二十七年以前，滇省大小铜厂叠荷皇恩加价，每加一次即有一次起色。其所加之数，视该厂之铜原价最少，与原价稍多者为差等，每百斤加四钱及八钱、一两以上不等。此次乃系特恩暂行增值，未便区别，致有不均。应请统大小新旧高低铜厂，一例于原价之外，每百斤增银六钱，厂民得此分外之价，自无不乐于趋利，以期多办铜斤。至于加价之银，查有乾隆三十一年铜厂奏销余息项下留备将来加价之项，共有银一十一万二千八百余两，可以供用，无须别动正帑。"等情前来。

臣覆查滇省办运铜斤，以供京外鼓铸，甚为紧要。近年来出铜短缩，不敷拨用，实因旧厂硐深硔薄，又新开子厂甚少，更兼办理军务之际，牛马缺少，油、米、炭三项到厂艰难，价昂费倍，厂民竭蹶，均属实在情形，自当随时调剂。所有杨应琚不准再开新厂之禁，业经臣奏恳圣恩，仍准开采在案。至厂民办铜拮据，自应遵旨暂行增价，以俾鼓舞。应请不拘何厂所出铜斤，每百斤概加价六钱收买，俟大功告成之后，仍照旧定章程。其需用价银，即于留备加价项下动用报销。如蒙俞允，臣即遍行出示晓谕，厂民俾共知感戴圣恩，自必乘时赶办，多交铜斤，以资拨用，实于鼓铸有裨。仍不时严查厂员，倘有扣克短发及将新增铜价抵补旧欠等弊，立即严参治罪。谨缮折具奏，伏祈皇上圣鉴训示。谨奏。

朱批：着照所请行，该部知道。

1551　云贵总督暂管巡抚事鄂宁《奏报探明贼匪
远遁孟艮及普洱栽插情形折》
乾隆三十三年四月十六日

云贵总督暂管巡抚事臣鄂宁谨奏：为奏闻事。

窃照普洱九龙江外贼匪由猛笼远遁缘由，业经臣奏闻在案，并令普洱镇、府再确探贼匪踪迹。去后，兹据佟国英等禀称："据刀维屏及差探弁目回报，侦探贼匪已退出打乐境外，散回猛勇、孟艮去讫，一带地方俱各安静，橄榄坝江外及猛笼俱无贼匪踪迹。"等情。现在总兵左秀、常保住已于四月初五日抵小猛养。臣又札令伊等会同查明情形，禀报到日，臣与阿里衮、舒赫德再行熟筹，妥商办理。

至普洱各土司地方，先经臣饬令该府等加意劝谕夷民，上紧耕种。兹据知府唐宸衡禀称："今春雨水充裕，思茅、宁洱所属水田俱已栽插，较诸往岁为早。其夷民刀耕火种之山地，亦渐次办理。现在猛旺、整董、猛乌各处已陆续栽插，可冀有秋。至倚邦一带之茶树，因今岁雨水调匀，茶芽亦颇旺盛。"等语。是普洱边外虽经贼匪滋扰，而内地民夷仍各及时耕种，安堵如常，不致有误春耕。再佟国英前被贼炮打穿手掌，已调治全愈。并据查报，此次打仗，阵伤亡兵练二十名，带伤弁兵二十二员名。合并陈明。

所有探明贼匪远遁孟艮及普洱栽插情形，谨缮折奏闻，伏祈皇上圣鉴。谨奏。

朱批：知道了。

（《宫中档乾隆朝奏折》第三十辑，第 375～376 页）

夹片：窃查额尔登额、谭五格于二月三十日、三月初二日自永昌分起委员押解赴京，今据平彝县具报，额尔登额于三月十三日出境，谭五格于三月十六日出境。所有额尔登额等出云南境日期，理合奏闻。

朱批：览。

（《宫中档乾隆朝奏折》第三十辑，第 376 页）

1552　云贵总督暂管巡抚事鄂宁《奉旨赴京审视老母谢恩折》
乾隆三十三年四月十六日

云贵总督暂管巡抚事奴才鄂宁跪奏：为恭谢天恩事。

伏思皇上宵衣旰食之际，犹念及奴才之母年老，命奴才赴京省视。奴才跪承恩旨，实实心悸神动，不知所措。受恩至此，稍有人心者，苟不竭尽心力以图报效，必非人类。奴才惟有时时自问天良，矢竭血诚，以尽犬马之力，实不能仰答圣主慈恩于万一也。谨缮折恭谢天恩，伏祈皇上恩鉴。谨奏。

朱批： 览。

（《宫中档乾隆朝奏折》第三十辑，第377页）

1553　云贵总督暂管巡抚事鄂宁《奏报遵旨赴永昌商办事件日期折》
乾隆三十三年四月十六日

云贵总督暂管巡抚事臣鄂宁谨奏：为奏闻事。

窃查舒赫德到滇，臣与反复计议，将一切情形于四月初九日具折密奏。原拟将省城应办事件料理，并俟京兵过省数起后，前赴永昌。于拜折后，奉到朱批："舒赫德到时，仍应共至永昌详议。钦此。"又钦奉谕旨查办木邦天生桥、锡箔江逃散兵丁，命臣会同阿里衮、舒赫德查办后，即行赴京，皇上询问滇省情形，并看视臣母。臣于十四日，料理永瑞带领荆州兵赴普洱后，将省城一切京兵过境事宜及催趱粮石、收放马匹等件，指示藩司宫兆麟妥协料理。臣即于十六日起程前赴永昌，俟到永昌一切应行详议事件，臣等三人必同心妥商具奏。至于逃散兵丁，臣与阿里衮已屡饬各镇将确查密记，此时当已得实数。臣等俟可以办理之时，即妥协办理后遵旨起程，赴京恭聆圣训。谨此奏闻，伏祈皇上圣鉴。谨奏。

朱批： 览。

（《宫中档乾隆朝奏折》第三十辑，第377～378页）

1554　阿里衮、舒赫德《奏报酌商将现在永昌之云、贵、四川三省官兵择其精壮者酌留备用外，其余概令各回原省本营折》
乾隆三十三年四月二十一日

臣阿里衮、臣舒赫德谨奏：

窃查永昌府城地方偏狭，近自锡箔、猛密、木邦各路撤回云、贵、四川三省官兵共计一万八千余名，一切供支口粮甚属浩繁。永昌现存粮石计可供至五月底，目下正在办运接济，自宜酌量查办。此内云南本省兵，除新经派拨龙陵防兵一千三百名、腾越防兵一千五百名，俱系新调之兵，毋庸置议外，其所有各处撤回换回云南本省兵丁，现在永昌者共马步兵六千一百九十余名，此项兵丁屡经调拨征防，一应军装、器械、衣帽等项，日久未免破损，必须回营整理。且臣等抵滇后，见一路所过营汛，兵丁均属寥寥，营伍亦多旷废。臣等酌议，此时距进剿之期尚早，本省官兵各有原营可归，自不必聚处永昌，徒糜口食，应悉令其归伍差操，将来即或有须酌调之处，近在本省，亦属便易。其贵州前后所调官兵技勇较优，内除上年派往普洱兵一千名，近又续派二千名外，其各路撤回永昌者，现存马步兵七千六百六十余名。四川撤存永昌马步兵四千九百三十余名，其中强壮老弱不齐，自应分别挑验，择其精壮者酌留备用外，其余概令各回原省本营，以供差操。

以上云、贵、四川三省应行遣回官兵，臣等酌量分起派弁管约，陆续回营，仍饬沿途地方官照例支给口粮，各归原伍。如此，庶挑留各兵均归实济，永昌亦可稍省兵食，而于各本处防汛差操亦俱有裨。臣等酌商，意见相同，理合缮折会奏，仰祈皇上睿鉴训示。谨奏。

朱批： 是。知道了。

（《宫中档乾隆朝奏折》第三十辑，第 420～421 页）

1555　阿里衮、舒赫德《奏报现在橄榄坝江外猛笼一带俱无贼踪折》
乾隆三十三年四月二十一日

臣阿里衮、臣舒赫德谨奏：

窃查九龙江外贼匪败退猛混缘由，业经臣阿里衮奏闻在案。兹据总兵佟国英、游击七十一禀称："据宣慰司刀维屏差人探得，猛海土官召曩因带练赴打乐堵御，回至猛混，于三月十六日，正遇九龙江败退之贼，即行截杀，杀死贼匪五人，余贼败退猛麻、猛勇去了。职等随酌赏猛海土官召曩缎匹、银牌，以示鼓励。复即选差确探，于四月初二日到猛遮，探得贼匪已散回猛勇、孟艮去讫，现在橄榄坝江外猛笼一带俱无贼踪。"等语。臣阿里衮已批饬该镇等于各要隘仍加小心防范，不得以贼已远遁，稍存懈弛。其总兵佟国英前在蛮洪被贼炮打伤左手掌，今已全愈。所有从前打仗弁兵，业据该镇等查明，共阵亡马步兵十七名，伤亡步兵一名，阵亡沙练二名，带伤把总一名、外委二名、马步兵十九名。臣等照例造册送部外，理合奏闻。

再总兵常保住、左秀已于四月初五日抵小猛养，现在前往橄榄坝等处，会同查看情形，俟该镇等禀报到日，再行具奏。合并声明，仰祈皇上睿鉴。谨奏。

朱批： 知道了。

（《宫中档乾隆朝奏折》第三十辑，第 421 页）

夹片：再查荆州将军永瑞所带湖广满兵二千五百名，现奉上谕，命往普洱、思茅无烟瘴之处屯驻。兹据云南府彭理禀报，永瑞带领头起官兵二百七十七员名，已于四月十四日自云南省城起程赴普。查普洱原驻及臣阿里衮新拨往黔省官兵共计五千有余，又加以荆州满兵，该处驻兵不少，所有一切备办口粮，蒙睿虑筹及，自应先期预备。除从前已将附近普洱之各府州属粮石未经拨运，留为普洱接济外，臣等现与鄂宁通盘计算，悉心筹办，务使源源接济，不致稍有缺乏。合并奏闻。谨奏。

朱批：知道了。

（《宫中档乾隆朝奏折》第三十辑，第 422 页）

1556　阿里衮、舒赫德《奏报滇省麦收、雨水情形折》
乾隆三十三年四月二十一日

臣阿里衮、臣舒赫德谨奏：为奏闻事。

窃查滇省每年春间雨水稀少，交四月后始得雨泽。今岁入春以来得雨较早，故豆麦俱已结实，现在陆续登场。近据易门等三十二府厅州县报到收成七八九十分不等，各属秧苗早者已经栽插齐全，近日连得畅雨，晚秧亦俱及时栽插。此时各处米价不昂，民情安贴。所有滇省麦收、雨水情形，理合恭折具奏，仰祈睿鉴。谨奏。

朱批：欣慰览之。

（《宫中档乾隆朝奏折》第三十辑，第 422 页）

1557　云贵总督暂管巡抚事鄂宁《奏报乾隆三十二年三运第一起、第二起京铜自泸州开运日期折》
乾隆三十三年四月二十七日

云贵总督暂管巡抚事臣鄂宁谨奏：为钦奉上谕事。

窃照滇省办运京铜，钦奉上谕："嗣后运铜事宜，务须加意慎重。其沿途经过各省督抚，朕已传谕，令其将委员守风、守冻及有无事故之处奏闻。至铜铅船支，于云贵本省起运，何日出境，亦着该督抚随时折奏。钦此。"钦遵，转行遵照在案。

兹据云南管理铜务、粮储道罗源浩会同布政使钱度详称："据委驻泸州店转运京铜委用知县卜诒直报称，乾隆三十二年三运第一起委官、试用同知梅士仁，于乾隆三十三年正月十九日抵泸州，二十八日开秤起，至二月二十日止，兑交过铜七十四万斤，内除陆路折铜三千七百斤外，实领运正耗余铜七十三万六千三百斤，又兑发过带解前管泸州店委员李肖先买补运员何器短色铜二百八十九斤三两，俱经照数给发，该员即于二十日自泸州扫帮前进。又据报称，乾隆三十二年三运第二起委官、试用知县李整笏，于乾隆三十三年二月初四日抵泸州，十六日开秤起，至三月初一日止，兑交过铜七十四万斤，内除陆路折耗铜三千七百斤外，实领运正耗余铜七十三万六千三百斤，照数给发，该员即于初六日自泸州扫帮前进。"各等情，转详到臣。除分咨户、工、兵部及沿途经过各省督抚，转饬地方文武员弁一体督察防护，按站催趱，不许片刻停留，仍严密稽察有无盗卖情弊外，所有乾隆三十二年三运第一起、第二起京铜自泸州开运日期，理合恭折奏报，伏祈皇上圣鉴。谨奏。

朱批：览。

（《宫中档乾隆朝奏折》第三十辑，第468～469页）

1558　云南巡抚明德《奏报分喂马匹并预筹粮务折》
乾隆三十三年四月二十八日

云南巡抚臣明德谨奏：为奏明分喂马匹并预筹粮务，仰祈睿鉴事。

窃照各省协济及本省采买军需马骡，除解往永昌交收外，其在云南省城截留喂养者不下二万匹头，已经验收者一千有余，现在源源解到，均需草料喂养。省城地方虽大，购办料豆尚易，而草束一项，系粗笨之物，运送堆贮俱费周章。臣与藩司宫兆麟再四商酌，附近省城外州县地方俱有草豆可购，若酌量省城堪喂数目，存留喂养，其余马骡分拨附近省城州县，就近购办料草饲喂，则办运草束既免迟延周章，而运费亦可节省。除酌量分拨喂养并遴委干员督喂，臣仍不时委员查察，务期及时膘壮，（**夹批：**甚好！）以供军行外，相应恭折奏明。

至于今秋办理普洱一路，现在普洱有荆州满兵及绿营土练兵共八千余名，月需口粮约三千石。将来阿里衮等进兵，又添新旧满兵六千名，连官员及官兵跟役，不下万人，每月又需口粮三千石，加之马骡草料，是目下情形，普洱地方需粮较多，应亟预为筹办宽裕，以备供支。臣与藩司宫兆麟商酌，该管道府龚士模、唐宸横均属能事之员，又现有在省之开化府知府吴承勋、东川府知府李豫，亦俱明白干练。臣即饬委该府等前往普洱，会同该管道府，将如何就近拨运，如何就近采买，一面即行办理，一面飞速具报，另行奏闻外，所有办理缘由，理合一并具奏，伏祈皇上睿鉴。谨奏。

朱批：知道了。俱属得要。

（《宫中档乾隆朝奏折》第三十辑，第471页）

1559　云南巡抚明德《奏报到滇日期并查办地方情形折》

乾隆三十三年四月二十八日

云南巡抚臣明德谨奏：为奏闻事。

窃臣钦奉谕旨，驰驿进京，在途接奉上谕，复蒙圣恩调补云南巡抚。至京之日，瞻仰天颜，荷蒙我皇上训勉有加，臣受恩深重，敢不竭尽犬马之力，以图报称？臣遵旨于三月十二日自京起程，沿途趱行，于四月二十二日入云南境。臣沿途查看送兵所需马匹、住处及委办之文武官员，俱经署督臣阿里衮、督臣鄂宁派委妥协，不致有误。体察民情，俱极安贴。而办理兵差，仰蒙皇上特恩赏银三十万两，小民均知圣主格外施恩，无不感激皇仁，竭力急公，踊跃趋事。

兹臣于四月二十六日抵云南省城，督臣鄂宁与升任藩司钱度俱在永昌。臣原拟将收马事务查办一二日，即驰赴永昌接篆，并与督臣商办粮运一切事务，再遵旨回省办事。是日酉刻，接准阿里衮、舒赫德咨送奏稿内称："奉旨：一俟秋冬瘴退之时，阿里衮即带领京兵前往九龙江一带地方查办，彼时舒赫德亦在普洱、思茅等处地方，以作声援。钦此。"臣等公同商议，京城派来满兵四千名，若令其来永，今岁办理普洱边外领兵前往，必由云南府行走，既劳马力，且京兵全抵云南省城，须至八月，正普洱进兵之时。莫若将此满兵四千名，停其前赴永昌，暂驻云南府，候至应前往时，即由彼行走，道路既顺，亦可省运送口粮之费。再成都满兵一千五百名，暂驻省城，今既将京兵留住，（**夹批**：伊等所办不妥，另有旨了。）其成都兵丁即陆续遣赴永昌防守地方。"等因。具奏抄咨到臣。

臣查云南府以西至永昌一路兵站，原系预备京兵四千名之用，今成都满兵一千五百名前往，需用无多，应将所余夫马等项饬令减退外，惟京兵四千名留住省城四五个月，需用住宿之所，臣与藩司宫兆麟及该府县等公同商酌，现在成都满兵一千五百名系住南关庙内，将来成都官兵去后，堪住京兵一千五百名，其余二千五百名，省城五关及附近乡村俱有宽大庙宇堪住。臣现在委员查看，分派起数，俟京兵到日，臣即督率各官分拨屯驻，并筹办口粮等项，以备供支。是以臣暂缓赴永，已札致鄂宁，委员送印来省，接受任事。

至各省买运滇省铜斤迟延缘由，因各厂开采年久，出矿稀少，又因杨应琚将远处硇硐不许开采，近来虽经督臣鄂宁奏请复开，为日未久，尚多不敷卖给。是以各省委员不无守候，非运户之退缩不前也。现在管厂道员罗源浩亲赴各厂查看情形，臣已催其作速查明旋省。臣与藩司该道熟商妥办，另行具奏，务期各省铜斤不致稽延。（**夹批**：好。）

再云南逃兵至三百余名之多，情殊可恶。（**夹批**：今已获几名，何不详奏？限汝三个月再奏。）臣现在查其籍贯、年貌，俟接篆后，即会同督臣严饬查拿，正法示儆，以仰副我皇上整饬戎行之至意。

臣经由迤东一带地方，二麦、蚕豆俱已登场，收成十分丰稔。而三四月以来，雨水调匀，塘堰充足，现已渐次栽插。询之农民，咸称可登大有。并问来省之迤西一带官员通省情形，亦俱相仿。臣见闻之下，实深忭庆。

所有臣到省日期并查办各缘由，合先恭折奏闻，伏祈皇上睿鉴。谨奏。

朱批：览奏俱悉。

（《宫中档乾隆朝奏折》第三十辑，第 472~473 页）

1560　暂管云贵总督事阿里衮、云贵总督暂管巡抚事鄂宁《奏报蒙化府同知员缺紧要，再恳圣恩仍准以沾益州知州贺长庚升署折》

乾隆三十三年五月初一日

暂管云贵总督事臣阿里衮、云贵总督暂管巡抚事臣鄂宁谨奏：为要缺同知必需干员，再恳圣恩俯准升署，以俾地方事。

窃照蒙化府掌印同知员缺，前经臣鄂宁以沾益州知州贺长庚奏请升署。接准部咨，议覆："贺长庚试俸未满三年，与升署之例不符，仍令另选合例之员题补等因。奉旨：依议。钦此。"钦遵，移咨到臣。

臣等查蒙化府同知一缺，地处冲要，俗悍民刁，平时固须精明强干之员方足以资治理。而现办军务，该处为一切兵差之所必由，兼之承运军粮，事更繁剧，尤须急公勇往之员始能料理无误。臣等复于通省知州、同知中逐加遴选，虽有合例之员可以升调，但细加衡量，总于此缺未宜，未敢拘泥题补。查沾益州知州贺长庚，才具明干，办事勇往，现在委管永昌马厂，数月以来，俱能实力料理，为办差中出色之员。而试俸年限，扣至本年七月即满。臣等不揣冒昧，再行奏请，仰恳皇上俯念蒙化府同知员缺紧要，仍准以贺长庚升署。在该员感激格外殊恩，自必益加奋勉，实于地方差务两有裨益。如蒙俞允，即令该员先行任事，俟军务事竣，再行给咨送部引见。仍照例接算俸次，扣足五年，另请实授。

臣等面商，意见相同，谨缮折具奏，伏祈皇上睿鉴训示。谨奏。

朱批：该部查议具奏。

（《宫中档乾隆朝奏折》第三十辑，第 497~498 页）

1561　暂管云贵总督事阿里衮、云贵总督暂管巡抚事鄂宁《奏报大理府知府缺出，请以现署该府之委用知府图桑阿升补折》

乾隆三十三年五月初一日

暂管云贵总督事臣阿里衮、云贵总督暂管巡抚事臣鄂宁谨奏：为遵旨拣补知府，以俾地方事。

窃照大理府知府员缺，钦奉上谕，命拣选奏补。臣等遵于通省知府、同知内逐加遴选，非现居要缺，即人地不宜，并无可以升调之员。惟查有拣发委用知府图桑阿，年六十一岁，正白旗满洲舒通阿佐领下人，由官学生考取内阁中书，升授户部主事，保题员外郎，京察一等，保题郎中。乾隆十九年，补授甘肃凉州府知府，派往巴里坤办理粮饷，二十五年回任，嗣经丁忧回旗，仍在原衙门行走，奏署广东司员外郎，服满，引见记名，以知府用。乾隆三十二年六月，拣选引见，奉旨发往云南差遣委用，是年八月到滇，大理府缺出时，即委该员署事。查大理为迤西冲途，现在所属州县差务殷繁，并拨运军粮，俱关紧要。该员自委署，数月以来，颇能督率料理。臣等留心察看，实无贻误。该员为人诚朴老成，前任亦无参罚事件。仰恳圣恩俯准，即以图桑阿补授大理府知府，实属人地相宜，堪以胜任。如蒙俞允，该员系拣发委用知府，今请补知府，衔缺相当，毋庸送部引见。

臣等面商，意见相同，谨缮折具奏，伏祈皇上圣鉴训示。谨奏。

朱批：该部查议具奏。

（《宫中档乾隆朝奏折》第三十辑，第498～499页）

夹片：侍卫玛格因在军营患病沉重，经副将军阿桂奏明，令其回腾越调养。今医治不效，于十月十一日身故。除备办棺殓，照例给予堪合，异送回京外，谨具奏闻。

朱批：览。

（《宫中档乾隆朝奏折》第三十辑，第498～499页）

1562　阿里衮、舒赫德、鄂宁《奏报遵旨查明鹤丽镇总兵实泰、开化镇总兵乔冲柯难以称职折》

乾隆三十三年五月初一日

臣阿里衮、臣舒赫德、臣鄂宁谨奏：为遵旨查明具奏事。

窃臣舒赫德钦奉谕旨："滇省总兵内如有不称职者，令臣等据实查明，奏请更换。钦此。"

臣等伏查云南总兵九员，如楚姚镇哈国兴、曲寻镇常青、临元镇本进忠、永北镇达兴阿、昭通镇佟国英，俱属在军营奋勉之员，毋庸置议。又永顺镇常保住、普洱镇左秀，均到滇未久，容臣等试看，另行随时具奏外，惟鹤丽镇总兵实泰，本年正月间调至永昌，令往腾越一路管领防兵。该镇去年曾患痰疾，行至陇川忽发，转回腾越就医。嗣各路撤兵，即将该镇调回永昌。臣阿里衮、臣鄂宁验看，该员虽有病容，精神步履尚可支持，因即令其回任，而至今尚未痊愈，是实泰已有夙疾，常恐举发。现当用兵之际，且鹤丽路通西藏，本属边疆要镇，未便任其因循恋栈，致有贻误。相应请旨，将实泰令其回旗调理，病痊时，由兵部带领引见请旨。再开化镇总兵乔冲枓，系本年正月到任，调来永昌差遣，正值木邦官兵冲散，即委赴宛顶一路收集整顿，旋因锡箔官兵已经撤回，未及应援。但观其人无勇往之气，如遇战阵，不能望其得力。开化壤接交阯，系极边要区，难以称职。此二缺，仰恳圣恩，另简勇干之员补授，于边镇庶有裨益。至乔冲枓，若调补腹地总兵，尚可供职，合并陈明。

臣等面商，意见相同，谨遵旨具奏，伏祈皇上圣鉴，训示施行。谨奏。

朱批：该部议奏。

（《宫中档乾隆朝奏折》第三十辑，第 499～500 页）

1563　阿里衮、舒赫德、鄂宁《奏报前曾议招致缅夷一节并未办理缘由折》

乾隆三十三年五月初一日

臣阿里衮、臣舒赫德、臣鄂宁谨奏：为据实覆奏事。

本年四月十三日，臣舒赫德、臣鄂宁钦奉谕旨申饬，跪读之下，实深惶恐。窃臣等所奏招致缅夷一节，缘臣鄂宁于锡箔官兵撤回之时，闻缅贼有在将军明瑞军营乞降之事，欲询之哈国兴。因回省时，哈国兴尚未回至永昌，曾嘱钱度云，俟哈国兴到日，问明情形，是否彼果欲投降，再行计议。后哈国兴到永昌，钱度问其情形，哈国兴称缅贼狡诈，全不可信，钱度即未与之商论。臣舒赫德到永昌后，臣阿里衮询问钱度，据云此事无可办理。是此事虽经臣鄂宁令钱度询问哈国兴，其实并未如何筹办，前奏称设法招致，实属昏聩之辞，并不敢有欲借此了事之心。即与臣舒赫德商定，亦以该匪果欲投降，自必须其酋亲至恳求，请旨定夺，亦断无自行草率即办之理。臣舒赫德面承谕旨，而糊涂错误至此，实实愧惧无地。臣鄂宁蒙皇上格外殊恩，凡有一言一字，不敢不具奏，恭候训海。正拟将并未办理之处会奏，今蒙皇上训饬，始知实属冒昧具陈，悔恨无及。现在遵旨，于五月初三日驰驿赴京，恭聆圣训。

再前奉谕旨，臣鄂宁回滇，臣阿里衮、臣舒赫德再赴普洱办理军务。臣舒赫德现在永昌，无甚紧要之事，遵旨与臣鄂宁一同进京，面请圣训后，仍祈皇上天恩，令与臣鄂宁一同回滇，与臣阿里衮前赴普洱办理进兵事宜。至钱度、哈国兴，亦即令其将经手之事交代清楚，驰驿赴京。所有招致缅夷一节并未办理缘由，臣等据实具奏，伏祈皇上圣鉴。谨奏。

朱批： 真正大笑话矣。

(《宫中档乾隆朝奏折》第三十辑，第 500～501 页)

1564　阿里衮、舒赫德、鄂宁《奏覆将大山土司之侄暂留永昌，俟瘴疠消退再送回土境折》

乾隆三十三年五月初三日

臣阿里衮、臣舒赫德、臣鄂宁谨奏：为遵旨覆奏事。

窃臣等于四月二十七日，接准大学士公傅恒、大学士尹继善、大学士刘统勋寄信："乾隆三十三年四月十四日，奉上谕：据阿里衮等奏，大山土司瓦喇之侄阿陇，因伊父罗旺育特随在军营行走，阿陇于小路相失，同都司哈廷标来至永昌，现在给与养瞻，俟进兵时带往，酌量交还等语。所办非是。昨以大山土司久经投诚，极为恭顺，未知迩日情形若何，已降旨询问阿里衮等查明速奏。今其侄阿陇因在军营迷道，随回兵来至永昌，若即时将伊护送归巢，示以天朝恩德，或可因此得彼处虚实，自是极好机会。况彼处无人前来，尚当遣人往探消息，岂有其亲属来投，转为羁留不遣之理？可为不善办事。着传谕阿里衮等，即于贵州兵丁内选派妥干能事之人，及沙练、獠夷内之熟悉路径者，约四五十人，令哈廷标带领，将阿陇送回大山。途中设遇贼匪，止须绕道相避，不可与之接仗，总期令彼遄归该境。至阿陇起程时，可谕以该土司屡次迎导大军，馈送粮食，诚恼可嘉，特加恩赏给瓦喇二品顶带，并酌量赏贲缎匹等物，以示奖励，使外夷益感国恩，弥思报效，并使其闻知现在厚集八旗劲旅，克期进剿，且不妨铺张声势，听伊回至该境传播，壮我军威。但不必告以进兵时日、路径，既以固大山内向之心，而使缅贼闻之，益令贼众怀疑，闻风震慑。宣谕阿陇时，阿里衮等务督令通事人等详悉开示，使彼明晰感悦。哈廷标所带兵众等前往大山，如能得缅匪的确信息及彼处实在情形，回至永昌告禀，阿里衮等即可据以奏闻，并将探信之人量加优赏。此旨到时，若瘴气已盛，阿陇或以幼稚，惮于冒暑远行，亦不必相强，姑暂行留住，加意抚恤，俟秋深再行遣送。可将此次所降之旨详谕阿陇，俾知感激，或另得妥便，将阿陇不愿触瘴回程及加恩之处先行传谕瓦喇，于事亦为有益。再哈廷标可任此事否？若不能，另派贤员、妥当晓事者往。着将此谕知之。钦此。"寄信到臣等。

伏查大山土司，于此次我兵经过之时，外貌虽似恭顺，察其心，尚不免首鼠两端。此亦外夷怯懦、顺风倒舵之常情。即其遣人两次馈粮，共不及二百石，均经将军明瑞照价给银。其前此参赞珠鲁讷发交银一千两，令其办粮运送军营，未见办运，原银亦未缴还。闻其为缅贼勒索，粮石、食物馈送较多。是其实在之倾心向化与否及现在作何光景，自应乘其侄阿陇迷道随来永昌之机会，即为遣人护送回巢，借以探听贼人虚实。但臣等近日差探木邦消息之姚润海并寻取将军明瑞骸骨之侍卫豆吉尔图等回称：路遇彼处猓夷，闻说我兵撤回后，缅贼将大山寨子残毁，该土司瓦喇及阿陇之父罗旺育特俱无下落等语。虽夷人道途传述之言未足为确据，但目下正值雨水瘴盛之时，阿陇又年幼怯懦，惮于回巢，是以暂留永昌，特派妥人善为照料。俟将来或另得大山确信，瘴疠消退，臣等即派人送回该夷土境，并遵旨查办一切情形，再行奏闻。理合先行覆奏，仰祈睿鉴训示。谨奏。

朱批：览。

（《宫中档乾隆朝奏折》第三十辑，第 519~520 页）

夹片：窃照前奉上谕："前次珠讷所差之生员黄树极递送文报尚属妥协，自应量加顶戴，或给与职衔，以示鼓励。钦此。"维时黄树极，臣鄂宁已遣同茂汉前往军营。旋值官兵撤回，未及前进，黄树极转回，在象达地方患病，今始痊愈，前来永昌。臣等即遵旨赏给八品职衔，谨此奏闻。

朱批：览。

（《宫中档乾隆朝奏折》第三十辑，第 521 页）

夹片：前奉谕旨："土司线甕团每闻贼信即行潜避，其人岂足复用？此时若访知下落，即令回至内地，善为安顿，毋令知觉惊惶。钦此。"臣等节次查询木邦情形，访查甕团下落，前据都司周印禀称，在野伫佤地方。随经臣阿里衮、臣鄂宁飞饬差弁善为照料，送赴永昌。兹于四月二十九日，已经到永昌。臣等询其木邦避走缘由，据称："初九日，经参赞珠鲁讷面谕，令其同生员黄树极持送文书奏稿出营，行至滚弄江地方，因照料家眷，不能分身，遂令黄树极将文书奏稿送出，伊与头人俱赴野伫佤居住。并称伊挈眷渡江时，有从前将军攻破木邦未经拿获之缅贼头人三人，带领锡箔、徕卡等处猓夷二百余人，追至江边劫掠，旋回猛浓。伊探知贼众不多，因差其手下户麻、猛邦等带领三百余人赶至猛浓，将三人并猓夷三十余人杀死，欲将首级呈献，因天气暑热，已经臭坏，不敢送验。此时手下尚有亲属二十余户，共三百余人。”等语。

臣等查木邦土司线甕团怯懦无能，不堪策用，即其所称杀死贼目、玀夷，亦毫无左验，难以凭信。但既经归附之人，自应置之内地，不令流移。臣等遵旨将线甕团并伊侄线五格善为安顿，酌派缅宁、海腊丁等处地方，令其居住，并量给籽种，以资耕作。所有臣等安插线雍团缘由，理合奏闻。谨奏。

朱批：览。

（《宫中档乾隆朝奏折》第三十辑，第521～522页）

夹片：再查去年闰七月内，将军明瑞将从前依附内地之猛密所属猛脸夷目线官猛檄调赴永，嗣因该夷病不能行，遣伊子甕就前来，经将军明瑞奏明，赏给甕就六品空顶带。今线官猛将家口移至陇川，并分派甕就为猛密一路向导。迨参赞额尔景额进兵猛密，线官猛带练三百余名随至孟连坝扎营拒贼，截获贼马二匹。旋因官兵于旱塔撤回，该夷亦即退回陇川，经副将孙尔桂令在户南山扎住防守，随经调赴永昌。据称，该夷及所属丁口一百五十户，并无生计等语。

臣等查线官猛久经内附，未便听其失所，自应量为安顿。查陇川地方尚有旷土可耕，若将线官猛等人户在彼暂居耕作，足以养赡。臣阿里衮、臣鄂宁业经派委永昌府赵珮、副将孙尔桂带领该夷人赴陇川，查勘该夷实在户口若干名，酌量给与籽种，妥为安插。理合奏闻。谨奏。

朱批：览。

（《宫中档乾隆朝奏折》第三十辑，第522页）

1565　阿里衮、舒赫德、鄂宁《奏报遵旨查明木邦一路见贼即逃散之官兵，按律定拟折》

乾隆三十五年五月初三日

臣阿里衮、臣舒赫德、臣鄂宁谨奏：为遵旨查办具奏事。

窃臣等奉旨饬查木邦首先逃散兵丁及天生桥兵丁并未见贼即行逃走，看守锡箔桥兵丁一遇贼来，即行溃逃，甚属可恶，即应严查办理。臣等密饬立柱、哈国兴，逐一严查讯究。兹据详讯得：“上年十二月十三日，经参赞大臣珠鲁讷派贵州参将王栋带领弁兵三百七员名赴锡箔摆台，又派革职总兵索柱带领弁兵二百三员名赴宋赛摆台，又派贵州守备郭景霄带领弁兵二百二员名赴天生桥摆台，均于十二月初六日自木邦起身。参将王栋于二十日抵锡箔，过桥扎营驻守。索柱、郭景霄等于二十四日行抵蒲卡地方，路遇赍折转回兵丁董君奉、张必、邓文泰等三名，报称官兵送折至蛮结坝子内遇贼，两边抄杀，小的等即放枪与贼打仗，贼众约有三四百人围杀，官兵纷纷阵亡，小的等只得奔回等语。索柱闻报，即督兵往援，行五六里，遇马贼二人，即行剿杀。贼弃马脱逃，获贼马二匹，并标子、火枪等件。追至蛮结坝内，贼已无踪。随检查官兵尸首，有阵亡把总一员刘成芳，外委一名刘有名，阵亡马步兵三十五名，伤亡步兵三名，冲失步兵二十四名。复于是日，有督标送折守备杨国相自宋赛转回，面禀索柱，称路遇兵丁陈相，告称将军于二十一日往猛密去了，小的落后，被贼冲散到此。守备不信，又带兵前进，果遇贼阻路，实不能前去等语。索柱随于二十六日带同守备杨国相、郭景霄，将所带官兵撤回，于二十八日回至锡箔桥，与原派守桥参将王栋一同驻守。王栋在江沿西边桥口小山梁下扎营，索柱即于王栋营盘下首扎营。至本年正月初二日，索柱、王栋在锡箔桥，据报有贼数百来攻，官兵于后山梁、江北两岸上下江沿堵截打仗。至晚，贼人稍退。索柱等将东北江沿兵撤入栅内，其西北下江沿及后山梁兵仍留堵御。是日，有外委姚俊带兵二十八名在后山梁打仗，箭枪伤死贼二十七人，获贼火枪、矛刀等件，俱经报明索柱等，并有护军校白达子目击。至初三日，贼约添至三千余众，用大炮攻栅，并扑后山梁，又于江沿最下哨骑象潜渡过江，于桥口北边上首立栅二座。索柱于辰刻，带兵一百名过桥攻栅，不克。复于午后，令守备郭景霄带兵二百名过桥，攻打贼栅。贼众四面冲杀，时索柱营盘内有贵州丹江营兵丁周元及江沿东岸堵贼之云南广南营外委周佩、兵丁陆明，才见贼过江抄杀，即躲箐先走，众兵随后溃散。参将王栋营盘内有永北兵丁叶应凤、文开遐、李明、丁文泰、谢华，首先躲箐先走，众兵亦随后溃散。彼时守备郭景霄、千总刘文学俱已阵亡，并阵亡马步兵三十八名，带伤外委一员姚俊，马步兵十八名。索柱、王栋冲出，于初四日回至千家寨。该处先有派出摆台之贵州守备马汝良，带兵二百五员名，于上年十二月初八日，在彼扎营。又侍卫茂汉，亦先于正月初二日，同贵州守备黄圣辅带策应官兵三百二十六员名，于初三日已抵千家寨。索柱等到彼，即一同驻扎。查点官兵，内冲失贵州把总一员唐希舜，云南外委一员田洪，马步兵丁八十名。索柱等以千家寨地广兵单，难以抵御，随将官兵于初五日尽撤至葫芦口。会遇木邦派来应援之总兵胡大猷，同回木邦地方。行五里，有贼四五百人从后追杀，各施放枪炮。官兵且战且走，至树林路窄处，贼从两旁林内截出，首尾不能相顾。时有云南永北兵丁罗顺臣、贵州把总汪荣德、兵丁李尚友等二十七员名，见贼抄杀，即奔箐林先走。又贵州兵丁李之林、徐连成、冯得，亦躲箐先走，不归木邦，竟至宛顶，以致各营兵丁俱行溃走。索柱与胡大猷回至木邦，查点葫芦口打仗阵亡贵州安笼营守备马汝良，冲失贵州提标把总杨成美，并冲失马步兵丁一百九十九名，阵亡步兵四名，带伤马步兵丁十七名。正月十八日，参赞珠鲁讷见南营盘水路被截，即传令箭，令刘连捷将兵移归大营。傍晚，刘连捷正欲移营，贼从右后营门爬栅砍入，时有兵丁夏德明、王得升，见贼围营，遂各自先走，南营兵丁随即溃出。刘连捷带兵奔入王栋营盘，时有永北兵丁赵勇、韩起荣、方应太等，首先出栅奔逸，众兵因而溃散。其北营游击福柱营盘内，有云南兵丁马文英、贵州兵丁黄文林，先行越栅奔逃，众兵随后溃走。东面四川都司阮宁芳营盘内兵丁陈新先已出栅，众兵溃奔，参赞大营内官兵亦俱溃散。查木邦打仗，阵亡革职总兵胡大猷、贵州副将刘连捷、四川守备龚殿安、把总王信，阵亡马步兵丁四十八名，伤亡马步兵丁十八名，带伤马步兵丁九十四名，冲失不知下落者革职总兵索柱、参将王栋、游击福柱、守备杨国相、李廷勷、聘仕俊等六员，把总杨芳纯、马步兵丁四百七十七名。"等因。

伏查天生桥、宋赛两处，原系摆台兵丁。伊等一闻贲折官兵在蛮结坝内遇贼，即往援剿，夺获贼马、器械，虽追至坝内已无贼踪，但伊等遽行退回，其咎自在领兵将弁，该兵等尚无倡逃情弊。至锡箔桥，虽经打仗，杀死贼二十七人，夺获火枪、刀矛等械，但该将弁周佩、周元等八弁，名在江防堵，见有贼人过江抄杀，不思奋力剿御，遂躲箐先逃，以致众兵溃走。其葫芦口弁兵，既从千家寨撤至葫芦口堵御，且茂汉、胡大猷所带之兵，系奉参赞珠鲁讷特派到彼应援，既与索柱等会合一处，自应严守要口，奋力堵剿，何得无故退走，以致贼从两旁抄截？而该弁兵汪荣德、罗顺臣等三十员名，即沿箐先逃，核其情罪，均属可恶，应即行正法。其带兵绿营将弁，除胡大猷、郭景霄等业已阵亡，索柱、杨国相等现无下落外，应请将现存之带兵守备黄圣辅、千总程朝贵等二十七员均行革职，留于军营效力。至木邦官兵，虽随参赞打仗，据守日久，但其首先出栅奔逃之兵丁夏德明等十一名，均属罪无可宽，应一并即行正法。

以上查明首先逃走之各弁兵等，臣等即于四月三十日，一面正法示众，一面具折奏闻，并通行晓谕各营弁兵："尔等平日受国家豢养厚恩，遇此军旅重事，正尔等奋身报效之时。果能杀贼，出众尽力，如贵州之王连，以步兵即超升游击，赏带花翎。其余杀贼立功，无不各有升赏。即捐躯阵亡，朝廷自有优恤之典；如畏葸先奔，必致难逃显戮，至死亦为有罪之人。死于战与死于罪，相去有霄壤之殊。尔等具有良心，当知奋勉激励，各宜凛以为戒。"众兵等皆感愧无地。除木邦先行逃走、竟回永北之韩起荣、方应太、王永盛、李明德、杨富等五名业经拿获，俟解到即行正法。又续查得贵州补粮余丁萧文斌在木邦冲散，竟逃回籍，现在会咨黔省严审办理。其已正法各兵及应行革职守备、千把各员，另开清单进呈外，所有臣等查办缘由，理合缮折具奏，仰祈皇上睿鉴。谨奏。

朱批：览。另有旨谕。

（《宫中档乾隆朝奏折》第三十辑，第 523～526 页）

夹片：再查葫芦口退走，应行革职弁员内，有把总潘凤一员，上年曾差往军营，经将军明瑞令其护送奏折至木邦，该弁路遇贼匪打仗，奏折并无遗失。奉旨："查明酌量加恩。钦此。"因此次木邦溃散后，未知该弁曾否出来，先经行查在案。今讯明，该弁现存永昌。

可否仰邀天恩，念其前次护折微劳，量从末减，或降为外委效力之处，伏候训示。谨奏。

朱批：劳在前而罪在后，有何可赏之处？

（《宫中档乾隆朝奏折》第三十辑，第526～527页）

1566　阿里衮、舒赫德、鄂宁《奏报遵旨筹办普洱边境各事折》
乾隆三十三年五月初三日

臣阿里衮、臣舒赫德、臣鄂宁谨奏：为遵旨筹办普洱边境事。

窃臣等于四月二十日，接准大学士公傅恒、大学士尹继善、大学士刘统勋等寄信："乾隆三十三年四月初五日，奉上谕：昨适念及普洱边外一带土司，近日作何情形，未据鄂宁等奏闻，因传旨询问。今日果据阿里衮奏报，九龙江、橄榄坝等处现有贼匪滋扰等语。可见该处沿边一带原不应置之不问，今既有贼匪蠢动之事，尤须查究。此项贼众是莽是缅，或止系召散余党潜踪生事？且又闻宫里雁之妻囊占在彼煽诱，总未得其确信。该处土司，如叭先捧等，皆熟悉夷情者，若即就近查问，必当得其实在。至折内所称俟大兵进剿阿瓦后顺道剪除等语，又非目下筹办机宜。征剿缅匪一事，今年已暂缓进兵，自应先将普洱边外零星贼党先行剿灭，将来或必须进兵，即由此路直抵阿瓦，似属出其不意。况现在派往京兵四千名，合之上年旧存之兵二千余，声势亦不为小，即使攻剿贼巢，或不无尚须筹画。若以此力量歼除此辈幺麽小丑，又有何难？着传谕阿里衮等，先行查明贼匪底里，至秋冬瘴退时，阿里衮即统京兵进赴九龙江外一带查办，如遇贼众抗拒者，即剿杀无遗，使之闻风胆落。设有诚心降附者，亦当令其畏服德威，不敢复存反侧，方为妥协。彼时舒赫德亦当至普洱、思茅等处策应声援。现今云南省城并无急需办理事务，而舒赫德到永昌后，尚有应与鄂宁等面商事宜。鄂宁着仍回永昌，会同悉心妥办。鄂宁此番办理诸事，尚属妥协，独急于回省城，朕所不喜。钦此。"寄信到臣等。

伏查近日九龙江外贼匪，虽经官兵杀退远遁，但幺麽伎俩，反侧靡常，必须大加剿杀，方知惩创。臣等约计锡箔、猛密、木邦三路退回永昌满洲官兵不下二千员名，现在荆州、四川及京营所派官兵又共有八千余员名，劲旅已不为少。惟是永昌一带为边防总汇，应于现存京兵二千名内派留一千名，并新来四川满兵一千五百名及撤存绿营川贵兵八千名，俱留为迤西一带防御之用。其普洱一路，除荆州满兵二千五百名并续调黔兵二千名，已经派往外，所有现在陆续到滇京兵四千名，臣等即截留云南省城，分起前往普洱。臣阿里衮、臣舒赫德于八月间，自永昌带领存永京兵一千名前往办理，总以廓清边界，申畅兵威，使之望风慑畏，方有裨益。

至官兵应需马匹，现奉谕旨，命臣等将实在数目确查具奏。今查锡箔、木邦两路撤回满汉官兵，并无带回马匹，惟猛密一路绿营官兵，尚存一百余匹；又猛密路预备接应将军调去运粮马匹，交回四百五十九匹。其滇省各营额设营马共计五千五百余匹，连岁调派出征，俱已拨完。现在本省派买马骡共七千匹，在永昌交收马三千一百九十余匹；贵州采买马二千匹，在永昌交收马四百五十三匹；四川拨解满营马一千六百匹，在永昌交收马七百七十匹；四川采买骡一千四百头，在永昌交收骡一千一百二十二头。所有已经在永昌收存马骡共六千余匹头，俱分拨腾越、大理等处喂养。又西安拨解马三千匹，荆州拨解马二千匹，湖北、湖南马二千匹，贵州未交完马一千五百四十余匹，四川续拨营驿马五百匹，四川原拨满营及采买未完马骡一千一百余匹，本省采买未完马三千余匹，现俱催交云南省城，此内尚有疲伤驳回及难于买得者，大约可得马万匹。臣等现在拟于永昌、大理等处喂养马骡六千余匹内，挑拨二千匹带往普洱，其余留为永昌一带应用。别项马匹，统俟到齐时，方能分别实在可用确数。查此次进兵普洱，不过剿除小丑，不值再行远调马匹。是以臣等只就起解者，行文催令八月到齐。通盘计算，若拘泥去年之例办给官兵，虽不敷三分之一，但此次督率劲兵剪除贼党，不难集事，临期酌量通融办理。至于去年三路军营及运粮等项倒毙马匹，臣等现在酌核分数，另行奏明，按例分别销赔。至此次应需军粮，原派拨迤东、迤西各府州县仓贮米三十五六万石，为永昌一带官兵口粮。今既分兵普洱，亦即酌分改拨，接济该处，并就近采买，尽足供支应用。

除将贼匪底里情形另折具奏外，所有臣等遵旨筹办普洱边境缘由，理合奏闻，仰祈皇上睿鉴。谨奏。

朱批：已有旨了。

（《宫中档乾隆朝奏折》第三十辑，第 527～529 页）

1567　阿里衮、舒赫德、鄂宁《奏报遵旨查明普洱边外贼匪底里情形折》
乾隆三十三年五月初三日

臣阿里衮、臣舒赫德、臣鄂宁谨奏：为覆奏普洱边外贼匪底里情形事。

窃查近日九龙江外贼匪滋扰，业经官兵剿杀败退缘由，臣阿里衮、臣鄂宁节次奏明在案。今蒙谕旨，令臣等先行查明贼匪底里。

臣等查得普洱边外九龙江、橄榄坝等处，迩年贼匪滋扰，经刘藻、杨应琚先后剿抚，办理未竟。臣等详细根究，询之熟悉彼地夷情之人。九龙江土司即古之车里，从前原系缅甸分支，康熙二十年，土司刀孟挑首先向化，归隶版图，为宣慰司，统辖普藤、六困、整董、猛旺、乌得、猛乌、勐腊、猛阿、猛遮、倚邦、易武、猛笼，是为十二土司，加以宣慰司，为十三版纳。从前各土司虽经内附，每年亦有纳缅甸规礼，彼此相安无事。

及木梳头人甕藉牙篡夺缅甸后，车里土司等遂不致送礼物。乾隆三十年秋间，缅贼遣节盖到九龙江各处索要旧规。节盖系办事夷目之通称。该土司等不肯给予，随即滋扰土境。臣等查十三版纳，惟宣慰、猛遮、猛笼在九龙江外，逼近缅境。乾隆二十八年，莽首滋扰猛笼，候袭土把总刀整乃被伤身死，其猛遮、宣慰土司连年虽被贼匪滋扰逃避，贼去，旋即招回复业，官兵亦往往派带土练探听贼踪，防守边界。其余倚邦、易武、整董、普藤、猛乌、六困、勐腊、猛旺、乌得、猛阿等各土司，俱照常内附，并无为贼所用。

至召散，本系缅甸所置孟艮土司猛孟容之侄。召散后往阿瓦谋夺伊叔之职，将猛孟容撤回收禁，旋因众夷不服，立猛孟容之子召丙为大孟养土目。召散复勾结缅贼，将召丙驱逐，召丙无地容身，逃至猛撒江内地投诚。迨前年官兵进剿孟艮，召散逃走阿瓦，杨应琚随将投诚之召丙令为孟艮土司。后因大兵避瘴撤回，召散又纠合缅贼驱逐召丙，遂分扰打乐、九龙江等处。

其整欠夷人，亦系缅甸附属。前年官兵出口，该夷等见势难抵御，亦即逃窜。杨应琚将随征效力之土目叭先捧立为整欠土指挥，迨我兵撤退后，夷众收集回巢，又复滋扰。且该夷人等以叭先捧原系车里土司庄头，今越在夷长之上，尤为不服，以致整欠头人召教、召渊及猛勇之召工等勾连缅贼，与叭先捧仇杀。上年夏秋间，由整欠攻破猛弇，追逐叭先捧，复由小猛苍漫入茨通、小孟养、九龙江、橄榄坝等处。此近年召渊等与叭先捧仇杀之缘由也。

但详察召散之得以纠约节盖等滋扰，总由该夷等与缅贼本属一气相通，见我兵猝至，缅贼又远不及援，遂即避匿，迨至官兵既撤后，又复党聚，踵蹑为奸。即召工、召渊等与叭先捧仇杀相寻，亦恃有缅贼声援，敢于肆逞。是此项小丑，虽属一隅之枝节，其实与缅贼狼狈为奸，首尾相应。是莽是缅，在内地夷民，因其系缅甸，呼为老缅，即呼为缅子，而外夷只知有莽子之称。现在内地土司之外境俱属老缅，其绿营将弁所报内有真缅子若干，亦不过约略其辞，强为分别。其实边外各种夷人皆为缅贼，实属一事。统容臣阿里衮、臣舒赫德于秋深瘴退后，带兵亲往普洱、思茅边外一带确勘切实情形，倘有贼匪潜踪抗拒，务在剿杀，以清边境。

所有查明普洱边外贼匪底里情由，理合覆奏，仰祈睿鉴。谨奏。

朱批：另有旨谕。

（《宫中档乾隆朝奏折》第三十辑，第 529～531 页）

1568　阿里衮、舒赫德、鄂宁《奏报遵旨查明蛮暮、新街贸易等项各情形折》

乾隆三十三年五月初三日

臣阿里衮、臣舒赫德、臣鄂宁谨奏：为遵旨奏覆事。

　　窃臣等于四月二十六日，接准大学士公傅恒、大学士尹继善、大学士刘统勋等寄信："乾隆三十三年四月初十日，奉上谕：蛮暮、新街一带，闻向为缅夷贸易处所，沿江而下，并有缅夷税口，则其地交易之货必多。但彼处所恃以通商者何物？其仰给内地，必于欲得者何物？除与中国交易外，复有何处行商往彼货贩？前此腾越州等处民人往来贸易，习为常事，必能备知其详。今自用兵以来，各关隘久已禁人外出，新街等处是否尚有货市或关口，间有奸民偷越，或边外土司潜赴经商，或缅夷界外别种番夷往彼市易，抑或市集改徙他处。此等皆宜询访而知。且缅匪既借货物抽税，连年货税不通，蕞尔边夷，岂能不稍形缺乏？各土司等讵竟茫无见闻，似亦无难广为体核，得其底里。此皆督抚等所当随时留心探查，据实奏闻者。再近边各土司素以耕种为业，去岁曾向彼购易米粮。此次行军后，各该土境是否仍安耕作？今岁若往彼采买，能否照前供应？又大山土司久请内附，昨明瑞至彼，亦曾供馈军粮，极为恭顺。前谕鄂宁酌加赏赉，曾否办及？该土司近日动静若何，我大兵退出后，该土司曾否遣人前来复申前说，其木邦土司瓮团现在作何下落，俱未见阿里衮等奏及。着传谕阿里衮、鄂宁，将以上各情形逐一确查，即行切实覆奏。钦此。"寄信到臣等。

　　伏查蛮暮、新街从前原系夷民交易之地，每年霜降以后，内地商民贩货出境，至次年立夏进口，率以为常。夷人所仰给内地者，钢铁、锣锅、彩缎、色绸、色布、毡斤、磁器、烟茶、槟榔等物，其有该夷必于欲得者，黄丝、针线之类，需用尤多。至彼处所产珀玉、牙角、棉花、盐、鱼，皆为内地商民所取资。该夷等亦设有税口，每遇货物出入口隘，十分取一，谓之"抽关"。自前年用兵以来，始行禁止商民外出。去岁将军明瑞及臣鄂宁屡次申禁，近日臣阿里衮复严示饬禁，加意防范，商民俱不敢私自偷越。至边外土司地方，产货无多，其潜往缅境商贩者亦所不免。上年新街、蛮暮尚有草房数间，后经焚毁，此际已俱成废墟，并无市集。此外，戛鸠、花山向年号称集场者，近亦无人到彼。惟缅甸界外，地处荒裔，或通海洋，或通西藏番类贸易，自必尚有市肆。但内地货物一经断绝，该夷不特资用不足，抑且市税顿减，必不能不形缺乏。

　　至近边土司，每岁秋成俱有余粮，足供采买。今岁雨泽应时，秧苗滋长，无力之户又经奏明借给籽种，广为栽插，可望丰收。八九月间，新谷登场，必敷购买。其大山土司应行赏赉之处，前据差探木邦消息之姚阔海等回称，我兵撤回后，缅贼将大山寨子残毁，该土司兄弟俱无下落，业经臣等另折奏闻，俟查明得有确信，再为办理。

　　所有臣等遵查蛮暮、新街贸易等项各情形，理合覆奏，仰祈皇上睿鉴。

　　朱批：览。

1569 阿里衮、舒赫德、鄂宁《奏报遵旨查办滇兵扣缺另补事宜折》
乾隆三十三年五月初三日

臣阿里衮、臣舒赫德、臣鄂宁谨奏：为遵旨查办覆奏事。

窃臣等前此奉到谕旨，以云南绿营兵丁屡屡溃逃，其各营出缺名粮，不便仍令募充，并发交军机处议奏，裁扣滇兵粮缺三分之一，为养赡京兵之用，清单二件，行知到臣等。正在查办间，复奉到四月十六日上谕：以招募黔兵，恐步粮不敷买食，令贵州巡抚良卿咨商臣阿里衮等，如有情愿赴滇永充额兵者，即准其顶食马粮，并去岁及今赴滇征兵内，询问将来军务告竣，有愿留滇补伍者，亦并给以马粮。适又奉到四月二十日上谕："节次降旨，令将滇兵扣缺筹办，何以总兵常青来京召见，询及该镇，据称尚有缺出选补之事？着传谕阿里衮等，即速据实奏闻，仍将应办滇兵扣缺另补事宜遵旨妥办。钦此。"

伏查云南通省各标营额设名粮，除去养廉、公费等缺外，实计马步战守兵共四万二千二百六十五名。今查滇省现计有新旧满兵六千名，及到荆州、四川两处驻防满兵四千名，共一万名；再普洱现有贵州兵三千名，永昌现存挑留贵州兵六千名，合计京兵及贵州兵，不下一万九千名。此时，现查有各营积年未补名粮约有四千数百名，又近经各路军营阵亡、伤亡、病故出缺，亦约有一千五百余名，合计约可得五千余名，仅足敷抵补满兵之半。

再于各标营酌量扣裁，原不必拘三分之一，但查沿边各营分，如永昌、普洱两处现有军务，差使纷繁，他如开化、鹤丽、昭通、东川等营，幅员辽阔，汛地延袤，或系界连交阯，或系控制苗疆、西藏，均关紧要，未便概为裁减。惟腹地之督抚两标及曲寻、楚姚、大理、武定、镇雄、寻沾、新嶍、景蒙、剑川等营内，除大理提标现拟酌扣抵补厄鲁特马粮外，其余各营分自可量为裁扣，约计可以扣裁万名，以养赡满兵，尚未能为贵州兵募充马粮之用。且现在值军务旁午，所有京兵及贵州兵自宜蓄养精锐，操练备用，未便承应杂差。其本省兵丁固不堪为征剿之用，但此际如巡守汛地、押运军装以及解马运粮等事，似难遽行扣裁。今臣等悉心酌议，将现在查出未补名粮五千余名内，除阵亡、伤亡等缺分别查办外，其余旷缺名粮，尽数先行扣抵，仍于腹地各营量为派定，裁扣一万名，陆续遇有缺出，扣存不补，此时纵不敷抵补，三四年后，即可不动声色，全行扣完。俟将来边境绥靖，应将满兵等渐次撤回时，再为酌量办理。统容臣阿里衮、臣鄂宁将应行扣裁各营分详悉核定，另行缮折开单具奏外，所有臣等公同议办大由，先行覆奏。

至常青面奏曲寻镇兵丁粮缺，现在仍行拣选充补一节。查滇省各营空缺，上年先经将军明瑞会同臣鄂宁行文，概行停补，复经臣鄂宁密饬通查扣办。此次臣等接奉谕旨后，又经通查遵办在案，各营并无出缺挑补之事。常青所奏，或指在军前遇有兵丁缺出，即将所带余丁顶补而言。且常青自军营回至永昌，臣等即令其进京陛见，伊并未到曲寻本镇查办，所言殊未确实。合并声明，仰祈睿鉴。谨奏。

朱批：另有旨谕。

（《宫中档乾隆朝奏折》第三十辑，第 533～534 页）

1570　阿里衮《奏报遵旨查明游击袁梦麟带兵应援市邦，心存恇怯，在二龙山被缅贼冲散情形折》

乾隆三十三年五月十八日

臣阿里衮谨奏：为遵旨查明覆奏事。

本年四月十二日，承准大学士公傅恒、大学士尹继善、大学士刘统勋字寄："乾隆三十三年三月二十二日，奉上谕：前据鄂宁奏，游击袁梦麟、守备陈言志带兵应援木邦，被贼冲散，该弁等被冲之后作何下落，尚未据鄂宁等奏及。袁梦麟等虽所统兵力无多，亦当奋力抵御，若一遇贼匪遽行溃散，即当按律治罪，以肃军纪。着该督等秉公确查，如果有恇怯逃窜情形，即行据实奏闻办理，不可稍存姑息。着于奏事之便传谕知之。钦此。"寄信到臣。

查此案，袁梦麟等带兵在二龙山被贼冲散及该游击等作何下落缘由，先经臣等密饬总兵哈国兴与乔冲构、樊经文等详细确查。兹据该镇等查讯得跟随袁梦麟之把总曾必成及外委何成，兵丁鞠世举、赵健、贺君寿等，并跟随陈言志之把总赵之贵、跟役李秀之等佥供："正月初七日，先奉参赞珠大人公文，探得有缅贼一千余人由小路到二龙山，抄截木邦归路，着袁游击带兵堵剿。袁梦麟即于本营盘内挑选兵一百名，又于宛顶、南岛、暮董、底马各台，沿途挑兵各五十名，共凑三百余名到二龙山驻扎。复于二十日，接奉鄂大人公文，令袁游击带兵往木邦应援。袁游击即带守备司国佐起程，走不到二三里路，见有贼来，约有二千多人，官兵即迎敌打仗，贼在对面扎营。二十一日，有鄂大人续派来会剿之守备陈言志带兵四百名到营，袁游击令新到兵丁上墙子堵御，换守夜、打仗兵丁吃饭。袁游击与守备陈言志等商议，贼势众多，力难堵御，且兵丁火药、铅子也用完了，俟黑夜，我们冲杀出去罢。到天黑时，贼从前、左、右三路来攻，袁游击即同守备司国佐、陈言志带兵往后营门出去，下到坡底，被贼将官兵冲散了是实。职等隔别严讯，众口一词，似无遁情。再查袁梦麟原带官兵数内，该游击及守备司国佐、外委石国栋、张伟等四员俱不知下落，又带伤兵丁三名，未出兵丁十八名。陈言志续带官兵数内，未出守备一员陈言志，阵亡兵丁十三名，伤亡兵丁一名，带伤把总一员赵之贵、兵丁六名，未出兵丁二十名。"等情。

臣详核各供，并查袁梦麟原带之兵及陈言志续带兵数，均属相符。查二龙山贼众抄袭时，该游击袁梦麟果能会同守备陈言志等奋力剿御，何至即被冲散？乃袁梦麟等见贼势众，添心存恇怯，辄借火药、铅子短少为辞，遂商同守备司国佐、陈言志带兵，乘夜冲出，以致被贼冲散，是其咎实在，袁梦麟、司国佐、陈言志三人均属罪无可宽。但查该游击等现在俱无下落，是否阵亡，亦未有确据。理合将查明情形覆奏，伏祈皇上睿鉴。谨奏。

朱批： 伊等若回，即拿禁诘问。

（《宫中档乾隆朝奏折》第三十辑，第 653～654 页）

夹片： 查木邦先行逃走竟回永北之兵丁韩起荣、方应泰、王永盛、李明德、杨富等五名，前经臣等奏明，业据该营拿获，俟解到，即行正法在案。今于五月十七日解到永昌，交提督立柱讯明属实，即令押赴市曹正法示众讫。理合奏闻。谨奏。

朱批： 览。

（《宫中档乾隆朝奏折》第三十辑，第 655 页）

1571 阿里衮《奏补在军营之川、滇、黔三省副将以下悬缺折》
乾隆三十三年五月十九日

臣阿里衮谨奏：为奏补绿营悬缺，以收实效事。

窃查现在军营之四川、云南、贵州三省将弁中，所有副将以下升任、革职及阵亡、伤亡、病故、未出各缺甚多，现值军务络绎，不便员缺久悬，内有应在外拣选题补者，有应归部推升者，兹当军营用人之际，部推及新选人员恐未悉滇省情形，难收指臂之效，自应于军营俸深兼有劳绩人员中拣选请补。

今查有副将四缺、参将一缺、游击八缺、都司四缺、守备十五缺，内四川永宁协副将本进忠升任员缺，奉旨令臣等拣选一员升补；又上年先经兵部将现任云南永顺镇标游击清泰推升东川营参将，旋经将军明瑞在军营又将游击雅尔姜阿奏补，臣接准部文，令将由部推升之清泰照例扣除另补，今出有贵州朗洞营参将一缺，应即将清泰坐补；又候补游击王连、候补都司李有仓，俱系军前出力、奉特旨升用之员，例应先尽补用；又有部推守备陈瑞图、解之用、胡世位、李文煌四员，均系推升云南守备，因各员缺业经奏补有人，部发留滇另补。例应补用外，所有应补各缺，臣现就军营打仗受伤、著有劳绩，及带兵防守沿边烟瘴地方奋勉出力，又兼历俸较深人员拣选请补，内四川副将本进忠升任一缺，拟以四川参将雷承天请补；贵州副将梦德阵亡一缺，拟以云南参将柴荣春请补；贵州副将五十四阵亡一缺，拟以贵州参将彭廷栋请补；贵州副将刘连捷阵亡一缺，拟以

— 1400 —

云南参将刘明智请补；又贵州参将王栋未出一缺，请即以应补参将清泰坐补；云南游击福柱未出一缺，请即以应补游击王连坐补外，其云南游击邵应郊阵亡一缺，拟以云南都司六十七请补；云南游击袁梦麟未出一缺，拟以四川都司熊擎柱请补；云南游击释迦保革职一缺，拟以云南都司周印请补；贵州游击何道深阵亡一缺，拟以贵州都司汪昌业请补；又四川都司马定坤伤亡一缺，请即以四川应补都司李有仓坐补外，其云南魏嵘阵亡一缺，拟以云南守备陈谟请补；云南都司官保住病故一缺，拟以云南守备闫亮请补；四川都司瑚图礼革职一缺，拟以四川守备谷生琰请补；又云南守备司国佐未出一缺，请即以留滇应补守备陈瑞图坐补；云南守备李应芳伤亡一缺，请即以留滇应补守备解之用坐补；云南守备李棠病故一缺，请即以留滇应补守备胡世位坐补；云南守备陈言志未出一缺，请以留滇应补守备李文煌坐补外，其云南守备杨国相未出一缺，拟以云南千总曾攀梅请补；贵州守备程文进阵亡一缺，拟以贵州千总苏尔相请补；贵州守备马汝良阵亡一缺，拟以云南千总胡天爵请补；贵州守备郭景霄阵亡一缺，拟以云南千总魏经邦请补；贵州守备李廷勤未出一缺，拟以贵州千总冯学圣请补；贵州守备李方策故一缺，拟以贵州千总耿世文请补；四川守备景贤瘴故一缺，拟以贵州千总李春胜请补；四川守备龚殿安阵亡一缺，拟以贵州千总费濬请补；四川守备冉士俊未出一缺，拟以贵州千总黄正纲请补；四川守备王呈瑞未出一缺，拟以贵州千总洪文绍请补；四川守备潘億革职一缺，拟以四川千总宋琛请补。

以上副将四缺、参将一缺、游击五缺、都司四缺、守备十五缺，现俱拟补有人外，尚余四川叙马营游击一缺，四川叠溪营游击一缺，云南楚姚镇中营游击一缺，一时无堪以拣补之员，应请归部办理。谨将拟补各员打仗受伤劳绩各由另缮清单，一并恭呈御览，仰祈皇上睿鉴。谨奏。

朱批：该部议奏。

（《宫中档乾隆朝奏折》第三十辑，第 660～661 页）

1572　阿里衮《奏报查讯市邦缅匪情形折》
乾隆三十三年五月十九日

臣阿里衮谨奏：为奏闻事。

窃查木邦贼匪情形，前经臣遣通事姚阔海及耿马土司罕国杭分路前往探听。前据姚阔海回禀，木邦并无贼匪情形，业经臣奏明在案。惟罕国杭一路尚未据探明禀覆，现在查催。兹于本月初十日，据腾越协副将德福将老官屯脱出之沙练罗老三解永，询称："去年，将军明瑞调赴进剿，九月内，在潞江关领牛粮，派在后队行走。十月二十八日，行过木邦，遇见缅贼，将我等沙练共拿去七人，至猛密城外屯住，先将我等拴打，每日责令春米。正月内，缅贼由孟密水路运粮赴老官屯，即将我与同被拿之康小林拴押船上，解送到彼。该处缅子约有五六千人，看去共有领兵头目两三个，但不知是何名姓。我等到彼，即押令斫伐树木，挑挖沟壕，预为防堵官兵之计。三月二十八日，我们在山斫树，所有看守缅子二人俱已睡熟，即乘空走脱。四月十六日到陇川地方，康小林病死，我即独自出来，并未见有缅子。"等语。又本月初二日，据驻守龙陵关总兵本进忠禀报："有四川泰宁协兵丁何文先，因在虎怖打仗带伤，今随大山、老厂、波竜男妇大小二百余口来至遮放觅食。"等语。臣即一面飞饬该镇及永昌府刻即详查该夷等是否因大山残毁避难前来，抑或为缅子所使，另有侦探别情，务必确查实在，如果大山土境蹂躏，该夷等失业前来，自当妥为安插，如有别情，密禀办理，一面令将何文先解送永昌。兹于十一月，据该兵解到，询称："跟随将军明瑞大营，于正月二十六七等日，在大山相近之虎怖地方攻打木栅，枪伤左肩，行至老厂，因伤重发昏，滑在石坎下跌死，经后来兵丁抬藏箐中，将树叶掩盖，半夜苏醒，天明匍匐觅路，沿途采摘芭蕉心及野菜充饥，遇见猓夷寨子，将身上衣服换米食用。后遇大山、老长、波竜子二百余人向遮放乞食，因即跟随出来，一路并未遇见缅子，惟闻大山土司已被缅子拿去老官屯，尚有贼匪在彼防守。"等语。

查沙练罗老三、兵丁何文先所供缅贼防我大兵进剿，挑沟筑栅，严为防备。看来该匪连年被兵，田土荒芜，户众失业，且商贩不通，资用缺乏，势力自必日见穷蹙，是以敛迹退守，不敢涉我边境，畏葸之象已可概见。所有臣查询过贼匪情形，理合具奏，仰祈睿鉴。谨奏。

朱批：知道了。

（《宫中档乾隆朝奏折》第三十辑，第 662～663 页）

1573　云南巡抚明德《奏报办理京兵至省城及普洱一路进兵事务等情形折》

乾隆三十三年五月二十一日

云南巡抚臣明德谨奏：为奏闻事。

窃照京兵四千名留住省城，臣前已将臣在省城料理缘由恭折奏闻在案。今至五月十八日，已到京兵五起，共五百名，臣俱择庙安插，照例支给盐米、口粮。其各起领兵大臣，臣俱预先行文，令其严加约束。各起兵丁、跟役人等到省，俱各安静守法，而大臣、官员管理亦极严肃。其后起官兵住宿庙宇、口粮等项，臣俱预备停妥，足敷供应。

又省城应收马骡，臣因省城一处草束难办，奏明分拨省城附近州县喂养。今截至五月二十日止，共收四川、贵州、荆州及本省采买马骡三千七百七十八匹头。臣俱亲赴教场验看，膘分尚好，已分发附近州县，并派干练员弁前往，协同该州县上紧喂养，务期两月之内一律膘壮，以利军行。并委都司、守备各一员前往巡查，如有怠惰偷安、克减料草，以致马骡不能长膘者，臣即行据实严参，究拟治罪。其各省未到马匹，已经署督臣阿里衮行文严催，一到，臣即督令迅速验收，加意喂养。

至于普洱一路，需粮较多，恐致迟误，臣前已奏明，委开化府知府吴承勋、东川府知府李豫前往，会同该道府于附近地方采买拨运，宽裕筹办。今据禀报情形，拨运采买可得粮十万石，足敷应用。但普洱一带山路崎岖，地方官一二员难以照料，恐致迟误。臣现与司道商酌，于奉旨派来邻省官员及本省官员内择其精壮干练者派往，协同催运，庶免延误。

再臬司诺穆亲、驿盐道冯光熊、迤西道钱受谷俱在永昌办理局务，藩司宫兆麟，臣已留其在省办理普洱一路进兵事务。再四川满兵一千五百名，分为十五起，每起一百名，间日一起行走，已于五月十五日挨次起程赴永，副都统雅朗阿拟俟兵丁行走过半，即行押往。其后起官兵，臣当照料，令其接续前进。

现在省城地方雨水充足，高下田亩秧苗俱已栽插齐全，各属具报情形亦大概相同，今岁秋成可卜广收。理合一并奏闻，伏乞圣主睿鉴。谨奏。

朱批：览奏俱悉。

（《宫中档乾隆朝奏折》第三十辑，第678~679页）

1574　云南巡抚明德《奏报拿获逃兵黄之相等十二名，审明正法折》
乾隆三十三年五月二十一日

云南巡抚臣明德谨奏：为拿获逃兵，审明即行正法，恭折奏闻事。

窃照滇省兵丁派赴军营，自应效力疆场，以尽其分。乃敢肆行逃遁，情殊可恶，法难宽贷。前据拿获临元镇逃兵黄之相，昭通镇逃兵符正德，鹤丽镇逃兵洪根发，景蒙营逃兵余朝佐、龚仰佐、李春秀等六名，自永转解到省。前抚臣鄂宁因奉旨前赴永昌办理要务，未及审办；又现在报解拿获昭通镇逃兵黄登朝、黄正宽，鹤丽镇逃兵王显名三名；又镇雄营自行投到逃兵刘英瑞、莫文奉，鹤丽镇自行投到逃兵赵金成等三名。以上共获逃兵十二名，臣即率同司道逐一严讯，据黄之相等各供认，自木邦、龙陵、永昌、普洱等处逃回属实。查黄之相等身为营兵，随征脱逃，目无军纪，未便稍稽显戮。臣已遵旨，于五月二十日，委云南府知府彭理、臣标中军参将锦山恭请王命，将黄之相等十二名捆绑，押赴市曹处斩讫。所有办理缘由，理合恭折奏闻，伏乞皇上睿鉴。谨奏。

朱批：览。

（《宫中档乾隆朝奏折》第三十辑，第679~680页）

1575　云南巡抚明德《奏报奉旨查办逃兵情形折》

乾隆三十三年五月二十一日

云南巡抚臣明德谨奏：为钦奉上谕事。

乾隆三十三年五月初十日，准兵部火票递到大学士公傅恒、大学士尹继善、大学士刘统勋字寄："乾隆三十三年四月二十八日，奉上谕：良卿奏到缉获逃丁限满一折，此等逃窜余丁，必须上紧缉拿，无使一名漏网，方足以示惩儆。贵州兵丁在绿营中较为出力，乃前后脱逃余丁尚至数十名之多。况云南绿营尤为怯懦性成，每致临阵遁逃。前据鄂宁陆续奏报，逃兵三百余名，屡经降旨严缉，而鄂宁节次奏获者为数甚少，显系不行实力查办所致。兵丁脱逃，实为法所不贷，督抚等若不严饬文武员弁速拿治罪，则伊等转相效尤，视为得计，势必益难振作，何以肃军纪而励戎行？鄂宁着明白回奏。伊现令驰驿来京，所有云南逃兵，着特交明德即行查办。至四川赴滇之兵，亦有中途窜逸者，何以阿尔泰未经专折详奏？并着传谕阿尔泰，将脱逃若干、未获若干之处，一并查明具奏。其贵州所有未获之犯，着良卿加紧严拿，克期务获。其已获者，仍照前降谕旨，俟踖缉齐全之日，再行请旨。钦此。"遵旨，寄信到臣。

臣查各营兵丁，荷蒙我皇上豢养多年，偶值边境调遣，理宜奋不顾身，勇往向前，剪灭小丑，以报国恩。乃辄敢私行逃遁，滇省各营竟至三百余名之多，殊堪发指！臣前在京面奉谕旨严拿，臣刻刻在心。抵滇后，因升任抚臣鄂宁带卷赴永，臣即先谕藩司宫兆麟通饬严拿。五月十一日，鄂宁过省交印，因行走迅速，书吏、卷宗俱各落后，至十六日始抵省城。臣将逃兵卷宗逐一检查，共逃遁之兵三百三十七名内，明瑞任内拿获正法者七名，鄂宁任内拿获正法者二十九名，闻拿畏罪自戕者四名，病故者一名，因病给与印照回营者一名，又现在获解、臣已审明正法者十二名。以上共五十四名，尚未拿获者二百八十三名。查此等逃兵，各知情罪重大，势必行踪诡秘，多方潜藏，必须设法严拿，始期迅速就获，免致远扬。臣已将现在获犯兵役重加奖赏，以示鼓励，并抄录名单，飞行提镇协营并各府厅州县，悬立重赏，一体严拿，一有拿获，臣即按名重赏，以示奖励。臣仍差干练员弁兵役前赴各处密访查拿，并行知提镇协营府厅州县，伊等若不认真查拿，一经臣差往之人拿获，定即严行参奏治罪。其有能多所弋获者，除兵役加倍重赏外，所有急公官弁，臣即据实奏闻，仰邀圣恩。如此赏罚既明，自可期其必获。

臣受恩深重，钦奉谕旨，特交臣办理，臣务必竭尽心力，设法严拿，以彰国宪，断不敢稍事因循，俾玩法之徒，致稽显戮。再此等逃兵，自知情罪重大，其中或有逃往邻省者，亦未可定。臣现在查开各逃兵年貌、籍贯，飞咨邻近各省一体严拿。

所有臣奉到上谕钦遵办理缘由，理合先恭折奏覆，并将朱改谕旨一并恭缴，伏乞皇上睿鉴训示。谨奏。

朱批：与汝三月限，限满即奏。

（《宫中档乾隆朝奏折》第三十辑，第 680 ~ 681 页）

1576　云南巡抚明德《奏报奉旨交部议叙谢恩折》
乾隆三十三年五月二十四日

云南巡抚奴才明德跪奏：为恭谢天恩事。

窃奴才接准吏部咨："乾隆三十三年三月十五日，奉旨：今年京察届期，吏部将在外之总督、巡抚开列名单进呈，请旨甄别。总督方观承、高晋、崔应阶、阿尔泰、李侍尧、鄂宁、杨锡绂，巡抚方世儁、阿思哈、明德，俱敭历封疆，勤慎称职，着交部议叙，以示奖励。钦此。"移咨到滇。奴才随恭设香案，望阙叩头谢恩讫。

伏念奴才庸陋之资，谬厕封疆之列，方以报称无能，时深悚惧。兹届考察之期，荷蒙我皇上逾格荣施，将奴才交部议叙，跪聆恩命，益切感惭。奴才嗣后惟有愈加奋勉，竭尽驽骀之力，以期仰酬圣主高厚鸿慈于万一。

所有奴才感激微忱，理合恭折叩谢天恩，伏祈皇上睿鉴。谨奏。

朱批：览。

1577　云南巡抚明德《奏报遵旨起程驰赴永昌日期
及办理军需马匹等情形折》
乾隆三十三年五月二十四日

云南巡抚臣明德谨奏：为钦奉上谕事。

乾隆三十三年五月二十三日，承准大学士公傅恒、大学士尹继善、大学士刘统勋字寄："乾隆三十三年五月十二日，奉上谕：明德奏调驻满洲兵丁一折，已于折内批谕。前据阿里衮等奏请将成都兵丁拨赴永昌，而以京兵分驻普洱，所办不妥，已降旨令将京兵全驻永昌，其普洱一带，令荆州、成都满兵拨驻。今明德此奏，自因前旨尚未奉到。但兵丁屡议更调，沿途供应粮马未免纷繁，而人情亦因此游移不定，恐于事无益。现在舒赫德、鄂宁已有旨令其来京。滇省一应事务，皆阿里衮、明德专责，所有军营全局，自应就该处情形，通盘筹画，以免往来迁就之烦。着明德即赴永昌，会同阿里衮悉心妥议，即速具奏。至所称省城留喂马骡不下二万匹头，现在分令喂养，令其膘壮，看来已觉周章。而二万匹头，为数亦无多，不足供将来进兵之用。又闻北省解送之马，与该处水草不甚相宜，自应于乌蒙、四川及本省土马内购办应用。但此各处所产是否足敷采买，阿里衮、明德亦当先事预图，即云明岁秋冬进兵，此时亦不可不早为筹及，若必俟明年始行办理，恐不无临事周章。着阿里衮等详悉议计，自今岁采买，至明岁秋间，约可得马若干及如何分喂运送之处，逐一明晰具奏。至该省逃兵，情罪实无可恕。今黔省报获者已及十之六七，而滇省尚属寥寥，必系鄂宁年来专事筹办军需，而此事竟未注意。着交与明德，上紧督饬属员，勒限严缉务获，尽法创惩，毋使稍有漏网。至九龙江边外贼匪，前有旨令阿里衮于秋冬时带兵前往搜剿，今永昌一路既暂缓进兵，若专办普洱边外之贼，恐此辈畏惧窜逸，为缅匪所用。因思缅匪罪大恶极，断不可轻受其降。而此等乌合之众，原不成事体，若量遣总兵、副将及道、府大员之晓事能干者一二人前往该处，以该督抚之意传谕，云尔等俱系近边之人，向为莽匪蹂躏，不安生理，天朝前次剿逐莽贼，并不肯丝毫累及尔等，其已经归顺之各夷境并皆抚辑加恩。今尔等因涣散无属，时在近边土司地界滋扰，本应加兵搜捕，我等仰体大皇帝好生之仁，不忍尔等无知就戮，特行详悉传谕尔等，如果知悔悟，倾心内属，即至该镇将处披诚恳求，我等当为尔等转奏，仍令管理土境，永受天朝恩惠。如有能擒获缅匪及召散呈献者，并请优加爵赏。尔等自计，与其飘泊无依，为缅匪迫胁骚扰，何如为中朝百姓安宁升平之福。如此明切晓谕，自当共知顺逆，踊跃归诚，则今岁九龙江进兵之事竟可毋庸办理，于缮边之道，实为一举两得。其宫里雁妻子如果有着落，俟招抚九龙江贼匪后，仍酌量机宜，或剿或抚，一并办理，并将所办情形随时据实速行奏闻。再前此谕令送回大山土司之侄阿陇一事，阿里衮等何以尚未奏到？着将如何办理之处速即奏闻。可将此传谕知之。钦此。"遵旨寄信到臣。臣即遵旨，于二十四日起程驰赴永昌。

除应办一切事务会同阿里衮确商妥办，恭折具奏，其有应奏闻事件，亦即随时奏闻外，臣查成都满兵一千五百名，因京兵已到四五起，成都满兵随分作十五起，间日起程，陆续赴永，已去五起，共兵五百名，尚存兵一千名，应遵旨由省赴普外，臣与成都副都统雅朗阿及司道等商酌，查有自省赴永路上，有大理府之赵州、云南县，均可岔路由蒙化、景东二府前赴普洱，道路不险，亦无瘴气。臣等已飞饬前途将前五起成都兵，即令由此路前赴普洱，并令蒙化、景东二府照例供支口粮。至京兵四千名，已到省七百名，今既奉旨令赴永昌。查鄂宁原奏京兵至省之日，即以现办马骡乘骑赴永。惟是每起京兵一百名，连官员、跟役，需马一百七八十匹，通计需马不下七八千匹，现在省城止收马骡三千余匹头，不敷应用。查永昌一路，各站原备京兵更换疲乏马数十匹，今再各添马数十匹，即可供送。现饬各州县量加备办，俟臣沿途查勘，到永之日，与阿里衮商酌，一面定期令其赴永，一面恭折奏闻。

再马骡一项，现在贵州、四川解到者俱好。黔、蜀二省均系产马之乡，可以多办。臣前在途间，见荆州满营解来马匹俱系土马，与云贵水草相投，尚可量加购办。惟西安马匹，皆系口马，解送来滇者共三千匹，分作十起行走。臣在襄阳一带所见后起马匹，俱各肥壮。及至湖南、贵州地方，赶上前起，马匹不服水草，兼之不能行走山路，多有疲瘦倒毙。两广马匹此时尚未解到。粤西情形与滇省相仿，本省乌蒙亦可得马。若马骡既多聚集一二处喂养，固难购办草束，如分地饲喂，尚易办理。统俟臣抵永之日，与阿里衮通盘合计，详加筹议，请旨办理。

再滇省逃兵，臣前奉谕旨，当将已获未获各数目及现获逃兵十二名审明正法缘由，恭折奏覆在案。此等逃兵，目无军纪，法所难容。臣务必尽心竭力，督属严拿，断不敢稍遗余力，有稽时日，上厪天心。

又新任藩司宫兆麟因办理普洱一路进兵差务，臣已奏明将该司留省办事。今普洱一路差务减少，且诺穆亲蒙恩补授臬司，因在永办理局务，尚未接印到任。今臣将宫兆麟带赴永昌，换回诺穆亲接印，在省办事。

所有臣奉到谕旨，钦遵缘由，合先恭折奏闻，伏乞皇上睿鉴训示。谨奏。

朱批：诸凡皆要。勉为之。

（《宫中档乾隆朝奏折》第三十辑，第 699～702 页）

1578　阿里衮《奏报并无将哈国兴留滇交办招降情形折》
乾隆三十三年六月初七日

臣阿里衮谨奏：为据实覆奏事。

窃臣于六月初二日，承准大学士公傅恒、大学士尹继善、大学士刘统勋字寄："乾隆三十三年五月十四日，奉上谕：阿里衮等覆奏招致缅匪一节，据称哈国兴到永昌，钱度问其情形，哈国兴称缅贼狡诈，全不可信，钱度即未与之商论。舒赫德到永昌后，阿里衮询问钱度，据云此事无可办理等语。前此阿里衮等曾奏，哈国兴现有交办事件，暂留滇，若如今日所称已询之钱度，云此事无可商办，则前奏所请留滇交办又有何事？前后自相矛盾，已属显然。朕初以阿里衮闻舒赫德招降之说，必能持正。今所奏如此，则是阿里衮一见舒赫德，胸中即无定见，故前此亦欲将哈国兴留滇交办事件，及奉到谕旨，又复为含糊之词，希图完事。伊等前后折奏情形，已自难掩覆。朕岂肯竟以模棱置之乎？着传谕阿里衮，将此事情节查明，据实覆奏。钦此。"寄信到臣。

查臣等前此奏片内，有交哈国兴查办事件，实因三路撤回，绿营官兵俱有阵亡、伤亡、病故未出之人，均须查明造册，并查究木邦、锡箔、二龙山等处溃逃兵丁各案，俱关紧要。彼时提督立柱甫经到永昌，未悉军前原委，只有哈国兴一人尚能分晰查办，是以于折内声明，该镇现有交办事件，事毕即令速行赴京。但前此奏片内未将交办之事详悉声叙，实属糊涂，并无欲将哈国兴留滇交办招降之事。臣受皇上隆恩，身膺重任，断不敢为含糊之词，希图支饰。现在钱度、哈国兴俱已赴京，自难逃圣明洞鉴。臣于五月二十二日，将情由覆奏。

兹复蒙谕旨查询，理合将此事情节据实再行覆奏，仰祈睿鉴。谨奏。

朱批：览。已不深究矣。

（《宫中档乾隆朝奏折》第三十辑，第 834 页）

1579　阿里衮、明德《奏报已抵永昌并令京兵按起前赴永昌及禾苗长发折》

乾隆三十三年六月初七日

臣阿里衮、臣明德谨奏：为奏闻事。

窃臣明德于五月二十三日接奉谕旨，令："到永昌会同臣阿里衮将军营全局通盘筹画，悉心妥议，即速具奏。钦此。"臣明德遵即于二十四日自省起程，于六月初六日抵永。除军营一切事务现在会同确商妥议，即行具奏外，京兵四千名奉旨令赴永昌驻扎，臣明德沿途查看，送兵台站俱已预备妥协。臣等公同商酌，令京兵即行起程来永，以免后起壅滞。臣等已咨领兵大臣，令其按照原来起数，于六月十一日，每起一百名，间日一起行走来永，前到官兵走完之后，后起官兵接续行走，仍于原定日期九月内均可到永。

再臣明德沿途查看田禾情形，本年得雨既早，又俱沾足溥遍，稻禾早者长发一尺有余，晚者亦长发七八寸至盈尺不等，蚕豆、荞麦亦俱长发畅茂，遍野青葱。询之农民，咸称今岁得雨透足，高下俱已布种齐全，上两年收成俱极丰稔，今岁较之上年尤可广收丰获等语。此皆仰赖圣主福庇，得以连登丰稔。臣等耳闻目睹，实深欢忭。

所有情形，理合一并恭折奏闻，伏乞皇上睿鉴。谨奏。

朱批：欣慰览之。

（《宫中档乾隆朝奏折》第三十辑，第 835 页）

夹片：查猛脸夷目线官猛前经内附，自猛密路随官兵撤回，退居陇川，经臣阿里衮、臣舒赫德、臣鄂宁于五月初三日奏明，将伊量为安插，令永昌府赵珮、副将孙尔桂带赴陇川地方，查明实在户口若干，给地耕种在案。

今据该府等查明，线官猛手下实在共有二百零七户，男妇大小一千四百六十五名口。该府等并勘得陇川之户南山下有空地一区可以开垦，即为搭盖草篷，并酌给籽种，每户给银二两，共给银四百一十四两，令其耕作居住。臣阿里衮、臣明德即饬令该府等遵照办理，并责成线官猛严行约束，俾令各务本业，毋许滋事。所有安插线官猛等缘由，理合奏闻。谨奏。

朱批：知道了。

（《宫中档乾隆朝奏折》第三十辑，第836页）

1580　阿里衮、明德《奏报奉到谕旨查办逃兵及查禁内地货物出口赴缅甸贸易折》

乾隆三十三年六月初七日

臣阿里衮、臣明德谨奏：为覆奏事。

窃臣等奉到五月十七日谕旨："现在云南逃兵尚有三百余人，至今未获。着交与阿里衮、明德等，限三个月，即速饬属上紧缉拿务获，显正刑章，以示炯戒。三个月后即行具奏所获几何，若再事因循，不即实力搜捕，及稍存宽贷之见，阿里衮、明德皆不得辞咎等因。钦此。"又同日奉到谕旨："缅匪于内地货物既在所必需，而商民等又借以取利，自当严行防范，不可令其丝毫透漏。此时立法之始，商民等自不敢违犯，恐逾时渐致懈弛，仍有故智复萌者，着传谕阿里衮、明德始终实力体察申禁，若稍有疏忽，亦惟伊等是问。钦此。"

查滇省兵丁屡次脱逃，竟至相习成风，实为法所难宥，自当严拿速获，立置重典，庶足以彰国法而申军纪。况屡奉谕旨，敕令严缉正法，臣等断不敢稍存姑息之见。先经臣阿里衮会同督臣鄂宁严饬各营将弁及地方文武分路踏缉，弋获到案，立即讯明正法。查鄂宁原奏逃兵三百三十七名内，先后拿获正法者三十六名。臣明德到任后，查明逃兵内有畏罪自戕者四名，病故者一名，因病给有印票回营者一名外，又有拿获逃兵十二名，臣明德已经讯明正法，奏闻在案。前后已拿获正法及自戕、病故逃兵共五十四名。今又据贵州威宁镇游击欧阳临呈报，拿获云南曲寻镇逃兵朱章一名，臣阿里衮已飞咨贵州抚臣良卿审明，即行正法具奏。所有未获逃兵二百八十二名，节经臣等飞饬提镇协营并各府厅州县，悬立重赏，一体严拿。臣等复遴派干练员弁四路密行踏缉，并饬该地方文武各官，如能实力迅速拿获多犯者，兵役加以重赏，官弁据实奏闻，倘查缉不力，定即严参。臣等钦奉特旨交办，必期尽心，设法严拿全获，以彰国宪。况现值军营用兵之际，尤当尽法创惩，俾众兵共知儆戒，断不敢稍事因循，致有漏网。此后如有陆续缉获查办者，臣等仍随时奏闻。

再内地货物出口赴缅甸贸易，自上年查禁以来，近复经臣等严饬各隘口慎密防范，现在实无透漏。惟是奸民趋利若鹜，诚如圣谕，恐法久渐弛，或有故智复萌者，臣等自当随时加意体察严拿，断不敢稍有疏忽，以期仰体皇上慎重边圉至意。

所有臣等奉到谕旨，现在查办缘由，理合先行覆奏，仰祈睿鉴。谨奏。

朱批：知道了。

（《宫中档乾隆朝奏折》第三十辑，第 836 ~ 837 页）

1581　阿里衮、明德《奏覆滇省存仓及市地采买粮石足敷军需，无庸拨运粤粮折》

乾隆三十三年六月十五日

臣阿里衮、臣明德谨奏：为遵旨查议奏覆，仰祈圣鉴事。

窃臣等接准军机处议覆："两广督臣李侍尧具奏拨运粤西米石接济滇省军需一折，经军机大臣议覆，交与臣阿里衮、臣明德酌量拨用。仓谷及今岁所买米石是否足敷兵食？如本省粮石已经足数，此项米石即可无庸拨济，或核计粤省运送价值，与本省采买驮运所费相同，及转有浮多之处，无庸长途解往，致滋繁费。若其脚价各项较有节省，即酌定应拨米数，一面奏闻，一面咨明粤省，从容碾出，于深秋水浅之时，陆续起运至滇省之剥隘地方，交与该省委员接运。"等因。

臣等伏查，剥隘在云南之极东南，永昌在云南之西，相距五十五站，即普洱至剥隘，亦有三十八站。在粤西以平时运价计算，所费自属无多。而滇省连年办理军需，荷蒙圣恩轸恤民艰，每石每站增至银三钱，核计五十五站，每石共需运脚银十六两五钱，即运普洱，亦需银十一两四钱，连粤西水陆运脚及买补价值，每石需银十三四两至十八九两不等。

查滇省连年办理军需，各属仓储虽有拨动，现在尚存常平仓谷七十三万余石，近者相距数站至一二十站不等，远者亦不过三十余站，且仰蒙圣主福庇，连岁收成丰稔，粮价不甚昂贵，且今岁春夏之交，得雨沾足，各属田禾极其畅茂，尤可望广收丰获。是仓谷动用稍多，秋成犹可酌量买补。今永昌预备军粮二十五万石，内分派各属采买者八万八千石，动用备贮兵米及仓谷碾运者十六万二千石。普洱预备军粮十余万石，内分派各属采买者二万六千石，动用备贮兵米及仓谷碾运者八万二千石。运送程途，近者数站，远者二三十站，折中计算，每石需用运脚银不过五六两，较之粤西拨运价值，多寡悬殊。所有粤西粮石，应请遵照廷议，停其拨运。

再查永昌、普洱二处满汉官兵共二万五千余员名，连跟役、余丁，每年约需口粮十五万余石。现在拨运、采买之数，除供支一年外，尚可余米二十万余石。明岁大举，即再添兵万余，约计新旧官兵一年口粮，不过用米二十四五万石。今岁秋成丰稔，明年又可于本省采买二三十万石。是新旧共可得米四五十万石，尽足敷用，自可无虞缺乏。

臣等谨查明，恭折覆奏，伏乞皇上睿鉴训示。谨奏。

朱批：知道了。

（《宫中档乾隆朝奏折》第三十一辑，第30～31页）

夹片：按察使诺穆亲在永昌局内办理一切军需事件甚属熟谙，现在已经接印，似应令其赴省办事，但局内并无接手办事之人，应仍留该司在局办事。其臬司事务，仍委布政使宫兆麟兼办。至布政使宫兆麟，八月以后即有文武科场之事，应令回省料理一切。再科场事务虽应巡抚监临，亦有布政司代办之例。现在永昌地方只有臣阿里衮、臣明德二人办事，所有科场监临事务，即委该司宫兆麟代办，相应恭折奏闻。

朱批：知道了。

（《宫中档乾隆朝奏折》第三十一辑，第32页）

1582　阿里衮、明德《奏报将逃兵殷华等三名审明正法折》

乾隆三十三年六月十五日

臣阿里衮、臣明德谨奏：为拿获逃兵即行正法，恭折奏闻事。

据云南提标参将拿获逃兵殷华、刘文英、赵之倬、陈天富等四名解永，除陈天富一名解至永平县监，染患伤寒病症身故外，其余殷华等三名，臣等率同司道逐一严讯，俱系上年八九月间出兵至永昌一带逃回，各供认不讳。除将该逃兵殷华、刘文英、赵之倬委员请领令箭，于六月十一日押赴市曹正法外，相应恭折奏闻，伏乞皇上睿鉴。谨奏。

朱批：览。

（《宫中档乾隆朝奏折》第三十一辑，第32页）

1583　阿里衮、明德《奏请择场牧放马骡以省物力，以归实用折》

乾隆三十三年六月十五日

臣阿里衮、臣明德谨奏：为请择场牧放马骡以省物力，以归实用，仰祈圣鉴事。

窃臣等接奉谕旨："普洱一路暂缓进兵，并以所办马骡二万匹头亦为数无多，令臣等详悉筹议。计自今岁采买，至明岁秋间，约可得马若干及如何分喂运送之处，逐一明晰具奏。钦此。”除购办马匹数目另折具奏外，伏查此时距明岁深秋进兵之时，尚有一年有余，各省解到马骡二万余匹头，喂养经年，不惟所费料草甚多，且将来又有续办马匹，恐料草不继，转致贻误。况马骡坐槽喂养，千百成群，秽气熏蒸，易致生疫，是以喂养马匹，往往生症倒毙。

伏查云南楚雄、姚安、大理、蒙化、永昌等府属地方，俱有山场，水草亦美。若将收到马骡派委员弁、兵役乘时择放：于日间放青，俾其散处，以舒筋骨；夜间归槽，微加料草，免致损膘，俟冬月草枯之时，再行收槽加料。云南地方气候暄暖，二月后青草即可发生，再择厂牧放三四个月，于七月内即行收槽攒喂。如此，不独钱粮大有节省，军行亦无迟误，且可令各属乘时购办料草，以为今冬明秋收喂之用，更属有济。其续办马匹，俟其解到，亦照此分别牧放收槽。

至于临时如何运送之处，查大理、蒙化、永昌三府属地方，或即在进兵之地，或相距数站，最远者亦不过十一二站。今岁秋成之后，臣等即饬令大理、蒙化、永昌三府属上紧多办料草，明岁七月收槽时，臣等多派妥员，将各处分喂马骡，俱缓缓解赴此三府属地方，分槽攒喂。解永时，除四五十里程站仍按站行走外，其六十里以上者，分为二站，按站遴派勤能武职大员督看，加意饲喂，缓缓行走，庶可不致疲乏损膘。除现在派委通晓牧马官员分赴各属，确勘水草丰美山场具报外，臣等愚昧之见，是否有当，伏乞皇上睿鉴，训示遵行。谨奏。

朱批：甚好。知道了。

（《宫中档乾隆朝奏折》第三十一辑，第32～33页）

夹片：前奉谕旨，命将九龙江外贼众是莽是缅，是否止系召散余党潜踪生事，就近查问土司叭先捧，并查猛勇、猛迭、蛮狃、蛮累各处，前此曾否内附，有无土司管理等因。除缅莽本属一种，及滋事贼匪底里情形，业经臣阿里衮会同舒赫德、鄂宁于五月初三日查明覆奏外，所有猛勇、猛迭等各处玀夷，前于折内夹片声明，俟查询叭先捧覆到时，另为覆奏在案。

兹据迤南道龚士模查据叭先捧覆称，猛迭系前岁投诚、复行占去之整欠土司所属小寨，并未另有土司管理。其蛮狃即图内之漫牛，系猛勇所辖，前此该镇将禀内讹写蛮狃。三十一年，猛勇投诚，漫牛地方曾设土千总冶靖管理。三十二年，猛勇召功复勾引缅贼将猛勇占去，并将冶靖杀死。蛮累界在猛勇、整欠之间，前此并未内附，亦无土司管理等语。合将查询缘由覆奏，仰祈睿鉴。谨奏。

朱批：览。

（《宫中档乾隆朝奏折》第三十一辑，第34页）

1584　云南巡抚明德《奏报特参废弛厂务之粮储道罗源浩，以肃铜政折》

乾隆三十三年六月十五日

云南巡抚臣明德谨奏：为特参废弛厂务之道员，以肃铜政事。

窃照滇省各厂铜觔，供应京局、本省及各省鼓铸之需，关系利济民生，实为经国要务。是以滇省历系特交粮储道管理，以专责成。

现任粮储道罗源浩，于乾隆二十二年到任接管厂务起，各厂出产铜觔旺盛，每年获铜一千二三百万觔，足敷应用。乃近今二三年内，出铜渐少，每年止获铜七八百万觔，不敷各省办运，以致上廑宸衷，将加运京铜截留，以供各省采办通融拨补。出于圣恩，一时之权宜，而接济无缺，必须有久远之长经。该道系总理厂务之员，虽近在永昌办理边费、局务，但铜厂系其专管，岁获铜觔一有减少，即应上紧严查。乃各厂铜斤每年少至四五百万，该道尚不加意整顿。臣到任后，访闻铜斤多有透漏之弊，实非各厂尽衰，屡次与之商议，该道耳已重听，精神衰惫，毫无成算，实难胜此要任。且现有各厂积欠铜本，如汤丹、大碌等厂，共银七万六千余两，经两司议详，其中有着者，勒令炉户照数交铜还款，如不能办铜，即追变家产交银；无着者，令经手放银之各厂官及管理铜务之粮道代赔。及臣到任后，该道复以炉户分年办铜带销，朦混具详。又大碌厂前任委员，有滥放工本银七万二千余两，现多无着，该道自应亟请参究着追。乃又详请，将该员等各记大过三次，所放银两勒限比追带销。是欲将从前之积欠，那为日后之亏空。似此昏庸不职、废弛铜政之员，未便姑容，致滋贻误。相应参奏，请旨将粮储道罗源浩革职，以肃铜政。除委员摘印署理，并查明该道于中有无别情，倘有情弊，即另行据实严参究审。

至大碌厂滥放工本委员，另行题参究追，及汤丹等厂积欠工本分别着追另奏外，臣谨会同副将军、公、暂管云贵总督印务臣阿里衮合词参奏，伏乞皇上睿鉴施行。谨奏。

朱批： 所参甚是，余有旨谕。

（《宫中档乾隆朝奏折》第三十一辑，第 34～35 页）

1585　云南巡抚明德《奏报特参废弛厂务之东川府分防汤丹通判程之章，以肃铜政折》

乾隆三十三年六月十五日

云南巡抚臣明德谨奏：为特参废弛厂务之劣员，以肃铜政事。

窃照滇省各厂铜斤，每年解运京局及本省鼓铸并外省办运，共需铜一千二百余万斤。

因近岁获铜斤不敷，以致上厪宸衷，将加运京铜截留，以供拨济各省。是我皇上轸念群生，务俾国宝流通，以济民用，岂容不职之劣员废弛厂务，致坏铜政？

臣查滇省大小铜厂虽有三十余处，而最旺者则无如汤丹厂。乾隆二十九年，前督臣刘藻于兼摄巡抚任内，以该厂产铜日旺，厂众益增，请将澄江府通判裁汰，改设东川府分防汤丹通判，管理该厂铜务并刑名事件，其缺归本省拣选调补。经部覆准，嗣将委用直隶州知州程之章题请借补，于乾隆三十年七月初一日到任。是汤丹厂因矿厂大旺，始奏请特设专员管理，所获之铜，自应较前加多。查乾隆二十八九两年，各获铜四百二十九万至四百六十八万余斤。至三十年程之章到任接办，仅获铜三百七十八万余斤，三十一年仅获铜三百四十一万余斤，三十二年仅获铜三百四万余斤，逐年递减，获铜竟少至百余万之多。虽现在访无情弊，但该通判系因厂旺，奏请特设之员，理宜奋勉急公。乃自到任以来，每年即逐渐短少，则其平日之漫不经心，已可概见。似此废弛铜务之劣员，断难姑容，致滋贻误。相应参奏，请旨将汤丹厂通判程之章革职，以为玩误厂务者戒。除委员摘印署理，并确查该员经手铜本有无亏缺及其中有无情弊，另行严参，并遴选干练妥员请补外，臣谨会同副将军、公、暂管云贵总督印务臣阿里衮合词参奏，伏乞皇上睿鉴施行。谨奏。

朱批： 有旨谕部。

（《宫中档乾隆朝奏折》第三十一辑，第 35~36 页）

1586　云南巡抚明德《奏陈铜厂情形折》
乾隆三十三年六月十五日

云南巡抚臣明德谨奏：为敬陈铜厂情形，仰祈圣鉴事。

窃照近年滇省各厂出产铜斤渐少，以致不敷各省办运，仰蒙圣主轸念民生，多方调剂。本年春，臣奉召入京，面承谕旨谆切，臣敢不敬领在心，力图整顿？抵滇后，逐细访查。缘滇省铜厂大小共有三十余处，其中最大者惟汤丹一厂，我朝开采将近百年，总属源源不竭，旺盛之年可得铜四五百万斤。其次则大水沟厂、大碌厂，旺盛之年，各可得铜一百二三十万至二百余万斤不等。其次则金钗厂，旺盛之年，可得一百二三十万斤。其次则宁台山厂，旺盛之年，可获铜四五十万斤。连其余各厂，每年产铜不下一千二三百万斤，足敷京局及本省、各省鼓铸之用。

近年出铜短少，虽各厂有衰旺不齐，亦因厂员委办军需，稽察不周，多有透漏之弊。即如金钗厂，乾隆三十一年仅获铜五十八万余斤，三十二年则止获铜十六万余斤。臣询之管厂之现任蒙自县知县张成宾，据称：自上年十月接管起，至本年五月，已办完前厂员欧阳飞任内捏报铜三十八万斤，又自办获铜二十八万余斤。是七个月之内，该厂已获铜六十六万余斤，以一年计之，所获不下百万。又询之现管宁台山厂委员、罗次县典史胡绍周，据称，自上年十二月接管起，至本年五月，已获铜四十一万余斤。是半年之内，几获从前一年之数，则均非碉老山空可知。其余各厂委员，有来省进见者，臣俱严加诘询，其获铜数目，多有比前较增之处。且现经督臣鄂宁奏准，不拘四十里内外，仍准开采子厂。已委员查勘，有可开子厂、新厂十余处，现在招商开采。以臣目下查办情形而论，一二年内，似可复旧，或更较前加多。惟是现在运京及各省办运铜斤尚有不敷，亦应筹画。

查滇省六府从前鼓铸，岁需铜一百八十余万斤，嗣又加卯鼓铸，岁需铜一百一十余万斤。今滇省各属钱价甚贱，每银一两换钱一千数十文至一千二百文不等。所有各府加卯鼓铸，均请暂行停止，每年可节省铜一百一十余万斤，以供京局及各省办理之用。至管理铜厂之粮储道罗源浩，精力就衰，废弛铜政；汤丹厂新设通判程之章，庸劣无能，致将最旺之厂获铜渐少，若不严行参奏，无以示炯戒而肃厂务。臣现在会同署督臣另折参奏外，所有云南粮储道一缺，甚属紧要。合无仰恳圣恩，简补干练之员，令其速行赴任，于厂务庶有裨益。臣谨会同副将军、公、暂管云贵总督印务臣阿里衮恭折具奏，伏乞皇上睿鉴训示。

再臣因滇省铜务上厪圣怀，亟须整顿，若差人赍奏，往返七十余日，未免耽延。是以遇便，由台赍奏。合并陈明。谨奏。

朱批：料理甚妥，此亦目下之急务也。

（《宫中档乾隆朝奏折》第三十一辑，第37～38页）

1587　云南巡抚明德《奏报滇省夏收分数折》
乾隆三十三年六月十五日

云南巡抚臣明德谨奏：为恭报夏收分数，仰祈圣鉴事。

窃照滇省今岁春雨及时，豆麦广种，结实丰满，兹据布政使宫兆麟将各属收成分数造报前来。

除不产豆麦之景东、腾越二府州外，臣查广西一府，易门、浪穹二县，高下俱各收成十分；元江府，低下之处收成十分，高阜之处收成九分；蒙化、鹤庆、顺宁、丽江四府，缅宁、邱北、鄂嘉三厅，昆阳、镇南、南安、宾川、寻甸、嵩明、剑川、云龙、赵州、阿迷、石屏、罗平、河西、宝宁、文山、元谋、宁洱、恩乐、平彝十九州县，低下之处俱各收成十分，高阜之处俱各收成八分；中甸、鲁甸二厅，高下俱各收成九分；大关、维西二厅，沾益、云州、姚州、大姚、通海、太和、保山、永平、会泽、宣威、马龙、师宗、镇雄、恩安、永善十五州县，低下之处俱各收成九分，高阜之处俱各收成八分；镇沅、永北二府，威远一厅，陆凉、邓川、安宁、晋宁、弥勒、建水、路南、和曲、昆明、呈贡、禄丰、罗次、富民、南宁、嶍峨、蒙自、新平、云南、广通、定远、宜良二十一州县，低下之处俱各收成九分，高阜之处俱各收成七分；宁州、新兴、禄劝、河阳、江川、楚雄六州县，低下之处俱各收成八分，高阜之处俱各收成七分；思茅一厅，高下俱收成七分。总计通省各府厅州县豆麦收成，高低牵算，共八分有余，实属丰稔，理合缮折奏闻。

再沿边土司，除永昌、腾越、顺宁、思茅四府厅州所属二十八土司地方不产豆麦外，其宁洱县所属猛乌土司，低下之处收成九分，高阜之处收成十分。普藤、整董二土司并善长、义正二里，高下俱收成九分。猛旺、乌得二土司，低下之处收成九分，高阜之处收成八分。合并陈明，伏祈皇上睿鉴。谨奏。

朱批：欣慰览之。

（《宫中档乾隆朝奏折》第三十一辑，第38～39页）

1588 阿里衮、明德《奏报遵旨筹办滇省出缺兵丁以黔兵顶补折》
乾隆三十三年六月十九日

臣阿里衮、臣明德谨奏：为钦奉上谕事。

乾隆三十三年六月初二日，承准大学士公傅恒、大学士尹继善、大学士刘统勋字寄："乾隆三十三年五月十七日，奉上谕：阿里衮等奏查办逃兵一折，锡箔、葫芦口、木邦等处弃逃兵丁，俱罪无可逭，今仅正法四十余名，仍系姑息了事，何以警其余而申纪律？舒赫德系面奉谕旨专往查办此事，何以一到永昌，竟作如此措置？而阿里衮亦随同，不复救正，甚属非是。昨岁扬宁在木邦，有营兵溃逃一案，交明瑞、鄂宁查办。彼时治罪者少，兵丁无所畏惧，以致屡有弃伍潜逃之事。此次又不严行整顿，将来复可用若辈乎？但业已办结，难以复为更张。现在云南逃兵尚有三百余人，至今未获者，交与阿里衮、明德等，限三个月，即速饬属上紧缉拿务获，显正刑章，以示炯戒。三个月后，即行具奏所获几何。若再事因循，不即实力搜捕，及复稍存宽贷之见，阿里衮、明德皆不得辞其咎。至另折奏滇省兵额量为裁扣一万名，以赡满洲兵丁一节，止能如此筹画。而巡守汛地、押运军装粮马等事，其势亦不能不用滇兵。但此项补缺时，正当挑取壮健堪用之人，其逃兵子弟等，则万无仍令入伍补粮之理。阿里衮、明德倘不实心承办，令伊等复行冒滥充数，以致兵无实济，人不知惩，则惟于阿里衮、明德是问。将此传谕知之。钦此。"

又于六月十一日，承准大学士公傅恒、大学士尹继善、大学士刘统勋字寄："乾隆三十三年五月二十五日，奉上谕：据良卿奏，黔省兵丁闻有挑赴云南即以步兵顶食马粮之事，莫不欢欣愿往。现在抚提各标营挑选年力精壮者已足五千名等语。前以滇省兵丁恇怯不堪，积懦成习，遇贼辄尔避逃，实不足复供驱使，不可不大加振刷。而黔兵在绿营中较为出力，是以谕令良卿就黔省各营中挑往充伍，以收实用。今既据称已足五千名之数，即令赴滇顶补，于营伍自为有益。但此项兵丁，一至滇省，即需支食月粮。着传谕阿里衮，即将滇省疲玩无能之兵多为沙汰，俾伊等即有额缺可补。仍将现在出缺若干及陆续裁汰之数一面奏闻，一面就近知会良卿，令其按数分队，赴滇入伍，并将筹办情形据实奏闻。至滇兵委靡不前，锢溺已久，实为可恶，总由历任督抚平时不加训练整顿，致昧有勇知方之义，又不申明纪律，遂尔毫无畏惧。用兵以来，如去岁之木邦、普洱，今岁之锡箔、天生桥、木邦等处，滇兵之溃散窜匿者屡屡而是，若再不大示惩创，后将何以用兵？因特命舒赫德往滇，专办此事。乃伊一到永昌，仍不过姑息了事，而阿里衮亦复不能救正，业经传旨申饬，特以现已办定，难于另行究治，因令勒限严缉在逃之兵，尽法惩处，庶众人稍知炯戒。盖调拨、征剿之兵，滇营断不堪复用，必须多为汰除。若仍稍事因循，姑容恋栈，此等无用之辈，虽数盈累万，又安望其能杀贼制胜，有裨军行乎？至一切巡守汛地、押运军装、粮马等事，势不得尽不用滇兵。然于本地召补时，如遇逃兵子弟，断不可令其冒滥顶补。盖若辈既已窜逸漏网，若子弟仍得混入营额，将来日久，潜回乡里，转得以家有正丁，居然安享廪糈，国法、军律又复何在？前已切谕阿里衮、明德，务须加意经理，俾各知所奋励，庶营伍改观，可资得人之益。即此项黔兵到滇后，留营听候调遣，阿里衮等须时加督察，养其果锐，勿令沾染滇省恶习。将此传谕知之。钦此。"先后寄信到臣等。跪读之下，仰见我皇上整饬戎行，以收实效之至意。

除逃兵三百余名内，臣等已将陆续拿获正法，随时恭折奏闻。臣等现在仍上紧查拿，统俟三个月后，将所获几何汇折具奏。其各营现出名粮，概行停补，则逃兵之子弟自不至于入伍食粮。滇兵恇怯，调遣征剿之处，钦遵谕旨，不复拨用。黔兵到滇，臣等务期仰体圣心，加意督察，养其果锐，勿令沾染滇省恶习外，伏查云南督抚两标一提九镇及十九协营，共额兵四万二千二百六十五名，内马兵三千八百一十六名，步兵一万八千七百四十二名，守兵一万九千七百七名，除现存永昌、腾越、南甸、缅箐、普洱等处兵四千八百六十四名，又出缺停补兵六千一百九十三名外，各营虽存兵三万四百八名。但通省墩台、营汛及看守城门、仓库、监狱等差需兵既多，且滇省边地，总兵即有九员，镇标二十八营，连督、抚、提三标十二营并副、参、都司十九营，通共五十九营，上下衙门所需营书、字识及各项匠役为数不少，此时又正值办理军需，一切牧放、喂养马匹，解送马骡、军装、火药等项，需兵更多。诚如圣明洞鉴，不能不用滇兵。今黔省挑选步兵余丁五千名，仰蒙圣恩轸念滇省食物昂贵，均令顶食马粮，以资养赡。但滇省额设马兵仅有三千八百一十六名，除厄鲁特兵应补三百六十三名，实存马粮三千四百五十三名，此内尚有军前带伤、着有劳绩及现在永昌、普洱沿边一带防所者，未便尽行沙汰。臣等详加筹酌，若将贵州步兵余丁五千名，除补粮马外，余俱暂补步兵，俟有马粮缺出，即行顶补。伏查滇省停补兵缺六千一百九十三名内，内有马粮四百八十一名，除厄鲁特兵奉旨收入提标，已将该提标现出空缺马粮四十五名，尽数先令顶补外，尚有各标营现出空缺马粮四百三十六名。黔省之兵精锐奋勇，自应速行拨补，以励庸懦，以期营伍改观。臣等已将各营马粮空缺开单飞咨良卿，令其照单先拨四百三十六名送滇补伍。其余马兵，现在永昌者，臣等就近亲加查验，如有疲玩无能及年近衰庸者，务在悉心严加沙汰，断不稍存姑息因循，致使一兵得以侥幸，滥行充伍。其各营及防所程途窎远，臣等不能亲身前往，应分委镇协大员前赴各营，将现存马兵内严加查验，核其年力汉仗，并较其技艺实力，分别沙汰。除在军前出力、打仗带伤、记功及防所必需之人仍留马粮外，其中果有弓马优娴、年力精壮者，较之步守兵丁，自属得力。应请降补步粮空缺，其余无用马兵，概行革退，务期多得马粮，共若干。臣等即一面奏闻，一面将营分数目咨明黔省，照数挑送，分起来滇顶补入伍。臣等仍严饬各该营将领，养其果锐，勿令沾染滇省恶习，以备征剿调遣。其不敷顶补马粮之黔兵，亦令陆续送滇，先补空缺步粮，一有马粮缺出，即行顶补。如空缺步粮不敷，即于各营步粮内沙汰，顶补黔兵，以收实用。如此则于滇省营伍大有裨益矣。

所有臣等钦奉谕旨筹办缘由，合先恭折奏覆，伏乞皇上睿鉴训示。谨奏。

朱批：如所议行。

（《宫中档乾隆朝奏折》第三十一辑，第73~77页）

夹片：本月初四日，接总兵佟国英禀，据称："普洱镇左秀前因往九龙江、橄榄坝查看隘口，偶染瘴疠。回思茅后病发，日来稍为沉重。同日，复据普洱游击孝顺阿禀称，据千总封世玺禀，左镇在思茅患病，日夜睡卧，或醒或迷，数日饮食一粒不进各等语。臣即飞饬该游击孝顺阿访觅良医，加意疗治，并令将内赏神仙解毒消瘴丹对症服用，仍令将该镇病体情形随时具禀。所有总兵左秀染瘴患病缘由，理合奏闻。谨奏。

朱批：知道了。

（《宫中档乾隆朝奏折》第三十一辑，第77页）

1589 阿里衮、明德《奏报运粮道路倾颓难行，仰恳圣恩动项修理，以免贻误折》

乾隆三十三年六月十九日

臣阿里衮、臣明德谨奏：为运粮道路倾颓难行，仰恳圣恩动项修理，以免贻误事。

窃照云南省城至永昌程途一千三百余里，多系崇山峻岭，坡坎陡险，向来因非通衢大道，并未动项修理，年复一年，残缺甚多。上年虽经明瑞、鄂宁先后饬令地方官随时修整，但些小粘补，旋修旋坏，且迩来过兵运粮，夫马络绎，兼之雨水连绵，未免益见倾颓。其陡险山坡、石墈之处，破碎崎岖，马骡难以施足。而石少树多之处，所修木梯，陡路稀者大半朽坏无存，密者腐乱露缝，畜蹄往往被夹，其人夫背运者更觉艰难。是以拨运粮二十五万石，各属踊跃起运，至今运送到永者仅一万三千余石。若非仰恳圣恩动项修治，则粮运难免迟误。

臣等伏查藩司库内有报部闲款一项，每年支给管厂、官役、工食等项不过用银数千两，每年所收闲款大概亦有此数，现在积存银六万三千余两。合无仰恳圣恩，即于此项银两内动支给修，约所费不过二三万两，庶粮运不致迟误，而一切往来文报、差务，均可不致稽迟矣。如蒙恩允，臣等即于本省及邻省派赴滇省办差官员内，择其干练者，分段派委趱修，务期一两月内修治完竣，庶粮运不致迟误，而文报、差务亦多省马力矣。是否有当？臣等谨恭折具奏，伏乞皇上睿鉴，训示遵行。谨奏。

　　朱批：甚属应办之事，即速行妥办。

（《宫中档乾隆朝奏折》第三十一辑，第 77~78 页）

1590　阿里衮、明德《奏请定奸民贩货出缅之罪，以重军纪折》
乾隆三十三年六月十九日

臣阿里衮、臣明德谨奏：为请定奸民贩货出缅之罪，以重军纪事。

窃照缅酋向来恭顺，故内地之人往来贸易，以资其用。今该酋悖逆跳梁，扰我土司边境，及至大兵申罪致讨，犹敢抗拒负固，罪大恶极，无可稍宽。臣等现在整率王师，厉兵秣马，破其藩篱，捣其巢穴，歼厥丑类，俘彼渠魁，以彰国法，以快人心。则我中华一切货物，不便仍听流通，利兹蛮孽。臣等现在出示严行禁止，不许丝毫透漏。惟是永昌普洱沿边一带千有余里，崇山峻岭，道路丛杂，虽各处隘口俱有官兵防守，但恐愍不畏死之徒贪利忘生，潜行偷越，若不严定违犯之罪，无以示惩儆而杜奸私。

应请嗣后如有奸民贩货出口，一经拿获，即行正法。其隘口兵丁，审系得财卖放者，一并即行正法。如审不知情，疏于防范者，照例治罪。其失察之文武官弁，查明参革。如有能拿获奸民贩货出口者，将货物全行给赏。如此，则赏罚立而奸民咸知畏惧，责成严而弁兵益密边防，自不致有透漏之弊矣。是否有当？臣等谨恭折具奏，伏乞皇上睿鉴训示。谨奏。

　　朱批：甚是，如所议行。

（《宫中档乾隆朝奏折》第三十一辑，第 78~79 页）

1591　阿里衮、明德《奏请俟军务告竣，升补迤南道之镇
沅府知府龚士模再行给咨引见折》

乾隆三十三年六月十九日

臣阿里衮、臣明德谨奏：为奏明事。

窃照前因迤东道管辖十三府地方，鞭长莫及，经前督抚二臣奏准，于普洱府地方添设迤南道一员，管辖普洱、镇沅、元江、临安四府。所有新设迤南道缺，地处边要，应定为本省题调。其迤南道员缺，请以镇沅府知府龚士模升补，所遗镇沅府知府员缺，请以裁缺永北府知府陈奇典调补，经部议覆，应令给咨龚士模，赴部引见。可否准其升署迤南道之处？恭候钦定。所遗镇沅府知府员缺，准其将裁缺永北府知府陈奇典补授等因在案。因正在办理军需，尚未将龚士模给咨送部引见。其镇沅府知府陈奇典，未经到任，旋因前在直隶管理钱局任内罣误，复经鄂宁将发滇候补知府锡福题补，亦在案。惟是龚士模奏补迤南道已经一年有余，而镇沅府两易其人，龚士模尚未交卸，亦未到迤南道之任。

臣等伏查，普洱一带为临边要地，现在办理军需，一切均需干员委办。龚士模在滇年久，熟悉边情，迤南一带事务，现在多委该员办理。应俟军务告竣，再行给咨，送部引见。臣等现在饬令龚士模，将镇沅府印信交卸，即先到迤南道之任。但该道印信尚未请到，照甘肃办理军需，道员带印出差，署员借用教官印信之例，借用教官之印。所有办理缘由，理合恭折奏明，伏乞皇上睿鉴。谨奏。

朱批：该部知道。

（《宫中档乾隆朝奏折》第三十一辑，第79~80页）

1592　阿里衮、明德《奏报遵旨查明湖南派往云南造船兵
丁业已遣回及严查关禁情形折》

乾隆三十三年六月十九日

臣阿里衮、臣明德谨奏：为钦奉上谕事。

乾隆三十三年六月十一日，承准大学士公傅恒、大学士尹继善、大学士刘统勋字寄："乾隆三十三年五月二十五日，奉上谕：今日阅户部题销湖南省派往云南造船兵匠应支行装、盐菜等项一本，虽系照例核销，但此项造船兵匠，系上年调往备用。今春，据阿里衮、鄂宁覆奏，新街、蛮暮一带内地船只难以前达，无庸打造等语。是该兵匠等业已无所用之，自应及早撤回，不当久留滇省，仍滋糜费。阿里衮等何未闻，筹办及此？至频

年经画军营诸务，凡有先行调集预备而其后无可需用者，当不止此一事，阿里衮等并宜逐一查明，即行酌量缓急，分别去留，庶事归实济，而帑项亦不致虚糜。仍将如何办理之处迅即奏闻。再新街一带，向为缅夷贸易之所，自用兵以来，即经饬禁商民外出。昨因询问缅匪历来交易情形，旋据阿里衮等奏称，缅匪向时仰给内地钢铁、绸布等物，而黄丝、针线之类尤所必需。现在各口隘俱严行查禁，不许商人偷越。随即降旨，令伊等实力稽察申禁，无或始勤终懈，稍任透漏。但沿边各隘袤长辽远，僻险小径处处可通，且目今瘴气方盛，官弁兵役不免惮避远居，致疏盘诘，而奸民趋利如骛，无所畏惧，或窥伺禁防稍懈，冒瘴行险、私越外境者，不能保其必无，不可不加意防闲，以杜奸弊。至腾越等处所有马匹，向闻缅匪以贵价买之，此而不查，是借寇兵而资盗侵也，尤关紧要，更宜不时稽察，毋使偷贩出境，或官以厚价买之，收为我用。阿里衮等其即严饬防守官弁，日夜巡逻，不得丝毫疏漏。倘奉行不力，致奸民仍有违禁私出情事，一经发觉，恐阿里衮、明德不能任其咎也。将此传谕知之。钦此。"遵旨寄信到臣等。

伏查上年六月内，准湖南咨送熟谙造船工匠、兵丁共四十九名，令洞庭协千总陈绍松、岳水营把总卢继远管领前来。彼时，新街不能造船情形，业经明瑞、鄂宁节次奏明在案。因明瑞欲于新街上游伐木，造具渡船，使船料木片沿江流下，为牵缀贼人之计，是以仍留该丁匠等于海巴江、小陇川等处分派营造。该丁匠等因不服水土，节次病故三十二名，又千总陈绍松、把总卢继远亦俱病故，其余丁匠十七名，俱经鄂宁于去年十二月内咨回楚省。此外，尚有四川送来制造挡牌骁骑校金绍等，因滇省无庸制造，经明瑞于去年九月内奏明遣回，其余并无沉搁糜费事件，理合覆奏。

再禁止奸民贩货出边，前奉谕旨，即严饬沿边各官督率兵役，加紧严查，并刊刻告示，遍行张挂，严禁客商，不许贩货出缅，一经拿获，即将该客商并纵放出边之兵丁立即正法，该管官参革治罪。臣等仍选差干练弁兵密访查拿各在案。兹蒙圣训，向闻缅匪以贵价购买内地之马，谕令臣等更宜不时稽查，毋致偷贩出境，或官以厚价收买。仰见我皇上睿虑周详，烛照无遗。除遵旨再行严饬防守官弁人等日夜巡逻，不得丝毫走漏，并另折奏请严定贩货出缅之罪，以重边防外。（**夹批**：现今方有拿获者否？）伏查贩马出边，势必三五成群，查拿更易。况马匹出边以资贼用，尤属大有关系。臣等敢不凛遵圣训，加意严查？现在滇省各营俱购买马匹，定例每匹价银十五两。臣等已饬沿边各营，嗣后收买马匹，如有骨大膘壮者，即量为加价购买，以资利用，以杜私贩。仍严饬防守官兵巡逻查拿外，并差干练弁兵前赴沿边一带密访查拿，一有弋获，即将贩马之人、纵放之兵，一面即行正法，一面奏闻。

所有臣等钦遵谕旨办理缘由，理合恭折奏覆，伏乞皇上睿鉴训示。谨奏。

朱批：知道了。

夹片：前五月十一日，据驻守龙陵总兵本进忠将四川泰宁协兵丁何文先送赴永昌，据称，该兵随将军明瑞于虎佈打仗受伤，失足跌死，复经苏醒，跟随波竜来至遮放等因，业经臣阿里衮于五月十九日奏明在案。随飞饬该镇及永昌府赵珮，将波竜夷人因何来至遮放，有无头目在内，逐一详查。去后，兹据该镇府等禀："据遮放土司多彭年禀称，遮放相距三五站即属波竜地方，与内地夷人大半俱系亲戚。前两年间，曾有波竜夷人来遮放山头种地，上年冬月，官兵出口后，该夷等欲归旧寨，因大兵撤回，闻大山土司瓦喇被缅子拿去，土司之弟罗旺育特并无下落，大山夷众亦多有被缅贼残害者，是以伊等不敢前去，仍归遮放西山种地。共有男妇大小百十余人，其中并无头目，现已各自种地谋生。"等语。臣等查此种波竜，原系大山夷属，因与遮放夷人向属姻亲，是以移居内地，以避缅匪蹂躏。现在既有山地可耕，足资生计，自可无庸另为安插。所有遮放种地波竜情形，理合奏闻。谨奏。

朱批：览。

（《宫中档乾隆朝奏折》第三十一辑，第 79～80 页）

1593　阿里衮、明德《奏报总兵乔冲杓、本进忠进京日期及委员暂代折》

乾隆三十三年六月二十六日

臣阿里衮、臣明德谨奏。

窃查本年六月十一日，接准部文："钦奉上谕：云南鹤丽镇总兵实泰现在患病，着回旗调理，俟病痊之日，该部照例带领引见。开化镇总兵乔冲杓，着来京陛见。"再降谕旨："所遗鹤丽镇总兵员缺，着德福补授。开化镇总兵员缺，着永平补授。钦此。"又同日，接准部文，钦奉上谕："云南临元镇总兵本进忠，在军营著有劳绩，尚属奋勉出力之员，着驰驿来京陛见。钦此。"钦遵，各知照前来。

臣等随即转行该镇等一体遵照，除乔冲杓现在永昌，当即令其起程，已于六月十五日赴京外，查本进忠带兵驻守龙陵，德福带兵驻守腾越，今奉旨令本进忠赴京陛见，龙陵一带防守紧要，臣等即檄令新任总兵德福前赴龙陵替调，本进忠回永，已于二十四日起程，驰驿进京。其腾越一带亦属紧要，臣等现委游击七十一前往防守。所有乔冲杓、本进忠进京日期，理合奏闻。谨奏。

朱批：览。

（《宫中档乾隆朝奏折》第三十一辑，第 160 页）

1594　阿里衮、明德《奏报拿获逃兵并满兵盗马
脱逃之跟役，即行正法折》

乾隆三十三年六月二十六日

臣阿里衮、臣明德谨奏：为拿获逃兵并满兵盗马脱逃之跟役，即行正法，恭折奏闻事。

据镇南州报获楚姚镇逃兵一名朱俊，保山县报获楚姚镇逃兵一名金有名，臣等即饬提来永，率同司道严加究审。据朱俊、金有名各供认，自蒲缥、永昌脱逃是实。又于永昌地方，拿获正黄旗满洲前锋穆腾额等二人，合带跟役霍尔岱一名。据供，于本年二月，在唎咪地方，偷伊主马二匹逃走属实，查与该旗原报相符。除将逃兵朱俊、金有名并盗马脱逃满兵跟役霍尔岱委员即于六月二十四日押赴市曹正法外，相应恭折奏闻，伏乞皇上睿鉴。谨奏。

朱批：览。

（《宫中档乾隆朝奏折》第三十一辑，第 160 ~ 161 页）

1595　阿里衮、明德《奏报将恩赏银三十万两妥协办理以酬民劳折》
乾隆三十三年七月初八日

臣阿里衮、臣明德谨奏：为钦奉上谕事。

乾隆三十三年三月初三日，内阁奉上谕："滇省年来办理军需，该处民人踊跃急公，深知大义，甚属可嘉，已叠次降旨加恩，将地丁钱粮分别蠲免，以示优恤。今思该省现在办理军务，较他省更属殷繁，虽一切动支帑项丝毫不以累民，而解送兵马，办运粮饷，均不无稍资民力，朕心尤为轸念。着再加恩赏银三十万两，该督抚等饬属妥协办理，俾闾阎得沾实惠，副朕加惠黎元至意。钦此。"

臣等伏查滇省自用兵以来，仰蒙我皇上体恤民艰，叠沛恩膏，连年民赋，大路则概行全免，即偏僻州县亦各蠲其半，是通省农民均已普沾实惠。而辗运军粮脚价，又蒙恩每石加至银三钱，小民沾饱食之恩，趋事无力役之苦，欢呼载道，无不踊跃急公，奔走恐后。乃圣心之轸念愈深，而惠泽之下逮，更复有加无已。圣主沛如天如地之恩，臣等职在绥民，敢不实力实心，以敷闾泽，以广皇仁？

查滇省各属应付夫马，虽在大路，而本地之夫马不足，于附近各属酌量派拨，未免零星，难以核计。且雇募夫马价值，已蒙圣恩加增，本无不敷，似可毋庸再行添给。惟夫马在站守候、回空，例不支销雇价，应按程站之繁简，酌量派给，通盘核计，共需银

十二万八千五百两，即饬司照数拨给，俾守候、回空夫马均有日食粮料，则顶沐圣慈无不周遍，而亘古未有之旷典，亦咸归实在，不致有丝毫虚糜矣。

再拨运粮石，自蒙圣恩加增运脚以来，小民无不踊跃争先，现在辇运到永者颇多。惟拨运腾越、龙陵米石，中隔潞江，本年水大溜急，渡船又少，若令运粮人夫在彼守候，未免苦累。查腾越、龙陵所存米石，目下尚堪敷用，是以将拨运腾越、龙陵米石，俱暂截收永昌，将来江水稍退，尚须拨运接济。惟是永昌地方差务繁多，且连年办理军需，食物不无昂贵，较之别属不同。将来永昌酌拨此项米石，雇募人夫，臣等拟遵恩旨，每石每站加给银二钱，俟原派别属米石催到，足敷腾越、龙陵应用，即行停止。自永拨运此项，加价最多不过二三万两，此外尚余银十四五万两，以为将来办理兵差之用。所有派给各站银两数目，另开清单，恭呈御览。臣等谨恭折具奏，伏乞皇上睿鉴训示。谨奏。

朱批： 知道了。

（《宫中档乾隆朝奏折》第三十一辑，第 247～248 页）

1596　阿里衮、明德《奏陈滇省营制轻重未协，悉心详筹，恭折具奏折》
乾隆三十三年七月初八日

臣阿里衮、臣明德谨奏：为敬陈滇省营制轻重未协，悉心详筹，恭折具奏，仰祈圣训事。

窃臣阿里衮等前奉廷议，裁汰滇兵名粮，以归实用。当经臣阿里衮会同舒赫德、鄂宁查出，停补名粮五千余名，除阵亡、伤亡等缺分别查办外，其余名粮尽数先行扣抵，仍于腹地各营裁扣一万名，遇缺扣存不补，并声明，容臣等将应扣营分详悉核定，另行缮折，开单具奏等因，奏覆在案。今臣阿里衮在永，数月以来，详核营制兵数，体察地方情形，并与臣明德再四商酌，冗兵固应核实裁汰，营制亦须调剂适宜。今滇省营制，轻重不无失当，若照原议扣裁，与体制尚多未协。

伏查总兵为一方重镇，如果位置得宜，即所设不多，亦可以张声势而资联络。是以腹内省分不过一二镇，边疆如四川则设四镇，甘肃为最要边地，亦止五镇，广东、福建均属海疆，水陆则各止七镇，未有如滇省设至九镇之多者。盖建设一镇，必需三营，自总兵以至游、都、守、千、把、外委官弁，扣占亲丁名粮既多，而衙门伺候人役，如营书、字识、炮手、鼓手、伴当、跟役等项，所需之兵亦复不少，体统所关，势难尽除。此滇省兵数虽多，而各营汛守差操不见有余者也。今若止议裁兵而不议裁镇营，则镇、协各营额兵太少，既于体制不符，汛守亦多虚悬。（**夹批：** 此系鄂尔泰张大其事所致。尔等所见极是。不但此也，即知府尚觉多，当徐图之。）臣等与提、镇、司、道及年久熟悉地方之文武各官详加确商，并考之志乘，缘滇省南通交趾，西临缅匪，又因腹内地方猓夷等类稍为滋事，即请添营设镇，以致官多兵少，体制未协。恭逢我皇上久道化成，边氓乐业，则营制之多寡，自应按照地方现在情形斟酌损益，以收实用。

臣等伏查滇省九镇之中，如永顺、普洱外临缅夷，临元、开化紧接交趾，自不便稍有裁抑。其鹤丽一镇，外通西藏，亦属边疆要地，应留重镇，以资弹压。但仅辖一协一营，地方不甚辽阔，尚可兼辖外营。查永北镇驻扎永北府，同城止有掌印同知一员，并无属邑，该镇亦无兼辖之外营。其北界与四川建昌毗连，虽交界处所各有番民，皆系向化熟番。该镇汛地与鹤庆交界仅止二十五里，两镇并设一处，似应裁并。应请将永北镇总兵及其中、左、右三营游、都、千、把等官俱行裁汰，改设永北营参将一员、中军守备一员、千总二员、把总四员、外委四员。该镇额设兵一千六百五十二名，应存留八百名，归并鹤丽镇统辖。至曲寻一镇，相近昭通，楚姚一镇，界在省城、大理之间，均属腹地，且有督、抚、提三标互为联络。应请将曲寻、楚姚二镇及所辖各三营均行裁汰，各改设副将一员、中军都司一员、千总二员、把总四员、外委四员，各留兵一千名，足资汛守。曲寻紧接昭通，应与原管之寻沾、武定二营俱归昭通镇统辖。其楚姚镇所辖景蒙一营，距普洱较近，应归普洱镇统辖。新改之楚姚协，与大理较近，应请归提标统辖。又昭通一镇，原系乌蒙地方，向设云贵总兵一员，至雍正年间平定乌蒙之后，设立昭通府，于昭通府城建设昭通镇并中、左、右、前四营。今已四十余年，番民畏法向化，与齐民无异，所有多设之前营一营，应请裁汰，以符体制。

再查各省督标，多系三营，即有四五营者，尚有分防在外。云南督标设有六营，除奇兵营分防寻甸州外，其余五营均在省城，又无汛地，除中、左、右三营存留，其前、后二营应请裁汰。如此，裁汰之兵及各官亲丁名粮、俸薪等项，共可抵兵七千四十四名，尚不敷二千九百五十六名，应于抚提两标及腹地各营内均匀抽裁，以足一万名之数。并请仰邀圣恩，照依裁兵旧例，遇有缺出，即行裁扣，庶数年之后，均可陆续扣完，以归实用，而裁缺兵丁亦无失业之虞矣。

裁缺各官，守备以上照例赴部候补，千总以下，本省遇有缺出，即行补用。至于臣阿里衮等前奏停补兵五千余名，除阵亡、伤亡等缺分别查办外，其余名粮，尽数先行扣抵，嗣又出有兵缺，臣等概令停补。今积至六千一百九十三名，前奉谕旨，贵州挑选精壮兵五千名赴滇，顶补马粮。臣等因滇省额设马粮仅三千八百余名，除补厄鲁特兵及应留打仗受伤兵丁外，不敷顶补黔兵五千名之数。当经奏请，所余黔兵俱暂补步粮，俟有马粮缺出，即行顶补在案。臣等现委提镇大员前往各营逐一查验，马兵内，除打仗受伤兵丁暂留，其余马兵尽行分别降革，以备顶补黔兵。应俟查完之日，空缺步粮内，除扣数留补黔省余兵外，其余空缺步守名粮，仍照臣阿里衮等原奏，全行裁汰归公。

除将裁汰镇营一切事宜及扣缺细数另缮清单，并绘图贴说，恭呈御览外，所有臣等愚见所及，是否有当，谨合词恭折具奏，伏乞圣主睿鉴，训示遵行。谨奏。

朱批：所奏是，军机大臣会同该部议奏。

（《宫中档乾隆朝奏折》第三十一辑，第 248~251 页）

1597　阿里衮、明德《奏请平彝县、沾益州、永平县俱改为冲、繁、难三项相兼要缺折》
乾隆三十三年七月初八日

臣阿里衮、臣明德谨奏：为请改冲要之缺，以裨地方，仰祈圣鉴事。

窃照各省州县之繁简，久经议定，原不容擅事更张。但原定之缺，今昔不同，亦未便拘泥因循，致滋贻误。

伏查云南曲靖府属之平彝县、沾益州，原定俱系冲、难中缺，永昌府属之永平县，原定简缺，均归部选。臣等查平彝一县，系自京入滇之首站，一切文报差务及解送人犯、饷鞘等项，全赖该县料理妥协，传知各站，画一办理。而沾益一州，又系黔、蜀两路总汇，差务更属殷繁。至于永平一县，系自省至永冲衢，山多田少，地瘠民贫，且境内差务路长五站，办理颇难。此三州县，在平时即需干练之才治理，现值军兴之际，尤非初任之员所能措置。查陕甘地方，大路紧要州县，自新疆开辟以来，均经酌改繁缺在案。合无仰恳圣恩，俯准将平彝、沾益、永平三州县俱改为冲、繁、难三项相兼要缺，在外拣选干练之员调补，则于地方民生、差务均有裨益矣。臣等谨合词恭折具奏，伏乞皇上睿鉴训示。谨奏。

朱批：着照所请行，该部知道。

（《宫中档乾隆朝奏折》第三十一辑，第 252 页）

1598　阿里衮、明德《奏报滇省雨泽沾足、禾苗丰盛情形折》
乾隆三十三年七月初八日

臣阿里衮、臣明德谨奏：为恭报雨泽沾足、禾苗丰盛情形，仰祈圣鉴事。

窃照云南二十三府属地方，俱系连山不断，溪涧纵横，其间田亩错出，随地势之高下开塍布垄，就泉筑坝，设枧引流，以资灌溉。雨泽惟虞其短少，不患其过多。本年入夏以来，雨泽沾足，各属高下田亩俱已栽插齐全，前经臣等先后附折奏闻在案。

臣明德钦奉谕旨前来永昌，经过云南、楚雄、姚安、大理、蒙化、永昌等府属地方，目击高下田亩栽插广遍，田水充足。现在已届处暑，禾苗俱极茂盛，早者已经结实，晚者扬花吐秀。惟大理府属之邓川、鹤庆府属之剑川二州，据报于六月十五六等日连得大雨，近河之地堤埂冲塌，禾苗间被水淹，皆不过该州之一隅。臣等已委员前往会勘，如果田禾被伤，即按其轻重，照例办理。其余各属禀报情形，均各雨水调匀，田禾丰盛，与臣等所见情形无异。并询之来永办差大小文武各官，咸称今年丰收情形，比上两年尤胜尤广等语。臣等见闻之下，不胜欢忭。此皆仰赖圣主洪福，得以连登大有。所有秋禾丰稔情形，臣等谨恭折奏闻，伏乞圣主睿鉴。谨奏。

朱批： 欣慰览之。

（《宫中档乾隆朝奏折》第三十一辑，第253页）

1599　阿里衮、明德《奏请预期购办料草，以备临时攒喂，以利军行折》

乾隆三十三年七月初八日

臣阿里衮、臣明德谨奏：为请预期购办料草，以备临时攒喂，以利军行，仰祈圣鉴事。

窃照军需马骡，前在永昌者，分拨附近之大理、顺宁二府及腾越州喂养，在省者，分拨省城附近州县喂养，并经臣等奏明，各处俱有山场，水草丰美，日间择厂牧放，夜间收槽饲秣，既与马骡有益，而钱粮亦大有节省。现已分委武职大员前赴各处，督率弁兵加意牧放喂养，俟冬月草枯之时再行收槽，明春青草发生之后，仍前牧养，至明岁七月大兵进剿之前，俱解至永昌附近地方上槽，加紧攒喂，一律膘壮，以利军行等因在案。

臣等伏查，滇省向来办解马匹，在途则日给料三仓升，草十斤，收槽则日给草干银五分。在今冬收槽喂养，散在省城一带各州县者居多，尚易办理，不致贻误。惟明秋攒喂，务须距永较近方，不致临时牵送疲乏。永昌附近之地，惟大理府属七州县、蒙化府同知、顺宁府知府，连该府所属三州县，不过十一二处，马骡五六万匹头，需料十五六万石，草四五千万斤。滇省愚民不事盖藏，彼时正值青黄不接，临期采买，不惟价必高腾，糜费钱粮，窃恐采买不出，致有贻误。且攒喂马骡，南边虽无谷草，亦必须干稻草，始能长膘。民间秋收之后，率以稻草为炊爨之用。夏月喂养牲畜，皆系青草，若俟临时购办干草，势所不能，如喂青草，马骡不能上膘。臣等再四筹酌，并与司道详加确商，今冬喂养马骡数尚无多，且散在各府州县，备办料草不致拮据。应照例给与草干，令其随时买用外，其明秋在永昌附近一带攒喂，所需料草，查云南蚕豆，火力较大，向系豆二荞一搀喂。应请乘此秋收丰稔，于大理府属采买蚕黑豆六万石，荞三万石，干稻草三千万斤；永昌府属采买蚕黑豆二万石，荞一万石，干稻草一千万斤；蒙化、顺宁二府各采买蚕黑豆一万石，荞五千石，干稻草五百万斤：共买蚕黑豆十万石，荞五万石，干稻草五千万斤，令其照依时价，购买足数，加意收贮，以备明秋攒喂马骡之用。仍饬令各属不得丝毫短价累民，亦不得稍有冒滥。臣等督同司道，严加查察，倘有短价及冒销之员，即严参究追治罪。如此，则紧要攒喂之时，需用料草不致缺误，而马骡饱腾肥壮，可资利用矣。

臣等愚昧之见，谨恭折具奏，伏乞皇上睿鉴，训示遵行。谨奏。

朱批：甚好。知道了。

（《宫中档乾隆朝奏折》第三十一辑，第254～255页）

1600 阿里衮、明德《奏报遵旨酌办满兵回京缘由折》
乾隆三十三年七月十五日

臣阿里衮、臣明德谨奏：为奏闻事。

窃臣阿里衮于乾隆三十三年五月十三日，承准大学士公傅恒等字寄："乾隆三十三年四月二十九日，奉上谕：去年派往云南满兵内跟随明瑞进剿之兵，均各打仗效力，堪属劳苦。着阿里衮俟今年派往京兵到滇后，即将此项兵丁陆续分起令其回京等因。钦此。"

臣等查跟随明瑞进剿应行回京之满兵共有九百一十五名，现在新来京兵到永昌者已有五起，此项应回之兵，应即乘时令其起程。臣等公同商酌，即以各站办送新来京兵之回空夫马接递带回，在各兵既得早回京城，而沿路夫马送新来京兵间二日一起行走，则送新兵一日，带回旧兵一日，尚得一日休息，亦不致疲乏。计撤回京兵九百余名，分为九起陆续前进，在云南境内行走一月可到贵州交界。自贵州交界一十八站至贵州之镇远府，有滩河一道，一千三百余里，直抵湖南常德，俱系下水，不过五六日可到，较之陆路一十七站，既近且速，是以傅显、鄂宁、钱度等进京，俱由此坐船前往。臣等仰体皇上轸恤兵民之意，已飞移贵州、湖南抚臣，于京兵回至镇远时，令地方官雇备鳅子、麻阳等船送至常德，每船可坐七八九人不等，船价不过四五两，京兵既安逸迅速，而地方免备夫马，于钱粮民力均大有节省。其由常德至河南交界之襄阳府，亦有内河一道，从荆州之虎渡口盘坝换船，由襄河直达襄阳，似亦可照此办理。但臣等未经身历，不敢遽定，现亦飞移湖广督抚，令其斟酌办理。

臣等谨将愚昧之见、酌办满兵回京缘由合词恭折具奏，伏乞皇上睿鉴。谨奏。

朱批：知道了。

（《宫中档乾隆朝奏折》第三十一辑，第330页）

1601　云南巡抚明德《奏请循例借项开修昆阳州平定乡六街子等六村地方沟渠折》

乾隆三十三年七月十八日

云南巡抚臣明德谨奏：为循例借项开沟，以资灌溉，以利民生，仰祈圣鉴事。

窃照乾隆二年四月内，钦奉上谕："云南田号雷鸣，凡系水利，皆当及时兴修。钦此。"历任督抚诸臣董率属员钦遵兴举，间有工费浩繁，民力不逮者，均经奏明借项兴修，分年征还在案。

兹据布政使宫兆麟详称："云南府属昆阳州之平定乡六街子等六村地方，成熟粮田二千余亩，该处向有地藏寺龙泉活水，开沟筑坝，引流灌溉后，因地震龙泉淤塞，于旧坝之下地名老母标涌出泉水数股，而地势低洼，直趋大河，不能汲引而上，以致六村收成连年歉薄。该村士民赵廷楠等相度形势，必须另行筑坝壅水，开沟引导，并安设枧碥涵洞，始足以资蓄注。该村具系小户穷民，无力兴修，呈请循例借项。经该州知州吴燧亲往踏勘，应开沟一道，长一千八百五十七丈，并筑坝一道，安设枧碥一道、涵洞三个，共需工料银六百两，由司核详，请照例于司库铜息银内借给兴修，自工竣之日起限，按照得水田亩公摊，分作三年征完还项。"等情前来。

臣查兴修水利，灌溉田亩，乃民生之要务。合无仰恳圣恩，俯准借给，俾六村之民永沾乐利，顶沐圣慈于无既矣。臣谨会同副将军、公、暂管云南总督印务臣阿里衮合词具奏，伏乞皇上睿鉴，训示遵行。谨奏。

朱批：如所议行。

（《宫中档乾隆朝奏折》第三十一辑，第358~359页）

1602　阿里衮、明德《奏请动项买补滇省常平仓谷折》

乾隆三十三年七月二十一日

臣阿里衮、臣明德谨奏：为动缺常平仓谷，仰恳圣恩添价买补，以实仓储，以备需用事。

窃照常平积贮，原以备缓急而利民生，遇有动缺，即应买补。

滇省地方常平仓额，通省仅七十万石，为数本属无多，且各属地方在在崇山峻岭，舟车不通，遇有拨用，需费不赀，而各邑之积贮在在均关紧要。臣等伏查，数年办理军需以来，拨运军粮动缺常平仓谷碾米及存仓兵米共用米三十数万余石，尚有沿途供支官兵口粮未据造报截数，是各属之仓储动用已多，亟宜筹补，且存仓兵米系支兵之项亦不便虚悬。滇省连年收成丰获，本年秋收较前尤稔，民间自有余粮。现在拨运、采买军粮，附近之处虽有派买者，数目多寡不同，其采买数多者自难再责其买补，其采买数少者即应体察情形，酌量买补，其余未派采买之处尤宜趁时买补，以期有备无患。但买补动缺仓谷，每石例应给价银五钱，不惟此时粮价稍昂，不敷购买，而现在采买军粮系照依时价购办。现据报到者，每米一石自一两七八钱至二两五钱不等，以二谷一米计之，每石少银三四钱至七钱有奇。其距边稍远之处谷价尚平，加增不至于此。但价既不敷，若责令州县务照定价买补，必致有勒派小民之势，否则地方各官均以价值不敷详请展限，将来再有需用，拨自远处，运脚浩繁，较之此时添价买补者不啻数倍，不独糜费帑项，而路途遥远，更恐有迟误之虞。

今届秋收之期，臣等仰体我皇上办理一切不许稍累小民之圣训，谨据实具奏，仰恳皇上天恩，准照采买军粮之例，亦按时价买补。臣等当督同司道严加查察，不许丝毫冒滥，亦不得短价累民，如有侵肥舞弊及勒派闾阎之员，一经查出，立即严参究追，从重治罪。臣等仍不时体察各地方情形，如其谷少价增，即行停止，以济民食，俟下年再行酌量情形，照此买补，庶仓储得以及早充实，即有拨用，亦不致远运糜费，于公务、民生均有裨益矣。

臣等愚昧之见，是否有当？谨合词恭折具奏，伏乞皇上睿鉴，训示遵行。谨奏。

朱批：如所议行。

（《宫中档乾隆朝奏折》第三十一辑，第 376 ~ 377 页）

1603　阿里衮、明德《奏请将未即给咨引见之题升人员先行升署，以示鼓励折》

乾隆三十三年七月二十一日

臣阿里衮、臣明德谨奏：为军务需员，仰恳圣恩以示鼓励事。

窃照题升官员，俱应送部引见。两三年来，云南题升道府厅州县共有七员，因办理军需，俱尚未送部引见。今内地现无紧要军需事件，除请升补元江府知府之额鲁礼、请升署中甸同知之谈霞、请升署师宗州知州之李鹄等三员，臣等现在饬司请咨送部引见外，惟查请升署迤南道之龚士模。臣等拟俟秋后瘴退，遵旨差赴普洱边外办理军需事务。其余请升补普洱府知府之唐宸衡、请升补思茅同知之黑光、请升补普洱府同城首县宁洱县知县之张轼，皆系边陲要地，该地方现俱驻扎大兵，供应粮草及接收各处运到米粮、军装等物，均关紧要，未便更易生手，致滋贻误，应请仍俟军务告竣再行给咨送部引见。但此四缺均系边地烟瘴三年报满之缺，而题升之员例应于引见后，方准扣算年限，若因其办理军需，转不得先行引见，报满迟滞，未免偏枯。

臣等伏查龚士模等四员，皆系干练能事之员，是以前督抚臣始行保奏请升。可否仰邀皇上天恩，特降谕旨，将龚士模、唐宸衡、黑光、张轼先行准其升署升补，以示鼓励，仍俟军务告竣补行送部引见，则该员等感激圣恩，自必益加奋勉，于军务实有裨益。臣等愚昧之见，是否可行？伏乞皇上睿鉴。谨奏。

朱批： 有旨谕部。

（《宫中档乾隆朝奏折》第三十一辑，第 378～379 页）

1604　云南布政使宫兆麟《奏请分别局钱之清字，以重钱法事》
乾隆三十三年七月二十九日

云南布政使臣宫兆麟跪奏：为请分别局钱之清字，以重钱法，仰祈睿鉴事。

窃查钱法，定例每文重一钱二分，每千文计重七斤八两，色须黄亮，边无残缺，方可行之久远。臣于按察使任内，兼管省城钱局，已严饬匠役，务将所铸钱文遵照定例。又于按卯收钱之时，俱亲加秤其轻重，验其形色，如不合式，即责令倾镕另铸，不容稍有宽假。

但查云南通省，如临安、东川、大理、顺宁、广西连省城六府，皆有钱局，而钱文清字俱用"宝云"，六府皆同，毫无区别。倘管局之员稽查不周，以致炉匠人等舞弊作奸，偷减分两，或草率从事，色暗边残等弊，无从究其为何局所出。窃思京师钱局所铸清字，尚有宝泉、宝源之分，则外省各府钱局，亦应仿照办理。除云南府局之钱仍铸"宝云"二清字外，其余五府钱文，亦应就其府名，一体各铸字样。应请改铸宝临、宝东、宝大、宝顺、宝广清字，嗣后如有质轻色暗边缺等弊，一望而知为何局之钱，一经查出，官则立即揭参，炉匠人等严究治罪，庶各局官员及炉匠人等知有责成，自必咸加儆惧，不惟钱法得以肃清，亦可行之久远矣。

臣因整饬钱法起见，谨恭折具奏，是否有当，伏祈皇上睿鉴。谨奏。

朱批： 该部议奏。

（《宫中档乾隆朝奏折》第三十一辑，第 444～445 页）

1605　阿里衮、明德《奏报遵旨查办逃兵缘由折》
乾隆三十三年八月初五日

臣阿里衮、臣明德谨奏：为奏覆事。

乾隆三十三年七月二十六日，接奉谕旨，以"木邦逃避兵丁，除查出四十余人办理外，并无续行查出，即如天生桥溃散之三百余人，仅查出二人办理，其余皆何往乎？谅必有绕道潜回原籍者。着阿里衮等严加查办，务须尽数查出正法，断不可稍存姑息。至平日管兵之总兵等官疲软不能训练，虽事属已往，不治伊等之罪，亦应查明，停其升转等因。钦此。"

臣等查木邦、锡箔桥等处之云贵、四川兵丁，除阵亡伤亡及迷失未出外，回至永昌者三十余人。臣阿里衮、舒赫德、鄂宁奉到谕旨查办，即密饬提督立柱、总兵哈国兴，将各兵弁逐一隔别研讯，并令务期彻底根究，勿稍轻纵。旋据查讯得当日溃散缘由，有打仗时败逃者，有因弁目带同散回者，亦有先经打仗后于他处随众散归者，大概数人率先奔走，余众纷纷溃散，各处情形俱属相同。而其为首先倡逃者，共讯出五十员名，实系众证确凿，毫无疑义。此等怯懦之兵目无军纪，法难宽纵，是以臣等奏明，将此五十员名俱行正法。当即在永正法者四十四名，已逃回籍、续提到永正法者五名，行文贵州正法者一名，并将领兵官二十七员请旨革职，留于军营效力，其余兵丁三千余名，均各撤回本省本营在案。

至此外尚有前任督抚所奏云南逃兵三百三十七名，则系从前出师在途在营脱逃者，亦应严拿正法。臣等严饬地方文武员弁上紧缉拿，除前已拿获奏明正法及自戕、病故者共六十六名，现在又拿获三十三名，分别审办，臣等另折具奏，并严饬仍上紧缉拿外，兹奉谕旨，令将木邦等处逃避兵丁查办。臣等查木邦等处兵丁三千余名内，云南兵九百五十名，贵州兵一千五百七十名，四川兵五百五十九名，业已各回本省本营。从前查讯时，系立柱、哈国兴经手，现在立柱派往查验裁汰兵马，哈国兴亦尚未到永，若另派生手前赴各营根究，未能周悉原委。俟立柱、哈国兴到永，臣等再令严行查究，如尚有情罪较重之人，务须尽行查出，另行具奏办理。其余或一时虽无指证，但此等怯懦之兵不便仍留充伍，应令概行革除名粮，其子弟永远不许承充，以示惩创。

至平日管兵之总兵以下各员，臣等现在确查，容俟查明，另行具奏外，所有遵旨查办逃兵缘由，理合先行奏覆，伏乞皇上睿鉴。谨奏。

朱批：尔等已姑息于前，不可再姑息于后。

（《宫中档乾隆朝奏折》第三十一辑，第497～499页）

1606　阿里衮、明德《奏报黔省在滇官兵从前未经奏请在滇借给银两缘由折》

乾隆三十三年八月初五日

臣阿里衮、臣明德谨奏：为遵旨据实覆奏事。

乾隆三十三年七月二十六日，承准大学士公傅恒、大学士尹继善字寄："乾隆三十三年七月初十日，奉上谕：据良卿奏，贵州省派赴云南官兵，请预借银两，就近于滇省军需项下动支，仍于贵州应领俸饷内按季扣还归款等语，已于折内批示允行矣。永昌调集各省官兵听候拨用，所需食物等项取给既多，市价不免增长。伊等远离本营，若必俟该省将应领俸饷解往分给，难保无不及接济之虞，良卿所请自属调剂之道。但此等情形，阿里衮等即应早为筹办，何以据总兵官樊经文等具禀，尚不据情具奏，仅批令藩司查议耶？着传谕阿里衮等据实覆奏。钦此。"寄信到臣等。臣等跪读之下，仰见我皇上念恤兵艰之至意。

伏查总兵樊经文禀借此项银两，系欲于黔省藩库预行借支，随各营办解衣装到永之便，一同解永给发，以资帮补接济，俟将来应领俸饷内扣还。臣阿里衮查各兵所需衣装等项，业据樊经文移咨黔省办解，而在永食用，自有盐菜、口粮按月支给，则其禀借银两若早为借给，转恐易滋花费，是以批令黔省藩司速行查议具详，未经奏请在滇支借。嗣因奉旨，派赴腾越、龙陵等处兵弁等应先接济。臣等即于存永军需银内先行借给，制备起程在案。其余在永在普未借官兵，今已届仲秋，瘴气将退，应分派沿边防守之时，臣等谨遵谕旨，将前项借支银两亦于存永军需银内给发，一面移咨黔省扣解归款。

至川省官兵接济银两，现准四川督臣咨称，八月中可以解到，为期已近，应毋庸在滇预借。合并声明。所有从前未经奏请在滇借给缘由，理合据实奏覆，伏乞皇上睿鉴。谨奏。

朱批：知道了。

（《宫中档乾隆朝奏折》第三十一辑，第499～500页）

1607　阿里衮、明德《奏报拿获逃兵即行讯明正法，患病给票回营兵丁请旨免其正法折》
乾隆三十三年八月初五日

臣阿里衮、臣明德谨奏：为奏闻请旨事。

窃照出征兵丁沿途脱逃即干军纪，而临阵逃散，尤堪发指。臣等钦奉谕旨严行查拿，遵即飞行提镇协营府厅州县，并遴委臣等两标干练弁兵前往各处严加查拿务获，报解在案。嗣据陆续获解到永逃兵，臣等俱先后审明，即行正法，恭折奏闻在案。旋又据各处报获逃兵三十四名内，已病故者王冠先一名，业经该地方官验报；其余三十三名内，据报有乾隆三十一年出征新街等处因受瘴患病，经领兵官给与印票回营者十四名，随营脱逃者十九名。因程途远近不一，臣等屡次催提，尚未到齐。今臣等将先解到各犯逐一研讯，赵朝玉、涂成美、关有光、谢兴祖、关荣等五名，实系随营脱逃，情罪重大，臣等已委员将该犯等五名，于七月三十日捆绑押赴市曹处斩讫。

至于领有印票之周成勔等十四名，俱系乾隆三十一年十月出师，在新街、翁冷、铜壁关等处打仗，至三十二年七月内染瘴患病，经领兵升任副将哈国兴给票回营者周成勔一名，副将王振元给票回营者蒋忠一名，参将四十一给票回营者李显、蔡成龙等二名，署都司黄化禀明原任提督杨宁批饬给票回营者戴朝凤、王得富、李先春、万得荣、赵良、黄荣、王兴、李凤宣、袁裕、李秀等十名，其中有二三名止给一票，行至永昌内有病势沉重不能一同前进者，经前抚臣鄂宁檄饬保山县，每名换给印票一张。因周成勔等十四名均系曲寻镇兵丁，该镇随营千总赵廷修不知患病给票回营缘由，俱报为脱逃，经前任督抚臣汇入逃兵三百余名数内具奏在案。臣等恐有瞻徇率混情弊，将该兵等所执印票及上下衙门一切案卷逐细调验，均属相符，且此十四名之外尚有领票回营病兵一名蒋洪业，亦系千总赵廷修错报脱逃，业经前督臣明瑞饬营拿获，验票讯明，檄令释放在案。是周成勔等十四名，系患病给票回营无疑。可否仰邀圣恩，俯念实系患病给票回营，免其正法之处？臣等未敢擅便，出自皇上天恩。

其余未到逃兵十四名，均系随营脱逃之犯，臣等现在催提，俟解到讯明，即行正法，另行奏闻。臣等仍严饬各该文武及委拿弁兵上紧查拿，务期全获正法，以昭炯戒，以饬戎行。断不敢少事姑息，致长颓风。臣等谨恭折具奏，伏乞皇上睿鉴，训示遵行。谨奏。

朱批：知道了。

（《宫中档乾隆朝奏折》第三十一辑，第 500～502 页）

1608　阿里衮、明德《奏报普洱镇总兵左秀病故折》
乾隆三十三年八月初五日

臣阿里衮、臣明德谨奏：为奏明总兵病故事。

窃查云南普洱镇总兵左秀，前因患病，业经具奏在案。兹据昭通镇总兵佟国英报称，该总兵左秀医治罔效，于七月初九日在思茅病故等因。除将普洱镇总兵印务檄委佟国英就近兼署外，查思茅地方紧要，一切防范事宜只佟国英一人，尚需大员协同料理。臣等已委开化镇总兵永平前往公同办理。所有普洱镇总兵左秀病故缘由，理合奏闻，伏乞皇上睿鉴。谨奏。

朱批：有旨谕部。

（《宫中档乾隆朝奏折》第三十一辑，第 502 页）

1609 阿里衮、明德《奏报将军营染瘴兵丁发回本营调养折》
乾隆三十三年八月初十日

臣阿里衮、臣明德谨奏：为奏闻事。

据驻扎普洱之昭通镇总兵佟国英详报，"驻扎猛养官兵，因猛养瘴发撤回思茅。现在云贵弁兵内，云南有染瘴弁兵二百六十五员名，贵州有染瘴弁兵三百八十七员名，一时均难速愈，恳请发回本营调养，俟秋凉进剿时再调精壮兵丁，以收实效"等情。

臣等伏查普洱地方现有荆州、成都满兵四千名，自永昌拨去贵州兵二千名，旧存兵内，除此染瘴兵丁外，尚有贵州、云南兵一千八百余名，共满汉兵七千八百余名，足资防守。况本省兵丁本属无用，而贵州现有臣等奏明来滇顶补马粮兵四百三十六名。臣等前已咨会良卿，令其先挑精壮熟练之兵送滇，倘有需用，此项兵丁即可调遣。现在染瘴弁兵留于思茅，既不能当差，又多虚糜粮饷。所有染瘴弁兵，臣等即行该镇，发回本营调养矣。

所有办理缘由，谨恭折奏闻，伏乞皇上睿鉴。谨奏。

朱批：览。

（《宫中档乾隆朝奏折》第三十一辑，第 535 页）

1610 阿里衮、明德《奏请借给沿边土司籽粮、牛力，以惠穷黎，以裕军粮折》
乾隆三十三年八月初十日

臣阿里衮、臣明德谨奏：为奏请借籽粮、牛力，以惠穷夷，以裕军粮，仰祈圣鉴事。

窃照永昌、普洱两路军粮，派拨采买三十余万石，今岁来年俱已敷用。惟是臣等数月以来留心体察，沿边土司所属地广民稀，雨泽既多，泉源又密，故岁岁丰收，夷民食用之外，俱贱价卖与内地商贩，而内地米粮价亦平减。二三年来，经缅匪蹂躏，夷民逃散，田地荒芜。今岁，仰蒙圣恩调驻重兵，夷民均已复业，各事耕耘，但其中有力者固多，而缺乏籽粮、牛力者亦复不少。若于今冬查明缺乏籽粮、牛力之家，于明春借给银两，令其购办籽种、牛具，普行耕种，则沿边一带夷民感戴皇仁，均得家给人足，安居乐业。俟秋成后，按照时价交米还项，不敷军粮即在该土司地方采买，供支裹带。如此，不惟大省内地辊运之费，更可省官兵自永裹带数百里之难，且内地多剩米粮，亦于仓贮，民食有益。如蒙俞允，俟瘴退之后，臣等即遴委贤能之员，协同该府厅州县确勘妥办，另行奏闻。臣等愚见及此，是否有当？谨恭折具奏，伏乞皇上睿鉴，训示遵行。谨奏。

朱批：好。知道了。

（《宫中档乾隆朝奏折》第三十一辑，第536页）

1611　阿里衮、明德《奏报拿获收买境外货物之犯，
即行正法枭示折》

乾隆三十三年八月十六日

臣阿里衮、臣明德谨奏：为拿获收买边外货物之犯，即行正法枭示，以儆奸顽事。

窃照禁止贩货出边，上年即行出示晓谕。臣等奉旨严拿，又经出示严禁，通饬缉拿，并差臣等标下弁兵前往沿边一带查缉，俱经臣等奏明在案。

前据臣等差往之督标把总张受荣、抚标外委张捷元拿获驮运棉花之明进财、吴应侯二犯，并棉花六驮，马骡六头，验非内地所产，解送到永。臣等率同司道逐一严讯，据明进财供："小的是腾越州明存柱（**夹批**：此人何未治罪？即窝主也。）的家人，因万仞关内左国兴欠小的主儿八十六两银子，差小的去讨，他没银子，后来寄信说有几驮棉花，叫去驮来抵账。小的主儿叫小的带了工人吴应侯，牵了五个骡子、一匹马去驮。小的骑马先到左国兴家，正遇着边外几个野人背了棉花，换了他两只牛去。随后吴应侯赶骡到去，小的们驮了六驮棉花来，走得不远，就被官兵拿获了。小的们并非贩花之人，现有左国兴可以拿来质对。"等语。吴应侯与明进财供同。

臣等随飞饬严拿左国兴到永。该犯初犹狡赖，继与明进财对质，该犯始俯首无词，并诘据供称："小的住在万仞关内种地，从前原收买些边外野人货物是实。去年奉示禁止，小的就不敢收买了。今年五六月间，有向来到过小的家的野人背棉花来小的家，小的不敢买。（**夹批**：另有旨谕。）野人因无处去卖，减落价值，小的一时图便宜，将银钱牛物换买了三四次，小的也记不清数目了。"又诘据供称："他们不敢从关上进来，山上有崎岖小路，他们认得会走，是从山上偷过来的。"等语。

臣等伏查腾越州和顺乡一带民人，向在缅酋地方贸易者甚多。今奉旨严禁贩运货物、牲畜出口，该犯左国兴犹敢以牛物易换边外野人棉花，此风渐不可长。左国兴一犯，应照臣等奏准之例，即正典刑。但在永昌正法，无以示儆。臣等已委妥员将该犯解赴腾越，交与道员钱受谷、署副将七十一，在于冲要地方，传集众人看视，枭首悬示，并遍行出示晓谕，以昭炯戒，以儆人心。至于野人虽由山僻小路背运，并未经由关口，但地方文武汛官失察之咎，亦所难辞。臣等现在饬取职名送部，照例议处。

所有臣等拿获办理缘由，谨恭折奏闻，伏乞皇上睿鉴。谨奏。

朱批：好。知道了。

1612 阿里衮、明德《奏报预筹解送马骡事宜，以保膘力、以济军行折》
乾隆三十三年八月十六日

臣阿里衮、臣明德谨奏：为预筹解送马骡事宜，以保膘力、以济军行事。

窃照明岁进剿，所需马骡，经臣等奏明，分在各府属地方牧养，俟明岁七月俱送至永昌及永昌附近之大理等府属地方上紧攒喂膘壮，以利军行，所需料草，亦经臣等奏明购备各在案。其不敷马骡，又经臣等奏请，令河南、湖北、湖南、贵州、四川及云南本省办解。除本省马匹，臣等临时酌量缓息调解，务期膘壮适用外，查豫、楚等省马骡解至永昌，远者八九十站，近者亦不下三四十站，若临时起解，长途牵送，不得休息，不惟多致疲毙，且楚省天气炎热，而河南、湖北、湖南、贵州四省又系一路，若不分先后起解，必致沿途拥挤生疫，倒毙更多。臣等再四筹商，各省办解马骡，必须行走十余日即休息一二日，再行前进。其路长天热，地方马骡行至适中凉爽之区喂养一月再行解赴永昌一带分槽喂养，则大兵进剿之时，均各力壮膘肥，足资适用。

伏查云南之曲靖、云南二府属，贵州之南笼、安顺等府属，均系适中之地，气候亦俱凉爽。应请将湖北应解马五千一百余匹，于明年二月中旬天气未热之前，每起五百匹，分为十起，即行起解湖南。应解马五千七百余匹，每起五百匹，分为十一起，于三月中旬湖北马匹过完之后，亦即起解，俱解至贵州南笼一带，喂养一月有余，于五月内再行挨次起解前进，俟湖南马匹过完，贵州应解马匹，亦即分起接续起解，计夏末秋初，俱可陆续至永昌附近之大理府属地方，上槽攒喂。至于骡头，喜热耐长。其河南应解骡四千头，分为八起，应于三月中旬起解，乘湖广马匹在黔休养时，即过黔入滇。臣等于曲靖、云南二府属地方预备料草、棚槽喂养，俟楚黔马匹过完之后，即令径解永昌。

以上四省马骡，途间凡走十余日，即休养一二日，如此分别先后缓息解送，庶沿途不致拥挤，而马骡亦无疲乏之虞矣。其四川应解马匹，应由四川之宁远、云南之和曲一带僻路三十余站，径解大理，为途尚不甚长。蜀、滇天气亦不炎热，应令计算日期，临时起解，缓息行走，务于七月内解到大理，交收喂养。

臣等因军行马骡关系紧要起见，谨预期筹酌具奏，是否有当，伏乞皇上睿鉴，训示遵行。谨奏。

朱批：好，知道了。

1613 阿里衮、明德《奏报办理军需要务，郡守人地不宜，仰恳圣恩俯准调补，以裨军务折》

乾隆三十三年八月十六日

臣阿里衮、臣明德谨奏：为办理军需要务，郡守人地不宜，仰恳圣恩俯准调补，以裨军务事。

窃照云南楚雄一府，因地处腹里，向定为专冲简缺，由部铨选，平时政务不繁，尚属易治。今值办理军需之际，该府所属二州三县，路当永昌孔道者则有五站，一切送兵、解马、转运兵粮、军装等项，及该府属之采买、碾运米石，均须郡守督率办理，方免延误。现任知府秦朝钎，系江苏金匮县进士，年四十二岁，由礼部郎中选授今职，于乾隆三十二年六月到任。该员虽年力正壮，办理地方事务尚无贻误，但其情性软弱，不能振作，于此军行要务甚非所宜。若以之调补偏僻简地，尚能胜任。

臣等查有广西府知府张应田，系江苏娄县恩荫，年四十一岁，由户部郎中补授今职，于乾隆三十一年十月到任。该员年力精壮，办事强干，现在委办入境一带兵差，料理颇能妥协，以之调补楚雄府知府，实能胜任。其所遗广西府员缺，地方偏僻，所辖仅止二州，若以秦朝钎调补，亦能胜任。但广西府系繁、难中缺，以中调简、以简调中，与例均属不符。第目下办理军务，与平时情形不同。合无仰恳皇上天恩，俯准将张应田调补楚雄府知府，秦朝钎调补广西府知府，庶人地均属相宜，于军务不无裨益。除秦朝钎调简之员，遵例即令离任，委张应田先往署理，仍俟蒙恩允准之日，将秦朝钎照调简之例送部引见，恭候钦定外，臣等为军务紧要起见，谨缮折遇便由台具奏，伏乞皇上恩鉴。谨奏。

朱批：着照所请行，该部知道。

（《宫中档乾隆朝奏折》第三十一辑，第582~583页）

1614 阿里衮、明德《奏报丽江府知府张克睿年力衰老，题请勒休，其遗缺请以派赴滇省办差之湖南永顺府知府王洸调补折》

乾隆三十三年八月十六日

臣阿里衮、臣明德谨奏：为仰恳圣恩调补郡守，以重地方，以裨军务事。

窃照云南丽江一府外临蒙番，路通西藏，原定极边最要缺，在外拣选调补，必须老成持重、精明强干之员方克胜任。臣等闻得现任知府张克睿，年力衰老，不能胜任，随檄调来永验看。该员年已六十七岁，精力已衰，并据该员以老病呈请休致。除另疏题请勒休，所遗员缺，臣等于通省知府内逐加遴选，除边缺、繁缺知府外，并无合例勘调之员。臣等看得奉旨派赴滇省办差知府内，有湖南永顺府知府王洸，年五十岁，汉军正黄旗人，由世家子孙，于乾隆三年，蒙恩分发吏部学习，六年七月内补用户部笔帖式，十五年七月内保题，补授堂主事，二十五年四月内补授湖南郴州直隶州知州，二十九年七月内题升永顺府知府。该员自到永昌以来，委办一切俱能持重妥速。丽江府地方本属紧要，现又办运军粮，若得此持重老练之员，于地方、军务均有裨益。但隔省知府奏请调补，与例不符。可否仰邀天恩，俯念地方军务紧要，将王洸调补丽江府知府之处，伏候圣裁。除先委王洸前赴丽江，暂行摘署赶办军粮外，臣等为军务紧要起见，谨缮折由台具奏，伏乞皇上恩鉴。谨奏。

朱批：着照所请行，该部知道。

（《宫中档乾隆朝奏折》第三十一辑，第583~584页）

1615 阿里衮、明德《遵旨奏报拿获逃兵数目折》
乾隆三十三年八月十六日

臣阿里衮、臣明德谨奏：为遵旨覆奏事。

乾隆三十三年八月十五日，承准大学士公傅恒、尹继善字寄："乾隆三十三年七月二十七日，奉上谕：据良卿奏报，拿获自滇脱逃回籍之贵州余丁萧文斌及云南逃兵朱章二人，业经遵例，即行正法等语。滇省逃兵情罪可恶，屡经降旨阿里衮等实力查拿，何以迄今弋获者尚属寥寥？而该处军营脱逃之兵，转听其窜入邻省，始得就获，可见滇省前此并未实力查办，致该犯等得以远扬。着再传谕阿里衮等，务须上紧缉拿，毋再仍前疏纵，任其漏网，并将现在有无拿获之处随折奏闻。钦此。"遵旨寄信到臣等。臣等跪读之下，仰见我皇上整饬戎行、以重武备之至意。

伏查此项逃兵，多系乾隆三十一年及三十二年夏秋以前在途在营脱逃，久已回归故土，或潜藏远遁，查拿固属不易。但臣等奉旨严拿，敢不上紧办理，稍遗余力？两月以来，节次严饬地方文武，并差臣等标弁兵丁分路严拿，虽据报获者尚多，因永昌距各处窎远，未据解到，审明正法，是以尚未具奏。今奉谕旨垂询，臣等查原报逃兵三百三十七名，内明瑞任内获解正法者七名，鄂宁任内获解正法者二十九名，臣明德在省获解正法及臣等在永获解正法者二十二名，现在拿获并无印票、应行正法者二十五名，俟解到，陆续正法汇奏。又本月初五日，臣等具奏逃兵折内，有十四名，审非脱逃，因患病给票回营，现在候旨遵办。此外尚有监毙、自戕、病故者十一名。黔省报获，臣等奏明，移咨贵州抚臣，就近审明正法者朱章一名。前后共拿获一百九名，尚有未获者二百二十八名。（**夹批**：如许之多！何云竭力查拿？差矣！）此等兵丁，随营出师，胆敢逃遁。现在用兵之际，臣等身受重恩，敢不竭力查拿，以期整饬军纪？除现在仍饬严缉，报解正法奏闻外，至萧文斌，系臣阿里衮等查办木邦逃散兵丁案内奏明交与贵州抚臣正法之犯，不在此逃兵数内，合并陈明。

所有拿获逃兵数目，臣等谨恭折奏覆，伏乞皇上睿鉴。谨奏。

朱批： 览。

（《宫中档乾隆朝奏折》第三十一辑，第 584～585 页）

1616　云南巡抚明德《奏报将迤东一切案件檄提招解来永昌审题折》
乾隆三十年八月十六日

云南巡抚臣明德谨奏：为奏明事。

窃照上年，前抚臣鄂宁因在永昌办理军需，又代办总督事务，且彼时并无尘积案件，是以鄂宁咨明刑部，将官员参案关系服制等紧要事务，及迤西一带附近案件，仍解审具题外，其迤东等处案件，俟公旋，再行审题。经刑部奏明，准行在案。

臣于本年五月十一日在省接印，适有各属解到命盗等案三十四案。臣与署臬司事藩司宫兆麟均各审勘，已经陆续具题。嗣臣于五月二十四日，遵旨前来永昌办理军务，该司即遵照前奉部议，将迤东案件暂行停解。但臣在永昌与阿里衮办理军务，回省尚需时日，且所办之事亦不甚繁，非上年办理紧急者可比。查迤东命盗案件，除臣在省审明具题外，尚有三十七案，或到官数月，或一年有余，若俟臣回省之日再行提审具题，其中有谋故重情，未免耽延时日，有稽显戮，而亲老丁单、例得留养之犯亦不得早沾皇恩。臣仰体我皇上清理庶务之至意，已行按察司，将迤东一切案件檄提招解来永，臣即随时审题，以清案牍。除咨明刑部外，缘系奏明之案，所有臣提审缘由，谨恭折奏明，伏乞皇上睿鉴。谨奏。

朱批： 好。知道了。

（《宫中档乾隆朝奏折》第三十一辑，第 585～586 页）

1617　阿里衮、明德《奏报拟委员盘查各属仓库折》
乾隆三十三年八月二十二日

臣阿里衮、臣明德谨奏：为奏明盘查，以重钱粮事。

乾隆三十二年正月十七日，奉上谕："各督抚即就所辖属员内通行查察，将有无亏空据实保奏。嗣后，并着年终，将属员有无亏空之处汇奏一次。钦此。"臣等跪读圣谕，不惟慎重钱粮，正所以儆惕人心，保全臣下之至意。又上年五月内，户部议准前任督抚臣奏请将粮道所管常平社仓，照各省之例，归布政司办理。此事应由粮道将各属常社仓务移交布政司，因彼时正值军需紧急，俱经前任藩司钱度先后详请奏咨展限，俟军务告竣，再行办理各在案。此时办理军需，诸事从容，非上年可比。从来各省盘查，亦非藩司一人通省遍历。

臣等伏思，清查各属仓库，将及二年未办，若再观望迟延，为日益久，逾难稽核，况办理军需及地方事务，原可并行不悖。今臣等已交军需局，将各属办理军需以来领过银两、拨买过粮石及供应准销一切各项数目各开一册，俟九月间京兵过省之后，除在永办理军务道府外，其余道府并无经手军需，俱堪委办。臣等择其才力，不令盘查本属，俱各调查别属，将军需局所造之册发给，令其彻底核算盘查，如有亏缺，立即揭报参究，若实无亏空，其未在军前之该管道府于所属仓库皆系留心有素，应令委员会同该管道府出具切实印结详报，臣等即汇齐奏闻，另行遵旨具疏保题，并令布政司即将常社仓务接管，以符体制。倘委查之员及本管道府通同狥隐，一经臣等查出，一并严参追究。臣等仍不时留心体察，断不敢稍存姑息。至十月内武乡试完后，藩司在省无事，该司宫兆麟办事颇能认真。臣等饬令该司，如有见闻之处，即亲身前往盘查。

所有臣等愚昧之见、办理缘由，谨恭折奏闻，伏乞皇上睿鉴训示。谨奏。

朱批： 知道了。

（《宫中档乾隆朝奏折》第三十一辑，第 632~633 页）

1618　阿里衮、明德《奏请定分管厂务之规，以清宿弊折》
乾隆三十三年八月二十二日

臣阿里衮、臣明德谨奏：为请定分管厂务之规，以清宿弊，仰祈圣鉴事。

窃照云南地处边陲，土瘠民贫，一年之赋不敷一年之用，尚须各省协济。惟滇省山高脉厚，处处出产矿砂，乃天地自然之利，若经理得法，不惟于帑项、鼓铸有益，而数十万谋食穷民亦可借此资生。

查云南通省铜厂，向系粮道专管，遇有奏销等事，布政司虽列会衔，而无执掌稽核之责。其余道府，矿厂虽在所属之地，因系粮道专管，一概不得过问。粮道一人驻扎省会，通省铜厂三十余处，山路崎岖，近者数百里，远者千有余里，不惟亲身不能遍历，即耳目亦所难周。所委厂员，才情明干、办理妥善者固多，而希图侵肥、通同舞弊者亦复不少。其作奸之法，采获铜斤交官，每百斤领价银五六两不等，私卖则得银十一二两。矿厂大都在深山密箐之中，幽僻岖径，若辈熟识，院、道大员驻扎省城，凭何稽查？虽知其大概，不免透漏。究其是官是商，何厂有弊，何厂无弊，亦漫无证据，甚至无赖奸商侵蚀工本，以致乏费停采，穷民失业，帑项虚悬，即现在臣等参审追究之案是也。

臣明德面奉谕旨加意整顿，到滇以来，查知此等情弊，会同臣阿里衮调询厂员，应更换者更换，应奖励者奖励。以现在情形而论，今年较上年即可多得铜数百万斤，明年可以复旧。然粮道一人管理通省铜厂，究非经久之道。查本地道府大员，州县是其所辖，乡保是其所管，山厂就近，遇有见闻，可以克期而至，设有透漏，即可调拨兵役查拿追究。至于金银铅厂二十九处，又系布政司专管，而本地道府无稽查之责，亦属未协。臣等再四筹商，欲除弊裕课，必须更定章程。道府乃地方大员，一切仓库、民事皆其专责。应请将各处金银铜铅厂，如系州县以下官员管理者，责成本地知府专管，道员稽查；如系府厅管理者，责成本地道员专管，其各厂事务，统归布政司衙门总理报销。如此，则可期厂旺课裕，穷民得所，而于体制亦相符合矣。

至粮道，既不管铜厂，止办兵粮，事务太简。查驿盐道管理驿站、盐务，政事颇繁。应请将驿盐道所辖之云南、武定二府改归粮道管理，所有该道等应换印信，拟定字样，咨部换给。

臣等因云南厂务关系国计民生起见，谨筹酌具奏，是否有当，伏乞皇上睿鉴训示。谨奏。

朱批：如所议行。该部知道。

（《宫中档乾隆朝奏折》第三十一辑，第 633~635 页）

1619 阿里衮、明德《奏请办理军需照甘省之例，一切采买之项每百两扣余平银一两折》

乾隆三十三年八月二十二日

臣阿里衮、臣明德谨奏：为循例奏明事。

窃照办理军需动用钱粮，有例者照例办理报销，无例者奏明办理。惟零星杂用，若事事具奏，未免烦渎圣聪，如令地方官办理，不准开销，亦非情理。是以甘肃办理军需，凡采买等项，应用市平者，自雍正年间即奏明每百两扣银一两，存贮司库，凡有零星杂用，俱详明动支，仍汇册报部核销。合无仰恳圣恩，俯准照依甘肃之例，凡一切采办之项，俱令布政司扣除余平银一两，遇有零星动用，详明支发，仍汇册报部核销，庶办理一切俱得从容无误矣。臣等谨恭折具奏，伏乞皇上睿鉴，训示遵行。谨奏。

朱批： 该部知道。

（《宫中档乾隆朝奏折》第三十一辑，第635页）

1620　阿里衮、明德《遵旨将市邦等处溃逃兵丁之管兵各员开单具奏折》
乾隆三十三年九月初八日

臣阿里衮、臣明德谨奏：为遵旨查明具奏事。

乾隆三十三年七月二十六日，接奉谕旨："着阿里衮等将木邦等处溃逃兵丁严行查办。至平日管兵之总兵以下等官疲软，不能训练，虽事属已往，不治伊等之罪，亦应查明停升等因。钦此。"臣等当将查办逃兵缘由恭折具奏，并声明平日管兵官员，俟查明另行具奏在案。

兹臣等查得木邦等处溃逃之云南兵丁，系督标、永北镇、广罗协、广南营四处之兵，除军前领兵各员弁业经臣等分别请旨正法及革职效力外，至平日管兵之总兵以下等官疲软，不能训练，以致各兵不知纪律，临阵溃逃，实系罪无可逭。乃蒙皇上以事属已往，不复治罪，仅令查明停升，仰见恩施格外，寓矜宥于整饬之中。臣等会同详细确查，该四营平日管兵各员，除年远离任及在任无几者，均未开列外，至近年以来正署各员，凡在任半年以上者，均难辞不能训练之咎。内除阵亡、病故、休致、革职、正法及打仗迷失未归等官毋庸查开外，其现在应行查奏各员，臣等谨遵旨查明，开列清单，恭呈御览。

再查统辖总兵内，永北镇总兵朱仑业已正法，开化镇总兵书敏已经身故，其余在任俱为日无几，是以未经开列。合并陈明。臣等谨查明，恭折具奏，伏乞皇上睿鉴。谨奏。

朱批： 览。

（《宫中档乾隆朝奏折》第三十一辑，第743～744页）

1621　阿里衮、明德《奏报遵例拣补副将、都司折》
乾隆三十三年九月初八日

臣阿里衮、臣明德谨奏：为遵例拣补副将、都司事。

窃查云南腾越协副将德福奉旨补授鹤丽镇总兵，维西协副将永平补授开化镇总兵，所遗副将二缺，接准部咨，在部现无预保应檠之员，行令在外拣选题补等因。

臣等于现在应补应升人员内详加拣选，查有候补副将吴士胜，系奉旨发往云南以副将补用之员，现经臣等派往腾越，带兵驻防。应请即以吴士胜补授腾越协副将。其维西协副将一缺，查有云南顺云营参将苏国富，年五十八岁，贵州大定府威宁州人，由行伍出身，于乾隆三十年三月到任，历俸已逾三年。该员历练诚实，屡经出兵孟连、南库及防守滚弄江等处，均能奋勉出力。应请以苏国富升补维西协副将，于边疆营伍不无裨益。

再广罗协都司官保住病故遗缺，先经臣阿里衮奏请，以武定营守备闫亮升补，今闫亮又已病故。臣等于各营俸深守备人员内详加拣选，查有提标后营守备焦上遴，年四十三岁，云南昆明县人，由行伍出身，于乾隆二十五年十二月到任，历俸已逾八年。该员年力强壮，办事奋勉，历经出兵普洱、永昌，三次带有枪伤，实属勇往。应请以焦上遴升补广罗协都司。臣等谨会同提臣五福恭折具奏，伏祈皇上睿鉴，敕部施行。谨奏。

朱批：该部议奏。

（《宫中档乾隆朝奏折》第三十一辑，第744~745页）

1622　阿里衮、明德《奏报遵旨于各省派往云南道员内拣选一员补迤西道缺折》

乾隆三十三年九月初八日

臣阿里衮、臣明德谨奏：为遵旨拣选奏闻事。

乾隆三十三年九月初一日，准吏部咨："乾隆三十三年七月初五日，内阁奉上谕：云南粮储道员缺，督办铜厂关系紧要，着钱受谷调补。所遗迤西道员缺，着该督抚于各省派往云南之道员内拣选一员奏闻调补。钦此。"

臣等伏查各省派往云南道员内，有广西右江道博明，年四十八岁，满洲镶蓝旗人，由庶吉士历升司经局洗马，乾隆二十九年三月内奉旨补授广西庆远府知府，三十三年四月内奉旨补授广西右江道。该员初到永昌府时，臣等见其人颇明白，即委令在军需局办事，数月以来，交办事件俱能妥协，洵属历练才干之员，以之调补迤西道，实能胜任。臣等谨遵旨拣选，恭折奏闻，伏乞皇上睿鉴。谨奏。

朱批：该部知道。

（《宫中档乾隆朝奏折》第三十一辑，第745~746页）

1623 阿里衮、明德《奏报遵旨檄调猛遮土司之弟刀谨德等到营咨访折》

乾隆三十三年九月初八日

臣阿里衮、臣明德谨奏：为遵旨覆奏事。

乾隆三十三年七月初七日，承准大学士公傅恒、大学士尹继善、大学士刘统勋字寄："乾隆三十三年六月初九日，奉上谕：昨罕朝玑到京，询以缘边各土司情形，据称前在九龙江出兵，见猛遮土司之弟刀谨德并刀谨德妹夫刀召谦及猛海土把总之弟召曩，人尚奋勇等语。着阿里衮即将刀谨德等调至军营，留心询察，如其人果勇干，情愿随营效用，而一切夷情素能熟悉，即可暂留军营，以收差遣驱策之用。如其人材、力量不足供任使，心亦不甚踊跃，则又毋庸稍为勉强。至各土司，毗近缅境，于贼匪情事见闻较为真切，随时体察，自可得其端绪。即如罕朝玑，在此随问登答，于边外情事颇得梗概。其言虽未必尽确，然未始不可以备采择。永昌军营类此者当复不少，何以阿里衮到滇以来，总未见将询及何人、得何情节之处详悉入告，岂有所闻而不以为事耶？抑从未询及一人耶？着传谕阿里衮，嗣后遇有外来土司等众，务宜随时悉心咨访，每有所得，即据原词奏闻。并谕明德知之。钦此。"遵旨寄信到臣等。

查刀谨德等俱在普洱边外猛遮一带地方，臣等遵即檄行普洱府调取，去后，兹据该府将刀谨德、刀召谦、召曩等委官伴送前来。臣等逐一询问，刀谨德于乾隆二十九年随征郎兀打仗，三十一年带领土练四百名，随同哈国兴等攻打二台坡，三十三年随征至打乐地方打仗；刀召谦于乾隆三十一年随征攻打二台坡，召曩亦随征攻打二台坡，并守曩金里山，曾经打仗各等语。询问缅匪地方各情形，据称均未到过，不能得悉。惟孟艮地方相近，尚能得知召散回至孟艮，不敢在城内，躲在离城六十里之箐内，并称："小的们身受皇恩，本应随营效力，但小的们地方与孟艮、猛养连界，此时正当集练防守之时，恳祈放回办理。"等语。臣等查看该土司等三人，汉仗俱属平常，又不知缅地情形，且防守伊等土司地方亦关紧要，已遵旨令其各回地方集练防守。

至于贼匪一切情事，除臣阿里衮前此询据自贼境回永之兵丁等，节次录供具奏外，臣等仍屡次密饬沿边各土司留心探报。缘各土司夷目人等率多怯懦畏贼，不敢远出侦探。现有邦中山抚夷李进朝在永，臣等详加询问，据该抚夷禀称："闻得缅贼于老官屯、腊戍等处，俱有兵防守。"等语，大概与臣阿里衮从前所奏情节相同。至询以阿瓦目下情形，亦不能深悉。臣等仍当不时留意查访，如有外来土目人等，务必遵旨悉心咨访，一有所得，即随时奏闻外，所有臣等遵旨查办缘由，谨恭折奏覆，伏乞皇上睿鉴训示。谨奏。

朱批：知道了。

1624　阿里衮、明德《奏报解到逃兵李超龙等十四名，审明正法折》
乾隆三十三年九月初八日

臣阿里衮、臣明德谨奏：为奏闻事。

窃照臣等于八月十六日遵旨覆奏前后拿获逃兵一百九名折内，有拿获逃兵二十五名尚未解到，俟解到审明正法，另行具奏在案。今已解到李超龙、刘朝珍、王林远、何国英、王朝纲、谢连登、杨子龙、扬接芳、刘君国、蔡文学、王朝升、贾必学、赵旭、汪荣等十四名，臣等审明，俱系出师在途在营脱逃之犯，已委员于九月初三日将该犯等捆绑，押赴市曹正法讫。其余未到十一名，现在严饬催提。又据各属具报，续获十一名，亦已飞提，均俟解到日，审明办理具奏外，谨将解到逃兵正法缘由恭折奏闻，伏乞皇上睿鉴。谨奏。

朱批：览。

（《宫中档乾隆朝奏折》第三十一辑，第748页）

1625　阿里衮、明德《奏报遵旨遴员招抚九龙江一带贼人折》
乾隆三十三年九月初八日

臣阿里衮、臣明德谨奏：为奏闻事。

窃照钦奉谕旨："阿里衮不必前往普洱，永昌地方紧要，应驻永昌，与明德办理一切事务。其招抚九龙江一带贼人，着派委贤能官员前往招抚。钦此。"

今瘴气将退，应即委员前往办理。臣等查得迤南道龚士模、督标中军副将孙尔桂，均于边地情形熟悉，亦能办事，已委令该道等于八月二十九日前往普洱，赴九龙江一带办理，并嘱该道等务期遵奉谕旨，凡有投降之人，只可安抚，以分缅贼之势，不必加以赏赐。并知会荆州将军宗室永瑞、云南提督五福就近照料。俟该道等办理禀报到日，即行奏闻外，所有臣等遵旨遴员前往办理缘由，谨恭折奏闻，伏乞皇上睿鉴。谨奏。

朱批：览。

（《宫中档乾隆朝奏折》第三十一辑，第748~749页）

1626 阿里衮、明德《奏报因平彝、沾益、永平三州县改 为冲、繁、难要缺，遴员升署升补折》

乾隆三十三年九月初八日

臣阿里衮、臣明德谨奏：为要缺需员，仰恳圣恩俯准升署升补，以裨地方事。

窃照云南平彝一县系自京入滇首站，沾益一州为黔蜀两路总汇，永平县路长五站，均当军营大路，原各定为中简缺，恳请俱改冲、繁、难要缺，在外题补等因具奏。于八月十五日，奉到朱批："着照所请行。该部知道。钦此。"

除平彝县知县曾重登，虽才非出众，但上年办理兵差无误，本年办理送兵一切差务，亦能妥协，容臣等再行查看办理外，查沾益州知州贺长庚，已经题升蒙化府掌印同知，所遗员缺，臣等于现任知州内逐加遴选，并无合例勘调之员。惟查有署丽江府维西通判余庆长，年四十四岁，湖北安陆县举人，于乾隆十八年拣发云南，题补通海县，调繁太和县，二十五年大计，荐举卓异，奏请升署元江府他郎通判，送部引见，奉旨："余庆长准其卓异，升署元江府他郎通判。钦此。"二十九年患病，呈请回籍调理，三十二年病痊来滇，题署丽江府维西通判，因在军需局办事，尚未到任。该员才识优裕，办事勇往，以之升署沾益州知州，堪以胜任。且臣等到永昌以来，该员办理局务，不辞劳瘁，勇往向前，若予以升阶，各员自必咸知鼓励，于军务甚有益。但该员两次题署通判，均未实授，而维西虽未到任，又系边缺，与题升之例均有未符。合无仰恳皇上格外施恩，俯准余庆长升署沾益州知州，于地方军务均有裨益。

至永平县前任知县管叙，上年已经参革，部选知县陈崑尚未到任。查其呈到履历，系福建举人，年已六十三岁，自必不能胜任，亦应遴员请补。臣等于现任知县内遴选，并无人地相宜、堪调此缺之员。惟查有现署永平县事、永北府知事宣世涛，年三十八岁，安徽含山县人，由监生捐纳县丞，乾隆二十年拣发云南，借补永北府知事，于乾隆二十四年十二月二十四日到任，二十八年大计荐举卓异，送部引见，奉旨："宣世涛准其卓异，回任候升。钦此。"查该员才具明白，办事勤干，自本年四月署事以来，办理五站送兵，一切差务俱能妥协，且系大计卓异，照县丞原衔，应升知县之员。合无仰恳圣恩，将宣世涛俯准升补永平县知县，实能胜任。至部选之员到滇之日，俟有简缺，酌量题补。其维西通判，亦系应题边缺，容臣等另行遴员，专差赍奏。

再余庆长现有委办军需事务，俟办完之日，明春先令赴沾益之任，办理兵差过完之后，即给咨送部引见。宣世涛俟现在京兵过完，即给咨送部引见。所有该员等参罚案件，另开清单恭呈御览。臣等因军务紧要，遇便由台具奏，伏乞皇上睿鉴训示。谨奏。

朱批：该部议奏。

1627　阿里衮、明德《奏报景东府掌印同知缺出，请以缅宁通判富森升补，其遗缺以候补通判尹均霖补授折》

乾隆三十三年九月十一日

臣阿里衮、臣明德谨奏：为要缺需员，遴员恳请升补，以裨地方，仰祈圣鉴事。

窃照景东府掌印同知汪大铺，因滥放铜厂工本，业经参革追赔在案。所遗景东府掌印同知员缺，系繁、疲、难三项相兼要缺，在外拣选题补。臣等与两司详加遴选，现任同知内，并无合例堪调之员。惟查有顺宁府缅宁通判富森，系满洲正白旗人，年四十二岁，由举人于乾隆二十四年选授云南宜良县知县，乾隆二十八年，奏请升署缅宁通判，二十九年十一月十二日到任，三十年五月内题请实授，十月十五日，奉旨准其实授，连闰扣至本年九月十五日，三年边俸届满，现在具疏题报。

查缅宁为烟瘴最胜、水土恶劣之区，例应掣回内地候升。臣等查该员富森，才具明敏，办事干练，在滇年久，熟悉风土民情，且系俸满应升之员，以之升补景东府掌印同知，洵属人地相宜。如蒙恩允，臣等给咨该员富森赴部引见，恭候钦定。其所遗缅宁通判，系烟瘴要缺，例应在外拣选调补。查有候补通判尹均霖，系湖北嘉鱼县人，年三十四岁，由贡生加捐通判，于乾隆二十二年，选授四川叙州府通判，丁忧服满，赴部候补，拣发云南差遣委用。该员年力精壮，办事勤明，现在委管龙陵粮务，办理一切俱能妥协，以之补授缅宁通判，洵克胜任。该员系应补通判之员，衔缺相当，无庸送部引见。

再该员等任内均无参罚案件，合并声明。臣等谨恭折具奏，伏乞皇上睿鉴，敕部议覆施行。谨奏。

朱批：该部议奏。

（《宫中档乾隆朝奏折》第三十一辑，第 763 页）

1628　阿里衮、明德《奏报普洱镇总兵左秀病故员缺，遵旨拣选楚姚镇总兵哈国兴调补，其遗缺以督标中军副将孙尔桂护理折》

乾隆三十三年九月十三日

臣阿里衮、臣明德谨奏：为遵旨调补总兵事。

窃查普洱镇总兵左秀病故员缺，接奉谕旨，令臣阿里衮拣选一员调补。钦此。

查普洱一镇为沿边要缺，现在驻兵防守，一切营伍操练事宜最关紧要，非精明干练之员难以胜任。臣于通省总兵内详加拣选，大半均系新经升补之员，于普洱要地不甚相宜。惟查有楚姚镇总兵哈国兴，明练强干，久历行间，颇能约束弁兵，在滇省专阃大员中素称能事。应请旨以哈国兴调补普洱镇总兵，于边疆营务殊有裨益。其楚姚一镇地处腹里，尚属事简。查有督标中军副将孙尔桂，在滇日久，办事勤干，以之护理楚姚镇印务，堪以胜任。臣谨遵旨遴选具奏，是否有当，伏祈皇上睿鉴训示。谨奏。

朱批： 有旨谕部。

（《宫中档乾隆朝奏折》第三十一辑，第783页）

夹片： 查臣等前奏裁汰云南营制一案，奉谕旨："阿里衮等奏请裁改云南营制一折，经军机大臣会同该部议覆，尚有未当之处。此折现在亦不应发抄，已另交阿桂，于赴滇时会同妥协商办矣。滇省绿营兵丁懦劣不堪，实难望其振作，岂可复令虚糜军饷，遇有缺出，亦岂可复挑此辈子弟承充？此裁汰滇兵本意也。至满洲兵丁在滇者，皆需粮饷，若不通盘筹画，无以节经费而裕军储，且与其养滇营无用之卒，曷若裁彼名粮赡我八旗劲旅，自属抟注良法。但阿里衮等办理此事，须令滇兵知因伊等顽怯无能，特裁扣以示惩儆，庶使裁存之兵稍知愧惧。至以旷缺钱粮充京兵军饷，本系密行筹办之事，切不可稍涉形迹，致无知之徒妄议。此举为节省起见，则非所以肃军纪而惩恶习矣。至于滇省九镇，本属过多，自应量为裁改。但现在正议厚集兵力进剿逆匪，若遽行明裁镇缺，与目下情事不甚相合。而不议裁改，则不敷应汰兵数。此时惟当默为调剂，遇有应裁总兵缺出，或暂以副参委署，是不必明裁，而隐已改镇为协，则不动声色而措注裕如矣。至如折内所称久道化成、边氓乐业，并非现在实事。铺张过当之语，朕所不居，故议折不令交发。其一切事宜，俟阿桂赴滇时详悉面谕，会商妥办。所有现在普洱镇总兵员缺，已降旨令阿里衮拣选一员调补，如所调适系应裁之镇，即于副将内拣选一员奏闻暂署，亦不必声叙将来裁改之意。着将此传谕阿里衮等知之。钦此。"臣等今将哈国兴调补普洱镇总兵，所遗楚姚镇缺适系应裁之缺，是以奏请以副将孙尔桂署理。合并声明。谨奏。

朱批： 览。

（《宫中档乾隆朝奏折》第三十一辑，第784页）

1629 阿里衮、明德《奏报市邦苗温复遣人探信、递字缘由折》
乾隆三十三年九月十三日

臣阿里衮、臣明德谨奏：为奏闻事。

窃照本年六月中，有木邦苗温差人至猛古地方探听求和信息，并遣猛古交界之蛮遮寨头人金猛送字至遮放土司，其字中有恳内地八土司说合求和之语。臣等当即调取金猛到永，询明情节，并译出缅文，同原字具奏在案。

臣等看得金猛尚稍有知识，且其地逼近缅境，可借以探访缅匪信息，是以仍遣回家，谕令留心查探，凡有见闻，随时禀报。去后，嗣据驻扎龙陵之总兵德福禀称："金猛回去后，于八月二十日来至遮放，禀知代办遮放事务之土官放作藩等云，有缅匪十七人到猛古，探听从前兵丁八人赍书求和之信，金猛告以尔等徒来探信，总属无用，须是你们的王子或大头目来，方可带去见我们官府。缅匪听得此语，即先遣七人回腊戍去告知苗温，尚留十人在猛古守候等语。该土司等遣猓夷往猛古查探，复经金猛到猛古谕缅匪，如有话，可到遮放来说。缘缅匪不敢进内地，因写猓夷字一封，仍令金猛送到遮放，其缅匪十人，即转回腊戍。"等语。并将缅匪原字呈送前来。并据土司放作藩亦具禀到。

臣等令认识猓夷字之人译出原字，大概系致字，内地土司及巡查哨卡之弁兵等自明其不敢擅入内地，并申言求和之意。随据金猛到永查询情节，大概与德福所禀相同。又询以缅匪现在作何防备情形，亦不能深悉。除将原字及译出字稿并金猛供词另录进呈外，所有木邦苗温复遣人探信递字缘由，谨具折奏闻，伏乞皇上睿鉴。谨奏。

朱批：知道了。余有旨谕。

（《宫中档乾隆朝奏折》第三十一辑，第785页）

1630　阿里衮、明德《奏报川省解到九节炮位，遵旨试演情形折》
乾隆三十三年九月十三日

臣阿里衮、臣明德谨奏：为遵旨奏覆事。

窃查臣等前奉谕旨："据阿里衮奏到《九节铜炮图说》，按所开炮身、炮子，均较京城加重。着传谕阿尔泰，于川省现存铜炮十尊内，先将四尊运往永昌，交与阿里衮预行演试。其炮子一项，据阿尔泰奏，单开计重三斤以上，并未分晰铜铁。而京城所有炮子，纯铁者仅重一斤八两。其铜包铅子虽大小一样，而分两重至二斤八两。若川省三斤以上炮子，原系纯铁，铜包铅法制造，分两自可更重，况滇省铜铅素多，制用自必甚易。着阿里衮于收到炮位后，择地仿架木城，将两种炮子演放，试看铜包铅子是否得力，并此项炮位果否宜于攻木城之处，即行明晰奏闻，再将川省余炮应送应停办理。钦此。"钦遵在案。

兹准四川总督阿尔泰将九节铜炮四位并铁炮子四十个，委员解送永昌。臣等查验，解到九节炮四位，制度坚固，每节螺蛳转深稳紧扣，膛口亦宽。其带来炮子，每个计重三斤以上。臣等即于永昌城外选择宽敞山场，砍取坚大湿木，立栅试演，安炮约离木栅二里许。臣等亲往演试，铁子与铜包铅子分两俱轻，打栅不准。惟纯铅之子，重四斤七八两，其打中木栅者应声断折，（**夹批**：如此，则单用纯铅为好，仍多备可也。滇省得铅易否？速奏来。）或穿透过栅里许，炮子落地力量甚大。每位连放数炮，炮身俱极安稳，自能破栅克敌，洵属利器。查此项九节铜炮，每节拆卸、接筒均极安稳，堪为定式。臣等现已提取在省四川铸炮匠人来永，依样铸造。除俟本省仿照川炮铸成另行试演，再将川省余存炮位应送应停之处具奏外，所有川省解到九节炮位，遵旨试演缘由，理合奏闻，伏祈睿鉴。谨奏。

朱批：好。知道了。

（《宫中档乾隆朝奏折》第三十一辑，第 786～787 页）

1631　阿里衮、明德《奏报遵旨办理黔兵送滇补伍折》
乾隆三十三年九月十三日

臣阿里衮、臣明德谨奏：为遵旨查明具奏事。

窃照贵州抚臣良卿具奏挑选精壮黔兵五千名送滇补伍，钦奉谕旨，令臣等查办。臣等当查云南额设马兵三千八百一十六名，除应补厄鲁特兵三百五十三名外，实存马粮三千四百五十三名，此内尚有军前打仗带伤着有劳绩，及现在防所兵丁应酌量存留外，查现在停补马、步、守兵缺共六千一百余名，内有马粮四百三十六缺，臣等已咨良卿，先行拨送补伍。其余马兵，在永者臣等亲加查验，在各营者，分委大员前往查验，除军前出力打仗及防所必需之人仍留马粮外，其果有弓马优娴、年力精壮者，较之步守兵丁自属得力，应请降补步粮空缺，其余无用马兵，概行革退，务期多得马粮。臣等即遵旨移咨黔省，挑送来滇，顶补入伍。其余黔兵，亦令陆续来滇，先补步粮，俟有马粮缺出，即行顶补等因，于乾隆三十三年六月十九日奏。七月二十日，奉到朱批："如所议行。"钦遵在案。兹准据分委查验之提督五福、立柱，总兵常保住、佟国英陆续查验沙汰，开报前来。与臣等查验之数统行核计，共革退者八百五十八名，降补步粮者七百一十九名，通共沙汰马粮一千五百七十七名。臣等已飞咨贵州抚臣良卿，作速挑选，送滇补伍。

至于云南兵丁，均系就近召募，所居者皆系本身房屋。黔兵与厄鲁特兵来滇，均需房屋居住。应请交与该地方官查明，除分拨汛地，本有官房者无庸造给外，其余各兵，有眷属者造给房二间，单身者造给房一间，以资栖止。其修房之费，即请于空缺兵粮银两内动用报销。

臣等谨恭折具奏，是否有当，伏乞皇上睿鉴训示。谨奏。

朱批：览。

（《宫中档乾隆朝奏折》第三十一辑，第 787～788 页）

1632　云南巡抚明德《奏报贵州提督立柱在滇病故折》

乾隆三十三年九月十八日

云南巡抚臣明德谨奏：为报明提臣病故事。

窃照贵州提督立柱，经阿里衮会同臣委赴迤西一带提镇营沙汰马粮，于九月初三日回至永昌，并无疾病。忽于初十日感冒风寒，加之旧有肝气疼痛病发。臣等亲往看视，延医加谨调治，无如服药不效，日重一日，兹于九月十七日戌时病故。除已备衣衾、棺木盛殓，委员护送回京，并咨明部旗外，所有贵州提臣立柱病故缘由，臣谨恭折奏闻。

再阿里衮已于九月十五日起程前赴龙陵，未及会衔。臣因夫马不敷，须隔一二日行走，亦于十八日晚起程前往。合并陈明，伏乞皇上睿鉴。谨奏。

朱批：已有旨了。

（《宫中档乾隆朝奏折》第三十一辑，第809页）

1633　阿里衮、明德《奏报办理军粮缘由折》

乾隆三十三年九月二十九日

臣阿里衮、臣明德谨奏：为奏闻事。

奏至龙陵、芒市、陇川、盏达、腾越等处共驻满汉兵九千名，连官员、跟役共一万二千余人，需粮较多。现在龙陵、腾越等处存粮一万余石，目下供支无误。其不敷粮石，若由内地拨出，不惟每石需运脚银七八两至十余两不等，且正值农忙之时，与民亦有未便。

臣等体察情形，今年土司地方收成丰稔。臣等于八月初间，即委员前赴各土司地方逐一确查堪，买米三万余石，每石价银二两四钱，较之内地运往者节省数倍。此项粮石与现存粮石，可敷九千兵一年口粮。至于普洱一带及缅宁地方，兵数无多，均有存贮，拨运采买米石，已饬令该管道府催办供应，不致迟误。除明秋进剿所需兵粮俟十一月后臣等仍令各属及保山县上紧挽运务期宽备外，所有臣等办理军粮缘由，谨恭折奏闻，伏乞皇上睿鉴训示。谨奏。

朱批：好。知道了。

（《宫中档乾隆朝奏折》第三十二辑，第40页）

1634　阿里衮、明德《奏报查出自阿瓦脱出被掳夷民张文连，讯及有关缅匪情形折》

乾隆三十三年九月二十九日

臣阿里衮、臣明德谨奏：为奏闻事。

窃臣等赴边安设防兵，行至腾越地方，据迤西道钱受谷署腾越协副将吴士胜禀解，吴士胜在铜壁关内户撒地方，查出自阿瓦脱出被掳夷民张文连，带有被掳守备程辙等禀将军禀一封，并被掳夷民赖君选致伊兄赖君爱夷字书一张，连人解送到臣等。臣等即拆阅程辙之禀，其禀内情节，大概以贼情巧诈，即准投诚，仍于各关隘口加兵严防。如必进剿，大兵须四路进攻，一由普洱辣子山，夺普干、漾贡，会合暹罗之兵；一由戞鸠、猛拱会合结些之兵；一由木邦，一由老官屯而进等语。其赖君选致伊兄夷字书内，译出汉字，系因被掳，不能回家，托其照看家眷。

臣等即提张文连等逐一研讯，缘张文连系铜壁关内户撒夷民，于本年二月十三日，被缅贼入关掳去，至阿瓦城，交与旧日掳去之户撒夷民赖君选看管打柴。文连因与君选系中表弟兄，告以欲逃回家，君选允许后，给伊马褂一件，说明内缝家信并掳去守备程辙之禀。张文连自七月二十一日起程，由大山、猛密、新街、老官屯一带幽僻山箐行走，至九月初八日回家，因途间患病，尚未将程辙之禀呈送，即被查出拿解。讯其程辙禀内与缅匪征战地方及胜负情形，惟知结些在西，白古在南，其相距远近及胜负情形，俱不能知。问以杨重英、程辙等现在如何。伊在阿瓦城外，从未进城，止知杨重英等在城内居住，余无所闻。又问猛密、新街、老官屯一带有无贼兵屯驻，据供："小的去时，见老官屯有贼兵二三百把守。回时，恐贼人杀害，从幽僻山箐行走，亦不知猛密、新街、老官屯有无贼兵屯驻。"又问以缅匪力量如何，兵有若干，大头目几人，是否上下相和，今岁虑大兵再行进剿，作何防备。猛密、新街、老官屯一带有无贼兵屯驻，大山王子现在何处。据供："小的去时，见老官屯尚有贼兵二三百把守，到阿瓦后，只在城外居住，缅子的力量如何、兵丁多少及头目人等，俱不知道。逃回时，又恐贼人杀害，从幽僻山箐行走，不知猛密、新街等处有无贼兵。至大山王子曾否被掳，亦未问得。其缅子作何防备，更不得知。惟在阿瓦时，曾闻得赖君选告称，缅子现在等候从前差来八个兵的回信，若准了他，他便进来投诚。"等语。又问以逃出时曾否有人同逃。据供："有宋旷地方一人，名唤阿昌，自阿瓦同逃出来，至猛卯尾，小的患病，不能行走，阿昌即先回家。"等语。讯之赖君爱，供称"伊弟赖君选系乾隆三十一年，经赵宏榜差赴猛密招抚土司，被缅贼掳去，并无信息。今寄来家信，不过令其照看家眷，并无别事。"各等语。

臣等查阅缅图，并至腾越查传曾经赴缅地贸易之人询问，止知白古、结些二处。白古系缅匪所属，结些在木梳城西得龙江外甚远，不知是何种类。至于由普洱、普干、漾贡会合暹罗，不惟查询均不知其路，且隔洋面一二千里，亦属难通。除遵照廷议，应由何路进兵，俟临时酌量情形，请旨遵行外，所有程辙原禀、赖君选夷字，并译汉家信及录取张文连等供词，一并恭呈御览。其脱回夷民张文连，臣等现派委署章京平保、千总吴殿侯驰驿送京，听候讯问。至同张文连逃回之阿昌，臣等现亦传唤，因患病，尚未到案，俟到日讯问，再行具奏。再从前天生桥引路之把总马必兴，并同许尔功自阿瓦赉文出来之贵州兵袁坤，前因患病，未及送京，今俱已病愈，谨一并送京。臣等谨恭折具奏，伏乞皇上睿鉴。谨奏。

朱批： 已有旨了。

（《宫中档乾隆朝奏折》第三十二辑，第 40～42 页）

1635　阿里衮、明德《遵旨查奏边外野人情形及内地之人与之贸易折》
乾隆三十三年九月二十九日

臣阿里衮、臣明德谨奏：为遵旨奏覆事。

乾隆三十三年九月二十五日，承准大学士公傅恒字寄："乾隆三十三年九月初五日，奉上谕：阿里衮等奏拿获收买边外野人货物之左国兴，解赴腾越正法枭示一折，所办甚是，已于折内批示矣。边外野人既向与左国兴熟识，今复至伊家易换货物，自必谈及该处情形，或假托贸易之名，向左国兴探听内地信息，亦未可定。阿里衮等既将该犯拿至永昌亲审，自应讯明此等情节，再行正法。不知阿里衮等当时曾否究问及此，有无确切供词。至此项野人，虽在腾越边外，或系内地土司所属，或竟系缅匪界内之人，或系中间猓夷，两无统辖，并着阿里衮等查明，附折详悉奏闻。再据称腾越州和顺乡一带民人，向在缅酋地方贸易者甚多，今左国兴既有与野人私换之事，其余恐尚有类此者，亦当详加查察，毋使稍有疏纵。至于内地民人，固当严其偷越边境，以防漏泄风声，并当禁其私带贼匪需用之物出外贸易。若边外野人潜至内地，或可借以探问彼中消息。但民间私售，既违禁例，且恐彼此交通，妄为传布，或可听野人携货入边，官为收买，除牛马、铜铁、硝磺等项，恐资贼用者不准换给外，其余绸布各件无关紧要之物，按值与之交易，或可联络其情，借以访其虚实，似亦筹画边防之一法。但此事甚有关系，不可不慎重办理。着传谕阿里衮等，确按该处现在情形，详细商酌，是否行之有益，不致别有流弊之处，妥协密筹，据实定议覆奏。钦此。"遵旨寄信到臣等。

伏查腾越边外之野人，臣等抵永之时即屡次咨询，并非内地土司所管，亦非缅匪之人。其地方山多田少，种植糯稻为食，间有布种棉花之处。此外，除黄蜡之外，他无所产。从前内地商贾赴外贸易，有经由其地者，必须给予布匹、针线等物，始护送出境，否则即致杀害抢掳，实属一种难驯之野人。前拿获易换野人棉花之左国兴，提解赴永，臣等屡经研讯，实系关外野人自种棉花背来售卖，并无别项情弊。臣等恐卖花之人，或系缅匪之人假冒野人前来探信，亦曾再四诘讯，据称："卖花之人实系野人，向来进关卖花、卖蜡，均各认识，实非缅匪之人。"等语。所供委属确情。臣等以棉花虽非买自缅匪，而现奉谕旨严禁私贩，该犯辄敢显违，法难宽贷，是以将该犯即行正法，枭首示众。今蒙圣谕，边外野人潜至内地，或可借以探问彼中消息，令臣等确按情形，详细商酌，是否行之有益，妥协密筹，据实覆奏等因。臣等至腾越之日，传唤该地方文武各官，详加密询，所言野人情形，与臣等从前咨访大概相同。臣等查得此项野人，犬羊之性，罔知利害，且与缅匪不通，即准其入关贸易，亦不能得彼中消息；且野人之地与老官屯等处毗连，尤恐缅匪令伊猓夷假冒野人进关探听消息，转难防范。

至于腾越州和顺乡民人，向因不禁出边，实多赴缅贸易，致有身家饶裕者。此二三年来，因在缅贸易之人被其截留，不能回家，而本地文武稽查亦严，实无敢出缅地贸易者。昨将左国兴正法枭示，向曾贸易之人无不畏法儆惧。今蒙圣明批示"抵欠驮花之明进财，此人何未治罪？"臣等原审时，据该犯坚供，实系左国兴以花抵欠，并非窝主。今复提该犯严讯，仍与前供无异。但左国兴与野人易花，系该犯目睹，臣等差去弁兵查拿时，该犯亦未供明，究属不合，从前未经治罪，实属遗漏。臣等已将该犯枷号腾越州和顺乡地方，俟枷号一百日满，日重责四十板发落，俾其共知儆戒。除臣等仍督令地方文武各官严加查察，不敢稍有疏纵外，所有臣等遵旨查办缘由，谨恭折奏覆，伏乞皇上睿鉴训示。谨奏。

朱批：知道了。

(《宫中档乾隆朝奏折》第三十二辑，第42～44页)

1636　阿里衮、明德《奏报滇省秋收丰稔情形折》
乾隆三十三年九月二十九日

臣阿里衮、臣明德谨奏：为恭报秋收丰稔情形，仰祈圣鉴事。

窃照云南地方今岁夏秋雨泽沾足，高下田禾均极畅茂，节经臣等恭折奏报。惟邓川、剑川二州河堤冲决，近河洼地间被水淹，亦经臣等附折奏闻，并委员查勘办理在案。嗣据鹤庆、浪穹二府县禀报，附近湖河田禾亦有被水漫淹之处，又经臣等一并委员查勘办理。兹据该委员等禀报情形，四府州各被淹田亩，仅数十顷至百余顷不等，均系一隅偏灾，但被水稍重，秋禾失收。臣明德已经具疏题报，又委大理、鹤庆二府前往督办，务期被水穷民均沾实惠，不致一夫失所，以仰副我皇上保民若赤之至意。

至通省收成情形，提臣五福等查汰马兵回永，咸称十分丰稔，与各属具报情形相同。

臣等自永赴边，一路留心查看，高下田禾俱极茂盛，颗粒饱绽，实属丰稔，现在渐次收割。所有滇省秋成丰稔情形，臣等谨恭折奏闻，伏乞皇上睿鉴。谨奏。

朱批： 欣慰览之。

（《宫中档乾隆朝奏折》第三十二辑，第 44～45 页）

1637　阿里衮、明德《奏报遵旨严饬沿边土司不准与缅匪往来结亲等折》
乾隆三十三年九月二十九日

臣阿里衮、臣明德谨奏：为钦奉上谕事。

乾隆三十三年九月初五日，承准大学士公傅恒字寄："乾隆三十三年八月十九日，奉上谕：阿里衮等奏缅匪头目苗温遣獵夷至遮放土司探信，彼此递送夷字一折，所办尚合机宜。但阅译出缅文，有听得天朝差四位大人来永，是否准其投诚之语，未必不因舒赫德前次欲差人招致，遂有此讹传。可见缅匪不时探听内地动静，而沿边一带亦不无透漏传播之事。防守隘口最关紧要，屡经降旨阿里衮等，将各处要隘严密稽查，毋令奸民夷众潜行偷越。该督等亦节次奏称，严禁贩货出口，并定官弁失察处分，立法似为周密，何以内地之事，缅匪尚得听闻？恐所为慎密边防，仍属具文塞责。此后务须随时申警，实力稽查，毋任稍有疏懈。再缅文内有九土司与八土司如同一家，彼此结亲之语，尤不可不严切申禁。八土司久归王化，本不应与匪属相通，或仅听其与木邦等处夷人音问往来，令其随时禀报，借以得缅匪信息，未为不可。若任其私连姻娅，恐内外土司不免有勾通交结之事，于边备夷情甚有关系。着传谕阿里衮等，明切晓谕各该土司，务令各奉法守分，承受天朝德化，不许私缔姻好，致干谴责。如缅匪有人前来探信，即据实飞禀，不得擅行答覆，自取罪愆。至李进朝探得木邦遣人至遮放土司，即首先申报，尚属可嘉，着量加奖赏，以示鼓励。其夷人多万福不即具报，予以责惩，所办尚是。但夷人情性不常，惟当恩威并用，庶可以得其心，且知畏法。若一味过于严厉，恐夷众闻风畏惧，转为缅匪所用。着将此详悉传谕知之。钦此。"遵旨寄信到臣等。

除李进朝，臣等遵旨奖赏缎四匹、银二十两以示鼓励外，至遮放护印土司多万福，遇缅匪差人投书探信，并不禀报，即行回书，若不予以惩创，恐各土司效尤不报，殊有关系。如办理过重，诚如圣谕，恐夷众闻风畏惧，转为缅匪所用。是以臣等止将多万福重责四十板，发县监禁，其土司印务，委线氏胞兄前往署理。嗣后，凡遇一切边情事务，臣等务期仰遵训旨，恩威并用，酌中办理，断不敢轻重失宜。

再沿边一带，臣等已拿获以牛易花之民人左国兴，发往腾越正法，枭首示众，此后自必咸知畏惧。其内地八土司夷民，与缅匪九土司夷人结姻，从前实有其事，盖因向来贸易不禁，而关内夷民亦不无与之来往。此二三年，缅酋夷人远遁，内地土司夷民亦不敢出关，均无往来结亲之事。除再遵旨严饬该土司晓谕各属下夷人，嗣后不许与缅酋夷人结亲，如缅匪有人前来探信，即据实飞禀，不得擅行答覆，臣等仍饬严查边防外，所有奉到谕旨遵办缘由，臣等谨恭折奏覆，伏乞皇上睿鉴。谨奏。

朱批：知道了。

（《宫中档乾隆朝奏折》第三十二辑，第45～47页）

1638　阿里衮、明德《奏报专委总兵哈国兴查办市邦逃兵事宜及委副将统辖驻守陇川之贵州官兵折》
乾隆三十三年九月二十九日

臣阿里衮、臣明德谨奏：为奏闻事。

窃臣等前奏查办木邦等处逃溃滇兵，仍交原经手之提督立柱、总兵哈国兴再行前往各营查办等因在案。今哈国兴已于九月十五日到永，立柱旋于十七日在永病故，所有查办逃兵事宜，臣等专委哈国兴前往，谕令严行查办，勿得稍存姑息。统俟哈国兴查办到日，再行具奏。

至立柱，原系奏明派往陇川统辖贵州官兵，今已病故，所有驻守陇川之贵州官兵，必需另委妥员统辖。查副将吴士胜，人尚老成，熟于营务，是以臣等即委该副将前往统辖，以资管束防范。理合恭折具奏，伏乞皇上睿鉴。谨奏。

朱批：知道了。

（《宫中档乾隆朝奏折》第三十二辑，第47页）

1639　阿里衮、明德《奏报代总兵哈国兴奏谢折》
乾隆三十三年九月二十九日

臣阿里衮、臣明德谨奏：为据情代奏，恭谢天恩事。

据总兵哈国兴禀称："国兴于本年七月初三日到京，即蒙皇上召见，赏在乾清门行走。初八日，奉旨回滇，又蒙恩赏假半月，便道省亲，并赏给国兴之母缎匹及国兴貂皮、银两，随即扣头祗领。于七月十五日出京，十八日到家，八月初二日自家起程，九月十五日到永昌军营。所有感激下忱，因现在军营，不获专差奏谢，恳代为陈奏。"等因。臣等据情代奏，伏乞皇上睿鉴。谨奏。

朱批： 览。

（《宫中档乾隆朝奏折》第三十二辑，第48页）

1640　阿里衮、明德《奏报办理各项军需齐备无误缘由折》
乾隆三十三年九月二十九日

臣阿里衮、臣明德谨奏：为奏闻事。

窃照进剿缅匪需用一切，均关系紧要。数月以来，臣等逐一筹办具奏，俱蒙圣恩允准。如马骡一项，现有一万二千余匹头，明年各省办解及本省购办，共四万三千余匹头，足敷官兵骑驮之用。其先期喂养所需料草，臣等俱已饬备省城附近分喂，各州县及沿途各站所需料草，尚属无多。惟明秋在永昌附近一带攒喂，所需料草甚多，臣等已奏明，于今秋购买料十五万石，干稻草五千万斤，以备来秋应用，不致缺乏。

永昌、普洱两路所需军粮，拨运、采买共三十余万石，源源挽运，足敷两年之用。动缺之数，亦奏明按照时价酌量买补。粮运、兵行道路，现在修葺将竣，以后运送更易。永昌土司地方，今年收成丰稔，臣等现又奏明，就近采买米三万余石，以省远运之繁。土民荒芜田亩，已奏蒙恩允，借给牛力、籽种，现在委员查办，不惟土民普沾借济之恩，明秋更可收就近征支之益。至于军装、火药、铅弹、锣锅、帐房等项，各营俱已制完运送，足敷应用。其拨缺之数，亦令领项补制备用。

所有办理各项军需齐备无误缘由，臣等谨恭折奏闻，仰慰圣怀，伏乞皇上睿鉴训示。谨奏。

朱批： 好。知道了。

（《宫中档乾隆朝奏折》第三十二辑，第48～49页）

1641　阿里衮、明德《奏报代总兵樊经文奏谢推及恩荣折》
乾隆三十三年九月二十九日

臣阿里衮、臣明德谨奏：为据情代奏，恭谢天恩事。

据总兵樊经文呈称："职父樊廷，于陕西固原提督任内征剿准噶尔，救援科什图、俄隆机，蒙世宗宪皇帝天恩，赏给世袭一等阿达哈哈番，准袭六次，嗣奉改为一等轻车都尉，职现在承袭。兹钦奉上谕：'绿旗世职，世袭已满之后，加恩赏给恩骑尉，世袭罔替。钦此。'除遵奉造册呈请咨部外，伏念职父樊廷身为武职，效力疆场，乃分所当然。业蒙世宗宪皇帝殊恩，赏给世袭，已出望外。今复蒙我皇上俯念先臣之微劳，推及恩荣于后，世职及身，既被隆施奕叶，更叨异数，虽子子孙孙捐糜顶踵，难酬高厚洪恩于万一。所有感激下忱，伏乞代奏，恭谢天恩。"等因。理合据情转奏，伏祈皇上睿鉴。谨奏。

朱批：览。

（《宫中档乾隆朝奏折》第三十二辑，第49~50页）

1642 云南巡抚明德《奏报解到逃兵谢荣等十二名，审明正法折》

乾隆三十三年十月二十七日

云南巡抚臣明德谨奏：为拿获逃兵，即行正法，恭折奏闻事。

窃照前抚臣鄂宁及臣等先后拿获逃兵一百二十三名，办理缘由于九月初九日恭折奏闻在案。今臣自边回永，又据拿解到逃兵十二名，经军需局道员博明、观音保先已审明，均系出师在营在途脱逃。臣覆率同该道等逐一严讯，与该道等所审无异。除委员将该逃兵谢荣、刘元洪、赵克卿、马玉贵、彭鸣嵩、胡天泽、曾汉杰、杨成、李昌显、印文先、杨起昆、何文科等十二名，于十月二十六日，捆绑押赴市曹正法示众，并再严饬地方文武上紧查拿，务期全获报解，以饬军纪外，所有拿获逃兵正法缘由，臣谨恭折奏闻，伏乞皇上睿鉴。谨奏。

朱批：汝省逃兵多而获者少，足见汝不实力。此奏何益？

（《宫中档乾隆朝奏折》第三十二辑，第306~307页）

1643 云南巡抚明德《奏报由腾越回至永昌日期折》

乾隆三十三年十月二十七日

云南巡抚臣明德谨奏：为奏闻事。

窃臣随同副将军、署督臣阿里衮前赴边隘查看驻兵地方，于九月十八日起程。兹于十月十八日，阿里衮自陇川捷径前赴遮放、芒市，臣即由腾越回永，已于二十四日抵永昌驻扎。所有臣回永日期，谨恭折奏闻，伏乞皇上睿鉴。谨奏。

朱批： 览。

（《宫中档乾隆朝奏折》第三十二辑，第 307 页）

1644　云南巡抚明德《奏报添办草料攒喂马匹折》

乾隆三十三年十月二十七日

云南巡抚臣明德谨奏：为添办料草攒喂马匹以利军行，仰祈圣鉴事。

窃照明岁进剿，需用马骡五万余匹头。进剿之前，在永昌及永昌附近之大理等府属地方上紧攒喂三个月，所需豆荞十五万石，草五千万斤。经臣等奏请，分饬各属，照依时价，上紧购备干稻草、洁净豆荞存贮，以备应用等因。钦奉朱批："甚好，知道了。钦此。"饬行各属赴司领银购办在案。

今臣于回永途次，接准两广督臣李侍尧咨，原办马八千匹，今又添办马二千匹，共马一万匹，于本年十月中旬起解，以避百色等处瘴气。又准四川督臣阿尔泰咨，川省来年应解马骡七千八百五十八匹头，现有节次奉旨筹办马骡一万匹头，并余马五百八十匹，分作东南两路解滇各等因。是臣等奏明预备料草之外，今川、粤二省又添出四千七百余匹头，其所需料草急应添办，以备临时攒喂。惟是大理等府地方，采办料草已多，再难添办。查姚安、楚雄、武定三府属，距大理地方二三百里不等，尚堪喂养马匹，而料草亦易购办。除饬该府等乘此秋成，作速购办洁净豆荞一万五千石，干稻草五百万斤，加谨备贮，以供明秋攒喂外，所有添办料草缘由，臣谨恭折奏闻，伏乞皇上睿鉴。谨奏。

朱批： 知道了。

（《宫中档乾隆朝奏折》第三十二辑，第 307～308 页）

1645　云南巡抚明德《奏报拿获新疆改遣脱逃人犯，审明即行正法折》

乾隆三十三年十月二十九日

云南巡抚臣明德谨奏：为拿获新疆改遣人犯，审明即行正法，仰祈圣鉴事。

窃照新疆改发内地人犯，如有脱逃，拿获即应正法。兹查寻甸州遣犯杜乾元，系江苏武进县人，因行窃何履明等家八案，审依积匪猾贼，拟发乌鲁木齐等处，改发云南极边烟瘴地方充军，酌发寻甸州安插，于乾隆三十三年正月二十日到配，旋即脱逃，经会泽县拿获，关查明确，由府司勘解前来。

臣亲提严讯，所供无异。查杜乾元，系由新疆改发内地人犯，辄敢在配脱逃，殊属不法。除照例委员于十月二十九日将该犯杜乾元捆绑押赴市曹正法外，所有拿获逃遣正法过缘由，臣谨恭折奏闻，伏乞皇上睿鉴。谨奏。

朱批：览。

（《宫中档乾隆朝奏折》第三十二辑，第 322 页）

1646　云南巡抚明德《奏报甄别过乾隆三十三年滇省俸满佐杂人员情形折》
乾隆三十三年十月二十九日

云南巡抚臣明德谨奏：为甄别过佐杂，遵旨汇奏事。

窃照钦奉上谕："嗣后佐贰、杂职等官，已满六年者，照例咨部外，仍着具奏。其未满六年、实不可姑容者，着随时咨革汇奏。"钦遵在案。

查云南省乾隆三十三年分，有俸满杂职五员，内镇南州吏目胡傒，年老有疾，已经咨部勒休；镇雄州巡检杨元椅、会泽县典史朱宏至等二员，因臣在军营办理军务，该员等各有差委事件，调验不及，应俟调验到日，陆续咨部，入于下年汇奏外，查永北府知事宣世涛，才具明白，办事勤干，业经臣会同署督臣阿里衮奏请升补永平县知县在案。云州吏目杨晟，明白勤慎，堪以留任，已经照例咨部。至历俸未满六年佐杂内，有镇雄州州同汪浩存，患病废弛，业经臣咨部斥革。此外佐杂等官，臣仍不时留心查察，如有不守官箴及平庸颓靡之员，即行参革，断不敢稍事姑容，致滋贻误。

所有乾隆三十三年分甄别过杂职缘由，臣谨恭折奏闻，伏乞皇上睿鉴。谨奏。

朱批：该部知道。

（《宫中档乾隆朝奏折》第三十二辑，第 323 页）

1647　云南巡抚明德《奏报甄别过乾隆三十三年滇省俸满教职人员情形折》
乾隆三十三年十月二十九日

云南巡抚臣明德谨奏：为甄别过教职，遵旨汇奏事。

窃照钦奉上谕："甄别俸满教职，传谕各省督抚，于每年岁底，将保举堪膺民社者几员，留任者几员，勒令休致者几员，汇折奏闻。"钦遵在案。

兹查乾隆三十三年分，滇省六年俸满教职共十一员，臣会同学臣陆续调验，内景东府教授余大鹤，堪膺民社，现在另行保题；云南府教授旃兆鹏、开化府教授李廷柏、嵩明州学正王尊士、宾川州学正唐文灼、弥勒州学正赵鸿渐、腾越州学政保纬、云南县教谕冯翊汉、河阳县教谕张灏等八员，均年力精壮，训迪有方，系属勤职之员；元江府教授李涵蕋、陆凉州训导张良遇等二员，亦俱年力正壮，课士维勤，系属称职之员，均堪留任，其中并无应行勒休之员。除陆续咨部外，所有乾隆三十三年分甄别过俸满教职缘由，臣谨恭折汇奏，伏乞皇上睿鉴。谨奏。

朱批：该部知道。

（《宫中档乾隆朝奏折》第三十二辑，第 324 页）

1648　云南巡抚明德《奏报乾隆三十三年通省秋收分数折》
乾隆三十三年十月二十九日

云南巡抚臣明德谨奏：为恭报秋收分数，仰祈圣鉴事。

窃照秋收分数，例应据实奏闻。滇省本年雨水充足，种植颇广，业经臣将丰盛情形节次奏闻在案。兹据布政司宫兆麟将通省收成分数造报前来。

臣查永平、浪穹二县稻谷、杂粮，高下收成俱有十分。广西、缅宁、嵩明、沾益、弥勒、宁州、宾川、镇雄、昆明、宜良、易门、通海、河阳、南宁、会泽、永善十六府厅州县稻谷、杂粮，高阜收成俱有九分，低下收成俱有十分。元江、顺宁、中甸、大关、昆阳、马龙、寻甸、云州、镇南、南安、腾越、和曲、呈贡、禄丰、平彝、江川、恩乐、宝宁、广通、大姚、元谋、恩安、碍嘉二十三府厅州县稻谷、杂粮，高下收成俱有九分。安宁、罗平、阿迷、姚州、云龙、禄劝、嶍峨、新平、宁洱九州县稻谷、杂粮，高阜收成俱有八分，低下收成俱有九分。镇沅、丽江、永北、威远、蒙化、景东、思茅、维西、鲁甸、晋宁、陆凉、宣威、师宗、建水、石屏、路南、新兴、赵州、邱北、罗次、富民、河西、蒙自、文山、太和、云南、保山、楚雄、定远二十九府厅州县稻谷、杂粮，高下收成俱有八分。鹤庆、剑川二府州稻谷、杂粮，高阜收成俱有八分，低下收成俱有七分。邓川州稻谷、杂粮，高阜收成八分，低下收成六分。通省高下牵算，收成共八分有余。

又各土司地方收成，高下牵算，亦共八分有余，实属丰稔。

所有乾隆三十三年秋收分数，理合据实奏闻，伏乞皇上睿鉴。谨奏。

朱批：览奏欣慰。

（《宫中档乾隆朝奏折》第三十二辑，第 324～325 页）

1649　阿里衮、明德《奏请动用闲款银兴修道路桥梁，以利兵行及以资粮运折》

乾隆三十三年十一月初一日

臣阿里衮、臣明德谨奏：为请修最要之桥道，以利兵行，以资粮运，仰祈圣鉴事。

窃照自云南省城至永昌一路，山路险峻，年久未修，以致倾颓难行，有碍粮运，经臣等请于司库闲款银六万三千余两内动用银二三万两，分委本省及邻省派来办差干练官员分段修理。荷蒙圣明洞鉴，钦奉朱批："甚属应办之事，即速行妥办。钦此。"臣等即遵旨派委多员，会同该地方官，将应修道路分为左右，先修一半，其一半留为往来之人行走，俟先修之路灰浆干透，再修一半。现在饬令上紧赶修，修竣之日，于粮运、军行大有裨益。

今臣等赴边安兵，见龙陵一带道路更多残缺，而永昌府与腾越州所管之磨盘山一道，上下九十里，高峻陡险异常，名为五十三参，其石路之残废过甚，往来人马均属不便。明岁粮运、兵行正多，均应亟为修整，以利遄行。又腾越州有龙江铁锁桥一道，铁练本属粗重坚固，本年正月初二日，被火烧断。彼时因大兵在外，详请动项不及，即动用捐助岁修租息银四百两，官员、绅士添捐银七百余两，赶修完竣。因系紧急赶修，铁练轻细，又不能如旧紧密，以致解送马匹踩断数条。现在虽经接连，人马尚可经过，但恐又致断损，往来俱系单行。臣等先后至桥详加查阅，铁锁实属单细稀疏，不惟不能经久，窃恐明岁正当粮运兵行之际，或有断坏，虽加紧赶修，亦须经月，则一切均致阻滞迟延。

臣等督令各该地方官，将前项桥道约估共需银五千余两。合无仰恳皇上天恩，于前项闲款银六万三千余两内，俯准再动用银五千余两，于今冬，令驻腾越道员钱受谷督令该州购办上好熟铁，打就粗重坚固大铁练二十条，并办足木料、砖石、灰斤等物，于明年正月，将龙江桥即行拆修，勒限二月内告竣，务须比旧桥加倍坚固壮观。其应修道路，亦令各该地方官于今冬烧造灰斤，添办石料，新正即行开工，亦务于二月内告竣。俟修完之日，将用过银两详加核确，据实报销。倘各该地方官修不如式，或有侵冒情弊，一经臣等查出，即行严参治罪。

臣等因此桥道最关紧要，谨恭折具奏，伏乞皇上睿鉴，训示遵行。谨奏。

朱批：好。知道了。

（《宫中档乾隆朝奏折》第三十二辑，第 331～332 页）

1650 阿里衮、明德《奏报遵旨拣选临元镇总兵 本进忠调补普洱镇总兵折》

乾隆三十三年十一月初一日

臣阿里衮、臣明德谨奏：为遵旨拣选，奏请调补事。

乾隆三十三年十月二十四日，承准大学士公傅恒、大学士尹继善、大学士刘统勋字寄："乾隆三十三年十月初六日，奉上谕：现在贵州提督员缺，已降旨令哈国兴补授。其普洱镇总兵，令该督等于通省总兵内拣选调补，所遗总兵之缺，仍令于发往副将内派委一员署理矣。前以阿里衮等奏请裁减总兵一事，因滇省现议厚集兵力进剿逆匪，未便明降谕旨，曾传谕该督等，将来遇有应裁总兵缺出，或暂以副将委署，是不必明裁镇缺，而隐已改镇为协。前令孙尔桂暂署总兵，已照此办理。此次调补总兵，所遗之缺，仍着派委副将暂署，方与改镇为协之前旨相合。着再谕阿里衮等知之。钦此。"遵旨寄信到臣等。

伏查普洱一镇，为极边要缺，现在驻兵防守，必须熟于边情、久历行阵之员始克胜任。臣等于通省总兵内详加拣选，惟临元镇总兵本进忠，历练老成，办事稳当，从前曾在西路出师，着有劳绩，上年又随明瑞进剿缅贼，颇能奋勉，沿边情形系所熟悉，如以之调补普洱镇，实属人地相宜。仰恳皇上降旨，将该员调补普洱镇总兵，于边防要地殊有裨益。其本进忠所遗临元镇总兵员缺，应遵旨于副将内派委署理。但临元镇亦系边要，并非应裁之缺。现在应裁缺之总兵内，既无可调补临元镇之人，而滇省现有副将三员，除督标中军副将孙尔桂已奏署楚姚镇外，其发往云南以副将用之吴士胜，甫经臣等奏补腾越协副将，尚未接准部覆，且该员现在领兵驻扎陇川，难于另委。又广罗协副将王振元，系逃兵案内应停升之员，均未便委署总兵。所有临元镇总兵员缺，并恳皇上另行简放，以裨边地营务。臣等谨缮折具奏，伏乞皇上睿鉴施行。谨奏。

朱批：有旨谕部。

（《宫中档乾隆朝奏折》第三十二辑，第 332~333 页）

1651 云南巡抚明德《奏报乾隆三十二年分滇省 额征钱粮通完无欠缘由折》

乾隆三十三年十一月初六日

云南巡抚臣明德谨奏：为钦奉上谕事。

窃照乾隆十七年正月初十日，奉上谕："嗣后各省每年完欠钱粮，俱着随奏销时分晰查明，核实折奏。"钦遵在案。兹据布政使宫兆麟等将乾隆三十二年额征钱粮征完数目，详请具奏前来。

臣查滇省额征钱粮，除钦奉恩旨蠲免外，实征银四万二百五十八两零，麦、米、谷、荞、杂粮共一十七万四千八百四十四石零，折色米、荞银二万二千三百七十二两零，俱经照数征收通完。除谨造黄册另疏具题外，所有乾隆三十二年分额征钱粮通完无欠缘由，理合恭折具奏，伏乞皇上睿鉴。谨奏。

朱批：览。

（《宫中档乾隆朝奏折》第三十二辑，第 380 页）

1652　云南巡抚明德《奏报乾隆三十三年分滇省民数、谷数折》
乾隆三十三年十一月初六日

云南巡抚臣明德谨奏：为钦奉上谕事。

窃照民数、谷数，例应每岁仲冬奏报。兹据云南布政使宫兆麟会同护粮储道印务、临安府知府张鉴，将云南户口、仓谷各数查明，详报前来。

臣查云南省乾隆三十二年民数，原报四十一万六千六百三户，乾隆三十三年分新增三千七百八十六户，共四十二万三百八十九户，男妇大小二百一十六万二千三百二十四丁口。又乾隆三十二年，原贮常平社仓米、谷、麦、荞、青稞共一百四十八万七千一百五十六石零，乾隆三十三年分新收三万八千八百九十八石零，内除本年支放、借粜共谷、荞五千七百四十五石零，实应存仓米、谷、麦、荞、青稞一百五十二万三百九石零，内本年动碾军需米三十五万石，合谷七十万石，俟拨运事竣，将动用实数入于下年开除项下造报外，所有乾隆三十三年分民数、谷数，臣谨缮造黄册，恭呈御览，伏祈皇上睿鉴。谨奏。

朱批：册留览。

（《宫中档乾隆朝奏折》第三十二辑，第 380~381 页）

1653　云南巡抚明德《奏报乾隆三十二年滇省公件、
耗羡等项银两收支、动存数目折》
乾隆三十三年十一月初六日

云南巡抚臣明德谨奏：为遵例奏闻事。

窃照耗羡银两，例应随地丁钱粮奏销，一同具奏。兹据布政司宫兆麟将乾隆三十二年公件、耗羡等项银两收支、动存数目，详请具奏前来。

臣查旧管银九十二万二千四十九两零，新收银一十八万一千四百五十一两零，旧管、新收共银一百一十万三千五百两零，开除支给养廉等项银二十六万七十三两零，实存库银八十四万三千四百二十七两零，并无亏空那移。除将收支、动存各款数目造册送部查核外，臣谨缮黄册，恭呈御览，伏乞皇上睿鉴。谨奏。

朱批：览。

（《宫中档乾隆朝奏折》第三十二辑，第 381～382 页）

1654 阿里衮、明德《奏报遵旨暂不遣人往谕结些夷人及缅匪并无投降信息折》

乾隆三十三年十一月十七日

臣阿里衮、臣明德谨奏：为奏覆事。

乾隆三十三年十一月初一日，承准大学士公傅恒、大学士尹继善、大学士刘统勋字寄："乾隆三十三年十月十四日，奉上谕：据阿里衮奏，结些现与缅贼构衅，当谕军机大臣，拟写传檄文稿发交阿里衮等，拣选妥人，以将军等之意晓谕该夷，令其归附中朝，以资驱策之用。继思此时如即遣人往谕，该夷必以中朝先有急于招致之意，徒使中持两端，游移观望，将来即欲用之，转致不能得力。现在莫如且为停止，俟该夷前来请附，然后将此谕知，则静以待动，尤为适协机宜。着传谕阿里衮等，目今彼处实在情形，只宜不动声色，就附近一带遴委妥人探听确信，以便随宜应变。至缅匪，如有人来恳乞投顺，仍遵前旨，相机办理。将此详谕知之。钦此。"遵旨寄信到臣等，并录寄檄文稿一纸前来。

臣等查结些种类，在缅境之西，自腾越州出戛鸠、猛拱至伊部落，共三十余站。从前有传其已为缅贼所并者。昨据程辙所禀，则该夷尚与缅贼构衅，将来进剿时，或可谕令夹攻，兼资堵截。但现在若遽遣人前往晓谕，该夷距内地甚远，声势不接，诚如圣谕，不免中持两端，游移观望，转不能得其力。臣等惟有谨遵谕旨，不动声色，一面就附近之边外野人等探访该夷与缅匪构衅如何情形，相机酌办。倘果有互相攻杀等事，而该夷或前来效顺，即遵照檄文内事理，明白晓谕，自可收其驱策之用。

至缅匪，现在并无投降信息。但臣等在沿边一带驻扎，体访舆论，大概缅匪苦于兵役，实有求降之心。是以戛鸠等处虽驻有贼兵，未敢前来滋扰。（**夹批：**尔等不宜往扰彼乎？大不是矣。）目下沿边一带俱属宁静无事。

所有奉到谕旨遵办缘由，谨恭折奏覆，伏乞皇上睿鉴。谨奏。

朱批：另有旨谕。

（《宫中档乾隆朝奏折》第三十二辑，第 498～499 页）

1655　阿里衮《奏报代总兵本进忠恭谢天恩折》

乾隆三十三年十一月十七日

臣阿里衮谨奏：为代谢天恩事。

窃据临元镇总兵本进忠禀称，进忠蒙皇上天恩，令驰驿来京陛见，于本年八月十二日至热河，得瞻圣主天颜。奉恩旨，令进忠在乾清门行走，复令入宴，并赏赐各物，并蒙恩准由四川前往军营。进忠自顾何人，受兹恩遇，五中感激，莫可名言。兹已于十月三十日抵永昌军营，前赴防所。惟有勉竭驽骀，实力奋勉，以期仰报天恩于万一。所有感激下忱，伏恳代为陈奏等因。臣谨缮折代奏，伏乞皇上睿鉴。谨奏。

朱批：览。

（《宫中档乾隆朝奏折》第三十二辑，第 500 页）

1656　阿里衮、明德《奏请将历俸未满而办差勤勉之广南府经历周裕以知县升用，以示鼓励折》

乾隆三十三年十一月十七日

臣阿里衮、臣明德谨奏：为奏请升用办差勤勉之员，以示鼓励，仰祈圣鉴事。

窃照广南府经历周裕，由浙江钱塘县监生捐纳县丞，借补临安府经历，调补今职。该员于乾隆三十一年到滇，即在军前办差。上年将军明瑞至永昌，令其办理军营一切事务，甚为得力，后进征锡箔一路，即令随营办事，备历辛苦。本年臣阿里衮、臣明德先后到永，以该员系熟手，仍令办理军事。该员明敏详慎，一切经手事件，头绪井然，毫无贻误，实为细心勤练之员，在州县中亦未易多得。查该员系边缺经历，三年俸满，例得以知县升用。今历俸未满，可否仰恳皇上天恩，念其在军营数年，颇属勤勉，兼以微员跟随进剿，曾历艰辛，俯准以知县即行升用，以示鼓励。如蒙俞允，俟滇省有知县缺出，容臣等酌量题补，给咨送部引见，恭候钦定。臣等谨合词具折奏请，伏乞皇上睿鉴训示。谨奏。

朱批： 着照所请行。该部知道。

（《宫中档乾隆朝奏折》第三十二辑，第 500～501 页）

1657 云南巡抚明德《遵旨查报滇省学政并无似粤西学政梅立本劣行折》
乾隆三十三年十一月十八日

云南巡抚臣明德谨奏：为遵旨查明奏覆事。

窃臣于乾隆三十三年十一月初六、初七等日，准吏、礼二部咨："乾隆三十三年八月二十二日，奉上谕：鄂宝查奏梅立本按试各属，较前任学政通计多用夫七百名；又粤西各属，每棚另有捐项银六十两为书役饭食，现在筹酌闲款，另行妥议等语。梅立本鄙琐不堪，任意滥取，擅作威福，逼死县令，已于另案治罪。至于学政按试衡文，原应轻骑减从，不可丝毫扰累地方。即例有按临夫马之说，只为护送敕印及必应随带之文卷、官物而设，为数亦属无多；且各省学政原与养廉，其随带之行李及携行之幕友、家人所用夫马，理应自备，岂可借卷箱之名滥行需索？若一切应用夫马仍取给有司，则各省督抚等养廉甚厚，岂遇有公事，巡行各属，亦皆令属员供应夫马耶？梅立本在粤西如此，各省情形虽未必尽同，或亦有如梅立本之滥用夫马者，各督抚未免存官官相护之见，不肯查办，纵容日久，遂致积习相沿，因有梅立本需索逼命之事。此风断不可长。着通谕各督抚，查明各该学政按试时有无擅动驿马，多少若何，及似梅立本之多用人夫者，或间有自行雇觅之处，并各学政养廉若干，现在情形若何，即行据实具奏，到日再降谕旨。至于学政书役，各有例给工食，其饭食岂可令地方官捐备？亦属非体，并令该督抚一并查明覆奏。鄂宝折并发。钦此。"各移咨到臣，遵即行司查覆。去后，兹于十五日录准大学士公傅恒等字寄：乾隆三十三年十月十七日，奉上谕："前因广西学政梅立本需索逼命一案，曾降旨各该督抚，令查明各学政按试时有无擅动驿马，多少若何，及似梅立本之多用人夫，并各学政养廉若干，现在情形若何，即行据实覆奏。此旨颁发后已及两月，今仅据富尼汉将广东省学政各情形覆奏，即远如广西一省，亦并据该抚查明具折奏闻，何以各该省至今并未奏及？着再传谕各督抚，速行详查，据实奏覆，毋得更有延缓。钦此。"遵旨寄信到臣。

臣查滇省距京窎远，准到部咨行查，甫及旬日，若俟各道府查覆，未免有稽时日。适藩司宫兆麟办理科场事竣来永，臣与该司将在永办差之府厅州县隔别传询，咸称：云南虽有二十三府，岁科生童甚少，与别省不同，是以止在九府地方考试。学政幕友无多，随带书役、卷箱亦少。滇省舟楫不通，皆系旱路。学政初出省时，请背敕印及跟随人役用马十余匹，夫一百余名。考试数处之后，考过试卷，渐加用夫约至二百余名，皆系州县应付。其学政书役有工食银二百一十两，皆系自食。至云南学政养廉，每年四千两，系恩赏办公之项。除请背敕印、抬送卷箱夫马应令地方官应付外，其幕友、家人、书役所需夫马，自应令该学政照依客商时值发价雇用。至于现任学臣于雯峻，虽系照依往时陋例用地方官夫马，但闻其人甚胆小，丝毫不敢多事。询之各官，所言无异。臣谨遵旨查明，恭折奏覆，伏乞皇上睿鉴。谨奏。

朱批： 知道了。余俟议奏。

（《宫中档乾隆朝奏折》第三十二辑，第515~517页）

1658　云南巡抚明德《奏报遵旨审明粮道罗源浩、汤丹厂通判程之章昏庸不职、废弛厂务一案，按律定拟折》

乾隆三十三年十一月十八日

云南巡抚臣明德谨奏：为遵旨审明具奏，仰祈圣鉴事。

窃照臣参奏粮道罗源浩、汤丹厂通判程之章昏庸不职、废弛铜务一案，接准部咨，奉上谕："据明德奏，云南粮储道罗源浩总理铜厂，于各厂铜斤多有透漏，并不加意严查，且于积欠铜本又不实力着追，甚属昏庸不职；其借补东川府汤丹通判程之章，废弛铜务，均请革职等语。罗源浩着革职，交与该督抚等，将折内情节据实详悉究审。程之章亦着革职，其有无经手情弊，该督抚等一并究明查办。折并发。钦此。"又大碌厂委员、景东府同知汪大镛、阿迷州知州陈昌元等滥放工本，经臣题参，接准部咨，奉旨："这所参汪大镛、陈昌元，俱着革职。其滥放工本情由，该督严审究追具奏。该部知道。钦此。"又准副将军、署督臣阿里衮咨："原参粮道罗源浩等一案，系交督抚审究。今汪大镛等一案，交该督严审究追，自应遵照。但现在巡查边隘，不及办理，应请就近声明缘由审题。"等因。各移咨到臣，随饬司审解。去后，兹据委审官永昌府知府赵珮并派赴滇省听差之湖南永绥同知张焕审明定议，由布政使兼署按察司事宫兆麟勘转前来。

臣提犯研讯，缘汤丹、大碌等厂，向例俱系先发铜本，后收铜斤，其间虽因矿砂时有衰旺，或因食物、柴炭偶尔昂贵，不无亏折。若管厂各官经理得法，何致亏欠累万？查乾隆三十年，程之章接管汤丹厂、汪大镛接管大碌厂，俱有新旧积欠。三十一年，陈昌元接管大碌厂，亦有新放积欠。二厂各有数万两之多。罗源浩委员赴厂盘查，汤丹、大碌二厂实有无着工本银七万六千余两，详经前抚臣鄂宁批司议详，于经手放银之各厂官及管理铜务粮道代赔还款。乃罗源浩又据现管大碌厂委员邹永绥详报，新旧积欠共七万二千余两，将前管厂员汪大镛、陈昌元揭报请参，又经前抚臣鄂宁批司查揭。及臣于本年五月内到任，罗源浩并不将孰为汤丹厂之欠项，孰为大碌厂之欠项，笼统以炉户分

— 1469 —

赔，办铜带销，朦混具详，欲将旧日之积欠那为日后之亏空，置司议着赔之案于不问。经臣查照该司道两详内积欠银数，先后将罗源浩等参革，奉旨饬审。讯据罗源浩供："参员蒙皇上天恩，用至道员，又总理铜厂，理宜实心报效。参员自乾隆二十二年到任，那时汤丹厂即有积欠数万两，参员竭力筹办，得以清结。不意乾隆三十年以来，汤丹等厂铜斤渐少，积欠愈多，实因参员耳目聋聩，精力就衰，又值委办军需，查察不周，以致厂务废弛，参员实在罪无可逭。查汤丹厂、大碌厂共积欠工本银七万六千八百七十一两零，已经入于三十一年未完考成分数册内，报部在案。此外，又蒙查出汤丹厂程之章续放工本银一万九千二十一两零。又参员详揭大碌厂委员汪大镛、陈昌元滥放工本银七万二千余两，内有大碌厂已入考成案内具题银二万九千五百八十六两零。参员前详揭时，未经分晰清楚，以致重复开入。汪大镛名下实止有续欠工本银一万二千六百九十六两零。前揭陈昌元任内新欠工本银三万两，内除参后追完银八百五十五两外，实止欠银二万九千一百四十五两零，今已蒙委员调查底案，核算清楚。至参员身为大员，废弛铜政，蒙皇上天恩，不即治以重罪，参员感愧无地，惟求将厂民积欠工本于参员名下赔完，以赎罪愆。但银数累万，参员一时不能全完，尚求分限完交。"等语。并提集程之章、陈昌元等，彼此质对，供俱相符。又严讯书吏、炉户人等，各供积欠实系在民，厂内发银收铜，都有炉户经手，簿册可查，道员、厂员无从染指侵肥。并据炉户人等咸供"若果有情弊，现蒙严追银两，还不实说吗？至于厂内现在铜斤短少，厂官查察甚严，亦无透漏的事。"求详情，反覆究诘，矢供如一，似无遁情。

查原参汤丹、大碌厂积欠工本银七万六千余两，今审明，管汤丹厂通判程之章任内无着积欠银三万四千九百七十八两零，管大碌厂同知汪大镛任内积欠银二万九千五百八十六两零，管大碌厂子厂、大水沟厂之丁忧巡检孙焯任内积欠银一万二千三百七两零。此外，又查出程之章任内尚有续发工本银一万九千二十一两零，原参大碌厂积欠工本银七万二千余两内，汪大镛任内积欠银四万二千二百八十二两零，有考成案内银二万九千五百八十六两零，系属重复开报，实亏欠银一万二千六百九十六两零；其陈昌元任内新欠工本三万两内，除参后追完银八百五十五两外，实欠工本银二万九千一百四十五两零。以上共积欠银一十三万七千七百三十三两零。

查罗源浩身为总理铜政大员，一任厂员滥放工本，以致积欠累累。程之章系特设管厂之官，乃致铜斤短少，厂务废弛，积欠累万。汪大镛等滥放工本，致多亏欠，均难辞咎。其积欠银十三万余两，应于罗源浩名下着赔五分，程之章、汪大镛、陈昌元、孙焯等名下各着赔五分，俱留于滇省，会同厂员，先于欠银之炉户厂民名下，勒限六个月，严行着追，如限满不能完缴，未便任延。其炉户人等欠项，令该参员等自行清理。所有罗源浩名下应分赔银六万八千八百六十六两零，程之章名下应分赔银二万六千九百九十九两零，为数稍多，应请勒限三年，分年追赔完项。罗源浩系总理铜政大员，程之章系特设专管铜厂之员，一任厂务废弛，铜斤短少，积欠累累，即于限内赔完，均不准其开复。（**夹批：**完项不准开复，仍应请旨定罪。又办姑息了。）汪大铺名下应分赔银二万一千一百四十一两零，陈昌元名下应分赔银一万四千五百七十二两零，孙焯名下应分赔银六千一百五十三两零，俱勒限一年追赔完项，照例准其开复。（**夹批：**亦无是理。）倘有不能完项者，臣等另行遵旨办理具奏。所有各犯供词，另缮清单，恭呈御览。

再同知汪大铺，虽运铜未回，丁忧巡检孙焯在厂交代，但众供案据，均各查审明确，即应定案。又巡检孙焯已经咨部斥革，合并声明。臣谨会同副将军公、暂署云贵总督印务臣阿里衮合词具奏，伏乞皇上睿鉴，敕部议覆施行。谨奏。

朱批：不应交部，另有旨谕。

（《宫中档乾隆朝奏折》第三十二辑，第 517～521 页）

1659　云南巡抚明德《奏报解到逃兵四十名，审明正法折》
乾隆三十三年十一月十八日

云南巡抚臣明德谨奏：为查出木邦等处逃兵，遵旨即行正法，以肃军纪，恭折奏闻事。

窃照木邦、天生桥、锡箔等处逃散兵丁，奉旨严查办理，经副将军、署督臣阿里衮等查出首先逃窜弁兵五十员名，一面正法，一面奏闻，并将其余云、贵、四川兵三千余名俱各撤回本省本营在案。嗣臣抵永昌后，接奉谕旨，令再行严查办理。因此案阿里衮等原系委立柱、哈国兴办理，今各兵俱已回营，必须伊等前往跟究，方能查办。当经阿里衮与臣商酌奏明，仍委立柱、哈国兴前往究拿。嗣因立柱查验裁汰马兵回永，旋即病故。哈国兴自京回永，即令其前往各营严查。兹据哈国兴查出各营逃兵五十八名，除解至中途病故一名外，现在先据解到永昌者四十名，未便久稽显戮。

臣接副将军、署督臣阿里衮来札，以现在巡查边隘，不能回永会办，令臣即行办理具奏。适提臣哈国兴亦回至永昌，臣即会同哈国兴，率同藩司宫兆麟、军需局道员博明、观音保等逐一严加究讯。该兵沈世贵、向成、颜洪、马开运、李跃龙、陈有禄、王淇、刘荣、汪起凤、陈思文、马林、唐连、徐廷贵、胡永泽、张天佐、艾宽、刘浚、张加秀、周得华、李文林、李学山、李任生、丁万选、秦士彦、廖永升、张忠、严秉和、张天德、马忠、魏荣、李明、张正学、张宣、任祥、刘林、杨得清、黄加禄、晋起龙、张成、王奉等，实系锡箔等处逃窜之兵，情罪可恶，当即委员将该犯等四十名捆绑，押赴市曹正法讫。其未到之十七名，俟解到审明，即行办理另折具奏外，所有办过木邦等处逃兵缘由，合先恭折奏闻。

再提臣哈国兴至广南营查办逃兵，该营守备田伦纲办理不密，令营书唱名，以致跟随该备之兵宿秀生、邓朝贵、陆成美三名闻风潜逃。臣现在严饬文武严拿务获，解永审办。所有办理不密之该营守备田伦纲，相应参奏，请旨交部严加议处。臣谨恭折具奏，伏乞皇上睿鉴，饬部施行。谨奏。

朱批：该部知道。

（《宫中档乾隆朝奏折》第三十二辑，第 521～522 页）

夹片：窃照先后拿获逃兵一百二十三名，俱已办理。臣自边回永，又据获解到逃兵谢荣等十二名，臣审明，即行委员正法缘由，于十月二十七日奏闻在案。今又据获解到鹤丽镇逃兵童有成一名，臣率同司道严加究讯，系上年七月出师在永昌逃回之犯。除将该犯委员即行正法外，相应附折奏闻。此外，现在据报又拿获逃兵四名，俟解到审明办理，另行具奏。臣等仍饬各属上紧查拿报解外，臣谨奏闻。

朱批：览。

（《宫中档乾隆朝奏折》第三十二辑，第 522 页）

1660　云南巡抚明德《奏报遵旨查明郭鹏翀、陈元震之子由滇管解进京，并无抵换情弊折》

乾隆三十三年十一月十八日

云南巡抚臣明德谨奏：为遵旨查明奏闻事。

窃臣接准护直隶总督印务布政使观音保咨："前任督臣方观承任内，承准大学士公傅恒等字寄，乾隆三十三年七月三十日，奉上谕：据厢蓝旗汉军都统奏，郭鹏翀之第三子明格在湖北襄阳县病故；又厢蓝旗满洲都统奏，陈元震之第二子六格在直隶邯郸县身死等语。郭鹏翀、陈元震之子俱系解部查办要犯，何以两人同在途次身故？其中恐不无别项情弊。所属地方官当时曾否查明呈报，不可不彻底根究。着传谕各该督抚，即派该管道员详悉确查，该犯身故时，所在知县曾否亲往验明身死，讯取是否因病身死及有无延医调治各确情，并曾否查讯原解人员，有无抵换、藏匿情节，如查明实有确据，即出具切实印结，咨送部旗存案，仍一面据实奏闻。若其中或有情弊，亦即据实查参究治。钦此。"移咨到臣。

查此案，滇省原委解员浪穹县典史刘鉴、漾濞巡检黄维壁尚未回滇。臣接准刑部咨提，当即分咨前途各省，如遇刘鉴等到境，立即押解送部收审外，查郭鹏翀、陈元震之家属均由滇省起解，其中有无抵换情弊，亦应严加查究，随行司饬道严查。去后，兹据布政使宫兆麟、详据迤西道博明查覆："郭鹏翀随任三子灵格、黉格、明格，系太和县知县屠可堂奉文拿禁县监,该县于乾隆三十三年二月三十日亲身验明,当堂点交委员浪穹县典史刘鉴管解送省,并无抵换情弊。"又据护驿盐道云南府知府彭理查覆:"陈元震之次子六格同家属,向在省城居住。署昆明县知县李世保奉文查拿收禁,其长子陈瑜,经姚州拿获解省,同太和县解到郭鹏翀之子,一并监禁,于乾隆三十三年四月初八日,经署昆明县李世保监提各犯,亲身验明,当堂点交委员浪穹县典史刘鉴、漾濞巡检黄维壁管解赴京,并无抵换情弊。"由该道等查明,取具府县印结,详覆到臣。除将各结咨送部旗外,所有臣查明并无抵换缘由,理合恭折奏覆,伏乞皇上睿鉴。谨奏。

朱批:览。

(《宫中档乾隆朝奏折》第三十二辑,第 522~524 页)

1661 阿桂《奏报到滇日期及赴永昌日期折》
乾隆三十三年十一月二十一日

臣阿桂谨奏:

窃臣前自贵州具折奏明于十一月十二日起身赴滇,兹于二十日已抵云南会城,所有入境以来经过地方秋收俱属丰稔,田土亦皆翻犁,并有已经播种者。察看民间生计情形,似不如经过各省,盖缘滇省僻处一隅,所有通滇之川黔两省,皆山路崎岖,布帛诸货价值倍增之故。就臣现今所目睹,合之往昔所耳闻,其气象大略相等,并非因办理军需稍形凋敝,即地方官办理送兵运粮、喂养马匹、采买豆草,亦不敢有所克扣累民,尚知敬畏趋事。惟经过各处,所见存营兵丁柔脆者居多。臣间于道旁立马,令其比试枪箭,亦觉生疏。容臣于办理军务之暇,留心次第整饬外,臣在省城暂驻一日,将现有分养马骡及拨运军粮、备贮料草各事宜,与在省道府文武等官详筹指示,即于二十二日起程趱行,约计月底可抵永昌军营。

再副将军公阿里衮现驻芒市沿边一带,臣与阿里衮所办军务本属一事,边地机宜非比寻常案件可以遥隔分理,且各队禀报事繁,若彼此批示檄行,其间恐不无岐误,而往来札商,又难免于稽迟,臣与阿里衮必须随时随事面同筹办。况现奉谕旨,令臣速往。臣拟于抵永后,与抚臣明德将紧要各件商筹一二日,亦即驰赴阿里衮驻扎之所,会同一处,每事商榷办理,俟应回时再一同回驻永昌,始为妥便。

所有到滇及赴永日期,理合先行奏闻,仰祈皇上睿鉴。谨奏。

朱批:知道了。

(《宫中档乾隆朝奏折》第三十二辑,第 560~561 页)

1662　阿里衮、明德《奏报特参佥差漫无区别，以致重犯脱逃之前署镇南州事白井提举裴灼文，以肃功令折》

乾隆三十三年十一月三十日

臣阿里衮、臣明德谨奏：为特参佥差漫无区别，以致重犯脱逃之署牧，以肃功令事。

窃照滇省自用兵以来，军营及在途陆续脱逃兵三百余名，均应严行查拿正法，以示儆戒。本年八月内，曲寻镇拿获逃兵七名，沿途递解至镇南州，转解姚州，途间疏脱逃兵吕佐周一名。臣等据报，随飞饬严拿，并因其所报不明，系楚、姚二府地方，随特檄该府等会同查审，定拟详参。去后，嗣虽据该府等详报，审明镇南州如数差役十四名，该营因存城兵少，止差兵七名。八月十六日，解至天申堂地方，途遇大雨，又值京兵拥挤，以致吕佐周一犯乘隙脱逃，并无贿纵情弊等情。但解犯，定例每犯应佥二兵二役。该府等详内并未声明吕佐周一犯系佥何兵何役管押，或该州营并未分别佥差，随驳饬另行确审，详报在案。兹据楚雄府知府张应田、署姚安府知府琅井提举高其人会详称："遵即复往镇南州详加查讯，实系前署州事白井提举裴灼文点解时，未将兵役逐名分派，咎实难辞。驻防把总余昆向，止准关派兵送州，其分佥之事，听该州办理。但不如数派兵，咎亦难辞。"等情，详覆前来。

臣等伏查该署州裴灼文，于递解要犯并不将兵役逐名分派，以致漫无责成，无从究治，玩忽已极。驻防镇南州楚姚镇把总余昆，少差兵丁，疏脱重犯，罪亦难逭。若仅照佥差不慎之例参处，不足蔽辜。相应参奏，请旨将前署镇南州事白井提举裴灼文、驻防镇南州楚姚镇把总余昆俱革职，留于地方，限一年查拿逃兵吕佐周，务获报解。该参员等果能于限内拿获，臣等另行奏闻请旨。至于押解吕佐周，虽系该州并未分派兵役，固不便将兵役二十一名概问疏脱之罪。但该兵役二十余人管解七犯，亦系均有责成。应请将该兵役李兴等二十一名，于大路冲途枷号一百日，满日重责四十板，以示惩儆，仍俱革粮革役。兹据布政使兼署按察司事宫兆麟、迤西道博明、楚雄府知府张应田各揭报前来，除委员摘取白井提举印信署理，并查明井灶银盐有无未清另报，及饬镇将把总余昆勒令离任，委员署理外，臣等谨恭折参奏，伏乞皇上睿鉴施行。谨奏。

朱批：着照所请行。该部知道。

（《宫中档乾隆朝奏折》第三十二辑，第 662～663 页）

1663　云南巡抚明德《奏报委署两司事务缘由折》

乾隆三十三年十一月三十日

云南巡抚臣明德谨奏：为奏闻事。

窃照云南布政使宫兆麟奉旨补授广西巡抚，已具折恭请陛见，现在回省交代。布政司及兼署按察司事务，臣与署督臣阿里衮札商，现在省城止有驿盐道冯光熊一员，所有布政司事务，饬委该道冯光熊暂行署理。其按察司事务，该道已有藩、驿两衙门事务，不能兼署。因云南府知府彭理刑名熟谙，饬委该府彭理暂行护理。所有委署两司事务缘由，臣谨恭折奏闻。再督臣阿桂已过省来永，十二月初一日可抵永昌。合并奏闻，伏乞皇上睿鉴。谨奏。

朱批：览。

（《宫中档乾隆朝奏折》第三十二辑，第 664 页）

1664　云南巡抚明德《奏报解到逃兵车遵道等十二名，审明正法折》
乾隆三十三年十一月三十日

云南巡抚臣明德谨奏：为正法过逃兵缘由，恭折奏闻事。

窃照提督哈国兴查解木邦等处逃兵四十一名，除途次病故一名，其余四十名，臣会同审明，均已正法。尚有十七名，俟解到，审明办理具奏等因，奏闻在案。今据广罗协解到锡箔等处逃兵九名，臣即率同司道逐加严讯。该逃兵车遵道、张起林、陈灿、李贵、吴国泰、李凤朝、刘斌、王斌、马文英等，均系锡箔等处逃窜之犯，与哈国兴查解情词无异。查该逃兵临阵脱逃，情殊可恶。臣已委员将该逃兵车遵道等九名，于十一月三十日，押赴市曹正法讫。又从前逃兵内，续获解到石玉成、杨腾高、喻朝凤三名，臣等审系乾隆三十一二年出师在途脱逃之犯，亦一并押赴市曹正法讫。所有办理过逃兵缘由，臣谨恭折奏闻，伏乞皇上睿鉴。谨奏。

朱批：览。

（《宫中档乾隆朝奏折》第三十二辑，第 664～665 页）

1665　云南巡抚明德《奏报拿获新疆改遣广西天保县
之逃犯，遵旨即行正法折》
乾隆三十三年十一月三十日

云南巡抚臣明德谨奏：为拿获新疆改遣逃犯，遵旨即行正法，恭折奏闻事。

据署按察司事布政使宫兆麟详解新疆改遣逃犯吴老四一名到臣，臣即提犯严讯。缘该犯吴老四籍隶贵州平越县，在籍行窃八案，拟发新疆，改遣广西天保县，于乾隆三十二年十月到配，拨发典史衙门充当水夫，即于三十三年正月内脱逃，三月内逃至云南广南府宝宁县地方，盘获究讯，该犯捏称系天保县军犯，名王老四。该县因无案可查，又无认识之人，随经关查。去后，兹据关到犯案并天保县差役梁德来滇，认明实系改遣人犯吴老四，由府司详解前来。臣覆讯无异。查该犯系应发新疆、改遣内地人犯，到配即行潜逃，实属怙恶不悛，亟应正法，以示惩儆。臣已遵旨，委员于十一月三十日，将该犯吴老四押赴市曹正法讫。其广西疏脱改遣人犯之员，臣现在移咨广西抚臣查参。滇省盘获之员，臣咨部照例议叙外，所有拿获新疆改遣逃犯正法过缘由，臣谨恭折奏闻，伏乞皇上睿鉴。谨奏。

朱批： 知道了。

（《宫中档乾隆朝奏折》第三十二辑，第 665～666 页）

1666　阿桂、明德《奏报到永昌日期及与阿桂、明德等商酌进兵事宜折》
乾隆三十三年十二月初三日

臣阿桂、臣明德谨奏：为奏闻事。

窃臣阿桂于十一月二十二日自省兼程启行，已于三十日晚抵永昌。沿途查看情形，因圣恩加增运粮脚价，小民颇知急公，马驼人负，络绎不绝，殊与兵糈有益。蒙恩发项兴修道路亦将次告竣，于粮运、兵行称便。臣阿桂与臣明德详加商酌，进兵需用马骡，均已奏明购办，向后各省陆续起解。料草亦已饬备，兵粮俱各敷用。军装、火药等项，现在分饬制造，均不致迟误。来岁进剿，一切军务，臣等已大概商酌，俟臣阿桂到陇川，再与阿里衮详细确商，另行具奏，恭候圣训。

至于奉旨交办各件，臣等已逐细筹商，亦俟臣阿桂到陇与阿里衮妥商，奏请训示遵行。臣等在永昌商办二日，候应用马匹到齐，臣阿桂即于十二月初三日起程前赴陇川讫。臣等谨恭折奏闻，伏乞皇上睿鉴。谨奏。

朱批： 览。

（《宫中档乾隆朝奏折》第三十二辑，第 707 页）

1667　阿桂、明德《奏报滇省瑞雪沾足情形折》
乾隆三十三年十二月初三日

臣阿桂、臣明德谨奏：为恭报瑞雪沾足情形，仰祈圣鉴事。

窃照云南地方九十月间，稻禾收割之后，农民即布种冬麦、蚕豆，必须雨泽滋培，根垓稳固，方可期来春丰登。如得瑞雪，更属有益。本年，自二麦布种之后，雨雪稀少。兹于十一月二十五六两日，永昌得雨沾足，山头俱有积雪。臣阿桂沿途查看，冬麦已经出土一二三存，豆苗亦已长发，是日亦俱得雨，并有积雪至二三寸者。兹据云南省城报称，三年以来俱未得雪，今于十一月二十五日子时大雨，至丑时止；又自巳时，接降瑞雪，至二十六日辰时止，高阜之地积雪一尺有余，平地积雪七八寸。并据迤东各属陆续报到，是日得雪四五寸至七八寸不等。此皆仰赖圣主福庇，得此深厚瑞雪，明春二麦丰收可必。臣等身任地方，不胜欣庆。所有普得瑞雪沾足情形，臣等谨恭折奏闻，伏乞皇上睿鉴。谨奏。

朱批：欣慰览之。

（《宫中档乾隆朝奏折》第三十二辑，第 707~708 页）

1668　阿里衮、阿桂、明德《奏请拨运川省炮位至滇，以利攻剿折》
乾隆三十三年十二月初九日

臣阿里衮、臣阿桂、臣明德谨奏：为请拨运炮位，以利攻剿，仰祈圣鉴事。

窃臣等前奉谕旨，令臣等将川省解滇九节铜炮试演，是否宜于攻栅，再将川省余存铜炮六位应送应停之处办理等因。

查川省铜炮四位，于八月中解至永昌，臣等亲加试演，实属破栅利器，业经奏明在案。此项炮位，既足资克敌，自宜多备应用。因川省送到铸炮匠四人到滇，令其陆续铸造二位，先后演放，螺蛳、筒俱有进脱，询之该匠等，据称："从前铸炮人戴姓，系广东人，今已物故。小的们当日在炉帮铸，未能尽得其法，是以不能如式。"等语。该匠等既未精熟，即再铸造，仍恐不能适用，徒费工本。川省尚有余存炮六位，应请旨敕令四川总督阿尔泰及时委员陆续解滇，以资进剿应用，实于军事有益。至川省匠人四名，臣等量给盘费，令其回川。臣等谨恭折具奏，伏乞皇上睿鉴。谨奏。

朱批：已有旨了。

（《宫中档乾隆朝奏折》第三十二辑，第 769~770 页）

1669　云南巡抚明德《奏报遵旨查明滇省各属内应发新疆、
改发内地遣犯并无纵逸至五六名之多折》
乾隆三十三年十二月初九日

云南巡抚臣明德谨奏：为遵旨具奏事。

窃臣于乾隆三十三年七月十五日，准吏部咨："乾隆三十三年五月十三日，奉上谕：据李侍尧等奏，署镇平县知县阎睿蒲等疏纵遣犯至五六名之多，请照重犯越狱之例，将阎睿蒲并典史鲁端似、巡检印寅曾一并革职留任，戴罪督缉。如逾限不获，分别名数，降级革职等语。所奏甚是，已允其所请，敕部准行矣。此等积匪猾贼，本系免死改发内地之犯。乃该州县等既不能严密周防于先，复不能密速追拿于后，致多犯久稽弋获，岂疏脱常犯可比？皆由向来督抚等仅沿常例查参，直至四参不获，始行分别降调，以致地方有司不知惩惕，事理实为未协。广东如此，恐他省正复不少。嗣后各省疏脱遣犯，如有逃逸多人，逾限未获者，其知县等官，均照李侍尧等所奏，按依限期，从重参处。仍将现在有无似此纵逸多犯之案，令各督抚查明具奏。钦此。"移咨到臣，当即转行查覆。去后，兹据布政使兼署按察司事宫兆麟查明，详覆前来。

臣查滇省各属内应发新疆、改发内地遣犯，在配脱逃者，各属间有一二名，多所弋获，经臣审明正法，具奏在案，并无纵逸至五六名之多者。除饬各属将到配遣犯严加管束，如有脱逃，迅速查拿报解外，臣谨遵旨查明，恭折奏覆，伏乞皇上睿鉴。谨奏。

朱批： 览。

（《宫中档乾隆朝奏折》第三十二辑，第771页）

1670　云南巡抚明德《奏报省城现无大员驻扎，令藩司钱度回省办理一切折》

乾隆三十三年十二月初九日

云南巡抚臣明德谨奏：为奏明事。

窃照军前事务，现有副将军公臣阿里衮、副将军督臣阿桂巡查办理，臬司诺穆亲跟随在外。永昌地方，臣明德督率军需局、道、府等办理一切，不致稍有迟误。惟省城并无大员驻扎。查甘肃办理军需，督臣在肃，抚臣在外，布政司虽随同督臣在肃办理军需，其衙门一切政务及收发钱粮，俱移交按察司代办。嗣奉上谕，以省城缺乏大员，令藩司蒋炳回省办事。今云南省城既无臬司，而藩司来永，其署内应办事务及收发钱粮，俱委之库官、库吏、家人，殊未妥协。适督臣阿桂过永，臣等公同商酌，新任藩司钱度，永昌地方尚无需用该司之处，应令在省办理一切。除饬知该司遵照外，臣谨恭折奏明，伏乞皇上睿鉴训示。谨奏。

朱批： 览。

（《宫中档乾隆朝奏折》第三十二辑，第772页）

1671　云南巡抚明德《奏报解到逃兵王君玉等八名，审明正法折》
乾隆三十三年十二月初九日

云南巡抚臣明德谨奏：为正法过逃兵缘由，恭折奏闻事。

窃照提督哈国兴查出木邦等处各营逃兵五十八名，除解至中途病故一名，先据解到永昌四十名，继又解到九名，俱经臣审明，即行正法，节次奏闻在案。尚有广南营逃兵八名，兹据该营解到，臣即率同军需局道员博明、观音保等逐一严加究讯。该兵王君玉、高正升、陆先农、文玉、李廷佐、陆朝凤、陆廷佐、王正得等，均系锡箔逃窜之犯，与哈国兴查解情词无异。查该逃兵等临阵脱逃，情殊可恶。臣已委员，将该逃兵王君玉等八名，于十二月初九日，押赴市曹正法讫。所有办过缘由，臣谨恭折奏闻，伏乞皇上睿鉴。谨奏。

朱批：览。

（《宫中档乾隆朝奏折》第三十二辑，第 772～773 页）

1672　阿里衮、阿桂、明德《奏报遵旨查讯木邦
土司线瓮团、线五格来历折》
乾隆三十三年十二月十一日

臣阿里衮、臣阿桂、臣明德谨奏：为遵旨查明覆奏事。

乾隆三十三年十一月十九日，承准大学士公傅恒、大学士尹继善字寄："乾隆三十三年十一月初一日，奉上谕：昨召见四川按察使费元龙，伊曾任云南迤西道，因询其在滇时事，据奏：任内有木邦土司罕莽底，被缅夷连年蹂躏，弃地逃匿，及缅夷头目普拉布带兵抢掠耿马土司之事。因思罕莽底既系木邦土司，其后何以为线瓮团所据？复检查明瑞原折，有瓮团胞侄线五格，系已故罕莽底嫡子之语。是罕莽底既有伊子线五格，木邦夷民何以拥立瓮团？此中情节未能明晰。今线五格又在何处？再从前吴达善所奏耿马土司被缅夷抢掠，是否即系现在所办之缅匪种类？其折内所称办理之案，是否实在情形？着传谕阿里衮等，将各缘由详晰查明，遇便覆奏。吴达善折及费元龙所称各情节，并着抄寄阅看。钦此。"遵旨寄信到。

臣等伏查，本年三月内，钦奉谕旨，令："将线瓮团访知下落，即令回至内地，善为安顿。钦此。"当经臣阿里衮、舒赫德、鄂宁饬查，在于孟定外滚弄江边野伖佤地方寻获，连伊侄线五格，俱安插于缅宁之海拉丁地方在案。今奉谕旨查询，臣等遵即饬调该土司到案，详加讯问，据线瓮团供："我今年二十三岁，罕莽底是我胞兄，线五格是罕莽

底之子，系我胞侄，罕黑是我堂叔。乾隆二十七年，缅贼差头目普拉布带贼兵二千余人到木邦，将罕黑抢去作向导，抢掳孟定、耿马，普拉布被沙练用炮打死，缅贼将罕黑带回木梳城，后来听得缅贼已将罕黑杀了。那时，我哥子罕莽底逃至孟板病故，缅贼将伊头人法亢敛顶充木邦土司，众夷人不服，将法亢敛杀了。因我侄子年纪太小，众夷人推我做土司。"等语。据线五格供："我今年二十一岁，余与线瓮团供同。"讯其既系罕莽底子弟，何以姓线？据供："小名系线瓮团、线五格，那时我们叔侄尚未长成，就这样叫下来的。其实我线瓮团实名罕宋，线五格实名罕烘。"等语。又问当日来抢孟定、耿马的贼人是否即系现在之缅匪？据供就是现在之缅匪等语。

至于吴达善等折内所办是否实在情形，因现有永顺镇中军游击清泰，当日正署腾越协副将事务，提标革职留任参将胡光，当日系游击，委令带兵在缅宁沿边一带防守，臣等详细询问，吴达善等折内所奏情形尚属相符。惟罕黑，据线瓮团供系伊弟兄之堂叔，而折内称罕莽底之堂弟，盖因彼时线瓮团尚未内附，是以所询未能详确。所有查明缘由，臣等谨恭折奏覆，伏乞皇上睿鉴。谨奏。

朱批： 览。

（《宫中档乾隆朝奏折》第三十二辑，第 786～788 页）

1673　阿桂《奏报奉旨总制滇黔，恭谢天恩折》
乾隆三十三年十二月十一日

臣阿桂谨奏：为恭谢天恩，仰祈睿鉴事。

窃臣于本年十二月初七日，行次南奠地方，准副将军公臣阿里衮差员赍到云贵总督关防，臣随叩头祗领任事。除恭疏题报外，伏念臣满洲臣仆，世受国恩，自幼趋走阙廷，因而稍习吏治，方壮，领军荒徼，遂得粗晓戎行。屡叨逾分之任使，幸未陨越者，何莫非我皇上教养栽培之所致。兹因缅匪未靖，恭膺特简，既畀阃寄，更兼总制滇黔，受命以来，实深惴惴，自维君父数十年造就殊恩。兹正当臣子勉竭血诚以图报效之时，敢谓才力有不逮稍存却顾之见？惟有事事仰遵圣训，时时振刷精神，凡一应设防调遣、秣马厉兵以及地方、营伍事宜，务期殚竭心力，与副将军臣阿里衮、抚臣明德和衷商榷，相机妥办，俾丑夷殄服，绥靖边圉，以冀仰酬高厚洪慈于万一。所有臣感激微忱，理合缮折恭谢天恩，伏祈慈鉴。谨奏。

朱批： 览。

（《宫中档乾隆朝奏折》第三十二辑，第 788～789 页）

1674　云南巡抚明德《奏报滇省乾隆三十二年分并三十一年旧欠盐课、薪市盈余等项已未完数目折》
乾隆三十三年十二月十八日

云南巡抚臣明德谨奏：为循例奏闻事。

窃照乾隆十七年正月初十日，奉上谕："嗣后各省每年完欠钱粮，俱着随奏销时分晰查明，核实折奏。钦此。"钦遵在案。

查滇省地丁之外，尚有盐课一项，亦系按年奏销，历年循照地丁之例，一体具折奏闻。兹乾隆三十二年分盐课银两奏销，经臣饬令司道将各属完欠确数查明，分晰详报。去后，据布政使宫兆麟会同驿盐道冯光熊详称："各属征完乾隆三十二年分并三十一年旧欠盐课、薪本盈余等项，共银三十五万五千五百三十八两五钱零，未完银九万五千八百二十两六钱零。"等情。详报到臣。臣查核无异，除恭疏具题，其未完银两，饬令上紧催征外，臣谨恭折奏闻，伏乞皇上睿鉴。谨奏。

朱批：览。

（《宫中档乾隆朝奏折》第三十三辑，第23页）

1675　云南巡抚明德《奏报大关同知缺出，请以云南县知县李世保升补，其遗缺以试用知县冯元吉试署折》
乾隆三十三年十二月十八日

云南巡抚臣明德谨奏：为边缺紧要，循例恳请升补，以裨地方，仰祈圣鉴事。

窃照昭通府大关同知李肖先患病，呈请解任回籍调理。现在另疏具题外，所遗员缺系夷疆要缺，例应在外拣选题补。

臣查大关系苗疆要地，该同知驻扎专城，管理地方刑名、钱谷事务，关系紧要，必须历练熟悉之员始克胜任。臣于通省同知内逐加遴选，非现居要缺，即人地不宜，并无合例堪调之员。查有云南县知县李世保，年四十八岁，山东举人，拣发江苏，补授盐城县知县，调繁武进县，因失察私盐，降调引见，奉旨仍以知县用，所降之级带于新任，拣发云南，题补今职，于乾隆二十八年十一月十九日到任，扣至乾隆三十三年十一月十九日，历俸已满五年。该员老成明白，办事历练，委署省会首邑两年，办理兵差、军需均属妥协；且该员在滇年久，熟悉风土民情，以之升补大关同知，实于夷疆要地有益。惟是该员虽历俸已满五年，其罚俸案件亦俱报解。但该员任内有降级降俸之案，三年无过，咨部请题开复，尚未准到部覆，与例稍有未符。伏查定例，各省遇有紧要员缺，人地实在相需，而所拟升补之员又有因公降革留任之案，准照专折奏闻例，于折内声明请旨，可否准其升用，恭候钦定等语。今大关同知员缺紧要，实系人地相需。合无仰恳圣恩，俯准将云南县知县李世保升补大关同知，于地方殊有裨益。

所遗云南县知县员缺，系升补所遗，例得以试用人员试署。查有试用知县冯元吉，年三十三岁，四川巴县拔贡，朝考一等，带领引见，奉旨以知县试用，签掣云南，乾隆三十一年十二月内到滇。该员才具明敏，办事精细，历经差委，俱能妥协，以之试署云南县知县，亦能胜任。仍俟试署期满，如果称职，另请实授。

再李世保以知县请升补同知，应俟部覆至日照例给咨送部引见，冯元吉系试用知县，请试署知县，衔缺相当，毋庸送部引见。除将该员等参罚案件另缮清单恭呈御览外，臣谨会同云贵督臣阿桂恭折具奏，伏乞皇上睿鉴，敕部议覆施行。谨奏。

朱批：该部议奏。

（《宫中档乾隆朝奏折》第三十三辑，第24～25页）

1676 云南巡抚明德《奏报邓川州、浪穹县、鹤庆府、剑川州被水较重，恩恩再加赈一个月折》

乾隆三十三年十二月二十六日

云南巡抚臣明德谨奏：为密折奏闻，仰祈圣鉴事。

窃照滇省地方本年雨泽沾足，高下田亩一体丰收。惟大理府属之邓川、浪穹二州县及鹤庆府并所属之剑川州，六七月内雨水骤大，冲决堤埂，或山水暴涨，漫及田庐，皆系一隅洼地，其余高田仍属有收，节经臣等奏闻在案。惟是被水四属虽各系一隅，但被水较重，秋禾无收。今虽已成灾加赈，但该府州县距永较近，连年拨运军粮，余存仓谷有限，多系以银折赈。现在每谷一斗巢银一钱有奇，照例折赈，每斗给银五分，是两月之银只抵一月之粮。冬春之交，被水穷民仰蒙皇上天恩，均各得所。但去麦熟稍远，来年三四月间，穷黎难免不无拮据。可否仰邀圣恩，特降谕旨，将邓川州、浪穹县、鹤庆府、剑川州被水极次贫民再加赈一个月，出自皇上天恩。臣谨恭折密奏，伏候圣主睿裁。谨奏。

朱批：有旨谕部。

（《宫中档乾隆朝奏折》第三十三辑，第129～130页）

1677　云南巡抚明德《奏报遵旨办理参员罗源浩等应追银两折》
乾隆三十三年十二月二十六日

云南巡抚臣明德谨奏：为遵旨奏覆事。

乾隆三十三年十二月二十日，承准大学士公傅恒等字寄："乾隆三十三年十二月初二日，奉上谕：明德查奏罗源浩应赔铜厂银两一折内，称即系限内全完，仍不准其开复。程之章等各员，如于一年完项，照例开复。而另片内又称均俟交赔完日，方准回籍等语。显系该抚意存姑息，急欲为伊等开脱。所办非是，已于折内批示。罗源浩为人朕所素知。前于浙省道员任内，曾经加恩补授京堂。乃召见奏对，意并不知感激，惟欲贪恋外职养廉。及将伊复用道员，一味恋栈因循，竟不实心任事，以致铜厂废弛日甚，任听属员透漏作弊，甚至铜本有亏，亦不上紧厘剔。其溺职负恩，初非寻常失察、应赔官项之人可比，前经降旨甚明。是论罗源浩之情罪，即将应赔之项按限全缴，尚当交部治罪，以示惩儆，岂徒不准开复，遂足蔽辜？但此时伊若自知余罪无可解免，则应交官赔项，势必怠玩不前，是以暂且停其交议。传谕该抚，看其完项情形，如不甚踊跃，即将伊监禁着追，事毕时再行奏请治罪。至程之章等，均系专司铜务之人，任意滥放亏帑，亦有应得之罪。如拖延不完，并着监追，俟伊等交完官项之日，一并具奏请旨。着将此详谕明德知之。钦此。"遵旨寄信到臣。臣跪读之下，不胜惶愧。

伏思罗源浩蒙皇上叠次施恩，用为京堂，不知感激，惟知贪恋外职养廉，甚属丧心无耻。今于粮道任内废弛铜务，亏欠厂本，实属负恩溺职，非寻常失察应赔官项之人可比。臣仅拟以限内全完，不准开复，错谬已极。仰蒙圣明指示，臣即遵旨，饬司严行着追。如罗源浩完项稍不踊跃，臣即立将罗源浩收禁监追。（**夹批：今已完几何？**）其程之章等，亦现在严追，如拖延不完，即将伊等一并收禁监追，俟交完后，臣一并具奏请旨。

所有臣遵旨办理缘由，谨恭折奏覆。原奉朱添谕旨一并恭缴，伏乞皇上睿鉴。谨奏。

朱批：览。

（《宫中档乾隆朝奏折》第三十三辑，第130~131页）

1678　阿里衮、阿桂《奏报代总兵本进忠奏谢调补普洱镇总兵谢恩折》
乾隆三十三年十二月二十七日

臣阿里衮、臣阿桂谨奏：为据情代奏，恭谢天恩事。

据普洱镇总兵本进忠呈称："钦奉上谕：'本进忠着调补普洱镇总兵。钦此。'窃进忠一介武夫，蒙圣恩屡加拔擢，由兵丁荐历副将，本年二月内，又蒙恩升授临元镇总兵，旋奉旨赴京，叩受荣宠，至优至渥。回滇以来，方愧毫无报称，乃复蒙恩调补普洱，闻命之下，感悚难名。伏念普洱为迤南极边要地，一切控制防范，责任匪轻。进忠自顾何人，膺此重寄？惟有勉竭驽钝，实心奋力，以期仰报高厚洪慈于万一。所有感激下忱，恳乞代为陈奏。"等情。臣等谨代为奏谢，伏乞睿鉴。谨奏。

朱批： 览。

（《宫中档乾隆朝奏折》第三十三辑，第134页）

1679　署云贵总督彰宝、云南巡抚李湖《奏报审明偷越夷境、捏造缉牌之匪徒，从重究拟折》

乾隆三十八年十一月初一日

署云贵总督臣彰宝、云南巡抚臣李湖谨奏：为审明偷越夷境、捏造缉牌之匪徒，从重究拟，以伸法纪事。

窃照前据安南国王两次咨称，内地人龙云、马德安、卢有财三名，借称云南按察司给牌，差拿逸犯李国泰、夏维高二个越境混行。又称粤人何万珠、蔡辛瑞二名，俱侨寓该国兴化处广陵州，在彼滋事。乾隆三十七年十月，云南建水县差唐庆柏、刘顺捉拿该国差人灿武。及十二月内，建水县差唐庆柏、唐老大往兴化处插立木牌，标认疆界，均与何万珠同行。其时，蔡辛瑞遇见唐庆柏等，自称建水县委差，蔡辛瑞代为引导，需索各处芒岗银钱，又称莱州刀宁系本镇所属土目，曩因公事提究，今此告示，乃认作内地人，要来索还，并由此辈作弊各等语。据该国将龙云、马德安、卢有财及何万珠、蔡辛瑞等五名，由广西水口关解送，先将缉牌、告示各一纸，具文移送前来。

臣彰宝随将送到缉牌，验系奸民龙云等伪造臬司之差票，与按察司印信、篆文比对，迥不相同。票内捏写逆犯李国泰、夏维高二名贸易缅地，潜入交阯等之狂诞语句，实系凭空伪造。其告示一张，验系建水县访得交阯人将猛赖掌寨刀宁拘去，传谕交阯头目，令将刀宁放回等语，钤有建水县印信，事属有因。经臣彰宝将该国王前后所咨情节及原文等项恭折奏闻。仰蒙圣鉴，敕令臣等："彻底根究，尽法处治，方足以服外夷之心。钦此。"钦遵。嗣于九月初六日，准广西省将匪犯何万珠、蔡辛瑞、龙云、马德安、卢有财即金有财等五名，委员解至云南省城。臣李湖率同藩臬两司，督饬云南府知府永慧、新任临安府知府张凤孙等严行跟究确审，转解永昌，复经臣彰宝率同在永昌道府逐一研讯无异。除建水县知县姜毓渭擅差探听，拘人滋事，又率给告示，索放刀宁，及唐庆柏与何万珠等冒差索骗，插立界牌各情由，臣等分案议拟，另折具奏外，兹据云南按察使图桑阿会同署布政司龚士模，将奸民龙云等捏造假印牌票、潜赴夷地索扰不法情由，招解前来。

臣等亲加研鞫，缘龙云本名黄龙云，系四川荣县人，向在滇省临安、元江地方生理，亏本流落。乾隆三十七年十月，在蒙自县会遇广东翁源县人刘明成、王以观，同寓闲谈，龙云冒称云南臬司差役，访查公事，节次向王以观借银无还。因王以观曾云粤人多有在安南贸易获利，但无票照，不能出境，倩令代谋牌票之语。龙云粗知文义，兼能篆字，遂起意伪造臬司假印差票，向王以观等商量造票，以便出境赚银还欠，王以观、刘明成允从。乾隆三十八年二月初五日，住宿建水县旅店。刘明成买给纸张、银朱，龙云以仅造路引难以动人，遂自捏写缉犯假牌一张，内载缉拿李国泰、夏维高诡名，并捏写狂诞语句，专差前往夷地访拿，标写差名龙云、马德安、金有财字样，又用油朱描摹云南按察司印文，搨印票上，持与王以观、刘明成看视。王以观等嫌其票上语句太重，龙云答以非此不能动人，即令刘明成顶作马德安之名，王以观顶作金有财之名，即由建水县一带夷寨出边。三月初间至安南猛占地方，曾向夷寨头人索得银三两，又令夷人在该处南马河备船过渡。适在过渡时，与何万珠同船相遇，各道姓名、籍贯而散。何万珠并无代为引领、串通吓诈之事。三月初九日，龙云等分路至打占地方，即被安南头人盘获，解送镇守夷官究问。该犯等坚称奉票拿人，那有假冒，只要解回天朝，就得明白等语，在彼抵饰。该国夷官未加凌辱，解归内地。此外并无伙伴，亦未犯过别案。臣等严加究诘，似无遁饰。

伏查例载：伪造诸衙门印信，非关军机、钱粮等弊，止图诓骗财物者，拟斩监候，为从杖流。又例载：妄布邪言、书写张贴煽惑人心，为首者斩立决；又擅入苗境，借差欺凌，实在情重，将监候改为立决各等语。今黄龙云伪造按察司印票，潜往安南外境，假差缉捕，希图吓诈财物，又于假票内捏造狂诞语句，不法尤甚。应照妄布邪言、煽惑人心例，将黄龙云拟斩立决。刘明成即马德安，王以观即卢有财，又名金有财，知情伙造假票，冒充官差，随同跟入夷地，虽系为从，法难宽减，俱应照擅入苗地、借差欺凌情重例，并拟斩立决。以上黄龙云、刘明成、王以观三犯，均请旨即行正法，以伸国宪。其何万珠一犯，审非黄龙云等伙党，已于正案定拟斩决，无庸再议。至失察龙云等偷越出口文武各员职名，现饬查明，另行参处。

臣等谨缮具供单，合词恭折具奏，伏乞皇上圣鉴，敕下法司议覆施行。谨奏。

朱批：三法司核拟速奏。

（《宫中档乾隆朝奏折》第三十三辑，第235~238页）

1680　署云贵总督彰宝、云南巡抚李湖《遵旨审明建水县知县纵役私出口外勒索外夷一案，按律定拟折》

乾隆三十八年十一月初一日

署云贵总督臣彰宝、云南巡抚臣李湖谨奏：为遵旨据实审明，分别严参惩治，仰祈圣鉴事。

乾隆三十八年八月二十八日，接到大学士臣于敏中字寄："本年八月十一日，奉上谕：据彰宝奏，准两广总督李侍尧咨，解借差赴安南国越界征索之何万珠、龙云、马德安、卢有财，并该国续解之蔡辛瑞等接收审究等因一折。何万珠、蔡辛瑞以内地民人窜居夷境，复敢勾引奸民龙云等，假捏云南按察司缉牌，在夷地需索滋扰，实为不法匪徒。该督等自应严行审究，从重定拟。至折内称建水县差役刘顺帮同猛赖头目刀正温，将交阯差人灿武押回内地，讯明即将灿武释回，并将刘顺责处。又称刀正温因其掌寨刀宁被交阯拿去，寨民不安，恳求建水县出示索回。该县姜毓渭并未禀报，即发给告示等语。委员等查审此案，未免存回护之意。刀宁是否内地之人，抑系交阯夷目，无难立辨。乃该县闻知其事，并不禀报上司查办，辄擅自出差探听，致该役刘顺在彼滋事。复据刀正温一面之词，又未禀报，率给告示，索放刀宁，尤属轻举妄动。是该县与差役各有应得之罪，自应据实审明，分别惩治。并当严饬委员确审，不得丝毫瞻徇同官，该督亦不可略存袒庇属吏之见，务使情法允当，不稍姑息。其假造臬司牌文一案，并须彻底跟究，尽法处治，方足以服外夷之心。至安南国王来文措词不合体制之处，亦应正词申饬，俾其诚服而知儆。仍将此案即行审拟具奏。将此传谕知之。钦此。"钦遵。臣等随将建水县知县姜毓渭摘取印信，勒令离任看守，一面拘拿县差刘顺、唐庆柏等，提同安南解到之何万珠、蔡辛瑞等各犯，率同两司暨云南府知府永慧、新任临安府知府张凤孙，隔别研究。

缘建水县管辖沿边各猛土境，名曰猛梭、猛喇、猛丁，向称三猛，皆系顺治、康熙年间投诚。此外尚有猛赖、猛蚌、猛弄，俱系雍正年间投诚。每猛设掌寨一名管理夷众，各猛每岁共纳籽粒银四百两，系各掌寨收齐，送建水县交纳，该县并不零星差催，并无另有季税名色。惟猛赖地方，离建水县治有十五站之远，与安南所辖兴化夷境最为切近。猛赖掌寨刀宁之祖刀福燕，本系安南土职，其父刀正齐归附后，即充猛赖掌寨，岁纳内地籽粒银五十两，又向安南输纳年例银四十两。从前以边夷内附，聊示羁縻。其因何仍纳安南年例银两，因有中外之隔，向未查悉根柢。刀宁父子充当猛赖掌寨，内地并不给予号纸、委牌。今讯据猛赖头目刀正温等供明，该处向有带管之猛占暨鱼瓮、漫力、漫麻、猛卑、猛斋等五寨，本系安南所辖夷地，私附于猛赖界内。从前刀正齐投诚时，以地非伊属，故未报明入册，是以猛赖有并纳安南年例银两。并据供出，猛赖夷民尚有在南掌国之猛天寨耕种地土，每年又纳南掌地税银二十二两。是猛赖一寨，界在交阯、南掌之间，向来三处完粮，由来已久。乾隆十九年间，有安南人黄公舒占夺猛天，诈称沿边一带归伊掌管，令猛赖刀宁将应完安南年例及南掌地税，二共减为四十两，向猛天完纳。刀宁利其轻减，即向黄公舒纳银。从此猛赖与安南赋税不通，安南亦因黄公舒梗阻，不向催取。迨黄公舒败亡，伊子黄公缵率其眷属赴内地投诚，余党渐散。安南将猛天地方收复，遂令猛赖照旧输粮。该掌寨刀宁以前经内附，不肯应付。乾隆三十七年，刀宁之母赴安南所管之猛占婿家暂住。八月十五日，刀宁至安南之猛占省母，被安南镇目夷差乘间拘去。猛赖头人刀正温以其掌寨被拘，事无主宰，夷众疑惧，商同字识唐庆柏，即于上年十月二十四日赴建水县具禀,求县给文索回刀宁。该县姜毓渭并不具禀请示,即差衙役刘顺,同刀正温、唐庆柏前赴猛赖查探虚实。刘顺带同堂侄刘老大,于十一月二十六日至猛赖地方,查明刀宁被安南镇目拘去属实。二十七日,适有安南夷差灿武在猛赖索欠,与刀宁之叔刀正亨争闹,建水县差人刘顺见而袒护,灿武不服,且指刘顺为假差。其时粤人何万珠系唐庆柏之表侄,亦在猛赖,唆令刘顺将夷差灿武拘执。刘顺向刀正亨索银十二两,与猛赖头目刀正温将灿武押带回县。该县姜毓渭禀知临安府知府王引楷,审讯夷差灿武,供系在猛赖索欠,并未滋事,当将夷人灿武省释递还。因该县差人刘顺不应擅拿夷差,私自责惩完结,亦未经禀报。该县姜毓渭又以刀宁被拘属实,遂缮写告示一张,给予刀正温,传谕安南夷目,令将刀宁放回。此建水县知县姜毓渭轻听夷目刀正温求恳之词,辄而差查滋事,又率给告示,索还刀宁之各情节也。

其猛赖字识唐庆柏,从建水县城回至猛赖,私与刀宁之叔刀正亨相商,以地已内附,屡受安南索扰,必需立牌分界,方可拒绝牵制。缘猛赖自管之地以巴发为界,其代管之猛占及鱼瓮、漫力、漫麻、猛卑、猛斋等五寨,系在巴发界外。刀正亨希图将猛占等寨划出,则猛赖已无应完安南年例,可免牵制。刀正亨即遣唐庆柏头人阿粒,并唤何万珠作伴,前往巴发地方插立界牌。比有猛占及鱼瓮、猛斋、猛卑等寨头人闻知将伊等数寨划出界外,恐被安南征索,嘱托唐庆柏将巴发所插界牌改移于猛占拔奔地方,许银酬谢。唐庆柏应允,即令何万珠带同唐老大,诈称官差,又倩久住猛占之粤人蔡辛瑞,于乾隆三十八年正月初四日,同至拔奔地方,在于交界河边将牌插立。鱼瓮等寨头人公凑送银三十三两,分给蔡辛瑞银六两,其余俱系何万珠收受,思欲夷地贩货而回。先令唐老大归至猛赖,将界牌改移,插于拔奔,及得受酬谢情由,告知唐庆柏,惟刀正亨并未知情。至于建水县所给刀正温告示一张,刀正温赍回猛赖,亦交唐庆柏,在于拔奔地方张贴。回至猛占,该处头人和隆送给唐庆柏银十八两,以作酬谢。安南夷目见建水县告示,即将刀宁放回。此系猛赖字识唐庆柏私遣粤人何万珠、蔡辛瑞等冒充假差,潜往猛占拔奔河边插立界牌,得受鱼瓮等寨酬谢银两之情节也。

臣李湖先在省城,据藩、臬两司审解,当即悉心研究,似无遁情。又连犯解至永昌,臣彰宝率同在永昌道府祝忻等覆加详鞫,据各犯历历供明不讳。并提建水县知县姜毓渭与该役刘顺等质对,姜毓渭自认擅差探听,匿不禀报,又率给告示,索放刀宁,实属轻举妄动,罪无可辞。惟插立界牌一节,系唐庆柏与何万珠、蔡辛瑞在于猛占夷地假冒差使,私行插立,该县姜毓渭实不知情,亦并无私收季税情事。

臣等伏查,律载:军人私出外境,于已附地面掳掠,不分首从,斩监候。又例载:附近番苗地方吏民人等擅入苗境,借差欺凌,实在情重,将斩监候改为立决。又例载:民人私出口外者,杖一百,流二千里各等语。

兹查何万珠、唐庆柏,俱原籍广东连州,潜越外境,盘踞多年。唐庆柏恃充猛赖字识,贪贿设谋,主使何万珠在安南属国接壤之处私插界牌,又赍持告示,往拔奔地方张贴,得受猛占寨银十八两。何万珠随同附和，假冒官差，代往夷地插立木牌，埜得鱼瓮等寨银三十三两，均属不法。何万珠、唐庆柏俱应照私出外境，于已附地面掳掠，不分首从律，拟斩。仍依擅入苗地，借差欺凌情重例，俱改为立决。建水县差役刘顺前往猛赖查探事情，辄敢借差扛帮，妄拿夷人，又勒索土目刀正亨银十二两，亦属借差欺凌，无端生事。应照恶棍设法索诈官民取财，照光棍例，拟斩立决。至蔡辛瑞，系广东英德县人，潜出猛占贸易，即在夷境落业居住，因与何万珠同乡，跟往立界，分得赃银。应照私出外境掳掠，不分首从本律，拟斩监候，秋后处决。唐老大系唐庆柏侄孙，听从指使，跟随同往，尚非帮助济恶，亦未得受财物。合依民人私出口外例，杖一百，流二千里。其现拟斩决之何万珠、唐庆柏、刘顺三犯，应请旨即行正法，以肃法纪，俾边地民夷知所炯戒。

建水县知县姜毓渭，于中外交涉事件，既不禀报上司，又不亲往查办，始而擅差探听，继复给示索人，且衙役出外犯赃，茫然不知，奸民潜住夷地，漫无查察，实非寻常溺职可比，仅予革职，不足示惩。应请旨发往伊犁等处，令其自备资斧，效力赎罪。其该管之调任临安府知府王引楷，明知属员举动错谬，不行转禀，请示妥办，亦属不合，相应一并附参，请旨敕部严加议处。至于奸民龙云等捏造按察司缉牌，在夷地需索滋扰，系本年三月间之事，与建水县差役刘顺妄拿夷差及出示索讨刀宁，并唐庆柏等私插界牌均不相涉。臣等现将龙云、马德安、卢有财三犯分案，从重定拟，另折具奏外，该国王来文将两事牵混，以致辞义未明，有乖体制。臣等酌拟申饬该国王檄稿，进呈御览，恭候钦定发回，于事结后缮发该国王遵照。

再猛赖一处，与交阯边地紧连，且其兼管之猛占及鱼瓮数寨，原系交阯夷地，从前猛赖投诚时，并未将此数寨一并入册，是以相沿并纳安南年例。猛赖掌寨刀宁之叔刀正亨等情愿将猛占等寨划出界外，以免安南牵制，而猛占等寨又欲私附于猛赖界中，以图规避安南夷例银两。现据刀正温所供，情节似属可信。刀宁因被安南拘摄，以致头人刀正温进内恳示索还。其刀正亨初意，原欲于巴发地方本处钉界，因唐庆柏等受贿作弊，私移于猛占拔奔地方插立界牌，并非刀正亨主使。所有猛赖掌寨刀宁及伊叔刀正亨、头目刀正温，俱无庸置议。至刀宁，世居猛赖，与普洱、九龙江相隔遥远，不通往来，各有土籍支派，并非刀维屏一族。合并声明。

臣等谨缮具供单，合词恭折具奏，伏乞皇上圣鉴，敕下法司议覆施行。谨奏。

朱批：三法司核拟速奏。

（《宫中档乾隆朝奏折》第三十三辑，第238～243页）

1681　云南巡抚李湖《奏报甄别巿年俸满抚标干总折》
乾隆三十八年十一月初四日

云南巡抚臣李湖跪奏：为遵旨议奏事。

案准部咨："直省绿营千总历俸六年，详加考验，分别保送、留任、勒休，年底分晰汇奏。"又准部咨："嗣后凡属千总无多之各省抚标，如本年内并无俸满甄别人员，报部汇奏。"各等因，遵照在案。

兹乾隆三十八年，查有臣标左营左哨初次六年俸满、未经出兵千总一员王锦，臣详加考验，弓马去得，年力精壮，孰谙营武，堪膺保送。除另文给咨赴部引见外，此外并无俸满留任又届六年应行甄别及庸劣衰迈之员。理合恭折具奏，另缮清单，恭呈圣鉴。谨奏。

朱批：该部知道。

（《宫中档乾隆朝奏折》第三十三辑，第 262 页）

1682　云南巡抚李湖《奏报甄别本年俸满佐杂人员折》
乾隆三十八年十一月初四日

云南巡抚臣李湖跪奏：为遵例汇奏事。

窃照定例：首领、佐贰等官，历俸六年，例应甄别，将平庸衰颓者分别斥休，勤慎供职者准其留任，人才出众者保题引见，其未满六年不可姑容者随时咨革，不得拘定年限。仍专折具奏等因，遵奉在案。今据署布政使龚士模将云南省乾隆三十八年分甄别过俸满佐杂人员开送前来。

臣查初次俸满者五员，二次俸满留任者二员，未经俸满、缘事降调者三员，参革者五员，告休者一员，告病者二员，上年计参有疾者一员。所有乾隆三十八年分甄别过俸满佐杂人员，臣谨缮具清单，恭呈圣鉴，敕部施行。谨奏。

朱批：该部知道。

（《宫中档乾隆朝奏折》第三十三辑，第 263 页）

1683　云南巡抚李湖《奏报四川委员办理锡斤扫帮出境日期折》
乾隆三十八年十一月初四日

云南巡抚臣李湖跪奏：为遵旨具奏事。

乾隆三十四年十二月二十五日，奉上谕："向来京局运解铜铅各员，自滇省开运及经过省分，入境、出境日期，皆令各督抚随时奏报，是以不敢耽延。而各省采办之员，恃无稽核，往往任意濡迟，旷日玩公，实于鼓铸有碍。嗣后，凡此等人员到滇办运开行，即着该抚具奏。其何时运回本省，有无逾限，亦令该督抚核实奏闻。至沿途出入省境期程，并照京局解员之例，一体具奏。如有无故停留贻误者，即行指名参究。钦此。"钦遵在案。

今据署云南布政使龚士模详称："四川委员袁大正，于滇省个旧厂采买癸巳年鼓铸锡五万九千三百六十斤，于乾隆三十八年八月二十六日，由宣威州扫帮出境。"等情前来。除飞咨四川、贵州督抚臣接替催趱前进，依限交收，并咨明户部外，所有四川委员办运锡斤扫帮出境日期，谨恭折奏闻，伏乞圣主睿鉴。谨奏。

朱批：览。

（《宫中档乾隆朝奏折》第三十三辑，第 263～264 页）

1684　云南巡抚李湖《奏报乾隆三十八年分滇省民数、谷数折》
乾隆三十八年十一月初四日

云南巡抚臣李湖跪奏：为钦奉上谕事。

窃照每岁仲冬，各府州县户口减增并仓谷存用各数，例应缮写黄册一本，详悉具折奏闻，钦遵办理在案。

今据署布政使龚士模会同粮储道祝忻详称："云南省乾隆三十八年实在土著、民人，大小共二百二十三万九千五百八十六丁口，内男丁一百一十四万六千一十九丁，妇女一百九万三千五百六十七口。乾隆三十八年实贮常平社仓米、谷、麦、荞、青稞，折共一百六十九万五千九百八十二石零。"造具总册，详送到臣。臣覆核无异，理合循例恭折奏闻，并缮黄册各一本，恭呈御览，伏乞圣主睿鉴。谨奏。

朱批：册留览。

（《宫中档乾隆朝奏折》第三十三辑，第 264 页）

1685　云南巡抚李湖《奏报县令才不胜任，请改教职折》
乾隆三十八年十一月初四日

云南巡抚臣李湖跪奏：为县令才不胜任，请改教职，以重吏治事。

窃照知县一官，身膺民社，必须心地明白、才堪造就之员，方足以资办理。

今查现署嶍峨县事试用知县钟远煓，系广西举人，挑选一等，发往云南试用。该员人本拘迂，性复迟钝，初次委署丽江县印务，办公时形竭蹶，犹谓边郡首邑，案牍较繁，非初任所能经理。本年六月，调署临安府属嶍峨县事，该处政简民淳，措事本易。乃自莅任以来，听断无能，遇事茸阘，屡经训饬，无如限于才识，难望造就有为，实难膺民社之寄。

查该员系举人出身，居官尚无劣迹，若以之改补教职，犹堪胜任。兹据署布政使龚士模等会详前来，并声明该知县系试用知县，请改教职，与月选到任及试用题补得缺请改教职例应送部引见者不同，应俟部覆至日，给咨该员回籍候选等情。除饬委员接署，查明任内经手仓库钱粮有无未清另报外，相应会同督臣彰宝恭折具奏，请旨将钟远端改补教职，以重吏治。伏乞圣主睿鉴，敕部议覆施行。谨奏。

朱批：该部议奏。

(《宫中档乾隆朝奏折》第三十三辑，第 265 页)

1686　云南巡抚李湖《奏报广西委员办运铜斤逾限九月，循例参奏折》
乾隆三十八年十一月初四日

云南巡抚臣李湖跪奏：为奏闻事。

乾隆三十四年十二月二十五日，奉上谕："各省委员赴滇采买铜斤，往来俱有定限。嗣后到滇办运开行，即着该抚具奏。何时运回本省，有无逾限，亦令核实奏闻。至沿途出入境期程，并照京局解员之例，一体具奏。如有无故停留贻误者，即行指名参究。着传谕采办滇铜即铜运经由各省督抚知之。钦此。"钦遵在案。

兹据署云南布政使龚士模详称："广西委员、上思州调补东兰州知州李滉，采买壬辰年金钗厂一半正耗余铜一十九万二千六百三斤，自乾隆三十七年九月二十九日领竣之日，起限应扣至三十八年正月初七日限满。今该委员于本年九月二十五日，运抵剥隘扫帮出境，计逾限九个月十七日。据称，实因带运铜斤，先押出境，往返需时，又换运中途时值农忙，兼之夏雨连绵，涨流间阻难行，并非无故逗留。"由宝宁县查明属实，详请具奏前来。臣覆核无异，除飞咨广西抚臣转饬接替催趱，依限交收，并咨明户部外，查核该员李滉带运前委员侯筠己丑年铜斤出境，经臣查明具奏。其正运逾限，虽属有因，但迟至九月有零，未便竟免置议。相应附折参奏，伏乞圣鉴，敕部查议施行。谨奏。

朱批：该部议奏。

(《宫中档乾隆朝奏折》第三十三辑，第 266 页)

1687 云南巡抚李湖《奏报甄别本年滇省俸满教职人员折》
乾隆三十八年十一月初四日

云南巡抚臣李湖跪奏：为遵例汇奏事。

窃照六年俸满教职，例应年底将保举、留任、休致各员汇折奏闻。

今据署布政使龚士模，将乾隆三十八年分云南省甄别过俸满教职人员开送前来。经臣验看，并无堪膺保题人员外，初次俸满、勤职留任者十三员，二次俸满、勤职留任者八员，循分供职留任者一员，告休者一员，丁忧者一员，未经俸满告病者一员，丁忧者三员，告请终养者一员，年老休致者三员，勒休者二员，缘事降调者一员，上年计参年老勒休，归入本年汇奏者三员。所有乾隆三十八年分甄别过俸满教职人员，臣谨缮具清单，恭呈圣鉴，敕部施行。谨奏。

朱批： 该部知道。

（《宫中档乾隆朝奏折》第三十三辑，第 267～268 页）

1688 云南巡抚李湖《奏报滇省地方雨水、禾苗等情形折》
乾隆三十八年十一月初四日

云南巡抚臣李湖跪奏：为恭报地方情形事。

窃查滇省本年晴雨应时，秋收一律丰稔，经臣节次陈奏在案。兹臣代阅迤东营伍，于十月十五日自省起程，由云南府属之呈贡、晋宁，澄江府属之江川，临安府属之宁州、通海、建水、阿迷、蒙自，开化府属之文山，广南府属之宝宁，广西直隶州属之邱北、弥勒等州县，沿途查看，播种春麦、南豆俱已出土，向阳原隰长发尤为茂郁，遍野青葱，平畴如绣，并间有麦高三四寸及豆已扬花者。询之农人，金称地处省南，节气较早，收稻之后，即种春苗，是以麦豆苗长，倍于省北。而临安之蒙自、阿迷，开化之文山，广西州之弥勒等州县，地势平衍，田土开辟，沟浍俱各深通，风景颇与中土无异。十月十九、二十一二、二十四五六等日，复连沛甘霖，远近均沾，春苗更加畅发。经由城镇村集，市米充盈，价俱平减，到处井里恬熙，民夷乐业，实属太平有象。途次并据各属禀报雨水春田情形，大约相同。理合缮折奏闻，并将十月份粮价敬缮清单，恭呈圣主睿鉴。

臣现由曲靖至东北一带巡阅营伍。合并陈明。谨奏。

朱批： 知道了。

（《宫中档乾隆朝奏折》第三十三辑，第 268～269 页）

1689　署云贵总督彰宝《奏报滇省办理赴川兵丁及在营兵丁操演情形折》

乾隆三十八年十一月十一日

署云贵总督臣彰宝谨奏：为钦奉上谕事。

乾隆三十八年十月十六日，接到大学士臣舒赫德、刘统勋、于敏中字寄："本年九月二十八日，奉上谕：前据阿桂奏，常青到营称，彰宝嘱致挑备兵三千以供川省调用。曾经降旨传谕彰宝等，以川省军营兵力已不为少，其滇省兵丁前后共调过五千。该省为近边要地，且缅甸之局尚未全完，滇省宜多留兵备用，未便再为调拨。今据彰宝奏称，于抚标城守营及开化等镇营挑选兵三千名，移于昭通、镇雄等处操演，设使再有需用，闻调即可起行。并称图思德亦密派黔兵二千备调，当即移令拨赴适中地方，随营操演，与滇省一律办理等语。彰宝尚未接奉前旨，故有此奏。今滇兵既不令复调，即黔省地属苗疆，节次已调过兵一万一千，此时亦不宜再派。彰宝所请以内地营兵移补边要营缺合操之处，事属可行。其预备赴川军装等项，竟可无庸筹办，致滋靡费。将此谕令彰宝及图思德遵照妥办，并谕阿桂知之。钦此。"钦遵。臣先于十月初五日奉到，九月二十日，钦奉上谕："该省为近边要地，且缅甸之局尚未全完，虽已无需进剿，但贼匪或间有至边境滋扰之事，不可无兵御击。是滇省之兵必须多留备用，未便再为调发。"等因。臣跪诵之下，仰见圣主眷顾边陲，至深极远，务使缓急俱有预备至意。

臣伏思滇省各标营官兵，在防者递年更换，在伍者训练宜勤，每岁除出防以外，另挑较优之兵三千名，随营操演，冀成劲旅。近年边防未竣，俱如此办理。今岁调赴川省之二千名，即系上年练就之兵。臣于兵丁赴川后，随于省东各营选择二千名，以补调缺，仍合三千名之数。因昭通及镇雄等处路当孔道，营伍较他处为优，移往训练，更可相观而善。原系滇省自备之兵，设遇需用，远近皆便。臣之酌筹办理，常青系本省提督，一切选调操演俱有移会，本系伊所深知。因常青起程赴川时，知有此项挑备现成之兵，到彼告知阿桂。今蒙圣谕："滇省宜多留备用，诚未便再为调拨。"

至内地营兵移于边要营伍合操之处，臣现在督饬昭通及镇雄等处副、参大员，专司训练技艺，务使一律精熟。此项兵丁俱食原营粮饷，执持本身器械，易地操演，未出滇境，与本营无异。其军装等项，或系本有备贮，或应临时制给，皆无庸预为筹办，并不另请开销，不致糜费。臣谨恭折覆奏，伏乞皇上圣鉴。谨奏。

朱批：知道了。

1690　云南巡抚李湖《为题请邻省协拨银两不当，奉旨申饬，明白回奏并请旨将臣交部议处折》

乾隆三十八年十一月二十日

云南巡抚李湖跪奏：为遵旨明白回奏事。

乾隆三十八年十一月十九日，臣于东川途次，承准大学士舒赫德等字寄："十一月初一日，奉上谕：户部议驳李湖题请协拨邻省铜本一折，已依议行矣。先据该抚奏，滇省积存银款过多，请尽数入拨。朕以其款项未为明晰，谕令详查另议。旋据李湖分列款项，并请于原存封贮银五十余万两外，再酌留四十余万，以足百万之数，归入封贮项下备用，其余均请入拨。复经部议，该省封贮备用银两为数已属充盈，未便复行加增，所有藩库各年杂项银两，议令以甲午年为始，将每年应需兵饷、铜本，即在库存项下拨用，余剩银两，按年造册，报部抵拨。是该甲午年所需铜本即应照议，于库贮银内动支，如或实有不能动拨情形，亦当据实声叙。乃李湖既不查照部议，又不将原案提及只字，辄尔因循旧例，题请邻省协拨，殊属舛谬。况现在滇省并不用兵，无需筹用多贮。而川省军务未竣，正资各省协拨，李湖岂尚不知，何转以本省应动之项存留不用，仍请协拨邻省乎？李湖向来办事颇知认真体会，何近日愦愦若是？岂身为巡抚，遂尔志得意满，又以滇省地在辽远，朕耳目难周，遂思颟顸率混耶？李湖着传旨申饬，仍着明白回奏。钦此。"臣跪读谕旨训饬周详，曷胜悚愧交集。

臣途次检查案卷，缘于上年具奏滇省藩库存款，未经明晰声叙遵旨分列款项覆奏，谬于积存杂项银五十二万余两，内附请酌拨加增备贮，经部议驳，令将藩库积存各年杂项银两，以甲午年为始，该省应需兵饷、铜本各项，即在于库贮银内核计拨给，俟有不敷，仍在于各该省协拨供支。并令嗣后该省杂款银两，除支用外，如有余剩，按年造入季册，报部抵拨等因。本年三月，接准部文，即行知藩司遵照在案。嗣于八月内，据藩司王太岳具详，提拨铜本银两未经照案声叙，误请邻省协拨。臣当时亦竟遗忘原案，未能查驳更正，止就铜斤工本数无错，率行具题，舛谬糊涂，实难逭罪。伏思筹拨钱粮，最关紧要，况已奉准部行，指款拨用，臣职司总理，乃竟漫不经心，昏愦至于此极，扪心自问，无地自容，惟有据实陈奏请旨，将臣敕部严加议处。

至臣一介寒微，荷蒙圣主鸿慈，畀以封疆重寄，识闇才庸，心力不到之处，辄多丛脞，朝夕省循，时深兢惕，实不敢稍萌满足颟顸之念，自蹈重谴。万里微臣，天威咫尺，闻命之下，惶悚罔措，仰祈圣慈俯垂电查。所有此案铜本银两，容臣到署查明藩库存款抵拨。

又甲午年兵饷，前经造册送部，亦未分晰拨款，均应另造细册咨部核拨。合并陈明。

谨遵旨明白回奏，伏乞圣主睿鉴，臣不胜惶恐待罪之至。谨奏。

朱批：有旨谕部。

（《宫中档乾隆朝奏折》第三十三辑，第 429～431 页）

1691 署云贵总督彰宝《奏报缉获仇杀本管土官之首犯赖君赐及助恶行凶之伙犯小余折》

乾隆三十八年十二月初一日

署云贵总督臣彰宝谨奏：为缉获仇杀本管土官之首犯赖君赐及助恶行凶之伙犯小余，恭折具奏事。

窃照腾越州所属户撒土司赖君爱，于本年四月初四日，被伊族匪赖君赐蓄有仇恨，带领子侄赖小五等十余人，猝至土司署内，持械互斗，连毙三命，并将土官赖君爱杀死一案，因首恶正凶赖君赐潜匿野人山箐，迟久未获，该管文武各员实属疏懈。前蒙圣谕训饬，令"将何日获犯之处即行覆奏。钦此。"钦遵。臣随将专管腾越州知州吴楷、署腾越协副将永勤严行参奏，并勒以期限，严饬搜拿，一面将先获之行凶伙犯赖金保等三名依律审拟，请旨敕部核覆等因在案。

臣一面严饬该州吴楷与署副将永勤住守陇川，实力搜缉，设法诱拿。去后，今据禀报，十一月十七日，将正凶赖君赐在陇川夷寨诱出擒获，又于十一月十八日，将砍死赖君用之凶犯小余拿获等情。臣现在饬拨兵役，令速解赴永昌，严审定拟，并将其余逸犯督饬上紧克期全获，另行奏闻外，所有此案正凶赖君赐及伙犯小余缉获日期，理合恭折具奏，伏乞皇上圣鉴。谨奏。

朱批： 知道了。正犯既获，则吴楷等之罪可稍轻拟矣。

（《宫中档乾隆朝奏折》第三十三辑，第 578~579 页）

1692 署云贵总督彰宝《奏报拿获老官屯探信缅子，讯取供情并管解赴京折》

乾隆三十八年十二月初一日

署云贵总督臣彰宝谨奏：为拿获老官屯探信缅子，讯取供情，恭折奏闻事。

窃照今岁派防各关隘官兵，皆于十月内遴派将备带领，拨赴各关卡分布巡查守御。署提督锦山与临元镇总兵吴万年同驻张凤街大营，鹤丽镇总兵喀木齐布在三台山安营驻扎，永顺镇总兵萨灵阿在盏达安营驻扎，均属严密。

臣查今夏照例撤防，原比往年较迟，而关隘内外巡查侦探，仍未敢一日稍懈。乃屡探老官屯，并无信息，亦无差人叩关。该匪酋诡谲难测，我处防范惟有益加严密，更使之无可端倪。近有木邦匪酋苗温，遣其细作达磨、莽革、拉潜来探信，当经拿获，审讯供情具奏，并差人解送赴京。则老官屯头匪目绽拉机亦必有人窥探，臣叠次札行锦山等，务于各关内外严行搜缉。去后，兹据具报，于十一月初五日，在蛮墩卡后山小径缉获缅子一人，名叫波一，据供系绽拉机差其前来打听信息之犯等语。

臣随提至永昌，率同军需局、道、府祝忻、周际清等验得，该犯波一，自脐下至两膝，及背后自腰下至胠腋周围，针刺黑纹，系缅子属实。当即研讯，据波一供称："系老官屯栅外当差缅子，现年三十五岁。本年十月内，绽拉机因前次内地差去送字之蛮轰从老官屯转来时，许给回信，至今日久未见信息，差伊带同缅子胪塔、南底波、撒脚，一共四人，潜来寻访蛮轰，探听内地信息。系十月三十日从老官屯起身，十一月初四日到关外，见关口官兵防守，其同来之缅子胪塔等三人当即跑逃，该犯波一走至蛮墩后山，被官兵拿获。只想寻找蛮轰探信，并未带有缅字文禀等语。"

臣查蛮轰，系近关内地猓夷，前次遣往老官屯投递孟矣书信，只令其讨信回来，并未有许给匪目回信之语。再蛮轰住居之处，缅匪又从何而知，擅敢前来寻访？显系借寻蛮轰为名，窥探别项消息。当即严行究诘，并加刑吓。又据该犯波一供称："蛮轰于今年三月内在老官屯起身时，系该犯伴送出来，曾相认识，又问过蛮轰住址，所以差伊进来寻访。"又供："缅子地方，自天朝用兵以后，不准开关，货物不能往来，恐天朝还要动兵，总是心慌疑惑，所以绽拉机令伊探寻蛮轰，讨个实信。"等语。臣复将猓夷蛮轰唤至永昌，隔别细讯。据蛮轰供称："前在老官屯起身回关，原系波一伴送出来，当面认识无异。其起身时，绽拉机原向蛮轰说见了大人有何吩咐的话，就寄一个回信。蛮轰随口答应，许给回信，原系一时随口之言，我那敢寄信与他。"等语。核与波一所供情节虽属相符，然该匪目绽拉机究因冬防之时，心怀疑诈，借寻蛮轰为名，希图暗探内地信息。是匪酋谲诈柔奸，明知从前差人空言，叩关无益，为此潜行隐面之诡计，实为可恶。其同来在逃之缅子胪塔等三名，虽称从关外闻风逃去，或仍在近关地面潜藏窥探。臣现在札行提镇及守关将弁严行瞭望，遍加搜缉，如有踪迹，务即一并拿获外。

所有现获老官屯缅子波一讯过情由，理合开具供单，恭呈御览，臣一面遴员将波一管解赴京。谨恭折奏闻，伏乞皇上圣鉴。谨奏。

朱批：知道了。

（《宫中档乾隆朝奏折》第三十三辑，第 579～581 页）

1693 彰宝《奏报在永昌重复患病，未能即赴腾越边境巡查缘由折》
乾隆三十八年十二月初二日

奴才彰宝谨奏：为敬陈下悃，仰祈圣恩垂鉴事。

奴才于本年四月间，在普洱触瘴染病，初甚深沉，仰赖圣主鸿慈远庇，医治向痊，得以力疾办事。复蒙天恩眷注，令奴才回省调理。当于六月内回至省城，水土平善，外感已清。嗣用滋补之药加谨调养，饮食日增，精神渐旺，不过步履未能轻便。奴才自问精力已渐可支持，遂于七月内来至永昌料理边务。迨抵永昌后，服食如常，办事并不为劳，惟手足无力，定谓气血未充所致。乃多方调治，未能见效。自冬至以来，遍体筋骨昼夜疼痛，两手牵挛，足难履地。每日接见属员，只可于内屋坐语，虽一切公事照常商榷，竭力讲论，未致舛误，总不能移步而出，自觉有乖体制，且遇有应审事件、考拔官弁，总需人抬出，方能办理，尤为局蹐不宁。

窃奴才仰沐圣主天恩，畀以总督重任，兼有边防要务，事事俱当身先僚属，亲自料理。平时身力强健，犹恐智虑未周，巡历不到，时刻警惕难安。兹奴才不自谨慎，疾痛缠绵，肢体不能运动，更加竭蹶惶恐。现届腊月初旬，尚未能亲赴腾越临边一带巡查。奴才坐守永昌，焦心如焚，弥觉悚惧。窃思奴才正当仰沐圣主之恩至深至重之时，乃福薄，承受不起，不能及时出力，稍报涓埃。奴才早夜自思，愈感愈泣，不知所措，实实惭赧无地。奴才既自知病躯难于支持，如再日复一日，讳病因循，罪更难于自逭。奴才再四思维，不得不据实奏明。但现届冬防紧要之时，凡各关要隘，俱经提镇等分驻巡防，倍加严密。奴才仍复不次遣员前往查察，帮同办理，实不敢因病，一刻少懈。奴才犬马之躯，惟有加谨医药调治，一俟肢体稍可运动，即勉力前赴边境，亲自巡察。

所有奴才现在永昌重复患病，未能即赴腾越边境巡查缘由，谨沥情恭折具奏，伏乞皇上圣鉴。谨奏。

朱批：善为调摄。巡边之事不能亲往，何妨？目今痊愈否？速奏来，以慰朕念。

（《宫中档乾隆朝奏折》第三十三辑，第581~582页）

1694　云南巡抚李湖《奏报代阅各营伍情形折》
乾隆三十八年十二月初三日

云南巡抚臣李湖跪奏：为查阅营伍情形，据实奏闻事。

窃照滇省营伍，本年正值校阅之期，督臣彰宝驻扎永昌办理防务，东南两迤各标营，咨臣代为巡阅。臣缮折奏明后，随于十月十五日自省起程，由临元、开化、广南、广罗、曲寻、寻沾、镇雄、昭通、东川各镇协营汛查点兵额，除选拨出师金川、调赴边防及安设塘汛外，现在存营兵丁自六七百名至二三百名不等，将弁亦因调拨赴川出防，现在护理兼署者居多。臣按营考阅，详加甄别。查枪炮声势联络、打靶有准，以开化、寻沾为最，曲寻、昭通、镇雄、东川各标营均属可观，广南、广罗、临元次之。骑射娴熟、拉放有准，以广罗、昭通、曲寻为最，临元、广南、寻沾、镇雄各标营均属合式，东川、开化次之。

至前经督臣会奏，以内地营兵移补边要营缺合操，共兵三千名，分驻昭通、镇雄、宣威等处。臣顺道校阅，考其枪箭、牌刀、阵式，训练俱渐娴熟。统核各营兵丁，汉仗、年力皆属壮健，将备、千把亦无衰老废弛之员，军火、器械、旗帜、马匹及存营公银等项，查无短缺。臣分别奖赏，将技艺生疏者勒限操练，以期一律精锐，并开列官弁、兵丁等次，移送督臣汇核陈奏外，臣于十一月二十七日回署。所有代阅各营伍情形，理合恭折奏闻，伏乞圣鉴。谨奏。

朱批：知道了。

（《宫中档乾隆朝奏折》第三十三辑，第597～598页）

1695　云南巡抚李湖《奏报查勘过迤东各厂情形及通省现在获铜数目折》
乾隆三十八年十二月初三日

云南巡抚臣李湖跪奏：为查勘新旧铜厂情形，仰祈圣鉴事。

窃照滇省新开铜厂七处，坐落迤东，自上年报采至今，渐有成效。内惟狮子山一厂，获砆较多。臣于阅兵之便，十月十九日，绕道宁州，亲至该厂，查炉户、砂丁采煎颇为踊跃。吊簿细核，本年春季尚止办铜五万余斤，迨至夏秋始旺，陆续获砆三百四十七万斤内，除办出铜四十四万三千余斤外，尚存砆一百七十五万，约可煎铜四十余万斤。加以十月后所出之砆，日渐堆积，原设三十炉不敷赶煎，当即饬令加添炉座，并传询厂民。据称，六七月间，开获小堂，聚集攻采人多，是以出砆旺盛。目下堂已见底，又须穿石进攻，每日出砆止能办铜二三千斤，若得内堂浓厚，根苗深远，便可望成大厂等语。是该厂所得堂砆，系属外盘，其内盘蕴蓄未知浓厚如何，即须督令穿石攻采。

厂员宋龙图办事虽颇尽心，但一人耳目，稽察难周。臣随委宁州知州刘钟芳就近协同经理，相度进采，并饬将现存砆砂赶煎具报。其余六厂，臣阅勘山形，厚薄不一，出砆多寡无定。内万宝、发古二厂，每月约各办铜二万余斤；万象、九渡、波萝、翠柏四厂，每月约各办铜一万有零及数千斤不等。查验各厂铜质俱高，惟翠柏一厂成色低黑。该厂等开采仅有年余，现据分挖碴硐，其中寻获引苗，未经得砆者居多，若能进攻成堂，兴旺亦未可量。

至汤丹、碌碌、茂麓、大水沟四旧厂，仰蒙圣慈，免追积欠，准给余铜一分通商自售，实旷古未有之特恩，亦厂民梦想所不到。臣到厂察询，炉民莫不感激踊跃，咸思报效。现俱加雇砂丁，广开新硐，有仅见引苗，追寻砂路，亦有已得草砆，入山进采者。

其旧淹磑硐，积水浅深不一，或用提拉，或需开凿，现经宣泄者计有十分之六，其积水最深各硐，尚未彻底涸出，厂民随泄随采，近日出砿逐渐加多。该四厂自本年正月至十一月十五日止，已获铜四百六十八万。察勘情形，似可转衰为旺。

臣于十一月二十七日回署后，复将本年通省所办之铜汇同核计，宁台、大功等新旧大小各厂，春、夏、秋三季，共报获铜三百八十六万八千有零。并据狮子山厂开报，十月二十日后，续又煎出铜五十一万八千斤，连前存铜，截至十一月二十六日止，共获铜一百一万余斤，加入汤大四厂获铜四百六十八万，通计已共获铜九百五十五万八千有奇。再按照各厂现在月办之数，计至年底止，尚可得铜一百五六十万，较之三十六七两年，新旧厂铜八百余万斤，均属有盈无绌。容俟年底报齐，核明确数，另行具奏外，所有臣查勘过迤东各厂情形及通省现在获铜数目，理合缮折奏闻，伏乞圣主睿鉴。谨奏。

朱批： 览奏俱悉。

（《宫中档乾隆朝奏折》第三十三辑，第598～600页）

1696　云南巡抚李湖《奏报癸巳年头运二起京铜开帮日期折》
乾隆三十八年十二月初三日

云南巡抚臣李湖跪奏：为奏闻事。

窃照云南省办运京局铜斤，在四川泸州开帮日期，例应奏报。今据署布政使龚士模详称癸巳年头运第二起委员、署鹤庆州知州苏文辅领运正耗余铜七十三万六千三百斤，于乾隆三十八年十一月初十日在泸州全数开帮等情前来。除飞咨沿途各省督抚催趱前进，依限赴京交收，并咨明户、工二部外，所有癸巳年头运二起京铜开帮日期，理合循例恭折奏闻，伏乞圣鉴。谨奏。

朱批： 览。

（《宫中档乾隆朝奏折》第三十三辑，第600页）

1697 云南巡抚李湖《据情代奏接收库项清楚缘由折》
乾隆三十八年十二月初三日

云南巡抚臣李湖跪奏：为据详代奏事。

据委署云南布政使印务迤西道龚士模详称："窃查定例，藩司无论正署，将接收钱粮清楚缘由自行陈奏。仍照例详报督抚，造具交盘，册结题报等因，遵行在案。今因云南布政使王太岳进京陛见，蒙委职道暂署藩篆。于乾隆三十八年九月二十日到任，准王太岳移交司库实存地丁、盐课正杂各款共银四百三十八万一千五百三十五两八分二厘，又移交铜务各款银十八万九百三十二两三钱八分。随经按册核明收支实存确数，交盘清楚，并无亏短那借之弊。除各款细数另行造册具结，详请盘核题报外，士模以道员委署藩篆，所有接收库项清楚缘由，谨循例呈请代奏。"等情前来。臣即亲赴藩库，盘查无缺，将造送册结另行缮疏具题外，理合会同督臣彰宝据详，恭折转奏，伏乞圣鉴。谨奏。

朱批： 览。

（《宫中档乾隆朝奏折》第三十三辑，第 600～601 页）

1698　云南巡抚李湖《奏报滇省地方情形折》
乾隆三十八年十二月初三日

云南巡抚臣李湖跪奏：为恭报地方情形事。

窃臣巡历省南郡县，目击雨水均调，春苗畅发情形，即在途次缮折，于十一月初四日奏报在案。嗣由省东转北至曲靖、沾益、宣威及昭通府属之镇雄、恩安、鲁甸，东川府属之会泽，沿途同云密布，初七、初九、十二、十四五、二十一等日，连次瑞雪缤纷，积厚六七寸至尺余不等，麦豆出土得以滋培，根茎更易发生畅达。臣回署后，复据曲靖、丽江、大理、楚雄等府属禀报，同时得雪五六寸，入土深透，其余或报得雨及有雨中夹雪者，应时沛泽，远近普沾，已预春麦丰收之兆。至市米，到处充盈，查核价值，悉属均平，即厂地出米较少，借资外贩，亦无过昂之处。物阜民安，恬熙有象，实堪上慰圣怀。理合据实陈奏，并将十一月分各属报到粮价敬缮清单，恭呈睿鉴。谨奏。

朱批： 欣慰览之。

（《宫中档乾隆朝奏折》第三十三辑，第 601～602 页）

1699　署云贵总督彰宝《奏报年丰谷贱，再请
采买仓粮，以补边方积贮折》
乾隆三十八年十二月初六日

署云贵总督臣彰宝谨奏：为年丰谷贱，再请采买仓粮，以补边方积贮事。

据管理军需局粮储道祝忻、永昌府知府周际清详称："永昌设处极边，为官兵屯驻之地。向因常平仓谷额贮短少，该府所属腾越、龙陵、保山、永平等四厅州县，于乾隆三十五年分，共采买增额谷五万四千石，计每石价银一两五钱。乾隆三十六年分，共采买备贮谷六万石，计每石价银一两三钱。乾隆三十七年分，共加买备贮谷六万石，计每石价银一两一钱。乾隆三十八年春间，民间余谷尚多，价益平贱，又买谷四万石，计每石价银一两。连年谷价递减，节次购买归仓，该府四属通共增贮谷二十一万余石，兵糈民食稍觉储备宽舒，似已足资接济。但每年防兵口粮，陆续碾运支用，仍须将动缺之数购补归仓。今岁秋谷登场，因屡年丰稔之后，价值愈平，每谷一石酌定价银九钱五分，足敷乘时采买，实为边地最平之价。请于腾越、保山二州县各添买谷二万石，龙陵、永平二厅县各添买谷五千石。又顺宁府属缅宁厅地方，每谷一石止须价银七钱五分，亦请采买二千石。所需价值银款，查道库现有收存各属税秋米折及平粜米价项下，堪以酌拨动用。"等情前来。

臣查永昌所属保山、腾越等处，官兵屯集，食指本繁，自乾隆三十五六七等年，节次酌筹备贮，通共买谷二十一万余石，边地仓贮较前稍为可恃。但每岁出防官兵，即于新买谷内碾米供支，既须陆续动用，仍当按年归补。今岁永昌一带谷价，每石止须银九钱五分，较去年之价，每石又减银一钱五分。皆因连岁丰登，民有余谷，是以市价愈平。现今边务未竣，仓粮不嫌多贮，自宜乘此市价最平之时，酌量采买，以补动缺数目，兼备缓急之需。应照该道府所请，腾越、保山二州县各添买谷二万石，龙陵、永平二厅县各添买谷五千石，均每石给价九钱五分。其缅宁厅地方，亦系临边，俱有防兵驻守，并令买谷二千石，每石给价七钱五分。如将来市价加增，即行停止，再能平减，不必拘定成数。总之，贮银不如贮谷，实于边防有济。

以上所需银款，查粮道库内历年收存各属秋米折价及平粜米价等银，积有二十四万余两，原为购买兵粮之用，每岁用剩有余。今永昌所需采买价值，堪以借拨动支。臣谨会同云南巡抚臣李湖恭折具奏，伏乞皇上圣鉴。谨奏。

朱批： 知道了。

（《宫中档乾隆朝奏折》第三十三辑，第 632～633 页）

1700　署云贵总督彰宝《奏报续获逃兵尹蕃等四名，审明照例正法折》
乾隆三十八年十二月初六日

署云贵总督臣彰宝谨奏：为续获逃兵四名，审明照例正法，恭折奏闻事。

窃照滇省未获逃兵，远飏日久，漏网尚多。臣严立赏罚，督饬所属文武，无分畛域，实力查访搜辑，以期全获。前据各属拿获姜纶等十名，经臣随到随办，逐名究讯明确，照例正法，节次恭折奏闻在案。

兹据腾越州与腾越协兵役拿获逃兵尹蕃一名，又据保山县与抚标兵役拿获逃兵李得恩一名，又据昆明县与督标及城守营兵役拿获逃兵万鹤、李天福二名，俱解至永昌。臣率同军需局道员祝忻逐细研讯，缘尹蕃系贵州安笼镇左营兵丁，乾隆三十二年调赴滇省出师，三十四年八月，在太平街脱逃；李得恩系云南抚标右营兵丁，乾隆三十二年，派赴龙陵，是年八月，在蒲缥脱逃；万鹤系督标后营兵丁，乾隆三十二年，派赴象达，是年八月在龙陵脱逃；李天福系督标后营兵丁，乾隆三十一年，派赴铜壁关，三十二年闰七月，在黄林岗脱逃。查与军营报逃册开年貌日期俱属相符，该犯等俱各供认不讳。

臣查尹蕃、李得恩、万鹤、李天福，系派拨极边军营出师驻守，以御贼匪之兵，胆敢脱逃，均属大干纪律，自应照依军法，即正典刑，以伸国宪。随委永昌府知府周际清、永顺镇中军游击富连升，将逃兵尹蕃、李得恩、万鹤、李天福四犯照例正法讫。其余未获各逃兵，臣钦遵叠奉谕旨，严饬所属文武设法缉拿，务期按名弋获，不使稍有姑纵外，所有续获逃兵四名，照例正法缘由，谨恭折奏闻，伏乞皇上圣鉴。谨奏。

朱批：统计所获几分，未获者尚有几许？

（《宫中档乾隆朝奏折》第三十三辑，第 633～634 页）

1701 署云贵总督彰宝《奏请将行径强悍之九龙江外猛笼土把总刀匾猛革去土职，与前投诚之猛竜土司叭护猛一并安插江西折》

乾隆三十八年十二月初六日

署云贵总督臣彰宝谨奏：为九龙江外猛笼土弁应行迁徙，以靖边疆事。

窃照普洱府思茅以外，共有十三猛，各有土弁分管其地。惟车里宣慰司，为各猛之首，自刀维屏携眷潜逃以后，本年四月二十三日，钦奉上谕："其中有可疑者，皆宜趁此机会迁之内地，庶永靖逋逃等因。钦此。"钦遵。除车里宣慰土司竟请裁汰，另行改设专营弹压巡防外，其余十二猛，住居江内者，系普藤、乌得、整董、猛乌、猛旺、倚邦、易武、六困、猛腊等九处。臣将各猛土弁陆续调赴验看，尚俱安分守法，与夷众相安，文武官弁亦管束所能及，应仍令各守地界，照旧管事。其住居江外者，系猛阿、猛遮、猛笼三处。猛阿土弁召占、猛遮土弁刀朗，臣察验，两人均无过误，肯受约束，亦无庸更换。惟猛笼土把总刀匾猛，其所管土境既与外域相连，又内距思茅遥远，前次刀维屏等逃遁，系由猛笼境内经过，该土弁刀匾猛虽不知情，究系不能当时堵御，事后追拿，原属有罪之人，且刀匾猛行径亦属强悍，似非善类，未便容留边地，致贻后患。应行革去土职，迁徙内地安插。

今夏，臣于调验各土弁之时，即将刀匾猛并其跟来手下之人俱行羁留省城，一面密饬迤南道贺长庚，将刀匾猛之亲丁眷口设法传唤，移至普洱府城暂为看管，一面饬令猛笼头人内另选明白诚实之人，给与委牌，代管土务，以免夷众惊疑。近据迤南道贺长庚禀报，已将刀匾猛亲丁眷口调至普洱城内，其土境地方亦现在遴选妥人顶充接管。所有猛笼土弁刀匾猛，应照云南土司犯军流例，同其亲丁家口，一并迁徙江西安插管束。

再前有投诚猛竜土司叭护猛，于乾隆三十六年间，将其眷属夷民安插于普洱小猛仑地方，拨给旷土，赏与牛具、籽种，听其资生在案。今查叭护猛自安插以来，虽无为匪情事，但该夷野性不驯，其强悍之性，亦与召猛乃一类，久住极边土境，究属散漫，难于约束。除叭护猛从前带来夷民仍在小猛仑照旧耕种外，其叭护猛本身及亲丁眷口男妇三十二人，亦请迁徙江西省，与刀匾猛家口，俱照例分别安插管束，庶极边之地永昭绥靖，其余各猛土弁，亦共知炯戒。理合恭折具奏，伏乞皇上圣鉴训示。谨奏。

朱批：依议。

（《宫中档乾隆朝奏折》第三十三辑，第 634～635 页）

1702　署云贵总督彰宝《奏报审明仇杀本管土官之首犯赖君赐及助恶行凶之伙犯小余，定拟请旨折》

乾隆三十八年十二月十三日

署云贵总督臣彰宝谨奏：为审明仇杀本管土官之首犯赖君赐及助恶行凶之伙犯小余，定拟请旨事。

窃照腾越州所属户撒土司赖君爱，于乾隆三十八年四月初四日，被伊族匪赖君赐蓄有仇恨，带领子侄赖小五等十余人，猝至土司署内，持械互斗，连毙三命，并将土官赖君爱杀死一案，因首恶正凶赖君赐潜匿野人山箐，迟久未获，业将承缉疏懈之文武专管官严行劾参，一面勒以期限，督饬搜拿，并于十月二十九日，将先获之行凶伙犯赖金保、熊得贵、遮烘三名审明，问拟斩决，具奏在案。

嗣据腾越州知州吴楷与署腾越协副将永勤具报："于十一月十七日，将正凶赖君赐在陇川夷寨地方诱拿擒获，又于十一月十八日，将帮同行凶之伙犯小余拿获。"等情。当即饬拨兵役，解至永昌。臣随饬发军需局道员祝忻，率同永昌府知府周际清严行究讯。据首凶赖君赐供称："今年五十四岁，土司赖君爱系小的族兄，向不和睦。赖君爱承袭户撒土司，到任后并不行好。上年冬间，将我什物抄去，不容在户撒居住。小的搬到陇川户因寨地方，赖君爱又将我坟地占了，房子烧了，田土夺去。小的心实不甘，起意报仇。

带了儿子老耿、老保、侄子赖小五，又约了赖金保、线绵猛、老腿、小余、老康、遮冒、老杨、熊得贵、遮烘，还有一个叫贺敖，连小的共十四人，于今年四月初四日五更，带了器械，齐至赖君爱门首，只留熊得贵、遮烘在外把守，其余众人一齐拥入。那时，有赖君荣、赖君用出来抵挡。赖君用是赖小五同小余砍戳死的，赖君荣是赖金保同老腿砍戳死的，幼孩赖应祖是我长子老耿与幼子老保戳死的。那时，土司赖君爱骑马从后门跑走，线绵猛先行赶上，将赖君爱戳了一枪，跌下马来，小的就把赖君爱连砍几刀，割他头颅，弃在尸旁地下是实。"又问据伙犯小余供称："小的年三十一岁，原住户撒，亦被土司赖君爱驱逐，搬至陇川丙弄寨居住。赖君赐要去复仇，约我同去。那日进入赖君爱家内，见赖君用出来抵挡，小的帮同赖小五，将赖君用砍了脸上一刀是实。"等供。

据此，臣复亲加细究，赖君赐与小余二犯俯首自认起意复仇、纠众凶杀不讳，核与先获之赖金保等供情悉属相符。查律载：杀一家非死罪三人，为首者凌迟处死，为从加功者斩。又例载：部民怀挟私仇，逞凶杀害本官者，不分首从，皆斩立决各等语。今首犯赖君赐，与户撒土司赖君爱系同族兄弟，并无服制，怀挟宿仇，纠众逞凶，杀害赖君爱一家四命，较部民杀害本官者情罪较重。赖君赐合依杀一家非死罪三人，为首凌迟处死。小余同赴本管土司家内，帮砍赖君用毙命，应照部民杀害本官，不分首从例，拟斩立决。

至赖君赐之妻子等，律应缘坐。俟拿获伊子老耿、老保等到案，另行分别定拟。其余在逃之行凶从犯赖小五、线绵猛、老腿等，现在严饬缉拿，一俟拿获之日，另行究拟，不使纵漏。

所有审明正凶赖君赐及伙犯小余先行定拟缘由，臣谨会同云南巡抚臣李湖恭折具奏，伏乞皇上圣鉴，敕下法司核覆施行。谨奏。

朱批：已有旨了。

（《宫中档乾隆朝奏折》第三十三辑，第 766～768 页）

1703　署云贵总督彰宝、云南巡抚李湖《奏报遵旨悉心妥议省城钱局积存渐多，以钱易银折》
乾隆三十八年十二月十三日

署云贵总督臣彰宝、云南巡抚臣李湖谨奏：为遵旨悉心妥办，详晰覆奏事。

乾隆三十八年十月二十三日，接到大学士臣舒赫德、刘统勋、于敏中字寄："十月初一日，奉上谕：据李湖奏，省局息钱存积过多，现在钱价渐昂，酌情出易，以平市价等因一折，所办殊欠明妥。该省既多积余息钱，久贮易致贯朽，自应出易流通。但据称钱价渐昂，库平纹银一两易钱一千二百文等语，甚不合理。每钱一千作银一两，其价值之低昂，皆在千文以内核计，此乃天下通行常例。即以京城钱价而论，从前银一两换钱八百文内外，自属价昂。近年以来，每两可得钱九百数十文，即为最平减之价，然亦未有多至千文者。滇省虽系产铜之区，其钱价岂能相悬过甚？今每两易钱多至一千二百文，尚称价昂，则其贱价，又当得钱几何始为平价？该抚既未声明，辄议将息钱出易平价，必如何然后谓之平乎？若以每年存积息钱太多，虑及壅滞，滇省现在产铜不为甚旺，未能悉敷各省采买之用，何如约计所余息钱数目，酌减炉卯，节省铜斤，以供他省鼓铸之用乎？李湖向来办事颇知认真，而于此事，调剂尚未尽能合宜。着传谕彰宝，会同该抚另行悉心妥办具奏。钦此。"钦遵。

臣等伏查，钱价平则民用宽舒，然价贱当有所限制，钱太多则陈积壅滞，必出易乃可以流通。臣李湖前请将贮库节年支剩息钱一十八万九千二百四串零，以库平纹银一两易钱一千二百文，设局出换，未将滇省钱价与各省迥异情形及向来出易成例详晰声明，且每两易钱多至一千以外，犹称价昂，欲平市价，实与中外各省相悬过甚。则滇省钱文既多且贱，而近来产铜又未甚为丰旺。仰蒙圣明训饬指示："何如约计所余息钱数目，酌减炉卯，节省铜斤，以供他省鼓铸之用。"臣等跪诵之下，钦佩无已。

窃以余息钱文，原系搭放兵饷及散给公费以外之所羡余，是以别无需用，累年存贮，陈陈相因，致有一十八万余贯之多。今按所余息钱数目，减炉停铸，节减铜斤，既不妨于民用，又得挹注邻省，实为至善之计。臣等遵旨悉心会同筹酌，将来酌减炉卯，每岁可以节省铜若干，行令两司查议。去后，兹据署布政司迤西道龚士模、按察使图桑阿详称："滇省钱局设炉二十五座，今以每年余钱二万六千余串计算减卯之数。查每炉一座，每年三十六卯，每卯铸出本息钱一百二十四串零。今酌议每炉减去八卯，通年共减二百卯，合计少铸钱二万四千九百三十七串零，每岁可以节省铜一十万余斤。"等情前来。

臣等查滇省系出产铜铅之地，鼓铸钱文，合计工本较轻，是以钱价历来平贱，且僻居天末，舟楫不通，百物皆运自远路，价值无不高昂，惟此钱价较他省平贱，民间日用所需，以钱买物，尚不为亏。其局钱搭放兵饷，追溯从前，原系每制钱一千文算饷银一两。于乾隆元年正月二十三日，钦奉恩旨："兵丁领钱千文，实不敷银一两之数，未免用度拮据。其应如何变通，以惠养滇省弁兵，着云南督抚会议具奏。钦此。"随经前督臣尹继善等以滇省钱价因时长落，每银一两有易制钱一千一百数十文及一千二百余文者，酌定每钱一千二百文作银一两，支给弁兵及驿堡工食等用在案。迨后东川、大理、顺宁、临安、广西等府开炉广铸，钱文充足，民间市价不止于一千二百文，其最平之时，竟至一千三百文。滇省兵民邀沐钱贱之惠，由来已久。自乾隆三十一年以来，停止加铸，复裁撤新局，由是钱文渐少，其市价亦不能如旧时之贱，每银一两不过易钱一千一百数十文。在兵丁支领饷钱，则尚有余润，在小民向市易换，未免视为稍昂。其实与他省相衡，犹低昂迥异。今省局息钱存积过多，请每两易钱一千二百文，臣等会商之时，未将钱价原委备细陈明，实属疏漏。

兹查局中息钱既积至一十八万余串，皆因递年钱价尚平，未经随时出易。今市价既在每两一千二百文以内，诚如圣谕："该省既多积余息钱，久贮易致贯朽，自应出易流通。"臣等会同酌议，查滇省搭放兵饷，向系银七钱三，如遇局钱存积渐多，则加搭二成，以银五钱五对半搭放。今局中息钱积贮至一十八万余串，应请分作三年，将省城各营及附近武定营应领兵饷，不拘三成、五成，尽数放给钱文，俾营伍多沾实惠，兵丁日用散布，仍流通于民。除尽放兵饷外，尚有余剩，并听民间易换，如市价较平，逾于每两一千二百文，即行停止。所有易出银两，即可拨充铜本之用，均无壅滞之虑。

至于省局现设炉二十五座，每年既有支剩息钱二万六千余串，尽可减卯，以节省铜斤。自应钦遵圣谕，悉心妥办。应请每炉一座酌减八卯，通年共减二百卯，合计少铸钱二万四千九百余串，较之每岁所余息钱数目相去无多，每年可以节省铜一十万有余，以供凑拨之用，实为有济。再逐年积存钱文，截至乾隆三十七年止，既有积贮钱一十八万九千二百余串，又加本年之余息钱二万六千余串，共计余息钱二十一万五千余串。今请分年加搭兵饷，兼资出易，则兵民使用自属充裕。是此时暂行减卯鼓铸，实因积贮太多，以疏壅滞，不致有市侩闻风抬价之虑。如数年之后，积贮余钱陆续用完，将来各厂出产铜斤大能丰旺，仍可酌看情形，将所减卯数复其原额。

臣等如此筹办，省局旧存余息钱文不致久积壅滞，其减卯节省铜斤，堪以备拨济之用，省会钱价亦得均平，兵民均有裨益。臣等谨会同恭折覆奏，伏乞皇上圣鉴训示。谨奏。

朱批： 如所议行。该部知道。

（《宫中档乾隆朝奏折》第三十三辑，第 768~771 页）

1704　云南巡抚李湖《奏报贵州办运铜斤委员逾限，循例参奏折》
乾隆三十八年十二月十八日

云南巡抚臣李湖跪奏：为奏闻事。

乾隆三十四年十二月二十五日，奉上谕："各省委员赴滇采买铜斤，往来俱有定限。嗣后到滇办运开行，即着该抚具奏，其何时运回本省，有无逾限，亦令核实奏闻。至沿途出入境期程，并照京局解员之例一体具奏，如有无故停留贻误者，即行指名参究。着传谕采办滇铜及铜运经由各省督抚知之。钦此。"钦遵在案。

兹据署布政使龚士模详称："贵州委员永丰州吏目石曰瑛，采买己丑年子母等厂高低正耗余铜三十九万六百六十斤，又带运辛卯年金钗厂低铜八万四千三百二十斤，自乾隆三十八年闰三月二十三日领竣双岩厂尾铜之日起，限扣至乾隆三十八年五月二十三日限满。今该委员于本年十月二十八日，运抵平彝县扫帮出境，计逾限五个月四日，虽据称分厂领运，为数既多，程途又杂，均须亲往分路查催照料，又值雨水泥泞，以致后起领运双岩厂铜不能依限扫帮，尚非无故逗遛。但自报领后起双岩厂铜，按扣日期，逾限已久，有干例议。"详请具奏前来。臣覆查无异，除飞咨贵州抚臣转饬接替催趱，依限交收，并咨户部外，查该委员石曰瑛领铜扫帮出境，虽非无故逗遛，但逾限日久，理合附折参奏，伏乞圣鉴，敕部议覆施行。谨奏。

朱批：该部议奏。

（《宫中档乾隆朝奏折》第三十三辑，第819页）

1705　云南巡抚李湖《遵旨议奏滇省民、屯升垦与他省不同，请仍循旧例，毋庸更议折》

乾隆三十八年十二月十八日

云南巡抚臣李湖跪奏：为遵旨议奏事。

乾隆三十八年十月初六日，准户部咨："议覆湖北巡抚陈辉祖具奏，五年编审已经停止，嗣后民、屯升垦，本年内将丁银即行查办一案，各省应否照湖北省一例办理之处，各就本省情形妥议具奏等因。奉旨：依议。钦此。"钦遵，移咨到臣，当即饬行司道查议。去后，兹据署布政使龚士模、粮储道祝忻详覆前来。

臣查滇省丁银，以康熙五十年丁册为定额，应征民丁银二万九千三百三十九两一钱二分六厘，于雍正二年归入通省地粮项下，分别上、中、下三则，酌数均摊，附同条粮征收。自摊定丁银以后，凡有新垦，系属山头、地角、坡侧、旱坝、水滨地土，俱照各该州县额定科则报升，止征地粮，不摊丁银。又军丁，原额征银一万五千三百八十两，因从前未曾摊入地亩，产去丁存，艰于输纳，经前督臣高其倬奏准，将无主隐射田土抵补。自雍正四年至十一年，陆续清出科征条粮，抵去丁银三千一百一十余两，尚该征银一万二千二百七十两零。于乾隆三年钦奉恩旨，概与豁免在案。嗣后，每年民、屯田亩新垦报升应征条粮数目，均于奏销时造册题咨，遵行已久，与湖北省丁银新旧均摊，归入五年编审查办者不同。是以编审之例，虽蒙谕旨永行停止，而与滇省升科毫无格碍。应请仍循旧例，毋庸更议。理合查明，会同督臣彰宝恭折具奏，伏乞圣鉴，敕部查照施行。谨奏。

朱批：已有旨了。

（《宫中档乾隆朝奏折》第三十三辑，第820页）

1706 云南巡抚李湖《奏报据详代奏滇省查无银号倾换侵那情弊折》
乾隆三十八年十二月十八日

云南巡抚臣李湖跪奏：为据详代奏事。

据署云南布政司印务迤西道龚士模详称："乾隆三十五年七月十八日，奉上谕：'直隶省银铺何标年承领藩库倾换银两，私行那用，既已败露，恐各省似此者正复不少。着传谕各该布政使，务宜留心实力，防范所属州县解送钱粮，俱令随到即赍批，径投藩司衙门上兑，毋得仍前先交银号或经藩司验看。成色不足、必须倾销者，即选派员役，带同该州县来差前赴银号，监看倾销。仍酌量银数多寡，立定限期，如数交兑，毋许任意久存银号，致启侵那诸弊。年终奏闻。钦此。'钦遵在案。查云南省州县征收起运钱粮，为数无多，向由各该地方设立官匠，倾销纯净，批差径解司库，随到兑收，并不发交省城银号倾镕。省城银匠虽有数家，皆系工作营生，亦无余赀包揽滋弊，与直隶省情形不同。而杜渐防微诸宜详慎，惟有凛遵谕旨，实力防范，不敢因向无其事，稍存懈忽。所有乾隆三十八年滇省查无银号倾换侵那情弊，理合详请代奏。"等情前来。臣覆加查察，与该署司所详无异。谨恭折转奏，伏乞圣鉴。谨奏。

朱批：览。

（《宫中档乾隆朝奏折》第三十三辑，第 821 页）

1707 云南巡抚李湖《奏报遵部议驳，将姚安府、
和曲州署房二所变价增估覆奏折》
乾隆三十八年十二月十八日

云南巡抚臣李湖跪奏：为增估覆奏事。

窃照滇省裁缺案内，所遗姚安府、和曲州署房二所，例应变价归公。前据道府勘估，经臣奏明，造册送部在案。兹于乾隆三十八年四月初三日，准工部议驳："姚安府署册造一切梁柱、檩椽等项，并无木植名色，砖瓦、石料又无长宽尺寸；和曲州署册内仅开房间数目，未将木石、砖瓦各料件及长径宽厚尺寸分晰开明，估价均属短少，行令转饬增估，另造细册，具奏到日，再行办理。至和曲州署，应如该抚所奏，添补物料，准其变价，划还归款。其余无从估变银两，于承修之员名下照数追缴等因具题。奉旨：'依议。钦此。'"移咨到臣，遵即转饬确勘加估，分晰造报。嗣因估造未协，又经驳换。去后，兹据署布政使龚士模详据该道府覆称："奉委亲赴覆勘，查姚安府署大小房屋六十七间，和曲州署大小房屋六十一间，俱建

自前明，一切梁柱俱用松木，虫蛀朽烂者居多，砖瓦、墙垣坍损，一经拆卸，半属无用。姚安府署从未请修，颓坏较甚，原估变银八百二十九两三钱。和曲州署虽经修葺，本质已旧，原估变银一千一百五两五分。今奉驳增，遵将可用旧料，按照木植之长径丈尺，砖瓦、石料之宽厚尺寸，分晰加估。姚安府署共估变银一千一十五两九钱六分，核之原估，计增银一百八十六两六钱六分。和曲州署共估变银一千二百四十七两六钱一分五厘，核之原估，计增银一百四十二两五钱六分五厘。"并遵指驳，另造细册，由司详请，具奏前来。

臣按册覆核，据开木植、砖瓦、石料尺寸、基地亩分，估变价值，俱与则例及现在时价相符，册造各款亦遵部驳，分晰开明。除将册结咨送户、工二部外，理合缮折具奏，伏乞圣鉴，敕部核覆施行。谨奏。

朱批：该部议奏。

（《宫中档乾隆朝奏折》第三十三辑，第 822 页）

1708　云南巡抚李湖《以奉旨垂问，据实覆奏折》
乾隆三十八年十二月十八日

云南巡抚臣李湖跪奏：为据实覆奏事。

窃臣因办理本年秋审案内问拟舛误奏覆一折，于乾隆三十八年十二月十三日，奉到朱批："汝近来识见屡形不足，何也？钦此。"臣跪读训旨，惭愧悚惶，一时交集。

伏思臣质本庸愚，毫无知识，荷蒙皇上天恩，由州县洊历司道，擢任封疆，叠沐生成，频加教诲栽培，期望之殷实，梦想所不到。臣受恩深重，刻图清勤率属，黾勉从公，夙夜彷徨，常凛履薄临深之惧，矢殚心竭力，稍效涓埃，仰酬高厚。无如识见未充，恒多疏误，心力不到，每至遗忘，皆由任重才微，勿克负荷，以致上厪天心。抚衷自问，实切难安。臣此后惟有遇事详求，随案体认，恪遵圣训，倍加策励，务期补过于将来，冀报鸿慈于万一。所有微忱，理合据实覆奏，伏乞圣主睿鉴。谨奏。

朱批：览。

（《宫中档乾隆朝奏折》第三十三辑，第 823 页）

1709　云南巡抚李湖《奏报拿获解审发回逃犯，请旨正法折》
乾隆三十八年十二月十八日

云南巡抚臣李湖跪奏：为拿获解审发回逃犯，请旨正法事。

窃照开化府属文山县解审斩犯王国柱，系与沈国周之妻周氏通奸诱藏败露，打死表甥陈老道诬赖一案，将王国柱依谋杀人造意者斩律，拟斩监候，由司招解到臣。经臣亲讯无异，于八月初六日核题在案，将王国柱发回文山县监禁。于八月十三日，解至蒙自县，值该署县苏济公出，系署典史王世煵验明杻锁，添拨兵役转解前进。十六日，解至文山县属呀拉冲地方，夜宿伙头刘文玉家，拨夫支更看守。讵该犯乘兵役睡熟，拧断镣铐，抽开木笼，从后门逸出，越山潜遁。追兵役等警觉，追缉无踪，禀报文山、蒙自二县，通详臣严批勒缉。旋据该二县会营，遴差兵役，于八月二十四日缉获逃犯王国柱，讯供通详饬审。兹据该府县审无贿纵、知情容留情弊，由按察使图桑阿拟详前来。

查例载：凡犯该斩绞之犯，事发到官，负罪潜逃被获，如原犯情罪重大，至秋审时无可宽缓者，改为立决等语。今王国柱因奸诱匿周氏败露，搜寻谋杀陈老道，诬赖抵塞，实属滔凶不法，情罪重大。秋审应拟情实之犯，胆敢于审后发回中途负罪潜逃，尤为怙顽，应依例改为斩立决，请旨即行正法以示炯戒。其管解长短兵役宋石保等，另行分别按拟，并查取佥差不慎文武各职名咨参外，所有拿获脱逃斩犯缘由，臣谨会同督臣彰宝恭折具奏，并缮供单恭呈御览，伏乞圣主敕部，议覆施行。谨奏。

朱批：该部核拟速奏。

（《宫中档乾隆朝奏折》第三十三辑，第824页）

1710　署云贵总督彰宝《奏报今冬各关巡防并缉获私贩情形折》
乾隆三十八年十二月十八日

署云贵总督臣彰宝谨奏：为敬陈今冬各关巡防情形事。

窃照今岁提镇等员带领官兵分驻安防以后，在于各关卡要隘处处密布巡逻，轮流侦探，较为严谨。前据驻扎三台山总兵喀木齐布在打岗卡山箐拿获木邦缅子达磨莽革拉，又据驻扎张凤街署提督锦山等在蛮墩卡后山拿获老官屯缅子波一，俱系潜来窥探信息之奸细，经臣研讯供情，先后恭折具奏，并将缅匪委员解京在案。嗣自冬腊两月以来，臣屡次札行提镇及将备等，在于各关内外严行巡缉瞭探，并不时密委副参大员往来稽查，互相警惕，不使稍有疏懈。节据锦山等按旬具报，细探老官屯匪酋，并无动静信息，其各关以外，亦无匪类踪迹。凡各处可通夷境之小径，遍处俱派将备巡逻，搜查会哨。该署提督锦山与总兵吴万年，虽同驻张凤街大营，仍复更番替换，巡查各关卡将备弁兵防守巡缉实俱严密。

现于关内土司地方拿获私贩二起，内一起系署腾越协副将永勤具报，前月二十一日，该协亲往陇川一带搜缉巡查，在火烧寨道旁深山树林内，盘获私贩黄林隆、尹小生、李萃三犯，并骡马十一驮，装载杂货，兼有丝布、针线、毡片等项，多属违禁之物。既从内地驮运，绕路向外行走，显系贩往夷境，希图私通贸易。又一起，十二月初三日，据驻防盏达总兵官萨灵阿具报，在巨石关内太平街户多寨河边，拿获私贩范温政、杨学春、杨学山、赵开俊、杨春荣五犯，并骡马二十一驮。验其装载之物，俱系芦子，并无别货，系由盏达驮运，向内行走。虽芦子系土境出产，然至二十一驮之多，未必非关外偷越而入，均当严行跟究。当即提至永昌，将现获人犯细加研讯，俱系受雇代运之脚户，其发本贩货之正犯，畏惧查拿，皆由偏僻山径绕路潜行，未经与货物同时并获。据第一起现犯黄林隆等供称，其所运货物，系和顺、矣乐二乡民人尹德龙、刘应凤、李周林、许尔凤、黄得沛雇令驮载。又讯据第二起现犯范温政等供称，其所驮芦子，系王国沛、王国如、王自林、范修正、杨学富等发给本银，替买运回，各犯俱住腾越州乡村马蚁窝地方各等语。

臣查关禁严密之时，虽在土司地方，岂容驮载货物，肆意行走？且拿获物件，俱系缅境所需之丝缎、针线犯禁之物，断非仅在土司地方卖买交易。该犯等行走山箐，远避防兵，虽未出关，显系欲行偷越夷境、私通贸易之徒，情由甚为可恶。现获之驮运脚户，固有应得之罪，其出本贩货之人，尤为大干法纪，均当严行究拿，尽法痛惩，不容纵漏。（**夹批**：是。当严缉，毋使漏网。）现在督饬严密缉拿，务期按名弋获，严行跟究，从重分别定拟，另行具奏办理外，（**夹批**：今皆缉获否？）所有今冬各关巡防并缉获私贩情形，理合一并恭折奏闻，伏乞皇上圣鉴。谨奏。

朱批：览。

（《宫中档乾隆朝奏折》第三十三辑，第 848～849 页）

1711　署云贵总督彰宝《奏报新厂产铜丰旺并奖励办铜出色人员折》
乾隆三十八年十二月十八日

署云贵总督臣彰宝谨奏：为奏报新厂产铜丰旺情形，仰祈圣鉴事。

窃照滇省各旧厂近年办获铜斤，未敷京外拨运之需。前岁勘有九渡箐等新厂七处，经臣专折奏蒙俞允，拨发帑金，遴委妥员住厂，专司承办，已于上年一载之中，获铜一百万斤有零。业将各厂员获铜数目于岁底汇齐考核，将办铜二十万斤以上之委员嵇承豫、钟作肃、周鉴等请旨照例议叙，给还顶带、原衔在案。今岁又踹获大功山等新厂四处，遴委原署昆明县试用知县曹湛等驻厂攻采，务冀实有成效。兹查各新厂皆因一分通商，炉民得沾余利，工本有资，而厂员又邀专案议叙之例，群情鼓舞，俱奋勉急公。自上年岁底考核截数后，今乾隆三十八年正月算起，至十一月止，各新厂办获铜斤共有三百七十万斤有零，若至岁底报齐，汇总考核之时，尚可得铜数十万斤。

臣查各新厂之中，前岁新开之宁州狮子山厂委员宋龙图，独办铜一百八万斤有零，为数最优；又今岁新开之云龙州大功山厂，办铜七十二万斤有零，内委员曹湛，系本年六月初三日接管起，独办获铜六十一万余斤，亦较为出力，则是今年新厂情形，实为丰旺。臣伏思滇省每年额运京铜六百三十余万，向赖汤丹、大碌等旧厂出产，以供拨运。今岁新厂铜斤办至三百万以外，臣节次委令知府等员前往查验，铜色俱高，悉系照数实贮，并即陆续起运总局，以供拨用。则是新厂所出之铜，约有旧厂额办之半，京外所需大可接济。从此实力调剂，加以鼓励，可望年增一年，源源相继。

查定例：办厂效力降革人员，一年内能获铜二十万斤以上，准其给还原衔顶带；如能一年内办至五十万斤者，出具考语，送部引见，恭候钦定录用等因。兹狮子山厂委员、革职同知宋龙图，又大功山厂委员、革职知县曹湛，各于未满一年限内，能独力获铜一百余万及六十一万斤，洵为实心奋勉，有益铜务，实系办厂杰出之员。似应先行奏明奖励，请将宋龙图、曹湛二员先行给还各原衔、顶带，仍俟岁底截数考核时，照获铜五十万以上之例，将宋龙图、曹湛二员出具考语，给咨送部引见，恭候圣恩量才录用，俾各厂委员咸知观感，皆实力黾勉，则新厂铜斤益可冀其丰旺矣。其余各厂委员获铜数目等次，统俟岁底汇齐考核，另行分别请叙，并将其中最高之铜、堪以拨供京局者，酌定数目，另行请旨拨赴泸店水次，以备运京之用。

臣谨会同云南巡抚臣李湖恭折具奏，伏乞皇上圣鉴训示。谨奏。

朱批：好。知道了。

（《宫中档乾隆朝奏折》第三十三辑，第 850～851 页）

1712　署云贵总督彰宝《奏报赏到钦颁〈文鉴〉，恭谢天恩折》
乾隆三十八年十二月十八日

署云贵总督臣彰宝谨奏：为恭谢天恩事。

乾隆三十八年十二月初二日，据驻京提塘官忽凤交折差恭赍钦颁御制增订《清文鉴》一部，计八套，共四十八本到永昌。臣随恭设香案，望阙叩头祗领讫。

窃臣系满洲世仆，尤当学习清文，以为根本。乃因知识浅陋，未窥音义精微。今伏睹，睿藻经天，集大成而至备；光华炳日，垂万古而无疆，且附汉字为对音，贤愚共晓，益昭同文之盛典，宇宙增辉。臣恭逢恩赏，庆幸难名，跪捧瑶函，宠惭逾分。从此珍藏考订，可冀知识渐开，敬以贻之子孙，世守学习勿替。所有臣感激下忱，理合恭折叩谢天恩，伏乞皇上圣鉴。谨奏。

朱批：览。

（《宫中档乾隆朝奏折》第三十三辑，第 852 页）

1713 云南巡抚李湖《奏报本年滇省无檄调扣展公出之员折》
乾隆三十八年十二月二十日

云南巡抚臣李湖跪奏：为遵旨汇奏事。

乾隆三十二年闰七月初九日，奉上谕："嗣后州县官，概不准托故赴省扣展公出日期。其有因公派委会审及查办紧要事件，必须檄调到省者，该督抚将应行扣展之故于年终汇奏一次，交部查核。"又乾隆三十六年正月二十七日，奉上谕："富明安汇奏州县檄调赴省扣展公出一折，开列清单进呈，所办甚是。嗣后各督抚汇奏此事，均应照富明安折奏款式办理。钦此。"钦遵各在案。

兹据署布政使龚士模、按察使图桑阿，将乾隆三十八年分题咨案内并无檄调赴省扣展公出之员会详前来。臣复查无异，谨会同督臣彰宝恭折具奏，伏乞睿鉴，敕部施行。谨奏。

朱批：该部知道。

（《宫中档乾隆朝奏折》第三十四辑，第4页）

1714 云南巡抚李湖《遵旨奏报巡抚、藩、臬衙门所延幕友情形折》
乾隆三十八年十二月二十日

云南巡抚臣李湖跪奏：为遵旨具奏事。

乾隆三十八年正月初四日，准吏部咨开："议覆御史胡翘元条陈，督抚幕友随时造册报部存案，一经迁调，前任之幕不得留于后任。在署已逾五年，即行更换等因。奉旨：依议。嗣后，着该督抚于每年年终汇奏一次，并着军机大臣于奏到时详细查核具奏。如有不遵例禁，视为具文，仍蹈前此陋习，即行据实参奏。钦此。"又准部咨："在外大小衙门，幕友人数繁多，若概令入奏，未免繁琐。应令嗣后督抚司道幕友，除随时咨部外，均于年终汇奏。其府州县衙门幕友，仍行汇齐，咨部存案。即由吏部查核，如有逾限违例者，亦于年底摘参。"等因。

伏查臣巡抚衙门所延幕友三人，及藩司开报幕友三人，臬司开报幕友二人，均系籍隶江浙远省，单身在幕，并非前任所留，在幕未至五年，已于本年五月二十四日开列清单，恭折具奏在案。兹值乾隆三十八年年底，除府厅州县衙门幕友造册咨部查核外，臣与臬司衙门仍系旧友，惟署藩司龚士模所延幕友俱已更换，并非前任所留。并据各道开列幕友姓名、籍贯及相延年月，详请具奏前来。臣复加访察，均未有违例禁，理合开列清单，恭折具奏，伏乞圣鉴。谨奏。

朱批： 览。

（《宫中档乾隆朝奏折》第三十四辑，第4～5页）

1715 云南巡抚李湖《遵例奏报本年滇省所属各官无换帖宴会、无故上省等折》
乾隆三十八年十二月二十日

云南巡抚臣李湖跪奏：为循例具奏事。

乾隆三十七年五月初三日，准都察院咨开："左都御史张若淮奏请禁止各省大小官员换帖、上省宴会等事，年终将有无此等之处切实具奏等因。钦奉朱批：此奏是，着照所请行。该部知道。钦此。"粘连原奏，移咨到臣。

伏思设官分职，各有专司，敦品立身，当循矩度。凡同寅僚属，皆有公事交关，府厅州县各有地方责任，若换帖宴会，借名上省，推其流弊，必致徇私废公，实为官常吏治之害。上年奉文之后，臣遵即严切训饬各属，交相警惕，一切玩荒陋习咸知改除。臣率同各司道留心体察，乾隆三十八年分所属各官，并无换帖宴会、无故上省等事。臣仍不时稽查，有犯必惩，不敢稍存姑息外，兹值年终，臣谨会同督臣彰宝恭折具奏，仰祈圣鉴。谨奏。

朱批： 览。

（《宫中档乾隆朝奏折》第三十四辑，第5～6页）

1716 云南巡抚李湖《循例奏报本年滇省估变房屋、物料情形折》
乾隆三十八年十二月二十日

云南巡抚臣李湖跪奏：为遵旨汇奏事。

窃照乾隆三十二年六月二十日，奉上谕："各省承办一应房屋、船只，遇有迁移裁汰，均照工部此次奏定之例，随时估变，分别办理。即银数在二百两以下者，除按次报部外，仍于年终汇奏一次。钦此。"钦遵在案。

兹据署布政使龚士模详称："查滇省裁缺案内，估变物料银二百两以上者，有姚安府、和曲州衙署二所。估变物料银二百两以下者，有姚安府经历、训导、鹤庆府知事、武定府经历、观音山巡检等署房五所。汤丹通判所遗监狱四间,又广南府经历署房,省城铜店等项,业于上年估计,详请分别奏咨,本年奉部分案驳增,遵照转饬。姚安府署原估变银八百二十九两三钱,今增估银一百八十六两六钱六分;和曲州署原估变银一千一百五两五分,今增估银一百四十二两五钱六分五厘。又姚安府经历署房,原估变银一百一十六两七钱五分七厘,今增估银一十七两,训导署房,原估变银八十两二钱一分八厘,今增估银一十三两一钱五分五厘。鹤庆府知事署房,原估变银一百一十六两六钱八分,今增估银一十二两六钱四分。武定府经历署房,原估变银九十六两七钱二分四厘,今增估银一十四两五钱六厘。观音山巡检署房,请变银八十五两八钱六分,实无短估,无从加增。汤丹通判遗存监狱四间,原估变银三十二两二钱三分一厘,今增估银一十二两三钱四分九厘。以上各属原估银二千四百六十二两八钱二分,共增估银三百九十八两八钱七分五厘,现于各本案内另造细册,详情分别奏咨。

至广南府经历署房,估变银一百二十两三钱六分。省城铜店原续估增银九百一十八两七钱九分三厘,已奉部覆准变价。再查三十八年,据保山县估变永昌府同知空署一所,因原估价值短少,已驳令该道府督估加增,现催造报另详。又师宗汛裁拆兵房三十二间,估变银一百六十一两七钱八分六厘,经部覆准,照估变价报拨各在案。此外并无应行估变房屋、船只事件。兹届年终,谨汇案具详。"等情前来。

臣复查无异,所有乾隆三十八年滇属裁汰房屋增估报变各案及并无应变船只缘由,理合查明,汇折具奏,伏乞圣鉴。再滇省无额设应修船只,合并陈明。谨奏。

朱批:知道了。

(《宫中档乾隆朝奏折》第三十四辑,第6~7页)

1717 云南巡抚李湖《循例奏报卅年滇省各属无亏那情弊事》
乾隆三十八年十二月二十日

云南巡抚臣李湖跪奏:为查明具奏事。

案照乾隆三十二年正月十七日,奉上谕:"嗣后年终,将属员有无亏空之处汇奏一次。著为令。钦此。"钦遵在案。

所有滇省乾隆三十八年分各属仓库钱粮,经臣饬行盘察。去后,据云南布政使王太岳移行各道府,将通属仓库逐一盘明结报,由署藩司龚士模汇核,详称:"司款项下,乾隆三十七年征收民屯、条丁及课税、公件、耗羡等项,共银三十八万三千余两,俱经全完,支解清楚,已于本年六月内盘明结报,详请核奏在案。今年终清查通省,核转需时,经前司详明,截至八月底止,委盘结报。今逐一汇核,除三十八年民屯、条丁、正耗等银例于九月开征，应归奏销案内查办外，各属额征商、牲、酒窖税课等银五万八千一百五十四两八钱零内，已报完银七千八百五两三钱零；税契原无定额，已报完银一万七千九百三两六钱零，批解司库，其余未完银两，随征催解，并不存留。

至分贮急需银一万八千两，照数点验无缺。又粮款项下，各属应存兵米五十四万九百九十五石五斗，除支给兵粮、出粜余米七万八千九百六十二石三斗外，实存米四十六万二千三十三石零。又昭通、维西二镇协应存米三万四千三百三石零，除支放米七千三百七十二石外，实存米二万六千九百三十一石零。常平仓应存谷、荞、青稞一百一十一万一千六百八十八石零，除粜借过一十一万三千四百一十八石八斗外，实存九十九万八千二百六十九石零。社仓应存谷、荞、青稞四十二万七千七百六石五斗零，除出借七万七千一百七十石五斗八升外，实存三十五万五百三十五石九斗零，查系支放有据，实贮无亏。

又盐款项下，三十八年各属应征解道课款银七十四万二千七十四两八钱五分零，内已解收银一万二千八十两四钱五分，其余未完银两，现催领运行销，按月提解，并不积存属库，其完欠数目，另于盐课奏销册内造报。再滇省并未设立义仓，无从开报，合并声明。"等情，详请核奏前来。

臣逐细复核，各属征收银米、支解、存贮数目，均属相符。既据各道府盘验，由司核实无亏，除各于本案造册题报外，臣惟有督率司道等随时稽察，务使各属咸知遵凛，倘有亏那情弊，即行据实参究，以期仰副圣主责成至意。

再滇省止有常平、社谷，并未设立义仓，合并陈明。谨会同督臣彰宝恭折具奏，伏乞睿鉴。谨奏。

朱批：知道了。

（《宫中档乾隆朝奏折》第三十四辑，第8~9页）

1718 云南巡抚李湖《循例奏报本年滇省各属城垣情形折》
乾隆三十八年十二月二十日

云南巡抚臣李湖跪奏：为遵旨汇奏事。

窃照乾隆二十八年七月二十九日，奉上谕："城垣为地方保障之资，自应一律完固，以资捍卫。着各督抚饬令该管道府，将所属城垣细加察勘，如稍有坍塌，即随时修补，按例保固，仍于每年岁底，将通省城垣是否完固之处，缮折汇奏。钦此。"钦遵在案。今乾隆三十八年云南通省城垣，行据署布政使龚士模移行各道府确勘，分别完固、修补取结，由司复核，详报前来。

臣查滇省府厅州县及分驻佐杂处所，通共砖石、土城九十一座。兹据各道府查勘，大关厅等城垣八十五座，门楼、垛口、墙垣均属完固。他郎土城一座，查勘尚属完好，亦经奏明，毋庸改建砖石。至威远同知城垣一座，改修垛座、海堰等项，据报工竣，现在查验题销。惟元江、浪穹原坍、续坍城垣二座，因元江州委修驿路，浪穹县办理被水赈恤事宜，均未估报，已催办详。楚雄县城垣一座，业经估报详题，现饬领项，购料兴修。嶍峨县城垣一座，本年被水坍卸一百四十余丈，亦于赈恤案内声明，饬令估修。其余各属完固土石城垣，臣严饬该地方官加意保护，遇有些小损坏，随时粘补，以期巩固外，所有乾隆三十八年分查明通省城垣情形，理合恭折汇奏，另缮清单恭呈圣鉴。谨奏。

朱批： 览。

（《宫中档乾隆朝奏折》第三十四辑，第 9～10 页）

1719　云南巡抚李湖《奏报督臣染病，起程巡阅迤西地方并面询督臣病体日期折》

乾隆三十八年十二月二十一日

云南巡抚臣李湖跪奏，为奏明事。

窃臣查阅迤东营伍事竣，于十一月二十七日回署。据现驻永昌道府禀称，督臣彰宝身体疼痛，步履艰难，出巡尚无定期等语。当将近日调治曾否渐痊情形专札致询督臣。去后，随于十二月十三日，接督臣来札："自仲冬以后，气血凝滞，遍体作疼，近更寸步难移，未能运动，医治俱未见效。届此冬防之侯，不能亲赴腾越以外巡查，不得已，于本月初一日据实沥情奏闻。"等因。

伏查腾越以外现在边关宁静，督臣居中调度，署提臣锦山率领各镇协沿边分兵巡防，自可无虞疏懈。但臣自到滇以来，迤南、迤东各地方俱经遍历，惟迤西一带，臣仅于上年冬月查勘琅白、安丰等盐井，前至楚雄，其楚雄以西未暇赴查。今臣回署后，将岁内应办事件业已料理完竣，时届封印，政务减少，省城现有司道，足资弹压。臣于十二月二十二日由省起程，亲往迤西一带地方巡阅，即顺道前赴永昌面询督臣病体情形，遇有应办公事，并可就近会商核计，往反程途不过月余，开印后即可回省，不致旷误职守。

所有臣起程日期，理合缮折由驿奏闻，伏乞圣主睿鉴。谨奏。

朱批： 知道了。

（《宫中档乾隆朝奏折》第三十四辑，第 22～23 页）

1720 署云贵总督彰宝《奏报审明冒认诬陷逃兵，按律定拟并参奏缉拿不力人员折》

乾隆三十八年十二月二十八日

署云贵总督臣彰宝谨奏：为审拟查参，以惩兵丁诬陷，并儆官员玩纵事。

窃照滇省前在军营脱逃兵丁，经臣严饬文武各员设法访缉，不遗余力，一经拿获，审系正身、年貌相符，供认明确者，立即照例正法，固属决不待时。若安拿无辜，借端陷害，希图顶名销案者，尤为法难宽贷。

兹查鹤丽镇标逃兵李伟，于乾隆三十二年间，在象达防所脱逃，原系鹤庆州人，本姓王，自幼出继，改名李伟充伍，其亲兄王培亦在鹤丽镇标中营食粮。李伟脱逃之后，潜伏中甸同知所属之白地厂江边，藏匿窝铺内，淘洗金沙度活。曾有该逃兵原籍、鹤庆州邻人段锦、王锡文，于本年二月内路过白地厂江边，遇见李伟在彼淘金，回来告知王培。乃王培既知伊弟下落，隐匿不首。嗣于本年五月初间，闻云南县差役在清华洞地方盘获一人，形迹可疑，年貌与李伟相似，王培即与同伍兵丁潘明前往认识。缘被获之人病重昏迷，不能言语。王培即乘机冒认，以被获之人系其胞弟李伟，希冀解送到官代戮，可以注销伊弟原名。其同往兵丁潘明见王培指系伊弟李伟，亦扶同冒认。据云南县解赴军需局审讯前来。当将解到之人与逃兵李伟原报年岁、面貌核对，不甚相符，又系带病昏迷，随饬拨医调治，稍痊，细加研讯。据供："姓钏，名崇儒，年二十四岁，系大理府太和县鸡邑村人，其父名钏敏，开油铺生理。因本年四月内，伊父钏敏令其挑油沿村发卖，亏折本钱，并将油担卖掉，被伊父钏敏打骂，钏崇儒避出在外，不敢回家，带病走至云南县清华洞地方，兵役见其行踪疑似逃兵，送官讯问，因病昏不能说话，及王培到彼冒认为弟，伊亦并不知晓情由。如今病好，一一供明，实非逃兵等语。"随饬太和县密赴鸡邑村细查，果有钏敏卖油生理，其子钏崇儒走失在外。钏敏随即亲赴永昌，当堂认明钏崇儒系其亲子属实。并据王培自认，因钏崇儒病不能言，随起意冒认为伊弟逃兵李伟，原欲希图顶替伊弟李伟之罪，便可销案。其弟李伟现在中甸白地厂江边窝铺内藏匿淘金各情由，历历供吐不讳。当即飞饬鹤庆州知州李煜，查传该州民人段锦、王锡文，讯明曾见过李伟，告知王培属实。但前往中甸江边查拿，该处窝铺无存，淘金之人已经星散，并无李伟踪迹。讯问该处地邻，据供："原有李伟在此淘金，三月间江水泛涨，窝铺冲没，欠了油米银钱，夤夜逃走，不知去向。"各等情。据军需局道员祝忻、永昌府知府周际清等逐层查讯明确，具详前来。

臣查太和县民人钏崇儒，被父责打，避外染病，致被兵役盘诘误拿，既经伊父钏敏质认明白，实属无辜，应即省释。鹤丽镇标兵丁王培，因其出继弟李伟在逃，恐被拿获，见钏崇儒病不能言，随起意诬认为伊弟，希图陷害钏崇儒代戮，以为逃兵李伟销案，其情实属险恶。且伊诬指钏崇儒为逃兵，则以立决之罪陷害平人，更欲将伊弟李伟立决之罪销案漏网，情甚可恶，未便照诬告未决之例办理。应请将王培照故纵罪囚，与囚同罪律，拟斩监候，秋后处决。其扶同混认之兵丁潘明，仍照诬告人未决本律，为从减一等，杖一百，徒三年，定驿发配。

至军营逃兵，臣到滇时即严饬文武员弁实力缉拿，嗣因所获无多，随经臣奏明，定立处分，按年参处，并悬立赏罚，按月追比。是以今年拿获名数稍多。尚未能悉数尽获，总缘各该州县以为逃兵非地方命盗要犯可比，不以为意，率多歧视。今逃兵李伟潜匿中甸白地厂江边地方搭铺淘金，该管署中甸同知、试用知县平圣敬、分防中甸都司马仁，平日均不查拿察缉，致令潜匿多时，迨经军需局审出，指明存匿地方，令其踩拿，又因循观望，致被逃遁，实属玩纵。滇省正在严拿逃兵，此等劣员，若不严参重处，各属无以知所儆戒。相应严参，请旨将知县平圣敬、都司马仁俱行革职，留于该地协缉，俟李伟拿获之日再予开复，俾玩缉各员知所儆戒。

至缉拿逃兵，原应无分疆界。鹤庆州与中甸地方毗连，且逃兵李伟系鹤庆州人，该州李煜系原籍原营之地方官，并不实力缉拿，实属怠玩。相应一并附参，请旨敕部议处。臣谨恭折具奏，伏乞皇上圣鉴，敕部议覆施行。谨奏。

朱批：该部核拟具奏。

（《宫中档乾隆朝奏折》第三十四辑，第120～122页）

1721　署云贵总督彰宝、云南巡抚李湖《奏报遵旨严查边地税课亏短缘由，详悉筹议覆奏折》

乾隆三十九年正月初九日

署云贵总督臣彰宝、云南巡抚臣李湖谨奏：为遵旨严查边地税课亏短缘由，详悉筹议覆奏事。

乾隆三十八年十一月十八日，接到大学士臣舒赫德、刘统勋、于敏中字寄："十二月二十七日，钦奉上谕：户部议李湖具题永昌、腾越、大理三府州税课缺额银两声请豁除一折，所驳甚是，已依议行矣。年来边务未竣，永昌、腾越以外各关口，原应严禁偷漏，不许缅匪私通贸易，但永昌等处均在关内，其内地商贩仍可照旧贸迁往来，并不专借夷货。第恐承办各员因有从前豁免之例，遂借闭关为词，隐售其征多报少之弊，亦属事所必有，不可不核实妥办。彰宝现驻永昌，无难就近彻底确查。着传谕该督，照户部指驳情节及各该处税课实在因何亏短缘由，确切严查，据实具奏。仍将此后应如何调剂妥办，使边禁、税额两无妨碍之处，会同该抚逐一详悉筹议奏覆。将此谕令知之。钦此。"钦遵。又准户部咨开："滇省商税，乾隆三十六年，军务已经告竣，自应按额征收。乃大理府缺额银二百六两二钱四分五厘，永昌府缺额银六千三百八十九两六钱一分三厘，腾越州缺额银二百五十一两三钱九分，并将三十七年分永昌府缺额银六千二百七十两一钱八厘，腾越州缺额银二百三十一两八分八厘，一并题请豁除。查该省军务告竣以来，从前缺额之曲靖、云南等府并普洱口外之思茅厅，近年俱已照额报解，独永昌、腾越二处，频年税课尚缺额过半，虽据该抚李湖声称实因关隘严紧，商贩稀少所致。迩年经理边情，不准缅匪私通贸易，各关口自应严禁偷漏。但永昌、腾越俱在关内，其内地商贩原可照旧贸迁往来，况此两处每年税课均有抽收之数，可见并不专借夷境货物。恐承办之员见从前曾经豁免，遂借闭关为词，隐售其征多报少之术，不可不彻底清查。至该二处现收税货系从何处运到？其本地所产之物又运往何地售销？从前足额时何项最多，现在亏短时又系何项减少？并须逐一确核。至大理府，系在腹地，因何亦有缺短？尤非情理所宜，不可不核实妥办。"等因。行文前来。

　　臣等随饬云南布政司及迤西道等确实严查，并悉心妥筹。去后，兹据署布政司龚士模、署迤西道周际清等详称："永昌府额设税口十处，其货物自省城、内地来者，则由江桥税口入境，至永昌府城转散各夷方销售。其货物自夷方、外地来者，则由蒲缥、龙陵、亚练三处入境，至永昌府城转运各内地分销。从前足额时，夷方之货不过鱼、盐、芦子、象牙、棉花等物，惟棉花一项为最多，亦迤西一带所取给。至内地之货，则系绫绸、锦缎、黄丝、布匹及铜锅、贯砂等类，均为夷方所必需。凡内地货物贩于外及外夷货物贩于内，皆经由永昌府城分发转运。边关未禁以前，商贾云集，货物流通，永昌府之额税，全赖内外互相交易，每岁抽收课款，得以敷额。其余尚有清水关、永城、施甸、沙河、孙足、板桥六处，不过土产之烟纸、沙糖及牲畜等物，系本地土民肩挑背负，并无成总商贩，零星抽课，甚属细微。现因边务未竣，路通夷方之龙陵、亚练二处关口严行封禁，内外不通，夷货绝迹。而省城一路商贩，因货无去路，亦遂裹足不前，其间有来者，仅供本地之用，不及通关时十之一二。近年永昌府所收税课，止有土产、牲畜而止，是以额定课款递年短缺，此系实在情形。又腾越州地处极边，内止永昌一路，外即土境夷方，通内地者，有龙江税口一处，通外夷者，有曩宋、猛连、缅箐税口三处，此外尚有界头、曲石及州城税口三处，并无商货，仅征牲税。向来外夷之棉花、苏木、象牙、鱼、盐等项，得以贩运进口，而内地之货物，为夷方所需者亦得贩运出口，腾越之税课，惟赖内外货物互相贸易，始能足额报解。今值关禁维严，内外隔绝，不但远来商货不通，即近处土产亦不能越境偷漏，所有通达夷方之税口，实已无可抽收。至于内地货物，可以由永昌运至腾越者，不过供州民之用，边地朴陋，取给无多，又别无流通之处，是以商贩亦绝足不至，止有零星牲税，尽收尽解，以致课额亏短。再查大理一府，地接永昌，该府征收本境土税者六处，为数无几，其征收商税，惟赖上关、下关二处。上关则系鹤丽及西藏之要隘，下关则系省会与永昌之通衢。除上关仍有牛绒、氆氇等物不时往来，其下关因永昌一路商贩不通，凡货物之经由下关者甚少，是以额税亦相应短缺。该司道等将乾隆三十六、七两年各关口抽收底簿串根逐一清厘，俱属尽收尽解，并无蒙混不符。所有乾隆三十六年分，永昌府止抽获税银一千四两三钱二分一厘，实缺额银六千三百八十九两六钱一分三厘；腾越州止抽获税银一百五十七两一钱八分七厘，实缺额银二百五十一两三钱九分。又乾隆三十七年分，永昌府止抽获税银一千一百二十三两八钱二分六厘，实缺额银六千二百七十两一钱八厘；腾越州止抽获税银一百七十七两四钱八分九厘，实缺额银二百三十一两八分八厘。以上缺额各数，实无捏饰及抽多报少情弊，应仍请豁免。至大理府，于乾隆三十六年分，抽获税银五千二百二十九两七分三厘，尚缺额银二百六两二钱四分五厘。虽附近永昌，微有短少，但路通鹤丽、西藏，商货去路尚多，并不专借夷货，其缺额银两，应令该管知府赔补。"等情，议详前来。

臣等伏查税课攸关额饷，前因军兴，缺额邀准豁免，原不得援为长例。今军务告停以来，仍复连年短少。诚如圣谕，恐承办各员因有从前豁免之例，遂借闭关为词，隐售其征多报少之弊；且永昌、腾越俱在关内，原可听商贩贸迁，每年税课均有抽收之数，似不专借夷境货物，户部指驳之处实为切当情理，自应彻底清厘，俾边禁、税额两无妨碍，庶为妥协。

第查永昌为滇省极边之郡，仅有永平一路与腹里相通，其余俱属土境。至腾越一州，更属孤悬极边，紧接夷方，并无邻近州县交界毗连，虽在八关以内，实与腹里情形迥殊。追溯未办军务以前，内地绸缎、丝线诸货固为夷人希罕而珍贵，其夷地所产之棉花、芦子、象牙、鱼、盐等物，亦为内地所取资，兼有宝石、碧霞、犀、玉石等类携带求售，不第省城货物皆云集于永昌，其江楚之民肩挑驮载，贩货图利者络绎不绝，实系专借内外互易，是以商贩多而百货聚，税课得以充盈。又如曲靖、云南等府，或界连川黔，或聚居省会，兵差既竣，自能照额征收。又普洱之思茅，虽在口外，向以土产、茶税为重，商贩既通，亦得抽收足额。惟永昌、腾越二府州，今军务虽停，而边务未竣，正当关禁严明，不许与缅匪私通贸易。腾越以外之各关隘，应防夷货之偷越而入，其附近永昌之各路径，应防内货之偷漏而出，连年节节严查，处处盘诘。如曩宋、缅箐等处，向为抽收货税之地，今为稽察私贩之区。虽永昌府城及腾越州城并不禁人贸迁往来，而腾越之货既无去路，则永昌不复运往，永昌之货无处可销，则省城亦不贩至；且永昌除粮食、牲畜外，别无所产，又值商贾甚稀，所以市廛冷淡，商税较少。臣彰宝驻扎永昌，署中食用所需每往省城采买，则是近年永昌情形，大非从前通商时可比。若不久驻其地，亲历其事，仅以情理揆度，亦不料今昔悬殊如此之甚。

兹臣等将承办各官征收簿籍串根另委粮道祝忻细加核对，实无商货可征，亦无隐混疑窦。按其抽收之数，仅靠本地土产、牲畜，致难敷额。该承办各官并不敢借闭关为词，稍萌染指私侵之念。此臣彰宝因严禁私贩，不时向各税口密行稽察透漏，知之颇真，委无情弊。所有永昌、腾越二处缺额税银，可否仰恳圣恩，暂准豁免，出自皇上格外鸿慈。现今关禁正严，以致税额短缺，细筹两不相碍之处，实无调剂良法。惟有将该府州应收之本地土产、牲畜等税，责成迤西道按季严行查察，毋使收税之胥役、家人稍滋弊端，并不时稽核比较，督饬尽收尽解。仍令该道出具保结申送，如有扶同捏饰，一经查出败露，与多抽报少之员一并严参重处。如此核实查办，自不致借称闭关，暗滋弊窦。其大理一府，虽毗连永昌，尚有别路商货。嗣后责令照额抽解，如有短少，全着赔补。是否有当，理合会同覆奏，伏乞皇上圣鉴训示。谨奏。

朱批： 该部议奏。

（《宫中档乾隆朝奏折》第三十四辑，第 124～128 页）

1722　云南巡抚李湖《奏报查讯边防及督臣病体缘由事》
乾隆三十九年正月初十日

云南巡抚臣李湖跪奏：为奏闻事。

窃臣前将封印后巡历迤西，顺道看视督臣彰宝病体缘由并起程日期，于乾隆三十八年十二月二十一日恭折奏明在案。兹臣于三十九年正月初四日抵永，面晤督臣彰宝，看其言语虽清，勉力照常办事，而精神较前少惫，面肌黄瘦，筋骨不时疼痛，手足拘挛，运动须人抬扶。询问诸医，佥称瘴邪未净，缠入筋络，故手足拘挛，致成风痹。今按法调治，因气血不充，服药骤难见效等语。臣不谙医理，连日看视，督臣病体似属血不养筋，将来恐成痿瘵之疾。

至边防情形，询之督臣，备述关外宁静，驻兵安防，巡逻严密，凡可潜通夷境处所，并俱设卡会哨。署提督锦山协同各镇分督稽察，按旬开报，声息时通。自拿获木邦缅子达磨莽革拉、老官屯缅子波一之后，现无潜来窥探匪人。近于关内土司地方缉获私贩黄林隆等数起，各路巡防愈加谨严，复差副参等员更番往查，不虞疏懈。现在并无紧要公务，臣留永数日，将地方一切事宜面同商确，于初十日起身回省。除沿途查勘情形另行具奏外，所有查询边防及督臣病体缘由，理合缮折由驿奏闻，伏乞圣主睿鉴。谨奏。

朱批： 知道了，一时无人，且候之，若有因病误事光景，即速奏来。

（《宫中档乾隆朝奏折》第三十四辑，第 202～203 页）

1723　云南巡抚李湖《奏报滇省雨雪苗情折》
乾隆三十九年正月二十四日

云南巡抚臣李湖跪奏：为恭报地方情形事。

窃臣上冬巡历省南及东北一带，目击雨雪普沾、春苗生发情形，节次奏报在案。兹臣前赴迤西，所过郡县，塘渠沟洫积水充盈，二麦青葱长发，豆菜结蕊扬花。询诸农人，咸称冬春雨雪应时，土膏润泽，是以根深枝茂，胜于往年。臣回署后汇查各属禀报，腊月初八、九、十二、十五、二十八等日，东川、昭通、曲靖、丽江、永昌、大理六府属复得瑞雪，积厚入土自三四寸至五六七寸不等，其余郡县亦普获透雨滋培开正，阴晴相间，倍资长养，与春田实多裨益。各属粮价虽此增彼减，盈缩不齐，但核之时值，俱属中平。理合据实奏闻，并将十二月分报到粮价敬缮清单，恭呈睿鉴。谨奏。

朱批：知道了。

（《宫中档乾隆朝奏折》第三十四辑，第334页）

1724　云南巡抚李湖《奏报筹备新设普安营兵粮，分别改征采买缘由折》
乾隆三十九年正月二十四日

云南巡抚臣李湖跪奏：为筹备新设普安营兵粮，奏定章程事。

窃照督臣彰宝请将车里司宣慰土缺裁汰，于其地改设专营，拨兵巡防，将安营设官及酌改屯兵等事宜分条具奏，奉旨："敕部议覆遵行。至设营所需兵米，或于秋粮内改折本色，或应就近采买，饬交藩司等妥协筹计，具奏到日核覆。"等因。当遵转饬查议，去后，兹据署布政使龚士模、粮储道祝忻等详据该府厅查称："茨通新设普安营，驻兵五百名，岁需米一千八百石，照例贮备二年，共需米三千六百石。惟有慢挨、戛勒、猛伴、补竜等寨，附近茨通，尚易负纳，应请将各寨原额折征米二百八十四石九升二合，以癸巳年为始，改征本色，以供兵糈。尚不敷米三千三百一十五石九斗八合，请照普洱镇不敷兵粮题定采买成例，每米一石给价银一两，在四站以内买运供支，每站每石给脚银二钱，每石共给脚银一两八钱，计买米三千三百一十五石九斗八合，共需银五千九百六十八两六钱三分四厘，照例于道库米折等款银内动支，发给思茅同知承领，乘时买运收仓，备凑支放事竣，造册请销，如有节省运脚，据实报出，解缴归款，嗣后并入普洱镇会计案内，按年详题办理，以昭画一。"等情。呈请核奏前来。

臣覆查新设普安营岁需兵米，附近改征本色，不敷支放，自应采买备贮。据司道议请，以二年为额及每石每站酌定脚价银数，俱与普洱镇采买兵粮题定成例相符。除饬于道库米折等款银内照数发给思茅同知，乘时买运收贮，核实造报外，所有筹备兵粮、分别改征采买缘由，理合会同督臣彰宝恭折具奏，伏乞圣主睿鉴，敕部核覆施行。谨奏。

朱批：该部议奏。

（《宫中档乾隆朝奏折》第三十四辑，第335～336页）

1725 云南巡抚李湖《奏报动支公件银两协办黔省船工缘由折》
乾隆三十九年正月二十四日

云南巡抚臣李湖跪奏：为奏闻事。

窃照耗羡、公件银两，如常额之外遇有动用，例应随时专折奏闻。兹据署布政使印务迤西道龚士模会同驿盐道沈荣昌详称："贵州郎岱厅属西林毛口渡，乃滇黔两省要津，为官商行旅往来必由之路，前经黔省会议，设立大板船四只、小报船二只，定以每年一小修，需用工料银两在于黔省藩库，动给五年一大修需用工料银一百七十六两，内滇省协帮银八十八两，于公件银内动支移解，历经随时详请奏明，支解在案。今乾隆三十八年，又届大修之期，奉准黔省移请协拨，系属必须之项，应请于司库公件银内动支银八十八两，俟有便员，带解黔省交收。"等情。详请核奏前来。

臣查与历届奏明动拨例案相符，除咨明户、工二部并移贵州抚臣外，所有动支公件银两协办黔省船工缘由，理合恭折奏闻，伏乞圣主睿鉴，敕部施行。谨奏。

朱批：该部知道。

（《宫中档乾隆朝奏折》第三十四辑，第 336～337 页）

1726 云南巡抚李湖《奏报癸巳年二运第一起京铜开帮日期折》
乾隆三十九年正月二十四日

云南巡抚臣李湖跪奏：为奏闻事。

窃照云南省办运京局铜斤，在四川泸州开帮日期，例应具折奏报。今据署布政使龚士模详称："癸巳年二运第一起委员、候补知县张绥佩，领运正耗余铜七十三万六千三百斤，于乾隆三十八年十二月二十一日在泸州全数开帮。"等情前来。除飞咨沿途各省督抚催趱前进，依限赴京交收，并咨明户、工二部外，所有癸巳年二运第一起京铜开帮日期，理合循例恭折奏闻，伏乞圣鉴。谨奏。

朱批：览。

（《宫中档乾隆朝奏折》第三十四辑，第 337 页）

1727 云南巡抚李湖《奏报乾隆三十八年分滇省新旧各厂办获铜数折》
乾隆三十九年正月二十五日

云南巡抚臣李湖跪奏：为汇核各厂办获铜数，奏请睿鉴事。

窃照乾隆三十八年分滇省新旧各厂办获铜斤，臣于上年十一月内，业将查勘情形并据已报数目缮折具奏，并声明俟至岁底，总核通年获铜确数，另陈在案。兹催据各厂先后报齐，由署布政使龚士模汇造清册，详请核奏前来。

臣吊齐各厂月报清折，逐一核对，办供京局之汤丹、碌碌、大水、茂麓四厂，获铜五百三十八万八十三斤；拨供外省采买及本省鼓铸之金钗等中小各厂，获铜三百三十五万二千八百一十七斤以上，旧厂计共获铜八百七十三万二千九百斤，较之三十七年办铜七百三十四万之数，计多一百三十九万有零。又九渡箐等七新厂获铜二百六十六万二千六十二斤，续开狮子尾、力苏箐、大功山三新厂，获铜一百六万一千二百六十七斤。合计新旧各厂，通共获铜一千二百四十五万六千二百二十九斤。查与详报数目相符，除各新厂委员分别议叙之处，应听督臣查办外，所有乾隆三十八年分滇省新旧各厂办获铜数，理合缮具简明清单，恭折呈奏，伏乞圣鉴。谨奏。

朱批：览。

（《宫中档乾隆朝奏折》第三十四辑，第349～350页）

1728　云南巡抚李湖《奏报调补楚雄府知府候补知府孔继炘将及一载未到，请旨另简干员补放折》
乾隆三十九年正月二十五日

云南巡抚臣李湖跪奏：为府缺久悬，奏请圣恩另简干员，以重职守事。

窃照滇省东川府知府彭理升任员缺，前经会同督臣彰宝奏请，以楚雄府知府陈孝升调补，所遗楚雄府员缺，以发滇候补知府孔继炘补授，钦奉谕旨允准在案。

查楚雄府地处冲途，且有稽查盐井厂务并督办该处城工之责。孔继炘系乾隆三十八年二月二十六日奉旨发滇补用，迄今将及一载，尚无来滇确信，是否别有事故，亦未准闽省咨会。除一面咨查外，但楚雄府员缺紧要，未便久悬。合无仰恳圣恩，另简干员补授，俾地方公事免致贻误。其孔继炘因何稽延之处，应听闽省查明办理。臣谨会同督臣彰宝恭折具奏，伏乞圣主睿鉴。

再照东川府现因赶办铜运并钱局加铸各要务，令陈孝升先赴新任所遗楚雄府印务，暂委临安府知府张凤孙署理，其临安府印务，就近委云南府知府永慧兼办。合并循例陈明。谨奏。

朱批：有旨谕部。

（《宫中档乾隆朝奏折》第三十四辑，第350～351页）

1729　云南巡抚李湖《奏报查阅迤西地方情形并查办铜盐事宜折》

乾隆三十九年正月二十五日

云南巡抚臣李湖跪奏：为查勘迤西地方情形，据实奏闻事。

窃照迤西地方，臣因莅任后未暇赴巡，前经恭折奏明，于上年十二月二十二日封印期内，自省起程，亲往巡查在案。兹臣经由楚雄、大理、蒙化、永昌一带地方，留心察看，查迤西各属山多地少，风景与迤东相似，每于地势平衍、水泉充盈之处建立城治，环绕田亩自数十里至十余里不等，其余坡头地角，零星开垦、不成坵段者居多，民夷力勤耕作，并无旷土。比年时和岁稔，去秋又值丰收，兼之冬月雨雪普遍，沿途麦苗长发，豆菜扬花，皆极畅茂。臣巡阅所到，正值小民岁晚务闲之时，腊鼓村吹，夷歌蛮舞，靡不喜色相告，欢跃载途，太平有象，实堪上慰圣怀。各处大小官吏虽才具长短、敏钝不齐，即其辟治田畴，讲求树艺，颇知留心民事，勤勉供职，尚无废弛茸阘之员。

至迤西铜厂，以宁台、大功新旧二处为最旺，上年各报获铜七八十万余斤，运至大理府属下关地方收贮备拨。臣亲赴查验，宁台厂铜本质低潮，止可留供本省配铸及外省凑给之用。大功厂铜核估在八五以上，与汤丹等厂成色无异，实可挑充京运底铜。当饬运赴省城，另筹酌拨。又查迤西盐井，除楚雄所属黑、白、安丰等大井，臣于前年履勘，业经奏明清厘外，至大理府属之云龙井及西南两迤各小井，或处山僻，或近夷疆，虽产盐无多，均与民食有赖。臣博采舆论，详察情形，尚有卤多薪贵，应酌加工本以资煎办者；有卤少额多，应酌减盐数筹补经费者，其中衰多益寡，均应随时调剂。适值驿盐道沈荣昌查视驿路、桥梁至蒙化、永昌地方，臣即谕令就近逐一确勘，分别妥议具详，另行核实具奏办理外，臣于正月二十一日回省。

所有巡阅迤西地方情形并查办铜盐事宜，理合缮折奏闻，伏乞圣主睿鉴。谨奏。

朱批：览奏俱悉。

（《宫中档乾隆朝奏折》第三十四辑，第351~352页）

1730　云南巡抚李湖《奏报市果市分发溃兵甫经解到及现在遵旨审办缘由折》

乾隆三十九年正月二十五日

云南巡抚臣李湖跪奏：为遵旨覆奏事。

乾隆三十九年正月初九日，准督臣彰宝咨，承准大学士舒赫德等字寄："乾隆三十八年十二月十八日，奉上谕：据毕沅奏拿获川省军营逃兵萧成祥、溃兵唐玉二名，审讯明确，遵旨即行斩决一折，所办甚是。木果木溃散之兵最为可恶，业经降旨分别办理。其溃后复逃者，情节尤重，一经盘获，自应立正典刑。今毕沅所获二犯，俱系陕甘兵丁在军营溃逃者，兹于陕省缉获。足见此等逃兵，窜回本籍者多，何以别省至今未据奏有就获之事？至分遣各溃兵，此时陆续到配者谅已不少，该犯等在各遣所能否安分守法及有无潜行脱逃之人，亦未据一省奏及。前曾传谕各督抚，此等溃兵本属应死之人，因为数太多，不忍全行诛戮，已属法外之仁。如伊等到配后，仍然犯法滋事，或乘间脱逃，拿获均应正法。若逃后无获，惟现在之督抚是问。今其事已历半年，而各省并未奏及作何办理，殊属懈忽。着再传谕各该督抚，将已经解到之溃兵作何饬属安插，并各犯有无滋事脱逃及能否上紧缉获严办之处，即速据实覆奏，毋稍粉饰干咎。钦此。"遵旨寄信前来。

臣伏查上年七月，钦奉谕旨："川省溃兵解到时，隔别讯明，倡首奔溃之人，如在该省所遣数内，即行讯实，奏闻正法；其在他省者，移知该督抚讯实，奏闻正法。至应遣之兵，分别各州县安插，有不法滋事、在配脱逃之人，立拿正法等因。钦此。"当查此等溃兵，应发云南省安插名数，未准川省造册移知。随经备文咨查，一面遴委干员赴川滇交界地方守候，查点解省，分别审办。业将办理缘由，于上年八月十八日，会同督臣彰宝具奏在案。嗣又节次咨催，至乾隆三十九年正月十二日，始准川省将安插陕西延绥营溃兵柯成、王宗富、边九业、张贤忠、杨国秀、王惠、袁思容、祁大斌、王登联、吕寅、朱皋、陈满才十二名管解到滇，并准咨称："时值续调楚兵来川，一切军装均由内江一带陆路运省，未便拥挤，于十二月初四日，自川省水路派员递解泸州，起岸前进。"等因。

适臣巡阅迤西，经按察使图桑阿禀报，将解到各兵查验年貌收禁。今臣回署，现在督同两司隔别严讯，务将倡首奔溃及附和伙党究出，或在所发兵内，或已解往别省，遵旨讯实，会同督臣分别具奏办理。其实非倡逃伙党，即分发近省各州县，每处安插一名，加谨拘管，如有滋事脱逃，立拿奏闻正法。该管官约束不严，致有兔脱，即行参革治罪。似此债事不法之劣兵，凡具有人心，咸皆愤恨，断不敢稍存姑息之见。容俟审定后，录供另折驰奏外，所有分发溃兵甫经解到及现在遵旨审办缘由，臣谨会同督臣彰宝，先行由驿覆奏，伏乞圣鉴。

再滇省出师兵丁俱派南路军营，其西路溃散之内并无滇兵。至别省溃兵，恐有窜入滇境，现经严督各属，派员慎密查拿。合并陈明。谨奏。

朱批：知道了。

1731 云南巡抚李湖《循例奏报滇省乾隆三十八年分盗窃案件已获、未获各数折》

乾隆三十九年正月二十六日

云南巡抚臣李湖跪奏：为循例奏闻事。

案准部咨："嗣后各省盗案，除按限查参，照例汇题外，该督抚于年终，将某县新旧盗案几件、能获几件，逐县开列清单，恭呈御览。有能实心缉捕，拿获新旧多盗要犯及拿获邻境盗犯者，责成该督抚确查核实，加具切实考语，将文武员名声明请旨。其有强劫频闻，又不严缉捕获，亦即据实列入指参。至地方官承缉窃案，其记功记过之最多者，亦于年底开具清单，分别功过次数陈奏。"等因。先后奉准在案。

兹据按察使图桑阿将乾隆三十八年分各属新旧强窃盗案，分别已获、未获，造册详报到臣。臣查各属新报临时行强并抢窃、拒捕、杀伤、药迷取财共六件内，全获二件，获犯九名；获破二件，获犯十二名，未获五名；全未获者二件。承缉旧盗案十三件，未获余犯七件，首伙无获者六件。以上未获各案，俱已按限分别查参。各属虽无能获多盗之员，亦无强劫频闻、缉捕不严之事。至窃贼案件，各属共报十七案，内全获者六案，获犯十五名；获破者六案，获犯十七名，未获余犯十二名；全未获者五案，并无赃至百两以上及满贯之案。其获破案内，并无缉获前官任内及邻境贼匪。各州县已获、未获皆不及五案、八案之数，所有文武各员俱毋庸记功、记过。除将未获各案严饬各属上紧缉拿外，所有乾隆三十八年分盗窃案件已获、未获各数，分缮清单恭呈御览。臣谨会同督臣彰宝恭折具奏，伏乞圣主睿鉴。谨奏。

朱批：该部知道。

（《宫中档乾隆朝奏折》第三十四辑，第369页）

1732 云南巡抚李湖《循例奏报滇省乾隆三十八年分无在配脱逃改遣军犯折》

乾隆三十九年正月二十六日

云南巡抚臣李湖跪奏：为遵旨汇奏事。

案准部咨：乾隆三十三年正月二十八日，奉上谕："据良卿奏，应发乌鲁木齐、改发烟瘴脱逃之军犯陈朝，即于该处正法一折，所办甚是。此等积匪猾贼，本系免死发遣，虽经改发烟瘴，仍与发遣乌鲁木齐无异。前于熊学鹏奏拿获孙耀周一案，已经降旨各省督抚，遇有此等遣犯脱逃者，均照乌鲁木齐之例，即行正法，方足申国典而惩奸顽。但恐各省奉行日久，或致懈弛。嗣后各省并着于年终，将有无脱逃及拿获几名之处汇折具奏。钦此。"钦遵在案。

臣查乾隆三十八年分并无在配脱逃改遣军犯。惟有三十五年分，广西州脱逃改发军犯黄光泰，即黄社荣一名，经原籍南海县拿获，解经广东抚臣审明正法，具奏在案，此外并无脱逃及拿获之犯。兹据云南按察使图桑阿汇详前来，臣谨会同督臣彰宝恭折具奏，并缮清单恭呈御览，伏乞圣主睿鉴。谨奏。

朱批：览。

（《宫中档乾隆朝奏折》第三十四辑，第370页）

1733　云南巡抚李湖《循例奏报乾隆三十八年岁底藩库存贮银数折》
乾隆三十九年正月二十六日

云南巡抚臣李湖跪奏：为循例奏闻事。

案准户部咨："嗣后各省督抚于岁底，将藩库存贮银数缮折具奏，并造册送部备查。"等因，转行遵照在案。

今据署布政使龚士模详称："云南省乾隆三十八年底，司库现存银四百二万一千四百五十三两七钱九分二厘，内除酌留经费并留存办公等银九十九万六千七百九十二两七分六厘，应留封贮急需等银四十八万五千三百四十二两二钱五分，又已经报部酌拨、尚未奉准拨用银二百二十万三千三百二十二两五钱五分三厘外，实应存酌拨银三十三万五千九百九十六两九钱一分三厘。"造具单册，详请具奏前来。臣逐一覆核，滇省司库应行酌留封贮及已经报拨并现请酌拨银数，均属相符。除册送部外，理合缮具清单，恭折奏闻，伏乞圣鉴。谨奏。

朱批：该部知道。

（《宫中档乾隆朝奏折》第三十四辑，第371～372页）

1734　云南巡抚李湖《查报乾隆三十八年分汤丹等厂无堕欠缘由折》
乾隆三十九年正月二十六日

云南巡抚臣李湖跪奏：为查明厂无堕欠，据实奏闻事。

窃照滇省汤丹、碌碌、大水、茂麓四厂，专供京运，领本办铜为数既多，易滋堕欠。

乾隆三十八年，臣于清厘厂欠案内，奏明设立循环印簿发厂，按月填报，季底派委道府清查，年终据实汇奏，以严考核等因，经部覆准在案。

兹据署布政使龚士模详据该管厂务之迤东道邹锡彤、东川府知府陈孝升查称："汤大四厂，自奉清厘之后，炉户免追旧欠，复准通商，民力宽裕，厂官亦皆尽心调剂，逐季奉委盘查。今于三十八年岁底，总核通年放给工本、办缴铜斤数目，按簿清算，收放俱属清楚，并无短缴拖欠之弊。至采买食米油炭，每厂借动银三五千两不等，系遵照奏案办理，随时详报，应俟厂民领用之时，于应放工本银内扣收归款，细查并无欠项。"加结送司复核，详请具奏前来。

查汤丹等四厂，臣于上年十一月内亲赴察勘，考核工本、铜斤数目，俱各清楚。今据该司道府年底截数，盘查结报，并无悬欠。除仍饬留心稽察，务使发本收铜按卯归清，毋任稍有拖延，致成堕积外，所有乾隆三十八年分汤大等厂查无炉欠缘由，理合会同督臣彰宝恭折具奏，伏乞圣鉴。谨奏。

朱批：《知道了。》

（《宫中档乾隆朝奏折》第三十四辑，第 372 ~ 373 页）

1735　云南巡抚李湖《循例奏报审理命盗各案上年旧案及本年新事已完未完各案数折》
乾隆三十九年正月二十六日

云南巡抚臣李湖跪奏：为循例具奏事。

案准部咨："每届年终，各省审理命盗各案上年旧案及本年新事已完未完各案数，并将未完之案因何未经审结缘由声明，开列清单，恭呈御览等因。奉旨：依议。钦此。"钦遵在案。兹据按察使图桑阿将乾隆三十八年分承审新旧命盗各案分晰已结未结，叙明缘由，呈详到臣。

臣查上年未结旧案共七起，本年俱已审结。其新案，除冬季分报到各案俱在分限以内，应归三十九年分审办汇奏外，以三十七年十月起，至三十八年九月底截数，共一百零二起，内十一起俱因凶盗未获另参，承缉已结七十九起，未结十二起，或因犯供游移，驳饬委审，或因人犯患病，尚在限内，现俱严催上紧审解速结外，所有未完各案，开列清单，声明未经审结缘由，恭呈御览。臣谨会同督臣彰宝恭折具奏，伏乞圣鉴。谨奏。

朱批：《知道了。》

（《宫中档乾隆朝奏折》第三十四辑，第 373 ~ 374 页）

1736 署云贵总督彰宝《奏报核计逃兵已获未获数目折》

乾隆三十九年二月初四日

署云贵总督臣彰宝谨奏：为核计逃兵已获未获数目，恭折奏闻事。

窃臣于上年十二月内，具奏续获逃兵尹蕃等四名，审明正法一折，兹于本年正月十七日，钦奉朱批："统计所获几分，未获者尚有几许。钦此。"钦遵。

臣伏查征剿缅匪案内，滇省脱逃兵丁共三百七十名，节年陆续拿获，算至乾隆三十七年为止，计获过二百一十七名，未获一百五十三名。乾隆三十八年分，缉获逃兵二十九名，除出师金川之川贵逃兵四名不计外，上年一岁之中，缉获滇省缅案逃兵二十五名内，有三名系冬底获报，尚未审结。统计通案逃兵三百七十名，核算已获之数，共二百四十三名，约有十分之七，未获者尚有十分之三，远飏日久，未获仍多。叠次钦奉圣谕，训饬谆谆。臣竭力督率两省文武各员，无分畛域，设法严拿，不但各原籍原营明察暗访，遍加搜捕，凡沿边土境及铜铅各厂，皆易于溷迹，潜藏之地无不处处搜逻踩缉。臣复每旬札檄频仍，提撕告诫，并将各属承缉之兵役勒以期限，亲加提比，其力能获解之兵役，俱立即给赏，以示鼓励。各属文武员弁虽似较前认真，视同切己之事，但总未能全数弋获，速正刑章，臣实不胜惶悚。

查此等逃兵，闻知原籍原营侦捕甚严，自必仍在他处四散藏匿，是以上年所获各犯内，有数名系在川广交界及土司地方缉获者。虽各逃兵年籍、面貌久已刊布通行，而事隔数载，亦恐变易形径，必须原籍原营认识逃兵之人随同兵役作眼跟缉，方能确实。每有他处因形迹相似、盘诘解至者，随提同伍之兵及亲属质认，往往讯非真犯，兼有借端诬陷之事。如鹤丽镇兵丁王培诬指民人钏崇儒为逃兵李伟，希图陷害销案，经臣审明，拟以反坐，于上年十二月内具奏，并将疏纵正身逃兵之地方官附折严参在案。是以冬底，续获之丁仁杰等三名，现在细加研讯，核实办理，以期无纵无枉。其余未获逃兵，臣现在饬令军需局，将承缉不力之文武各员查明缉限，分别参处，一面严行督饬，加紧缉拿，务期按名速获，不使稍有懈怠疏纵外，所有滇省逃兵已获未获数目及现在督饬严缉缘由，谨恭折覆奏，伏乞皇上圣鉴。谨奏。

朱批：知道了。仍上紧督缉。

（《宫中档乾隆朝奏折》第三十四辑，第485~487页）

1737 署云贵总督彰宝《奏报将挟仇杀害土官之赖君赐及小余处决日期及续获伙犯老杨、遮冒一律办理缘由折》

乾隆三十九年二月初四日

署云贵总督臣彰宝谨奏：为恭折覆奏事。

窃照腾越州所属户撒土官赖君爱被其族人赖君赐挟仇杀害一案，此系土司所属凶恶匪犯，敢于挟仇纠众，杀害土官，并连毙四命，迥非内地民人之例可比，理应审明，按律定拟，一面奏闻，一面正法示众，以肃边疆法纪。

乃臣未能权衡事理，将正犯赖君赐照律拟以凌迟，及助恶行凶伙犯小余拟斩立决，具折请敕法司核覆，实属办理拘泥。兹于乾隆三十九年正月十七日，接到大学士臣舒赫德、于敏中字寄，上年十二月三十日，奉上谕："赖君赐、小余，着即照该督等所拟办理。钦此。"钦遵。臣随即饬委永顺镇中军游击富连升、永昌府知府周际清亲赴监所，验明正身，于正月十八日，将凶犯赖君赐凌迟处死，伙犯小余处斩讫。

查此案尚有伙犯未获，据腾越州知州吴楷会同署腾越协副将永勤，于上年十二月十三等日，续又拿获伙犯老杨、遮冒二名，解赴永昌。臣随饬令军需局道府研审，据老杨、遮冒自认，系被赖君赐纠约，各执棍棒随同入室，在内助势行凶不讳。老杨、遮冒亦应照挟仇杀害本官，不分首从例，拟斩立决。查老杨、遮冒系同案伙犯，现已审讯明确，与已正法之从犯熊得贵等情罪相同，亦属法无可贷，自应一面奏闻，一面办理。臣即于正月二十九日，将老杨、遮冒正法讫。此外，尚有同恶共济之赖小五及伙犯线绵猛、老腿、贺敩并赖君赐之子老耿、老保等，俱系持械行凶、帮助杀人之犯，不容漏网稽诛。现在严饬搜捕，克期务获，一律办理，另行具奏外，所有正凶赖君赐、小余处决日期，及续获伙犯老杨、遮冒一律办理缘由，理合恭折奏闻，伏乞皇上圣鉴。谨奏。

朱批：览。

（《宫中档乾隆朝奏折》第三十四辑，第 488 ~ 489 页）

1738　云贵总督彰宝《奏报抚臣李湖代阅滇省东南各标营官兵等次及臣就近阅过永顺镇标官兵营伍情形折》

乾隆三十九年二月十一日

云贵总督臣彰宝谨奏：为查阅滇省迤东各镇协营官兵，分别等次情形，仰祈圣鉴事。

窃照滇、黔二省营伍展至乾隆三十八年巡查校阅。所有云南督、抚、提三标，普洱、鹤丽二镇暨楚姚、维西二协，并景蒙、元江、新嶍、永北、剑川等营，经臣逐处亲加考验，严行甄别，恭折奏闻。其省东之昭通、开化、临元等镇及各协营，因臣在永昌办理边务，移交抚臣李湖前往代为校阅等情由，均蒙圣鉴在案。兹抚臣李湖于上年十月十五日起程，于十一月二十七日回省，将代阅过临元、开化、昭通三镇标，广罗、曲寻二协，广南、寻沾、镇雄、东川四营官兵，开列等次，咨送前来。

臣查临元镇标三营实操兵一千七百九十一名，开化镇标三营实操兵一千九百七十八名，昭通镇标四营实操兵三千七百九十五名，广罗协副将实操兵八百七十五名，曲寻协副将实操兵一千五百名，广南营参将实操兵九百四十二名，寻沾营参将实操兵六百八十七名，镇雄营参将实操兵一千一十九名，东川营参将实操兵一千二百九十九名。除节次挑拨出师金川，又选派驻防边关，俱系勇健好兵外，其余存营现操兵丁，准抚臣李湖按营校阅，详加甄别，兵丁汉仗、年力皆属壮健，并无老弱充数。昭通、曲寻、广罗三标营骑射最优，而枪炮亦均属可观；开化、寻沾、东川三标营长于枪炮，而弓箭次之；临元、镇雄、广南三标营骑射合式，而枪炮次之。又移驻昭通、镇雄、宣威三处会操，预备兵丁三千名，专员训练技艺、阵式，俱渐娴熟。至于各营应贮之火药、军械、旗帜、马匹及存营公项，悉经抚臣按籍查验，均无短缺。

臣查滇省迤东、迤南各标营，屡选精锐出师金川，又轮年调派边防，所剩存营差操之兵未及一半。今较阅，人材尚俱强壮，技艺不致生疏，再行整饬，勤加操演，俱可一律整齐，以成劲旅。至于各标营将备，如广罗协副将巴福书、都司詹玉书，昭通镇标游击余之格，镇雄营参将郝壮猷，及曲寻协守备刘上进、刘惠，临元镇标守备马廷亮，东川营守备牟天德等，俱在川省军营。又曲寻协副将玛郎阿，现署昭通镇事务、昭通镇中营游击安福，广南营参将郑端揆，东川营参将孚兰泰，及各营守备何明崇、石致远、刘宽、杨灵凤、李春元等，现俱派防关隘，均为勤干之员。其余在各本营办事者，或从防所换班回营，或系拣发人员委署营务，亦皆材技可观，各知勤勉，即千、把等弁，亦无衰老废弛之人应行甄汰。臣仍当随时查察，如有怠忽懈弛、旷误营伍者，严行纠核咎斥，以肃戎政。

至永顺镇标，即在永昌府城，臣就近节次阅看，并按期督饬操演，官兵俱足额精锐，营伍较为整齐。其腾越协及龙陵、顺云二营，系边关驻防之地，兵皆勇健，技艺尤为可观。

所有抚臣李湖代阅滇省东南各标营官兵等次及臣就近阅过永顺镇标官兵营伍情形，理合恭折奏闻，伏乞皇上圣鉴，敕部施行。

再黔省各标营，臣现在未能亲赴较阅，可否令贵州抚臣图思德代阅之处，伏候俞旨遵行。合并陈明。谨奏。

朱批：该部知道。

（《宫中档乾隆朝奏折》第三十四辑，第 532～533 页）

1739　云贵总督彰宝《奏报新厂开采有成，获铜丰旺，汇总考核折》
乾隆三十九年二月十一日

云贵总督臣彰宝谨奏：为新厂开采有成，获铜丰旺，年底汇总考核，恭折奏闻事。

　　窃照滇省铜务，前因炉民工本拮据，厂员又畏累观望，以致各旧厂调剂失宜，办铜短缩，不敷京外拨运之需。臣于乾隆三十六年，饬属踩勘，得九渡箐等山场七处，专折奏明，立为新厂，遴委因公罣误、留滇效力之州县等官，酌拨工本，专司开采。乾隆三十七年分岁底考核，已获铜一百万斤有余，当经循例奏准，分别议叙。嗣于乾隆三十八年，又踩勘得大功等山四处，亦立为新厂，遴委专员承办，俱照新厂之例，立定章程，奏蒙圣恩允准在案。

　　统计前后新开共十一厂，各厂员俱亲驻山场，实心调剂。其炉民等奉有恩例，准以余铜一分通商，复踊跃急公，集力攻采。除平彝县之香冲厂尚未著有成效，其余十厂出产铜斤日渐丰旺。计乾隆三十八年分，各新厂岁底核算，共办获铜三百七十余万斤，其中，宁州狮子厂委员宋龙图独办铜一百八万斤，又续开之云龙州大功山厂委员曹湛独办铜六十一万斤，皆为数最优，较为出力，均在五十万斤以上，例符议叙，经臣于十二月内先行恭折奏请奖励，亦在案。

　　兹届岁底汇总考核之期，据署云南布政司、迤西道龚士模查明各新厂获铜细数，分晰详称："自乾隆三十八年正月起，至十二月止，安宁州九渡箐厂获铜二十万二千一百斤，易门县万宝山厂获铜五十二万七百斤，寻甸州发古山厂获铜三十二万斤，东川府波萝箐厂获铜九万二千四百五十五斤，临安府翠柏山厂获铜一十一万五千五百斤，宁州狮子山厂获铜一百一十八万二千一百三十斤，建水县万象山厂获铜二十二万九千一百七十七斤，又续开云龙州大功山厂获铜八十八万九斤，禄劝县狮子山厂获铜一十四万七千二百五十三斤，大姚县力苏箐厂获铜三万四千五斤。以上新厂十处，乾隆三十八年分共办获铜三百七十二万三千三百二十九斤。"是新厂情形，较前岁初开之时渐见兴旺，大有成效。皆由仰沐皇仁，准以余铜一分通商，在炉民，于工本之外有利均沾，各厂员邀优叙之例，倍加奋勉，官民互相观感，无不鼓舞趋公，力图报效，渐致旺盛。臣深知从前出纳过吝，惟以救本而苛求，并不通盘以调剂，以致炉丁力竭，攻采愈难。今各厂中礁硐多而出砐旺者，臣督饬藩司，随时速发银本源源接济，凡炼出铜斤，除一分通商外，其应归官之九分，即给现银收买。细察各厂炉民，迥非从前拮据形径。盖民有余力，则攻采较勤，煎炼亦速，其利益自饶。

　　查效力厂员等，一年之内办铜二十万斤及三四十万斤者，例准给还原衔。如能办铜至五十万斤以上者，例准送部引见，恭候钦定录用。其现任及协办各官，亦准按等分别议叙。今除东川府之波萝箐，临安府之翠柏山，禄劝县之狮子山，大姚县之力苏箐等厂，所办铜斤俱在二十万以下，不及议叙之数。又万象山厂，虽办二十二万有零，系厂员王准、陈维名二员各礁分办合算之数，均无庸置议。又发古山厂，虽获铜三十二万斤，该厂员钟作肃于上届办铜二十万以上，业经照例给还知县原衔顶带，亦无庸重复议叙外，查安宁州之九渡箐厂员、赵州吏目龚国用，系乾隆三十七年八月二十二日接办起，除该年之铜不计外，本年实获铜二十万二千一百斤，应请照例议叙。至宁州狮子山厂获铜一百一十八万有零，云龙州大功山厂获铜八十八万有零，该管厂之宋龙图、曹湛二员，业经专折保奏，钦奉朱批允准在案。其协办宁州狮子厂之宁州知州刘钟芳，虽系上年五月十七日到任，按月查算，其本任内亦协办铜五十万以上，又协办大功山厂之云龙州知州沈文亨，应请一并照例议叙。再易门县之万宝山厂员，系主簿借补镇沅州巡检张时中，于乾隆三十七年四月初八日接办起，除该年之铜不计外，本年实获铜五十二万七百斤。该员不辞劳瘁，实力黾勉，先经边俸报满，咨升镇雄州州判，尚未准有部覆。今既于一年之内办得铜五十万以上，应请照例将张时中出具考语，给咨送部引见，恭候圣恩量材录用，以示激劝。其协办万宝山厂之易门县知县及协办九渡箐厂之安宁州知州，协办发古山厂之寻甸州知州，俱系前后两任接管，无庸议叙。

再臣查新厂铜斤，俱有八九成以上，铜质颇高，尽可拨供京运。今乾隆三十八年分办获新厂铜三百七十二万有零，除照例以一分给与炉户通商外，实贮官铜三百三十五万九百余斤。应请于此内择其最高之铜，先行拨出二百万斤，运赴泸店水次贮栈，以备运京接济，其余一百三十五万零，留供外省采买之用，似于京外铜运均有裨益。

所有滇省各新厂乾隆三十八年分获铜数目汇总、考核缘由，理合会同云南巡抚臣李湖恭折具奏，伏乞皇上圣鉴，敕部核议施行。

再滇省旧厂四十一处，上年亦办获铜八百七十三万有零，现听抚臣另案考核，与新厂所获铜斤合计，共获铜一千二百四十五万有零。现今各旧厂亦准一分通商，均沾余利，炉户、砂丁无不感激踊跃，从此守定成规，善为调剂，可冀按岁递增，以裕京外鼓铸之用矣。合并陈明。谨奏。

朱批：该部议奏。

（《宫中档乾隆朝奏折》第三十四辑，第534~536页）

1740　云贵总督彰宝《奏报奉旨实授云贵总督，恭谢天恩折》
乾隆三十九年二月十一日

云贵总督臣彰宝谨奏：为恭谢天恩事。

乾隆三十九年二月初八日，接准吏部咨："乾隆三十八年十二月初九日，奉上谕：彰宝前授云贵总督时，因其服制未满，是以令其署理。今服阕已久，着即实授云贵总督。钦此。"钦遵，即恭设香案，望阙叩头谢恩讫。

伏思臣系满洲世仆，质最庸愚，仰荷圣主教诲豢养造就成全，屡畀封疆重任。臣自到滇以来，勉竭驽骀，兢兢办理，总因限于才识，于边务官方并无丝毫裨益，未能稍报涓埃，且精力渐减，遇事益形竭蹶。当此天恩深重之时，正虑无福承受，日切惭惶，兹复钦奉谕旨实授云贵总督，臣闻命之下，感极涕零，弥觉悚惧难安，莫知所措，虽殚竭心力，亦恐精神、思虑未周，粗疏隈越。惟有事事仰遵圣训，倍加谨慎小心，以冀努力仰答高厚隆恩于万一。

所有臣感激下忱，谨恭折叩谢天恩，伏乞皇上圣鉴。谨奏。

朱批： 览。

（《宫中档乾隆朝奏折》第三十四辑，第537页）

1741 云贵总督彰宝《奏报审明私贩各犯，分别定拟折》
乾隆三十九年二月十六日

云贵总督臣彰宝谨奏：为审明私贩各犯，分别定拟具奏事。

窃照上年十一月二十一日，据署腾越协副将永勤、腾越州知州吴楷等，在陇川火烧寨盘获私贩尹小生、李萃、黄林隆三犯，并骡马十一驮，装载杂货及丝布、针线、毡片等物。当即究讯，尚有发本伙犯尹德隆、刘应凤、李周林、许尔凤、黄德沛、李兆经等，畏惧查拿，皆由僻径绕路潜行，未经与货物同时并获。该犯等系从内地驮运，向外行走，显系贩往夷境希通贸易之徒。随即严饬将逸犯密速缉拿务获，一面恭折奏闻在案。

嗣据腾越州知州吴楷等将伙犯黄德沛、李兆经续行缉获，解赴永昌。臣饬发军需局道府祝忻等逐细研究，缘各犯俱系腾越州矣乐乡民人，皆有货本，贸易图利，或自蓄马骡以为驮脚，并代人贩货运载。该犯尹小生有骡马五匹头，白丝十把，茶叶四筒；李萃有骡二头，白丝八把，罐砂十五斤，于上年十月初六日，与未获之刘应凤、尹德龙商量，欲往陇川一带土司地方生理。刘应凤、尹德龙、李周林亦有丝布、花纸、针线、铜锅等物，各相允从，即以尹小生、李萃多余牲口装载货物，共计七驮。该犯等私议，陇川不能发卖，即偷越小径，运往新街转售，可获厚利。又李兆经骡一头，雇与逸犯萧姓装载青布、毡片，黄德沛骡二头，雇与逸犯梁小兰装载罐砂，又逸犯许尔凤，雇黄小老骡一头，装载铜锅、丝斤，计分装四驮，欲往陇川土境货卖，与尹小生等并非一伙。该犯等各自本处陆续起身，于十一月二十一日，由山僻小路夜行至陇川相近之火烧寨地方，尹小生、李萃将货驮藏于树林内停歇，余犯绕路潜避。其黄林隆一犯，系肩挑糖果、食物，欲往驻防处所随营售卖，搭伴同行，致被官兵一并拿获。细加究诘，尹小生、李萃自认欲往新街贩卖不讳，其脚户黄德沛、李兆经受雇代驮货，坚称只往陇川土境发卖，矢口不移。

臣查关禁严密之时，虽在土司地方，亦不容驮载货物在于山箐僻路行走，况系丝布、针线等物，俱系夷境所需，更不容丝毫透漏。今该犯等虽在陇川盘获，尚未出关，已据尹小生、李萃供认，欲往新街售卖，实与越境私贩无异。尹小生、李萃二犯蓄有骡马，自行携带货物，又代他人驼载，实属目无法纪。应将尹小生、李萃二犯，均照越度沿边关塞因而出外境律，拟绞监候。事关边情，请旨即行正法。

至李兆经、黄德沛，虽系受雇之脚户，并未自带物件，但在近边地方贪图脚价，帮驼私货，均非安分守法之人。应照私通土苗、互相买卖罪应充军例，并其家口从重改发乌鲁木齐，交该处该地方官管束。惟黄林隆，系肩挑糖果赴防所小本营生，讯非私贩，仍照越度关塞本律，杖一百，徒三年。其未获之尹德龙、刘应凤、李周林及许尔凤、梁小兰、萧姓、黄小老等，窜匿沿边山箐夷寨，尚未就获。现将各该犯财产查封，并其家口拘拿看守，俟结案时，照土司犯罪例，迁徙远处，以绝根株。一面勒限严拿各犯，务期速获，一律究拟严惩，以肃关禁，断不敢使之漏网。至所获货物、牲口，发交地方官估值变价，酌赏出力查拿兵役，以示鼓励。

理合恭折具奏，伏乞皇上圣鉴训示。

再上年十二月初三日，在巨石关内太平街户多寨，拿获腾越州民范温政等五人，并芦子二十一驮，系盏达土司地方出产之物，该犯等采取，运入内地贩卖。现将发给本银之犯提齐确讯，另行定拟具奏。合并陈明。谨奏。

朱批： 另有旨谕。

（《宫中档乾隆朝奏折》第三十四辑，第583~585页）

1742　云贵总督彰宝《奏报病体情形折》
乾隆三十九年二月十六日

奴才彰宝谨奏：为恭折具奏事。

窃奴才自上年冬至以后凤疾复发，恐误公事，悚惧靡宁，将病势情由沥诚具奏。仰蒙圣慈垂念，令善为调摄，望奴才病体痊愈，速即奏闻。沐此有加无已之隆恩，感极涕零，惭惶无地。缘立春以后遍体筋骨仍然疼痛，四肢尚难运动，饮食精神日觉消减。随于本年正月十二日，将奴才病未痊愈下情据实覆奏在案。兹又阅一月有余，奴才日逐用心，加紧服药，以冀速得向痊，稍遂犬马自效之心。乃湿热内藏，气血凝滞，虽未致另加沉重，仍未能渐次轻减。每日虽勉力照常办事，总难步履，又因夜不成寐，心神亦虚，益觉竭蹶难安。奴才惟有设法调理，以期渐痊，仰慰圣怀。理合恭折奏闻，伏乞皇上圣鉴。谨奏。

朱批： 不必着急，安心调理。今觉略愈否？

（《宫中档乾隆朝奏折》第三十四辑，第585~586页）

1743　云贵总督彰宝《奏报遵旨查讯缅匪兴得夹在芒市脱逃折》

乾隆三十九年二月十六日

云贵总督臣彰宝谨奏：为遵旨查明覆奏事。

乾隆三十九年正月初七日，接到大学士舒赫德、于敏中字寄："乾隆三十八年十二月十八日，奉上谕：本日军机大臣奏，讯问缅匪兴得夹供词，内称'九月二十六日，在打岗山被官兵拿获，派了六个官兵、八个芒市土司的玀夷押解看守。因行至芒市地方，官兵都睡着了，我就向玀夷求他们设法救我，他们说，你只谎称懵驳已死，天朝就不加你罪了。'等语。边地盘获外夷匪犯，自应派委妥干弁兵小心管押，并饬沿途加意严防，何竟不以为事，一任递解兵丁懒惰偷安？六人同时熟睡，致该犯得私向玀夷串商谎供，充此伎俩，玀夷又何难纵其窜逸？所办甚属荒唐。幸而兴得夹尚系无关轻重之人，设遇紧要重犯，亦如此怠忽，更复成何事体。彼时兵丁外曾派何员管解，或文或武，责任惟均。乃漫不经心至此，自当即行参处。而兵丁等敢于懈玩，亦不可不重示创惩。着传谕彰宝，即将派解兴得夹之员查明，据实参奏，并将贪睡疏忽之兵丁等均行查明责革，毋稍宽徇，并究明芒市护送之玀夷，系属何人，查讯明确，一并覆奏。兴得夹供并抄寄阅看。钦此。"钦遵。

臣随即札行驻扎三台山总兵喀木齐布，将派解兴得夹之弁员、兵丁及护送玀夷等逐一查明究讯。去后，嗣据该镇喀木齐布禀称："前次管解兴得夹之弁，即系在打岗山原获之千总黄文杰，带同原获兵丁胡士英、刘明、吴起荣并龙陵厅巡役赵朝相、杨怀祖，从打岗山拿获之处解至芒市土司地方住宿，因在土境盘获，并无文员管解。所有原解千总黄文杰及兵役等解赴永昌，听候审讯等情前来。"臣当饬军需局道府祝忻等细加研讯，据千总黄文杰供称："奉派在龙陵关外带兵游巡，上年九月二十六日午时，在遮放、芒市两土司交界打岗山头，拿获缅子兴得夹一名。因兴得夹拔出小刀，思欲抗拒，当将其左额打了一铁尺才就缚拿住。那处并无文官，离营尚远，千总自己带了原获兵丁胡士英、巡役赵朝相等五人，在打岗山管解起身。打岗山至芒市有一百余里，千总们解到芒市，已经三更时候，即在芒市土司衙门暂行停歇。当把大门关锁，将兴得夹围着看守。那时土司拨出玀夷三人，一名着猛，一名兼昆，一名秤海猛，又水火夫二人，一名老奇，一名老杨，替千总们搬柴笼火，燎烤雨湿衣服，又去做饭。那夜吃饭完毕，天已明亮，千总就同兵役管押兴得夹起身，二十七日解赴龙陵关交收转解的。那芒市玀夷们五人，并没跟随护送，只在住歇处所搬柴送饭，并没叫他帮同看守。虽玀夷们能懂兴得夹说话，那晚千总与兵役们管着兴得夹，一处围坐，并不睡觉，玀夷们何能与他说话？如今提到玀夷们求究，问如何串教捏谎，就见明白。"等语。随将兵丁胡世英及巡役赵朝相等隔别研究，矢供如一。复提芒市玀夷着猛、秤海猛、兼昆等逐一细讯，佥供："上年九月二十六日，半夜后官兵解到缅子，在土司衙门内，官兵自行看守，小的们相帮笼火做饭，并没走到缅子身边与缅子说话。那打岗山地方离芒市一百多里，并无别的玀夷护送同来，只有一个缅子，已有官兵五六人自行管解，所以小的们没有护送同去。那夜官兵到时已经三更，笼火烤干衣服，将饭食送交官兵们吃完，就天亮了，小的们实不曾与缅子讲话，并无教他说谎的事。"等语。加以刑吓，矢口不移。

臣复亲加究讯，据管解之千总黄文杰等坚称："上年九月二十六日午刻，在打岗山拿获兴得夹，即于是日三更解至芒市，阴雨难行，暂在土司衙门停歇。有玀夷四五人相帮笼火做饭，该弁自行管押兴得夹，同坐一处，那芒市玀夷并未走近缅子兴得夹身边说话。迨吃饭完毕，遂即天明，该弁兵等管押起身，二十七日将兴得夹解赴龙陵关游击恩福处交收明白，立即转解进关。且称拿获之时，兴得夹拔刀抗拒，当用铁尺打其左额，始能就缚。因其滑悍，实系加紧防范，连夜赶解，并不敢偷懒怠忽。"等情。臣再四究诘，该弁等矢供无异。

臣查兴得夹初抵永昌时，验其铁尺伤痕，原未平复。该犯忽吐懵驳于前岁四月已经身死，另换懵驳之弟为酋长等语，比即疑其信口捏谎，似系匪酋苗温等教令行诈之词，冀图惑听，售其奸计。当时细加穷诘，该匪改供听人传说，不敢指实，并未将私向玀夷串商谎供情由吐露。且该匪犯未获之时，先在牌楼寨玀夷波软家及蛮克寨玀夷线赛家各存顿一日，线赛代觅玀夷波矮脚、波满五等引路进来。今兴得夹所供玀夷教令谎称懵驳已死，天朝就不加罪等语，似该匪犯或先与牌楼寨玀夷波软及蛮克寨玀夷线赛等有此串商诡计，希图盘获后捏谎避罪，亦未可定。

臣现饬将容留存顿之玀夷线赛等密速访缉务获，严行究拟外，臣伏思缅匪差来窥探信息之人，俱系奸细，一经关卡盘获，自应严行管押。至近边之玀夷，其性情言语原与匪类相近，并当防其串诈之弊，倘稍不经意，或致乘间纵逸，或为泄漏言词。诚如圣谕，设遇紧要重犯，如此怠忽，更复成何事体！臣阅看发到兴得夹在京口供，竟有官兵熟睡，向玀夷设法求救，教令谎供情事。如果属实，此等管解之弁员、兵役等实非寻常懈玩可比，皆当立时严行参究，从重治罪，以为炯戒。臣断不敢稍为宽纵，致贻日后错误。今管解之千总黄文杰（夹批：此人不但无过，而且应赏。俟问兴得夹后有旨。）及兵役等，即系游巡拿获兴得夹之人，现在细讯，尚无懈玩实迹。应否暂缓革究，以观后效，出自皇上圣恩。但外夷匪犯，现今各关严行搜缉侦捕。嗣后如有拿获，总当遴选弁兵亲解，加意严防。其近关玀夷，毋使护解接语，以昭慎密。

所有查讯押解兴得夹之弁员、兵役及芒市玀夷等供情，理合恭折覆奏，伏乞皇上圣鉴训示。谨奏。

朱批：已有旨了。

1744　云南巡抚李湖《奏报癸巳年二运二起京铜开帮日期折》
乾隆三十九年二月二十五日

云南巡抚臣李湖跪奏：为奏闻事。

窃照滇省办运京局铜斤，在四川泸州开帮日期，例应奏报。今据署布政使龚士模详称："癸巳年二运第二起委员、曲靖府同知蔡超，领运正耗余铜七十三万六千三百斤，于乾隆三十九年二月初五日，在泸州全数开帮。"等情前来。除飞咨沿途各省督抚催趱前进，依限赴京交收，并咨明户、工二部外，所有癸巳年二运二起京铜开帮日期，理合恭折奏闻，伏乞圣鉴。谨奏。

朱批：览。

（《宫中档乾隆朝奏折》第三十四辑，第 646 页）

1745　云南巡抚李湖《奏报所见督臣病情折》
乾隆三十九年二月二十五日

云南巡抚臣李湖跪奏：为遵旨覆奏事。

窃臣具奏督臣彰宝病体一折，于本年二月十三日，奉到朱批："知道了，一时无人，且俟之，若有因病误事光景，即速奏来。钦此。"

窃臣于正月二十一日自永昌回省，已有月余，随时留心体察。节据在永道府祝忻、周际清、张凤孙等禀称："督臣病体如前，惟二月朔初，药饵调理，稍觉轻减。近复肢体酸疼，多渴少睡，日服滋阴清火之剂，仍未见效。"臣连次驰札问讯，并遣人前往省视。昨接督臣彰宝覆札：近日口腹无味，夜不成眠，气血愈亏，难以辄望痊愈等语。并询之由永昌来省各员，金云晋见时，精神较前稍减，尚未十分疲惫，手足运动须人抬扶，余与道府所禀略同。是督臣病势现未向愈。至每日接准文移及往复札商公务，照常筹办，尚未见有因病误事之处。谨就臣近日见闻所及，据实覆奏，伏乞圣主睿鉴。谨奏。

朱批：知道了。

（《宫中档乾隆朝奏折》第三十四辑，第 646 ~ 647 页）

1746　云南巡抚李湖《奏报调补楚雄府知府孔继炘到省日期并迟延缘由折》
乾隆三十九年二月二十五日

云南巡抚臣李湖跪奏：为恭折奏闻事。

窃臣前因楚雄府员缺紧要，补授知府孔继炘久未来滇，恐致旷误，经臣会同督臣彰宝，于本年正月二十五日，奏请简员另补在案。

兹于二月二十三日，该员孔继炘赍咨到省，臣询其稽迟之故，据称："乾隆三十八年闰三月初二日，接奉发滇补用谕旨后，因展转交盘，耽延至十一月初二日始行领咨，十九日由省起程。闽滇相距遥远，未及咨明，并无别故。"等语。

查楚雄府地处冲途，兼有稽查盐井、铜厂要务，现在动项估修郡城，尤须知府督理。前因孔继炘杳无到滇信息已将一载，要缺未便久悬，是以会折奏请简发。今该员既经到滇，自应钦遵前奉谕旨，令其速赴楚雄府新任，以免旷误。

至蒙恩简放人员，如已起程在途，请俟到滇时酌委另补。倘尚未领咨，可否敕部扣留之处，仰候睿裁。臣谨会同督臣彰宝恭折具奏，伏乞圣鉴。谨奏。

朱批：该部议奏。

（《宫中档乾隆朝奏折》第三十四辑，第647页）

1747　云南巡抚李湖《据实奏报未将误请邻省协拨藩司王太岳参奏缘由事》
乾隆三十九年二月二十五日

云南巡抚臣李湖跪奏：为据实奏明事。

乾隆三十九年二月十二日，承准大学士舒赫德等字寄："乾隆三十八年十二月二十七日，奉上谕：据李湖覆奏题请邻省协拨铜本一折，已有旨将李湖、王太岳交部严加议处矣。藩司系钱粮总汇，该抚既称该藩司未经查照部议声叙，误请协拨，即应将王太岳附折参处。乃并不参奏，止自行引咎，不免意存袒护，殊属不合。李湖着传旨申饬。钦此。"臣跪读圣训，弥深惶悚。

伏思藩司总理钱粮，诸宜详慎。王太岳筹办铜本，遗漏部议，以致误请邻省协拨，例有处分，原应参奏。缘此案臣既未经驳正于前，又不能查出于后，迨奉谕旨指饬，始知其误。臣之遗忘率忽，咎有攸归。因不敢诿过于藩司，是以直陈致误之由，未将王太岳附参，实出一时愚昧之见，并不敢稍存袒护之心。（夹批：不诿过固可嘉，沽誉则非矣。慎之。观汝，似大不及在直隶，何也？）臣凛遵训饬，嗣后惟有督率属员，详慎办公，严谨考劾，期免疏懈，上副圣主谆切训诫之至意。理合据实覆奏，伏乞睿鉴。谨奏。

朱批：览。

（《宫中档乾隆朝奏折》第三十四辑，第648页）

1748　云南巡抚李湖《奏报滇省地方雨水苗情折》
乾隆三十九年二月二十五日

云南巡抚臣李湖跪奏：为恭报地方情形事。

窃照滇省自冬徂春雨雪普沾，春苗透发，臣业将巡历查看情形节次具奏在案。

兹于正月望后，各属均报得雨三四次，原隰俱沾润泽。二月初二三、初七八、初九、十二、十六、十九等日，复叠沛甘霖，入土六七寸不等，到处积水充盈，麦豆畅茂。查普洱、元江、广南、开化各府属，俱已渐次秀实。云南、澄江、临安、永昌、顺宁、大理、楚雄各府属，亦皆抽干扬花。曲靖、东川、昭通、丽江等府属气候稍迟，并报敷荣苗长，水田播谷齐全，间有早秧出水者。滇中春雨常稀，今岁较为优渥。各属米价虽长落难齐，现无过昂之处。理合查明具折奏闻，并将正月分报到粮价敬缮清单，恭呈圣鉴。谨奏。

朱批：*知道了。*

（《宫中档乾隆朝奏折》第三十四辑，第 649 页）

1749　云贵总督彰宝、云南巡抚李湖《奏报川省解到木果木溃兵，遵旨审拟具奏折》
乾隆三十九年二月二十五日

云贵总督臣彰宝、云南巡抚臣李湖跪奏：为遵旨审拟具奏事。

乾隆三十八年七月二十一日，准贵州抚臣图思德咨："承准协办大学士、尚书于敏中字寄，内开：乾隆三十八年七月初五日，奉上谕：昨木果木军营失事，皆由绿旗兵溃逃所致，及美诺亦有溃兵之事，甚为可恶，即悉行处斩，亦不为过。但此等溃兵，通计不下数千，若皆骈首就戮，虽其罪由自取，朕心实有所不忍。已谕富勒浑、文绶，晓谕此项溃兵，特免其死，发遣各省安插，以示格外矜全。着传谕各督抚，俟此项发遣溃兵解到时，以次隔别诘讯，军营首先溃散实系何人？如即在发到该省兵内，将该犯即留省城讯实，奏闻正法；其在别省者，即开明姓名、营籍，录叙众供，移咨所发省分督抚，讯实奏闻正法。其余应发之人，皆分别各州县安插，勿令聚集一处，饬令各属严行收管，毋致脱逃。如有脱逃者，严行本省及沿途查拿，一获，即照新疆改遣例，即行正法。仍各将办理情形具折覆奏。钦此。"又于乾隆三十八年七月二十三日，准贵州抚臣图思德咨："承准协办大学士、尚书于敏中字寄，乾隆三十八年七月初十日，钦奉谕旨：此项溃兵解到，诘讯军营首先溃散者实系何人，即行奏闻正法。第各营皆必有首先倡散之人，今分遣他省，已各离其本营，当时实系何人倡逃奔溃，其迹易为败露，不难查讯而得。该督抚等均系封疆大臣，目击此等倡溃不法之劣兵误国家大事，当各出天良，认真确讯，戮其首犯，以申军纪而示炯戒，不得因朕有免死发遣之旨，遂尔意存姑息，辄以一讯颟顸了事也。可将此再谕知之。钦此。"俱遵旨寄信前来。

臣等先后奉到谕旨，当将委员赴川滇交界守候接解。并本年正月十二日，始准川省解到溃兵王登联、边九业、祁大斌、袁思容、王宗富、杨国秀、张贤忠、朱皋、陈满才、吕寅、王惠、柯成等十二名到滇，现在审办各缘由，先后会折，恭奏在案。

兹臣李湖率同署布政使龚士模、按察使图桑阿提犯隔别研讯，缘王登联等均系延绥镇等处兵丁，乾隆三十七年六月出师金川，王登联由马兵拨补随营外委，三十八年闰三月，大兵屯驻木果木地方，分路设卡，在距营七十余里之柯架山梁设有四十余卡，派王登联等与各兵分卡住守。六月初十日，木果木大营被袭，众兵溃散，由柯架山梁经过，分守各卡弁兵亦遂随同退走。十二日至美诺，扎营复聚，十五日，仍派王登联等同别营兵丁分守距营十余里之东山梁各卡，十九日，美诺复被贼侵，兵又溃散，参赞海兰察退至东山梁，将防卡之兵一同撤回日隆关驻扎。两次大营兵溃失守，王登联等因俱在守卡，实不知军营倡首之人。臣等以该犯等既系分守卡路，当日柯架山梁各卡弁兵一时随同退走，自必有首先倡散之人。复加研讯，据王登联供认，系领管第六卡外委，因见大兵溃散，贼势方张，兵单难守，伊原指使本卡各兵同退属实。其第十六卡守兵边九业，供系管队刘子道指使退回。十七卡守兵祁大斌，供系同卡兵丁李耀指使退回。二十一卡守兵袁思容，供系领卡把总刘建柱指使退回。至第一卡之王宗富、第三卡之杨国秀、第九卡之张贤忠、第十卡之朱皋、第十三卡之陈满才、第三十二卡之吕寅、第三十四卡之王惠、第三十五卡之柯成，是日或斫柴挑水，或负粮探信，俱不在卡，及至转回，见本卡各兵已退，仓皇追随同走，实不知何人指使。臣等因王登联既已供认首先倡退，恐边九业等因质证无人，饰词狡卸，再四刑讯，佥称现有指出同卡姓名各兵弁队目，可以咨查质讯，并非狡饰，前后坚供，矢口不移。

查外委王登联领兵守卡，一闻大营失守，不思率兵抵御，擅敢主使同退，核其情罪，实与军营倡首无异。应将该犯留省严禁，请旨即行正法。其边九业、祁大斌、袁思容三犯，虽坚供听从同卡弁兵指使，究属一面之词，现据供出弁兵姓名，川省均有营分可查。应将边九业等留省，监候录供，飞咨川省查明刘子道等现在何处，或已遣别省，应俟该省分别查讯，覆到核办。至王宗富、杨国秀、张贤忠、朱皋、陈满才、吕寅、王惠、柯成等八犯，历经严讯，均不知倡首之人。应遵旨先行分发各州县安插，加谨拘管，如有滋事脱逃，立拿，奏闻正法。

所有川省解到溃兵审办缘由，理合缮具供单，恭折覆奏，伏乞圣主睿鉴。谨奏。

朱批：该部核拟速奏。

1750 云贵总督彰宝《奏报车里土司刀维屏潜逃一案，请旨将逾限未获之总兵孙尔桂革职留滇效力折》

乾隆三十九年二月二十九日

云贵总督臣彰宝谨奏：为请旨事。

窃照车里宣慰土司刀维屏及伊弟刀召厅挈眷潜逃江外一事，乾隆三十八年九月十四日，钦奉上谕："现在已当瘴退之时，可即严饬孙尔桂，再予限数月，令其上紧搜捕，如于限内捕得两犯，即行奏闻请旨。若逾限仍未弋获，则为期已久，该犯必远飏潜匿，未必更能侦捕，即应将孙尔桂照唐宸衡之例，革职留滇效力，以示惩儆。钦此。"钦遵。

当查孙尔桂，适届带兵出防之期，正可实力侦探搜捕。经臣酌拟，请以出防起限，自上年十月起，至今岁二月撤防止，如届限仍不能缉获，即勒令孙尔桂离任，留滇效力，一面遴选妥员前往暂行接办总兵印务。其普洱镇总兵员缺，临时请旨简放，以重边疆。臣于上年十月十五日恭折覆奏，仰蒙圣鉴在案。嗣准兵部咨：山西巡抚巴延三题报孙尔桂丁忧一疏，奉旨："孙尔桂着照前旨，仍暂留总兵之任，速令缉拿，俟获犯之日，该督奏闻请旨。该部知道。钦此。"钦遵亦在案。

兹查刀维屏、刀召厅等自挈眷潜逃后日久，并无踪迹。臣节次札饬孙尔桂于瘴退出防时设法探访，上紧严缉。乃自冬至春，屡据孙尔桂具禀，在于沿边各土境遍加侦访搜缉，仍无刀维屏等潜匿踪影，尚未捕获等情。臣查孙尔桂于上年十月初旬带兵出防茨通，迄今数月，犯无弋获，现拟于三月十五日撤防，原限届满，自应请旨将孙尔桂革任留滇，自备资斧效力。其普洱镇总兵员缺紧要，仰恳圣恩简放施行。

至接署之员，臣查滇省各镇总兵，或在川省军营，或在边关驻防，无可兼署。惟有楚姚协副将亮福，干练勤慎，堪以暂署普洱镇印务，合并陈明。臣谨恭折具奏，伏乞皇上圣鉴训示。谨奏。

朱批：有旨谕部。

（《宫中档乾隆朝奏折》第三十四辑，第 706 ~ 707 页）

1751 云贵总督彰宝《奏报审明土境私贩人员，分别定拟严惩折》

乾隆三十九年二月二十九日

云贵总督臣彰宝谨奏：为审明土境私贩，分别定拟严惩事。

窃照上年十二月初三日，据驻防盏达总兵官萨灵阿具报："在巨石关内太平街户多寨河边，拿获私犯范温政、杨学春、杨学山、赵开俊、杨春荣五犯，并骡马二十一驮，装载芦子，并无别货，系由盏达土司地方驮运，向内行走。讯据范温政等供，称其所驮芦子，系未获之王国沛、王国如、王自林、范修政、杨学富等发给本银替买运回。"等情。当即严饬查拿逸犯，一并究审，并于十二月十八日，恭折奏闻在案。

嗣据腾越州知州吴楷将王国沛、王国如、王自林、杨学富、范修政俱按名拿获，又究出合伙兴贩之杨科并采芦转卖之范科政、范清政、张星显、段正街，又采芦运回之杨学海、杨学礼等犯，亦俱逐名全获，解赴永昌前来。臣随饬军需局道员祝忻、知府周际清、张凤孙等，将各犯隔别细加研讯，赵开俊、杨科同伙合本，自带骡八头、马二匹，贩芦子十驮，重一千四十斤；范温政自带骡三头，马一匹，贩芦子四驮，重三百五十五斤；杨春荣自带马二匹，贩芦子二驮，重二百二十斤；其杨学春、杨学山有马二匹、骡三头，代杨学富、杨学礼、杨学海装芦子五驮，重五百五十斤。通共芦子二十一驮，秤重二千一百六十五斤。细究其芦子来历，缘盏达土司所管山场出产芦子，每当霜降成熟时，腾越州近边夷民赴山采摘，每百斤土司抽取三斤，以作山税，其余听采芦夷人自行售卖，原系土境出产。今州民王国沛、王国如、范科政、范清政、张星显、段正街及杨学富、杨学海、杨学礼等，俱于上年十月内潜赴盏达土境采摘芦子，王国如采得芦子三百斤，范科政、范清政共采得芦子一百五十斤，张星显、段正街共采得芦子四百七十斤，即在该地卖给赵开俊、杨科、范温政、杨春荣等四人，每斤价银三分，赵开俊、范温政又在该地零星收买芦子六百九十五斤，各自分载驮回。其杨学富、杨学海、杨学礼共采得芦子五百斤，王国沛采得芦子五十斤，皆未转卖。雇请杨学春、杨学山之牲口驮回。以上共计芦子二千一百六十五斤，与原获总数相符。严加究诘，坚称实系土境采取，彼此买卖，并非贩自夷方。提唤盏达土目质讯，亦供系盏达地方土产，收过山税属实。

臣查盏达土司虽系腾越州所属，在于巨石关以内，究与夷境相接，易起影射偷越之弊。今赵开俊等所贩芦子，据称产自盏达，就地收买，并未夹带别项货物，并质讯土目，供亦相符，似非夷方贩来。但关禁严密之际，且临边土司山寨又久禁乡民混杂住居，乃赵开俊、杨科、范温政、杨春荣四犯各挟资本，自带骡马，至近关地方收买芦子，驮载成群，以图渔利。此次虽未出关，将来难免影射，即与私贩无异。赵开俊、杨科、范温政、杨春荣，均应比照私通土苗互相买卖贻害地方例查佥，妻室子女俱发边远充军。王国如、范科政、范清政、张星显、段正街，在于土境采摘芦子转卖，王国沛、杨学富、杨学海、杨学礼采摘芦子运回，脚户杨学春、杨学山受雇代为驮运，虽与私贩违禁货物有间，而往来土境，殊不安分，俱应照越度关塞律，各杖一百，徒三年，定驿发配。至王国礼、王自林二人，系跟随王国沛同往，未经采获芦子，应请省释。又范修政，系在盏达种地，住居蛮孔寨，范科政兄弟前往采芦，赴伊家借宿，致被查拿，虽非采芦售卖之犯，仍迁徙内地安插。现获马骡及芦子，饬发变价入官，酌赏出力拿获兵役，以示鼓励。

理合恭折具奏，伏乞皇上圣鉴训示。谨奏。

朱批：该部议奏。

（《宫中档乾隆朝奏折》第三十四辑，第 707～709 页）

1752　云贵总督彰宝《奏报酌定今岁撤移防兵日期事》
乾隆三十九年二月二十九日

云贵总督臣彰宝谨奏：为酌定防兵撤移日期，仰祈圣鉴事。

窃照乾隆三十八年，派拨张凤街、三台山及陇川、盏达、缅宁等处，共分驻兵四千五百名，现值春深瘴发，应照例撤移水土平善地方扎营防守。臣与署提督锦山及军需局道员祝忻等悉心商酌，今岁三月二十五日，节届立夏，气候较早，雨水亦多，酌拟于三月初十日为始，分起撤移，约于三月底陆续撤毕。

查腾越以外，惟蛮宋关地处高埂，最为扼要，历年撤防后，俱在该处屯扎大营。今应照前，截留兵二千名，在于蛮宋关驻扎，并于杉木笼、黄林岗二处设为总卡，遴派将备，各带弁兵防守侦探，俾沿边消息捷速流通。其余虎踞等关及各要隘放卡之处，均于蛮宋大营弁兵内轮流派拨，率领抚夷弩手遍行侦缉巡逻，务与未撤时一律整齐严密。再龙陵关路通木邦、腊戍，亦应照前截留兵五百名，派大员管领，驻守龙陵关，其关外边卡要隘，即于龙陵本营及截留防兵内抽拨巡防，按月更换，以避瘴气。以上蛮宋、龙陵二处，共截留兵二千五百名，其余二千名，俱遣回各原营，以供差操。

又查上年分给官员领骑出防马二百二十四，系附近各标营喂养马匹内挑选拨用，应于撤防之后，发回原营骑操，仍支营马草干，俟秋间需马时，另行挑选调用，以节糜费。再查普洱一路，出防茨通、补角二处，分驻兵一千名，现今新设普安营，所建衙署、兵房将次完竣，新营官兵即可移往安设，以资守御弹压。所有普洱出防兵一千名，亦应于三月中旬撤回原营，分别归伍差操。

所有酌定今岁撤移防兵日期，理合恭折具奏，伏乞皇上圣鉴。谨奏。

朱批：知道了。

（《宫中档乾隆朝奏折》第三十四辑，第 709～710 页）

1753　云贵总督彰宝《奏请以阿迷州知州边铺升署中甸同知折》
乾隆三十九年三月十三日

云贵总督臣彰宝谨奏：为边缺同知紧要，循例奏请升署事。

窃照云南丽江府属分防中甸同知，设处极边，界连西藏，该地番夷杂居，兼有管束各寺喇嘛之责，实为西北要隘。前任同知梅士仁因推诿盗劫案件被参革职，其所遗员缺，例应在外拣选调补。因滇省同知内查无堪调之员，先将俸深之南宁县知县杨兴邦具题升补。嗣准部覆，以杨兴邦任内有井盐薪本未完降俸之案，与例未符，行令另行拣选等因。兹据署布政司迤西道龚士模会同按察使图桑阿详称："复于同知及州县内详加审择，实无合例干员堪以升调，惟有临安府属阿迷州知州边镛足以胜任。"等情前来。

臣查阿迷州知州边镛，年五十四岁，江西进士，由四川秀山县知县升授今职，于乾隆三十五年二月初八日到任。该员居官勤干，办事练达，曾经委运京铜，并无迟误，其任内亦无参罚事件，与中甸同知分防要缺，可资治理。虽该员实历俸次未满五年，与例稍有未符，但人地实在相需，例准专折奏请。相应仰恳圣恩，俯准以阿迷州知州边镛升署中甸同知，则于边疆要地似有裨益。仍照例扣满五年，另请实授。该员系府属知州请升同知，俟部覆至日，给咨送部引见，恭候钦定。其所遗阿迷州知州员缺，滇省尚有委用人员，另行拣选请补。

臣谨会同云南巡抚臣李湖恭折具奏，伏乞皇上圣鉴训示。谨奏。

朱批：该部议奏。

（《宫中档乾隆朝奏折》第三十四辑，第859页）

1754 云贵总督彰宝 《奏请将嵩峨县兴衣乡巡检改移分驻思茅厅巡检折》
乾隆三十九年三月十三日

云贵总督臣彰宝谨奏：为移驻边地巡检，以资佐理事。

窃照云南普洱府分防思茅同知，设处极边，管辖八猛土司，与外域南掌、孟艮、猛勇等处接壤，最为扼要重地。乾隆元年初设同知驻扎弹压，兼令征收税粮。彼时事务尚简，未设佐理之员。嗣于乾隆二十三年间，将命盗刑名事件均归同知承办，则与州县无异。近年烟户渐繁，兵民杂处，既有城池仓库，复有监狱罪囚，所管边境亦甚辽阔，平时每查察难周，遇事则乏员帮助，仅赖同知一人孤掌支持，未免掣肘，必须添设杂职一员，以资助理，庶于边方有益。惟是新设人员，例应于通省内随时改调，不得另行增添，致滋糜费。随行藩、臬两司，在于别属事简冗员确查移驻。去后，兹据署布政司迤西道龚士模、按察使图桑阿详称："查有临安府属嵩峨县兴衣乡巡检，系腹内僻地，该处有武弁汛防，足资巡缉，其巡检一缺实属闲曹，堪以裁移。"等情前来。

臣查思茅系普洱临边要地，相距郡城遥远，民事夷情俱系该同知专司承办，近复于茨通地方新设普安营，兼有供支粮饷等事，急应添员佐理。今嵩峨县兴衣乡巡检既系冗闲之缺，应请移驻思茅，作为思茅厅属之巡检，令其兼管司狱及巡防捕务。该处地在极边，烟瘴较盛，必熟谙人员方能服习水土。应请在外拣选调补，以定三年俸满，撤回内地，遇缺酌量升用。应请敕部铸给分驻思茅厅巡检兼管司狱印信，以专责成。其裁汰兴衣乡巡检旧印，俟新印颁到缴销。现任兴衣乡巡检诸廷机，差遣勤干，人亦老诚，堪以调补思茅厅巡检，委令即赴思茅，随同办事。至边地要缺，应给养廉、工食等项，及应设攒典衙役名数，悉照新设龙陵厅巡检之例酌设支给，另行咨部查核。其兴衣乡裁缺巡检养廉役食，裁拨充饷，所遗旧署估变归公。仍于思茅酌建巡检新署，俾资居住办公，另行撙节估计，动项办理。如此一转移间，裁冗员而就要地，于公事殊有裨益。

臣谨会同云南巡抚臣李湖恭折具奏，伏乞皇上圣鉴训示。谨奏。

朱批：该部议奏。

（《宫中档乾隆朝奏折》第三十四辑，第 861~862 页）

1755　云贵总督彰宝《奏报遵旨查明滇省遇闰兵粮支给情形事折》
乾隆三十九年三月十三日

云贵总督臣彰宝谨奏：为查明滇省遇闰兵粮支给情形事。

乾隆三十九年正月十七日，准户部咨："议覆浙江布政使王亶望奏请浙省闰月兵粮折色银两，无论闰月在于何季，总定于仲冬月支放，兵民两便。其各省收成，早晚时候不齐，应于何月支放方为妥便之处，行令查明实在情形，筹议覆奏。"等因。

臣随行滇省司道查议，去后，兹据署布政司迤西道龚士模、粮储道祝忻详称："滇省各标镇协营岁需兵粮，每于上年秋间，将次年兵食数目预期会计，无论有闰无闰，皆按月估给本色，除以额征秋粮拨支外，其余不敷之数，动项于秋成之时采买备供，向无闰月支给折色之例。惟昭通镇标地方，从前产米无多，以二荞抵一米搭放，嗣因兵丁不惯食荞，折给荞价，听其自行买食。又维西协防汛兵丁，因额征秋粮不敷，亦有搭放折色之处。缘滇省西成较早，每岁八九月间新谷登场，粮价平减。昭通镇之荞折银两，系七八月给发，维西协之米折银两，系分作二季给发，均得及时粜食，向系因地制宜，兵民称便，与浙省遇闰折给情形不同，无庸筹改章程，应请仍向例办理。"等情前来。臣覆核无异，谨会同云南巡抚臣李湖恭折覆奏，伏乞皇上圣鉴，敕部施行。谨奏。

朱批：该部议奏。

（《宫中档乾隆朝奏折》第三十四辑，第 863 页）

1756　云南巡抚李湖《奏报新任曲靖府知府黄应魁尚未到任，暂委广西直隶州知州耀德署理事折》

乾隆三十九年三月二十五日

云南巡抚臣李湖跪奏：为委员暂署府缺，循例奏闻事。

案准部咨："道府升迁事故，悬缺需员署理，一面遴员委署，一面随时奏闻等因在案。"

查曲靖府知府王引楷，于临安府任内因何万珠等滋扰夷疆一案，部议革职，其员缺奉旨以黄应魁补授，尚未到任，应先委署。行据两司详委广西直隶州知州耀德前往摘印暂署，俟新任知府黄应魁到日交卸外，所有委署府缺缘由，理合循例奏闻，伏乞圣鉴。谨奏。

朱批：该部知道。

（《宫中档乾隆朝奏折》第三十五辑，第90页）

1757　云南巡抚李湖《奏报谬将审办溃兵并请简知府、报获铜数及地方情形各折由驿奏报，奉旨申饬，愧悔惶悚折》

乾隆三十九年三月二十五日

云南巡抚臣李湖跪奏：为钦奉上谕事。

乾隆三十九年三月初一日，承准大学士舒赫德等字寄："二月十二日，奉上谕：今早闻李湖由驿四百里递到奏函，朕以彰宝正在患病，恐李湖因其病剧，驰奏甚为着急，及拆阅，乃系覆奏审办溃兵并请简知府、报获铜数及地方情形各折，不但不当用四百里速递，即寻常三百里邮符亦不应用。向来各省督抚遇地方紧要公事，迫不可缓及关系两司以上大员开缺者方准由驿驰达，否则俱应专差赍进。今李湖以此等奏牍辄发驿递，只图各惜小费，殊属不知大体。且朕于诸臣谊关休戚，不特彰宝之倚任方殷，抱病未愈，日为厪念难置，即李湖在巡抚中，平日尚能办事，亦深加爱惜，惟恐其稍有疾病，何李湖转不知仰体朕怀耶？李湖着传旨申饬。钦此。"遵旨寄信前来。臣跪读谕旨，愧悚交集。

伏查本年正月内，臣在迤西途次，接准督臣彰宝抄移廷寄，以："川省发遣溃兵作何安插，有无滋事脱逃、上紧缉获之处，各省并未奏及。奉旨饬速据实覆奏。钦此。"臣因川省溃兵甫经正月十二日发遣到滇，随于回省后，将督同两司现在审办缘由缮折，谬由马递覆奏，并将巡查地方情形等件附同拜发，实属舛错，不知大体。仰荷圣慈从宽传旨训饬，并蒙恩谕，详示爱惜臣等惟恐疾病至意。臣叨沐天恩高厚，转不知仰体圣怀，冒昧渎陈，致烦天听。感激涕零之下，实属无地自容。所有微臣愧悔惶悚下忱，理合恭折覆奏，伏乞睿鉴。谨奏。

朱批： 览。

（《宫中档乾隆朝奏折》第三十五辑，第90～91页）

1758　云南巡抚李湖《奏报督臣病体向愈，办事并无耽延误折》
乾隆三十九年三月二十五日

云南巡抚臣李湖跪奏：为奏闻事。

窃臣于本年二月二十五日，谨将督臣彰宝病体如前及照常办事，并无贻误缘由，缮折具奏在案。

三月以来，臣节经致询，并遣人前往省视。准督臣札覆："近来肢体尚欠舒展，精神亦觉减耗。现在息心静养，加意护持，以冀少得起色。前奉廷寄谕旨，仰沐圣恩垂念，令即回省调摄。因边关正当严密之时，驻扎永昌，尚可就近督察，若即回省垣，身心两地，益觉牵系靡宁。俟撤防事毕，如果各关安静，酌看情形，以定行止。"等语。并据在永道府禀报医治情形相同。臣细察督臣彰宝气体，因病亏损，尚需徐为调养。

至查办边防及与臣札商地方事件，往复斟酌，现在并无耽延误事光景。恐廑圣怀，理合奏闻，伏乞睿鉴。谨奏。

朱批： 览。

（《宫中档乾隆朝奏折》第三十五辑，第92页）

1759　云南巡抚李湖《奏报今春滇省麦豆约收分数折》
乾隆三十九年三月二十五日

云南巡抚臣李湖跪奏：为恭报麦豆约收分数，仰祈睿鉴事。

窃照滇属地方入春晴雨均调，播种麦豆俱获滋培畅茂，结实充盈。今届刈获登场，据各属禀报约收分数，由藩司开单汇造前来。

臣逐一确核，除景东、龙陵、他郎、腾越四厅州不产豆麦外，其余种植之处，查永北等十九厅州县，高处收成九分，低处俱收十分；武定等二十五州县、分驻县丞，高处收成八分，低处收成九分；镇沅等二十五厅州县，高低俱收八分；元江等十一厅州县不产南豆，所种二麦，高处收成八分，低处俱收九分；思茅同知地方不产二麦，所种南豆，

高处收成八分，低处俱收九分。合计通省豆麦收成，实获八分有余。除俟藩司造册详报
到日，循例具题外，谨先开列清单，恭呈御览。

至沿边地方，除永昌等府厅州所属二十八土司不产豆麦外，其宁洱县所属普藤等三
土司并善、长等二里，高处收成九分，低处俱收十分；猛旺等二土司，高处收成八分，
低处俱收九分。合并陈明，伏乞圣鉴。谨奏。

朱批：知道了。

(《宫中档乾隆朝奏折》第三十五辑，第92~93页)

1760　云南巡抚李湖《奏报滇省雨水苗情及粮价无过昂之处折》
乾隆三十九年三月二十五日

云南巡抚臣李湖跪奏：为恭报地方情形事。

窃照滇属二月二十日以前雨水均调，播种春花无不发荣畅茂，经臣查明，奏报在案。

兹据各属禀称，二月二十二、二十五、二十九、三月初四、初八等日，得雨三四次，
虽入土浅深不一，高下田亩足资灌溉。十四、十七、二十二三等日，近省地方复叠获甘霖。
滇省气候较早，麦豆成熟，据报渐次登场，现经藩司核造分数，另折陈奏。目今春收将毕，
插莳方兴。查广南、开化、元江、普洱、临安、镇沅等处，秧苗畅茂，俱各翻犁栽种。其
余大理、永昌、楚雄、丽江、顺宁、东川、曲靖、昭通各府属，均报出水四五寸不等。

臣亲赴近郊履勘，田水充盈，青葱遍野，农民莫不欢庆。各属粮价虽长落不齐，核
计俱属中平，并无过昂之处。理合据实奏闻，并将二月分各属报到粮价敬缮清单，恭呈
圣鉴。谨奏。

朱批：知道了。

(《宫中档乾隆朝奏折》第三十五辑，第93页)

1761　云南巡抚李湖《奏报遵旨办理调拨滇兵赴川事宜折》
乾隆三十九年四月初六日

云南巡抚臣李湖跪奏：为钦奉上谕事。

乾隆三十九年四月初四日，承准大学士舒赫德等字寄："乾隆三十九年三月二十三
日，奉上谕：前以阿桂等分剿金川，俱能乘胜深入，或须分路进攻，更易集事，因将应

否添用京兵之处，令阿桂熟筹密奏。今据阿桂奏称：'大兵现在摧开要隘，贼巢指日荡平，若再得生力锐兵，另为一路进捣，奏功更捷。惟京兵到营稍需时日，因思云贵二省距川较近，且昨岁该督抚等曾预备兵五千，应请旨调令赴川应用等语。'所筹亦是。着传谕李湖、图思德，即将上年预备调赴川省兵丁内，拣选云南兵三千名，贵州兵二千名，并选派勇干习练将领等带领，星速遄行，所有应带军火器械，并着一并携带，毋稍濡滞。现在各路军营俱将次克捷，此项兵丁早到一日，即早收一日之用。李湖、图思德奉到此旨，可一面速办，一面奏闻。其有应行会同提镇办理者，即就近知会同办。至彰宝现驻永昌，且病尚未痊愈，李湖在省，可即上紧筹办。将此谕令彰宝知之。再此项兵丁遄行较速，并着传谕文绶，于沿途应行备办事宜，仍饬属妥为料理，俾兵行迅速，并候阿桂等分拨何路，即饬带兵将领分路前往，如兵未到营而大功已成，阿桂自必行文停止。所有带兵各员，接到阿桂文檄，亦即遵照，仍回本省。将此由六百里加紧谕令李湖、图思德并文绶知之，仍各将办理情形即速覆奏。钦此。"遵旨寄信前来。

臣伏查上年于滇属各标协营内挑选壮健兵三千名，移驻镇雄、昭通、宣威合操训练，经督臣彰宝会臣具奏，并密派勇干习练将领预备调拨在案。今征剿金川各路军营俱将次克捷，须得生力锐兵分路进捣。钦奉谕旨，令臣选派星速遄行。查移驻各兵，经臣上冬亲赴校阅，枪炮、技艺俱属精锐，军火、器械等项亦皆齐全，即可分拨前进。内查移驻镇雄兵一千名，距川较近，即飞驰该营参将戴廷栋带领，以五百名为一起，派作头二两起，限于本月十二、十四等日，分起径由黔属毕节县就近破站行走，计四日可入川境。次近之移驻昭通、宣威兵二千名，分作第三、四、五、六等起，檄令赶赴威宁总站，限于本月十五日，由总站分起间日遄行，俱经由黔属毕节县，计六日可抵川境。至原派领兵将弁，除附近移驻地方者即令本原带往外，其有营分较远者现在飞檄驰调，仍另于移驻营汛内，遴委妥弁先行管领起程，俟原派员弁随后赶上，接替前进，总期迅速遄行，毋许稽留迟误。沿途需用擡抬军装人夫、盐菜口粮并滇兵分拨启行各日期，已飞咨黔川两省预备应付。官兵应支行装等银，亦经饬司照例解往分给。臣调拨事竣，即由省起程，驰赴总站督催。容俟各兵克期全数赴川后，另将分起日期奏报外，所有现在办理情形，理合遵旨缮折先行由驿覆奏。

再督臣彰宝远驻永昌，未及会衔。合并陈明，伏乞圣主睿鉴。谨奏。

朱批：知道了。

（《宫中档乾隆朝奏折》第三十五辑，第 205～207 页）

1762 云贵总督彰宝《奏报查讯陇川私贩案犯与逆匪尹士宾勾通情形折》
乾隆三十九年四月初七日

云贵总督臣彰宝谨奏：为遵旨切实跟究，并严加刑讯，备录供情，据实覆奏事。

乾隆三十九年三月十七日，接到大学士臣于敏中字寄："本年三月初三日，奉上谕：据彰宝奏审拟陇川盘获私贩一案，请将尹小生、李萃二犯拟绞，即行正法一折，所办未得肯綮。尹小生、李萃讯俱腾越州人，且自认欲往新街不讳。朕记从前汉奸尹士宾、李万全两逆匪俱籍隶腾越，久居阿瓦，为缅酋所信用，并受贼显职，为贼主谋，其情罪实为可恶。今尹小生、李萃二犯，姓氏、籍贯适与相符，此必两逆匪子侄，或其族人，安知非缅酋因闭关后不能得内地音信，遂令尹士宾等潜谋，勾结伊两家之人借私贩以暗通消息，不可不防。今既已拿获，正应就此切实跟究。彰宝何舍此紧要情节不加穷诘，仅照寻常私越律问拟？岂彰宝病后精神稍短，竟未能见及此耶？着传谕该督，将尹小生、李萃即速严加刑讯，将两犯确系尹士宾、李万全何项亲属及现在如何勾通偷漏之处，务得实情，毋任丝毫狡饰，另行录供具奏。钦此。"钦遵。

臣查逆匪尹士宾先于乾隆三十一年十一月内，腾越协都司马拱垣在神护关获有腾越州民王小乔，据供："在戞鸠生理，被缅子捉去当兵引路，乘空逃回。有汉奸吴满大做领兵头人，又有尹士宾在缅地如宰相一般。"等语。彼时杨应琚密饬腾越州细查，吴满大本名吴芳伯，住该州大山脚下，尹士宾住该州和顺乡，皆出门十余年，从无音信，在于缅地为匪属实。嗣于乾隆三十四年正月内，有自阿瓦脱出之把总崔直中行营外委武庆云供称："在缅办事汉奸，有尹士宾、李万全等，尹士宾实系腾越州人；李万全，细问缅地流落汉人，俱不知他是何处人。并称猛毒母亲等曾令尹士宾妻子转向杨重英等求主意，又云杨重英、程徹等俱在尹士宾家旁边居住。"并据程徹禀，内有伊等屡欲逃回，奈禁守尹士宾家内各等情，当经副将军阿桂与阿里衮、明德等会同密查，尹士宾家中有母夏氏，七十余岁，妻刘氏，并无子女，尚有伊兄尹士楷亦在缅地，别无亲属，亦无音信。至李万全，在腾越境内挨户严查，固无其名，遍行通省各属细访，俱无影响。臣到任后，以李万全虽据崔直中等供称，缅地不知其何处人氏。该犯既系汉奸，不过附近边地之人。又复督饬各属及腾越州再加察访，总未得其出处下落。该逆匪等为缅酋信用主谋，得受伪职，尹士宾复在彼娶妻，其叛逆尤为昭著，实深愤恨。今拿获私贩尹小生、李萃等，欲赴新街贸易，其姓氏适与尹士宾、李万全相同，设使系两逆匪之亲属，潜谋勾引，内外联络，以通消息，或尹小生等借称贩货，偷越投奔，实于关防大有关系。今蒙圣明提撕警觉，仰见睿虑至周，无微不烛，倘有纤介未到之处，即属渗漏，暗滋后患。

臣跪诵之下，立即率同军需局、道府祝忻、周际清、张凤孙等，监提尹小生、李萃到案，隔别严究，反覆推求，递加刑讯，尹小生坚供，与尹士宾住居各村，并非同族，向未认识，即尹士宾家中有无亲属，亦不知晓，实无与尹士宾有信息勾通之事。又据李萃坚供，伊族中并无李万全之名，实不知李万全系何处人。现有族人俱系种地佣工，实无在缅为匪可与勾通情事。臣率同道府屡加严诘，新街系关外夷境，焉敢贩货贸然前往？若非尹士宾等先有信来勾引，必是该犯等自去投奔，以通信息。又复刑夹，该犯等矢供：闻说新街向来好做买卖，故此商量欲往。该犯同伙中从未说起有尹士宾、李万全在缅地的话，实非逆匪亲属。矢口不移。臣查同案私贩脚户，尚有李兆经一名，并提研鞫，亦坚供不识李万全名号。细察情形，该犯等严刑不承，似非狡饰。

臣思逆匪李万全虽无确切籍贯，是否腾越州人尚在未定，而逆匪尹士宾实系腾越土著。随查尹士宾家中父母俱故，其妻刘氏已再醮于州民张朝俊为妻，并有弟尹士倌，俱即饬提到案，逐一细究。据刘氏供，伊前夫尹士宾系乾隆二十二年出门，二十八九年间尚有信回说在缅地生理，自三十年以后杳无音信，并无亲属依靠，故此改嫁张朝俊过活。又据尹士倌供：与尹士宾各居兄弟，从前尹士宾出门时，伊尚年幼，从无信息往来。如今尹士宾在缅甸为贼匪所用，人人切齿痛恨，若有信息寄回，岂敢隐匿受罪？其本村姓尹者共有十五家，与尹士宾俱系远族，近年奉官查察，从无出外之人各等语。随令刘氏、尹士倌将尹小生细加质认，刘氏、尹士倌均与尹小生素未识面，皆供并非尹士宾一家。刘氏、尹士倌系密行提至，该犯等无从预为串供，似属实情。

臣复将尹小生、李萃二犯叠次严刑，悉心穷究，实非逆匪亲属，委无勾通偷漏情弊。应请将尹小生、李萃，仍照原拟，均依越度关塞因而出外境律拟绞，请旨即行正法。（夹批：将此二人送京交刑部，毋致免脱。余依议。）其同案之脚户李兆经、黄得沛，仍照私通土苗买卖充军例，从重改发乌鲁木齐。至随伴同行之黄林隆，系肩挑糖果小本营生，讯非私贩，仍照越度关塞本律，杖一百，徒三年。其余逸犯，现在严缉务获，究拟另结。所有讯过各犯口供，谨缮清单恭呈御览。再逆匪尹士宾之妻刘氏，虽经再醮，其兄尹士楷遗妻李氏及其弟尹士倌，均未便仍留该地，应照叛犯缘坐之例，俱行解部，将刘氏、李氏给付功臣之家为奴。尹士倌照例流徙乌喇地方安置，以净根株。至腾越州矣乐、和顺等村，凡有姓尹姓李之家，虽非逆犯亲支，究属同姓，应令该州将各户丁口人名逐细清查，另记档册，并取五家互保结状，毋许私行出境，每月查点，严行管束，倘有潜走夷方及外来信息，不行首报者，五家连坐。如此立法稽查，似较严密矣。

臣谨恭折覆奏，伏乞皇上圣鉴训示。谨奏。

朱批：览。

（《宫中档乾隆朝奏折》第三十五辑，第 226～229 页）

1763　云南巡抚李湖《奏报遵旨挑选营兵三千名由黔赴川协剿折》

乾隆三十九年四月十一日

云南巡抚臣李湖跪奏：为遵旨覆奏事。

乾隆三十九年四月初八日，臣于寻甸州途次，承准大学士舒赫德等字寄："三月二十七日，奉上谕：前因阿桂奏请调贵州兵二千、云南兵三千就近前往协剿，以期迅速蒇功，当经传谕该督抚上紧妥办奏闻。现在各路俱将次克捷，此项官兵若早到一日，收效更速。该督抚接奉前旨，自已如数选派兵丁，并派勇干将弁带领前往。因思贵州与川省接壤，程途尤为密迩。着图思德即将所派兵丁，令将弁等带领，克日起程，星速遄行。至黔兵分拨，间日就道后，所调滇兵亦可陆续进抵黔境，图思德在彼，即可速为照料，令其以次登程。其滇兵启行时，亦应量其距黔省，近者在前，远者在后，均可不致耽误。并着李湖上紧料理，务俾兵行迅速。并令各该抚饬知带兵之员，起程后，惟听阿桂文檄，调赴何路，即速遵调前往，勿稍稽滞。将此由六百里加紧谕令该抚等妥速办理，仍将何日起程之处迅即覆奏，并谕彰宝知之。钦此。"臣即恭录谕旨，移咨督臣彰宝一体钦遵外，伏查四月初四日，臣接奉前旨，令臣拣选兵三千名，星速遄行。

臣当查上年滇省挑选各标协营兵共三千名，分驻昭通、宣威、镇雄等处。惟镇雄驻兵一千名，距川较近，应以五百名为一起，派作头二两起，限于本月十二、十四等日，径由黔属毕节县就近破站行走，计四日可入川境。次近之移驻昭通、宣威兵二千名，分作第三、四、五、六等起，檄令赶赴威宁总站，限于本月十五日，由总站分起，间日遄行，经由毕节前进，计六日可抵川境。至原派领兵将弁，除附近移驻地方者即令本员带往，其有营分较远者，一面飞檄驰调，一面于移驻营汛内委弁先行管领起程，俟原派员弁赶上接替，以免稽迟。业将调拨缘由于初六日缮折由驿覆奏。复因毕节县地方系黔滇两省官兵入川总站，诚恐各路官兵同时并集，或致壅停，随将滇兵先后分起并派拨日期飞咨贵州抚臣，并移川省，又径驰檄传知川黔沿途州县预备人夫、盐菜、口粮，随到应付在案。兹钦奉训旨，仰见圣虑周详，无微不照。臣遵，即咨商贵州抚臣图思德。去后，兹于初十日，接准图思德札知："已由省起程，督催各路黔兵前赴毕节，计初八九十等日，各兵可抵毕邑，十一二三日内，全数可以出境。"等语。

查滇兵头、二两起于十二、十四等日由镇雄拨往，已在黔兵行抵毕节之后，自不致有停留。至威宁总站十五日后分起发往之兵，即可挨次破站前进。臣现在赶赴威宁督催，一面札致图思德即在毕节照料，俾滇兵以次迅速遄行，早到军营，早收一日之用。并饬知领兵各员钦遵谕旨，起程后听候将军阿桂文檄，调赴何路，即遵照前往，勿稍稽迟外，所有遵办缘由，理合缮折由驿覆奏，伏乞圣主睿鉴。谨奏。

朱批：好。知道了。

（《宫中档乾隆朝奏折》第三十五辑，第 260～261 页）

1764　云贵总督彰宝《奏报孟连土司境外野夷至该处乞食，该土司处理不妥，至野夷散逃折》

乾隆三十九年四月十二日

云贵总督臣彰宝谨奏：为奏闻事。

　　窃照缅宁以外孟连土司，又在耿马、猛猛二土司之外，兼有佧佤野人山数百里阻隔，本与内地相距甚远，历来防兵不至其地，惟于缅宁滚弄江口驻扎官兵，扼要防守，颇属严密。本年三月初十日，据顺云营参将释迦保、缅宁通判那宁阿会禀："据孟连土司刀派新报称，本年二月初一日，有野夷数十人到丙海隘口，土目率练捉拿，当即知觉逃匿。至二月二十日，又钻绕山箐，潜入孟连边境，共计男妇六十五名口，仅带火枪二杆，刀二把，余无器械。逐细查问，据其头人口称：'我是缅子，名结解，奉伊酋长主使，要在孟连住坐，不准回去。如今到你们地方，不敢骚扰，只是与些吃食就是了。'等语。土司愚昧，不得主意，先行密报。"等情。因该土司并不派练圈禁，随经该参将等一面差弁，带同能懂夷语之人前往查探虚实，一面具禀前来。

　　臣查孟连土境设处极边，系紧接外域之区，如有缅匪潜来窥探，希图滋扰，自应迅速剿擒，严行堵御。如系游荡野夷穷蹙无归，投奔乞食者，亦当查明来历，果无诡诈情弊，暂行圈留，以便讯明安插。今结解等自认缅子，口称奉伊酋长驱使来投，又云不敢骚扰，只求些吃食，搜其行李，并未多带器械，又有妇女四口随行，似系夷境流匪形径。该土司既经面加讯问，自必圈住看守，但其究系何处来历，并未根讯明白，殊属含混。

　　臣随飞饬驻防缅宁之参将释迦保等速即驰往，率同土弁刀派新，将该夷等人口先行拘拿，解赴内地，不得疏脱，亦不得辄加杀戮。又恐或系贼匪先遣之人饰词尝试，或有匪类隐藏接应之诡计，不可不确查酌办，随另遣副将亮福驰往缅宁，确查酌办。嗣据永顺镇总兵萨灵阿适自盏达撤防，亦据报亲往缅宁查询料理。去后，兹于四月初二、初四等日，据总兵萨灵阿、副将亮福禀称："据差往探信之兵役回称，潜入孟连之夷人实系无食野夷，流入土境，搭棚栖身，在于村寨求乞，并无滋扰情事。系二月十五以前即到土境，该土司明知其并非缅匪，任其居住，又不肯收留，给与口食，故不圈住看守。后闻内地有官弁前往查察，该野夷等畏惧，仍从山箐潜遁，向外域大猛养一路而去，现在孟连地方甚属安贴。"等情。

　　臣伏查孟连远处极边，向系外夷土司，不过岁输厂课，并未袭职。近隶顺宁府统辖，亦可借为边外藩篱，如果有匪类侵扰，自当饬拨附近土练帮同堵剿。今查得夷人结解等男妇六十余名口，实系失业乞食之人，其为外域流移，假称缅子，希图收留恤养，已无可疑。若该土司圈住，解送内地，原可讯明，量为安插。今既闻风潜遁，从大猛养而去，该处系外域瘴盛之地，未便深入穷追。

　　臣查孟连土司刀派新之父刀派春，前于乾隆二十七年间，有宫里雁夫妇奔入其境，恣意勒索，激成焚杀之案。今刀派新接替其父承管土境，似此穷蹙来奔，不知抚恤，以致结解等六十余人停留多日又被潜遁，实属不合，理应将该土司惩治示儆。复据总兵萨灵阿等禀称："刀派新年轻，尚未历练，是以见夷人，畏事不肯收留，亦不看守，尚无如伊父刀派春勒索凌虐情弊。该土弁自知畏惧，悔罪求宽。"等语。

　　臣查孟连已近外域，且系该土弁自行禀报之事，如将刀派新遽加惩治，恐其夷众疑惧，兼虑其将来遇事隐讳。似应严行教导，以观后效。臣随严饬该土司刀派新，嗣后遇有夷人投至土境，一面察其来历，严行防范，一面悉数获住看守，将其头人解送内地候讯办理，不得再行疏忽，致被逃散外，因事关边地情形，臣谨恭折奏闻，伏乞皇上圣鉴。谨奏。

朱批：知道了。

（《宫中档乾隆朝奏折》第三十五辑，第 290～292 页）

1765　云贵总督彰宝《奏报拿获贩卖碧霞犀人犯，审明定拟具奏折》

乾隆三十九年四月十二日

云贵总督臣彰宝谨奏：为拿获贩卖碧霞犀人犯，审明定拟具奏事。

本年二月十四日，据腾越协副将刘国梁禀报："把总罗邦宁于二月初五日，在陇川所属户饭寨闻得猓夷数人持有碧霞犀，在邓老五豆腐店内观看求售，当即拿获碧霞犀三包，计重六十两有零，并获猓夷波线一名。讯据波线供称：碧霞犀系猓夷波瓮及貌乖之物，闻拿弃物跑脱等情。随即飞饬该副将，会同腾越州，速即踹缉脱逃之波瓮、貌乖务获，并于各该犯家内细加搜检有无埋藏隐匿。去后，嗣据驻防陇川参将郑端揆禀报：二月十二日，在于陇川所属三官城，拿获猓夷波瓮、貌乖，又于貌乖身边搜出碧霞犀十二块，计重十五两。讯据波瓮供称：该犯名下被获碧霞犀三十五两，系与猛卯猓夷桑衣合伙买来，收藏在家。又据貌乖供称：该犯名下先被获碧霞犀二十五两，又于身边搜出十五两，系猛卯猓夷桑难达及波兮托其转卖，寄存伊家，此外俱无隐匿。复据腾越州将猛卯猓夷桑衣及陇川开店之邓老五一并解审前来，当将解到碧霞犀查验，大小共八十六块，秤重库平七十三两二分。"

臣督饬军需局道员祝忻、知府周际清、张凤孙等，提犯细加研讯。缘桑衣住居猛卯嗟东寨，波瓮、貌乖皆住居陇川户饭寨，相隔不远，彼此认识。上年七月间，桑衣向波瓮借银做本，波瓮愿同合伙，波瓮即给桑衣银五十五两，令其置货贩卖，获利均分。桑衣于九月初九日，潜出天马关外户东街，赶街觅货，遇见波竜子，名唤波撒，问有碧霞犀欲售，秤重三十五两。桑衣与之讲价，用银一百三十两，将碧霞犀买归。因与波瓮合本之物，于九月十五日，欲送至户饭寨，交明波瓮收贮。行至邦中山，路遇猛卯猓夷二人，一名桑难达，一名波兮，亦带有碧霞犀，同路行走。比至户饭寨，桑衣领至貌乖家投宿。次日，桑衣自将碧霞犀送交波瓮家，波瓮因一时难卖，收藏在家，桑衣即自回猛卯讫。其同路之桑难达、波兮二人，即寓歇于貌乖家内。因所带碧霞犀日久未得变售，至本年正月，桑难达、波兮各欲回家，将碧霞犀称重四十两，寄交貌乖收存，托其转售。

— 1557 —

适有客民邓老五在陇川开张店铺，把总罗邦宁嘱令留心察访，如有私货，即行禀报。邓老五又转嘱玀夷波线、波依兄弟，于夷寨内缉访。波线、波依探知同寨之波瓮、貌乖俱藏有碧霞犀，无处觅售，诱令持至邓老五铺内观看。二月初五日，波瓮将桑衣买回之碧霞犀，携带三十五两，貌乖将桑难达等寄交之碧霞犀，携带二十五两，齐赴邓老五铺中讲价。邓老五通知把总罗邦宁率兵往拿，波瓮、貌乖闻风弃物逃遁。据波线供出缘由，将波瓮、貌乖、桑衣先后缉获，并于貌乖身边又搜出碧霞犀十五两。通计各犯原物，共有七十五两，合之库平，实止七十三两二分。研鞫之下，据桑衣自认越关购买，波瓮、貌乖自认收藏、代售各情由，历历不讳。

查天马关外路通猛密司，系属夷境。该犯桑衣敢赴关外户东街与波竜子交易，恐有私通内地消息情弊，且以重价购买碧霞犀，亦恐私将内地货物偷运易换。其波瓮、貌乖虽住居陇川户饭寨，与猛卯玀夷合伙往来，容留存顿，亦似惯作窝藏私贩之徒。复加逐层根究，据桑衣坚供："天马关离猛密路甚遥远，波竜子系外地夷人，实系赶街与波撇遇见，他有碧霞犀要卖，小的因碧霞犀轻巧，易于携藏，故此向他买的。波撇只图卖货并不探问内地消息，小的也并无别的言语。小的实系带银赶街，并无内地货物夹带出去易换。小的向波瓮借银，原想等田稻收割后，身闲无事，可以做些生意，实是初次，并不是惯做私贩的人，只到过户东街，并没往猛密一路走过是实。"又据波瓮、貌乖坚供："因桑衣等同是玀夷，又平时熟识，故此往来留住。近年关禁甚严，并无内地客商来至夷寨，所以碧霞犀藏在家中，无处出卖，那敢窝顿别项私货。"细加穷诘，矢口不移，似无遁情。

臣查桑衣系猛卯土司所属内地玀夷，胆敢以赶街为名潜出关外，向夷地波竜子购买碧霞犀，与陇川玀夷波瓮合伙收藏，希图贩卖渔利。其貌乖容留私贩桑难达、波兮在家住宿，又代为收藏、售卖，均属目无法纪。且猛密一路虽隔阿瓦迂远，而该匪首或因各关紧严，遣其细作绕道窥探，不可不防。今猛卯玀夷敢于潜出关外，自当严行办理，以儆其众。律载：越度沿边关塞因而出外境者绞监候等语，桑衣应依律拟绞。波瓮系合伙贩卖，貌乖系容留窝主，虽不身自越度，实属窝伙，应与同罪。事关边情，应请旨即行正法，以昭炯戒。

再臣上年审办芒市玀夷波矮脚等一案，钦奉圣谕："近边地面遇有查缉奸匪之事，若专用内地兵役，未必有益，似不若玀夷等之熟悉风土，转可资以得力。此又不得不稍为驾驭者。钦此。"钦遵。今户饭寨玀夷波线、波依，因铺户邓老五嘱其代访私货，将同寨之波瓮、貌乖所藏碧霞犀诱令出卖，致被拿获。应请将波线、波依及邓老五一并量加犒赏，俾各玀夷闻风鼓励，于缉匪之事可资得力。现在起获之碧霞犀七十三两零，俟有便员，解交崇文门查收，变价入官。其波撇、桑难达、波兮三犯，现饬严缉务获，另行究拟完结。

再天马关系在猛卯土境以外，出防时向俱派弁兵轮流稽查，未经出防以前，系派抚夷带领弩手游巡。所有未能察获桑衣偷越之抚夷李文芳、周成，应即革职责处，另行选充。

所有拿获贩卖碧霞犀人犯，审明定拟缘由，臣谨恭折具奏，并缮具供单，恭呈皇上圣鉴训示。谨奏。

朱批：该部议奏。

（《宫中档乾隆朝奏折》第三十五辑，第292～295页）

1766　云贵总督彰宝《奏报任重病深，难供职守，恭恳圣恩俯准暂行解任调理折》

乾隆三十九年四月二十四日

奴才彰宝谨奏：为任重病深，难供职守，恭恳圣恩俯准暂行解任调理事。

窃奴才前在普洱触瘴致疾，几抱沉疴，仰蒙圣恩谕令回省城调理，幸而医治稍痊，精神渐复。乃自去年秋间来至永昌筹办边务，讵料湿热内滞，气血暗亏，旧病萌发，遍体筋骨作疼，四肢难于运动。迨至交冬以后，日甚一日，似成脾痿之症。自冬至春，饮食顿减，夜不成眠，精气益虚，心神莫定。奴才诚恐公务贻误，日夕恐惧惭惶，不得已将病症情形节次上渎宸聪。仰烦圣慈垂念，体恤备至，叠奉恩谕，令奴才"善自调摄，不必着急。钦此。"此犬马下忱，无一不在圣慈矜悯之中。

奴才自忖病既难于速痊，何堪卧而糜禄。乃荷鸿恩优渥，不即令奴才解退，又蒙天恩钦差御前侍卫带领御医诊视，叠沐圣主造就生成有加无已。奴才闻命之下，愈感愈泣，不知所措。正思恭候钦差御医来抵永昌诊视之后，再将下情陈奏。乃自四月以来，奴才病体日深，并未见分毫减退，肤体尫羸，日觉消瘦，每日仅可吃粥少许，气血虚耗已甚。

伏思从前病势，虽身体不能运动，凡遇公事，尚能精神贯注，可以用心筹酌。近今因彻夜不寐，心神恍惚，遇事稍为用心，即头晕发迷。目下已经撤防，永昌沿边无事，犹且难支，一遇紧要公事，精神不能管摄周到，实深畏惧。奴才辗转思维，若至病益沉重，耳目昏迷，边疆至重之任又隔万里之遥，一时转托乏人，势至掣肘，倘有丝毫贻误，咎更难逭。奴才既福分浅薄，致有此病，又经年不得痊愈，上廑天心，是奴才之病与奴才之罪历久弥深，不得不沥情直陈，伏恳圣主天恩，将奴才暂行解任，简用大臣来滇接替交代，奴才得以回京调理。奴才于回京之后，专心医治。仰蒙圣主恩庇，俾奴才身体稍可运动，即匍匐阙廷，讨赏差使，以效犬马。

奴才不揣分量，冒昧具折恭奏，伏乞皇上圣鉴，恭候谕旨遵行，奴才无任感泣悚惶之至。谨奏。

朱批：目今无事之时，且姑缓之。

（《宫中档乾隆朝奏折》第三十五辑，第394～395页）

1767　云贵总督彰宝《奏报遵旨将普洱镇总兵孙尔桂革任，遗缺请以永顺镇总兵萨灵阿调补折》

乾隆三十九年四月二十四日

云贵总督臣彰宝谨奏：为遵旨拣选调补普洱镇总兵事。

乾隆三十九年四月初六日，准兵部咨："内阁抄出，本年三月十七日，奉上谕：总兵孙尔桂于土司刀维屏等挈眷潜逃一案，始由驾驭不善，继又缉捕逾时，曾降旨将孙尔桂革职留任，并传谕彰宝，于瘴退时再行予限数月，饬令上紧追捕，届期将能否就获之处奏闻请旨。今据彰宝奏，孙尔桂于上年十月初旬出防，迄今数月，犯无弋获，原限届满，请将孙尔桂革任留滇等语。孙尔桂着革任，仍留滇省，自备资斧效力，并责令协缉。所有普洱镇总兵员缺紧要，着该督于通省总兵内拣选一员调补，所遗员缺，着郝开甲补授。钦此。"钦遵。

臣伏查云南通省总兵，昭通镇总兵斐慎现在川省军营，开化镇总兵锦山现今兼署提督，临元镇总兵吴万年、鹤丽镇总兵喀木齐布连年驻防边关，于腾越、龙陵以外情形较为熟谙，俱未便更调。惟查永顺镇总兵萨灵阿，系乾隆三十六年十月内到任，该员诚实端谨，历练精勤，每事身先董率，见识明晰，亦肯认真，且因前在潮州镇总兵任内失察奸民朱阿姜一案，例应降调，仰沐天恩弃瑕，仍用总兵。该员感激奋勉，愈图报效，洵与普洱镇要缺相宜。应请即以萨灵阿调补普洱镇总兵，实与迤南一路营制、边情均有裨益。其前在潮州革职留任之案，带于新任接算，俟期满另请开复。至所遗永顺镇总兵员缺，遵旨即以郝开甲补授。

再永顺镇系驻扎永昌，近年随同总督办事，甚为切近。郝开甲到滇，即可学习边务，以冀得力。臣谨恭折具奏，伏乞皇上圣鉴训示。谨奏。

朱批：该部知道。

（《宫中档乾隆朝奏折》第三十五辑，第 395～396 页）

1768　云贵总督彰宝《奏报接到谕旨令派乾清门侍卫隆安带领御医一员驰驿前往永昌诊视，恭谢天恩折》

乾隆三十九年四月二十四日

奴才彰宝谨奏：为恭谢天恩事。

乾隆三十九年三月十六日，内阁奉上谕："云贵总督彰宝现在患病，未能即愈，着派乾清门侍卫隆安带领御医一员，驰驿前往永昌诊视。钦此。"奴才在永昌，跪诵之下，感极涕零，惭惶无地。

伏思奴才旧病缠绵，未能痊愈，屡蒙宸衷悬注，体恤矜全，无微不至。兹复仰荷圣主殊恩，钦差侍卫带领御医诊视。奴才沐此异数鸿慈，至优至渥。自揣分量，实为感入心髓，踧踖难安。

奴才病势，自四月以来较前日增疲惫，现在恭候钦差御医来至永昌，将奴才病症根源细加诊视，作何医治，可望向痊，自当尽心设法调理。但封疆责任至重，奴才办理公务实形竭蹶，实有不得已下情，现在另折沥情陈奏外，所有奴才感激下忱，谨具折恭谢天恩，伏乞皇上圣鉴。谨奏。

朱批：览。

（《宫中档乾隆朝奏折》第三十五辑，第 396~397 页）

1769　云南巡抚李湖《奏报癸巳年三运一起京铜开帮日期折》
乾隆三十九年四月二十六日

云南巡抚臣李湖跪奏：为奏闻事。

窃照云南省办运京局铜斤，在四川泸州开帮日期，例应奏报。

今据署布政使龚土横详称："癸巳年三运第一起委员、试用知县吴大雅，领运正耗余铜七十三万六千三百斤，于乾隆三十九年三月十一日，在泸州全数开帮。"等情前来。除飞咨沿途各省督抚催趱前进，依限赴京交收，并咨明户、工二部外，所有癸巳年三运一起京铜开帮日期，理合恭折奏闻，伏乞圣鉴。谨奏。

朱批：览。

（《宫中档乾隆朝奏折》第三十五辑，第 414 页）

1770　云南巡抚李湖《奏请将厂铜停止加价折》
乾隆三十九年四月二十六日

云南巡抚臣李湖跪奏：为厂铜停止加价，恭折奏明事。

案照乾隆三十七年五月三十日，准户部咨："钦奉上谕：滇省各铜厂前因马骡短少，柴米价昂，每铜百斤准其暂加价银六钱，俟军务竣后停止。嗣复加恩展限一二年。今念该省频岁虽获有秋，而米粮、柴炭等价值仍未即能平减，着再加恩展限二年，俾各赀本宽余，踊跃开采，庶于铜务有裨，而厂民亦得资充裕。该抚仍留心体察，俟厂地物价一平，即行奏明停止，该部即遵谕行。钦此。"臣当即钦遵，通饬各厂照依加价发给工本采办在案。兹据署布政使龚士模详称："自乾隆三十七年五月三十奉准部文之日起，扣至三十九年五月三十日止，二年限满，应请将加价六钱概行停止。自六月初一日为始，仍照旧定例价收买造报。"详请核奏前来。

臣伏查滇省大小各铜厂，向因马骡缺少，柴米价昂，以致办铜短缩。乾隆三十三年，钦奉恩纶，敕令暂增定值。经前督臣鄂宁奏准，不拘何厂，每铜百斤概请加价六钱收买。三十五年，复经前抚臣明德奏请，宽限一二年，奉旨："该抚既称各厂物价昂贵，不能骤然复旧，着加恩准其暂行展限。"三十七年，又蒙特颁谕旨，着再加恩展限二年，令臣留心体察，俟厂地物价一平，奏明停止，钦遵在案。

查铜厂节年以来叠沐天恩优恤，领本宽裕，广开子厂，踊跃攻采。上年新旧各厂办获铜数至一千二百四十余万斤，炉民颇有起色，厂地物价亦较平减。体察情形，可以无须加给。现在恩限于本年五月底届满，应将每铜百斤加价六钱奏明停止。除通饬晓谕，自六月初一日起，仍照各厂旧定例价收买造报外，所有停止加价月日，理合会同督臣彰宝恭折具奏，伏乞圣主睿鉴，敕部查照施行。谨奏。

朱批：该部知道。

（《宫中档乾隆朝奏折》第三十五辑，第 415～416 页）

1771　云南巡抚李湖《奏报钦遵训诲，恭折覆奏折》
乾隆三十九年四月二十六日

云南巡抚臣李湖跪奏：为钦遵圣训，恭折覆奏事。

本年四月十二日，藩司王太岳陛见回滇，赶赴威宁差次，臣恭请圣安，传奉谕旨："李湖向能办事，近来时有错误，致经部驳。嗣后若不奋勉省改，便是福薄了。"又奉旨："缅贼狡诈，不得谓其小丑，稍有疏忽。传谕彰宝、李湖，仍宜时刻留心防范。钦此。"臣跪聆圣训，惶恐无地。

伏思臣仰荷天恩，畀以封疆重寄，因识闇才微，每多遗忘错误，供职无状，时深悚惕。前奉朱批谕旨，节经沥诚覆奏，兹复蒙圣慈警觉提撕，传旨训饬，臣敢不倍加奋勉，力图省改，以期仰承恩眷？至缅匪心怀狡诈，久蒙圣明洞烛其奸。臣惟有祗遵训旨，协同督臣严备边防，申明斥堠，简我军实，固我藩篱，不敢狃目前之便安，忘经久之远略。

所有钦奉祗遵缘由，理合缮折覆奏，伏乞圣鉴。谨奏。

朱批： 览。

（《宫中档乾隆朝奏折》第三十五辑，第416～417页）

1772　云南巡抚李湖《奏报滇省地方情形折》
乾隆三十九年四月二十六日

云南巡抚臣李湖跪奏：为恭报地方情形事。

窃照滇属三月以前麦豆丰收、秧苗长发缘由，经臣查明，具奏在案。

兹臣因督送滇兵赴川，往返经由嵩明、寻甸、马龙、南宁、沾益、宣威、镇雄等州县，沿途雨泽时行，山水充盈，河流涨发，高下田畴俱有积水，农民乘时翻犁，栽插秧苗，已有十分之七，其余山头坡脚所种秋荞、高粱、青稞、红稗等项亦皆出土，遍野青葱，平原如绣。途次并据各府属禀报，四月初五六、初七、初九、十二、十七八、二十一、二十四五等日，各得雨四五次，普沾优渥，约计芒种前后均可插莳齐全。到处井里恬熙，民夷乐业，城镇、村集市米价平，实堪上慰圣怀。谨缮折具奏，并将三月分各属报到粮价开列清单，恭呈睿鉴。谨奏。

朱批： 知道了。

（《宫中档乾隆朝奏折》第三十五辑，第417页）

1773　云南巡抚李湖《奏报平彝县知县德坤升任遗缺，
请以太和县县丞王锡升补折》
乾隆三十九年四月二十六日

云南巡抚臣李湖跪奏：为要缺需员，恭恳圣恩俯准升补，以裨地方事。

窃照平彝县知县德坤，钦奉谕旨升授寻甸州知州，所遗平彝县员缺，接准部文，行令拣选调补。查平彝一县，系由黔入滇首站，差务殷繁，民俗刁健，讼狱颇多，系冲、繁、难三项相兼要缺，必得精明强干之员方克胜任。臣与藩臬两司于通省知县中详加拣选，非本任要缺，即人地未宜，实无堪以调补之员。

查有太和县县丞王锡，年四十六岁，顺天府宛平县人，由未满吏捐纳县丞，乾隆十一年拣发四川试用，咨署重庆府经历，于署资州州判任内缘事革职，十九年捐复原官，仍发四川补用，咨署宜宾县县丞，因裁缺，另补大竹县县丞，二十五年四月二十一日奉文实授，于调补遂宁县县丞任内丁忧回籍，三十四年拣发云南，委署大关知事，补授今职，于三十七年三月初二日到任，咨销试俸，前后接算，三十八年六年俸满，方甄别案内列入勤职留任。该员才具明干，肆应优裕，现署保山县知县，办理地方事务，俱能经理妥协，实为佐贰中出色之员，请以升补平彝县知县，实属人地相宜。合无仰恳圣恩，俯准将王锡升补平彝县知县，庶要缺得人，实于地方有益。如蒙俞允，俟部覆至日，给咨送部引见，恭候钦定。

所遗太和县县丞员缺，滇省现有试用县丞人员，俟王锡准升后，另请咨补。该员任内处分，另开清单恭呈御览。谨会同督臣彰宝恭折具奏，伏乞圣主睿鉴，敕部议覆施行。谨奏。

朱批：该部议奏。

（《宫中档乾隆朝奏折》第三十五辑，第 418 页）

1774　云南巡抚李湖《奏报安插他郎属坝哈夷目召拿、召瞞喃携眷脱逃事折》

乾隆三十九年四月三十日

云南巡抚臣李湖跪奏：为奏闻事。

本年四月初三日，据代办临元镇总兵事都司伊林宝通禀："有安插他郎属坝哈夷目召拿、召瞞喃等，于三月十六夜三更时分，携带眷属、户头脱逃，当经阿墨汛把总徐元弼带兵十八名、他郎存城把总李达带兵十五名追拿，该通判徐名标亦遣土目龙天升，率同差役、土练数十名跟追，二十一日至瓦科半坡，召拿、召瞞喃等率众拒捕，伤毙兵役、土练三名。代办元江营参将事守备常庚闻信，已带兵六十名前往追拿，都司亦委弁毛文灿协拿。"等情到臣。

查召拿系边外猛辛土目，召瞞喃系边外猛勇土目之弟，均于乾隆三十一年投诚，嗣因贼匪滋扰，避至思茅，旋移六困地方居住，随带户口共计九十余人，乾隆三十五年，安插他郎属之阿墨江。今胆敢相率潜逃，又拒捕杀死兵役，不法已极。

臣查瓦科一路，系他郎所管夷寨，与元江、宁洱州县连界，即潜通猛辛、猛勇僻径。普洱属之猛腊、猛乌土司地方，均属该犯等经由越边总路。当即就近飞调元江、新嶍两营枪手各五十名，并饬元江土弁施配臣，带土练八十名，专委署督标游击王振元、臣标署守备栗有爵驰往督领，探明召拿等经由路径，分途追拿，并行署元江州孙嗣光、临元镇都司伊林宝各派员弁，亲率协捕，一面飞行普洱镇、迤南道派拨兵练，由内地沿边猛腊一带各夷寨隘口遍行堵截。

臣正在驰往督办间，即于初四日，钦奉谕旨，命臣派拨滇兵赴川，克期起程，必须亲赴威宁总站调度。难以分身，即委驿盐道沈荣昌前往他郎一带就近督缉，并飞札知会督臣彰宝。旋准督臣咨会："差鹤丽镇千总黄文杰，带同新拔普安营外委方遇吉，并差普洱镇千总马化龙，各持令箭，一由景蒙赶赴他郎，探明王振元等所在，督催兵练尾后穷追；一由猛拿前往普洱，督催兵练探明可通夷方各路径，分头截拿，又委永顺镇总兵萨灵阿前往督办。"各缘由，具覆前来。嗣臣于黔省差次，据道府各员先后禀报："在乌得地方拿获逃夷老幼男妇四丁口；又于四月初十日，在补竜河截见召拿，仍行率众拒捕，当被兵练开枪打死，并伤毙大小男妇五人，拿获活口男妇十一人，得枪三杆，镖子三杆，刀二把。其拿获人口内，有召拿之妻暖松子、召问女，暖砍侄女易唤，召瞒喃之妻暖腊，女喃线，余俱所属夷人。并令各活口认明，实系召拿身尸，其余伤毙均属跟随之人。并讯称，召瞒喃原系同走，因见兵练追拿，即行奔逸。至诘其因何致逃，佥称因思故土，并无别情。已将割取召拿首级并枪毙各犯耳记，同各活口，委员带同通事解赴永昌，听候督臣审验。其召瞒喃并余党现在上紧追拿等情。"具报到臣。

臣查现获各犯俱在境内截住，则召瞒喃并余党自必仍在内地山箐潜伏。又经会同督臣严饬慎密搜缉，务期全获，毋使窜匿边外，致难根追，亦不得越边滋扰。去后，兹臣于四月二十六日，兵差事竣回省，据按察使图桑阿呈送永昌军需局移奉督臣谕，以现今病体日甚一日，心思智虑愈见疲惫，批令将所获生口解赴省城，交昆明县及城守营会同查收候示，并准督臣札移，归臣核办等因。

伏思边务夷情，事体重大，督臣因病移交，臣即应迅速审办。惟查召拿、召瞒喃等均系收管腹里地方，何故忽萌越逃之念？据报率领眷属户口多人一同奔逸，何以前后擒剿仅止二十余犯？把总徐元弼系专管汛弁，既经追及接仗，何致被其远飏？（**夹批：自然系无能之辈，还或有别故？当严审。**）且鸟枪、军械是否旧存，火药得自何处？该管之大小文武员弁平日不能先事预防，事发又不即时禀报追捕，并不奋力截拿。即据称，在逃之召瞒喃及余党各犯，现在上紧追擒，究竟该犯等是否尚在边内窜匿，有无续获，迄今未据禀报。臣与督臣现又严查，飞饬务获报解，一面将移解已获活口人等委员前往迎提，到日，督同司道亲加严审，究明被杀之召拿果否真实，并将玩纵之文武员弁会同督臣查明，（**夹批：更宜详察，系其欺饰恶习，实可恶、可恨！**）分别严参，请旨从重治罪另奏外，所有召拿等潜逃拒捕并先后擒剿各缘由，谨会同督臣彰宝恭折具奏，伏乞圣主睿鉴。谨奏。

朱批： 已有旨了。

（《宫中档乾隆朝奏折》第三十五辑，第450～452页）

1775　云南巡抚李湖《奏报遵旨核查川省溃兵供情折》
乾隆三十九年五月二十五日

云南巡抚臣李湖跪奏：为遵旨覆奏事。

乾隆三十九年五月二十四日，承准大学士舒赫德等字寄："乾隆三十九年五月初六日，奉上谕：前因李湖等奏溃兵内究出先逃之外委王登联一名，请旨即行正法。其边九业等三犯，供有倡逃之人，已录供行知川省质讯等语。因降旨询问文绶，令其将未经具奏缘由覆奏。今据文绶奏，上年军营遣回溃兵册内并无刘子道等姓名，当即移咨将军阿桂转饬查讯。旋准阿桂咨覆，上年驻扎达札克角山梁，均系延绥镇兵，并无刘子道，其守兵李耀于木果木未经失事之前已经阵亡。复讯据刘建柱供，亦系奉参赞谕令撤回，并未指使各兵退回，此内本无倡逃之人等语，与滇省所讯情节迥异。军营溃逃兵丁情罪本属可恶，如能讯得倡逃实据，自不可稍为宽纵，然亦不可有意苛求。今滇省所取溃兵供情，质讯军营，全无影响，则一面之词亦难凭信，或系李湖于溃兵解到时必欲究诘倡逃情由，而边九业等因无对质，遂妄为供指，亦未可定。着传谕李湖，再行研取切实供词覆奏，不得稍有回护。钦此。"遵旨寄信前来。

臣伏查此案，前因袁思容、祁大斌、边九业三犯供称，系把总刘建柱、卡兵李耀、管队刘子道指使倡退等语。因一面之词难以凭信，随咨查川省。去后，嗣于三十九年五月十二日，准署四川督臣文绶咨，准将军阿桂等覆称，刘子道并无其人，李耀于上年四月先已身故，刘建柱供系奉海参赞谕令将兵撤出，并非指使退回等因，核与该犯等前供迥异。臣随率同司道覆讯，始据袁思容等将当日不知传令撤退及捏名妄指各情节逐一供明。兹钦奉训旨详切指示，遵将现经准咨审明供情，另行缮折会奏外，理合遵旨覆奏，伏乞圣鉴。谨奏。

朱批：知道了。

（《宫中档乾隆朝奏折》第三十五辑，第 532～533 页）

1776　云南巡抚李湖《奏报滇省雨水禾苗情形折》
乾隆三十九年五月二十五日

云南巡抚臣李湖跪奏：为恭报地方情形事。

窃照滇省四月以前频沾雨泽，农民乘时翻犁，栽插秧苗，经臣查明，节次具奏在案。

兹据各属禀报，高下田畴俱于芒种前后插竣，早禾苗长，晚稻怀新，正望膏雨滋培。五月初四、初五、初八九、十二、十四、十九、二十一二等日，叠沛甘霖，到处河流涨发，沟洫充盈，远近均沾优渥，即高坡旱坝种植秋荞、高粱、青稞、红稗等项亦皆灌溉有资，长发繁茂。惟时值农忙，青黄未接，据报粮价核有较前稍长之处。臣饬司道体察情形，酌动社谷、常平借粜，兼施以资接济，并可出陈易新，与仓储亦不无裨益。理合据实一并奏闻，并将四月分各属报到粮价敬缮清单，恭呈圣鉴。谨奏。

朱批：知道了。

（《宫中档乾隆朝奏折》第三十五辑，第 533 页）

1777 云南巡抚李湖《奏报癸巳年三运二起京铜开帮日期折》
乾隆三十九年五月二十五日

云南巡抚臣李湖跪奏：为奏闻事。

窃照云南省办运京局铜斤，在四川泸州开帮日期，例应奏报。

今据布政使王太岳详称："癸巳年第三运第二起委员、河西县知县杨尧臣，领运正耗余铜七十三万六千三百斤，于乾隆三十九年四月十三日全数开帮。"等情前来。除飞咨沿途各省督抚催趱前进，依限赴京交收，并咨明户、工二部外，所有癸巳年三运二起京铜开帮日期，理合恭折奏闻，伏乞圣鉴。谨奏。

朱批：览。

（《宫中档乾隆朝奏折》第三十五辑，第 534 页）

1778 云南巡抚李湖《奏报遵旨讯明川省
溃兵情由，按律定拟折》
乾隆三十九年五月二十五日

云南巡抚臣李湖跪奏：为准咨审明具奏事。

窃照川省分发溃兵十二名解滇安置，其中有无倡退之人，经臣遵旨逐一讯明，分别奏闻。内有袁思容、祁大斌、边九业等三犯，供称系把总刘建柱、卡兵李耀、管队刘子道指使倡退，因刘建柱等并未在滇，虚实无从质讯，随咨查川省。去后，兹于乾隆三十九年五月十二日，准署四川督臣文绶咨，准将军阿桂等覆称："上年驻扎达札克角即柯架山梁兵内，并无刘子道姓名，守兵李耀已于上年四月阵亡，刘建柱讯系奉海参赞吩示，将兵撤出，并非指使退回。"等因。臣核与该犯等前供情节迥异，随率同司道覆加研讯。据袁思容供："上年六月初十日，把总刘建柱说，大营已经失事，叫本卡各兵跟同暂退，我就随着走了。因是刘建柱说的，我才供他指使。至他奉海参赞吩示撤兵的话，当日并没对我说明，我实不晓得。"又据祁大斌供："木果木大营失事后，各卡兵丁都随着退走，不知何人倡首。从前到案时，蒙再四诘问，无可指出，只得将李耀姓名搪塞。其实他已阵亡，前供指使跟随同退的话，原是虚捏的。"又据边九业供："本卡兵丁内原没有刘子道姓名，我当日因闻大营失事，走上山梁探望，听得梁下有人喊说各卡的兵已退，还不下来同走么？我就下山随行，彼时同走人多，是谁叫唤，无从查问。前蒙追究，只得随口捏供刘子道诡名是实。"各等语。

查袁思容等前据供出另有指使之人，臣等因系一面之词，难以凭信，当经移咨川省查讯。今据咨覆："袁思容供称指使之把总刘建柱，实系奉参赞海兰察谕令，将卡兵撤出，并非该把总倡退。至祁大斌供指之李耀，先已身故。边九业供指之刘子道，查无其人等因到滇。"臣等覆加讯究，始据袁思容等将当日实不知系传谕撤退及捏词搪抵各情节逐一供明，再四诘究，坚供不移，似无遁饰。所有袁思容、祁大斌、边九业三犯，应请照依前经讯明之王宗富等，一体分发腹内各州县，每处安插一名，锁拴坚重铁枪，悬挂铃牌，并于牌内錾明"脱逃滋事，即行正法"字样，充当挫磨苦役，不令与改遣人犯相聚一处，责成地方官按月将有无滋事之处据实具报，臣遵旨于年终汇奏。

所有准咨覆讯缘由，谨会同督臣彰宝恭折具奏，伏乞圣主睿鉴。谨奏。

朱批：已有旨了。

（《宫中档乾隆朝奏折》第三十五辑，第534～535页）

1779 云南巡抚李湖《奏报滇省乾隆三十八年分耗羡、公件等项银两收支、动存数目折》
乾隆三十九年五月二十七日

云南巡抚臣李湖跪奏：为循例奏闻事。

窃照耗羡、公件等项充公银两，例应随同地丁核实具奏。兹据布政使王太岳将乾隆三十八年分耗羡、公件等项银两收支动存数目详请具奏前来。

臣查旧管银九十一万九千七百六十一两四钱一分七厘，新收公件、耗羡、溢额、商税、牙帖、铜价等银三十万八千九百四十九两五钱七分，管收共银一百二十二万八千七百一十两九钱八分七厘，开除支给养廉、拨还封贮、急需并收正款等项银七十五万五千九十五两八钱六分七厘，实存库银四十七万三千六百一十五两一钱二分，内除存留备放乾隆三十九年养廉、公事各项银二十三万八千四百七十九两七钱六分二厘，实存杂项归公银二十三万五千一百三十五两三钱五分八厘，俱系实支实销，并无亏缺那移。除将收支动存各款数目造册送部查核外，臣谨缮黄册，并开具简明清单，恭呈御览，伏乞圣主睿鉴。谨奏。

朱批：览。

（《宫中档乾隆朝奏折》第三十五辑，第 545 页）

1780　云南巡抚李湖《奏报循例盘查司道库贮无亏折》
乾隆三十九年五月二十七日

云南巡抚臣李湖跪奏：为循例盘查具奏事。

窃照司道库贮钱粮，例应于奏销时亲往盘查，缮折奏闻。兹当乾隆三十八年钱粮奏销之期，行据布政使王太岳、粮储道祝忻造册详送前来。

臣检查册案，核明应存确数，于五月二十四日，亲赴司道各库按款点验，抽封弹兑，实盘得司库存贮正杂各款银三百三十九万一千一百一十四两零，又铜务项下工本、运脚及节省等银二十五万九千七百四十二两零；粮储道库存贮米价、河工等银二十九万六千一百七十两零，均与册开实存数目相符，并无那借亏短。除另疏题报外，所有臣盘查司道库贮无亏缘由，理合恭折具奏，伏乞圣主睿鉴。谨奏。

朱批：览。

（《宫中档乾隆朝奏折》第三十五辑，第 546 页）

1781　云贵总督彰宝《奏报奉旨解任及交印卸事日期并遵旨
酌量回京医治缘由折》
乾隆三十九年六月初九日

云贵总督臣彰宝谨奏：为恭谢天恩事。

窃臣于本年五月十六日具折奏明由永昌回省，于五月二十六日行至姚州普淜地方，接到廷寄："五月十四日，内阁奉上谕：前因彰宝患病未愈，屡谕加意调摄，并派御医诊视。嗣据彰宝奏称病势日深，恳请解任回京调理，曾谕以现在无事，不妨姑缓。今据李湖奏称，督臣现今病体日甚，心思、智虑愈见疲惫等语。看来彰宝一时不能向愈，若仍令力疾治事，转恐不能安心静摄。彰宝着准其解任调理，并着伊自行酌量，或暂留云南省城调养，或缓程回京医治，以冀就痊。其云贵总督员缺紧要，若由内地简员前往，未免道远需时。着即令贵州巡抚图思德就近驰往永昌署理，接办彰宝任内一切事务。其贵州巡抚印务，着韦谦恒暂行护理。贵州布政使事务，着国栋署理。其按察使事务，着图思德于道员内拣选一员，奏明递行接署。钦此。"钦遵。臣跪读圣谕之下，俯伏泥首，感极涕零，望阙叩头，恭谢天恩讫。

伏念臣犬马之躯，久病不痊，实由福分浅薄所致。惟恐贻误公务，据实沥情，奏恳解任调理，实出于下情之万不得已。奉到朱批："现在无事，不妨姑缓。钦此。"臣益感圣主曲赐矜全、有加无已之鸿恩。适值巡抚李湖奏及臣病体日甚情形，更烦睿慈垂念，以臣力疾治事，转恐不能安心静摄，恩纶特沛，俯准解任调理，仍令臣自行酌量，或暂且留滇调养，或缓程回京医治，以冀就痊。凡此鸿慈优渥，实沦肌浃髓，无可复加。臣自忖分量，受此格外天恩，感泣于地，益觉踜蹐难安，未识何时即得就痊，并如何奋竭驽骀，捐糜图报于万一。臣于六月初六日回至云南省城，贵州抚臣图思德亦于初八日到省，随时将云贵总督印信及一切应交事件，于六月初九日，移交图思德祇受接办讫。

伏思臣肢体拘挛，运动拙滞，长途行走虽未免累坠，缘滇中水土、气候，久病之后不甚相宜，所需药物亦乏地道，勘供选购。仰蒙圣慈，令臣自行酌量。臣再四斟酌，不如起身回京，得以安心医治。今自永昌抵省，尪羸之躯未免委顿，是以暂留省城调养旬日，并可将一切公务细加记忆检查，面交图思德接办后，臣拟于六月十七日，自滇缓程起身，途中赖有圣主天恩差来御医沙成玺一路同行，早晚诊视，就便调摄。臣于到京后，或赴汤泉坐汤几时，内外兼治，以冀速痊，仰报圣主造就生全之高厚隆恩于万一。

所有臣感激下忱及现今交印卸事日期并遵旨酌量回京医治缘由，谨恭折具奏，伏乞皇上圣明恩鉴。谨奏。

朱批：好。今略觉好些否？

（《宫中档乾隆朝奏折》第三十五辑，第 652～654 页）

1782　云贵总督彰宝《敬陈交代事宜折》
乾隆三十九年六月初九日

云贵总督臣彰宝谨奏：为敬陈交代事宜，仰祈圣鉴事。

窃照云南为边方最远之省，如官方、营制及铜盐等项，俱属吏治民生紧要之事。而上厪宸衷、最关重大者，惟边方诸务，尤为总督之专责。臣仰荷天恩，念臣久病难支，准令解任回京调理。所有臣在永昌办过一切边务及地方应办事宜，历年钦奉圣明指示，谕旨至周至详，臣得以时刻留心，钦遵办理。今值交代之时，臣俱条分缕晰，汇成书册，同印信面交图思德接收，并告以如遇关外之事，无论巨细，必须确切查明，据实奏请睿谟训诲，方可办理。

伏思臣奉职五年，毫无筹画，实涓埃未效，时切惭悚。凡已经办过一切事宜，皆系仰蒙圣恩随时随事训示之机宜，非臣之浅见薄识所能自办。再节年奉到廷寄事件，内有预为筹计，应俟临时遵办者，系臣敬谨密存，未敢宣露，臣亦亲交图思德敬谨密存。其余严防关隘、侦探匪酋信息、搜缉外来奸细及严拿私贩偷漏等项，并奉到节次上谕，现在按年遵奉办理者，虽军需局俱有文案可查，但恐散漫难稽，臣亦汇成书册，一一交明，则图思德较易检阅，不致有遗漏之虑。至于匪酋，向来诡诈异常，柔奸百出，实非情理所可测度，遇有敢来尝试之事，俱不可信，尤须慎密，以防其诈，勿堕其术。现在各边关最要、次要及巡防宜严宜密各情形，并今岁秋间应派镇将官员及预备出防并设法缉拿逃兵各事宜，臣虽在病中，精力未能贯注，凡素所熟悉、平日留心谨记之处，俱摘写略节，当面告知图思德，俾悉梗概。嘱其与军需局、道府等依次讲求，斟酌确切妥办，以期边务有裨。

所有臣交代情由，谨恭折具奏，伏乞皇上圣鉴。谨奏。

朱批：览奏俱悉。

（《宫中档乾隆朝奏折》第三十五辑，第 654～655 页）

1783　云贵总督彰宝《遵旨奏报征剿缅匪案内已未获逃兵数目折》
乾隆三十九年六月初九日

云贵总督臣彰宝谨奏：为遵旨恭折覆奏事。

乾隆三十九年五月十八日，接到大学士臣舒赫德、于敏中字寄："本年四月二十九日，奉上谕：据彰宝奏，拿获滇省逃兵孙起林等二名，现已讯明，照例正法。其余未获各逃兵，仍饬属严缉等语。滇省脱逃兵丁，迄今已阅数年，屡经饬谕该督实力缉捕，务须按名就获，无任稽诛。虽据该督陆续奏报获犯，而所得仍觉无多。着传谕彰宝，将征剿缅匪案内滇省逃兵共若干名，陆续拿获者若干名，已经正法者若干名，通计约有十分之几，即速查明，开列清单具奏。至现在未获各逃兵，仍严饬所属员弁上紧查拿，以期全数弋获，毋至日久漏网。将此谕令知之。钦此。"钦遵。

臣查滇省征剿缅匪案内逃兵共三百七十名，前经臣查奏已未获逃兵分数内，已获者二百四十二名，未获者一百二十八名，约计已获十分之七，未获尚有十分之三。自二月初四日具奏之后，又有陆续拿获逃兵三名，俱经臣审明正法具奏讫。

今奉谕旨，令："将征剿缅匪案内逃兵若干名，陆续拿获者若干名，已经正法者若干名，通计约有十分之几，即速查明，开列清单具奏。钦此。"臣遵即逐细详查，通计逃兵三百七十名内，已获者二百四十五名，未获者一百二十五名，谨遵旨开列清单，恭呈御览外，其未获逃兵，现又严饬上紧缉拿，不使漏网。臣谨恭折覆奏，伏乞皇上圣鉴。谨奏。

　　朱批：知道了。

（《宫中档乾隆朝奏折》第三十五辑，第 656 页）

1784　署云贵总督觉罗图思德《奏报沿途雨水、田禾、杂粮及地方情形折》
乾隆三十九年六月十一日

　　署云贵总督臣觉罗图思德跪奏：为沿途雨水、田禾、杂粮及地方情形，恭折奏闻，仰祈圣鉴事。

　　窃臣于本年五月二十四日，自贵阳省城起程，经由安顺、南笼二府属地方，并入滇省之平彝、沾益等五州县，及至昆明县省城，或在贵州地界，或在云南境内，各间得大小雨泽不等。臣一路察视，黔属之禾稻长发二尺有余，极其青葱畅茂。滇境地势平衍，种植较蕃禾苗亦长尺余。两省所种之秋荞、膏粱、青稞、红稗等项，并皆滋长茂盛，塘水充盈，堤岸稳固。编询农人，咸称今岁雨泽应时，高下均资灌溉，是以山坡、旱坝，凡通水泉之处，无不翻犁播种，屡丰有兆，黎庶恬熙。兹当农事殷忙、青黄不接之时，询据各属，现在出借社谷平粜仓粮，普沾接济，到处米价并滇南省城米粮市值均各平减，实堪上慰圣怀。所有臣沿途察看雨水、田禾、杂粮及地方情形，谨恭折奏闻，伏祈皇上睿鉴。谨奏。

　　朱批：知道了。

（《宫中档乾隆朝奏折》第三十五辑，第 682～683 页）

1785　署云贵总督觉罗图思德《奏报到滇查办各事情形折》
乾隆三十九年六月十一日

　　署云贵总督臣觉罗图思德跪奏：为奏闻事。

　　窃臣钦奉谕旨："驰赴永昌驻扎，经理一切。夷目召鋆、召瞒喃潜逃拒捕一案，令到滇后，有应究治者立即据实参处，已获各犯亦即严行审讯办理。未获之召瞒喃等犯，并着上紧追捕，钦此。"钦遵。臣当于本年五月二十四日，先行恭折奏覆，即于是日起程，兹于六月初八日行抵云南省城。适督臣彰宝已由永昌到省，初九日，臣即接任视事，并准督臣彰宝将历年办过边务事宜汇册送交，并将节年奉到廷寄事件应行临时遵办者，密交到臣，臣俱敬谨收存。其一切紧要事件，臣或有未知端绪者，亦俱悉心面向讲求，随时咨询，俾于边务有裨，以期仰副皇上委任之至意。

　　臣查召鋆等一案，臣在途次，接准云南抚臣李湖札会案情始末，并据藩臬两司具禀到臣。臣当核案中尚有应行提讯之都司伊林宝等，随飞札两司，行提至省，并饬严密踩拿召瞒喃等，务获在案。今臣到省，面询抚臣李湖，此案召鋆首级及擒获眷属并应讯兵役、土目、练总人等俱已陆续解省，伊林宝亦经提到，惟把总徐元弼、李达带兵追捕，在沿边猛腊、漫撒一带，距省遥远，委员飞提，尚未解到。臣复委弁严檄饬提，一面检阅案卷，督同两司，先将已到各犯详细审讯，务使水落石出，一俟徐元弼等到案，查质明确，分别严参究拟具奏。

　　至未获之召瞒喃等，官兵四路搜缉，迄今尚无踪迹。目下该地正值烟瘴盛行之时，督臣彰宝业饬将原派官兵暂行撤回，责令各土司派拨能耐烟瘴土练严密侦缉，并分设隘口堵御。臣现又严饬沿边文武及各土司，督率上紧穷搜觅迹，并悬立重赏，以冀希赏速获。仍俟瘴气稍退，臣即选派妥员督率，设法缉捕，总期逸犯及早尽获，不致兔脱。

　　再永昌各关隘，现据沿边各营员禀报，俱安静宁谧。臣复面询彰宝，云称现在提臣移驻腾越，督同镇协巡查严密，尚无紧要应办事件。臣俟将召鋆一案办竣之日，即驰往永昌驻扎，办理一切。所有到滇查办情形，臣谨恭折先行奏闻，伏祈皇上睿鉴。谨奏。

　　朱批：知道了。

（《宫中档乾隆朝奏折》第三十五辑，第 683～684 页）

1786　云南巡抚李湖《奏报癸巳年加运一起京铜开帮日期折》
乾隆三十九年六月十七日

云南巡抚臣李湖跪奏：为奏闻事。

窃照云南省办运京局铜斤，在四川泸州开帮日期，例应奏报。

今据布政使王太岳详称："癸巳年加运第一起委员、署陆凉州知州庆格，领运正耗余铜九十四万九百九十一斤六两四钱，于乾隆三十九年五月二十二日，在四川泸州全数开帮。"等情前来。除飞咨沿途各省督抚催趱前进，依限赴京交收，并咨明户、工二部外，所有癸巳年加运一起京铜开帮日期，理合恭折奏闻，伏乞圣鉴。谨奏。

朱批：览。

（《宫中档乾隆朝奏折》第三十五辑，第702页）

1787 云南巡抚李湖《奏报督抚彰宝病体情形及由滇北上折》

乾隆三十九年六月十七日

云南巡抚臣李湖跪奏：为奏闻事。

窃照督臣彰宝前因患病未痊，蒙圣恩轸念，准其解任调理，于六月初六日由永昌回省。初八日，署督臣图思德来滇，初九日莅任。彰宝将一切文案及应办事宜移交清楚，于十七日由省起程，缓站进京。臣连日察看督臣病体情形，精力虽觉疲惫，神气尚属清爽，惟间作头晕，两足不能运动，需人抬扶。现在由滇北上，沿途水土日见平善，兼有御医随时调治，安稳前行，将来似可渐望轻减。理合恭折奏闻，上慰圣怀，伏乞睿鉴。谨奏。

朱批：览。

（《宫中档乾隆朝奏折》第三十五辑，第703页）

1788 署云贵总督觉罗图思德、云南巡抚李湖《奏请拣发佐杂人员来滇委用折》

乾隆三十九年六月十七日

署云贵总督臣觉罗图思德、云南巡抚臣李湖跪奏：为恭恳圣恩拣发佐杂人员，以备差委事。

窃照滇省地方辽阔，差使繁多，每年委运京铜、派管厂务及遇事故出缺，部选之员路远，未能即速赴任，所遗本缺在在需员委署，一岁之中约需二十余人。是以试用候补人员到滇，无论正印、佐杂，从无不即委署之事。差多员少，实与别省情形不同。

查前次拣发经历、县丞及分发同知，现未补缺者仅止五员，俱经委署。遇有缺出，每患无员可委。合无仰恳天恩，敕部于候补候选人员内拣选同知二员、通判二员、州判四员、经历四员、县丞四员、巡检二员来滇，以备委用。庶遇缺得人，差委无误，并可因才器使，于地方公务均有裨益。臣等会商，意见相同，谨合词恭折奏请，伏乞圣主睿鉴训示。谨奏。

朱批： 有旨谕部。

（《宫中档乾隆朝奏折》第三十五辑，第723页）

1789　署云贵总督觉罗图思德、云南巡抚李湖《奏请将召丙等四土弁酌筹迁徙江西安插折》

乾隆三十九年六月二十六日

署云贵总督臣觉罗图思德、云南巡抚臣李湖跪奏：为酌筹改徙投诚土弁，以靖边圉事。

窃照滇省安插他郎夷目召鑫、召瞩喃等，于本年三月内率领眷属、丁口潜逃拒捕，经臣李湖将查拿提解缘由，会同前督臣彰宝具奏。

臣图思德奉命署理督篆，现在遵旨提齐犯证，督同司道严审。因案内又续有究出应讯要犯官弁，业经飞行提调，俟到省日，分别究讯明确，定拟具奏。其都司伊林宝、通判徐名标等，臣图思德现在另折参奏外，查召鑫、召瞩喃系于乾隆三十一二等年，与召丙、召猛乃、叭护猛、召猛斋、召那花、召那赛、羡管猛、叭先捧、叭豸、召罕彪等先后率其眷属进内投诚，因本处地土荒芜及有夙仇未解，俱不愿复归夷境。仰蒙圣主如天之恩，抚恤生全，不忍驱逐，准令分别安插，俾免流离。当将召猛斋、召那赛、召那花、羡管猛四户安插于云南省城，召猛乃安插于思茅厅之九龙江，召鑫、召瞩喃安插于他郎厅之坝哈地方，召丙、叭护猛、叭先捧、叭豸、召罕彪安插于宁洱县之清水河、小猛仑、磨黑等处，皆于乾隆三十六年间，发给田地、房屋及牛具、籽种并衣履等费，各就指定地方分别安置。该夷等自应感激天恩，安居乐业。无如鸟兽之性，反覆靡常，饥则依人，饱即飏去。上年四月内，安插九龙江之召猛，乃竟敢诱同土司刀维屏等挈眷远道。本年三月内，又有安插坝哈之召鑫、召瞩喃逃窜滋事。是伊等夷姓叵测，不以内地耕种为乐，转复恋其故巢。则凡外夷投诚内附之人均不可信，自应先事预防，远为迁徙，庶可绝其逃窜之念。

查现在各土弁内，除召猛斋、召那赛、召那花、羡管猛等安插省城，管束较严，尚皆安分得所；又召猛乃、召鑫、召瞩喃业已先后潜逃，叭护猛于上年经前督臣彰宝奏请，同猛笼土司刀匾猛迁徙江西，均无庸置议外，现惟有召丙、叭先捧、叭豸、召罕彪等四户，安插于宁洱县属清水河、磨黑等处，地处沿边，相距夷境不甚遥远。该夷人虽无潜逃形迹，而野性未驯，不勤耕作，殊难保其久安无事。

臣李湖与前督臣彰宝先经密札，往反熟商，准彰宝将召丙、叭先捧、叭豸、召罕彪等四户及其妻子、亲丁家口移至省城。正拟另筹迁置别省，会折奏办间，适彰宝因病卸事。臣图思德莅任后，复公同会议。臣图思德伏查前督臣彰宝移交上谕事件，有查奏刀维屏携眷潜逃，系由刀召厅等挟制逼令所致，案内钦奉谕旨，其中有："可疑者皆宜趁此机会迁之内地，庶永靖逋逃。钦此。"钦遵在案。今召丙等四户既不能保其不为召銮等之续，即应早为迁徙，以免效尤滋事。

臣等查滇省内地土司，有犯军流罪者，例应迁徙江西。至于外夷土弁，原无迁徙江西等省之例。但召丙等安插边内业经数年，即与本境土司无异。应请将召丙等四户分起发往江西，照例安置，交地方官管束，俾伊等离边既远，无土可归，从此革心向化，获以永受天恩，而边围亦可聿昭绥靖矣。

所有臣等酌筹迁徙召丙等四土弁缘由，谨合词恭折会奏，是否有当，伏乞圣主睿鉴，训示遵行。谨奏。

朱批：如所议行。

（《宫中档乾隆朝奏折》第三十五辑，第795～796页）

1790 署云贵总督觉罗图思德《奏参匪夷召銮等潜逃拒捕案内失职官弁折》

乾隆三十九年六月二十六日

署云贵总督臣觉罗图思德跪奏：为据实参奏事。

窃照匪夷召銮等潜逃拒捕一案，钦奉上谕，令臣到滇后，"即将此案确审严查，有应究治者，立即据实参处。钦此。"钦遵。臣抵滇后，曾将饬提都司伊林宝等质审缘由先行驰奏在案。今把总徐元弼、李达于六月十六七等日先后解到，臣随督同司道府提齐官弁犯证，逐一研审。缘伊林宝因临元镇总兵吴万年出防矗宋关，委令代办镇务，本年三月二十六日，接据代办元江营参将、守备常庚禀报召銮等脱逃，该都司延至二十八日，复接常庚具禀召銮等拒伤兵役，始行转禀，止先令外委往拿，随后将镇务交守备杨洪暂管，方自起身前往。迨途次，闻杨洪奉调赴川，遂于中途回镇。

臣查伊林宝身任都司，又兼镇务，遇此匪夷脱逃拒捕要案，两接常庚禀报，既不立时亲往督捕，又未即行通报，转辗延忽，殆两日后始行起程，及闻杨洪调赴四川，又不移会存城别营接代，遽于中途回镇。该都司身隶满洲，似此深染绿营习气，一味畏葸偷安，殊属庸懦。至分防阿墨汛把总徐元弼，因原带兵练分头搜捕，该把总自带兵练十人，追见逃夷，督率赶拿，被夷匪用刀砍杀练役，枪毙营兵，夷众钻箐逃逸。嗣遇把总李达会齐，缘天黑，驻扎坡上，次早追捕无踪。但徐元弼随带兵练纵分路追捕，谅自相隔不远，尽可闻呼即至，何以任其拒杀兵练？该弁之怯懦无能已可概见。而更于紧要追捕之时，复耽延半夜，致犯远飏，现多未获。即存城把总李达，既已会遇，得知拒捕潜逃，自应协力及时往追，乃与徐元弼同住山坡。该二弁懈纵误公，莫此为甚。

再查召鑫之妻暖松，初供因粮米不敷食用，起意潜逃。臣因供情支离难信，随亲提暖松，反覆推鞫，始据供称："在坝哈耕种官田，原俱安心乐业。今年二月内，因粮食将完，二十八日，丈夫同召瞩喃凑银一百两去买谷子，路上被贼丢包掉骗，报知他郎文武衙门，并不缉拿，现有队目张起凤可证。丈夫实因此起意，与召瞩喃商量同逃。"当提张起凤质讯，与暖松所供无异。臣复诘问暖松，召鑫被兵练杀死，现在解到首级，有何辨别？所用火药又从何来？据供："那日丈夫被兵练用镖枪打倒，割下首级，相离只有半箭路，都是亲见，不敢冒认。火药实是旧有。"等语。查召鑫首级，虽经其妻供认不移，但夷姓狡猾，必须提齐上前追杀之各兵练质讯，方可定其真伪。（夹批：是。）其火药供自旧有，显属支饰。臣现在彻底根究，务使水落石出。

惟他郎通判徐名标及原驻防阿墨汛、今调普安营把总刘守章，平日既不善为抚绥防范，乃该夷等银两被骗据报，又不即时严缉赃贼，且竟匿不通报，即在内地，亦干严例，况安插外夷失窃，有意讳匿，致酿逃窜重情，似此劣员，殊堪痛恨。臣业经飞调，俟提到日，严行查办，并研讯各员弁有无纵逃滋扰别情，从重究治，断不敢稍事姑息。相应请旨，将都司伊林宝、他郎通判徐名标、把总徐元弼、李达、刘守章一并革职，以便与案内现获及应讯犯证分别严审定拟。除委员摘署该员弁印信钤记，并查明各经手钱粮、兵饷有无未清另报外，臣谨据实参奏，伏祈皇上睿鉴训示。

至此外尚有应参人员，容俟查明，另行参奏。合并陈明。谨奏。

朱批：有旨谕部。

（《宫中档乾隆朝奏折》第三十五辑，第 797～798 页）

1791 署云贵总督觉罗图思德《奏报今岁酌派驻防关隘官兵折》
乾隆三十九年七月十六日

署云贵总督臣觉罗图思德跪奏：为酌派今岁驻防关隘官兵，仰祈圣鉴事。

窃照乾隆三十八年，分派驻防张凤街、三台山及陇川、盏达、缅宁等处，共兵四千五百名。今乾隆三十九年夏间撤防之时，将前岁旧调兵内撤回二千名，各归原营差操，其余兵二千五百名，仍留于曩宋关及龙陵关两处，分布各要隘放卡巡防在案。

兹查今夏撤防以后屡探，关外并无信息。但缅匪诡谲欺诈，惟有于各边关严行防守巡逻，凡向来商贩可通之处，倍加盘诘搜缉，不使丝毫货物得以出入透漏。所需冬防官兵，应照上届章程，预期派定。

臣查张凤街系提督总统大营，应驻兵一千六百名；盏达、三台山二处，系总兵统领之营，应各驻兵一千名；陇川派参将分防，驻兵五百名；缅宁派参将分防，驻兵四百名。通共需兵四千五百名，与节年冬防数目无增。各关隘哨探、游巡及坐卡之兵，俱于各总营轮流派拨。今曩宋、龙陵二处存留兵二千五百名，内有二千名，原系去冬新调之兵，仍应照数留防。再于省南附近各营及永顺等镇标协营内挑选兵二千五百名，以新调兵五百名，换回前岁旧调兵五百名，以均劳逸。于九月初旬调至永昌，再加训练合操，务令技艺纯熟，拨赴各防所分布驻守。合计旧存、新调共兵四千五百名，足敷巡防而昭严密。

至出防各官员，按照上年共给骑驮马二百二十匹，于省南各标额马内挑选拨用，亦定于九月初旬全数到永。再查普洱一路，上届出防兵一千名，在于茨通、补角二处分驻。今新设驻扎之普安营官兵，除分布各塘汛外，存营兵三百余名，可以就近在营巡防，其不足兵七百名，于普洱镇标内调兵五百名，元江营调兵二百名，共合每年驻防兵一千名之数，令普洱镇带领，仍于茨通、补角等处巡防。

所有酌拨本年出防官兵事宜，理合恭折具奏，伏乞皇上睿鉴。谨奏。

朱批：知道了。

（《宫中档乾隆朝奏折》第三十六辑，第 87~88 页）

1792 署云贵总督觉罗图思德《奏报滇黔雨水、田禾及地方情形折》
乾隆三十九年七月十六日

署云贵总督臣觉罗图思德跪奏：为恭报滇黔雨水、田禾及地方情形，仰慰圣怀事。

窃臣前自贵州至云南省城，沿途地方雨水、田苗情形，业经恭折具奏在案。

伏查五六月间，禾稻、杂粮均借雨泽，滋长秀实。兹据滇、黔各属陆续禀报，自五六月以来，有连日得雨者，亦有间一二日得雨者，雨泽调匀，高下沾足，灌溉充盈。现在早晚田禾，自一尺五六寸至二尺余不等，悉多扬花，间有吐穗之处，一切杂粮俱极畅茂结实。今夏雨旸时若，于农功大有裨益，秋成洵可预卜丰登。至各属米粮市价，均各平减，地方宁谧，夷苗安堵。所有滇黔雨水、田禾及地方情形，臣谨恭折奏闻，伏祈皇上睿鉴。谨奏。

朱批：知道了。

（《宫中档乾隆朝奏折》第三十六辑，第 89 页）

1793 署云贵总督觉罗图思德《奏报校阅省城营伍并查出裁营存剩军械，酌筹分拨折》

乾隆三十九年七月十六日

署云贵总督臣觉罗图思德跪奏：为较阅省城营伍并查出裁营存剩军械，酌筹分拨，以归实用事。

窃臣荷蒙恩命署理督篆，一切边防营伍，责任綦重，现在次第查办，不敢稍有因循忽略。今臣将督抚两标五营及城守一营官兵逐一较阅，将备、千把年力均属壮健，弓马、汉仗亦俱可观，各营兵丁试演阵势步伐整齐，马步、弓箭、鸟枪、牌刀尚皆纯熟。臣当将技艺出色者酌量奖赏，其中稍次者，责成该管营员勒限练习，间有一二老弱生疏者，斥革另补。至各营马匹，亲加点验，均各足额，膘亦肥壮。复验各营军器，亦无亏缺。惟见公廨古庙中现贮军器、旗帜等物，随询据中军吉隆阿称：系乾隆三十五年裁汰督标前后两营所遗之物，除拨补各营外，此系存留余剩。

臣查裁营既已历今四五年，因何尚有余存军器，不早为筹办？且目击各物，尚多完整，未便久藏，致有损坏。当委随带来滇之贵州抚标中军德光，会同署临安府知府孔继炘逐一细查，并令将所存各物确估原制银数。去后，今据覆称："现在存剩裁汰督标前后两营军装、器械、火药，完好者居多，按照营中制办成规数目，共计银八千三百六十五两二钱零。"等情。

臣伏思此项军装等件，既核之原制价银八千有余之多，讵得任其年深月久，收藏廨庙之中，久而逐渐锈烂，潮湿无用，日后全行估变，大亏制价。与其消耗钱粮，废弃营中应用之物，莫若散给各营，以归实用。臣现将此项军火器械即分拨督抚两标五营及城守一营各自收存，取领备案，俟该营有残损军械，随时补数，照依原制价值解还归款，庶军器既免久贮败朽之虞，而制造工本亦不致虚悬矣。除俟分拨后再行造册咨部外，所有臣查办缘由，谨恭折奏闻，伏乞皇上睿鉴。

至德光，系臣自黔赴滇时，恐有差遣事件，滇省员弁未能深悉其人。德光本属贵州抚标中军，臣在黔二载有余，差办一切俱能妥协，是以随带来滇。今委查军装既毕，此外别无另有差委之事，现令德光回黔供职。合并陈明。谨奏。

朱批：知道了。

（《宫中档乾隆朝奏折》第三十六辑，第 90～91 页）

1794 署云贵总督觉罗图思德《奏报未能遵旨依期入都，请旨明春入都陛见折》

乾隆三十九年七月十六日

奴才觉罗图思德跪奏：为冬间时届防边，请旨明春入都陛见事。

窃奴才因三载有余未获仰觐天颜，曾于本年三月间恭折奏请陛见。嗣奴才于未奉朱批之先，荷蒙圣恩命署云贵总督，随由黔赴滇。于六月初三日途次，接奉朱批："于十月间来。钦此。"奴才既遂恋主私忱，复得跪奉圣训，恭阅恩批，不胜欢忭。本应至期遄行入觐，惟是十月间，正值拨兵设卡，办理一切防范事宜，且奴才初膺边方重寄，必须亲历各卡隘察视情形，曷敢因奉批准来京，遽尔擅离边境？查各关隘，向例于次年三月内撤防。奴才拟俟撤卡后，即轻骑减从，驰赴黔省，查阅营武事竣，一面将总督关防委员赍交抚臣李湖暂时兼理，即一面由黔省驰赴阙廷，跪聆圣训，庶奴才在永半载，一切边务已知梗概，既可面为陈奏，而依恋微忱亦得借以稍伸矣。

奴才因未能遵旨依期入都，谨缮折奏明，伏祈皇上睿鉴训示。谨奏。

朱批：不必来。

（《宫中档乾隆朝奏折》第三十六辑，第 91～92 页）

夹片：再臣检查前督臣彰宝移交廷寄、上谕内，有遗漏未缴清汉朱笔上谕共七件，又原任普洱镇总兵孙尔桂禀请代缴朱批奏折六件，理合一并恭缴。谨奏。

朱批：览。

（《宫中档乾隆朝奏折》第三十六辑，第 91～92 页）

1795 署云贵总督觉罗图思德《奏报暂以维西协副将永勤署理永顺镇印务折》
乾隆三十九年七月十六日

署云贵总督臣觉罗图思德跪奏：为委署总兵，循例奏闻事。

窃照委署总兵，例应随时奏闻。兹查云南普洱镇总兵员缺，经前督臣彰宝奏请，以永顺镇总兵萨灵阿调补，其所遗永顺镇总兵员缺，即以郝开甲补授。钦奉朱批："该部知道。钦此。"钦遵在案。

臣查普洱为边疆要镇，自应令萨灵阿即赴普洱新任。其永顺镇新任总兵郝开甲，系由山西蒲州协补授，距滇窎远，到任尚需时日。查有维西协副将永勤，堪以暂行委署。除令永勤往署永顺镇印务外，所有委署总兵缘由，理合循例奏闻，伏祈皇上睿鉴。谨奏。

朱批：该部知道。

（《宫中档乾隆朝奏折》第三十六辑，第 93 页）

1796 署云贵总督觉罗图思德《奏报遵例盘查司道库贮银两无亏折》
乾隆三十九年七月十六日

署云贵总督臣觉罗图思德跪奏：为奏闻事。

窃照督抚莅任，例应将司道库贮钱粮盘明，有无那移、亏缺，核实具奏。

今臣仰沐殊恩，署理云贵总督，于乾隆三十九年六月初九日到滇，接印任事，行据布政使并粮储、驿盐二道各将库贮银两按款造册，呈送前来。臣逐细复核，俱属相符。随于六月二十二日，亲赴司道各库查验，抽封弹兑。布政司库实存正杂各款并铜务等项共银四百六万九千七十四两零，粮储道库实存粮务、河工等款银二十九万六千七百七两零，驿盐道库实存各井盐价、课款银二十万八千九百九十一两零，又存驿站公款银七百五十四两零，以上各库银两均无那移亏空。

所有臣到任盘查司道库贮缘由，理合恭折具奏，伏乞皇上睿鉴。谨奏。

朱批： 知道了。

（《宫中档乾隆朝奏折》第三十六辑，第93~94页）

1797 署云贵总督觉罗图思德《奏请将签升浙江盐驿道之临安府知府张凤孙补授云南粮储道折》
乾隆三十九年七月十六日

署云贵总督臣觉罗图思德、云南巡抚臣李湖跪奏：为仰恳圣恩留补道员，以重边务事。

窃照云南粮储道祝忻告请终养，业经臣等会疏具题在案。所遗员缺，例应由部请旨简用。惟查粮道向委总理永昌军需局务，一切兵饷收支、边防调度，均需该道经理，且滇省距京遥远，新放之员一时未能即到。

臣等查临安府知府张凤孙，老成端练，守正不阿，自去冬委令协办局务以来，诸事俱有头绪，今已签升浙江盐驿道，自应令其交代赴任。但现值办理秋防，且臣图思德甫经到任，局中未便两易生手。臣等再四面商，若以该员留滇，就近补授粮储道，俾驾轻就熟，于粮务、边防均有裨益，要缺亦不致久悬。合无仰恳天恩，俯念局务需员紧要，准将张凤孙补授云南粮储道。如蒙俞允，其浙江盐驿道缺，归部另选。臣等因边地需材起见，谨会词具奏，伏祈皇上睿鉴训示。谨奏。

朱批： 有旨谕部。

（《宫中档乾隆朝奏折》第三十六辑，第94~95页）

1798 署云贵总督觉罗图思德《奏报边关宁静折》
乾隆三十九年七月十六日

署云贵总督臣觉罗图思德跪奏：为据报边关宁静情形，恭折奏闻事。

窃照永昌以外各关侦探信息、搜捕奸匪及查缉私贩偷越，事事均当严密。臣抵滇后，恐分驻员弁、兵练因臣初到，怠于防范探望，节经密饬留防镇将各员加谨巡逻，严密查探，并令五日一次，委员与驻守各员互相会哨，稽查勤惰，按照旧定章程，十日一报，一面札嘱驻防曩宋关之署提督、开化镇总兵锦山就近董率，慎密巡防，勿任疏懈。臣复密委员弁前赴沿边查视，兹据署提督暨留防镇将先后移会禀报："所派守口员弁及抚夷等每日带领兵目、弩手在关卡内外留心游巡盘诘，实力探听，昼夜瞭望，自六月以来，并无私贩、偷越夷匪踪迹及匪酋遣人叩关，亦无别项信息。各驻防镇将亲历巡察，五日递换，委员会哨，均称虎踞、盏达、万仞、铜壁等关并三台山外各放卡处，弁兵人等严紧防守，实无疏懈，关卡内外俱甚安静宁谧。细探老官屯一路，毫无信息。"各等情前来。并据委查员弁禀报，情形相同。

臣查缅酋梗顽狡诈，实不可信。诚如前奉谕旨，永昌、腾越等处严防关隘、稽查偷越，一切综理弹压，尤关紧要。臣惟有凛遵训诲，董率提镇将弁协力实心妥办，断不使稍有怠忽，上负我皇上委任至意。

所有各关隘探无信息，现俱宁谧情形，臣谨恭折具奏，伏乞皇上睿鉴。谨奏。

朱批：已有旨了。

（《宫中档乾隆朝奏折》第三十六辑，第 96 页）

1799 署云贵总督觉罗图思德《奏报奉旨交部议叙谢恩折》
乾隆三十九年七月十八日

云南巡抚臣李湖跪奏：为恭谢天恩事。

乾隆三十九年六月二十七日，准兵部咨："五月初二日，内阁奉上谕：据李湖奏，调拨滇兵三千名，于四月十二三等日分拨起程，尾随黔兵前赴威宁，至十九日已全数发竣。并因广南营分稍远，其原备兵三百名往返调拨，恐致后期，即将经过之曲寻、寻沾等协营各兵酌挑足数，赴站归队等语。此次滇省办理兵差，甚属妥速。李湖着交部议叙，其办差各员内有实在出力奋勉者，着该抚查明，咨部议叙。钦此。"钦遵，移咨到滇。

伏思金酋梗化，王师乘胜摧开要隘，直抵贼巢。因分路进剿，尚须厚集兵力。钦奉谕旨，于滇省预备调拨兵内拣选三千名，并派勇干将领迅速起程。臣遵旨调拨，各营官兵咸思报效立功，是以克期赴站，踊跃遄行。臣愧无寸长足录，仰蒙恩旨，以此次滇省办理兵差甚属妥速，将臣交部议叙。闻命之下，荣感难名，惶悚倍切。惟有永矢丹诚，刻图宣力，以期仰酬高厚于万一。除将办差出力实在奋勉之员查明咨部议叙外，所有微臣感激下忱，理合恭折奏谢，伏乞圣主睿鉴。谨奏。

朱批：览。

（《宫中档乾隆朝奏折》第三十六辑，第108页）

1800　云南巡抚李湖《奏报乾隆三十九年滇省盐课银两完欠数目折》
乾隆三十九年七月十八日

云南巡抚臣李湖跪奏：为循例具奏事。

窃照乾隆十七年正月初十日，奉上谕："嗣后各省每年完欠钱粮，俱着随奏销时分晰查明，核实折奏。钦此。"钦遵在案。

查滇省盐课银两，历系循照地丁之例，核明完欠数目，具折奏闻。

今值奏销三十八年分盐课银两，行据布政使王太岳、驿盐道沈荣昌详称："各属应征乾隆三十八年盐课银二十四万八千一百四十三两五钱四分九厘，俱经照数催征全完；又应征薪本、盈余等银二十万八千六百五十二两九钱四厘内，已完银八万一千五百二十六两五钱九厘，未完银一十二万七千一百二十六两三钱九分五厘；又带征三十四、五、六、七等年旧欠盐课、薪本、盈余等银二十万六千六百九十四两五钱四厘内，已完银八万七千六百一十四两四钱四分九厘，未完银一十一万九千八十两五分五厘。"造具完欠细数清册，详送前来。臣逐一覆核无异，除饬将未完银两上紧催征，恭疏题报，并将各册咨送部科外，臣谨恭折奏闻，伏乞圣主睿鉴。谨奏。

朱批：览。

（《宫中档乾隆朝奏折》第三十六辑，第109页）

1801　云南巡抚李湖《奏报滇省抚标并无分发世职学习人员折》
乾隆三十九年七月十八日

云南巡抚臣李湖跪奏：为遵旨覆奏事。

乾隆三十九年六月二十四日，承准大学士舒赫德等字寄："乾隆三十九年四月十八日，奉上谕：据勒尔谨奏到甄别陕、甘二省分发学习之世职各员，分别应留应斥，开单呈览。所办甚是。此等世职人员分发各省，原冀学习有成，俾得延其世泽，且可备戎行之选。若其庸顿无能，自当核实沙汰，使优劣不得混淆，庶众人亦为稍知感奋。如此，则督抚考验方不视为具文。但各省督抚何以从未见有如此奏及者？或他省世职人员不及陕甘之多，亦当就其现有人数，据实甄别，即极少至一二人，又何妨就此一二人之应留应斥，切实分别，岂可因人少而置之不问乎？着传谕各督抚，嗣后于考验世职人员，均着仿照勒尔谨办理。并着将勒尔谨原折清单抄寄，于各省奏事之便，谕令知之。钦此。"遵旨寄信前来。

臣查世职人员分发各省标营学习，其中优劣难齐，若不核实甄别，无以昭惩劝而彰黜陟。伏读谕旨，仰见圣主整饬戎行、鼓励人材至意。查臣标左右两营现在并无分发学习之世职人员，嗣后如有分发到标，不论人数多寡，臣凛遵训旨，随时核实，甄别奏闻，不敢稍存姑容。至滇省提、镇、协、营有无学习世职，应听督臣查明具奏外，所有臣标现无世职学习人员，理合查明覆奏，伏乞睿鉴。谨奏。

朱批：览。

（《宫中档乾隆朝奏折》第三十六辑，第 110 页）

1802　云南巡抚李湖《奏报滇省地方情形折》
乾隆三十九年七月十八日

云南巡抚臣李湖跪奏：为恭报地方情形事。

窃照滇属六月望前雨水调匀，禾苗均资畅茂，经臣查明，具奏在案。兹据各属禀报，六月十六七、二十三四，七月初四五、十二、十六等日，复沛甘霖，入土深透，余俱晴霁日暄，雨润燥湿合宜，更足资其培养。现在早稻含苞，晚禾起节，颗繁叶茂，倍胜往年。元江、普洱一带天时较暖，早稻渐次收获，杂粮、蔬果苗长敷荣，并极蕃庶，实可预卜丰登。目下秋闱届期，应试士子云集省垣，市米核价照常平减。民间家有余粮，户无食贵，恬熙景象，远近胥同。理合据实奏闻，并将通省报到六月分粮价敬缮清单，恭呈圣鉴。谨奏。

朱批：知道了。

（《宫中档乾隆朝奏折》第三十六辑，第 111 页）

1803　云南巡抚李湖《奏报查勘西南两迤盐井情形，酌筹拨补调剂折》

乾隆三十九年七月十八日

云南巡抚臣李湖跪奏：为查勘西南两迤盐井情形，酌筹拨补调剂，仰祈圣鉴事。

窃臣于本年正月巡历迤西，顺道查勘西南沿边小井，因尚有卤多薪贵，应酌加工本以资煎办，及卤少额多，应酌减盐数，筹补经费之处，当将饬委盐道覆勘妥议、核实办理缘由，汇同地方情形具奏。钦奉朱批："览奏俱悉。钦此。"钦遵在案。

兹据驿盐道沈荣昌详称："遵即前赴西南两迤各小井，率同该府厅州逐一履勘煎试。除卤水敷足、柴薪价平、止须修葺井座、疏浚卤源者，责令承办之员妥协经理，毋庸计议外，惟查镇沅州属之按板、恩耕、茂木、南垎四井，年办正余盐一百七十五万余斤，每百斤额给薪本自一两至一两一钱不等。该处毗连边境，俱系夷猓穷民领本汲卤，煎办团盐，柴山斫伐渐远，距井六七十里至百有余里，越岭渡溪，往回必须数日，采运实属艰难。又威远厅属之抱母、香盐二井，年办盐二百六十万七千余斤，每百斤额领薪本八钱至一两不等。该处系掘地为礁，纯用木炭然烧，浇卤成盐。近年炭价加昂，需本较重。又景东厅属之大小磨腊三井，年办盐七十九万余斤，每百斤额给薪本八钱，亦用炭火烧浇，与抱母、香盐二井煎法相同。其磨外、圈铁二井，年办盐五十九万余斤，每百斤额给薪本一两一钱，系熬煎锅盐，因水多卤淡，六锅始能煎并一锅，需柴既多，又值瘴疠之乡，樵采更费工力。剑川州属之弥沙井，年办盐五万七千余斤，每百斤额给薪本六钱五分零，止及他井十分之六。汲卤试煎，核用工费虽较他处稍减，亦需八钱以外。以上十二井，实系卤多薪贵，原定柴本不敷煎办，以致挽和，透漏滋弊。应请将按板、恩耕、茂木、南垎、抱母、香盐、大小磨腊、磨外、圈铁十一井，于原定薪本八钱及一两一钱之外，各加给银二钱；弥沙井，于原定薪本六钱五分零之外，加给银一钱四分九厘零，统计需加薪本银一万一千五百七十七两五钱三分六厘。

又查大理府属之云龙井，分列八区，年办盐二百四十六万余斤。内金泉一区，卤从石罅流出，向有十余股，今止存七股，日汲不敷煎数；天耳一区，居于河流之下，卤薄味淡，每千斤止煎净盐一十九斤，核数有亏；又武定州属之草溪井，年办盐三十一万二千余斤，产于河傍，土性松浮，虽坚筑护堤，淡水易于侵入，卤味最薄，历六昼夜始得成盐。乾隆三十二三四五等年，云龙井堕煎盐一百三十余万斤，草溪井堕煎盐四十八万余斤，经诺前院奏赔薪课。三十七八两年，严督赶煎，虽免堕缺，而本年额盐须至次年正二月始行煎足，递压堪虞。以上三井，实系卤少额多，即使加给薪本，亦恐缺误。应请于云龙井年办额盐二百四十六万一千二百余斤内，酌减二十万斤；草溪井年办额盐三十一万二千七百二斤内，酌减一十万斤，共应筹补缺课银三千六百一十五两七钱七分。

以上经费在所必需动款，应筹揥注。查乾隆三十六年，黑、白、安丰各大井，因煎运艰难，筹补薪本、脚费及停办余盐经费，奏增卖价拨抵，每百斤加至二两九钱至三两不等，现在出盐纯净，售销较速，民皆不以为贵。今按板等各小井，薪贵卤短，灶力日困，而发运盐价仍在一两八钱以下，不免偏枯，且与行销黑白等盐地犬牙交错，易启透漏贩私情弊。此时哀多益寡，惟有仿照黑、白、安丰、琅井酌增卖价之例，拨补薪课，庶合调剂之宜。

查元江、镇沅、威远三厅州行销恩耕井盐，每百斤原定卖价一两八钱，行销按板、抱母、香盐等井盐，每百斤原定卖价一两五钱；景东厅行销大小磨腊井盐，每百斤原定卖价一两五钱，又行销磨外、圈铁井盐，每百斤原定卖价一两八钱。数俱轻减，均请酌加银三钱。以上各属，共销盐五百一十一万一千四百五十七斤，计增卖价银一万五千三百三十四两三钱七分一厘。除划补前项请增薪本银一万一千五百七十七两五钱三分六厘，并减额课款银三千六百一十五两七钱七分外，尚余银一百四十一两六分五厘。并据声明，云龙井减煎盐二十万斤内，于云龙州额领数内减除十万斤，腾越、保山二州县额领数内各减五万斤。腾越、云龙二州所缺盐额，以永平、浪穹额领云龙井盐内划出抵补。其保山、永平、浪穹所缺盐额，即以安丰井现在赶煎参革提举高其人案内堕积盐三百七十余万，及该井将来复煎年额余盐六十二万斤内拨补行销，按额领运，毋虞短缺。至草溪井减盐十万斤，系原拨蒙自县行销之项。查有南宁县额领黑井盐六十万斤，因户少盐多，节年积滞难销，应酌减十万斤，改拨蒙自县补足缺额。统将各该州县改拨课款、价脚通盘核算，以盈补绌，计余银二百六十八两五钱，连前加价余银一百四十一两六分五厘，共银四百九两五钱六分五厘，系属节省，应收归积余项下，留充公用。另开细数清单，呈请核奏。"等情前来。

伏思恤灶惠民，法不偏废，总在因时因地，调剂得宜，庶与民灶两有裨益。查滇属大小盐井一十五处，每处井座、分区多寡不等，内白、琅、黑、安四大井年办盐斤，居通省定额十分之七。从前因薪本、运脚不敷及停办余盐经费缺少，经前督臣彰宝奏增卖价拨补，嗣因煎运售销仍多堕误，复经臣查明各井弊累情形，条晰陈奏，遵旨逐一清厘，现在按年煎销，已复旧规，毋庸置议。惟西南两迤各小井，坐落边隅，俱系夷猓穷民领本办课，负贩行销，以资日用，虽盐额无多，而今昔情形不同，各井弊累渐滋，煎办时形支绌，尚需调剂，以归画一。

查按板等井，自雍正初年开煎定额以来，彼时卤旺薪多，成本既轻，卖价亦贱，民灶共沾乐利。迨至雍正八九年间，采樵渐远，工本稍艰，经前督臣鄂尔泰，于薪食不敷及请定画一章程等事案内，议准酌增盐价，添给薪本公费。乾隆十八年，又经前抚臣爱必达于厘定盐法案内酌增香盐井卖价，以杜逐贱滋弊各在案。迄今又阅数十年，井卤淡缩靡常，柴山斫伐益远，灶户煎办每苦竭蹶，渐启搀和渣土、多藏水气、亏堕官额诸弊。商贩行销，又因定价平减，与黑、白等井行盐地界毗连，遂至越境兴贩，本地编户转有茹淡之虞。若不酌添薪本，减除盐额，量增卖价，熟筹拨补之方，恐弊累日深，民灶交困，酿成积重之势。臣督饬盐道，率同该府厅州逐一确切履勘。兹据该道沈荣昌详覆前情，臣覆加察核，按板、恩耕、茂木、南坵、抱母、香盐、大小磨腊、磨外、圈铁等十一井，或柴山遥远，采负艰难，或煎办磠盐，炭本较贵，或水侵卤淡，多费薪工；弥沙一井，原定薪本六钱五分，为数过少，现在不敷领办，均应分别酌添，以舒灶力。至云龙井之金泉、天耳两区，卤源短塞，味薄盐稀；草溪井土性松浮，难隔淡水，前因煎不足数，追赔薪课，惩治之后，煎办仍多积压，自应酌减盐额，免致堕误。以上加薪、减额各经费，必须酌筹拨补，俾与课款无亏，始可定议遵守。

查威远、景东、元江、镇沅等厅州，从前原定行销各小井，盐价一两五钱至一两八钱，与黑、白、安丰等大井原定价值贵贱本自悬殊。迩年黑、白等四大井复经奏增卖价自二两九钱至三两，较之威远各小井盐价几至相倍。边夷趋利若鹜，罔知功令，现在毗连地界，往往越贩生事，不但有碍官销，并恐外夷贩运既多，本地出售转少，征贱逐贵，变官为私，实与民食有碍。今该道议请于两迤各小井酌增卖价三钱，使小民无利可图，既可以杜透漏贩私之弊，而以售销之有余补薪课之不足，经费亦不虞其缺少，且所加无几，统计原价，加增尚止一两八钱至二两一钱，核与黑、白等井卖价自二两九钱至三两之数，尚少银八九钱至一两二钱不等，卖价仍属轻减，居民亦无食贵之虞，似于恤灶惠民之道两有裨益。

可否仰吁圣裁，俯照所请，于按板等十加一井原定薪本八钱及一两一钱之外，各加给银二钱；弥沙井原定薪本六钱五分零之外，加给银一钱四分九厘零，计共加薪本银一万一千五百七十七两五钱三分六厘。又云龙井额盐内酌减二十万斤，草溪井额盐内酌减十万斤，计共缺课银三千六百一十五两七钱七分，即于威远等厅州年销井盐五百一十一万一千四百五十七斤，每百斤加价三钱，获银一万五千三百三十四两三钱七分一厘内，拨补加薪、缺课之需，尚余银一百四十一两六分五厘，计费有盈无绌。如蒙俞允，请以乾隆四十年额盐为始，循照办理。

至腾越、云龙二州减缺云龙井盐斤，以永平、浪穹二县额领数内划抵；保山、永平、浪穹所缺额盐，于安丰井现在赶煎参革提举高其人案内堕积盐三百七十余万，及该井将来复煎年额余盐六十二万斤内拨补行销。一转移间，领运均属便易。又蒙自县减缺盐十万斤，查有南宁县行销黑井盐斤，额多壅滞，据请拨出十万斤，改拨蒙自县补额，亦属裒益合宜，并与历年改拨成例相符。统计各该州县课款、运脚，以盈补绌，计余银二百六十八两五钱，连前加价余银一百四十一两六分五厘，共节省银四百九两五钱六分五厘，收归积余项下，并可备充公用。合并陈明。

除分晰造册咨部外，所有酌筹拨补调剂缘由，理合开具清单，会同署督臣图思德恭折具奏，伏乞圣主睿鉴，敕部议覆施行。谨奏。

朱批：该部议奏。

1804　云南巡抚李湖《奏报广西运铜委员领运滇铜逾限缘由折》
乾隆三十九年七月十八日

云南巡抚臣李湖跪奏：为奏闻事。

乾隆三十四年十二月二十五日，奉上谕："各省委员赴滇采办铜斤，往来俱有定限。嗣后到滇办运、开行，即着该抚具奏。其何时运回本省，有无逾限，亦令核实奏闻。至沿途出入省境期程，并照京局解员之例一体具奏，如有无故停留贻误者，即行指名参究。着传谕采办滇铜及铜运经由各省督抚知之。钦此。"钦遵在案。

今据布政使王太岳详称："陕西委员陇州州同任云书采买滇省义都等厂正余铜二十万二千斤，于乾隆三十八年十一月初六领竣之日起限，应扣至三十九年二月二十二日限满。今该委员于三十九年五月十七日全数运抵剥隘扫帮出境，计逾限两个月二十六日，实因冬春雨雪泥泞，雇脚较难，又值福建、浙江等省铜运拥挤，船只不敷装载，致稽守候，并非无故逗遛。"详请核奏前来。臣覆核无异，除飞咨沿途抚臣转饬接替催趱，依限交收，并咨明户部外，理合恭折具奏，伏乞圣主睿鉴。谨奏。

朱批：览。

（《宫中档乾隆朝奏折》第三十六辑，第 117 页）

1805　署云贵总督觉罗图思德《奏报督标三营亏缺火药一万斤，请旨将该管中营都司陈世萃革职查办折》
乾隆三十九年七月二十六日

署云贵总督臣觉罗图思德跪奏：为据实参奏事。

窃臣前于较阅官兵、点验军械时，查出乾隆三十五年裁汰督标前后两营所遗军械，日久尚未分拨，经臣恭折奏请，酌拨督抚两标五营及城守一营留补归款在案。因臣标三营尚有备贮钱粮、火药等项，亦应次第清查。今臣亲盘查，有三营应备存火药二万四千斤，又从前裁汰前后二营遗存火药一万六千斤，二共四万斤，今按额盘查，共亏缺一万斤。

臣查火药一项，原为该营都司专管，究系何任所亏，当饬中军副将吉隆阿严查。旋据覆称，实系署都司、永北营守备陈世萃任内亏短等情。臣查该署都司到任二载，即使滥用，亦何致逾额一万斤之多？其中不无侵蚀盗卖情弊。臣面加查问，该署都司犹一味支吾强辩。伏思火药动关军需，更紧要于钱粮，若不彻底根究，从重治罪，实不足以警玩视而肃功令。相应据实参奏，请旨将陈世萃革职，以便提集管办、该营书识严审究拟。仍先将陈世萃饬发收禁，其原署臣标中营都司事务，先已委员署理。所有永北营守备本任，现未视事，均毋庸委人摘署。除将三营一切钱粮并陈世萃经管粮饷有无亏那未清，臣现委云南府知府永慧逐一盘查另办外，臣谨恭折参奏，伏祈皇上睿鉴训示。谨奏。

朱批： 有旨谕部。

（《宫中档乾隆朝奏折》第三十六辑，第 193～194 页）

1806　署云贵总督觉罗图思德《奏报丽江府维西通判觉罗福隆泰系督臣同旗五服以外族弟，循例奏请回避折》

乾隆三十九年七月二十六日

署云贵总督臣觉罗图思德跪奏：为循例奏请回避，仰祈圣鉴事。

窃照定例，外省官员，有关系刑名、钱谷、考核、纠参者，不分远近，系族中，俱令官小者回避；又旗员五服以内，系属同旗，俱令官小者回避各等语。

今臣荷蒙恩命，署理云贵总督。查有丽江府维西通判觉罗福隆泰，系臣同旗五服以外族弟。伏查总督有考核、纠察之责，福隆泰虽系臣五服以外族弟，但既同旗，自应照例回避。查向来回避官员，于总督统辖省内对调。今云贵两省均为臣之统辖，未便与黔员调补，应令福隆泰回京另补。如蒙俞允，给咨送部候补，所遗维西通判，归部另选。臣谨照例恭折具奏，伏祈皇上睿鉴训示。谨奏。

朱批： 不必回避。

（《宫中档乾隆朝奏折》第三十六辑，第 194～195 页）

1807　署云贵总督觉罗图思德《奏报拿获征缅案内逃兵一名，审明正法折》

乾隆三十九年七月二十六日

署云贵总督臣觉罗图思德跪奏：为拿获逃兵，审明正法，恭折奏闻事。

窃照征剿缅匪案内未获逃兵，臣到任后，随通饬所属文武上紧缉拿，务期按名弋获，不使稍有延纵。旋据委管汤丹厂务、原任安宁州知州萧文言详报，该厂员巡役会同参革留缉中甸之署同知、都司所差兵役及会泽县差役，拿获逃兵李伟一名等情。当即批提至省，兹由军需局审拟，报解前来。

臣随率同司道等逐细研讯，缘李伟于乾隆三十一年派调出师木邦，三十二年六月在象达脱逃，嗣潜赴中甸同知所属之白地厂江边，藏匿窝铺内，淘洗金沙度活。因遇该逃兵邻人段锦、王锡文，虑恐报官缉拿，复潜至汤丹厂，旋被拿获，实无知情容留及结伴同逃、偷带军械等事。反覆严诘，供认前情不讳，并查与军营报逃册开年貌、日期均属相符。

臣查李伟系派往军营出师之兵，胆敢脱逃，实属大干法纪，自应照依军法，即正典刑，以伸国宪。臣于七月二十六日，恭请王命，派委文武员弁，将逃兵李伟绑赴市曹，照例正法讫。除分咨兵、刑二部并云南各标镇协营，摘叙事由，一体晓示，以肃军纪外，所有缉获逃兵，照例正法缘由，理合恭折具奏，并缮供单敬呈御览，伏乞皇上睿鉴。谨奏。

朱批： 览。

（《宫中档乾隆朝奏折》第三十六辑，第 195 页）

1808 署云贵总督觉罗图思德《奏报逃兵限内已获，参革留缉之同知、都司遵例奏请开复折》
乾隆三十九年七月二十六日

署云贵总督臣觉罗图思德跪奏：为逃兵限内已获，所有参革留缉之同知、都司遵例奏请开复事。

窃查鹤丽镇标逃兵李伟，本系姓王，自幼出继，改名李伟，入伍食粮，于乾隆三十二年出师，在象达防所脱逃，潜匿中甸白地厂淘洗金沙度活。嗣彼邻人段锦、王锡文遇见，回告伊兄王培，王培隐匿不报。迨闻云南县差役缉获形迹可疑之钏崇儒，貌与李伟相似，王培与兵丁潘明前往认识，因被获之人病重昏迷，不能言语，即乘机冒认，希图代脱继弟李伟之罪，经前督臣审拟具奏。接准部覆，将王培等分别斩候、拟徒，该管官、署中甸同知平圣敬、分防中甸都司马仁，平日均不能查缉，致令潜匿多时，俱革职，留于该地协缉，俟李伟拿获之日，再予开复等因在案。

兹查逃兵李伟，现据汤丹厂巡役协同中甸兵役在厂拿获，经臣批饬，提解至省。臣率同司道等研讯，实系逃兵李伟。除将该犯照例正法，另行恭折具奏外，所有参革留缉之原署中甸同知、试用知县平圣敬，分防中甸都司马仁，既经将逃兵李伟缉获，应请照例开复。臣未敢擅便，谨会同抚臣李湖合词具奏，伏祈皇上睿鉴，敕部核议施行。谨奏。

朱批： 该部议奏。

（《宫中档乾隆朝奏折》第三十六辑，第 196 页）

1809　署云贵总督觉罗图思德《奏请简发武职人员来滇以资差委折》

乾隆三十九年七月二十六日

署云贵总督臣觉罗图思德跪奏：为请旨简发武职人员，以资差委事。

窃查滇省各将备，现在多系出师金川以及出防边外，所有各该员本任事务，均需委员署理。前督臣彰宝在任时，每遇武职升迁事故出缺，无人可委，以致一人兼理两处，并有一员而兼署三篆者。在前督臣彰宝因缺多员少，为此通融办理。

第臣思边疆要地，职任不专，实非所宜。臣到任后，虽已通盘筹画，量其远近，略为改委，但缺浮于人，仍不得不因时酌核，暂令兼理。查从前拣发试用参、游、都司十二员，除已陆续题补得缺外，仅余六员，现俱委署营缺，此外并无可以差遣委署之人。相应请旨敕部，于满汉候补人员内拣选参将四员、游击四员、都司四员、守备四员，带领引见，恭候钦定，饬令迅速来滇，以资差委，实于边陲有益。臣谨恭折奏请，伏祈皇上睿鉴训示。谨奏。

朱批：有旨谕部。

（《宫中档乾隆朝奏折》第三十六辑，第 197 页）

1810　署云贵总督觉罗图思德《奏报安插他郎坝哈地方外夷召鑫、召瞒喃等挈眷潜逃拒捕一案，审明定拟折》

乾隆三十九年八月初七日

署云贵总督臣觉罗图思德跪奏：为审明定拟具奏事。

窃照安插他郎坝哈地方外夷召鑫、召瞒喃等挈眷潜逃拒捕一案，臣到滇后，钦遵谕旨，确审严查，将都司伊林宝、把总徐元弼、李达、刘守章并他郎通判徐名标恭折参奏。于本年七月二十八日，钦奉上谕："伊林宝、徐名标、徐元弼、李达、刘守章俱着革职拿问，将案内应讯犯证分别研审，定拟具奏。钦此。"钦遵在案。

兹于八月初一、初三等日，将参革他郎通判徐名标并枪毙召鑫之沙练宾烟等先后催解至省，臣当即率同司道等提齐伊林宝、刘守章、李达、徐元弼并案内一切应讯犯证，逐一研审。缘召鑫系边外猛辛土目，召瞒喃系猛勇土目之弟，均于乾隆三十一年投诚，嗣因贼匪滋扰，避入内地，始居思茅，旋移六困，随带户口共计九十七名口。乾隆三十五年，安插他郎属之阿墨江坝哈地方耕种官田，向各安居乐业。迨乾隆三十八年二月二十八日，召鑫因食米将完，与召瞒喃凑银一百两，赴九甲打磨寨籴粮，途遇丢包贼匪骗去，控报他郎通判徐名标、把总刘守章，并不差缉，亦未详报，致使召鑫等起意逃回故土。三月十六日夜，召鑫、召瞵喃乘守卡兵丁张谟买米远出，徐发领取火药，均不在汛，又值大雨，无人之际，随携带眷属潜逃。次日，经火头白老二查知，报明把总徐元弼，一面飞报他郎通判及元江营守备等衙门，一面亲带兵丁十八名，他郎存城把总李达亦带兵十五名，守备常庚、通判徐名标均率兵役、土目，各路追拿。嗣徐元弼因见山路丛杂，又将兵练分头侦探，自带兵练十名，二十日赶至瓦科坡头，召鑫、召瞵喃等潜踞半坡，放枪拒捕，伤毙兵役、土练三名，召鑫乘机奔逸。徐元弼正在招集兵役追赶，适李达到彼，告知接仗情由。时因天气昏黑，不辨路径，一同暂驻坡头。次日，往追不及，守备常庚、普洱镇标把总陈荣邦、白会一各带兵练赶至。常庚因补角以前路分三处，逼近外域，令陈荣邦等分往补竜、撒袋二河小路堵截，常庚带同徐元弼、李达赴最远之南星河。四月初十日，陈荣邦等在补竜河追及召鑫等，督同兵练奋力擒拿，镖毙召鑫，割其首级，并伤毙大小男妇五人，生擒男妇十一名口内，召鑫之妻暖松、召瞵喃之妻暖腊及其子女俱经就获，惟召瞵喃等逃逸无踪。常庚等闻信往验，将召鑫等首级及所获生口解送省城，复督同兵练四面搜捕。因瘴气正盛，兵丁染病居半，经前督臣彰宝行令撤回，始归本汛。其先据普洱道府禀报："四月内，经乌得土目刀正朝在乌得地方拿获逃夷闷孤满等四名口，起解来省，内意斋一名中途病毙，意赧到省，经司道取供后病故。现在闷孤满、意并二名及已故之意斋、意赧皆据暖腊供认为所管夷民。"又续据普洱道府禀报："补角土目巴能，于四月内，缉至南星河山箐内，寻获男女尸身二具，查系外夷服色，割取首级到省。亦据暖松供认为召鑫之随丁、瞵喃杭使女乜监，系逃散饿毙。"等语。隔别研讯，各供前情不讳。

臣以召鑫等忽萌去志，恐有外夷勾引，或内地兵役人等需索凌辱，以及卡兵受贿故纵情事，并所割召鑫首级是否确凿，鸟枪、火药实系来从何处，一一逐层究诘。据夷妇暖松等坚供，伊夫等不善谋生，又因银两被骗，思回故土，并无外人勾通，亦无兵役凌逼、需索扰累及卡兵受贿故纵情事。质讯卡兵徐发等，亦矢口如一。其召鑫被杀之处，不特伊妻暖松供认确凿，即召瞵喃之妻暖腊等亦供称召鑫被镖戳死时割取首级，俱所目击，且据首先动手之沙练宾烟等亦供，当场曾令拿获之易班等指认明确，委无捏饰。其鸟枪来历，供系投诚时带来，彼时随普洱军营效力，故未将鸟枪呈缴，火药亦系军营给用，所剩本属无多，逃走时随带防身，并非买自内地。反覆究诘，供无遁情。

查律载：逃避山泽，不服追唤，拒敌官兵者，以谋叛已行论，妻妾、子女给付功臣之家为奴，财产入官。又律载：官军临阵先退者斩监候；又失误军机者斩监候；又私出外境，把守之人失于觉察者，官减三等，罪止杖一百，军兵又减一等；又狱卒不觉，失囚者，减囚罪二等各等语。此案召鑫、召瞵喃等系外夷投诚之人，安插内地，给与田产豢养，乃敢挈眷潜逃，欲回故土，又复拒伤官兵，应以谋叛已行论，除召鑫业经授首，其属下之瞵喃杭、乜监、岩晤、意赧、易罕、把波、岩载、意斋、易酸、易砍业经途毙、枪伤身死及取供后病故，召瞒喃一犯，应于缉获日即行正法外。现获召羣之妻暖松、子召问、女暖砍，召瞒喃之妻暖腊，女喃线，律应解部，给付功臣之家为奴。但给付功臣为奴，转使不受折磨。应请解部，发黑龙江，给兵丁为奴。易唤讯系暖松侄女，并非召羣的属；易班、岩罕、易乃、闷孤满、易专、易并均系召羣等所属夷人，闷孤满年逾八十，易班等俱系幼小子女，未便远解，应请分赏出力之弁兵陈荣邦等为奴。徐元弼虽甫经到任，但系专汛把总，该夷匪等挈眷潜逃，既漫无觉察，及至带兵追及，又不能奋勇擒拿，反致伤损兵练，已属怯懦无能，复因黑夜逗遛，不即追捕，以致逃夷远窜，现多未获，实属法所难宽。徐元弼应照临阵先退律，从重拟斩立决，解往阿墨汛，即行正法，以示儆戒。把总李达带兵协捕，当该夷匪等拒捕伤人之时，虽未在场，但既与徐元弼会合，不即协力穷追，殊为坐失机宜。李达应照失误军机者斩监候律，拟斩监候，秋后处决。刘守章在任三年，平日不能善为抚绥防范，当该夷等银两被骗，不即严缉赃贼，又匿不通报，致酿逃窜重情，且该夷等潜逃之时，刘守章尚在汛所交代，乃以业经卸事，并不协同追捕，径赴普安营汛，推避玩视，罪亦难逭。若减徐元弼罪一等，仅予满流，不足蔽辜，应请发乌鲁木齐充当苦差。伊林宝身任都司，代办镇务，遇此匪夷脱逃拒捕要案，两接常庚禀报，既不立时转禀，又不亲往督拿，两日之后始行起程，及闻杨洪调赴四川，遽于中途回镇，一味畏葸偷安，深染绿营习气。他郎通判徐名标，既不将安插外夷平时善为抚绥，及该夷等报有被骗银两之事，不即时通报，一面严缉赃贼，以安夷情，致酿逃窜重案。伊林宝、徐名标，均请发往伊犁效力赎罪。汛兵徐发、张谟，虽讯无贿纵情弊，但系专司防守之人，乃因事外出，致该夷等潜逃，漫无知觉，仅照私出外境，把守军兵拟杖律，不足蔽辜。伙头李发，当夷众渡江之时，不能阻遏，罪亦难宽。徐发、张谟、李发，俱比照狱卒不觉失囚减囚罪二等律，各杖一百，徒三年，至配所折责。摆站练总范三，职司看管，不能预为防范，难辞其咎。应照不应重律，杖八十，折责三十板，仍加枷号两个月，于江边坝哈地方示众，虽年逾七十，不准收赎。迤南道贺长庚、普洱府知府谈霞，均有查察之责，既各疏防于前，又复怠捕于后，臣现在另折参奏。至统辖武职分驻他郎署元江营守备事抚标右营守备常庚，虽先事疏防，但一闻逃信，即时禀报，一面带兵追捕，迨后又因补角以往有河三处，俱通外夷，复令把总陈荣邦等分赴补竜、撒袋二河堵御，该守备亲督徐元弼、李达弁兵至南星河一带截拿，现在未获逃夷尚多，第该守备尚知迅速赶追，设法堵截，与懈忽从事者不同，似应免议，用昭惩劝。其把总陈荣邦、白会一，杀获渠魁首级并伤毙、生擒男妇十六名口，实属奋勇可嘉。臣现将该二弁记名拔补。土目刀正朝获犯四名，土目巴能查获逃夷身尸二具，俱已捐赏缎匹嘉奖，毋庸再议。兵练等杀获召羣等时获解衣物，臣即查明出力之人，分赏奖励。至召羣等所有鸟枪、火药，虽讯系该犯等从前随营效力旧日存余，但自六困迁至坝哈，彼时文武员弁未曾查缴，以致今日拒捕，杀伤兵练，容俟查明应参职名，咨部议处。

召羣等眷属丁口，臣查照当年安插档案人数，逐一讯问。暖松等据供，安插之时，原系九十七名口，除历年病故十一人，又续生六名口，实共男女大小九十二名口。现据生擒、杀死并获尸二具，计共二十三名口，此外，应尚有六十九人，虽据暖松等供称毙于山中河内男妇二十二名口，及丢弃已死幼孩三十六名口，共有五十八名，仅止十一名未获，殊难凭信。臣现将未获人数夷名造具册档，严饬普洱等处文武，并通行各属悬赏，设法查拿，务将召瞡喃并属下人口按名获解。臣现专委大员前往普洱一带，督率兵役，在于内地深山密箐跟踪觅迹，严加侦缉，并督沿边土弁、目练协力查拿，总不使一名漏网，以伸国宪。

所有审明定拟缘由，理合恭折具奏，并缮供单敬呈御览，伏祈皇上睿鉴，敕部核覆施行。

再臣正在缮折具奏间，据云南按察使图桑阿具报，伊林宝忽于本月初六日染患痧症，拨医调治不愈，即于初七日申刻监毙。臣随亲诣司监，严讯刑禁医生，并验明身尸，实系因痧胀身故。现饬该司再行研讯各供，取具专兼监毙职名另行咨部，严加议处。臣拜折后即赴永昌，并顺道查看营伍。合并陈明。谨奏。

朱批： 三法司核拟速奏。

（《宫中档乾隆朝奏折》第三十六辑，第303~307页）

1811 署云贵总督觉罗图思德《奏请将懈玩误公之迤南道贺长庚、普洱府知府谈霞革职折》

乾隆三十九年八月初七日

署云贵总督臣觉罗图思德跪奏：为查明参奏事。

窃臣前将召鋆、召瞡喃潜逃拒捕案内之都司伊林宝等具折参奏，并声明尚有应参人员，容俟查明另办。奉到朱批："有旨谕部。钦此。"同日，又钦奉上谕，令臣严审定拟。

除将现获之召鋆案内各犯以及伊林宝等逐一严审，分别定拟，另折具奏外，臣查召鋆等安插他郎通判所属之坝哈地方，迤南道贺长庚有董率稽查之任，普洱府知府谈霞有统辖钤束之责，该道府既不能先事预防，复失察所属他郎通判讳匿窃案，致酿逃夷重情。迨至夷匪逃后，贺长庚又不亲督员弁、兵练跟踪搜捕，经臣严加申饬，贺长庚尚以查办召丙等四土司迁徙之案，不能分身托词支饰，殊属轻重倒置，有乖职守。普洱府知府谈霞，一闻逃信，理应星往捕拿，乃观望迁延，经该道贺长庚委令缉拿，始行前往。似此懈玩误公，均非寻常溺职可比，未便姑宽。相应据实严参，请旨将贺长庚、谈霞一并革职，留于普洱，自备资斧协缉召瞡喃等，俟案犯全获之日，再行请旨定夺，伏祈皇上睿鉴训示。

至所遗道府各缺，地居边要，即应委员接署。臣查迤西道龚士模在滇年久，向任普洱府知府，熟悉夷情。臣与抚臣筹酌，檄委龚士模摘署迤南道篆，兼摄普洱府知府事。其迤西道印务，委令现署粮储道张凤孙兼署。除饬龚士模查明贺长庚、谈霞各任内有无经手未清事件另办外，理合循例一并奏闻。谨奏。

朱批： 着照所请行。该部知道。

（《宫中档乾隆朝奏折》第三十六辑，第 308 页）

1812　署云贵总督觉罗图思德《奏参捏病诿卸、偷安玩公之普洱镇副将亮福折》

乾隆三十九年八月初七日

署云贵总督臣觉罗图思德跪奏：为特参捏病诿卸、偷安玩公之副将，以整绿营习气而肃功令事。

窃照匪夷召瞒喃等潜逃未获，臣到滇后，虽经叠次严饬普洱一带文武，悬立重赏，督率兵役，于内地深山密箐、僻径孤村上紧搜缉，并令沿边土弁、兵练协力捕捉，又虑该逃匪四散奔逸，复密饬通省文武一体查拿，更恐官弁、兵练阳奉阴违，必须专委武职大员督率跟缉，以冀逸犯早获，不致远飏。随饬军需局、司道拣员，听候檄委。旋据该司道会选开单，呈请酌派，臣即派委楚姚协副将亮福前往督缉。讵该副将一接派委文檄，全不思匪夷拒捕潜逃，理应奋力缉拿，以期早彰国宪，乃竟敢具禀，以旧患腿疾不能乘骑，恐致坐误为辞。臣披阅之下，不胜骇异！该副将如果旧有腿疾，今春已不能乘骑，普洱为边疆重镇，本年三月间，前督臣彰宝何以将病废之人奏署普洱镇篆？即禀内所称，到普后曾经禀请前督臣彰宝解任调理。臣检查文卷，亦无该副将告病之案。其为捏饰，已无疑义。

伏查云南地处边徼，职任专阃大员，遇事分当勇往向前。况亮福身系满洲，尤当奋勉奉公，乃于督缉逃夷要务，胆敢畏缩偷安，临事饰词推卸，似此劣员，若不予以参革，何以整饬边方而挽绿营习气？相应据实参奏，请旨将亮福革职留滇，自备资斧缉拿召瞒喃等，俟案犯全获，臣再请旨定夺。除另选派大员前往督缉外，臣谨恭折参奏，伏祈皇上睿鉴训示。

至亮福，前因委署普洱镇总兵，所遗楚姚协印务，系臣标中军吉隆阿兼署。今普洱镇篆，臣已饬令萨灵阿前往接授。亮福尚未回本任，所有楚姚协印务，仍令吉隆阿兼理，毋庸委员摘署。合并陈明。谨奏。

朱批： 着照所请行。该部知道。

（《宫中档乾隆朝奏折》第三十六辑，第 309～310 页）

1813 署云贵总督觉罗图思德《奏报查明采买 军需谷石及造备军需情弊折》

乾隆三十九年八月初七日

署云贵总督臣觉罗图思德跪奏：为据实陈奏事。

窃臣仰沐恩命署理云贵督篆，一切边防并军需钱粮、仓谷以及军装等项，均关紧要，必须逐一清查，是以臣前将督标裁营遗存未变军械奏请酌拨，嗣又查出署中营都司陈世萃亏空火药一万斤，于七月二十六日专差赍折参奏各在案。

兹查臣到任时，准彰宝移交公文内，有六月初二日，据军需局具详，永昌府属保山县等处添买谷四万石，详请于粮道库米折银内动支，前奉批准，今请给发谷价银三万六千两一案。臣检查卷宗，因彰宝业经批准咨部，是以随照详批发动给。但臣细查，五六月间，系青黄不接之时，各属尚多平粜，何独永昌一带更变常规，转令采买谷石？如谓彼时谷贱减于去年，应行买备，殊不知今岁滇省夏间雨水调匀，各属禀报俱称年岁丰稔可卜，似此永昌谷价五六月内尚能平减，则秋成新米出市，自可更减于夏季。况该厅州县自乾隆三十五年至上年冬间止，叠次采买，现共应实存谷二十万六千六百四十石，每年出防兵丁口粮所需不过一万一二千石，现存仓谷甚多，已足十年之用。原无虞缺少，何必于青黄不接之际，急急动项采买？臣犹恐到滇未久，地方情形尚未深知，随面询抚臣李湖。据称："采买一事，去冬腾越等处曾请添买谷五万石，其时即因各处存谷甚多，备贮充盈，无需采买，当经严檄驳饬。嗣经彰总督奏请买备，并未与闻。今年详买之谷，亦系伊在永昌批准咨部，不及挽正。"等语。

查采买谷石，督抚皆得核办。彰宝乃于不应采买之时滥准添买，已属非是，且查保山等处谷多廒少，作何存贮？随札据署粮道张凤孙覆称："保山等四厅州县现在兵粮及常平共存米谷三十万石有奇，旧有仓廒并新建之仓，核计收贮米谷共十九万余石，其余不敷收贮米谷尚有十万余石，皆系分堆于各寺庙中。"等情。查米谷无仓收贮，渗漏霉朽，势所不免。旧存谷石既无仓可贮，则现令添买谷石之处，更可无庸办理。臣不敢因其已经咨部，附会从事，随一面檄饬永昌府停其采买，仍彻底清查因何添买，及寺庙中所存谷石作何妥协存贮缘由，再行办理。

至永昌局军需钱粮，自乾隆三十五年以后，边防费用，经彰宝酌定，每年需费五六万金。今臣令该局造册送核。查自乾隆三十五年截至本年四月止，通共动用过银九十三万二千七百五十六两七钱零，其中每年竟有用至二十余万及十余万不等。臣随细查何以溢额如许之多，实因边方巡费之外，如给发铜厂工本、运脚、借支养廉，以及廪给盐菜、草干、夫工、土司薪蔬口粮，采买谷石价值、脚费，局员公费等项，虽有另案应销，并应移司归款之别，但支发总载一册，未免牵混。伏查大兵凯旋后，办理边防事务，动用各项，前奉谕旨，令："于每岁另案报销，年清年款，毋得稍有牵混迟延。钦此。"钦遵在案。是军需既应另案报销，年清年款，则支发亦当分晰载注。臣现令司道清查，各归各款，以清眉目。

又查京箭一项，分贮于永顺、腾越、龙陵等三镇协营，共三十二万六百三十六枝。上年九月十九日，接奉上谕："挑选完好利箭十万枝解供军营备用。其永昌等处挑剩箭枝，并着彰宝加意查验收贮，毋致损坏。钦此。"钦遵。经彰宝于九月二十四日具奏，挑选解川箭十万枝外，仍存二十二万八千六百余枝，恐其中不无翎毛蛀脱、箭镞锈钝之处，现在细验，修饰完好，如法装贮，勿使沾湿损坏等因在案。讵本年七月间，据各标镇协营纷纷申报，请领派修之箭回营，动支公粮修整。并据鹤丽、东川二镇营报称公粮不敷，请借动接济银两修制。臣查京箭既有损坏，因何派令通省各营领修？臣当弔核原卷，实系前督臣彰宝摊派各营分领修制。随一面委员前往查验，据禀：所存京箭，除完好外，不堪适用者七万七千六百九十枝，应修整者五万八千五百枝。查此项京箭，彰宝原奏仅称翎脱镞锈，分别修饰，是与现多朽坏、应行补制之情形迥异，既未钦遵谕旨，加意查验收贮，又不将收贮不慎之员查明参赔，复将残损箭枝分摊于通省各标镇协营，动用公粮，领回修制，需费四五千金，殊失公当。臣业经通饬暂缓修制，仍俟臣亲验另办。

伏念臣满洲世仆，受恩深重，未报涓埃，惟有事事秉公详查办理，以期仰酬高厚鸿慈。以上各款，均关边务军需，自当逐渐清查，冀崇实政。臣断不敢稍事瞻顾，致负圣主委任。所有现在查办情形，臣谨先行据实陈奏，伏祈皇上睿鉴训示。谨奏。

朱批：所奏是极，余有旨谕。

（《宫中档乾隆朝奏折》第三十六辑，第 310～312 页）

1814 署云贵总督觉罗图思德《奏报酌裁军需公费缘由折》
乾隆三十九年八月初七日

署云贵总督臣觉罗图思德跪奏：为酌裁军需公费，以归实用事。

窃臣查军需局收支项内，有局中办事官员、书识月给公费一款，系前抚臣鄂宝会同前督臣明瑞，于具题滇省大举案内，议将委办各项差使，除本境人员外，其余知府每月给银三十两，丞倅、州县每月每员给银二十两，佐贰、杂职每月每员给银十五两，凡在局中办事经书、字识，按名日给饭食以及心红、纸张、油烛等项，每月共给银九十两，均于军需项下支给等因。经部覆准，所有三十六年以前给过银两数目，俱经照例题销在案。

伏查现在军务久停，从前军需奏销，已经办过十分之八九，即尚有一二核销之案并每年永昌出防官弁、兵马、钱粮等事，非同当日大举之时军务浩繁可比。况局中办事人员，均有本任应得廉俸，自敷办公，尽可毋须支给公费。虽一切军需用度，我皇上原不惜数千万帑金，但无益之费，未便丝毫虚糜。应将前项局员公费银两概行裁除，以归实用。本年六月以前，业经支给者，照旧报销，自七月为始，停其支给。其局中办事各书识应领饭食、心红、纸张、油烛等银，势所必需，自难减除，仍应照旧支给。至佐杂人员，俸廉无几，应需饭食银两，臣于司库闲款充公项下量为酌给，毋庸开销正项。如此，则军需正项既可节省无益之杂费，而于公事亦不致有误矣。

所有臣酌裁军需公费缘由，谨会同抚臣李湖缮折具奏，伏乞皇上睿鉴训示。谨奏。

朱批：该部知道。

（《宫中档乾隆朝奏折》第三十六辑，第 313~314 页）

1815　署云贵总督觉罗图思德《奏报续获尹小生等私贩杂货等物一案案犯，审明定拟折》

乾隆三十九年八月二十一日

署云贵总督臣觉罗图思德跪奏：为续获私贩案犯，审明定拟具奏事。

窃照尹小生等犯私贩杂货等物，经前督臣彰宝讯明，将尹小生、李萃拟绞监候，请旨即行正法。其脚户李兆经、黄得沛从重改发乌鲁木齐。黄林隆杖一百，徒三年。未获之尹德隆、萧姓、黄小老等，勒限严拿速获。钦奉谕旨："将尹小生、李萃二犯解交刑部质讯治罪。余依议。钦此。"钦遵。业将尹小生、李萃二犯，饬委游击尚福带同弁员管解进京在案。

臣抵滇后，随将案内未获各犯严饬上紧查拿。旋据腾越州知州吴楷禀报，拿获伙犯黄小老并萧姓即萧科甲二犯等情。当饬永昌府飞提萧科甲、黄小老，同从前已获定拟外遣、现禁永昌府监未曾起解之脚户李兆经，一并解候质讯。兹臣前赴永昌，于大理府途次，据该府将各犯解到，臣即率同随往永昌军需局办事之署粮储道张凤孙等逐一研讯。

缘萧科甲、黄小老俱系腾越州民人，萧科甲有青布四十匹、毡片二十五斤，经相识之尹小生代雇李兆经骡一头驮运，黄小老有骡一头，亦经尹小生揽雇，与许尔凤驮载锣锅等物，俱欲到陇川土司地方贸易。萧科甲等于上年十月十二日起身，由小路绕过囊宋关，行走至南甸地方，萧科甲因染病落后，令李兆经驮货先行。比许尔凤亦用所雇黄小老骡头驮载，由小路绕至南甸，途遇尹小生等，一同搭伴，至陇川之火烧寨地方，被官兵查拿。黄小老等弃驮奔逸，萧科甲亦闻信潜匿陇川地方，先后拿获，据供，均非尹小生等一伙。但该二犯既俱与尹小生素识，且骡驮皆为尹小生代雇，恐有知情、合伙偷越外境、私通商货情事。臣复逐加严诘，俱坚供实非与尹小生等同伙，亦无相商偕往新街之事。反覆推鞫，矢口不移。

查律载：越度沿边关塞，因而出外境者，绞监候。又例载：私通土苗，互相买卖，发边远充军各等语。萧科甲虽据坚供并非尹小生等同伙，亦无商同贩往边外情事，但既有囊宋关禁，该犯货物乃由小路潜行，迹同偷漏，法应从严。萧科甲应请照越度沿边关塞因而出外境律，拟绞监候，秋后处决。黄小老在近边地方贪图脚价，代驮货物，洵非安分之人，应照私通土苗、互相买卖，罪应充军例，从重改发乌鲁木齐，交地方官管束，讯无家口，毋庸一并改发。再查萧科甲一犯，经臣严加审讯，虽据坚供并无与尹小生等商量同往新街等事，但该犯既与尹小生等素相认识，而驮货脚骡又系尹小生为其代雇，诚恐该犯因尹小生等现未在滇，质证无人，有心狡饰，应否将萧科甲解京，敕部质究之处，恭候谕旨遵行。

至未获之尹德龙、刘应凤、许尔凤、李周林、梁小兰等，除严饬设法加紧缉拿，务期早为擒获，分别解京，从重究拟外，所有续获萧科甲、黄小老审拟缘由，臣谨会同云南抚臣李湖恭折具奏，并缮供单敬呈御览，伏乞皇上睿鉴，敕部核覆施行。谨奏。

朱批：该部议奏。

（《宫中档乾隆朝奏折》第三十六辑，第 425～427 页）

1816　署云贵总督觉罗图思德《奏报遵旨查明征缅案内逃兵情形折》
乾隆三十九年八月二十一日

署云贵总督臣觉罗图思德跪奏：为遵旨查明，恭折奏覆事。

本年八月初十日，承准大学士于敏中字寄，内开："乾隆三十九年六月二十五日，奉上谕：据彰宝覆奏滇省已未获逃兵数目一折，其未获者共一百二十名，通计逃兵全数，尚系三分之一。阅年已久，因何尚有如许未获之人？至此等兵丁，俱系滇省各标营汛，自必潜回原籍者多，即不然，亦在本省附近家门之处逃匿避罪，地方官如果实心访缉，何难全数就擒？着传谕图思德，即严饬所属，将未获逃兵上紧缉拿，毋任漏网。又阅彰宝所开已获逃兵单内，审明正法者一百五十余名，而审明释放者至六十余名。既云逃兵，即不当有释放之事，纵或审明情节稍轻，亦应奏闻，量予发遣。乃单内发遣者仅止两名，而释放者转有如许之多，殊不可解。今彰宝虽已起程回京，其原案具在，无难查核。着该署督查明彰宝从前系照何例办理，及曾否奏闻之处，即据实覆奏。钦此。"钦遵，寄信到臣。臣遵即弔齐案卷，逐细检核。

伏查彰宝所奏释放逃兵六十三名内，周承勋等十四名，系于乾隆三十三年拿获，审系出师染患瘴病，该管官验明，给票回营调养，军营误报脱逃，经前督臣阿里衮、前抚臣明德审明具奏，仰蒙圣恩免其治罪，遵旨释放。其余四十九名，非因患病给票回营调养，即系票差缉拿逃兵逾限稽延，或将名粮因病顶与他人，出师潜逸，均非军营逃脱正犯，嗣陆续拿获，经阿里衮、阿桂、鄂宁、明德先后审明，援照周承勋等十四名奏案省释。当时审办之各督抚并未入奏，均属不合。而彰宝又未分晰声明，笼统具奏，尤为率忽，且查省释数内，有宋国贤、余成龙、唐健三名，或系并非逃兵，或系拿获责释之犯，彰宝均误入省释项下，以致与臣现查省释逃兵实止六十名之数互异。

臣因彰宝原奏省释一项既有错误，恐此外尚有舛错之处，复加逐细清查，内有错漏者六名，并已审定，而开为未经审定者一名，连宋国贤等，共错漏十名。查彰宝原奏逃兵三百七十名，今查系三百七十四名。臣谨钦遵谕旨，据实确查，将彰宝原奏错漏各案犯逐细更正，摘叙事由，分晰登注，开列一单，并将已获正法、发遣、责释、病故、自尽、未获各逃兵名数另缮清单，一并恭呈御览。其未获逃兵一百三十名，臣到滇后，拿获逃兵李伟一名，经臣审明正法，恭折具奏在案。现在未获逃兵实共一百二十九名。

伏思此项逃兵，诚如圣谕，自必潜回原籍，否则亦在本省附近家门。臣现严督各属上紧查拿，并饬各逃兵原籍及本省附近家门之处实力访缉，务期全数弋获，以伸国宪。但臣现赴永昌驻扎，诚恐通省幅员辽阔，难保处处督缉周到，是以将省西各属归臣督令缉拿，省东各属，札致抚臣李湖就近董率严缉，以冀督办严密，不致稍有懈纵。所有臣遵旨查办逃兵缘由，谨恭折据实覆奏，伏乞皇上睿鉴。

再嗣后设有拿获似此应行省释之逃兵，随时具奏，请旨办理。合并陈明。谨奏。

朱批：知道了。

（《宫中档乾隆朝奏折》第三十六辑，第 427～429 页）

1817 云南巡抚李湖《奏报福建委员办运滇铜逾限缘由折》
乾隆三十九年八月二十五日

云南巡抚臣李湖跪奏：为奏闻事。

乾隆三十四年十二月二十五日，奉上谕："各省委员赴滇采办铜斤，往来俱有定限。嗣后到滇办运开行，即着该抚具奏。其何时运回本省，有无逾限，亦令核实奏闻。至沿途出入省境期程，并照京局解员之例一体具奏，如有无故停留贻误者，即行指名参究。钦此。"钦遵在案。

今据布政使王太岳详称："福建委员原任汀州府同知刘长松，采买滇省金钗厂正耗余铜二十二万三千二百斤，于乾隆三十八年十月二十九日领竣之日起限，应扣至三十九年二月十五日限满。今该员于三十九年四月十八日，全数运抵剥隘扫帮出境，计逾限两个月三日。据宝宁县查称，实缘冬春雨雪，道路泥泞，牛只驮运维艰，又值浙江、陕西铜运拥挤，船只难于雇觅，致稽守候等情。恐有无故逗留弊混，又经檄饬沿途，查覆相同，核计迟延实属有因。"详请具奏前来。臣覆核无异，除飞咨沿途抚臣，转饬接替催趱，依限交收，并咨明户部外，理合恭折具奏，伏乞圣主睿鉴。谨奏。

朱批： 览。

(《宫中档乾隆朝奏折》第三十六辑，第 466~467 页)

1818　云南巡抚李湖《奏报滇省甲午正科乡试场规静肃并出闱日期折》
乾隆三十九年八月二十五日

云南巡抚臣李湖跪奏：为奏闻事。

窃照滇省本年八月内举行甲午正科宾兴大典，仰蒙钦点正副考官唐淮、查莹来滇。臣职任监临，派委驿盐道沈荣昌为提调，粮储道祝忻为监试，并于通省州县中调取科甲出身者一十七员，循例屌试，择其文理优通者八员，挑入内帘，随同正副考官分房阅卷，余俱派管收掌、受卷、弥封、誊录、对读各所分司其事。自八月初八日起，点名入闱。头二三场俱值天气晴明，士子齐集听点，咸能恪守条规。臣督同司道、各府按名逐加搜检，并无怀挟诸弊，诸生领卷入场，亦无易号喧哗之事，场规甚为静肃。十六日考试事竣，三场试卷，业经陆续誊录齐全，对读清楚，于十九日全数封交内帘校阅讫。臣遵例将闱中一切事务交与提调、监试二道督率办理，并委臣标中军参将孝顺阿驻扎贡院门外巡查，臣即于八月二十日出闱视事。除另疏题报外，理合恭折奏闻，伏乞圣鉴。谨奏。

朱批： 览。

(《宫中档乾隆朝奏折》第三十六辑，第 467~468 页)

1819　云南巡抚李湖《奏报滇省地方情形折》
乾隆三十九年八月二十五日

云南巡抚臣李湖跪奏：为恭报地方情形事。

窃照滇属七月以前频沾雨泽，田禾吐穗扬花，俱极蕃茂，经臣查明，具奏在案。今附近省会地方，八月初六、初七、初十、十四、十九、二十等日，又得甘雨滋培，入土深透，并据远近各属禀报，情形相同。

查省南一带，早稻已尽登场，晚禾亦俱成熟。省北一带，早稻正在收获，晚禾并经结实。已据报到收成十分者，有景东等八厅州县，九分以上者，有昆明等十三州县，八分以上者，有石屏等六州县，其余尚未报齐。臣体访舆情，咸称今岁雨旸时若，燥湿合宜，入夏以后夜雨昼晴，高阜平原灌溉蒸晒，应时长发，不独早晚禾稻可期一律丰登，即山种杂粮，如红稗、青稞、秋荞、高粱等类，俱皆颖实殷繁，倍胜往年。现在各属市米充盈，价值平减，民夷和乐，实堪上慰圣怀。除各属造报收成分数到日，另行核实奏闻外，所有秋禾丰稔情形，理合先行具奏，并将七月分粮价敬缮清单，恭呈睿鉴。谨奏。

朱批： 欣慰览之。

（《宫中档乾隆朝奏折》第三十六辑，第468页）

1820　云南巡抚李湖《奏报到配遣犯脱逃，循例分咨缉拿折》
乾隆三十九年八月二十五日

云南巡抚臣李湖跪奏：为遵旨具奏事。

乾隆三十六年三月初三日，钦奉谕旨："脱逃遣犯，查明各乡贯，迅速移知该本省严行缉拿。而经过各省分亦当知照，一体协缉务获。仍一面奏闻，便于降旨。并传谕各督抚，凡有改遣人犯在配脱逃之案，俱一体遵照办理。钦此。"臣凛遵圣谕，通饬各属，凡遇改遣人犯在配脱逃，即日造具年贯事由，册通详，并径送臣衙门，飞咨经由省分及原籍、邻封一体查缉在案。

兹据罗次县知县都其思详报，有广东省解滇安置军犯蔡复建长，系石城县人，在海康县行窃，满贯，拟绞，秋审缓决，减等充发，面刺"改遣"字样，于乾隆三十七年十二月二十一日到配，三十九年七月十九日脱逃，造册详报到臣。随即飞咨经过省分并原籍、邻封一体查缉，仍饬本省各属严速协拿务获，办理逾限无获。照例咨参外，所有遣犯脱逃，业经分咨缉拿缘由，理合遵旨具奏，伏乞圣主睿鉴。谨奏。

朱批： 览。

（《宫中档乾隆朝奏折》第三十六辑，第469页）

1821　云南巡抚李湖《奏报司监官犯、原他郎通判徐名标在监病故折》
乾隆三十九年八月二十五日

云南巡抚臣李湖跪奏：为官犯在监病故事。

乾隆三十九年八月十八日，据按察使图桑阿禀称："司监官犯徐名标，于八月初一日带病进监，医治罔效，八月十七日戌时身故。亲诣监所，验无别情。"等语。

臣因署督臣图思德业经起程前赴永昌，臣在闱监临，不能前往亲验，随委布政使王太岳率同在省府县覆验。去后，旋据该司覆称，率同云南府知府永慧、昆明县知县黄大鹏亲赴监所覆验，徐名标现年六十八岁，遍身黄瘦，实系病故。讯据伊子徐灿、医生尹东侯，金称委属受瘴深重，直入腠理，年老气虚，发散不出身死，取供详报到臣。

臣查徐名标，原任他郎通判，因所属坝哈地方安插投诚土夷召鑫等于本年三月十六日挈属脱逃，该员亲率练役追拿，在普洱府沿边撒袋河地方受瘴患病，前督臣彰宝行令撤回他郎。七月内，经署督臣图思德奏参提审，因病重不能起程，委按察使图桑阿亲往他郎查验讯供，并将徐名标抬解至省，亲审收监，拟发伊犁效力赎罪，具奏在案。今据报该犯在监病故，臣委布政使率同府县验无别故，除饬令将尸棺收殓，给属领埋，取具管狱官应参职名，咨部议处外，所有官犯在监病故缘由，臣谨会同署督臣觉罗图思德恭折具奏，伏乞圣主睿鉴。谨奏。

朱批：览。

（《宫中档乾隆朝奏折》第三十六辑，第470页）

1822　云南巡抚李湖《奏报汤丹等矿厂实况并补助修整事折》
乾隆三十九年九月初八日

云南巡抚臣李湖跪奏：为详议覆奏请旨事。

窃照滇省汤丹、碌碌、大水、茂麓四厂新旧水淹硐硐，因宣泄费繁，经臣会疏题请，酌定岁修一案，本年三月十三日，准户部议覆："汤丹、碌碌等厂产铜本多，开采既久，或因硐深硐薄，偶遇积水难消，前经该督抚奏请量为动项，以资宣泄，尚属应行。至大水、茂麓二厂，每年获铜不过数十万斤，开采不过五六年，其硐路尚不甚深，宣泄自属较易，未便一例筹办，且积水浅深大小情形各殊，若遇雨水稀少之年，未必尽需大办，即积水深远，工费浩繁，炉户无力拉泄，必须动项办理，亦当妥筹确核。如请帑施工后，果能使积水消归有路，不致再有淹浸，或可著效数十年，为一劳永逸之计。若仅以该厂产铜之多寡率分泄水之差等，定为常额，则每岁不过按例施工，日久必致有名无实。所有该督抚请将汤丹等四厂每年额给岁修银两，应毋庸议。并请敕令该督抚，将汤丹等大厂实在情形作何妥协办理之处，另行详议具奏，到日再议。乾隆三十九年正月十九日奏，本日奉旨：依议。钦此。"钦遵，移咨到臣，遵即转行司道查详。

去后，兹据布政使王太岳详据专管厂务之迤东道邹锡彤、东川府陈孝升覆称："汤丹、碌碌、大水、茂麓四厂煎办蟹壳铜斤，攸关京运，为滇省最大最久之厂，因积年攻采，礶硐日深，以致水淹砂路。前奉估勘核计岁修之费，请定章程，实为纾厂力而裕官铜起见。今题奉驳饬另议，敢不悉心筹计，以期撙节办理？惟是厂地情形有不得不据实陈明者。

如奉部议：汤丹、碌碌等厂产铜本多，开采既久，偶遇积水难消，量为动项宣泄，尚属应行。至大水、茂麓二厂，每年获铜不过数十万斤，开采不过五六年，硐路尚不甚深，宣泄自属较易，未便一例筹办等。因查汤丹、碌碌二厂年办铜四百六七十万斤，礶路深远，泄水工多，既蒙洞鉴厂力艰难，允准帮补。但年运京局铜六百三十余万斤，该二厂所产仅得十之六七，其余即借大水、茂麓之铜拨供年额。是虽出硐稍减，而凑配在所必需，实无轻重之别。况滇省铜厂事例，以岁获铜数分定等差，年办数千至数万斤者为小厂，一二十万斤者为中厂，加至四五十万斤者为大厂。大水、茂麓二处年各办铜五六十万斤，厂分非小，且查大水一处，于康熙年间开采，尚在碌碌之先，茂麓即其子厂。雍正四年，将大水、碌碌、汤丹三厂入册造报，茂麓一处，因仍作子厂，归入大水抽收报销。至乾隆三十三年始，另列名目，分员管理。是造报虽有先后之分，开采究无久近之异。历今五十余年，礶硐深远均至数百丈及七八里不等，水积山腹，消归无路，以致有碍攻采，情形均属相同，筹办殊难偏废。

又奉部议：积水浅深大小情形各殊，若遇雨水稀少之年，未必尽需大办等因。查各厂生产硐砂，俱在山水环绕之中，挖掘礶硐，又系屈折下行之路，穿凿日久，地势愈低，由内而出者，则有泉源之上涌，由外而入者，则有雨水之下注，虽积聚有大小浅深之殊，而砂路被淹，硐苗不现，即无由施其攻采，纵遇雨少之年，地穴泉流必需时加宣泄。是以前议请给岁修，实恐误采停煎，杜弊除累，不得不为随时调剂之计，似难节省。

又奉部议：请饬施工后，果能使积水消归有路，不致再有淹浸，或可著效数十年，为一劳永逸之计等因。查汤、碌、大、茂等厂，山峦蟠结，绵亘数百里，硐砂内蕴，深入腹里，礶硐自上而下，跟追砂线行尖，一遇水淹，砂路止可于礶硐之内，相度形势高低，或筑堤堵截，或设笼提拉，万难于层岭叠嶂之中穿山放水，开挖尾闾，使就干涸。若非平治河流，挑淤浚口，俾积水消归有路，即可著效数十年，为一劳永逸之计。

又奉部议：仅以该厂产铜之多寡率分泄水之差等，定为常额，则每岁不过按例施工，日久必致有名无实等因。伏查水由地行，金为水母，滇省凡产五金之地，其下即有洑流，春夏地气上升，则泉出倍增，秋冬地气下降，则水源稍减，若遇雨泽时行，客水灌浸，盈缩并无一定。是以各厂泄水之工终岁不息，各硐戽水之费无月可宽。从前礁浅铜丰，厂户利多费少，一切提拉疏消原系自为办理，无妄希恩泽，仰给公家。今因年久礁深，四厂计硐一百八十余处，需费自数千金至万余金不等，若照数官为拨发，则常年所费不赀；若间岁偶一加恩，则厂力仍难宽裕。是以酌请帮补，以佐小民拮据之未逮，定为年额，以省不时勘报之耽延，原非全靠官项扣足一年取给之需。至动用经费，必须量入为出，俾有限制。现既因铜而筹费，即应就费而计铜。惟有以出铜之多寡分泄费之等差，庶工归实用，可杜冒滥虚糜之弊。非敢听其奉行日久，有名无实，视为循例兴工之具文。应请仍如前议，查照大兴、义都等厂之例，量给岁修，以资接济。"等情，详请核奏前来。

臣查汤丹、碌碌、大水、茂麓四厂，年供京局铜六百三十余万斤，采办于汤丹、碌碌两厂者十之六七，而凑拨于大水、茂麓两厂者十之三四，是大、茂两厂并非中小各厂可比。前因该四厂开采年久，礁硐日深，或潜通地穴，涌出原泉，或阴雨连绵，山水奔注，往往沉埋硔路，一切筑堤、开沟、设笼、提拉诸费，每月皆有，工多耗重，民力难支，曾经臣于三十七年敬陈铜厂事宜折内奏明勘估，部议准于局钱及铜斤余息项下支销造报。嗣臣复亲赴该四厂，查勘汤丹、碌碌等处之天宝、兴隆各礁硐，遍询厂民，佥称旧时曾得大硔，因年久叠被水淹，无力宣泄，现在竟成废礁。当将饬委道府确勘筹款，设法疏消，以期渐复旧规缘由，奏奉朱批："此甚要，当速为者。钦此。"随经臣会同前督臣彰宝查明该厂等新旧水淹礁硐应需宣泄工费，于乾隆三十八年十月内会疏，题请酌中定额：汤丹厂年办铜三百余万斤，酌给银六千两，碌碌厂年办铜一百八十余万斤，酌给银四千两，大水、茂麓二厂年办铜一百二十余万斤，各给银一千五百两，定为岁额，并声明本年先发一半银两，集夫赶办，统俟覆准核实，找给等因。今准部臣分晰指饬，行令详议具奏，原属慎重经费之意。

窃查滇省节年铜政困敝，仰蒙圣慈洞鉴积重情形，酌借底本，通商加铸，清厘旧欠，并于乾隆三十七年五月内，钦奉特旨，将加价六钱收买之限展至今年六月始行停止，炉民感激天恩，踊跃攻采，是以上年新旧各厂共获铜一千二百四十余万斤。今岁春夏两季截数，亦得铜六百四十一万斤有奇，较前已有起色。但查新开各厂中，现惟大功山一处，半年办获铜五十九万余斤，尚为旺盛。其余万宝、万象二厂，核数犹属无亏。至去冬出铜最多之狮子山厂，目今春夏两季，止办铜一十二万斤，比较上年铜数，十不及一。他如发古、波萝、九渡箐、翠柏等厂，日渐衰微，甚且无硔可采。实缘山形单薄，内蕴不深，虽见效颇速，究属草皮鸡窠之硔，难以持久，非若汤丹等四旧厂线远砂长，历数十年采取不尽者可比。即以上年而论，通省大小新旧各厂五十一处，共获铜一千二百四十五万有零，内汤、大等四厂办至五百三十八万斤，几及通省铜数十分之五。是该四厂实为出产最旺之地，今因礁硐深远，硔路低洼，厂民无力宣泄，以致水淹之处时误攻采。若不请项量为补助，舒厂力而裕官铜，恐因小失大，所关匪细。

兹据该司道府缕晰会议，详覆前情，臣逐一再加查核，大水、茂麓二厂实与汤丹、碌碌同时开采，历年俱久，其硐深水积情形均属相同。今汤、碌两厂准其动项宣泄，则大、茂两厂似亦未便向隅。至该四厂俱在深山穷谷、层峦叠嶂之中，凿石开磄，跟追砂线，横斜屈曲而下，始能进攻成堂。现勘硔路俱已深入数百丈及七八里不等，每遇地泉涌出，天雨灌注，汇积深窝，止可随时相其形势之便利，拦筑堵截，设笼提拉，清硔路以施攻采，势不能穿山泄水。如浚河挑淤工程，可以著效数十年，为一劳永逸之计。

至泄水之费，从前厂力宽舒，原系自行凑办。现因硐深费重，民力难支，议请量为调剂，定以年额，因时制宜，良亦事非得已。伏查乾隆二十八年，前督臣吴达善因大兴、大铜等厂水淹，奏请每年动给钱局余息银八千两；三十二年，前抚臣汤聘因义都厂水淹，奏请每年拨给钱息银三千两，俱为厂民费繁力绵起见。仰邀恩允准行，今汤丹等四厂上关京运，可否仰吁天恩，俯如前议，准将汤丹厂给银六千两，碌碌厂给银四千两，大水、茂麓二厂各给银一千五百两，在于钱局及铜斤余息项下动支造报，此外不敷之数，仍责令厂民自行凑办。至定给修费以后，如果实力宣泄，年额无亏，准其全数给领。倘所获之铜不能足额，即照少办之数核实减除，仍责成专管道府随时分别详报办理。臣留心稽查，遇有冒领浮销之弊，即将查办不实之道府及经管厂员一并参究追赔，则考核綦严，帑项不致虚糜，工费胥归实用矣。

所有厂地实在情形及确筹办理之处，理合遵旨详议，会同署云贵督臣图思德合词覆奏，伏乞圣主睿鉴，敕部核覆施行。谨奏。

朱批：该部议奏。

（《宫中档乾隆朝奏折》第三十六辑，第 471～475 页）

1823　署云贵总督觉罗图思德、云南巡抚李湖
《奏报循例委署道、府缘由折》
乾隆三十九年八月二十五日

署云贵总督觉罗图思德、云南巡抚臣李湖跪奏：为遵例奏闻事。

窃照道府等官升迁事故悬缺，委员署理者，例应随时奏闻。

兹查云南粮储道祝忻告请终养，经臣等具疏题报，所遗员缺，奏请将签升浙江盐驿道之临安府知府张凤孙留滇补用，恭候谕旨遵行在案。查告请终养人员定例，即饬交代回籍。云南粮道管理永昌军需局务，一切调拨边防、筹计粮饷责成綦重，必需熟手经理。臣等会商，即委张凤孙先行接署，所遗临安府缺，因奉旨简授之汤雄业尚未到滇，暂委云南府知府永慧就近兼管。所有臣等委署道府各缺缘由，理合恭折会奏，伏乞圣

鉴。谨奏。

朱批：该部知道。

（《宫中档乾隆朝奏折》第三十六辑，第479页）

1824 云南巡抚李湖《奏报本年滇省秋成丰稔分数折》
乾隆三十九年九月初八日

云南巡抚臣李湖跪奏：为恭报秋成丰稔分数，仰祈圣鉴事。

窃照滇省本年晴雨均调，禾稻、杂粮无不种植畅茂，结实充盈。兹届西成之候，臣亲历郊原察勘，刈获满野，枦比崇墉，远近皆遍。询诸农人，咸称高下田畴一律丰收，实为节年以来所仅见。莫不喜色相告，欢跃载途。并据藩司将通省收成分数开单汇送前来。

臣逐一确核，景东等十四厅州县高低收成俱有十分；思茅等十五厅州县，高处收成九分，低处收成十分；蒙化等十一厅州县，高处收成八分，低处收成十分；中甸等二十一厅州县，高低收成俱有九分；他郎等十四厅州县，高处收成八分，低处收成九分；永北等十厅州县县丞，高低收成俱有八分。合计通省稻谷、杂粮，高低牵算，实获九分有余。

又查沿边各土司地方种植稻粮，并报收八九十分不等。远近均获有年，市价日见平减。

际此时和岁稔，户庆盈宁，实皆仰赖圣慈福庇所致，臣等不胜额手欢忭。除照例另疏题报外，谨先开列清单，恭折呈奏，伏乞睿鉴。谨奏。

朱批：欣慰览之。

（《宫中档乾隆朝奏折》第三十六辑，第580页）

1825 云南巡抚李湖《奏报癸巳年加运第二起京铜开帮日期折》
乾隆三十九年九月初八日

云南巡抚臣李湖跪奏：为奏闻事。

窃照云南省办运京局铜斤，在四川泸州开帮日期，例应奏报。

今据云南布政使王太岳详称："癸巳年加运第二起委员、镇雄州知州白秀，领运正耗余铜九十四万九百九十一斤六两四钱，于乾隆三十九年六月二十八日，在四川泸州全数开帮。"等情前来。除飞咨沿途各省督抚催趱前进，依限赴京交收，并咨明户、工二部外，所有癸巳年加运二起京铜开帮日期，理合循例恭折奏闻，伏乞圣主睿鉴。谨奏。

朱批：览。

（《宫中档乾隆朝奏折》第三十六辑，第581页）

1826　云南巡抚李湖《奏报浙江委员采买铜斤扫帮出境日期折》
乾隆三十九年九月初八日

云南巡抚臣李湖跪奏：为奏闻事。

乾隆三十四年十二月二十五日，奉上谕："各省委员赴滇采办铜斤，往来俱有定限。嗣后到滇办运开行，即着该抚具奏。其何时运回本省，有无逾限，亦令核实奏闻。至沿途出入省境期程，并照京局解员之例一体具奏，如有无故停留贻误者，即行指名参究。钦此。"钦遵在案。

今据布政使王太岳详称："浙江委员绍兴府通判张廷泰，采买滇省义都、金钗等厂正耗余铜二十五万四千一百七十五斤，于乾隆三十八年五月初四日领竣之日起限，除小建七日，应扣至三十九年七月二十一日限满，今该员于三十九年八月初四日，全数运抵剥隘扫帮出境，仅计逾限十三日，应请免议。"等情，详请具奏前来。臣覆核无异，除飞咨沿途抚臣转饬接替催趱，依限交收，并咨明户部外，理合恭折具奏，伏乞圣主睿鉴。谨奏。

朱批：览。

（《宫中档乾隆朝奏折》第三十六辑，第581～582页）

1827　云南巡抚李湖《奏报特参年老废弛之大理府知府黄涛折》
乾隆三十九年九月初八日

云南巡抚臣李湖跪奏：为特参年老废弛之知府，以肃吏治事。

窃照知府为方面大员，必须精明强干，振作有为，庶足以资表率。

查有大理府知府黄涛，才本中平，性复庸懦，从前办事尚知黾勉，近因年齿渐增，履历虽开六十八岁，察其精力，已经就衰，以致诸务不能整顿，属员全无畏惧。如府属宾川州监生段其芳具报被盗，该州廖景明因勘无强劫情形，竟置赃贼于不问，转将事主羁押拖累。经臣特疏题参，饬令该府上紧督缉，迄今数月，仍无弋获。又如府属赵州、邓川、宾川、浪穹各州县承办大举军需案内，有民欠缺买米石及长支脚价银三万四千九百余两，屡饬该府督追，仍属悬宕，臣现委驿盐道沈荣昌前往督查清理。又如审转案件，拟议多未允协，屡烦驳饬更正，批令提审，词讼任意延搁，案多拖累。

查大理府为迤西冲衢，管辖七州县，似此诸事怠弛，实忝表率之任，若再听其因循恋栈，必致贻误日深。兹据布政使王太岳、按察使图桑阿、迤西道龚士模揭报前来。臣谨会同署督臣图思德恭折参奏，请旨将大理府知府黄涛革职，以肃吏治。除一面遴员摘印署理，并查明该府有无经手钱粮未完事件另报外，所遗大理府员缺，应归部选。

查有奉旨补放知府之宋廷采，经部臣奏明，遇有滇省月选知府缺出，扣留知照题补。现据宋廷采禀报，已由广西起程来滇。应否俟该员到日，准其补授之处，恭候钦定。理合会折具奏，伏乞圣主睿鉴。谨奏。

朱批：有旨谕部。

（《宫中档乾隆朝奏折》第三十六辑，第582~583页）

1828　云南巡抚李湖《奏报遵旨办理购办〈四库全书〉遗书情形折》
乾隆三十九年九月初八日

云南巡抚臣李湖跪奏：为遵旨覆奏事。

乾隆三十九年八月二十七日，准办理《四库全书》处咨开："内阁抄出，六月二十六日，奉上谕：各省购办遗书，闻外省各设公局办理，交到后，有因重复琐小，拣下不解者留局，未行给还，将来缺少遗失及吏胥干没，皆所不免。着各督、抚、盐政，将各家呈出遗书，除已解京，俟发回另行给还外，先将各家拣存之书，令承办书局人员按照所呈原本先行发还，并饬该管官严行稽查，毋任胥役等从中取利。如或视为具文及办理不善，致官吏人等将书本窃去抵换，并借端勒掯需索情弊，惟督抚等是问。督抚等奉到此旨，先行出示晓谕，俾咸知朕意。仍将如何还给及何日给完之处，具折覆奏。钦此。"钦遵移咨到滇。

臣查滇省僻处边隅，绅士见闻孤陋，绝少遗书。臣前遵奉谕旨，广为搜辑，据各属节次禀覆，查无旧存著作名编，间有士民呈送稿本，悉皆不堪采取。臣阅后，当即发还本人领回，并未存留片纸。嗣于现任各员内，或有携带典籍，逐一搜罗。去后，止据武定州知州明安呈到《玉海》一部，八十本，云州知州饶学曦呈到《函史》一部，八十本，尚可备采。并将臣自带抄录《方舆纪要》一部，六十四本，宋板《六经正误》一部，六本，当经开单奏明，咨送礼部，转交总理修书处查收在案。滇省未经设立收书公局，并无拣存未还之书，亦无胥役窃换勒索情事。除将钦奉谕旨敬谨刊刷、誊黄，分发各属遍贴晓谕外，理合恭折覆奏，仰祈圣主睿鉴。谨奏。

朱批： 览。

（《宫中档乾隆朝奏折》第三十六辑，第 583～584 页）

1829　云南巡抚李湖《奏报遵旨办理川省溃兵边九业等一案情形折》
乾隆三十九年九月初八日

云南巡抚臣李湖跪奏：为钦奉上谕事。

乾隆三十九年八月十九日，承准大学士于敏中字寄："乾隆三十九年七月初七日，奉上谕：前因李湖等审办川省溃兵一案，内有边九业、祁大斌、袁思容三犯，一供系刘子道指使，一系李耀指使，一系刘建柱指使，因降旨令文绶查奏。嗣据文绶奏称，咨准将军阿桂覆到，上年驻扎达札克角兵内并无刘子道姓名，其守兵李耀已于上年四月阵亡，至把总刘建柱讯系海兰察令其将兵撤出，并非指使退回等语。因所奏与滇省供词互异，复谕李湖再行研取确供定案。今据李湖奏称，接准川省咨覆，复加讯究，适据袁思容供称，指使之把总刘建柱实系奉海兰察谕令将卡兵撤出，并非该把总倡退。至祁大斌供指之李耀，先已身故。边九业供指之刘子道，实无其人。逐一供明，仍请分发安插等语。此项溃兵，如系首先倡逃，其罪实无可逭，是以节谕各督抚于解到时严讯实情，分别办理。今据讯袁思容系在达札克角守卡，其退回已在木果木失事之后，且因刘建柱令其退出，而刘建柱又因海兰察之吩咐撤回果尔，则袁思容即不得谓之逃溃。文绶上年办理溃兵时，何以将袁思容一并发遣，当时曾否讯供确核办理，着传谕文绶据实覆奏。再袁思容是否系达札克角守兵，自有册籍可稽，并着富勒浑、文绶一并查明具奏。将此遇军报之便发往。至李湖所奏之祁大斌、边九业，即照拟分发安插。其袁思容一犯，暂寄省监候。文绶等查明到日，再降谕旨，并谕李湖知之。钦此。"臣跪读之下，仰见圣主明法敕罚务协平允至意。

臣遵训旨，先将祁大斌、边九业二犯分发腹内之南安州定远县安插，锁拴铁枪，悬挂铃牌，并于牌内錾明"脱逃滋事，即行正法"字样，令其充当挫磨苦役，不与改遣人犯相聚一处。仍责成地方官加谨看守，按月将有无滋事之处具报。其袁思容一犯，暂寄省城监禁，俟川省查明覆奏，恭候谕旨钦遵办理外，所有奉到圣谕祗遵缘由，理合恭折覆奏，伏乞睿鉴。谨奏。

朱批： 览。

（《宫中档乾隆朝奏折》第三十六辑，第 584～585 页）

1830　署云贵总督觉罗图思德《奏请将黔省官员调滇省补用折》

乾隆三十九年九月十四日

署云贵总督臣觉罗图思德跪奏：为仰恳圣恩，准将黔员调滇补用，以裨军需，以重边防事。

窃照永昌军需局岁费数十万金，与年销防费五六万两数甚浮溢，且不论正杂款项，总造一册，殊属牵混不清，业经臣恭折具奏在案。似此支发银数，积至九十余万两，款项繁多，臣现在另设一局，逐细清理，必得明练之员专司其事，方得积案一清。但臣初到滇省，官员贤否均未深知，殊难信任。惟查黔省有业经奏升铜仁府松桃同知之庄肇奎，才情展拓，办事精细，不辞烦琐；试用州同、借补贵阳府经历朱再扬，为人谨慎，办事细心；试用县丞王发槐，办事勇往，差委无误。该员等俱系臣所深悉之人，若以委办军需事务，臣既获收指臂之效，而积年款项可望清理，于滇省军需洵有裨益。如蒙俞允，庄肇奎系奏准升署同知、未经引见之员，滇省遇有同知缺出，臣另行奏补，恭候钦定，再送部引见。其松桃一缺，虽系苗疆重地，但事务尚不殷繁，黔省堪以胜任之员不致乏人，容臣会同贵州护抚臣韦谦恒拣员请补。至朱再扬、王发槐，亦俟相当缺出，酌量咨补。

再臣不日即赴各关隘亲查，第地方辽阔，必须亲信武职大员随带前往，以便檄委，分赴各卡隘哨探。惟是现在滇省武职中多系出师派防，实不敷用。前经臣奏请简发武职，但到滇为期既远，且初到边方，未能谙练。查有贵州抚标中军参将德光、右营游击吴国涛、镇远镇标右营都司徐绍，俱才情妥练，熟悉营伍，在黔年久，皆臣素所深知。德光前曾随臣到滇，委查督标军械、钱粮事毕，当令其回黔供职，经臣奏明在案。合无仰恳天恩，俯念边防紧要，准将德光、吴国涛、徐绍三员一并调滇，随带赴各关隘查视情形，实与边务有裨。亦俟相当缺出，分别补用。倘邀恩准，所遗各缺，黔省现有拣发候补人员另行会题补用。

至德光、吴国涛，均系预保即应送部引见之员，今请调至滇，容俟撤防后再为给咨送部。臣因军需边防需才起见，是以不揣冒昧，恭折具奏，伏祈皇上睿鉴训示。谨奏。

朱批：着照所请行。该部知道。

（《宫中档乾隆朝奏折》第三十六辑，第 709～711 页）

1831　署云贵总督觉罗图思德《奏参年衰有疾之鹤丽镇中军游击瑚金泰，请旨勒休折》

乾隆三十九年九月十四日

署云贵总督臣觉罗图思德跪奏：为营员年衰有疾，难以骑射，请旨勒休，以肃戎行事。

窃臣到任后，即将云南省城督抚两标及城守营官兵技艺逐一考验，恭折具奏在案。复通饬各标协营，近省者送省考验，距省较远之迤西各营，相近大路者，于臣赴永时顺道送考，不近大路者，送至永昌考验。除随到随即考校，分别优绌奖惩外，惟有现署新嶍营参将事、鹤丽镇标中军游击瑚金泰，臣察其平日训练弁兵虽尚勤慎，但现患半身不遂之症，不能骑射。查该员年五十七岁，系镶红旗满洲，拣发来滇，补授鹤丽镇中军，接准部覆，尚未到任。

伏思镇标中军为一镇之领袖，而现署之新嶍营参将，又为专城重寄，攸关表率，似此病员，未便姑容恋栈，致滋贻误。相应据实参奏，请旨将瑚金泰勒休，以肃营伍。除饬令离任，一面委员摘署外，臣谨恭折具奏，伏祈皇上睿鉴训示。谨奏。

朱批： 该部知道。

（《宫中档乾隆朝奏折》第三十六辑，第711页）

1832　署云贵总督觉罗图思德《奏报遵旨前赴永昌办理边务情形折》
乾隆三十九年九月十四日

署云贵总督臣觉罗图思德跪奏：为钦奉上谕事。

本年八月十八日，楚雄途次，承准大学士于敏中字寄，内开："乾隆三十九年八月初二日，奉上谕：据图思德奏酌派本年出防官兵及查探各关隘现俱宁谧二折，自应仿照彰宝旧定章程妥办。览奏已悉。前据该署督奏，抵省后，俟召銮一案办竣之日，即驰往永昌驻扎料理等语，此际谅已早抵永昌。但图思德甫经到滇，于一切巡防稽察事宜未能谙悉，非彰宝久驻边境者可比，且恐绿营官兵骫骳成习，见图思德初到，不似彰宝在彼之共知畏惧。所有各处分驻员弁、兵练，或懈惰偷安，疏于防范，殊有关系。该署督务宜严饬留防镇将，加紧巡逻，无稍懈玩。至永昌虽属总汇之地，图思德初到，亦当各处查阅，不宜专驻永昌，仅凭文武各员弁禀报，致有虚词失实。其分派驻防之张凤街、三台山及陇川、盏达、缅宁并各关隘，图思德均须逐一亲历，阅视稽查，习其地利形势。仍严饬兵弁于各关隘小心防守，严禁奸民偷漏，夷匪私越，如有前项情事，即行查拿重治。若逆酋遣人潜至近边探听消息，即设法密擒务获，毋致兔脱。至缅酋敢于抗拒官兵，拘留内地官员，诡称投降，并不进贡还人，且敢将问信之苏尔相羁住不遣，实为罪大恶极，岂容轻恕？现虽暂时停剿，究须伺其罅隙，以为缓图，并非置之不办。但既窥破贼智，不肯为其所激，轻率进兵，致堕其术。此意并不可令贼人探伺而知。着传谕图思德，不时昌言检点军马，作为剿击之态，使缅匪闻而预防，令其常生敬畏，切不可稍露不办情状，致令缅匪安心。将此传谕知之。钦此。"钦遵寄信到臣。跪读之下，仰见我皇上安戢边围，无微不烛。复以臣甫抵滇省，备蒙圣训周详，指示机宜，造就生成，至于此极，实不胜感激涕零。

伏念臣仰荷恩命署理云贵总督，职任封圻，边情尤关紧要。前因审案，暂驻省城，每于公事稍闲，即将从前历奉一切边务上谕悉心恭读，并凡遇近边稍知缅情之员，详细咨询，三月以来，渐得端绪。第恐绿营官兵乘此新旧交接，懈惰偷安，疏于防范。虽叠据提镇十日一报会哨守御，关卡严紧，内外俱极安静，但臣莅滇未久，属员诚伪未及周知。诚如圣训，虑其虚词失实，是以时时严切飞谕沿边镇将员弁，于各关隘加紧巡查。倘值臣亲至其地，访有情形与禀报不符，立即严参治罪。节次据禀，似略知儆畏。兹复荷皇上训谕详明，臣惟有严督分驻镇将、兵练巡逻罔懈，务绝奸民偷漏、匪夷私越，其有逆酋遣人潜至近边探听，尤须设法密擒，不使兔脱。总期内地不容一人偷越，外夷不容一人窥伺，固守疆圉，密探缅情，以冀仰副圣主委任。

臣自省起程，于八月二十七日到永。适署提臣锦山亦照向例来永，臣面询，现在各关卡俱甚宁静。随会同锦山，将出防兵马逐日考验操演，俾弁兵技艺娴熟，马匹膘力肥壮，分派地段出防，冀收实用而壮先声。臣一俟防兵全数出关后，即尾随亲赴张凤街、三台山、陇川、盏达、缅宁等处，以次查阅，习其地势险夷，察其关口疏密，相机核办，另行绘图奏闻。

至缅匪狡诡性成，负嵎梗化，已属罪不容诛，乃又胆敢羁留内地官员，并问信之苏尔相亦复不令入关，罪大恶极，无以复加。若以常理而论，断难一刻暂稽天讨。第以地险瘴盛，未便轻率攻剿，堕贼奸智，是以暂缓进兵。如复疏于扼隘，懈于扬威，使逆匪得以侦我消息，为休养之计，是名为备贼，适以纵贼。臣熟察逆匪拘留官员以激我怒，其计不行，则又屡请通商，以缓我师。其意总冀关隘日久禁弛，使内地货物偷漏往来，既济匪地所乏，且预知我大军行止，彼即得遂其奸。臣每一念及，即为发指，自当钦遵谕旨，不时昌言检点军旅，操练兵马，作进讨之势，（**夹批：是。**）俾缅匪闻风悚惧，疲于警备。俟有瑕衅，再行密奏请旨，断不敢稍有率忽泄露，致逆匪得以安然休息。

所有臣钦遵谕旨缘由，谨先恭折奏覆，伏祈皇上睿鉴。谨奏。

朱批：言之明矣，实力为之。

（《宫中档乾隆朝奏折》第三十六辑，第 712～714 页）

1833　云南巡抚李湖《奏请将大功山厂铜拨运泸店作为运京底铜折》
乾隆三十九年九月二十四日

云南巡抚臣李湖跪奏：为请添拨大功厂铜运贮泸店，以速京运事。

窃照滇省年办京局铜六百三十三万斤，俱取给于汤丹、碌碌、大水、茂麓等厂，每年正、加四运，分作八起，例限八月兑发头拨，余俱按月挨次开帮。从前泸店积有底铜数百万斤，每遇新铜未到，先将底铜凑拨，仍以续后运到厂铜补还存数，通融济兑，故能依限扫帮，办理从容，无虞迟误。自乾隆三十二三等年，将泸店底铜节次拨给陕西采买，并垫发沉失等项，店内全无存贮，须将现年所获厂铜赶供现年京运兑发之用，办理已属竭蹙，兼值彼时汤丹等厂年止办获铜四百六七十万斤，不敷额运，复不得不将下年办出之铜拨补上年缺额，那后补前，递年积压，办铜愈绌，起运益迟，以致本年应运之铜，直至次年六七月始能全数扫帮。核计数年之间，实共短缺额运铜四百余万斤。当将三十六年前抚臣诺穆亲奏拨尖山厂铜一百万斤、三十八年前督臣彰宝奏拨九渡箐等新厂铜一百万斤凑拨用讫。本年二月，续请添拨新厂铜二百万斤，亦止敷补还癸巳年运内动缺本年春夏二季额铜借拨之数，是泸店底铜仍无存贮。

查京铜由寻甸、东川两路分运抵川属泸州交兑，水陆程途各五十余站。水路有盘滩阻浅、守风之耽延，陆路有雨雪泥泞、车运牛驼之迟滞，约需两月，方能运到一起之铜，计年额八起，须历年余之久。臣抵任后，设法催趱，不遗余力。每年头运虽赴例限，随因续运不继，仍致稽迟，皆由站远，每多阻滞，难以按月依限抵泸。必须于额运之外多办，泸店底铜宽为存贮，俾新旧可以通融拨补，始不致开运愆期。

臣悉心筹画，查汤丹等四厂上今两年办铜虽有起色，但止能赶办现年正额，不能备贮泸店底铜。惟有大理府属之大功山厂铜，成色在九成以上。该处生产松柴，烧炭便易，可揭蟹壳。上年开采获铜八十八万斤，经臣檄行藩司，转饬厂员如法煎炼解验，蜂窝纯净，色兼红紫，与汤丹等厂成分相同，已于本年二月，奏拨各新厂铜二百万斤内，凑发该厂铜七十五万斤，现在运泸。该厂本年春夏两季又获蟹壳铜五十九万二千余斤，砆砂颇旺，年可出铜百余万斤。若令长运至省转饬，经由州县，于承运京铜年额之外设法添雇夫马，陆续运贮泸店，作为底铜，存备京运济兑之用，每年委员到泸，如新铜未到，或现到铜数不敷，先将底铜拨给，即可依限开帮。纵遇阻浅守风及雨雪，驼运迟滞，亦不致再虞缺误。其借拨底铜，仍于续到正铜内扣还，数年之后，底铜渐次充裕，庶可仍复旧例。

臣为筹拨京铜起见，谨据实奏闻，请旨将大功山厂铜拨运泸店，汇同汤丹等厂一体入册报销，于京运实多裨益。其余各厂年获铜斤，作为本省及各省采买鼓铸之用，照例高低搭配，现计上下半年划拨之数足敷凑给，毋虑短少。如蒙俞允，所有收买铜价、核给运脚、酌设店费等项，另行造册咨部。是否有当，臣谨会同署督臣图思德恭折具奏，伏乞圣主睿鉴施行。谨奏。

朱批：该部速议具奏。

1834　云南巡抚李湖《奏报滇省地方情形折》
乾隆三十九年九月二十四日

云南巡抚臣李湖跪奏：为恭报地方情形事。

窃照滇省本年雨水均调，禾稻、杂粮俱获丰收，经臣查明分数，具奏在案。

兹据各属禀报，九月上旬天气晴明，农民乘时刈获，稻谷已悉登场，秋荞、红稗、粟米、高粱等项亦经收竣。十六、十八、十九、二十一二等日，远近均沾透雨，土膏润泽，早收田亩业俱播种麦豆，余并渐次翻犁，农功将毕。新米出市充盈，价日平减。现届开征之候，臣行司道，严饬各府厅州督率所属，将应征银米秉公收纳，并将平粜出借仓谷乘兹岁稔价平，及时买补催收，以裕备贮。到处民情宁谧，里井恬熙。理合缮折奏闻，并将八月分通省报到粮价开具清单，恭呈圣鉴。谨奏。

朱批：欣慰览之。

（《宫中档乾隆朝奏折》第三十六辑，第848页）

1835　云南巡抚李湖《奏报甲午年头运第一起京铜开帮日期折》
乾隆三十九年九月二十四日

云南巡抚臣李湖跪奏：为奏闻事。

窃照滇省办运京局铜斤，在四川泸州开帮日期，例应奏报。

今据布政使王太岳详称："甲午年头运第一起委员、署浪穹县试用知县萧霖，领运正耗余铜七十三万六千三百斤，于乾隆三十九年八月二十七日，在泸州兑足，全数开帮。"等情前来。除飞咨沿途各省督抚催趱前进，依限赴京交收，并咨明户、工二部外，所有甲午年头运第一起京铜开帮日期，理合恭折奏闻，伏乞圣主睿鉴。谨奏。

朱批：览。

（《宫中档乾隆朝奏折》第三十六辑，第849页）

1836　署云贵总督觉罗图思德《奏报查明军需钱粮册载情事及修整京箭并着追价银各缘由折》
乾隆三十九年九月二十四日

署云贵总督臣觉罗图思德跪奏：为遵旨查明奏覆事。

乾隆三十九年九月十四日，承准大学士于敏中字寄，内开："乾隆三十九年八月二十五日，奉上谕：据图思德奏彰宝移交案内，有永昌府属采买谷石及边防用费逾额，又派修旧存箭枝各案均未妥协等因一折，所奏甚是。五六月间，系青黄不接之时，何独永昌府属转急急于此时添买谷石？且据图思德委查，保山等四厅州现在兵粮及常平仓共存米谷三十万石，尚有无仓收贮、分堆各寺庙、不免霉朽者，更可无庸添置等语。是采买谷石，徒致朽腐狼藉，殊为可惜。彰宝彼时已在病中，精神自不能照应，然非有属员禀详，彰宝何以筹办及此？则禀详之员或希图采买从中冒滥侵肥，亦未可知。着图思德查明系何人主见，禀详，据实参奏。又永昌边防经费，既经彰宝酌定每年需费五六万金，何以军需局册造，自乾隆三十五年以来，每年有用至二十余万及十余万不等？军需自有专项，其铜厂工本、借支养廉采买谷石等项自应各归各款，何得与军需牵混，溢于奏定之数？军需局承办俱系何人，因何如此办理，亦着图思德查明参奏。仍令将款项划清报销，如有朦混侵亏，即查参，重治其罪。至前此由京解贮永昌等处箭枝三十二万余，上年谕令挑拨十万枝运交川省军营应用外，余令该督查验收存。此项箭枝，解往滇省不过五六年，如果爱惜收贮，何致损坏至五六万之多？且昨据彰宝覆奏，挑存箭枝二十二万余，修饰完好装贮，因何复有派令通省领修之事？是彰宝于存滇箭枝，从前既收藏不慎，现在又私派领修，实属办理不善。所有应需修费四五千两，俱着彰宝如数赔补。着图思德查明实数，咨部行旗，于彰宝名下着追完案。将此传谕图思德知之。钦此。"钦遵，寄信到臣。

臣遵即逐事确查，除将今夏保山等四厅州县加买谷四万石主见之人另折参奏外，其军需银两，不论正杂支销，总载一册。查系军兴之际，一切支发皆为军需所用，原无别项动给，是以总载一册，并未分立款目。迨乾隆三十五年以后，止有边防年款，理应分晰载注，以免牵混。乃局中承办之员因循办理，实属不合。但三四年以来，银数动至九十余万，溢额数倍，款项纷杂，若非另设一局，专员清查，殊难彻底清楚。臣现在设局，拣派妥员逐款确查，如有朦混侵亏，臣即据实严参，重治其罪。倘无情弊，仍将承办不善各员查开参奏。嗣后应如何划清支销，不致牵混，容臣核定，另行具奏。

至京箭一项，臣前委员查验，虽据禀报不堪适用箭七万七千六百九十一枝，应修整箭五万八千五百枝，诚恐所查数目未确，今臣陆续调取至永亲加点验，内完好者三万五千一百五十二枝，不堪用者九万一千三十枝，照滇省制价，每枝需银四分九毫二丝二忽四微，共需制价银三千七百二十五两一钱六分零；又翎脱杆折、桃皮损坏应行修制箭六万四千零七十九枝，每枝修价银三分二厘九毫二丝二忽四微，共需修价银二千二百三十七两七钱九分零；又止应修整翎花、桃皮箭三万八千三百七十五枝，每枝修价银二分二毫八丝七忽四微，共需修费银七百七十八两五钱二分零。三共银六千七百四十一两四钱八分零。臣遵旨咨部行旗，于彰宝名下着追，缴部归款。其应修箭枝，臣于军需平余银内动用，照式修整，另行报销。修整之箭与原好之箭，共十三万七千六百零六枝，仍分贮永顺、腾越、龙陵三镇协营加谨置放，并令按季查验具报，如有损坏，惟收箭之员是问。其余不堪适用箭枝，现在既不需用，且恐滇省补制不能如京箭之杆坚镞利，应请毋庸再制。

所有查明军需钱粮册载情事及修整京箭，并着追价银各缘由，谨恭折奏覆，伏祈皇上睿鉴训示。

再从前大举案内，撤兵之后遗存锣锅、军装、火药、器械各项，分贮永顺、普洱、腾越、龙陵四镇协营，物件甚多，制价不少。臣遍加谘询，内多损坏，事关军火器械，必须清理。臣现在分委人员各处细查，俟覆齐日另行筹办具奏。合并陈明。谨奏。

朱批：另有旨谕。

（《宫中档乾隆朝奏折》第三十六辑，第855～857页）

1837 署云贵总督觉罗图思德《奏参侵亏军需之劣员，请旨革职严审折》

乾隆三十九年九月二十四日

署云贵总督臣觉罗图思德跪奏：为特参亏空备贮军需兵粮米谷之署县，请旨革职严审，以肃官方事。

窃照前督臣彰宝任内，于青黄不接之际，准令龙陵、腾越、保山、永平四厅州县添买谷四万石，既非采买之时，又无仓可贮，经臣一面饬令停买，随即缮折具奏，并声明到永确查，另办在案。

兹臣到永，当分委各员前往该四厅州县逐一盘查。旋据查覆，四厅州县应存常平、兵粮、军需三项米谷通共三十万石，内除龙陵、腾越二厅州常平、兵粮、军需各米石及保山、永平二县常平谷石俱实存无亏，出结呈送备案外，查永平县乾隆三十七八两年分应采买军需谷二万三千石，应存兵粮米一千二百六十六石九斗零，现在米谷均颗粒全无；又保山县自乾隆三十五年起至三十八年止，采买军需谷，应存九万三千六百三十石四斗，内缺谷三万九千六百五十八石，应存兵粮米一万五千二百三十八石五斗零，内实少米一万四千四百五十二石八斗零各等情到臣。臣复督同管理军需局之署粮道张凤孙等逐一盘量，永平实系一粒无存，保山则亏短米谷共五万四千一百余石。

伏查采买、加贮军需米谷，原为出防、驻防各兵食并所以筹备边储，地方官自应照额采买、收贮，奚容颗粒短少？乃任意亏蚀，实属骇异！且该二县皆系署员，在任均甫及一年，即亏空军需等米谷共七万八千三百余石之多，尤为可疑，其中必另有情弊。似此侵亏军需之劣员，断难一日姑容。兹据军需局、司道府等揭报前来，相应据实参奏，请旨将署永平县知县云龙州知州沈文亨、署保山县知县太和县县丞王锡一并革职，严审究拟，以重军需兵食而肃功令。除分委各员摘印署理，并照例封贮任所资财，一面分咨原籍查封家产备抵，仍令接署之员查明此外有无别项未清另办外，臣谨会同云南抚臣李湖恭折具奏，伏祈皇上睿鉴训示。谨奏。

朱批：有旨谕部。

（《宫中档乾隆朝奏折》第三十六辑，第 858~859 页）

1838　署云贵总督觉罗图思德《奏请将原办军需局局务之原任粮道祝忻革职严审折》

乾隆三十九年九月二十四日

署云贵总督臣觉罗图思德跪奏：为遵旨查明，据实参奏事。

窃臣前具奏彰宝任内准令保山等四厅州县于青黄不接之时加买谷四万石一案，钦奉上谕：详禀之员或希图采买，从中冒滥侵肥，令臣查明何人主见，据实参奏。

伏查此案，停买谷石价银三万六千两，业经臣追剿入库。兹臣钦遵谕旨，检查案卷。本年二月内，先据署保山县知县王锡详请加买谷八万石，经彰宝批令军需局筹议通详，该局以保山常平加买及兵米各款米石存数繁多，恐滋亏缺，俟盘查实贮在仓，再看市价详买等因详覆，又经彰宝批饬亲盘另详各在案。嗣于四月，该局忽以每石九钱二分，比上年价减三分详请，奏令保山县买谷四万石。彰宝随批令四厅州县分买，及每石再减价二分准买，咨部。此今夏加买谷石之原委也。

臣因军需局务向系原任粮道祝忻承办，随传该道面询。据称："此案前后不相照应之故，实缘彰前院面谕，催令速详加买，是以具详。但祝忻从前总理局务，不行力阻，主稿详买，咎无可辞。"等语。

臣查彰宝既经批局亲盘，该局并未盘清，何不确查？乃遽照请买之详批准采买，又不具奏，仅止咨部，案情颇觉离奇。且臣到永后，盘查保山、永平二县亏空米谷共七万余石，现在另折参奏。伏思旧存米谷亏缺如许之多，复急急加买，显有那新掩旧情弊。况彰宝与祝忻同驻永昌，保山则近在同城，永平亦相距不远，岂皆毫无闻见？乃祝忻主稿详买，彰宝立意批准，令其迅速采买，均实出情理之外，其中是否上下通同作弊，从中有无冒滥侵肥，事关数万两军需咨项，必须彻底根究，以期水落石出。相应请旨将祝忻革职严审，以重军需而肃功令。将来如查有应参之员，臣再续参，一并讯究。

所有查出买谷主见情由，臣谨恭折参奏，伏祈皇上睿鉴训示。谨奏。

朱批：有旨谕部。

（《宫中档乾隆朝奏折》第三十六辑，第 859~860 页）

1839 署云贵总督图思德《奏报查讯署保山县知县 王锡因供应前督臣彰宝致亏缺缘由折》
乾隆三十九年九月二十八日

署云贵总督臣觉罗图思德跪奏：为奏闻请旨事。

窃臣查出署保山县知县王锡等亏空军需兵粮米谷七万余石，业经恭折参奏在案。臣因该县署事甫及一年，何致亏缺如许之多？情殊可疑。正在密访严查间，据王锡呈出账目内，皆供应前督臣彰宝行署中一切用度及随带弁役、轿夫、戏子、各项工匠工钱、饭食等用，每日用钱五六十千至八九十千不等，皆系保山县供支，计自上年八月起至本年五月内止，约共用银四万余两。臣不胜骇异！随饬发署粮道张凤孙率同永昌府周际清及因公在永之丽江府吴大勋、署开化府文德、署蒙化同知宋惠绥严加查讯，据王锡供称："上年八月十二日，彰前院带病来永，性情急躁异常，一切差使供应稍有迟延，则差役人等即口出不逊，打骂办差家人，不得已隐忍应付。虽院中每月发银七十余两，仅敷一日之用，竭蹶支持，苦于借贷无门，所以连谷价都那垫花销，实出无奈。至于供应一切，现有账目可据，并有办差家人王槐等可讯，不敢丝毫诬捏。"等语。复提王槐等隔别研讯，供无异词，并据供："交进供应各物，皆经彰前院家人杨三、李二、戈七、周二之手，愿与质对。"等情。录供呈送前来。

臣查彰宝历任封疆，受恩深重，即果因病情性乖张，亦何至骄奢纵恣，罔顾官箴若此？恐系王锡因其去任，欲图狡卸侵亏重罪，昧良污蔑，并其中或更有王槐等浮冒开销，用一登十哄骗，王锡情弊，均不可不严加根究。臣随亲率道府各员逐一研讯确情，据王锡及王槐等均各坚供如一，矢口不移，且其指证皆凿凿有据，并与所呈账目核对相符。臣复询之旧在军需局之前任粮道祝忻，亦称："彰前院病后，诸事任性，动辄嗔怒。道府等原知供应非是，不敢过问。"等语。是王锡所供似非尽属诬妄。

但查彰宝任滇已历四五年，何忽于上年王锡任内勒取供应，致令亏缺累万？或其家人乘伊主病中昏愦，通同在辕弁役擅作威福，逼勒供应，饱橐分肥；抑系彰宝明知故纵，自便营私，均未可定。事关亏空边储重案，未便据一面之词即定虚实。除在滇应证人犯现饬提齐质审外，相应请旨，敕下部旗，将杨三、李二、戈七、周二拿解来滇，以凭与王锡等质对，彻底根究，以期水落石出。臣断不敢稍有徇隐，自罹欺朦重谴。

所有查讯王锡因供应亏缺缘由，臣谨恭折具奏，并将王锡、王槐等各供及呈出账目一并照缮清单，敬呈御览，伏祈皇上睿鉴训示。

再署永平县知县沈文亨因何致亏之由，臣现在饬讯。合并陈明。谨奏。

朱批：已有旨了。

（《宫中档乾隆朝奏折》第三十七辑，第 59~60 页）

1840　署云贵总督图思德《奏报布置今岁官兵出防及现在关卡宁静情形折》

乾隆三十九年九月二十八日

署云贵总督臣觉罗图思德跪奏：为奏闻事。

窃照今岁冬防官兵，经臣陆续调至永昌，会同署提臣锦山亲加操演，业经恭折具奏在案。臣复督率各将备逐日训练，各兵技艺娴熟，人俱勇健。已于九月二十五日，派令将备分队起程，各赴防所。臣俟防兵全数起程后，即钦遵谕旨，亲赴龙陵、三台山、南甸、陇川、张凤街、虎踞、铁壁、铜壁各关及盏达等处周视地利形势，体察边情，并严饬在防将备、兵练等实力巡查防守，使各知儆惧，不敢怠惰偷安。

臣查各关隘虽在腾越之外，然距永昌皆不甚远，臣当随时往来稽查，庶边境情形可以周知，而地方公务亦无稽误。

再查张凤街向系总兵驻扎，陇川向系提督驻扎，因乾隆三十七年间提督往虎踞关查探边情，遂就近留驻张凤街，将总兵移于陇川驻扎。今臣与提镇等公同商酌，陇川为内地咽喉，且属各关犄角相应之要区，臣酌令署提督锦山仍驻陇川，居中调度。该处距张凤街仅六十里，并可往来照料。其张凤街为虎踞关通缅要隘，镇守必须得人。适总兵吴万年、喀木齐布先后来永禀商边防事务，臣面询机宜，吴万年应对明畅，井井有条，洵属悉谙夷情。即令该镇前往张凤街统兵驻守，既与旧制相符，尤于边务有益。

陇川上年仅安兵五百名，今驻提督，酌添兵二百名，共七百名，并派副将一员、都司、守备各一员随同驻守，听候差遣。张凤街原安兵一千六百名，今酌拨兵二百名赴陇川添驻，存兵一千四百名，派参将、游击各一员、都司二员、守备一员，协同吴万年镇守。又龙陵关外三台山，路通宛顶，在遮放、芒市之间，上年安兵一千名，系总兵喀木齐布统领驻守。今岁照数派兵一千名，仍令喀木齐布率领参将、游击各一员，都司、守备各一员，协同驻防。又盏达一路，系万仞、巨石、铜壁等关总汇之地，上年安兵一千名，今岁仍照旧安兵一千名，令永顺镇总兵郝开甲统领参将一员、守备三员防守。再缅宁地方上年安兵四百名，今岁亦照数安设，派参将、都司各一员带兵防守。至虎踞、铜壁、铁壁、万仞、巨石等五关，邦中山、蛮墩、猛坝、太平、石硐、黄林六要隘，又三台山之戛中、猛戛、怕兔、弄臭、遮冒、打岗等处放卡兵丁，按其险要，分别多寡，俱于各大营派拨备弁巡逻搜缉。其各卡稽查商贩兵丁，仍照向例，在永顺、腾越、顺云各本营派往。如此星罗棋布，庶内匪外奸无从藏匿，亦不能乘间偷越。

至普洱边外茨通、补角二隘，臣现令普洱镇总兵萨灵阿，于十月初三日，带兵五百名，并所调元江营兵二百名，会合新设之普安营兵三百名，共兵一千名分布巡防，亦属严密。现在沿边关卡，臣节次面问锦山、吴万年、喀木齐布等，均称今岁收成丰稔，边境�夷各安生业，并无私贩透漏，缅匪亦无潜来探信之事，实属安静。除仍饬驻防各将弁勤密巡查，毋稍疏懈外，所有今岁官兵出防及现在关卡宁静情形，臣谨恭折奏闻，伏乞皇上睿鉴。谨奏。

朱批： 知道了。

（《宫中档乾隆朝奏折》第三十七辑，第 61~62 页）

1841 署云贵总督图思德《奏报缉获仇杀户撒土司赖君爱一案从犯贺敖，审明正法，并其余人犯分别办理折》
乾隆三十九年九月二十八日

署云贵总督臣觉罗图思德跪奏：为缉获仇杀本管土官之从犯贺敖，审明正法，恭折奏闻事。

窃照赖君赐等仇杀户撒土司赖君爱一案，先后拿获首犯赖君赐并从犯小余、赖金保、熊得贵、遮烘、老杨、遮冒等，俱经前督臣彰宝审明正法，具奏在案。嗣据腾越州知州吴楷、署腾越协副将永勤具报，于本年五月初七日，在铁壁关外山箐拿获贺敖一名，经前督臣彰宝饬解永昌收禁，未经审办。今臣到永后，据军需局审拟，详解前来。

臣随提犯亲讯，缘贺敖系赖小五族侄，赖君赐、赖小五上年三月内纠约小余等仇杀赖君爱，四月初三日晚，从户囚寨起身，赖小五即令贺敖同行，初四日五更，齐至赖君爱家，赖君用、赖君荣上前抵御，赖小五同小余戳砍赖君用脐肚、腮颊，复令贺敖刀砍赖君用项颈身死。比赖金保、老耿、老保将赖君荣、赖应祖杀毙，赖君爱骑马往后门奔避，线绵猛赶上，将赖君爱枪戳腰眼下马，赖君赐随上前连砍数刀，割下头颅而逸，赖小五即带同贺敖逃往野人山潜匿。本年五月内，赖小五差贺敖密至陇川探听查拿信息，走至铁壁关，被官兵拿获。

臣查从前历获赖君赐等到案，虽均未供及贺敖加功情节，今贺敖落膝，直认不辞，适与原验赖君用尸伤三处相合，似无疑义。但赖小五是否尚在野人山寨，并未获各犯有无知其踪迹，复加讯诘，据供："赖小五果否现尚潜匿在彼，事隔数月，难以悬揣。其余各犯，实不知去向。"臣恐此外别有助恶行凶之人，再四研究，矢供前情不讳。

查例载：部民怀挟私仇逞凶杀害本官者，不分首从，皆斩立决等语。今贺敖同赴本管土司家内加功杀害赖君用毙命，应照部民杀害本官，不分首从例，拟斩立决。查该犯与已获正法之从犯小余等情罪相同，实属法无可贷，未便稍稽显戮，自应一面奏闻，一面办理。臣于九月二十六日，将贺敖绑赴市曹，即行正法，以彰国宪。

至赖小五一犯，潜匿野人山寨。查此山层叠曲折，由户撒、陇川直至铁壁关等处，绵亘数百里，林密箐深，皆系野人居住，野人不知规矩，历来兵役不能直至其处。今赖小五既藏匿野人山寨，必须探明该犯藏避之处，设法购线，诱令野人哄出内地，拘拿解究，免滋事端。此外未获伙犯线绵猛、老腿并赖君赐之子老耿、老保等，除饬一体严密查拿，及早就获，不使漏网外，所有拿获从犯贺敖审明正法缘由，理合恭折奏闻，并缮供单敬呈御览，伏祈皇上睿鉴。

再查上年八月间，在陇川丙弄寨拿获赖君赐妻刀氏、嫂哩氏、侄女小玉、侄媳思氏，怀抱小女幼侄孙小遂、侄孙女老点，从犯遮烘妻殷氏、子勒见并思氏之兄女小宛，赖君赐雇工砍柴之小问，共大小男妇十二名口，内遮烘一犯已审明，请旨正法，其余刀氏等十一名口，前督臣彰宝于审拟赖君赐等折内声请，俟拿获老耿、老保等，另行分别定拟。今查哩氏已于乾隆三十九年三月二十七日在监病故，小宛系哩氏之兄女，小问系赖君赐雇工砍柴之人，并非律应缘坐之犯，应予省释。从犯遮烘之妻殷氏、子勒见及相依赖君赐之小玉，思氏小女小遂、老点，亦均非律应缘坐，但发回户撒，恐别滋事端，应请分发云南等府属内地州县地方安插。其刀氏并无与老耿等应行待对情节，且系妇女，亦未便久羁，当将刀氏监提，讯明并无同谋加功情事。查杀一家非死罪三人案犯，妻子实未同谋加功者，不分年岁老幼、人数多寡，俱发伊犁等处，给驻防兵丁为奴。赖君赐之妻刀氏，应照例发伊犁等处，给驻防兵丁为奴。其监毙哩氏职名，从前彰宝未经查参。臣现在檄饬查取，另行咨部核议。合并陈明。谨奏。

朱批：依议。

1842 署云贵总督图思德《奏报滇省秋收丰稔及粮价平减情形折》
乾隆三十九年九月二十九日

署云贵总督臣觉罗图思德跪奏：为秋收丰稔及粮价平减情形，恭折奏闻事。

窃臣前自省起程赴永，经由云南、楚雄、大理、蒙化、永昌等五府厅属地方，高下田禾实颖实栗，结穗垂黄，业已收获十之四五，亦有甫行集工刈获并尚须少待米粒满足者。嗣臣到永后，据云南、贵州各府、厅、州、县陆续禀报，高下田亩收成八九分及十分不等，秋书大有，共乐盈宁。至米粮市值，俱因年岁丰稔，市价较常更为平减，民食宽裕等情。并据两省藩司查明秋成分数，牵算各九分有余，详报前来。除照例会同滇黔抚臣恭疏题报外，所有两省秋成丰稔及粮价平减情形，臣谨恭折奏闻，伏乞皇上睿鉴。

再臣赴永时，途中遇有土司地方，各该土司率同所辖头人、夷猓迎接道旁，极其恭顺。臣复开示晓谕，均知感戴皇仁，冕冠叩首。臣随分赏银牌、缎匹，加以褒奖，令其安居乐业，以副圣主抚绥边夷之至意。合并奏闻。谨奏。

朱批：*欣慰览之。*

（《宫中档乾隆朝奏折》第三十七辑，第74页）

1843 署云贵总督图思德《奏报顺道查阅营伍及酌办存营钱粮缘由折》
乾隆三十九年九月二十九日

署云贵总督臣觉罗图思德跪奏：为查阅营伍并酌办营中钱粮，恭折奏闻事。

窃臣自省赴永料理防务，沿途经过楚姚协、武定营并顺赴大理提标及邻近大理之鹤丽镇标各营，将各将备、千把次第考验，年力均属壮健，弓马亦皆可观。惟提标右营外委杨时章，年力衰惫，臣业已咨部斥革。其马步兵丁合操，排列阵势，步伐尚能整齐，试演藤牌、施放连环枪炮亦多便捷。马步弓箭娴熟者量为奖赏，生疏者勒限学习，老弱兵丁革退另补。臣于八月二十七日到永，复将永顺镇标三营官兵详加考校，技艺尚属娴习，止有右营把总王士量，弓马平常，一并咨部斥革。其各标镇协营兵丁、马匹俱各足额，旗帜、军装、器械亦尚整齐，间有钝坏醋旧者，悉令修制。火药一项，每营有应行造补，或存银未制，或有硝磺尚未配合，虽非亏缺，但动关军火，未便不制。臣现在责成各将备，勒限一月，赶制齐全报验，倘逾限不齐，即予严参。

再查督标存营各项钱粮，前因署中营都司陈世萃亏空火药一万斤，当委云南府知府永慧，将存营各款银两有无亏短盘查结报。去后，今据禀覆，并无短少等情。

臣查项款既多，银数不少，武职专司出纳，诚恐擅自亏那，不可不为后虑。是以臣将督标所存各项银两，除公粮常须随时接济，仍存营中管办外，其余别款银两，概令解贮藩库，遇有需用，详臣批领。至各标镇协营，事同一律，自应俱照督标办理之法，就近移交文员收贮，以昭慎重。除通饬遵照外，所有臣顺道查阅营伍及酌办存营钱粮缘由，谨恭折奏闻，伏祈皇上睿鉴。谨奏。

朱批：*知道了。*

（《宫中档乾隆朝奏折》第三十七辑，第75页）

1844 云南巡抚李湖《奏报甄别过乾隆三十九年分俸满教职人员折》
乾隆三十九年十月二十二日

云南巡抚臣李湖跪奏：为遵例汇奏事。

窃照六年俸满教职，例应年底将保举、留任、休致各员汇折奏闻。

今据布政使王太岳将乾隆三十九年分云南省甄别过俸满教职人员开送前来。经臣验看，有初次俸满，堪膺民社保荐者一员，勤职留任者五员，循分供职者一员；二次俸满，勤职留任者三员，循分供职者一员；初次俸满，年老勒休者一员；二次俸满，缘事降调者一员；未经俸满，老病勒休者一员，丁忧者二员，告休者三员，缘事降调者一员。所有乾隆三十九年分甄别过俸满教职人员，臣谨缮具清单，恭呈圣鉴，敕部施行。谨奏。

朱批：该部知道。

（《宫中档乾隆朝奏折》第三十七辑，第 358 页）

1845　云南巡抚李湖《奏报甄别过乾隆三十九年分俸满佐杂人员折》
乾隆三十九年十月二十二日

云南巡抚臣李湖跪奏：为遵例汇奏事。

窃照定例：首领、佐贰等官，历俸六年，例应甄别，将平庸衰颓者分别斥休，勤慎供职者准其留任，人才出众者保题引见，其未满六年、不可姑容者随时咨革。不得拘定年限，仍专折具奏等因，遵奉在案。今据布政使王太岳将云南省乾隆三十九年分甄别过俸满佐杂人员开送前来。

臣查初次俸满留任者六员，二次俸满留任者一员，初次俸满因病勒休者一员，未经俸满，缘事参革者五员，降调者一员，年老勒休者一员，告病者一员，丁忧者二员。所有乾隆三十九年分甄别过俸满佐杂人员，臣谨缮具清单，恭呈圣鉴，敕部施行。谨奏。

朱批：该部知道。

（《宫中档乾隆朝奏折》第三十七辑，第 359 页）

1846　云南巡抚李湖《奏报滇省地方情形折》
乾隆三十九年十月二十二日

云南巡抚臣李湖跪奏：为恭报地方情形事。

窃照滇省本年晴雨均调，秋成丰稔，早收田亩渐次翻犁，经臣节次陈奏在案。

兹据各属禀报，十月初二、初四、初六七、十四、十九、二十一等日，俱获甘霖，入土三四寸不等。云南、临安、澄江、广南、开化、普洱、永昌、楚雄、曲靖等府属，播种麦豆俱已出土，青葱长发。其气候稍寒之昭通、东川、丽江、顺宁、大理、永北、鹤庆等处，亦皆犁种齐全。得此雨泽滋培，与春苗实有裨益。现在市米充裕，到处价值平减，即山多田少之乡，均有盖藏。至省城，负贩往来载道，粮食积聚尤多。闾井丰盈，民夷安堵。理合据实奏闻，并将九月分各属报到粮价敬缮清单，恭呈圣鉴。谨奏。

朱批： 知道了。

（《宫中档乾隆朝奏折》第三十七辑，第 359~360 页）

1847 云南巡抚李湖《奏报遵部议驳增估裁汰衙署变价银两折》

乾隆三十九年十月二十二日

云南巡抚臣李湖跪奏：为增估覆奏事。

窃照滇省裁缺案内所遗姚安府、和曲州衙署二所，经臣委道府确勘核估，加增具奏，造册送部。兹于乾隆三十九年六月初五日，复准工部议驳，以姚安府署房屋六十七间，仅变银一千十五两九钱六分，除去地价银三百八两外，核计每间止值银十两零；和曲州署房屋六十一间，系三十四年修过之项，为时未久，估变银一千二百四十七两六钱一分一厘，除去地基并扣除添补新料共银四百七十二两零外，仅变银七百七十五两七钱零，每间止值银十二两零，所估银数仍属短少，行令另委大员增估，造册具奏，到日查办等因。本年三月二十三日，奉旨："依议。钦此。"移咨到臣。遵即遴委迤西、迤东两道分往勘估。去后，兹据布政使王太岳详据迤西道龚士模覆称："督同姚州知州刘梦熊覆加勘估，裁汰姚安府署一所，计大小房屋六十七间，系前明建造，从未动项修葺，梁柱木植围径自四五寸至七八寸，直长七八尺至一丈四五尺不等，实非高大房间，亦无大件物料，裁缺以后无人居住，木料愈加朽蛀，砖瓦大半破碎，原估及续增银一千一十五两九钱六分，实无短少。今遵奉部驳，复自大门起至住楼止，将梁櫊、柱木、砖瓦等项及旁屋中之檐柱、瓦片，可以挑用一二者逐柱再加添估，共增银一百四十一两二钱九分，连前，通计银一千一百五十七两二钱五分，已属估浮于值，应请照变等情。"又据迤东道邹锡彤覆称："督同武定州知州明安覆加勘估，裁汰和曲州署一所，大小房屋六十一间，原建矮小梁柱仅长丈余，围径止有数寸，因年久坍废，难以栖止，于三十四年借项修补。前次原估数内，业将一切装饰、夫工等项无从变估银四百四十七两二钱七分三厘，责令承修之员追赔还项，并未并入计议。其旧存新添物料，计原估并续增银共一千二百四十七两六钱一分五厘，实系尽数增添，难以再加。"等情。由司汇核，详请具奏前来。

臣伏查滇省地处边隅，风高雾重，建盖官署俱属低小，所用物料止有山松杂木，松脆易朽。省会地较爽垲，尚多倾圮渗漏，时费经营。姚安、和曲二署远处山岚蒸湿之乡，建设年久，历经道府亲赴勘估，并非高大房间，亦无大件物料，砖木颓朽，一经拆变，无用居多。姚安府署原续估银一千一十五两九钱六分，今遵驳，加估银一百四十一两二钱九分；和曲州署，一切装修、夫工等项，已着承办之员赔缴，其原续增估银共一千二百四十七两六钱一分五厘，委属尽数添估，难以再为加增，似属实在情形。除将册结咨送户、工二部外，理合缮折具奏，伏乞圣鉴，敕部核覆施行。谨奏。

朱批：该部议奏。

（《宫中档乾隆朝奏折》第三十七辑，第 360～362 页）

1848　署云贵总督图思德《奏报甄别过乾隆三十九年分俸满千总人员折》

乾隆三十九年十月二十四日

署云贵总督臣觉罗图思德跪奏：为遵例汇折奏闻事。

窃照绿营千总初次六年俸满及下次三年甄别，均应于年底汇折具奏。

兹查乾隆三十九年分滇省初次六年俸满千总，经前督臣彰宝饬调考验，堪胜保送一员，预保送部；六年俸满尚未回任一员，卓异后六年俸满留任候升一员，前经俸满留任、今届三年仍堪留任一员。臣到任后，考验得前经俸满回任候补、今届三年仍留候补一员。除保送之员业经前督臣彰宝给咨送部引见外，兹届年底，理合恭折具奏，并另缮清单敬呈御览，伏祈皇上睿鉴。

再前经俸满留任千总李丰植、候补千总李呈麟、候推千总杨正华，今又届三年。又本年六年俸满千总段国荣、姜正华、杨国辅，现在行调考验甄别，应俟调到考验后另行甄别，归入下年汇奏。合并陈明。谨奏。

朱批：该部知道。

（《宫中档乾隆朝奏折》第三十七辑，第 386 页）

1849　署云贵总督图思德《奏请添建永昌府属保山、腾越、龙陵、永平四厅州县仓廒折》

乾隆三十九年十月二十四日

署云贵总督臣觉罗图思德跪奏：为筹请添建仓廒，以重边储事。

窃照永昌府属保山、腾越、龙陵、永平等四厅州县常平额贮及节年采买军需等谷，共计三十万石，内尚有无仓收贮、分堆各寺庙者，前经臣奏明在案。嗣臣到永，分别查勘，保山、腾越、龙陵三厅州县无仓可贮之谷，现俱借收寺院并赁寄民房，盖藏未密，霉烂堪虞。诚如前奉谕旨，徒致朽腐狼藉，殊为可惜。自应筹请添建廒座，以重边储。但该三处与永平一县地方情形不同，每年需用防兵口粮多寡亦异，必先酌定各该处额贮之数，乃可筹议建仓。

查保山县为边防总汇，地处适中，应贮谷十万石；腾越州，现在张凤街、盏达等处驻兵三千余名，将来撤防时，曩宋关仍留兵二千余名，均需供支口粮，应贮谷十万石；龙陵厅系每年出防之地，官兵、土练口粮需用繁多，应贮谷五万石；永平县系在内地，防兵出入，过而不留，应贮谷三万石。统计四厅州县共酌贮谷二十八万石，即请定为常额，有余者陆续动用开除，不足者递年采买足数，仍于每年岁底，令该管道府查明动存各数，有无亏缺，加结报明督抚衙门存案。其现应添仓之数，即以各该处定额为准，除该四处税秋兵米岁有支放，盈缩不齐，应于旧有仓廒内通融收贮。并永平县原有仓五十间，足敷存贮米谷，均无庸另议添建外，惟保山、腾越、龙陵三厅州县现有仓二百四十七间，存贮米谷，仍应添建仓一百三十一间。所需工料银两，按照各处物料工价成规核计，共约需银三千余两。

查边疆贮备攸关紧要，数年以来，仰蒙皇上筹裕军储，不惜帑金数十万两，节次俯俞采买。自应加谨盖藏，未便任其散贮，致有耗损。应请于军需余平银内动支，饬令该厅州县按照则例确估，造册请领，建盖事竣，核实报销。其每年供支口粮等项，额内动缺之谷，于次年秋收后察看情形，照数买补还仓，毋庸额外再行加买，庶于民食、边储均多裨益。

所有臣筹办缘由，理合恭折具奏，并将保山、腾越、龙陵三厅州县原有仓廒及现应添建间数另缮清单敬呈御览，伏乞皇上睿鉴，训示遵行。谨奏。

朱批：该部议奏。

1850　调署云南巡抚裴宗锡《奏报接印抵署日期折》
乾隆四十年八月初四日

调署云南巡抚臣裴宗锡跪奏：为奏报接印抵署日期，恭谢天恩事。

窃臣钦奉恩命调署云南巡抚，当即钦遵谕旨，将安徽巡抚印务移交大学士仍管两江总督臣高晋兼署。臣于六月初六日，即由安省起程赴滇。兹于八月初一日，途次嵩明州地方，准署云贵总督兼署云南巡抚臣图思德，委员将云南巡抚银关防一颗赍送到臣。臣随恭设香案，望阙叩头谢恩祗受，即于是日任事，初二日抵云南抚署。

伏念臣世受国恩，至优极渥，自揣庸愚，毫无足录，乃蒙皇上天恩屡加拔擢，用为安徽巡抚，涓埃未效，正切悚惶。今复荷宠纶，以云南巡抚员缺紧要，着臣署理。边圉重地，报称尤难。惟有凛遵圣训，勉竭愚诚，事事认真，时时惕励，以冀仰报高厚鸿慈于万一。除地方应行事宜，容臣次第查办外，所有臣接印抵署日期，理合缮折奏报，恭谢天恩，伏乞皇上睿鉴。谨奏。

朱批：览。

（《滇黔奏稿录要》上册，第3～6页）

1851　调署云南巡抚裴宗锡《奏报滇省地方情形折》
乾隆四十年八月二十九日

调署云南巡抚臣裴宗锡谨奏：为恭报地方情形，仰祈圣鉴事。

窃臣前入滇境抵任，经由所属州县，目击雨水禾苗情形，业经具奏在案。嗣据通省各属禀报，七月内，每旬得雨三四次，高下田畴均沾优渥，早禾渐次结实，晚稻正在扬花，其余荞、豆、杂粮亦皆青葱畅茂。得此雨润日暄，更觉充硕可观。八月初三初四暨十六、十七、十八等日，省城又时得阵雨，入土深透，远近各属陆续报到大概相同。秋成在即，可期一律丰登。

惟大理府属之邓川、浪穹二州县，地处山中，形如釜底，因八月初二三四等日大雨连绵，山水骤发，一时宣泄不及，田舍不无淹浸，城垣也有雨淋坍卸之处，并未损伤人口。臣已据报，行司飞饬该管道府，并分委邻近各员驰赴查勘，将骤发之水上紧设法疏消，城垣、民舍实在坍塌若干，被淹田亩是否成灾，立即确切查明，据实办理，不得稍有讳饰，以仰副皇上念切民依之至意。

合先一并恭折奏闻，伏乞睿鉴，并缮具七月分粮价清单，敬呈御览。谨奏。

朱批： 知道了。

（《滇黔奏稿录要》上册，第 7~9 页）

1852　调署云南巡抚裴宗锡《奏明采买动缺兵米折》

乾隆四十年八月二十九日

调署云南巡抚臣裴宗锡谨奏：为据详奏明采买动缺兵米，以供支放事。

窃照年款军需案内动缺兵米，例应买补还仓。兹据粮储道张凤孙等详称："查得思茅厅仓原存大举案内放剩军需米一万八千三石二斗五合三勺，乾隆三十五六七等年会计案内，拨入额设兵米一万一千五百四石五斗九升八合，又原任思茅同知黑光未完核减米三千二百一十三石三斗一升二勺外，实仅存米三千二百八十五石二斗九升七合一勺；又乾隆三十五六七八等年，共放过防兵口粮米六千七十二石六斗，业经核实汇册，详请题销在案。但各年放给防兵口粮内，除动支原存军需米三千二百八十五石二斗九升七合一勺外，借动额设兵粮米二千七百八十七石三斗二合九勺，急宜买补还款，以供兵食。应请照该厅采买兵粮事例，每米一石给价银一两。又于附近四站以内购买，给脚银八钱，每石共给银一两八钱，于道库存贮米折等款银内动支银五千一十七两一钱四分五厘，给发思茅同知，于本年秋成时照数采买还仓。仍俟买竣，造册请销，如有盈余，据实报解归款。"等情，详请具奏前来。

臣查年款案内动缺思茅厅兵粮米石，自应乘时买补。据请每米一石给银一两外，给四站脚价银八钱，查与该厅采买兵粮事例相符。除饬于道库存贮米折银内照数给发思茅厅，于本年秋成时照数采买还仓，取具册收加结，详请题销外，所有用缺兵米动项采买缘由，理合会同署督臣觉罗图恭折具奏，伏乞睿鉴，敕部查照施行。谨奏。

朱批： 该部知道。

（《滇黔奏稿录要》上册，第 11~14 页）

1853　调署云南巡抚裴宗锡《奏报地方丰稔并赈恤大理府属之浪穹、邓川二州县被水情形事折》

乾隆四十年九月二十一日

调署云南巡抚臣裴宗锡谨奏：为恭报地方情形，仰祈圣鉴事。

窃照滇省八月中旬以前雨水、禾苗情形，业经缮折陈奏在案。兹省城于八月二十五六七八三十等日，节次得雨，九月上中二旬，又得雨三四次不等，入土深透，远近各属陆续报到大概相同。正值禾稻杂粮结实之候，得以时沾润泽，更觉饱绽可观。现届刈获登场，饬据藩司查报，通省秋成分数实有九分以上。臣谨开列清单，另折奏闻。

各处米粮时价，近因新谷入市，渐臻平减。民夷乐业，共庆盈宁。惟通省中，大理府属之浪穹、邓川二州县一隅被水，先经臣一面饬委该管道府等驰赴查勘，一面附折奏明。今据查报，该二州县被淹田亩，浪穹县只有滨临三江河口之甘乔等村，邓川州只有通连三江口之渼苴河堤外，大邑等里虽已成灾，实属一隅，其余高低田亩统计收成尚得八分有余。至被水乏食贫民及淹塌房墙，无力修复者，现在照例分别抚恤，俾使各得其所；坍卸城垣，并饬查明修整。所有该二州县被水情形，臣经循例先行题报，仍俟确勘成灾分数，再行核实，董率妥办。事切民瘼，不敢因通省丰稔，稍为漫视。

理合一并恭折奏闻，伏乞皇上睿鉴，并缮具八月分粮价清单，敬呈御览。谨奏。

朱批：知道了。

（《滇黔奏稿录要》上册，第 15～17 页）

1854　调署云南巡抚裴宗锡《奏报遵旨酌议滇省文移程限折》
乾隆四十年十月初四日

调署云南巡抚臣裴宗锡谨奏：为遵旨酌议覆奏事。

案准兵部咨，大学士舒赫德具奏："各省督抚往来文移，马递程站，其本系通京驿路，由此至彼，向有正站可循者毋庸另定外，其非正驿所经省分，或行绕僻途，或旁通斜达，若不预定程站期限，遇有紧要公文，必致稽误。应交各省督抚酌定章程，造册呈报。至有经由偏僻小县，向无驿马及马少不敷之处，作何酌剂拨用，妥议具奏，到日会同核议等因。奉旨：依议。钦此。"移咨到前署抚臣图思德，钦遵转行查议。去后，兹据司道会详前来。

臣查滇省地处极边西南，界连外域，东达贵州，北通四川，其东南则与广西接壤。自云南至贵州省，系通京大道；至四川省，则由威宁一路进出，向俱设有驿站，凡遇彼此往来文移，悉按正驿各站依限递送。至广西省并由广西转递广东公文，虽有自广南之剥隘入广西之百色一路，可以旁通斜达，计程较近，但所经本省之七旬、宜良、路南、弥勒、邱北、广南抵广西之渌冲界，均属崎岖僻径，并无驿站。向遇军国重务，始行按站设驿，平时滇粤文移则由贵州、湖南递送，相仍已久，未便更张，致滋糜费。此外，各省公文由此至彼，如湖南与湖北、河南、直隶四省，固由贵州大路转递，即山东、山西二省，亦由大路进至河南，分递前进。他如安徽、江南、浙江、福建、江西五省，概由大路递至湖北，分路转递。曾于乾隆十四年酌定程途，限期刊册，分咨各省，并咨兵部在案，现今俱有正站可循。应请照旧驰递，无庸另议。

惟查云南至陕西及由陕西转递甘肃公文，向由贵州、湖南、湖北、河南递送，计程五千四百七十五里，若由贵州威宁州而至四川转递，计程四千三百四十五里，较为近便。其经由州县，又各定有程站，循行甚易。应请嗣后将云南至陕、甘二省公文改由宣威州可渡驲出境，从贵州威宁州入四川赤水河境，历成都、广元等站，至陕西之黄坝驲转递，彼此往来，一体照行，实与原定途限更为迅速。

至滇省有驲各州县，原设马匹历来驰递无误。其无驲之处，多在僻途，并非正站所经，且通属额马多寡适均，亦无可另为拨用。除将文移程限册咨送军机处暨兵部汇核外，所有遵旨酌议缘由，理合会同云贵总督臣觉罗图思德恭折覆奏，伏乞皇上睿鉴，敕部汇议施行。谨奏。

朱批：该部知道。

（《滇黔奏稿录要》上册，第19~24页）

1855　调署云南巡抚裴宗锡《奏报遵旨办理运京铜斤事宜折》
乾隆四十年十月三十日

调署云南巡抚臣裴宗锡谨奏：为遵旨覆奏事。

承准大学士敏中字寄：乾隆四十年七月二十五日，奉上谕："据管理钱法侍郎金简等奏请饬催京局铜铅一折，若照常依议发行，该督抚等接奉后仍未必经意，尚恐有名无实。运京铜铅一事，朕曾屡降谕旨，令该督抚等实力妥办，无许迟延，兼令沿途督抚实力催趱，并令将入境出境日期随时具奏。迩年以来，滇省督抚于起运开帮，未尝不如期奏报；各省督抚于铜铅过境，亦未尝不照例奏闻。而各运船只违限如故，皆由各督抚视为具文，不实办理所致。而其弊大率借守风守水为由，任意稽延，习而不觉。在本省督抚，委运既不派明干之员，且一经起程，即借以卸责。其在川省泸店装运，每不免耽延之处，又以是非专责，亦听其稽迟。至于沿途督抚，遇有运官到境，虽查报出入日期，总以非其统辖之员，不肯认真督催，及开报守风守水日期，又多拘于向来之例，不肯切实稽查。铜铅违限之故，大概不离此数者。试思江湖即有大风，多不过三日四日，或为水阻，亦何至半月经旬。督抚等岂可率意徇情，致令借端违限乎？着严切传谕各该督抚，嗣后领运铜铅之事，各宜加意经理。仍将遵照此旨办理缘由各据实奏闻。此次传谕之后，若委员庸劣致误运限者，惟滇省督抚是问。若泸店耽延致逾定期者，惟川督是问。若照前妄报守风守水，听其任意逗遛者，何省违限，即惟该省督抚是问。该部嗣后遇铜铅到局，均照此核计，如或迟逾程限，即核实参奏。将此传谕各该督抚，并令户、工二部堂官知之。钦此。"遵旨寄信前来。

臣即会同署督臣图思德转行藩司钦遵外，伏查滇省办解京局铜斤，每年正加四运，例应派委同知、通判、知州、知县等官八员分起运解，其试用人员有曾经委署州县、干练能事者，方准派委，未经委署之员，概不得滥派原属，慎重铜运之意。惟是委员自滇至京，长途往返，几有三年之久。此三年中，前因运未回，后运又出，计需二十余员始克循环周转。滇省同知、通判大半辖理地方州县，员缺又多，夷疆边地，其中才具干练之员要皆身膺剧任，政务繁重，或因接署不得其人，致将运铜一事迁就派委，势有不免。凡此因循之习，已在圣明洞照。兹奉谕旨，着臣等加意经理，仰见皇上谆切训诫，宽以往而励将来，跪聆之下，感悚交深。自今以后，惟有凛遵圣训，务将运铜各员于通省府佐州县内，择其年力精壮、办事明干者，详慎派委，责令依限领解起程，并照例咨会沿途督抚，一体实力查催，勿任借延，庶铜运可期得人，而抵京必加迅速。断不敢仍以庸劣之员滥委充数，致误运限，自干严遣。

所有滇省遵旨办理缘由，臣谨会同署云贵总督臣觉罗图思德恭折覆奏，伏乞皇上睿鉴。谨奏。

朱批：知道了。

（《滇黔奏稿录要》上册，第 25～31 页）

1856　调署云南巡抚裴宗锡《奏陈滇省铜政实在情形，筹酌持久之计折》

乾隆四十年十月三十日

调署云南巡抚臣裴宗锡谨奏：为直陈滇省铜政实在情形，谨筹持久之计，仰祈圣训事。

窃臣蒙恩调署滇抚，于八月内到任。该省一切吏治民风，现在次第留心整饬，而各厂铜政，上关国宝，下裕民生，尤为重务。臣于铜务素未谙习，屡任三月，除遵照部行期限、数目，日夕督办趱催外，仍亲自检查历年题奏成案，密访近来厂运情形。窃见京外各处即本省岁铸，需铜一千余万。自乾隆三十年后，盈缩不齐。迩年以来，获铜较多，约计每年有一千二百余万。皆仰赖皇上深仁远被，经获多方。节年部臣及历任抚臣所以讲求调剂、稽核之法，亦益加详密，是以获铜之多，斯为较旺。然而工价之多寡，本息之盈亏，厂欠之名去实存，通商之弊多利少，臣悉心体察，所见既真，若复因循掩饰，弗筹久计，则不惟现在获铜之数难以预必，而亏那偷漏之弊且恐更滋，有不得不直陈于圣主之前者。

查官铜定价之初，每百斤不过三两八九钱至四两不等，汤丹、大水等厂亦止五两一钱。自乾隆十九年以后，历任抚臣陆续奏以各该厂硐深炭远，油米昂贵，叠次请增，皆蒙恩允。自是大厂增价至六两及六两四钱，小厂至五两一钱五分，最下金钗厂亦加至四两六钱。皇上之加惠厂民者，可谓至矣！顾臣甫履滇境，即闻各厂颇以工价不敷为累。臣窃疑此或因军务案内特恩暂加之价，展限至上年六月甫议奏停，各厂价值乍短六钱，不无拮据。若果有此情，自当仰体皇仁，据实奏明，恳祈再展。而博采舆论，且谓厂累过多，非六钱之价所能补足。臣以为此必厂民无餍之求，官吏偏私之见，理不足信。数月以来，明察暗访，取各该厂打矿扯炉之夫工粮食并灯油炉炭价值，逐一核实，折中牵算，即以矿砂稍旺之厂计之，百斤之铜实少一两五六钱之价，若更矿薄铜稀，则赔折更无底止。此臣亲自钩稽得其确数，非同泛拟者也。考阙由来，则工价不敷非自今始，由于官买之初，定价较他省本为最轻，而厂民不以为累者，当年大小各厂岁办铜不过八九十万，后数年亦不过三四百万，比于今日，十才二三，交官既少，私卖必多，厂民利有私铜，不计官价，嗣后经理既久，私售之禁渐严，官买之数日增，厂民仅恃官本办理，始行掣肘，虽经叠次请增，而原定即轻，递加难足，于是民则领后补前，官则移新掩旧，而厂欠之弊出也。

查乾隆二十年以前，豁免厂欠不过数百两至四千余两，嗣后每年豁免至六千九千两不等。然犹格于定例，豁少欠多。积至三十二年，查出民欠银十三万七千余两，经理之员均各罹罪分赔。迨三十七年，又查出民欠银十三万九千余两，复蒙皇上加恩厂民，俾以带铸完项，又除豁免之例，今于发价时扣存余平，以备拨补，仍责成各上司按季盘查，岁底结报，立法已极周详。是以每岁奏销册内动放工本与收获铜斤数目相符，亦既年清年款，无复存厂欠之名矣。然工本之外尚有官借预贮油米炭价一项，系乾隆三十四、三十七等年，奏蒙恩准，为厂民接济所资。此项官借物价，例应按限核扣。厂员目击采办之艰，不得不稍为通融，前扣未完，后借复继，厂民赖以敷衍办公，而逋帑因之日积。即如新开诸厂，不过二三年间，积欠已至九万余两。现经督臣图查奏，追赔在案，其余各厂大概可知。是厂欠不在工本而又在官借，臣所谓名知而实存者也。臣现在分遣干员亲履各该厂，将前项未清油米炭价，按年截数，分别清厘，早筹归款，不敢蹈袭虚文，出结了事。

至于厂价未敷，久勤睿虑。三十八年，特恩准照彰宝所奏，以余铜一分听厂民通商自售，留有余于民，正以筹不匮于官也。今臣细加访查，如汤丹等大厂，现在应交官铜及东川局带铸归欠之外，原少盈余。如金钗等厂，低铜仅可挽使铸钱，不中别项器皿，商人承买亦复寥寥。其余各处小厂，交官本无定数，虽限以一分自售，而奸商觊觎，厂棍隐瞒。因有通商之例，转开透漏之端，商力未见宽余，官铜适滋耗弊。

就臣管见所及，窃以为杜私铜之路，不如永禁通商，而欲清厂欠之源，不妨明增价值。自二十七年以后，从未有以加价请者，只缘滇省经费半出铜息，而加价之项，向例亦支息银，铜价渐增，铜息渐减，恐致经费不足，公帑有亏。不思节年厂欠累累，何非帑项事后筹补，亦岂良图。至课息之盈虚，视办铜之多寡。倘厂力不前，岁出日减，则课息亦轻。况京外鼓铸攸关，不得不筹远计。臣再四思维，欲求不支正项，不动铜息，而可备加价者，惟有铸息一条，本是向来成法。滇中旧设一百四十一炉，余息甚多，筹饷办铜常敷取给。自三十一年，因铜斤短少，杨应琚奏停省局东川、临安加铸。三十五年，明德奏裁大理、广西、临安、顺宁各局及东川新炉，岁少铸一二十万，自然之利多年坐失，以至明知厂力消乏，莫敢议加。现据督臣图于署抚任内，议请复设大理、临安、保山三局，每年可获铸息二万五千余两。如蒙部议覆准，伏乞皇上天恩，准以此项铸息，赏给各厂。

再滇省近年岁获铜斤，除拨供京外及本省现在炉局铸用外，各厂低铜尚有余剩。并请查明数目，酌量增炉，总以尽复旧炉为限，每年铸息又可得五万余两，亦备加价之用，约计各厂每百斤可加银六七钱，其余不敷，臣请将各厂上年蒙恩准予一分自售之铜，不令通商，按年约有一百二十余万斤，一并收回，以作加卯，代为带铸，扣还铅工各费，约可获余息银七万余两，按厂分之大小，分别酌增。通计复炉加卯之息，大厂可增至一两五钱，小厂可增一两，俾工本充足，可无不敷。

滇省五金所产生生不穷，但得厂户有利无累，岁获铜斤自可有增无减，且油米依期坐扣，厂欠可以永除，铜斤尽官手私卖，可以尽杜。况查近年私铸，屡经犯案，若官钱既多，私钱自绝，庶几散钱息以收铜息，厚厂利以清厂弊。臣愚昧之见，未知所陈是否合于例议。但臣受皇上委任隆恩，睹此铜厂实在情形，不敢丝毫隐饰，伏望敕下部臣，通盘筹画，规一永远之计。倘臣言或有可采，所有一切应办事宜，容臣会同督臣图按款妥酌，具疏题报。

臣因敬筹铜务起见，为此冒昧直陈，仰祈睿鉴训示。谨奏。

朱批：此奏似有所见，军机大臣会同该部详议具奏。

（《滇黔奏稿录要》上册，第 33 ~ 45 页；《皇清奏议》卷 61，第 2 ~ 6 页）

1857 调署云南巡抚裴宗锡《奏报滇省地方情形折》
乾隆四十年闰十月初十日

调署云南巡抚臣裴宗锡谨奏：为恭报地方情形，仰祈睿鉴事。

切照滇省十月以前雨水、麦豆情形，经臣缮折奏报在案。滇南天气每交冬令，晴多雨少。今冬晴雨已极调匀，自闰十月以来，省城于初三四两日连得雨泽，附近各属据报相同，土膏滋润，二麦、南豆益见长发。各处市卖粮价咸称平减，民夷乐业，气象盈宁，堪以远慰圣怀。

至大理府属之邓川、浪穹二州县一隅被水，业经先后题奏。其应抚恤户口及查勘灾田，臣恐该管道府等未能办理妥协，查署藩司沈荣昌在滇年久，熟谙灾务，复委前往督办。现据查报，该二州县被水各村，勘实成灾五、六、七、八、九分，共田四百七十六顷七十七亩零，洵属一隅偏灾。其实在乏食贫民并房墙浸倒、无力休整者，悉皆照例抚恤得所。惟该二州县被水成灾，频年叠见，必有致患之由，自当溯委穷源，以杜后患，且一切加赈事宜，亦须随时察看，俾无遗滥。臣现在一面循例具题，一面轻骑减从，亲往查勘，再行详晰奏闻。

合先一并恭奏，伏乞皇上睿鉴，并缮具十月分粮价清单，敬呈御览。谨奏。

朱批：知道了。

（《滇黔奏稿录要》上册，第47～50页）

1858　调署云南巡抚裴宗锡《奏报遵旨查议莽缅案内军需动用钱粮应赔应追事宜折》

乾隆四十年闰十月初十日

调署云南巡抚臣裴宗锡谨奏：为遵旨查议具奏事。

案准户部咨，具奏："前次云南办理军需动用钱粮，尚有应赔应追银三十六万九千六百九十七两零，若不及早清厘，恐日久辗转迁延，势必均归无着。此案周世荣等五十五员行追等款，与臣等原奏款目情形大略相同，自应仿照前议，逐款清查，分别全追、独赔、分赔及专折具奏之款，详悉确核办理，方为允协。请将此案周世荣等名下应赔银两，再行彻底详查，按款酌核，据实分别，妥议具奏，到日详议办理等因。奉旨：'依议。钦此。'"钦遵，咨行到滇。当经饬局按款查议。去后，兹据军需局、司、道等详称："滇省办理莽缅大举等案军需，奉部及在外核减长支分赔、变赔等银一百万五百两八钱八分八厘，内除豁免银一千六百三十八两七分四厘，已完银三十四万七千三百三十八两二分四厘，分咨各原籍任所，着追银四十二万四十二两六钱九分七厘，其余土司、民欠及原籍任所产尽无追并现任滇省文武各官食粮兵丁未完银二十九万一千四百八十二两九分三厘，已于军需核减长支未完案内酌议，分别追缴、公摊，详经会奏，覆准在案。今奉部文，以三十六万九千六百九十七两零为数。盖就上年详请咨覆，查追周世荣等五十五员而言，此项银两，业经计入咨追，各原籍、任所银四十二万四十二两六钱九分七厘之内，除奏后续完银四万五千五十七两九钱七分三厘，豁免银五千七百六十八两四钱八分五厘，程之章等摊赔缅案银二百九两一钱，产尽无追、归于现任滇省同案各员摊赔，具咨追各员应行删除，又按限坐扣俸饷银二千六百七十五两六钱六分一厘，又吴一嵩、胡图礼二员在四川军营阵亡、伤亡，例准豁免银三百五十八两四钱四分三厘，实未完银三十六万五千九百七十三两三分五厘，原系承办文武员弁、兵丁买解马牛、购办料草、辗运军粮、多雇扛抬人夫、物料变价、倒毙牛马、着赔原价料草、核减追赔变赔之项，遵即逐款清查，分晰核议，内应全追银七万三百五十八两三钱九分六厘零，或系借支，或系长领，亦有未缴原价，亦有变价未完，自应仍于各员弁标营名下全追完款。又应独赔银一十万二千一百五十五两九钱二分二厘零，或系滥放滥应，办理不善，致滋糜费，或有遗漏未扣，致归无着，例不分摊，且均系现任官员，力能完缴，自应于各员弁下独赔完款。又应分赔银六万八千一百四十六两二钱九分四厘零，均系据实造销，并非浮冒，因与成例不符，致奉部驳，增估核减，以及应照原价追还，应于各该员及各该上司名下并各省武职俸薪银内各半分赔完款。尚有未完银一十二万五千三百一十二两四钱二分三厘零，皆系承办之员一时猝办应差，意在急公，并非妄费，因例不准销，致有核减，且各该员内，如滇省文职俱已事故离任，余系别省千把、外委微弁居多，均属无力完缴，例应请豁。但为数甚巨，未便竟邀豁免，致归无着。内未完银一十一万二千一百九十八两四钱七分二厘，请照公摊之例，在于滇省自督抚至州县止额支养廉银内，分作十年摊扣，俟前案摊银扣完，再行接续起扣清款。其贵州、四川、湖北三省千把、外委各员，应追赔逾额、倒马价值及草干银一万三千一百一十三两九钱四分九厘零，应请于各该省大小武职俸薪银内全数摊赔，照承追例，限分年完缴，庶公项均归有着，不致虚悬。"等情，分别款项，造具细册，详请核奏前来。

臣等覆查，前项应赔、应追未完银三十六万五千九百七十三两三分五厘，均系办理莽缅大举案内文武员弁、兵丁买解马牛、购办料草、辗运军粮、多雇扛抬人夫、物料变价、倒毙牛马、着赔原价料草、核减追赔变赔之项，其中情节不一，均与冒报浮消、虚糜饱橐者不同，节经照例分咨原籍、任所着追。而空文往返，辗转稽迟，若不酌按事理分别核办，概委原办之员赔补，徒有追补之名，终无完项之实。诚如部议，自应逐款清查，分别全追、独赔、分赔及专折具奏之款，确核办理，方为妥协。今据该司道等查照部议，分晰酌核，内应全追银七万三百五十八两三钱九分六厘零，应独赔银一十万二千一百五十五两九钱二分二厘零，应分赔银六万八千一百四十六两二钱九分四厘零，按册细核，所开各该员等名下全追、独赔、分赔各款，情理允洽，亦与部臣原奏款目相符。此外，尚有未完银一十二万五千三百一十二两四钱二分三厘零，核其承办原案，皆系一时仓猝应差，意在急公，不能悉符常例，致有核减，与滥费者不同，且承办各员多已事故离任，其在他省千把、外委微弁，均系无力完缴，例应请豁。但数逾十余万之多，未便因有例款可循，率行请旨邀免，致悬帑项。自应酌筹归补，以重军需。今臣等与司道议，将此内滇省承办各员名下未完银一十一万二千一百九十八两四钱七分二厘，照前案公摊之例，在于滇省文职各官养廉内按年接扣，公摊清款。其各省千把、外委等应追赔逾额、倒马价值及草干银一万三千一百一十三两九钱四分九厘零，即于各该省武职俸薪内公摊，照承追例，限分年完缴。如此分别查办，则公事既昭平允，而官项胥归有着矣。除细册咨部查核外，臣等谨合词恭折具奏，并另缮简明清单，敬呈御览，伏乞皇上睿鉴，敕部议覆施行。谨奏。

朱批： 该部议奏。

（《滇黔奏稿录要》上册，第51～62页）

1859　调署云南巡抚裴宗锡《奏报道、厅关防名实不符，奏请更换折》
乾隆四十年闰十月初十日

调署云南巡抚臣裴宗锡谨奏：为道、厅关防名实不符，恭请换给，以昭信守事。

切照云南粮储道，先于乾隆三十三年请定分管厂务案内，将驻盐道所辖之云南、武定二府改归粮储道管理，所有该道关防，另拟"督理云南屯田粮储分巡云武二府兼管水利道"字样，咨部换给。旋于乾隆三十五年议裁府缺案内，已将武定一府改为武定直隶州。现在粮储道所辖，则系云南一府、武定一直隶州，而关防仍袭云武二府之名。又查永昌府龙陵同知，原与知府同城，所用关防向系"永昌府清军督捕水利同知"字样。嗣于三十五年筹议滇省沿边事宜案内，始将该同知移住龙陵地方，定为龙陵厅夷疆极边要缺，管理潞江、芒市、遮放三土司，承办一切刑名、钱粮事件，因原案未将应换关防之处声明办理，迄今仍沿其旧。是该道、厅关防均与名实不符，未足以昭信守。

仰恳皇上敕下部臣，将粮储道关防改为"督理云南屯田粮储分巡云武地方兼管水利道"关防字样，其龙陵同知改为"永昌府分住龙陵抚夷同知"之关防字样，俱另行铸给。至旧关防，统俟新关防颁到，送部查销。如蒙俞允，并请将粮储道传敕一体更正撰给，庶名与实符而信守益昭矣。臣管见所及，是否有当，理合恭折奏请，伏乞圣鉴训示。谨奏。

朱批： 该部议奏。

（《滇黔奏稿录要》上册，第63～66页）

1860 调署云南巡抚裴宗锡《遵旨奏报查拿捏报捞获铜斤之试用知县龙凤祥情形折》

乾隆四十年闰十月十一日

调署云南巡抚臣裴宗锡谨奏：为恭折覆奏事。

乾隆四十年闰十月初二日，承准大学士舒字寄："十月十六日，奉上谕：据龙承祖奏，伊族侄龙凤祥于上年运铜来京，曾寄交银五百八十两，为凑补捐复之用。嗣因补放江苏按察司后，将原银转交通州知州龙舜琴收存。今龙凤祥既有未清铜斤之案，此项银两应请敕顺天府，行文通州龙舜琴提解户部贮库等语。所奏甚是，已交顺天府就近办理。至运员龙凤祥，因捏报捞获铜斤一案，经户部参奏，并请行文滇省及江西原籍，确查该员踪迹，迎提跟究。旋据海成奏准，咨已经两月，该员并未回籍，现在沿途查截等语。龙凤祥系滇省试用知县，自应回滇候补，或因已经降调，亦应回江西原籍，不应在他处逗遛。此案尚非大罪，亦不致有中途逃避之事。着传谕沿途各督抚，即速饬属严查龙凤祥下落，派员押解来京，交户部查讯，确核具奏。将此由四百里谕令知之。钦此。"遵旨寄信前来。臣图当即知会臣裴一体遵照。

臣等会查原案，先于本年六月十一日，准户部咨："滇省运铜委员龙凤祥，在天津县地方沉溺未获铜一万五百斤，当经声明。嗣据天津县请销捞费案内声报，前项沉溺铜斤已会同运员家人捞获。查此项铜斤，坐粮厅既未转运部局，又未掣收，若非运员捏报全获，即系中途盗卖，应请敕下云南巡抚，确查该运员龙凤祥同伊家人黄雅，一并提讯确情，定拟具奏。奉旨：依议。钦此。"经臣图于兼署巡抚任内准咨，当查，龙凤祥业已报销回滇。

行据布政使率同云南府等讯据龙凤祥并伊家人黄雅、彭政金供："天津沉溺未获铜一万五百斤，实于三十八年九月二十日全数捞获，令彭政赶上原帮，交部秤收，并非捏报，亦无中途盗卖情事，录供详覆。"臣图恐有支饰，复率同司、道、府亲讯，虽据该员供称，续获之铜，有天津县孙知县及协同督捞书役高联升等并水摸们众目共见，如何假捏？严诘再三，并将黄雅等刑吓，供吐如故。但查该员如果沉铜全获，并无盗卖情事，何以当时不将续获之数报明坐粮厅验报？而移报天津文内又称，部局收有长交余铜，是现在所供系属一面之词，若不讯取捞铜水摸及督捞书役确供，殊难凭信。随移咨直隶督臣，饬提天津县书役高联升等及捞铜之水摸，究明沉铜是否全数捞获，有无捏报及中途盗卖情事，其天津县知县孙景曾是否扶同徇隐，取具切实供情，咨覆过滇，以凭审拟具奏，并经咨明户部在案。

嗣臣裴到任，即经照案咨催，迄今未准咨覆。兹钦奉谕旨饬查，臣等伏思，此案原应归滇省审办，先因供出人证俱在直隶，不便移提质讯，且天津令孙景曾有无瞻徇扶捏，亦应该省确查，是以飞咨直隶督臣，就近查究，录供咨覆，以便定案。乃相隔路远，以致移咨日久，尚未覆到。恭绎圣谕，原饬沿途严查龙凤祥下落，派员解交户部查讯。今龙凤祥既在滇省守候，将来直隶讯供咨覆，该员或恃在滇质证无人，辗转抵饰，徒滋案牍。臣等札商，欲求案情得实，必须归部办理，方足以成信谳而杜狡展。除一面将龙凤祥并家人黄雅等派委妥员咨解户部，就近提同天津县书役、水摸人等质讯核办，一面飞咨直隶督臣知照，并分咨沿途各督抚毋庸查截外，臣等谨将先后办理缘由，合词恭折覆奏，仰祈皇上睿鉴，敕部查照施行。再龙凤祥下落，现奉谕旨，由四百里饬查。是以此折即由驲驰覆。合并陈明。谨奏。

朱批：该部议奏。

（《滇黔奏稿录要》上册，第 67~74 页）

1861　署云南巡抚今调贵州巡抚裴宗锡《奏报调补贵州巡抚谢恩折》
乾隆四十年闰十月十五日

署云南巡抚今调贵州巡抚臣裴宗锡谨奏：为恭谢天恩事。

窃臣于闰十月十三日，准吏部咨："十月二十二日，奉上谕：贵州巡抚员缺，着裴宗锡调补。云南巡抚印务，着图思德暂行兼署，裴宗锡未到任之先，贵州巡抚着袁守侗署理。钦此。钦遵。"移咨到臣。臣恭设香案，望阙叩头谢恩讫。

伏念臣世受国恩，至优极渥。臣以谫陋庸材，仰蒙皇上教育生成，擢用封疆，由安徽调署云南，抵任甫逾三月，未有涓埃之效。兹复荷恩纶，调补贵州巡抚。苗疆边地，职守非轻，闻命之下，感悚交集。惟有殚心竭力，整饬吏治，绥辑民苗，以冀仰报高厚于万一。所有感激微忱，臣谨缮折，恭谢天恩，伏乞圣鉴。谨奏。

朱批：览。

（《滇黔奏稿录要》上册，第 75~77 页）

1862　署云南巡抚今调贵州巡抚裴宗锡《奏报交卸抚篆日期折》
乾隆四十年十一月初一日

署云南巡抚今调贵州巡抚臣裴宗锡谨奏：为恭报交印起程日期，仰祈睿鉴事。

切臣于闰十月十三日，钦奉谕旨调补贵州巡抚。跪聆纶音，感悚交集，已缮折差赍恭谢天恩。兹署督臣图思德已自永昌抵省，臣于十一月初一日，将云南巡抚印务移交兼署，即于是日起程，前赴贵州新任。所有交印起程日期，理合具折恭奏，伏乞皇上睿鉴。

再滇属邓川、浪穹二州县一隅被水，应查加赈事宜及筹办河道情形，臣于未奉谕旨调任之先，曾经附折奏明往勘，旋因督臣知会来省接印，顺道勘查。是以臣即在省城赶办一切，不复躬亲前往。合并奏闻。谨奏。

朱批：览。

（《滇黔奏稿录要》上册，第79~81页）

1863　贵州巡抚裴宗锡《遵旨据实奏报拿获顶食名粮逃兵罗金美情形折》

乾隆四十年十一月十二日

贵州巡抚臣裴宗锡谨奏：为遵旨查明，据实覆奏事。

切臣自滇赴黔，于十一月初七日途次，承准大学士舒赫德、于敏中字寄："乾隆四十年十月二十九日，奉上谕：据裴宗锡奏拿获逃兵、审明正法一折，内称罗金美本名钟朝国，系昭通镇余丁。乾隆三十年八月出师木邦，有兵丁罗金美病故，领兵守备温廷秀即令其顶食名粮，三十二年撤出龙陵，旋即脱逃等语。温廷秀令钟朝国顶食罗金美名粮，并未更改，已属不合，及至脱逃，仍以原名开报，几致无从弋获，该守备更难辞咎。裴宗锡办理此案，自应将温廷秀附折参奏，听该部查明议处。乃该抚折内竟未提及。又钟朝国、丁起祥二犯，既已审明正法，何以并未录取供词一并呈览？所办亦属未协。着饬谕裴宗锡，令其查明，据实覆奏。钦此。"遵旨寄信前来。臣跪聆之下，不胜悚惶。

伏查拿获逃兵，审明正法，事关入告，理宜详加核办，难容率忽。今领兵守备温廷秀令余丁钟朝国顶食故兵罗金美名粮，既未随时更改，迨至脱逃，又仍以原名开报，诚如圣谕，几致无从弋获，该守备咎实难辞。

臣查温廷秀，系由昭通镇标守备，出师木邦，回营升补开化镇左营都司，已于乾隆三十五年出防陇川，受瘴身故。臣办理此案，自应将该守备应议职名及已故缘由据实报叙，乃折内竟未提及，实属疏漏。至滇省奏办逃兵之案，向来供情简明者，即于折内叙入。今钟朝国、丁起祥二犯内，既有顶名情节，自应另录供词，恭呈御览。臣当时具奏，并未开具供单，实为未协。兹蒙圣主训示周详，臣实悚惶无地，仰恳皇上将臣交部议处，以为率忽者戒。除照原供补缮清单，恭呈御览外，所有遵旨查明缘由，理合据实覆奏。

再温廷秀令钟朝国顶食罗金美名粮，不即更正，失察之该管上司亦应议处。臣已移知署督臣图思德，饬查职名另行咨参，听部核议。合并陈明，伏乞皇上睿鉴。谨奏。

朱批： 该部察议具奏。

供单：

罗金美供：我本名钟朝国，是四川永宁县人，今年四十七岁。乾隆三十一年八月里，充当昭通镇余丁，就随守备温廷秀出师木邦。九月里，有同伍兵丁罗金美病故，温守备就把我顶补罗金美名粮，年岁、姓名却不曾改换，故此同报逃册内不符的。三十二年四月里撤出龙陵，派我往姚关堵御。六月十四出关打水，就起意脱逃，在各处山僻小路求乞度日。今年四月里，因事已年久，想到镇雄州寻觅生理。五月十七日，走到李子坪地方，就被兵役们拿获了。我逃走时并没有拐带军械，逃后也没知情容留的人及为匪情事。

丁起祥供：我今年四十岁，是镇雄州人，在镇雄营食粮。乾隆三十一年十二月里，奉派出师永昌。三十二年八月里，派往龙陵，中途逃走，就在各处夷寨乞食过活。今年三月里，想到乐马厂寻生意，不料六月十一日，走到大坪子地方，就被兵役们盘获的。我并没拐带军械脱逃，也没逃后为匪及知情容留的人是实。

（《滇黔奏稿录要》上册，第87~94页）

1864　贵州巡抚臣裴宗锡《续陈办理滇省铜政事宜折》
乾隆四十一年二月十六日

贵州巡抚臣裴宗锡谨奏：为续陈办理铜政事宜，仰祈圣鉴事。

窃臣前在云南，查悉铜厂情形，筹请广炉增价一折，钦奉朱批："此奏似有所见，军机大臣会同该部详议具奏。钦此。"兹据准部咨："议令该省抚、藩等妥协办理。"并称："图终务在虑始，立法必底观成。该省产铜渐旺，现在俱有剩余，自必能供复炉之需，其收回一分商铜，带铸取息，亦必核计确有七万余两之数，并所获息银有无别项需用，及旧炉尽复后，将来钱多，或致价减，余息不致亏短，必须及此时通盘筹画，方足以定章程而示久远。应请敕下该署督图思德，会同裴宗锡，无分彼此，悉心确核具奏，以便核覆永行。"等因。奉旨："依议。钦此。"行知到臣。

伏查滇省办铜，铸多而后息裕，息裕而后价敷，价敷而后开采踊跃，厂旺铜丰，足供京外所需于不匮。臣前通筹大局，缕陈愚昧之见，仰蒙圣明烛照，敕议准行，允宜筹画周详，为观成经久之计。惟是调剂以冀其效，固在开广利源，详慎以虑其初，尤须预防流弊。如臣前奏，恳恩将上年议覆之大理、临安及新设之保山三局铸息赏给增价一项。三处炉座多寡不同，应各查明开铸日期，截至本年正月，计其得息之确数，造报划清，此后乃可按年取息，年清年款，以免牵混侵渔之弊。其议请收回一分通商之铜，带铸取息，除扣铅、工各费外，不敷铜价，应即于息内补给。但此项商铜，盈缩本自不齐，就迩年采办，岁可获铜一千二百余万，而计一分商铜，约有一百二十余万，核息可获银七万余两。今既准收回带铸，此后无复有商铜之名，惟当尽数报出，严查在官隐瞒之弊，自可按额取息，不致大有参差。

又各厂余剩低铜一项，零星涣散，一闻广铸局之议，恐厂员、炉户人等乘机盗卖，亟应分遣干员，据实查明确数，封具册报，以备拨用。臣议以尽复旧炉为限，原须随宜酌量，除省城、东川、大理、临安、保山五处现在设炉外，余如顺宁、广西等处，须通计铜余之盈缩，以定复炉之后先，且其所拨之铜，必各就相近之厂，始便辇运而多节省。目下应先尽各厂存积余铜，计其足供几处复炉之需，陆续办理，庶无窒碍，铸息以渐而裕，则铜价亦当以渐而增，铜价以渐而增，则厂欠亦当亦渐而扣。若不明定其数，预示其期，官民无所适从，易以滋弊。均应详立章程，斟酌尽善，刊刻告示，遍贴各厂，使人皆踊跃急公，而官役不得逞其克减营私之技。

再查钱局向来弊窦颇多，或炉匠夹带私铸，或官役暗行添卯，或多掺铅锡，减铸轻钱，皆足以坏钱法而妨铜政，宜加禁绝。臣思目下铜虽丰旺，岂容稍有漏卮？而欲清私铸之根源，须先杜私铜之来路。盖局中所用之铜，无非来自各厂，若任其自行购买，漫无稽查，即难免影射营私，铸多报少。应令藩司就现议复炉之处，拨定买铜之厂，给以印照，填明数目，略仿盐引之例，有照始准赴买，如有逾数，即属私铜，买者与卖者同罪，庶厂无偷漏，局少隐藏，按卯铸钱有数，不难稽核。凡此皆立法防弊之大端，而经理尤以得人为要。现在滇省各炉，除省局向系臬司经管外，余皆各府自行办理，其中不乏明干之员。但利之所在，众趋如鹜，保无官亲幕友串通炉役作为奸伪，饱囊分肥。应责成该管道员不时巡察，严密访查。其临安府系迤南道所辖，该道远驻普洱，且有边防事务，而粮道又在永昌军需局办事，应将临安府钱局就近责成盐道查察，如有前弊，立即严揭请参，务使铸钱肃清，所获余息尽皆归实院、司，提挈纲领，酌盈剂虚，随时消息于其间，庶几一二年后，息充铜旺，成效可期。

至积钱过多，或于搭放兵饷外，庶支俸工役食，或拨运楚粤，以抵应买铜斤，另行随宜妥办，当不致有价减息短之虞也。

（《皇清奏议》卷62，第3~6页）

1865 署云贵总督觉罗图思德《奏报缅目到关，订期投诚折》
乾隆四十二年正月二十六日

署云贵总督觉罗图思德跪奏：为缅目到关，订期投诚，据实奏闻，仰祈圣鉴事。

窃缅子前有投诚之信，经臣于上年十二月二十七日龙陵途次恭折奏闻在案。嗣于正月初旬，闻得鲁蕴有亲来之信，臣惟处以镇静，不动声色，巡查边境，往来陇川一带地方，以便就近相机办理。于正月初十日，接到在边办事之临元镇总兵吴万年、腾越州知州吴楷禀，并提臣常青、海禄札称："得鲁蕴差遣头目孟干等并跟役数名，带有致送镇、州象牙十对、黄哆呢一板、缅布二十匹、缅棉十匹前来，讯据伊等供称：'系得鲁蕴遣来致意大人们，如许其开关，得鲁蕴当即亲自前来送还官人，进表纳贡。'"等语。

臣即饬该镇、州，传谕孟干等，如尔家王子知我天朝恩威远播，情愿悔罪投诚，差令得鲁蕴亲自前来进表纳贡，将官人全数送还，本督部堂自当奏闻大皇帝，代尔等乞恩，候旨定夺。尔等即速回去，告知得鲁蕴速行来关，以便办理。并谕量为赏赉来人，将孟干等全行遣回。送来礼物，若即不收，恐夷性猜疑，不容纳款，转于事无益，因饬令镇、州暂为收存。去后，兹于正月二十四日，得鲁蕴复差头目野控觉抓探、野控难自弥、晏广觉探、洗提脚等四名，跟役十九名，持有缅字禀帖，来至陇川见臣。据供："得鲁蕴差来叩见大人们，小邦蒙大皇帝深恩，将孟矣等全行赦回，我王子感仰天朝厚德，极悔从前冒昧之罪，与各大万等计议，若不及早纳贡投诚，终非安全之道。况关久未开，商民亦多未便，是以遣得鲁蕴前来投诚贡象，送还官人。得鲁蕴因等候象只未齐，先差我等前来禀闻，定于二月十五日左右，得鲁蕴亲贡象只，并带同官人等交还。"等语。臣查阅缅禀情节，似属真心纳款，其畏惧之意溢于言外。

臣当即面谕该夷目等，尔等之言原不足信，但尔大头目得鲁蕴差尔前来，订期求见，本督部堂现在巡查边关到此，今既见过，即行回至官屯，传谕得鲁蕴，如果改悔自新，许其将内地官人悉行送还，叩关进表，自当据情代奏。至贡进物件，天朝广大，尔处孟矣等皆所目睹，何物不有，原可毋庸提及，但欲表尔诚敬之心，即贡象只亦不阻尔，并令得鲁蕴亲自进京朝见，大皇帝不仅施恩赦罪，准开关通市，还有格外加恩之处。伊等闻谕之下，不胜喜跃领命。臣随赏给银牌、缎匹而去。臣并留心查察，风闻缅甸地方连年多事，有力困难支之势，知大兵剿灭金川，天威远播，彼处上下人等惶惑恐惧之至，此次投诚似非诈伪。臣现在仍巡历边关各处，稽查操演，俟其自至，并扬言各路添设官兵，以震决其悔祸之心。俟得鲁蕴来见之时，臣当钦遵叠次奉到谕旨，率同提镇等相机办理，查看情形，再行具奏。

所有现在缅目前来订期投诚及臣面谕缘由，合先恭折奏闻，并将送来蒲叶缅禀及译出汉文一并恭呈御览，伏乞皇上睿鉴训示。至臣巡阅所至，在边将弁俱能勤慎巡防，各自奋励，不致懈驰。近边内外民夷安帖，地方宁谧。合并陈明。谨奏。

朱批：已有旨了。

1866　署云贵总督兼署云南巡抚觉罗图思德《循例汇奏乾隆四十一年分滇省盗窃各案已未拿获数目折》

乾隆四十二年正月二十七日

署云贵总督兼署云南巡抚臣觉罗图思德跪奏：为盗窃各案已未拿获，循例汇奏事。

案准部咨："嗣后各省盗案，除按限查参，照例会题外，该督抚于年终，将某县新旧盗案几件，能获几件，逐县开列清单，恭呈御览。有能实心缉捕，拿获新旧多盗要犯及拿获邻境盗犯者，责成该督抚确查核实，加具切实考语，将文武员各声明请旨。其有强劫频闻，又不严缉捕获，亦即据实列入指参。至地方官承缉窃案，其记功记过之最多者，亦于年底，开具清单，分别功过次数陈奏。"等因，先后奉准在案。

兹据云南按察使汪圻将乾隆四十一年分各属新报被盗、行窃拒捕、殴伤事主及迷窃之件四案，内全获三件，获犯十一名，获破者一件，获犯十九名，未获伙犯二名；承缉旧盗八件，原获破旧案未获余犯六件，首伙无获者二件，以上各案俱已按限分别查参。各属虽无能获多盗，亦无强劫频闻、缉捕不严之员。其窃贼案件，各属共报二十二案，内全获者七案，共获犯十九名，获破者二案，获犯十三名，未获余犯七名，全未获破者十三案，其中有窃赃百两以上及满贯之案，均有承缉处分，已满限者照例详参，未满限者届限查参。至全获各案内，有中甸同知盘获川省劫杀事主苏那等案内首盗阿诺一名，业将拿获邻省逃盗前署中甸同知、试用知县宫柳晟职名随招开报。又昆明县报窃三案，全获二案，获犯三名，未获一案；弥勒县报窃二案，全获一案，获犯三名，未获一案；恩安县报窃二案，俱赃贼未获；其余各厅州县报窃已未获贼均止一案，皆不及五案至八案之数，承缉协辑文武各职名俱毋庸记功记过。除将未获盗窃各案严饬各属上紧缉拿外，所有乾隆四十一年分新旧盗窃案件已获未获各数，分缮清单敬呈御览，臣谨恭折具奏，伏乞皇上睿鉴。谨奏。

朱批：知道了。

（《宫中档乾隆朝奏折》第三十七辑，第651~652页）

1867　署云贵总督兼署云南巡抚觉罗图思德《循例汇奏乾隆四十一年分滇省命盗各案已未审结数目折》

乾隆四十二年正月二十七日

署云贵总督兼署云南巡抚臣觉罗图思德跪奏：为命盗各案已未审结，循例汇奏事。

案准部咨："各省审理命盗案件，每届年终，将上年旧案及本年新事已完未完案数并未完之案因何未经审结缘由声明，开列清单，恭呈御览等因。奉旨：依议。钦此。"钦遵在案。兹据云南按察使汪圻将乾隆四十一年分承审新旧命盗各案，分晰已结未结，叙明缘由，呈请具奏前来。

臣查上年未结旧案共八件，本年俱已审结。其冬季分报到新案，俱在分限以内，应归四十二年分审办汇奏。计自四十年十月起，至四十一年九月底截数，共九十五件，内除四件因凶盗未获，另参承缉职名，现在严行缉拿外，其余连旧案，已结八十八件，未结新案十一件，或因犯供游移，驳饬委审，或因人犯患病，尚在限内，现在严催，上紧审解。兹届年终，臣谨循例恭折具奏，并将未结各案声明缘由，开列清单敬呈御览，伏乞皇上睿鉴。谨奏。

朱批：知道了。

（《宫中档乾隆朝奏折》第三十七辑，第 652 ~ 653 页）

1868　署云贵总督兼署云南巡抚觉罗图思德《奏报岁底藩库实存银数折》

乾隆四十二年正月二十七日

署云贵总督兼署云南巡抚臣觉罗图思德跪奏：为岁底藩库实存银数，循例奏闻事。

案准户部咨："嗣后各省督抚于岁底，将藩库存贮银数缮折具奏，并造册送部备查。"等因。遵照在案。

兹据云南布政使朱椿详称："乾隆四十一年底，司库现存银二百六十六万五千五百五十四两七分五厘，内除酌留经费并留存办公等银一百二万九千九百九十六两九分三厘，应留封贮、急需等银四十八万五千三百四十二两二钱五分，又已经报部酌拨、尚未奉准拨用银一百八万六千七百二十五两七钱七分四厘外，实应存酌拨银六万三千四百八十九两九钱五分八厘。"造具清单细册，详请具奏前来。臣逐一覆核，滇省司库应行酌留封贮及已经报拨并现请酌拨银数均属相符，除册送部外，理合恭折具奏，并缮清单敬呈御览，伏乞皇上睿鉴。谨奏。

朱批：知道了。

（《宫中档乾隆朝奏折》第三十七辑，第 653 页）

1869　署云贵总督兼署云南巡抚觉罗图思德《循例汇奏乾隆四十一年分滇省逃遣各案已未拿获数目折》

乾隆四十二年正月二十七日

署云贵总督兼署云南巡抚臣觉罗图思德跪奏：为逃遣各案已未拿获，遵旨汇奏事。

案准刑部咨："乾隆三十三年正月二十八日，奉上谕：据良卿奏，应发乌鲁木齐改发烟瘴脱逃之军犯陈朝即于该处正法一折，所办甚是。此等积匪猾贼，本系免死发遣，虽经改发烟瘴，仍与发遣乌鲁木齐之例即行正法，方足申国典而警奸顽。但恐各省奉行日久，或致懈弛。嗣后各省，并着于年终，将有无脱逃及获几犯之处汇折具奏。钦此。"钦遵在案。

臣查云南省乾隆四十一年分，有宾川州脱逃军犯王玉一名被获，经臣审明正法奏咨在案。又安宁州脱逃军犯魏绍升一名，逃至贵州平越县自首，业经黔省审奏在案。又永平县脱逃军犯杨升一名被获，经臣审明正法，奏咨在案。又昆阳州脱逃军犯霍逵即霍术山、王渊二名，逃至师宗、蒙自二县被获，现在饬司审办。此外并无脱逃及拿获之犯。兹据云南按察使汪圻会详前来，臣覆查无异，理合恭折具奏，并缮清单敬呈御览，伏乞皇上睿鉴。谨奏。

朱批：览。

（《宫中档乾隆朝奏折》第三十七辑，第 654 页）

1870　署云贵总督兼署云南巡抚觉罗图思德《奏报滇省续获瑞雪及地方情形折》

乾隆四十二年正月二十七日

署云贵总督兼署云南巡抚臣觉罗图思德跪奏：为恭报续获瑞雪及地方情形，仰祈圣鉴事。

窃照滇省四十一年十一月分雨雪优沾，业经臣恭折具奏在案。兹查各属冬雪频沾，土膏滋润，兼之天气和暖，麦苗、蔬菜均多长发。前次未经得雪之昭通府属大关一带，于十二月初六、十三等日得有大雪，自二三寸至七八寸不等。并据各属禀报，麦、菜、荞、豆长至尺余，无不青葱，极其茂盛，春收丰稔可卜。粮价平减，民食充裕，群黎乐业，地方宁谧。所有滇省续得瑞雪及地方情形，理合恭折奏闻，并将十二月分各属报到粮价缮具清单敬呈御览，伏乞皇上睿鉴。谨奏。

朱批：知道了。

（《宫中档乾隆朝奏折》第三十七辑，第 655 页）

1871 署云贵总督觉罗图思德
《奏报遵旨办理所涉夷商谕旨折》
乾隆四十二年正月二十七日

署云贵总督臣觉罗图思德跪奏：为恭折奏覆事。

本年正月初五日，承准大学士舒赫德、于敏中字寄，内开："乾隆四十一年十二月初十日奉上谕：据周元理奏，承准廷寄，粤省审拟革监倪宏文赊欠夷商货银一案谕旨，遵即移行大小文武衙门，入于交代遵行，并另札天津道府，将此案传示各商，俾伊等来往海洋，宣扬德意等语。所办未为妥协。此案李质颖办理不合之处，已降旨将伊交部察议，各省俱可一体恪遵。至传寄谕旨一道，其中有统论中国抚驭远人之道，止宜将军、督抚留心经理，不便宣示外夷，是以未经明发，而令各将军、督抚入于交代，俾各后任永远遵行。该督抚奉后，惟当谨贮署中，列入交代册档，并毋庸移行大小文武衙门。至于海口夷商，即欲宣扬德意，亦只可将明旨通传。其廷寄内之语，岂宜传示？况将军、督抚办理此等事务，惟在实心妥办，又何借文告虚词？周元理所办未免误会前旨。着传谕周元理，如尚未通行，即为停止。若已行文，仍速撤回。直隶一省如此，恐他省亦有似此者。并着再谕各将军、督抚，接奉前此传寄谕旨，止存贮入于交代，不必宣示远近。钦此。"钦遵，寄信到臣。

查上年十二月十九日，奉到粤省审理革监倪宏文赊欠夷商货银一案上谕一道时，臣巡查边境在途，并未将上谕通行宣示。今奉谕旨，自当钦遵，将前奉上谕谨密存贮，入于交代。所有奉到谕旨钦遵缘由，理合恭折奏覆，伏乞皇上睿鉴。谨奏。

朱批：览。

（《宫中档乾隆朝奏折》第三十七辑，第 655～656 页）

1872 署云贵总督兼署云南巡抚觉罗图思德《奏报乾隆四十一年
滇省发遣新疆人犯有无脱逃及已未拿获数目折》
乾隆四十二年正月二十七日

署云贵总督兼署云南巡抚臣觉罗图思德跪奏：为发遣新疆人犯有无脱逃，遵旨汇奏事。

窃照乾隆二十八年七月初五日，奉上谕："嗣后各省将一年发遣新疆人犯，查明有无脱逃及已未拿获之处，于年终汇折具奏。钦此。"又准部咨："停发新疆、改发内地人犯有无脱逃及已未拿获，仍于年终，同别项仍发新疆人犯一体汇奏。"等因，遵照在案。

臣查云南省乾隆四十一年分停发新疆、改发极边边远军犯二名萧龙山、梁吉，俱经陆续起解出境，并未脱逃。又停发新疆、改发边远人犯一名李占魁，现在饬催，请咨起解。兹据云南按察使汪圻将各犯姓名、案由及起解日期造册，汇详前来。臣覆查无异，除咨部查核外，理合恭折具奏，并缮清单敬呈御览，伏乞皇上睿鉴。谨奏。

朱批： 览。

（《宫中档乾隆朝奏折》第三十七辑，第 656～657 页）

1873　署云贵总督兼署云南巡抚觉罗图思德《奏陈铜运情形折》
乾隆四十二年正月二十七日

署云贵总督兼署云南巡抚臣觉罗图思德跪奏：为据实直陈运铜情形，仰祈圣鉴事。

窃查云南每年额运京铜六百三十三万余斤，分为四运八起，定限八月开帮，次年二月扫帮。从前泸店原存底铜一百四十余万，又有预运京铜四百余万，则是京铜额数已有十分之八，运员一到泸州，便可配铜起运。其本年陆续收到各厂之铜，除补京铜一百万外，其余仍存泸店，以作底铜，源源济兑，不致逾限。自乾隆三十二三等年，办铜短缩，辇运维艰，已不敷年运之数。又准部咨，将泸店底铜拨给外省采买，并垫发沉失铜斤，以致泸店无铜存贮，俱以现年采获之铜拨供现年京运之用，自乙未年，又加增带运铜八十九万余斤，办理益形拮据。此外尚有应拨本省鼓铸及外省采买，均需高铜搭配，虽历经前抚臣奏拨尖山、大功及各新厂铜斤凑运京铜，并令将余铜运赴泸州作为存店底铜，无如一年所出高铜仅敷拨配京运，泸州既无底铜垫运，不得不守候现年所产铜斤，是以乾隆三十七八九等年均属迟延，自一两月至四五月不等。

近准部议："运京铜斤，运员逾限不及一月者降一级留任，自一月至四月递加降调，五月以上者革职。"等因。臣思部议周详，固为慎重京铜起见。但臣与藩司等再三访查，迟延之故不在运员，实缘滇省近年产铜虽旺，而低铜十居三四，且自厂运赴泸州，远至四五十站及七八十站不等，两月上下方能运到一起，纵能源源不绝，已属迟延。若遇雨水泥泞，溪河泛涨，更难刻期而至。况此外又有时值农忙，夫马稀少，不能常川递运。泸店铜斤不齐，难以配运，运员铜未收足，不能开帮，以致各运员一经委解，并未开运，已干严例。在委运各员开帮以后途次迟延，其处分自所应得。若未经开帮便得处分，似属无辜。

至泸店委员，必俟各厂运到铜斤，始能配运。各厂所到之铜不敷，自难配给，并非有心误公。总之，赶运之迟速尚属人力之所能为，而产铜之多寡，全系矿砂之旺衰。此又在圣明洞鉴之中。如现运丙申年京铜，臣恐迟误，专差标弁赴各厂严催，尽各厂所出高铜，设法赶赴泸州，随到随配。头运第一起于四十一年十月三十日始得开帮，经臣恭折奏报在案，于定限已逾两月，尚有七起未经开帮，守候铜斤，势必又致迟延。查各厂并无剩铜，必需采炼得铜后始能运赴泸店交兑上船，所以愈觉迟滞。

臣通盘筹画，惟有酌更开帮日期，方能赶副例限。臣既悉情形，敢不据实直陈？仰恳圣恩，准将每年额运京铜展至次年正月开帮，七月扫帮，既与定限并未加增，而各厂为期宽展，陆续所获铜斤，乘秋成农事已毕之时，夫马云集，责令承运各员源源趱运，计至开帮之期五月有余，则泸店铜斤充裕，自能依限开帮。如此，则厂运各员得以从容办理，扫帮日期不致再有递压贻误之患。

臣查明铜运迟延有因，不敢稍为隐饰，以致误公。谨恭折据实具奏，伏乞皇上睿鉴，敕部议覆施行。谨奏。

朱批：有旨谕部。

（《宫中档乾隆朝奏折》第三十七辑，第 657～659 页）

1874 新调云南巡抚裴宗锡《奏报遵旨调任云南巡抚，恭谢天恩折》
乾隆四十二年正月二十八日

新调云南巡抚臣裴宗锡谨奏：为恭谢天恩事。

窃臣于乾隆四十二年正月二十六日，准兵部加封由六百里加紧递到："本年正月十八日内，内阁奉上谕：图思德着回贵州巡抚之任。裴宗锡着回云南巡抚之任。钦此。"又奉廷寄，上谕："裴宗锡前在滇抚任内办理铜厂、盐务诸事最为尽心，是以将伊调任。裴宗锡俟图思德到黔后，即赴云南新任，诸事仍须妥协办理。钦此。"臣随恭设香案，望阙叩头谢恩讫。

伏念臣猥以菲材，仰蒙皇上天恩，擢用封疆，由安徽调署云南，复由云南调补贵州，涓埃未效，恧过时形。兹复荷宠纶，调任云南巡抚，并令诸事仍须妥协办理。闻命之下，感惕交萦。受恩愈重，报称愈难。惟有凛遵圣训，殚竭愚诚，事事妥协办理，以期上酬高厚鸿慈于万一。除俟图思德到黔后，即赴云南新任，另行奏闻外，所有臣感激微忱，理合恭折奏谢天恩，伏祈皇上睿鉴。谨奏。

朱批：览。

（《宫中档乾隆朝奏折》第三十七辑，第 675 页）

1875 署云贵总督贵州巡抚觉罗图思德《奏陈奉旨办理缅匪投诚事宜折》

乾隆四十二年二月初五日

署云贵总督贵州巡抚臣觉罗图思德跪奏：为遵旨奏覆事。

窃于本年二月初一日，承准大学士舒赫德、于敏中字寄，内开："乾隆四十二年正月十七日，奉上谕：据常青奏，提臣海禄已于十二月二十四日抵张凤街，自应遵旨起程赴任。缘孟矣等蒙恩放回，因与图思德商酌，先令孟矣、波一出口，备细开导遣行。其秤管猛，暂羁张凤大营，俟有信息，续行遣去。并知孟矣等到老官屯，即日送下阿瓦，计回信约需时日，拟暂驻张凤街，与海禄同筹办理，如缅子等有信息前来，以便相机妥办等语。所奏是，已于折内批示矣。常青所调新任，并无急须应办之事。而得鲁蕴前曾差人具禀，今孟矣等又往阿瓦，缅匪此时必有一番计议送信。常青在滇已久，缅匪素知其名，其与提督文檄自止知常青而不知海禄。就现在情形而论，常青竟以留驻张凤街筹办此事为妥，即发往文檄，仍当用常青云南提督旧衔，海禄之衔，暂且毋庸并列。外夷性多疑惧，止认熟人，若见内地遽易提督，彼必惊猜，以为别有举动，且俟现在之局办有就绪，常青再行奏闻，前赴古北口新任，亦未为晚。至得鲁蕴前禀，所云愿送还拘留内地之人，输诚贡象，如果出于诚心，悉如所言还人纳贡，从此完局，自属甚好。但恐该督、提等各存将就了事之见，或潜遣人招诱，致为贼匪所轻，则大不可。总之，贼匪狡狯异常，倘窥见内地有欲图迁就端倪，彼必以为奇货可居，转多羁阻。若见督、提等不以为事，处之淡然，而彼或蓄有真诚，自必急切恳吁，欲冀俯纳，便可相机妥办。中国抚驭外夷之道，大率如此，该督、提等不可不知。前已将此意详谕，该督、提自当善体朕意，不致舛误也。又去冬据图思德奏，探闻懵驳已故及关外信息，并续奏得鲁蕴遣人投禀，情愿还人具贡两折节经，谕令该署督斟酌，妥计而行。两次谕旨俱系封印以前由六百里驿递，该署督早应接奉，且初次之旨系十二月初四发往，距今已四十余日，何以尚未覆奏？着传谕图思德，即将前两次发往之旨及此次之旨一并奏覆，勿再迟缓。至现在缅匪有无信息，诚伪若何，并着图思德、常青，即由驿速奏。此旨着六百里发往，亦谕令海禄知之。钦此。"遵旨，寄信到臣。臣一面恭录上谕，札知提臣常青会同覆奏，除俟札覆到日，即行会奏外，臣伏读圣谕，内有着传谕图思德，即将前两次发往之旨及此次之旨一并奏覆等因。钦此。

臣查前奉到上年十二月初四日谕旨，已于十二月二十七日恭折奏覆。本年正月初二日，又奉谕旨时，缅目有来边之信，但未悉是否确实，是以臣不敢冒昧奏覆。至本年正月二十四日，缅目来见之后，臣于二十六日，即将开诚面谕一切情由缮折由驿驰奏，恭请圣训在案。

兹又奉到正月十九日上谕："昨据图思德奏，缅匪现有情愿还人纳贡之信，如所言果确，自可就以完局。但其事非图思德能办，已令阿桂驰驿前往云南经理受降诸务，并调李侍尧为云贵总督，办理善后事宜，并详悉谕知图思德矣。图思德于地方民事尚可承办无误，至于边务夷情，茫无主见，不能得事之要领。即如秤管猛到滇后，图思德概行交送常青处，经常青以秤管猛系苗温所遣，与老官屯另是一路，将其暂羁张凤街大营，先令孟矣、波一出口，随具折奏闻，如此分别料理，自属正办，然尚系常青之意，图思德即未能见及于此。乃接到常青回札，因其将秤管猛暂留，复奏称于玀夷南多木比等回关之日，即札知常青，遣其出口，此又图思德不晓事处。秤管猛系木邦苗温所属，即遣其回，亦未必前往阿瓦，与得鲁蕴办贡还人之事毫无干涉，何必急急遣往？如常青接到图思德回札，已遣秤管猛出口，即无庸另办。若秤管猛尚未起程，仍将伊暂留张凤街，俟阿桂到滇时，再行酌定办理。将此由六百里加紧谕知图思德、常青，并令海禄知之。钦此。"钦遵。臣跪读之下，不胜悚惶战慄，深愧无能，不谙边务夷情，致廑圣主宸衷。抚躬自问，踳踳难安。

查上年十一月内，孟矣等三名发解来滇，提臣常青与臣商酌，将秤管猛暂留张凤街。嗣于正月二十四日，缅目来见之后，彼此酌商。孟矣等三名，蒙皇上天恩释放，外夷莫不闻知，前令孟矣、波一出口传谕，甫抵阿瓦，缅酋即知畏威感德，令得鲁蕴亲赴老官屯，遣令缅目送信。彼见天朝放回三人内，尚有一人未到，恐得鲁蕴意存疑虑，若此时将秤管猛遣出，晓以皇上恩威，使彼毫无疑惑，于事机更属相宜，是以将秤管猛于正月二十五日放令出口。（**夹批：此事何不早奏？**）此皆臣不谙边务夷情，茫无主见，不能得事之要领，愚昧糊涂，其罪实无可逭。仰恳圣恩，将臣交部严加议处，以昭炯戒。

再前据缅目面禀，得鲁蕴约于二月十五日左右来关。现在尚无信息，俟其到时，臣当会同提臣等钦遵谕旨，相度机宜，悉心筹办，断不敢稍有疏忽。

所有臣两次奉到上谕，理合据实覆奏，伏乞皇上睿鉴。谨奏。

朱批：已有旨了。

（《宫中档乾隆朝奏折》第三十七辑，第 726～729 页）

1876　署云贵总督贵州巡抚觉罗图思德
《再陈奉旨办理缅匪投诚事宜折》
乾隆四十二年二月初五日

署云贵总督贵州巡抚臣觉罗图思德跪奏：为奏覆事。

本年二月初六日，承准大学士舒赫德、于敏中字寄，内开："乾隆四十二年正月二十二日，奉上谕：前据图思德奏闻，得鲁蕴现在阿瓦料理贡物，并将苏尔相、多朝相接往阿瓦，要同杨重英俱从天马关送还内地，并欲亲自到关叩恳纳贡等语。已令阿桂驰驿前往云南经理受降诸事，又调李侍尧为云贵总督，并将筹办机宜详谕图思德矣。计此时得鲁蕴或已办贡投诚，并将杨重英、苏尔相等送还内地，亦未可定。到时，图思德即可收受，差人送京。此等送回之人，恐其心生畏惧。其实苏尔相原系彰宝派往老官屯投递檄文，致被拘留，伊本属无罪。即杨重英亦系木邦失事之后被贼裹去，拘留缅地最久，势亦处于无可如何，其罪亦不至于死。图思德可派委妥员伴送来京，不必加以锁押，惟沿途宜留心防范，勿稍疏虞，致令自戕，转属不成事体。所有杨重英家产已经查抄，其妻子现在监禁，及苏尔相妻子已经发遣之处，皆不可令伊等闻知，致使惊惧。至其余送回之人，如有官员在内，自应解京。若文职巡检、典史，武职千总、把总，俱无庸解京。但此等人员，断无令列名仕版之理，即当令其各回原籍。其送回兵丁等如有八旗之人，亦一并送京。若系绿旗兵，均不必解京，但亦不便仍令食粮，自当查明各原籍，发回安插，令各安分谋生。图思德办理此事，务须分别妥办。其伴送杨重英等，尤须选委妥员，途中防闲周密，毋稍疏忽，致干咎戾。将此由六百里加紧谕令图思德，并谕阿桂、李侍尧知之。钦此。"遵旨寄信到臣。跪读之下，仰蒙皇上训诲周详，无微不至，臣惟有敬谨凛遵。

伏查正月二十四日，缅目来见之时，据禀："得鲁蕴已在官屯等候象只等物，约于二月十五日左右始得到齐，一同送进。"等语。经臣于正月二十六日恭折奏闻在案。如得鲁蕴果于十五日左右还人进象，臣当一一钦遵谕旨，分别妥办，断不敢少有疏忽，自干咎戾。

所有臣奉到谕旨，理合恭折奏覆，伏乞皇上睿鉴。谨奏。

朱批：览。

（《宫中档乾隆朝奏折》第三十七辑，第 742～743 页）

1877　署云贵总督兼署云南巡抚觉罗图思德
《奏报福建委员办运滇铜扫帮出境日期折》
乾隆四十二年二月十二日

署云贵总督兼署云南巡抚臣觉罗图思德跪奏：为循例奏闻事。

窃照乾隆三十四年十二月二十五日，奉上谕："各省委员赴滇采办铜斤，往来俱有定限。嗣后到滇办运开行，即着该抚具奏。其何时运回本省，有无逾限，亦令核实奏闻。

至沿途出入省境期程，并照京局解员之例一体具奏，如有无故停留贻误者，即行指名参究。钦此。"钦遵在案。

兹据云南布政使朱椿详称："福建委员崔绎采买滇省义都等厂正耗余高铜四十四万二千五百七十五斤，应以乾隆四十年十二月初二日领足铜斤之日起，扣至四十一年十二月初九日限满。今该委员崔绎于四十一年十一月二十七日全数运抵剥隘扫帮出境，尚在限内，并未逾违。"等情，详情核奏前来。臣覆查无异，除飞咨沿途各省催趱前进，依限运局供铸，并咨明户部外，所有福建委员崔绎领运滇铜扫帮出境日期，理合恭折具奏，伏乞皇上睿鉴。谨奏。

朱批： 览。

（《宫中档乾隆朝奏折》第三十七辑，第758~759页）

1878　署云贵总督兼署云南巡抚觉罗图思德《奏报滇省雨水情形折》
乾隆四十二年二月十二日

署云贵总督兼署云南巡抚臣觉罗图思德跪奏：为恭报地方雨水情形，仰祈圣鉴事。

窃照滇省上年十二月分续得雨雪，经臣具奏在案。兹自本年正月以来，各属地方因上年雨雪频沾土膏滋润，入春之后天气融和，春花畅茂。滇省气候较早，麦、菜、荞、豆长已尺余至二尺外不等，据各属禀报，先后均得雨泽。臣往来陇川、张凤街一带，田亩正当望雨之际，于二十三四五等日连次得雨，二十八九两日又得大雨，极其沾透，田间一望青葱，莫不畅茂，春收可卜丰盈。各处粮价俱属平减，民夷乐业安居，地方极为宁谧。所有滇省雨水及地方情形，理合恭折奏闻，并将正月分各属报到粮价缮具清单，敬呈御览，伏乞皇上睿鉴。谨奏。

朱批： 知道了。

（《宫中档乾隆朝奏折》第三十七辑，第759页）

1879　暂署云贵总督觉罗图思德《奏报得鲁蕴未如期进关送人贡象折》
乾隆四十二年二月十八日

暂署云贵总督臣觉罗图思德跪奏，为奏闻事。

窃查缅匪得鲁蕴于正月二十四日，差缅目来至陇川叩见，据禀得鲁蕴于二月十五日左右亲来贡象还人等情。臣当即据实奏闻在案。兹臣于十六日，接到提臣常青、海禄札称："据虎踞关游击哈三、都司石永泰禀称，有缅目孟干、孟占拉二名，带跟役九人，持有缅禀，来至张凤大营。当即会同镇、州面询，据称：'我等系得鲁蕴、绽拉机差来禀知大人们，前得鲁蕴原许在二月十五日上来，因象只未到，是以未能来。恐怕大人们疑惑，差我等上来禀知此情由，并打发节盖到马脖子，求大人们差官到彼，还有说话等语。'"并据临元镇总兵吴万年、腾越州知州吴楷禀同前由，并送到译出缅禀。查阅情节，大概相同。

臣查缅匪狡猾，难以遽信。前在陇川，缅目来见之时，伊等坚称二月十五日左右送人贡象，缅禀内亦有是语，臣于君父之前不敢丝毫瞒隐。且此次得鲁蕴屡遣缅目进关，实与从前情形稍异。既称定于十五左右前来之语，臣询明之后，即行据实具奏。今已届期，忽遣目投禀，以象只未到为词，并称令节盖到马脖子等候，差官说话，尤为诡诈。如果得鲁蕴因象只未到，不能如期到关，亦当遣节盖进关面禀，另约日期，岂有令其在马脖子等候说话之理？其狡诈显然。（**夹批**：是。）当经提臣等吩咐来人孟干等，差一跟来缅役速回马脖子，谕知节盖，令其进关说话，业于十五日去讫。其孟干等暂留张凤大营，俟彼处信息一到，看其情形真伪若何，再会同提臣商酌办理。（**夹批**：亦是。）

所有现在缅匪差目来关投禀情形，理合先行驰奏。缅匪原禀及译出汉文，一并恭呈御览，伏乞皇上睿鉴。谨奏。

朱批：已有旨了。

（《宫中档乾隆朝奏折》第三十七辑，第787~788页）

1880 署云贵总督兼署云南巡抚觉罗图思德《汇奏乾隆四十一年分滇省各铜厂办获铜斤数目折》

乾隆四十二年三月初六日

署云贵总督兼署云南巡抚臣觉罗图思德跪奏：为汇报各厂办获铜斤数目，分别考核，仰祈圣鉴事。

窃照滇省新旧大小各厂乾隆四十年分获铜数目，经臣汇核奏报在案。今四十一年分，行据云南布政使朱椿查明，各厂通计办获铜一千一百五十二万六千五百九斤零，造册详请核奏前来。

臣检齐各厂月报，逐一核对，内汤丹、碌碌、大水、茂麓等四厂获铜四百九十二万一千六百五十斤，宁台等三十二厂获铜四百七十九万八千五百一十五斤零，大功等八新厂获铜一百八十万六千三百四十四斤。乾隆四十一年分，通计各厂共获铜一千一百五十二万六千五百九斤零。臣查乾隆四十年分办获铜一千二百四十八万三百九十二斤零，系有闰之年，按月计算，每月办铜九十六万三十斤。今四十一年无闰，已共办铜一千一百五十二万六千五百余斤，以十二个月分计较，四十年每月所办之数，多办五百一十余斤，一年共多办铜六千一百四十余斤，实属有盈无绌。所有旧厂督催全完，向照办获铜斤、收买银数之多寡分别议叙，于考成册内办理外，其新厂成例，每年获铜四十万斤以上者纪录三次，八十万斤以上者奏请升用等语。查四十一年分各新厂，大功厂员曹湛获铜一百万二千五百一十斤，万宝厂员张时中获铜五十二万一百斤，均属奋勉急公。可否仰邀圣恩，准照向例，将大功厂员曹湛、万宝厂员张时中分别议叙，以示鼓励之处，恭候钦定。

所有滇省新旧各厂四十一年分获铜数目，臣谨汇总考核，开列清单，恭折具奏，伏祈皇上睿鉴，敕部议覆施行。谨奏。

朱批：该部议奏。

（《宫中档乾隆朝奏折》第三十八辑，第38页）

1881 署云贵总督兼署云南巡抚觉罗图思德
《奏报改遣军犯在配逃脱折》
乾隆四十二年三月初六日

署云贵总督兼署云南巡抚臣觉罗图思德跪奏：为遣犯脱逃，遵旨具奏事。

乾隆三十六年三月初三日，钦奉谕旨："脱逃遣犯，查明各乡贯，迅速移知该本省，严行缉拿。而经过各省分亦当知照，一体协缉务获。仍一面奏闻，便于降旨。并传谕各督抚，凡有改遣人犯在配脱逃之案，俱一体遵照办理。钦此。"钦遵，通饬遵照在案。

兹据署蒙自县知县卫统详报："在配改遣军犯林游明，系广东阳春县人，因屡次行窃廉州府暨吴川、石城二县衙署服物、银两，审依积匪滑贼例，改发极边烟瘴，解滇，发蒙自县安插。乾隆三十七年七月十八日到配，面刺'改遣'字样，于四十二年正月二十日，乘间脱逃等情。"造册详报到臣。除飞咨经过省分及原籍、邻封一体查缉，并饬滇省各属严速协拿务获办理，倘逾限不获，照例另参外，所有改遣军犯脱逃缘由，理合遵旨具奏，伏祈皇上睿鉴。谨奏。

朱批：览。

（《宫中档乾隆朝奏折》第三十八辑，第39页）

1882 署云贵总督兼署云南巡抚觉罗图思德
《奏报丙申年头运二起京铜开帮日期折》
乾隆四十二年三月初六日

署云贵总督兼署云南巡抚臣觉罗图思德跪奏：为奏闻事。

窃照滇省办运京局铜斤，自四川泸州开帮日期，例应奏报。

兹据云南布政使朱椿详称："丙申年头运二起委员那宁阿，领运正耗余铜七十三万六千三百斤，于乾隆四十一年十二月二十八日，在泸州全数兑足开帮。"等情前来。除飞咨沿途各省督抚催趱前进，依限赴京交收，并咨明户、工二部外，所有丙申年头运二起京铜开帮日期，理合恭折奏闻，伏乞皇上睿鉴。谨奏。

朱批：览。

（《宫中档乾隆朝奏折》第三十八辑，第40页）

1883 署云贵总督兼署云南巡抚觉罗图思德
《奏报官犯沈文亨在监病故缘由折》
乾隆四十二年三月初六日

署云贵总督兼署云南巡抚臣觉罗图思德跪奏：为奏闻事。

窃于本年三月初二日，据云南布政使朱椿、按察使汪圻禀称："乾隆四十二年二月二十三日，据按察司司狱司宋鸣皋申报，司监官犯沈文亨，于本月二十三日巳时病故等情。随经本司等率同云南府知府永慧、署昆明县知县吴大雅亲诣验明，实系在监染患脾虚翻胃作泻病症，医治不痊身死，并无别故。查沈文亨，系云龙州知州，因兼署永平县知县任内，接收前任买补霉变及采买在民未交谷石结报实贮，又将仓谷私借在民，并支给站夫口粮自行碾用，食米亏短，至被参审，照侵盗钱粮入己数在一千两以上例，拟斩监候，乾隆四十、四十一两年秋审情实，奉旨未勾之犯，合并声明。"等情，禀报到臣。当即饬令讯明刑禁、医生人等有无凌虐别情，照例开取管狱官职名，到日具题，并咨沈文亨原籍湖北外，所有官犯沈文亨在司监病故缘由，理合奏闻，伏乞皇上睿鉴，敕部施行。谨奏。

朱批：该部知道。

（《宫中档乾隆朝奏折》第三十八辑，第40~41页）

1884　署云贵总督觉罗图思德《奏报以按察使汪圻署理藩司印务折》

乾隆四十二年三月初六日

署云贵总督臣觉罗图思德跪奏：为循例奏闻事。

窃准部咨，钦奉上谕："孙士毅着调补云南布政使，其广西布政使员缺，即着朱椿补授。钦此。"行知到臣。

查朱椿既经奉旨调任广西，自应即令起程赴任。缘铜务系藩司总理，适当办理上年各厂铜斤截数之际，若遽易生手，恐头绪纷繁，易至舛错，是以臣饬令朱椿上紧赶办清楚，再赴新任。兹已办竣，应令朱椿速赴新任。所遗布政使印务，照例委员接署。查有按察使汪圻，老成历练，办事细心，堪以兼署。除一面饬遵外，所有委署藩司印务缘由，理合恭折奏明，伏乞皇上睿鉴。再云南巡抚系臣兼署，毋庸会衔。合并陈明。谨奏。

朱批：该部知道。

（《宫中档乾隆朝奏折》第三十八辑，第41页）

1885　署云贵总督兼署云南巡抚觉罗图思德《奏报浙江委员办运滇铜扫帮出境日期折》

乾隆四十二年三月初六日

署云贵总督兼署云南巡抚臣觉罗图思德跪奏：为奏闻事。

窃照乾隆三十四年十二月二十五日，奉上谕："各省委员赴滇采办铜斤，往来具有定限。嗣后到滇办运开行，即着该抚具奏。其何时运回本省，有无逾限，亦令核实奏闻。至沿途出入省境期程，并照京局解员之例一体具奏，如有无故停留贻误者，即行指名参究。钦此。"钦遵在案。

兹据云南布政使朱椿详称："浙江委员宁波府同知张法良，采买大美、金钗等厂高低正耗余铜二十二万九千三百七十五斤，前经详咨，以乾隆四十一年三月二十日领足省城府仓铜斤之日起限，扣至四十一年十二月二十一日限满。今该委员于四十一年十二月二十日，全数运抵宝宁县所属剥隘地方扫帮出境，尚在限内，并未逾违。"等情。详请具奏前来。臣覆查无异，除飞咨沿途各省催趱前进，依限运局供铸，并咨明户部外，所有浙江委员张法良领运滇铜扫帮出境日期，理合恭折具奏，伏乞皇上睿鉴。谨奏。

朱批：览。

（《宫中档乾隆朝奏折》第三十八辑，第42页）

1886　署云贵总督觉罗图思德《奏报查阅过迤西、迤南各标镇协营官兵情形折》

乾隆四十二年三月十六日

署云贵总督臣觉罗图思德跪奏：为阅过迤西、迤南各标镇协营官兵，分别等次，恭折奏闻事。

窃照乾隆四十一年，轮值阅兵之期，臣奉谕旨，随将迤东各镇协营及省会标营逐一较阅，分别等次，缮折具奏在案。

其迤西、迤南十六标营内，陆续阅过十二标镇协营，尚有四镇营未经巡阅，当经附折奏明，于撤防后，将未阅各营阅毕，再行汇奏，仰邀圣鉴。今新任督臣即日到任，臣将印信移交。除未经阅过之迤西顺云营、迤南普洱镇、普安营、元江营等四镇营移交新任督臣巡阅外，所有臣阅过之提标等镇协营十二处内，提标、腾越镇、鹤丽镇、永北营、大理城守营各兵丁，弓马娴熟，演阵整齐，进退有法，连环枪炮纯熟有准，应列为一等。其龙陵协、永昌协、维西协、景蒙营，步箭开放平稳，弓力尚劲，马箭稍次，演阵平等，步伐尚有规则，枪炮亦俱熟练，应列为二等。至楚雄、新嶍、剑川三营，则又次之，其中弓马已有可观，枪炮尚属有准，而阵势不能熟练，应列为三等。

臣于各兵内择其技艺兼优、人材出众者，量加奖赏，记名拔用；其弓马生疏、技勇平常、尚可学习者，当即责惩，饬交该管将弁勤加训练；其人材技艺均属不堪者，即行责革，并将该管将弁分别记过，以示炯戒。至各营将弁内，弓马俱属可观。惟查提标右营把总赵之贵、维西协外委何继宽、傅国相等三员，年力渐衰，弓马平常，未便姑容。除照例咨部斥革外，所有臣巡阅过十二营，酌分等次及未经巡阅四营，移交新任督臣办理各缘由，理合恭折奏闻，伏乞皇上睿鉴，敕部施行。谨奏。

朱批：该部知道。

（《宫中档乾隆朝奏折》第三十八辑，第 130 ~ 131 页）

1887　署云贵总督兼署云南巡抚觉罗图思德《奏报交印日期折》

乾隆四十二年三月十六日

署云贵总督兼署云南巡抚臣觉罗图思德跪奏：为恭报交印日期事。

本年二月初六日，准吏部咨："乾隆四十二年正月十八日，内阁奉上谕：云南总督员缺，着李侍尧调补，图思德着回贵州巡抚之任。钦此。"钦遵。

今督臣李侍尧将抵云南永昌府，臣现在张凤街大营，于三月十六日，委令永昌府知府汤雄业、署督标中军副将吴国澍，将钦颁云贵总督暨云南巡抚关防二颗，并一切应交案卷等件赍送永昌，移交新任督臣李侍尧接收任事。除恭疏题报外，理合缮折奏闻，伏乞皇上睿鉴。谨奏。

　　朱批：览。

（《宫中档乾隆朝奏折》第三十八辑，第 131～132 页）

1888　大学士仍管云贵总督暂兼云南巡抚昭信伯李侍尧《奏报接印任事日期折》
乾隆四十二年三月二十三日

大学士仍管云贵总督暂兼云南巡抚昭信伯臣李侍尧跪奏：为恭报微臣接印任事日期，仰祈睿鉴事。

窃臣荷蒙圣恩，调任云贵总督，命即驰驿前往。遵于二月初三日，自广东起程，业经恭折奏报。嗣于贵州途次，接协办大学士公阿桂来札，约臣在于滇省少待，面商一切，同赴永昌。臣于三月初八日先抵云南省城，阿桂亦于十一日到省，当将边关大概情形面为商酌。因得鲁蕴贡象还人之说似竟荒唐，必须赴永察看办理缘由，于三月十一日，会折驰奏在案。

兹臣于三月二十二日行抵永昌，接署督臣图思德移交云贵总督、云南巡抚各印务前来。臣即日接收视事。除照例缮疏题报，并将一切边防事宜暨奉旨交办运京铜斤，与阿桂悉心商酌妥办，另行会奏外，所有微臣到永接印任事日期，理合恭折奏闻，伏乞皇上圣鉴。谨奏。

　　朱批：览。

（《宫中档乾隆朝奏折》第三十八辑，第 175～176 页）

1889　大学士仍管云贵总督暂兼云南巡抚昭信伯李侍尧《奏陈赴滇沿途情形折》
乾隆四十二年三月二十三日

大学士仍管云贵总督暂兼云南巡抚昭信伯臣李侍尧跪奏：为敬陈沿途情形，仰祈圣鉴事。

窃臣钦奉恩命，驰驿来滇。二月初三日，自广州起程，由广西取道湖南、贵州，经过广东之三水、高要、德庆、封川四州县及广西之梧州、平乐、桂林三府属，雨水不缺，二麦次第刈获，收成丰稔。十四日，由湖南永州以至辰州，气候较迟于粤省，二麦秀茂，正在含胎。二十五六，行抵沅州，得有时雨，更于春花有神。二十七日，入贵州，经由思州、镇远等府，田少山多，间种菜麦，将届成熟。迨三月初四日，抵云南境，历曲靖、云南、楚雄、大理各府以达永昌，途间频得雨泽，塘堰积水充盈，豆麦现已结实，早者业经收割，田亩陆续翻犁播种，秧针秀发。现在永昌府城中，米每仓石价银一两七钱。其余经由各处市米价值，均属中平，民情安帖。所有臣沿途目击情形，理合恭折奏闻，伏乞皇上圣鉴。谨奏。

朱批：知道了。

（《宫中档乾隆朝奏折》第三十八辑，第 176 页）

1890　大学士仍管云贵总督昭信伯李侍尧《奏报普洱镇总兵萨灵阿染瘴病故，遗缺请以贵州安笼镇总兵张和调补折》

乾隆四十二年三月二十五日

大学士仍管云贵总督昭信伯臣李侍尧跪奏：为奏闻事。

乾隆四十二年三月二十四日，据署云南普洱镇中营游击王振元呈报："普洱镇总兵萨灵阿，因出防九龙江，染患瘴疟，医治罔效，于三月十四日病故。"等情到臣。除一面檄委东川营参将孚兰泰暂行接署外，伏查普洱一镇，内杂民苗，外连土司，每年出防九龙江一带，抚辑稽查，责任綦重，实为边疆最要之缺，必得明干老成之员方能胜任。

臣于赴滇途次，接见贵州安笼镇总兵张和，见其人明白持重，熟谙营伍，颇为出色。合无仰恳圣恩，准以张和调补普洱镇总兵，于边防足资整饬。所遗贵州安笼镇总兵员缺，请旨另行简放。臣为边地需员起见，不揣冒昧，谨恭折奏恳，伏乞皇上圣鉴训示。

再臣与阿桂现有会奏事件由驿驰赍，是以一起拜发，以省邮递。合并陈明。谨奏。

朱批：张和，朕所深知之人，可胜此任，是见谨人。

（《宫中档乾隆朝奏折》第三十八辑，第 204 页）

1891　阿桂、李侍尧《奏报抵永昌查询边务大概情形折》
乾隆四十二年三月二十五日

臣阿桂、臣李侍尧谨奏：为臣等现抵永昌查询边务大概情形，仰祈圣鉴事。

臣阿桂、臣李侍尧驰抵永昌，适贵州抚臣图思德、提臣常青先后赶到，面询一切。查缅目得鲁蕴自上年十一月间具禀恳请纳贡还人，通关贸易。十二月初八日，适自京遣回之孟矣、波一出口，即给回檄，谕准令前来。本年正月，得鲁蕴差孟干、孟团、孟邦致送镇、州礼物，并称苏尔相等已在阿瓦，由天马关送出。当遣孟干等出口，传令得鲁蕴亲来。正月二十三日，孟邦转回关内具禀，得鲁蕴已到老官屯，定期二月十五左右送人进贡。二十五日，与秤管猛同遣出口。二月十四日，孟干、孟团复进关禀称，象只未到，不能如期送进，现令节盖四人在马脖子等候，求差官到彼说话。当将孟干、孟团扣留，遣其跟役孟雅回谕，断无差人就彼说话之理，速令节盖到关，节经图思德奏闻在案。嗣于二月二十一日，孟雅复来，称节盖不敢进口，仍请差官到彼。经提臣等饬令孟雅毋许入关，严催节盖亲来。三月初一日，孟干再三恳求写缅字，差跟役碎美回赴老官屯送交。三月初五日，缅目差孟令持有缅禀，同原随苏尔相之兵丁蔡世雄、汪有才前来，译出缅禀，有问及蛮暮、木邦土司之语。当经镇、州给与回檄，遣孟令持回。三月十五日，绽拉机又差碎冻具禀，同通事寸博学进关，请遣回孟干、孟团。当即接收寸博学，扣留碎冻，遣其跟役回谕，节盖必得亲来。迄今数日，尚无回信。此近日大概情形也。

臣等查缅匪情性多疑，习俗狡诈，即如此次遣人投禀，又自订期约，忽复转辗支吾，不敢到关。而苏尔相又送至马脖子，并节次送出蔡世雄、汪有才、寸博学，皆系数年来不肯送出之人，虽系鬼蜮伎俩，亦颇露窘急情状。除缅子孟干等十三人恐边境尚有备用之处，交常青等暂留张凤街外，先将蔡世雄、汪有才、寸博学迎提研讯，俟讯出情节，再行据实具奏。理合先将现在查询情形恭折奏呈，伏祈皇上睿鉴。谨奏。

朱批： 大约得鲁蕴愿送人，而绽拉机阻之。而图思德等又露有轻启之意，反被彼识破。□有旨谕。

（《宫中档乾隆朝奏折》第三十八辑，第 206～207 页）

1892　阿桂、李侍尧《遵旨奏覆办理缅甸事务情形折》
乾隆四十二年三月二十五日

臣阿桂、臣李侍尧谨奏：为遵旨奏覆，仰祈睿鉴事。

窃臣阿桂仰蒙圣谕，驰赴滇省办理缅甸事务，星夜兼程前进。嗣于途次，屡遇图思德奏函，遵旨拆阅，得悉缅目狡诈反覆情节，极为可恶。因恐该目所称进贡还人等项竟属荒唐，不特事势骤难完结，且有关前奉明发谕旨，昼夜殚思，不能遽得善策。及抵云南省城，与臣李侍尧面晤，熟商此事全局，彼此所虑正复相同。嗣于三月十九日，行抵普洱途次，接奉谕旨内："钦差前往之事亦有关系，何以结局？钦此。"又于二十二日，在保山县途次，接奉谕旨："此时已届三月，转瞬瘴气即起，难通信息。阿桂系钦差前往受降之人，众共闻知，若不结局，延至秋深，又将如何办理？钦此。"仰见睿虑周详，洞如烛照，万里边情，早荷圣明鉴彻。臣等恭读谕旨，复再四筹画，实未能得有把握。

就现在情形而论，惟闻缅地四大万内，有渺万机者，系赘角牙之妻父，而孟团系渺万机之用人，遣往马脖子催探信息，节盖等即遣伊同孟干入关递禀，当被羁留。嗣渺万机向节盖索取，节盖颇露情急，是以节次遣出跟随苏尔相之兵丁蔡世熊、汪有才及通事寸博学，恳求放回孟团。臣等现饬羁留不遣，（**夹批**：甚是。此人不可轻放回。）于办理机宜颇有裨益。又昨据缅目禀内询及蛮暮、木邦土司现在是否存活，其情更属可恶。（**夹批**：实在可恶！）

臣等当代提臣等拟作檄稿，译出发去，大意以苏尔相、杨重英等在内地本不足重轻，并不必欲索回，其送还与否，无关紧要，以折其居奇之心，且计臣等已抵永昌，该匪等必风闻总督业令臣李侍尧调任，臣阿桂又复一同到边，必有用兵征剿之事，而檄内转置不提，但办理愈加严正，觉与向时办法忽复一变，（**夹批**：是。应如此办理。）俾致不能揣测，庶几疑畏交生，送还苏尔相，似尚稍有机会。俟送出后，仍行扣留孟团等，勒送杨重英，或可得有端绪。（**夹批**：自当如此。）

目下节盖等在马脖子一带观望，臣等虽不便前往张凤街等处，致似将此事看成重大。日内即往腾越州，以便遇有提镇不能即得主见之处，就近指示。谨将奉到谕旨先行奏覆，并将代拟檄稿谨录进呈，伏祈皇上圣鉴。谨奏。

朱批：好。已有旨了。

（《宫中档乾隆朝奏折》第三十八辑，第 208～209 页）

1893　阿桂、李侍尧《遵旨覆奏办理严禁江西、湖南民人至滇与缅匪贸易情形折》

乾隆四十二年三月二十五日

臣阿桂、臣李侍尧谨奏：为奏覆事。

臣等于本月十三日，接准大学士舒赫德、于敏中字寄："乾隆四十二年三月初二日，奉上谕：据彭理于军机处具呈，内称缅匪性情疑惑，贪利无知，惟伊母尚知尊卑上下，嘱令断不可违背天朝。今既投降，仰恳稍加恩赐，使其畏威戴德等语。着传谕阿桂、李侍尧留心确访，彭理所言缅匪之母是否实系劝令伊子投降？从前懵驳何以不听令赘角牙，是否听从懵驳之母投诚纳贡？若果如此，酌量加恩赏赐，以示奖励。钦此。"

查臣阿桂前在滇省军营时，原闻懵驳有母，颇知恭顺，但其言是否确实，当时并无凭据。今又阅数年，未知其母是否存活，且纳贡、还人、通关事宜，现在尚无头绪，此时似可无庸查办。又钦奉谕旨："彭理呈称云南省城等处，江西、湖南人居多。缅匪投诚后，倘蒙恩准其交易，所有江西、湖南人，应请不许过云南省城，并令永昌等处各关口严查禁止等语。其江西、湖南人如何设法严禁，不令过关之处，并着阿桂、李侍尧等悉心筹酌，妥议覆奏。钦此。"

臣等查江楚民人向住滇省与外夷商贩者最多，原应酌定章程，设法稽察。但云南省城距边境尚有二千余里，道路岐错，难以防禁。若至腾越以外，虽有关隘名色，其实峰连岭互，散漫绵延，在在可以出入，稽察亦难周密。惟永昌至腾越中间，有潞江等处，为通各边总汇之区，酌拟特派员弁专司稽察，遇有江楚客商到关，即驱令北回。如有脱漏出口，查出严参。至向来久在近边居住之人，若忽令逐回，亦恐不无滋扰。请令照依内地保甲之例，但就现在各户编造名册，嗣后只许渐减，毋许增添，仍不时委员前往稽查。如此，则内地民人自可永杜越界之弊。除俟办理边防事宜列入各章程具奏外，谨先遵旨奏覆，仰祈圣鉴。谨奏。

朱批：知道了。

（《宫中档乾隆朝奏折》第三十八辑，第 209～210 页）

1894　大学士仍管云贵总督暂兼云南巡抚昭信伯李侍尧《奏呈滇省粮价清单折》
乾隆四十二年四月初九日

大学士仍管云贵总督暂兼云南巡抚昭信伯臣李侍尧跪奏：为奏明事。

窃照米粮价值，例应按月奏报。兹查云南省乾隆四十二年二月分各属米、豆、麦、荞各项时价，据藩司朱椿汇册详送，前署抚臣图思德因在边关办事，未及缮奏，移交到臣。理合敬缮清单，恭呈御览。为此恭折奏明，伏祈皇上睿鉴。谨奏。

朱批：览。

（《宫中档乾隆朝奏折》第三十八辑，第 306 页）

1895 大学士仍管云贵总督暂兼云南巡抚昭信伯李侍尧
《奏报动项修辑〈赋役全书〉折》
乾隆四十二年四月初九日

大学士仍管云贵总督暂兼云南巡抚昭信伯臣李侍尧跪奏：为循例具奏事。

窃照耗羡章程案内，凡有常例之外动用银两，应专折奏闻。

兹据布政使朱椿详称："《赋役全书》，每逢十年例动存公银两修辑一次。滇省《赋役全书》，自乾隆二十九年修辑之后，扣至乾隆三十九年，已届十年，应行修辑。详奉咨部，覆准将此十年内田地钱粮、俸工、税课等项增除各数逐加修辑，刊刻成书，咨行颁发在案。实需工料银四百六十四两六钱五厘，应于存公银内动支报销。查乾隆四十年奏销存贮节年公件、耗羡银二十二万二千二百六两二钱八分四厘，所有修辑《全书》银四百六十四两六钱五厘，应请于前项存贮公件银内动支。"详请具奏等情到前署抚臣图思德，移交到臣。覆核无异，除支销细册送部外，理合循例缮折奏闻，伏乞皇上睿鉴。谨奏。

朱批：该部知道。

（《宫中档乾隆朝奏折》第三十八辑，第 307 页）

1896 大学士仍管云贵总督暂兼云南巡抚昭信伯李侍尧
《奏报滇省麦豆收成分数折》
乾隆四十二年四月初九日

大学士仍管云贵总督暂兼云南巡抚昭信伯臣李侍尧跪奏：为恭报麦豆收成分数，仰祈圣鉴事。

窃照滇省地方宜种麦豆之处，现已登场。据署藩司汪圻就各属报到收成分数，开单汇呈前来。臣逐一确核，永北等二十三厅州县暨猛旺等二土司并善长里，高处收成九分，低处俱收十分；蒙化等三十三厅州县，高低俱收九分；大关等十一厅州县暨普藤等三土司并义正里，高处收成八分，低处俱收九分；中甸等十一厅州县，止种二麦，高处收成八分，低处俱收九分；思茅同知属，止种南豆，高处收成八分，低处俱收九分。合计通省麦豆，实有九分收成。除俟藩司造册详报到日，照例具疏题报外，臣谨恭折奏闻，并缮清单敬呈御览，伏乞皇上睿鉴。谨奏。

朱批：知道了。

（《宫中档乾隆朝奏折》第三十八辑，第 308 页）

1897 大学士仍管云贵总督昭信伯李侍尧
《奏陈办理缅甸边务情形折》
乾隆四十二年四月初九日

大学士仍管云贵总督昭信伯臣李侍尧跪奏：为缅甸边务未结，敬陈一得之愚，仰祈圣裁事。

窃臣荷蒙恩命调任云贵总督，因图思德前奏得鲁蕴贡象还人其说中变，屡次钦奉谕旨，命臣与阿桂相机办理。业将大概情形及急切未得把握缘由，先后会折，奏陈圣鉴。

伏查缅甸自乾隆三十四年大兵进围老官屯，懵驳势穷力蹙，情愿纳贡还人，吁请罢兵。我皇上如天好生，俯念地处烟瘴，恐士卒多伤，特恩宽宥。讵蛮酋狡诈，顿悔前言，并将遣往檄催之员遮留不放，历今八年之久，总未悔罪输诚，每以诡词欺诳，借此窥我动静，已非一次反覆，夷情本不足信。上年冬间，前署督臣图思德等不加细察，上达宸聪。其实人象并不到关，差人询问，百计支吾，其情甚为可恶。查从前定议，闭关禁市，绝其资生之路，原属制缅要策。现在该酋来禀，亦曾吁恳开关。然使生计果真窘迫，自当力图完局，因何屡有变更？兹臣留心体访，缅地物产，棉花最多，次则碧霞玺、翡翠玉，其仰给于内地者，不过绸缎、黄丝、铁针之类。近年以来，彼处玉石等物，云南、广东二省售卖颇多，皆由内地每差土人、玀夷出关侦探，盘查兵役因见官差要务，于随身行李搜检未严，夹带走私，势所不免。究之所侦探者，止在野人地界，撮拾无稽，不但不能得彼真情，转将内地信息从而泄漏。

至于棉花一项，臣在粤省时，见近年外洋港脚船只进口，全载棉花，迨至出口回帆，又止买带些须白糖、白矾，船多税少，颇累行商。经臣与监督德魁严行饬谕，嗣后倘再混装棉花入口，不许交易，定将原船押逐在案。外洋海道，各国皆通。臣初不知缅地多产棉花，今到滇后，闻缅匪之晏共、羊翁等处，为洋船收泊交易之所。以臣在粤所见，征诸在滇所闻，是缅地棉花悉从海道带运，否则粤东近年何独骤多？似滇省闭关禁市，有名无实，究不足以制缅匪之命，且递年镇将大员带兵数千驻守，非惟不成事体，而此局一日不完，一日上烦睿虑。臣忝任封疆，受恩深重，目击心忧，思维再四，急欲筹办，尚无机会。就臣愚见，惟有以夷攻夷之一法。

查暹罗前为缅匪残破，时值天朝加兵，仅掠子女、玉帛而回，置土地、人民于不顾。旋有暹罗头目郑昭者，收合余众，欲为故主复仇，始而禀臣，转求大皇帝恩赏封号。经臣晓以大义，奏明檄覆。继则情愿合击缅匪，预恳示期为请，曾以青霾所获之泻都、燕达及男妇人等来献。臣于乾隆三十九年入觐时，仰蒙圣明询及，面奉谕旨："外夷原可不必深求，即如安南，本系陈姓，后归莫姓，现又系黎姓。如郑昭再有禀乞恩，汝可酌量，只管具奏。钦此。"近年郑昭复将缅匪所留内地兵民节次送回，并称连岁攻击缅匪，军火缺乏，求买硫磺、铁锅，颇见小心恭顺。历经臣奏明，仍作己意，准其买回，并予奖励。窥其心，惟冀仰邀大皇帝施恩封赏，俾主国事。臣从前疑其或与暹罗旧部别构衅端，谬思依仗天威，巧图慑服。即与缅匪仇杀，亦无目睹之人，保非捏词欺诳，是以迟迟不为具奏。现阅数年之久，暹罗旧部未闻自相攻杀，可见诏氏无人，群心已附。上年送回腾越州民杨朝品等，所供诱杀缅匪多人。现询通事寸博学等，供亦相同，且海道商贾传言郑昭汉子甚好，竟是缅匪劲敌。而近日得鲁蕴之诡词款关，又焉知不因郑昭之故，虑及天朝加兵，故为此延缓之计？印证参观，似一机会。可否敕下两广督臣，作为己意，檄询郑昭，谓诏氏虽已无子孙，而天朝原颁敕印现在是否存失？微露其意，郑昭自必乞恩求封。俟其禀到，据情转奏，仰恳皇上施恩锡封，仍谕以务必躬除缅贼，为伊故主复仇，方足俯惬舆情，承受天宠。伊得有天朝符命，更易号召邻番，努力杀贼。虽未必能缚渠献馘，而缅匪频年疲于攻战。滇省惟在严禁边关，不容偷越，并不令土人、猓夷等往探消息，示以不测。俟其困顿，扬言大兵进剿，彼时畏惧腹背受敌，摇尾乞怜，人象到关，准其纳款，亦可借完此局。侧击旁敲，似足以备一策，且与臣等在滇筹办机宜亦属并行不悖。

伏读前奉谕旨，有偏方治病之喻。臣愚昧之见，计筹及此，商之阿桂，据云亦是办理之一法。谨缮折具奏，是否可行，伏乞皇上圣裁。谨奏。

朱批：所覆亦是，已有旨了。

（《宫中档乾隆朝奏折》第三十八辑，第 308～311 页）

1898　阿桂、李侍尧《奏覆对付缅匪策略折》
乾隆四十二年四月十五日

臣阿桂、臣李侍尧谨奏：为遵旨覆奏事。

本月初九日，接准大学士舒赫德、于敏中字寄："奉上谕：开关通商一事，自图思德以至滇省文武、官民人等无不愿为。想因适有得鲁蕴遣人来禀，遂皆怂恿禀报，图思德辄据以入奏，经朕洞烛情伪，明晰谕知。今果不出朕所料，进贡还人之事，系得鲁蕴先遣人禀知，何以中途反覆？借词象只未到，又添出与绽拉机商量情节，并请差官赴马脖子与节盖说话等情，种种支离谬妄，可恶已极！此事系得鲁蕴先发其端，并非自我而起。今节盖既不敢进关，朕意以为竟应或用计，或用力，使干弁带兵一二百至马脖子，将节盖拿进关内，询以得鲁蕴何故如此说谎，其意究欲何为，讯得实情，即应将节盖留住，另遣伊手下明白夷目回缅晓谕得鲁蕴等，以此事从前缅匪敢于将苏尔相等掯留，则此时拿获节盖留住，实所应当。况此次贡象还人之说，由尔等先行具禀，今忽有反覆，岂有不拿人究问明白之理？如此传谕诘问得鲁蕴等，谅伊亦无可置辨。即因此复生事端，伊如果敢于侵犯边境，则正可乘此机宜，以逸待劳，大加惩创，滇省兵力亦尽可办理。盖进兵往缅，则尚限于地势、气候，朕总恐徒伤病我人，故不肯用兵。若彼既离巢远来，至我近边，则勦杀实不为难。朕意定以如此办理。着传谕阿桂、李侍尧悉心筹酌，一面办理，一面奏闻。自古中国之驾驭外夷，自应示之以威，令其慑服，则可保边境宁谧。若稍存将就姑息之见，则是示之以弱，未有不因此受害者。此理甚明。恐启边衅，乃汉、唐、宋无能为之言，非我大清国全胜时之言也！阿桂、李侍尧等皆通达事务之人，自应见及于此。至图思德、常青各有本任事务，今缅匪既无可办之处，留于彼亦属无益，自当各令回任。将此由六百里加紧发往，谕令阿桂、李侍尧等知之，仍即速回奏。钦此。”

　　查进贡还人之事，前经得鲁蕴屡次遣人递禀恳求，旋即托词象只未到，继复请差官赴马脖子与节盖说话，前后反覆，实出情理之外。臣等初据禀报，即不胜愤懑疾恨，闻节盖等仅带五六百人在马脖子，原拟酌派兵弁，以与之讲话为名，临时胁勒交还，稍有支吾，即将节盖等一并掩捕进关，再行计较。嗣经探明，绽拉机等陆续添带多人，立栅严防。而该处一线山梁，形如马脖，两旁陡坡深箐，本系该匪巢窟门户，为老官屯外最要隘口。臣阿桂向曾经历其地，记忆形势，若轻兵扑取，恐不能得手。是以再四踌躇，商令员弁相机设法试办，于本月初七日奏闻在案。今接奉谕旨，或用计，或用力，早蒙示及，臣等万里之外筹办情形，圣明洞鉴真如烛照也。

　　伏诵谕旨：“自古中国驾驭外夷，示之以威，令其慑服，则可保边境宁谧。若稍存将就姑息之见，则是示之以弱，未有不因此受害者。”诚制驭外夷至当不易之要领。臣等蒙皇上教导多年，受恩深厚，此等关键，稍能领会一二。况以国家全盛之力，因其水土恶劣，苏尔相羁留在彼业已数年，我皇上尚未肯轻于用兵，此时若可擒拿节盖等贼，更何所顾虑？惟该匪性虽狡诈，情实恇怯，所恃者仅气候、毒疠一端。此番贼目送人，既占负嵎之势，又竭力提防，非单兵可以轻试。（**夹批：** 如此，竟可以付之不办矣。）若果离其巢穴，侵犯近边，则飞速调集各隘分驻之可以打仗兵丁，亦尚有二千内外，尽可尽力截杀。而以贼平日之畏葸计之，当并不敢出此，竟可毋庸多虑。特其奸狡性成，忽似悔祸，忽似激我用兵，实堪发指。除俟续有机会，即遵旨办理外，合将奉到谕旨缘由先行奏覆。

　　再图思德业经交代，起程赴黔到任。常青与海禄驻张凤街，同办一切，现将谕旨恭录行知。合并奏闻，伏祈皇上睿鉴。谨奏。

　　朱批： 已有旨了。

（《宫中档乾隆朝奏折》第三十八辑，第 327～329 页）

1899　大学士仍管云贵总督昭信伯李侍尧《奏请以丽江府知府张遐龄调补普洱府知府折》

乾隆四十二年四月十三日

大学士仍管云贵总督昭信伯臣李侍尧跪奏：为要缺知府需员，仰恳圣恩俯准调补，以裨地方事。

窃照云南普洱府知府唐宬衡奉旨升授迤西道，所遗员缺，例应在外拣选调补。前署督臣图思德接准部咨，未及遴员，移交到臣。

伏查普洱一府，内杂民苗，外连土司，逼近缅甸，为边疆最要之缺，且九龙江宣慰司甫经改土归流，又有新设普安一营，抚辑弹压，责任綦重，必得熟悉边情、明白干练之员，方足以资治理。滇省现任知府，或到滇未久，或人地未宜，求其堪膺此任者，实难其选。惟查有丽江府知府张遐龄，浙江荫生，由湖南衡州府通判升授威远同知，于乾隆二十六年正月到任，边俸报满，咨部仍留本任，嗣丁母忧。适因缅匪侵扰土司，奏留在滇，委赴孟艮、木邦等处办理军需，旋补永昌府同知，移驻龙陵，乾隆三十七年大计卓异，又俸满保题，以知府衔注册，乾隆四十年，经前署督臣图思德题升今职，并案给咨，送部引见。奉旨："张遐龄准其于同知任内卓异，加一级升补丽江府知府。钦此。"该守才具明干，练达老成，在滇最久，前任威远同知，即系普洱府属，又经承办军需，边情极为熟悉，任内并无参罚案件，以之调补普洱府知府，实属人地相宜。虽丽江亦系调缺，较之普洱，难易悬殊。

臣因要郡亟需专员，现委该守前赴普洱署篆，谨遵人地相须之例，专折奏请。合无仰恳皇上天恩，俯念边地紧要，准以张遐龄调补普洱府知府，不特该守感激天恩，倍加奋勉，臣亦得收指臂之效。如蒙俞允，所遗丽江府缺，容臣另行选员请补。

臣为要郡需员起见，不揣冒昧，恭折奏恳，伏乞皇上睿鉴训示。

再臣现在暂驻腾越，抚臣裴宗锡尚未到任，是以单衔具奏。合并陈明。谨奏。

朱批：该部议奏。

（《宫中档乾隆朝奏折》第三十八辑，第334～335页）

1900　大学士仍管云贵总督昭信伯李侍尧《奏请将臬司篆务改由粮储道徐嗣鲁署理折》

乾隆四十二年四月十三日

大学士仍管云贵总督昭信伯臣李侍尧跪奏：为改委臬司篆务，恭折奏闻事。

窃照云南藩司朱椿奉旨调补广西，前赴新任。其藩司篆务，经前署督臣图思德奏明，委臬司汪圻兼署在案。

臣到滇后，即赴永昌腾越，与阿桂筹办边务。接据汪圻详禀事件，多有率忽错误之处，俱经臣随时指驳，令其更正。是汪圻一人兼办两司事务，实觉周章。而朱椿甫经起程赴粤，计孙士毅到任尚需时日，未便以奏委在前，稍事因循，致有贻误。臣现在行令汪圻止署藩篆。其臬司印务，查有粮储道徐嗣鲁，人明白，办事细致，即行递委接署，俾两司分任有人，各得专心经理，庶于公事有济。

所有臣改委臬篆缘由，理合恭折奏闻，伏乞皇上圣鉴。谨奏。

朱批：该部知道。

（《宫中档乾隆朝奏折》第三十八辑，第 335 页）

1901　大学士仍管云贵总督昭信伯李侍尧
《奏报将巡抚关防送交新任抚臣裴宗锡接受日期折》
乾隆四十二年四月十三日

大学士仍管云贵总督昭信伯臣李侍尧跪奏：为恭报微臣交送抚篆日期，仰祈圣鉴事。

窃照抚臣图思德奉旨着回贵州巡抚之任，臣于三月二十二日到永昌，准图思德移交巡抚印务，暂为兼理，伊即起程赴黔。昨接新任抚臣裴宗锡札会，即自黔带印来滇，拟与图思德在途交接。臣因现驻腾越，距省遥远，裴宗锡来滇既速，似应先期送印。随于四月十一日，差委抚标中军参将孝顺阿，将云南巡抚关防赍至省城，会同云南府知府永慧送交裴宗锡接收。除另疏题报外，所有微臣交送抚篆日期，理合恭折奏闻，伏乞皇上睿鉴。谨奏。

朱批：览。

（《宫中档乾隆朝奏折》第三十八辑，第 336 页）

1902　新调云南巡抚现任贵州巡抚裴宗锡
《奏报交印赴滇日期折》
乾隆四十二年四月十五日

新调云南巡抚现任贵州巡抚臣裴宗锡谨奏：为奏闻交印赴滇日期事。

窃臣钦奉谕旨："着回云南巡抚之任，俟图思德到黔后，即赴云南新任。钦此。"钦遵在案。兹图思德在滇卸事起程，先期知会来黔。

臣以黔省秋审事宜及驿站奏销均难迟缓，现当新旧交代之际，若不一手赶办，恐致辗转稽时。臣一面上紧办竣，先后出本，一面带印起程，迎赴前途。于四月十五日行抵南笼，途次两相会遇，随将贵州巡抚印务移交图思德接受，臣即兼程前赴云南新任。除循例另疏题报外，所有臣交印赴滇日期，理合恭折奏闻，伏祈皇上睿鉴。谨奏。

朱批：知道了。

（《宫中档乾隆朝奏折》第三十八辑，第363页）

1903　阿桂、李侍尧《奏报诸事料理完竣即遵旨转回省城折》
乾隆四十二年四月十八日

臣阿桂、臣李侍尧谨奏：为奏覆事。

本月十五日，接准大学士舒赫德、于敏中字寄，内开："乾隆四十二年四月初三日，奉上谕：前此屡经传谕阿桂、李侍尧，令其悉心筹办得鲁蕴等差人进贡并往拿节盖一事，此时谅可陆续接奉，相机妥办矣。前因图思德等奏得鲁蕴约定日期贡象还人确凿有据，是以专差阿桂赴滇，办理受降开关等事。而善后事宜，则非图思德所能办，因特调李侍尧为云贵总督，董率文武实心妥办，并令阿桂于办理受降事后，将关隘应行查核章程各机宜告之李侍尧，酌量妥办，阿桂即可回京。昨据阿桂奏，缅匪迄今尚无信息，目下瘴气盛发，已无可办，前说似竟荒唐等语。则从前图思德所奏，实被通省文武、商民人等怂恿，冀图将就了事，露有端倪，致得鲁蕴等窥破，翻行捏说欺朦，而图思德等复为所愚耳！至昨降旨，令阿桂或用计，或用力，选派干弁，带兵一二百至马脖子，将节盖拿进关内，审问确供，在天朝体制自应如此。但节盖果否实在马脖子地方，殊难深信，且马脖子距老官屯不远，似无令节盖在彼独住之理，不过饰为此言，欲诱内地官员出外，复为羁留耳。此等情形，阿桂自能筹度妥办。如因瘴气已盛，兵弁难以出关，阿桂自亦能悉心酌定。若得鲁蕴等既无消息，而节盖之事又难往拿，则阿桂在滇并无可办之处，若留驻永昌坐待缅匪纳贡谎言，更觉不成事体。阿桂止须将交彼会同李侍尧办理之事告明李侍尧，及查办铜盐诸事完毕，即可回京。至于严守关隘、设法稽查及每年毋庸多派提镇等员统兵防边之处，其大纲细目，阿桂自当与李侍尧面为酌定，即起程来京。李侍尧素称能事，自必实心筹办，且以本省总督在彼专办，则事权归一，更可期有成效。李侍尧谅能善体朕心，不负委任也。将此由六百里加紧传谕阿桂、李侍尧知之，仍令将遵办缘由先行迅速覆奏。钦此。"

窃照缅目屡次遣人进关递禀，前后各情节，节经恭折奏闻在案。臣等接据提镇禀报，侦知缅匪纳贡还人之事，虽有绽拉机从中阻挠，而得鲁蕴致送镇、州礼物，前后差出缅目、缅象十有余人，遣回内地兵丁、通事三人，而绽拉机又与苏尔相同至马脖子，似犹有送出之意，是以尚思设法试办。兹于本月十五日，续接禀报，绽拉机、节盖等已将苏尔相由马脖子退回贼巢。盖诡诈狐疑，本属缅匪习与性成，而该头目又复各挟私心，互相猜忌，遂致转辗支吾，终归虚谎。但该匪等既已退回，则已全无可办，若再行试探，致露迁就完事情形，恐转为贼所轻视，尤于国体攸关。（**夹批：是。图思德何能见及此？故为其所愚耳。**）当饬张凤街一带各兵即行撤回，以避炎瘴，并严谕各边弁目不可稍露内地端倪，亦不可再与缅匪稍通言语。正在办理，适奉谕旨，令臣阿桂将边关一切告知臣李侍尧，铜盐诸政会办完竣，即行回京。

查得鲁蕴此次还人纳贡之说，上年冬间，初据图思德奏到，即蒙降旨不可轻信。今年正月，复据奏报，似已近实。而我皇上转即将图思德调抚贵州，令臣李侍尧调任云贵，臣阿桂奉命赴滇，复面承谕旨："缅目如果出于诚心，应即准其纳款。如尚有诈伪，则将交办诸事料理完竣，即行回京。"贼中诡谲情事，早蒙睿照无遗。今阅数月，终不出圣明预料，实非寻常臆测所能仰窥万一。臣等现提扣留之缅目孟干等到腾越讯供，并俟提臣常青、海禄回至腾越，将严饬关隘，稽查出入各事宜及每年毋庸多派提镇驻边诸务，再面为咨询，酌定章程，即驰回省城，会办铜盐事竣，臣阿桂即遵旨起程回京。

合将奉到谕旨缘由先行奏覆，伏祈皇上睿鉴。谨奏。

朱批：知道了。该部知道。

（《宫中档乾隆朝奏折》第三十八辑，第378～380页）

1904　云南巡抚裴宗锡《奏报由黔赴滇沿途情形折》
乾隆四十二年四月二十二日

云南巡抚臣裴宗锡谨奏：为敬陈沿途察看情形，仰祈圣鉴事。

窃臣自贵阳省城起程至云南抚署，沿途经过地方，于四月十四日，行次黔省之南笼府属，得有时雨，入土深透。十七、十八两日，历滇省之沾益、南宁、马龙三州县，大沛甘霖。十九日，入昆明县境内，复又得雨，势甚优渥，高下田畴均有积水。

黔属麦豆春荞俱已成熟，正在次第栽禾。滇属二麦、南豆已经刈获登场，其禾苗早者现皆栽插齐全，弥望青葱，迟者亦在翻犁播种。从此雨水一律调匀，可期秋收丰稔。一路市粮时值，虽长落不齐，尚系常年中价，并无过昂之处，远近民情咸各安帖。

所有臣沿途察看情形，理合恭折奏闻，伏祈皇上睿鉴，并将滇省三月分粮价另缮清单敬呈御览。谨奏。

朱批： 知道了。

1905　云南巡抚裴宗锡《奏报到任日期折》
乾隆四十二年四月二十二日

云南巡抚臣裴宗锡谨奏：为奏报到任日期，恭谢天恩事。

窃臣钦奉谕旨，着回云南巡抚之任，业将在黔交印赴滇日期缮折奏闻在案。

今于四月二十日，行抵云南省城，准大学士伯管云贵总督暂兼云南巡抚臣李侍尧委员赍送抚篆前来，臣即于是日祗受任事。除循例具疏题报外，伏念滇抚为边疆重寄，吏治、夷情以及铜厂、盐务，均关紧要。臣以菲材，前蒙皇上天恩膺任其地，涓埃未效，恒切悚惶。兹复仰荷宠纶，仍予调任，受恩愈重，报称愈难。惟有凛遵圣训，益励初心，诸事妥协办理，以冀稍酬高厚鸿慈于万一。

所有臣到任日期及感激微忱，理合一并具奏，恭谢天恩，伏祈皇上睿鉴。谨奏。

朱批： 览。

1906　大学士仍管云贵总督昭信伯李侍尧《奏报拿获逃兵，审明正法折》
乾隆四十二年五月十三日

大学士仍管云贵总督昭信伯臣李侍尧跪奏：为拿获逃兵，审明正法，恭折奏闻事。

窃照征剿缅匪案内在逃兵丁，一经拿获审明，应即照例正法，节经遵照在案。臣于三月二十二日抵永昌接印，旋据署临元镇总兵、龙陵协副将罗江鳞禀报："三月初二日，镇属汛兵魏忠与阿迷州乡约马捷之，拿获逃兵马玉堂一名，解州查讯。"等情。当即飞饬提解赴永。去后，兹据军需局员审拟解勘前来。

臣提犯覆加研讯，缘马玉堂本名马善道，顶食广罗协已故兵丁马玉堂名粮，乾隆三十二年八月出师永昌，行至蒙化厅属之合江铺脱逃被获，供认前情不讳。严诘，并无偷带军器及逃后知情容留之人，亦无为匪不法情事。核对报逃册开，年貌、日期均属相符。

臣查马玉堂，即马善道，系调赴军营出师之兵，胆敢中途脱逃，实属大干法纪，应即照例立正典刑，以伸国宪。随于本年五月十一日，派委文武各员，将马玉堂即马善道一犯，绑赴市曹正法讫，一面摘叙案由，通行晓谕。其获犯之汛兵、乡约，业经分别奖赏。臣仍严饬各属无分畛域，悬立重赏，务将未获逃兵实力设法缉拿，期于早日就获。除咨部外，所有缉获逃兵正法缘由，理合恭折具奏，伏乞皇上睿鉴。谨奏。

朱批：览。

(《宫中档乾隆朝奏折》第三十八辑，第 599 页)

1907　李侍尧《奏报奉旨交部议叙谢恩折》
乾隆四十二年五月十三日

奴才李侍尧跪奏：为恭谢天恩事。

窃奴才接准部咨："本年京察届期，仰蒙皇上天恩，将奴才交部议叙。"随恭设香案，望阙叩头谢恩讫。

伏念奴才材同樗栎，质比驽骀，忝居领袖崇班，高深莫赞，屡任封疆重寄，建白无闻，自维奉职多疏，方以旷官是惧。兹因举行京察，特命交部议叙，宠荣逾分，沐优眷于无加，唧感难名，竭愚忱而莫报。奴才惟有益加策励，永矢冰兢，以仰酬我皇上知遇隆施于万一。所有奴才感激下情，理合缮折叩谢天恩，伏乞皇上睿鉴。谨奏。

朱批：览。

(《宫中档乾隆朝奏折》第三十八辑，第 600 页)

1908　大学士仍管云贵总督昭信伯李侍尧
《奏报滇黔两省地方情形折》
乾隆四十二年五月十三日

大学士仍管云贵总督昭信伯臣李侍尧跪奏：为奏闻事。

窃照云贵两省雨水秧苗情形及云南省二麦收成分数，经臣于三月二十三日暨四月初九日恭折奏报在案。时值栽插田禾，雨泽最关紧要。臣因公暂驻永昌、腾越，喜于四月十五、六至五月初四、初八等日，叠沛甘霖，极为沾足，大于农功有裨。禾苗青葱长发，杂粮、园蔬亦皆畅茂。其余远近各属据报，均于四月中下两旬得有透雨，高下田亩乘时栽毕。现在永昌府城中，米每仓石价银一两六钱二分。云南省城中，米每仓石价银一两五钱八分。此外，各府州报到粮价俱属中平。贵州省各属据报晴雨调匀，二麦收割，禾苗插齐，米价自七钱至二两四钱八分不等。两省兵民乐业，地方宁谧。臣谨恭折具奏，仰慰圣怀，伏乞皇上睿鉴。谨奏。

朱批：览。

（《宫中档乾隆朝奏折》第三十八辑，第 600 ~ 601 页）

1909　云南巡抚裴宗锡《奏报丙申年二运第一起京铜开帮日期折》
乾隆四十二年五月十五日

云南巡抚臣裴宗锡谨奏：为恭报京铜开帮日期，仰祈圣鉴事。

窃照滇省办运京局铜斤，自四川泸州开帮日期，例应奏报。

兹据署云南布政司事按察使汪圻详称："丙申年二运第一起委员黄承功，领运正耗余铜七十三万六千三百斤，又带解运员关基泰挂欠正耗余铜九万一千八百五十六斤零，于乾隆四十二年三月初八日，在泸州全数兑足开帮。"等情前来。除飞咨沿途各省督抚催趱前进，依限赴京交收，并咨明户、工二部外，所有丙申年二运第一起京铜全数开帮日期，理合恭折奏报，伏乞皇上睿鉴。谨奏。

朱批：览。

（《宫中档乾隆朝奏折》第三十八辑，第 641 ~ 642 页）

1910　云南巡抚裴宗锡《奏报滇省地方情形折》
乾隆四十二年五月十五日

云南巡抚臣裴宗锡谨奏：为恭报地方情形，仰祈圣鉴事。

窃照滇省入夏以来雨水沾足，麦豆丰收，田禾次第插种各缘由，经臣于沿途察看情形折内陈奏在案。

时交芒种，正值大田需雨之候，节据通省各属禀报，四月下旬得雨六七次不等，复于五月初三四、初五六七暨十一等日，叠沛甘霖，远近均遍，高低田亩在在积水充盈，禾苗俱已乘时栽插，弥望青葱，山地杂粮亦皆长发畅茂，得此雨泽频施，可卜屡丰有兆。粮价称平，地方宁谧。理合恭折奏闻，伏祈皇上睿鉴，并将四月份粮价另缮清单敬呈御览。谨奏。

朱批：知道了。

（《宫中档乾隆朝奏折》第三十八辑，第 642 页）

1911　云南巡抚裴宗锡《奏报钦奉恩命交部议叙谢恩折》
乾隆四十二年五月十五日

云南巡抚臣裴宗锡谨奏：为恭谢天恩事。

窃臣接准部咨："乾隆四十二年三月初七日，奉旨：今年京察届期，吏部将各省督抚开列名单进呈，请旨甄别。总督周元理、钟音、文绶、杨景素，河道总督萨载，巡抚三宝、陈辉祖、毕沅、裴宗锡，均宣力封疆，克称厥职，着交部议叙。余俱着照旧供职。钦此。"

伏念臣猥以庸愚，仰蒙圣慈优眷，屡任封疆，报称未能，悚惶时切。兹值京察大典，复荷宠纶，并予议叙，沐褒荣于格外，弥增感于寸衷。臣自问何修，膺此异数？惟有勉竭驽骀，倍矢勤慎，以期无忝厥职，仰报高厚鸿恩于万一。所有臣感激下忱，理合恭折奏谢天恩，伏祈皇上睿鉴。谨奏。

朱批：览。

（《宫中档乾隆朝奏折》第三十八辑，第643页）

1912　云南巡抚裴宗锡《奏报钦奉圣谕褒嘉谢恩折》
乾隆四十二年五月十五日

云南巡抚臣裴宗锡谨奏：为钦奉御批，恭折覆奏事。

窃臣于三月初九日，在黔抚任内具奏古州一带牛皮大箐地处苗疆，筹请寓防于屯，以靖边隅而裕军实一折，今于五月十四日，折差回滇，奉到御批："此事所办甚可嘉，可谓留心封疆之大臣，交图思德妥为之。钦此。"臣跪诵之下，曷胜感悚。

伏念臣忝列封疆，凡此筹办之事，均系职所当为。乃蒙温谕褒嘉，实属邀荣逾分。惟有益加敬勉，事事留心，以期仰副圣主教勖成全之至意。所有此事折稿，臣于离黔时，业经面交图思德接收候旨。兹奉训示，除敬录御批移交图思德钦遵妥为外，理合恭折覆奏，伏祈皇上睿鉴。谨奏。

朱批：览。

（《宫中档乾隆朝奏折》第三十八辑，第644页）

1913　云南巡抚裴宗锡《奏报拿获逃遣，审明正法折》
乾隆四十二年五月十五日

云南巡抚臣裴宗锡谨奏：为拿获逃遣，审明正法事。

窃照昆阳州安置改遣军犯霍迷，系湖南鄮县人，因窝留积匪谭熊妹等肆窃，审依积匪滑贼例，改发极边烟瘴充军，面刺"改遣"字样；王渊，系广东定安县人，因拐窃曾广参银两，审依窃盗赃逾满贯律，拟绞，秋审缓决一次，仍照原例发极边烟瘴充军，面刺"窃盗改遣"字样，均经充发来滇，安插昆阳州，于乾隆三十七年六月十五、四十年六月二十八两日，先后到配。讵该犯等思乡念切，辄于四十一年十一月初一日，在配相约，乘间脱逃。据该州详报到前署抚臣图思德，当即飞饬各属严密截拿，并分咨各省一体通缉。旋据该州差役追至蒙自、师宗二县地方，协同该二县差役，于十二月初六、初八等日拿获，讯供通详，批饬押解到省，檄委云南府知府永慧审拟，由按察使汪圻审明，转解前来。

臣提犯亲讯，各供前情不讳。再四研究，坚称看守乡保人等并无贿纵，逃后亦无行凶为匪及知情容留之人，似非遁饰。查例载：新疆改发人犯，如有脱逃被获，请旨即行正法等语。今霍迷、王渊，一因窝留积匪，一因肆窃满贯，俱由新疆改发极边烟瘴充军之犯，不思在配安分守法，胆敢相约同逃，实属怙恶不悛，自应照例计即正典刑，以昭炯戒。臣随于审明之日，恭请王命，派委文武员弁，将霍迷、王渊二犯绑赴市曹正法讫。除协拿邻境逃遣及配所疏纵，应叙应议各职名分别咨部核覆外，所有拿获逃遣审明正法缘由，理合恭折奏闻，并另缮供单，敬呈皇上睿鉴。谨奏。

朱批： 览。

（《宫中档乾隆朝奏折》第三十八辑，第 644～645 页）

1914　阿桂、李侍尧《奏报查明滇省安插各土夷情形》
乾隆四十二年五月二十二日

臣阿桂、臣李侍尧谨奏：为查明滇省安插各土夷情形，酌请分别办理仰祈圣鉴事。

窃照云南省向有边外夷人安插各府居住，乾隆四十一年十月，经调任布政使朱椿奏请预筹生计，奉朱批："所奏似有所见，待朕徐酌之。钦此。"本年二月，又经前署督臣图思德奏请改徙江、安等省安置，奉朱批："待朕徐酌。非刻不可缓之事。钦此。"臣阿桂奉命赴滇时，面奉谕旨，交臣会同臣李侍尧查明，酌量办理。

臣等到滇后，即稽核旧案，悉心体访。滇省历年以来边外投入内地土司土目及缘事安插各土夷户口，共有一十九起，计男女八百余名口，从前安插地方离边远近不等，内惟召𨚔、召曭南安置九龙江，系沿边地方，旋有逃窜出境之事。其次则召丙等四户，安置宁洱地方，距边亦近，经前署督臣图思德奏准，迁移江西安插在案。现在各起夷户虽距边较远，可无逃窜之虞，但从前内附缘由本有不同，目下安置情形亦觉稍异，必须量为分别办理，庶可一劳永逸。

查有木邦土司线甕团眷属一百二十余名口，又蛮暮土司瑞团眷属五十五名口，又孟连土目线管猛及伊子罕凹眷属七十三名口，以上四起夷人，原置永昌、蒙化、漾濞等处居住，嗣经奏请移往大理府城安插，均经拨给房屋并公用官庄田亩取租，以资栖息养赡。该处系腹里地方，距边已几千里，非如召鼐等居住密迩边陲可比。伊等现皆乐业安居，不致复萌逃窜之思，即有一二夷匪起意潜逃，而地方窎远，夷汉异颜，挈眷远行，亦必被兵役拿获，且伊等俱系缅甸土司，被其侵凌欺辱，抛弃土地来归，今若转辗迁移，致同遣徙情形，亦殊失圣主怀远绥携之意。臣等酌议，此四起夷户，应请毋庸移动。但其属下土夷及奴仆、丁壮等既久住内地，若任其坐食安居，终不能与齐民无别。应令查明，如有情愿耕种地亩者，即于原给附近大理之官庄内量为拨给田土，学习佃种；其有年力精壮、情愿入伍食粮者，即准其食粮当兵，俾得随营操演管束。如此，再历十数年，即可无异土著。

又六本头人召猛齐、景线头目召那赛、猛扒土目羡管猛等三起眷属共六十余名口，向因其不可深信，移令省城安插居住；又鬼家夷目叭立斋等一起眷属四百六十余名口，向在楚雄府城安插居住。此两处夷户，虽各经拨给房屋田租，但恐将来孳生日众，难以经久。应请仿照从前自安南投出之黄公缵家口迁徙之例，遵照面奉训旨，改徙乌鲁木齐等处安插住居，给与地亩佃种，俾各谋生计。

又耿马土司之侄罕朝玑、孟连土司刀派猷、猛卯土舍衍杰等三起家属共三十余名口，向来安插省城居住，给予养赡。但查该夷等均系土司近族，当因挟嫌争控，适值缅甸有事之时，恐其乘衅逃窜，特令移入内地安插。迄今已历多年，有本身亡故，止存妻孥者，亦有嫌隙渐消，业经和好者。应请行知各该土司，令其具结，领归本处团聚。

又户撒夷人黄国宾、老乖、老梦三起，系窝留夷匪案内之犯；赖君赐等一起，系仇杀土司之犯。其本身均经拿获正法，眷属共十余名口，向在省城安插，给予孤贫口粮，以免饥馁，但究未完结，将来仍须另办。此项人口均系罪人妻孥，应照要犯子孙赏给功臣家为奴之例办理。惟人数无多，不值送京分赏，拟将滇黔督抚及滇黔两省曾经出兵之提镇衔名开单进呈，伏候皇上点派，就近分赏，将来各自带回，亦可完案。

此外尚有大山头目族侄阿陇一名，原系哈国兴带进关内，住居永昌，现在讯据自称，闻伊父母已故，无家可归，永昌娶有妻室，不愿归还故土；又腊撒海拉夷僧宾哑撒拉及徒弟喇万二名，现在大理府城三塔寺，交住持管束，均系单身夷僧，业经安插妥协，亦均可无庸议徙。

所有遵旨查明滇省各土夷情节，分别筹办缘由，除另开清单恭呈御览外，理合恭折具奏，是否有当，伏乞皇上睿鉴施行。谨奏。

朱批： 军机大臣议奏。

1915 阿桂、李侍尧《奏请酌移普安营汛并仍复车里土司折》
乾隆四十二年五月二十二日

臣阿桂、臣李侍尧谨奏：为酌移普安营汛，仍复车里土司以资控制而筹久远，仰祈圣鉴事。

窃照普洱沿边十三版纳地方，从前原隶车里宣慰司管辖，嗣因刀维屏父子兄弟被人逼胁，弃职潜逃，遂行裁汰，于茨通改设专营，各猛土弁夷人俱归钤束。

臣等伏查，茨通地方即系雍正年间前督臣鄂尔泰所建攸乐营，原地瘴气最盛，是以前督臣尹继善奏准撤归思茅，以避瘴疠。兹自乾隆三十九年前，督臣彰宝请于茨通专设普安营以来，都司已瘴故二员，原设兵丁四百余名，每年瘴故者不下百余人，其余亦多染病，委顿支离。以残瘠官兵孤悬江上，殊不足以制各猛而壮边威，且该营兵丁缺额无人应募，每于邻近各营拨补顶充。近年来，各营招募兵丁亦恐移拨普安，俱视为畏途，绝少应募。而车里地方周围四百余里，山箐居多，路径丛杂，惟九龙江实为控险扼要之门户。十三版纳中，尚有猛阿、猛笼、猛遮三处住居江外，紧连外夷，野性难以移易，又与江内之各猛声息相通，内地流官实不能控制于江外，日久恐滋事端。盖夷民性虽椎鲁，情颇专一，非世辖之土司未能骤服其心志。兹车里夷众为刀氏管领，已历二十四代，不忘思旧。普安营既属无益，而各猛土弁民人漫无约束，仍恐夷类无知，致滋边衅。臣等悉心筹议，惟有亟为更正，撤去普安营汛，俾官兵脱免瘴乡，仍复宣慰土司，俾夷众有所统摄。

查普安营弁兵，其自景蒙营移来者，仍令回至本营安设，惟元江营现有官兵九百五十余名，足资弹压。而思茅营地处极边，距九龙江为最近，应将前自元江移往弁兵添设思茅，以资控制。但思茅厅城地狭人稠，城外尚有宽敞隙地可以设营，请将该城稍为廓葺，以便增建衙署、兵房，为添移弁兵栖止之所，并入思茅游击管辖，统听普洱镇节制。其所造普安营署舍、卡房，既于必不可久居之地创立专营，且未及三年业已朽坏，其从前之错谬草率已可概见。应责令承办之员及各上司将前项动用银二万七千余两摊赔追缴，即以为添建思茅弁兵房署及廓修城垣之用。如蒙俞允，容臣李侍尧先行委员核估，拨项兴建，一面分别咨追归款。

至前革土司刀维屏举家潜逃之后，曾委普藤土弁刀应达暂管宣慰司印务，一时夷众俱不肯受其钤制。而刀氏查无近支，无可选择。惟有乾隆四十年间同刀维屏自行投归之刀士宛，现在羁禁省垣，虽系维屏亲弟，但从前被召猛乃威胁渡江，刀士宛曾经投江求死，为匪党捞救，捆缚随行，实非得已，嗣又苦劝其父兄投归内地，愿甘伏罪，核其行迹，尚属夷类中奉法畏罪、不敢负恩之人，而刀士宛亦颇以此见信于夷众。合无仰恳圣恩，赏给刀士宛宣慰土司之职，专管车里地方，必能压服夷众，以靖内外各猛之心。

至刀维屏，以世袭土司弃职潜逃，虽复悔罪投回，未便亦予省释，应仍羁禁省城。所有该宣慰私庄八处，向系额征钱粮，嗣改土练为屯田，即将私庄八处给予屯田，以抵口粮。今仍给还该宣慰，召人耕种，悉照向例，每年与夷民地亩按数征解条编秋粮，赴思茅同知衙门交纳，删去屯兵名目，仍作土练，归该宣慰管辖，并饬该文武员弁严禁兵役骚扰以及往来勾结种种情弊，如有访闻，重治其罪。如此办理，是于捍卫边疆之中并寓体恤戎伍之意。

臣等再三商酌，意见相同。是否有当，谨会折具奏，伏祈皇上睿鉴，训示施行。谨奏。

朱批：军机大臣会同该部议奏。

（《宫中档乾隆朝奏折》第三十八辑，第711~713页）

1916　阿桂、李侍尧《奏报现今缅甸无事，臣阿桂径行赴京缘由折》
乾隆四十二年五月二十二日

臣阿桂、臣李侍尧谨奏。

臣阿桂奉命赴滇时，仰蒙皇上交臣等会办各务，除滇省盐政现无可办外，其酌撤普安营汛，仍复车里土司，并分别安置各土夷事宜，均经办毕，另折具奏。

惟铜政案卷最为繁多，臣阿桂前在腾越接奉谕旨，令即回京。臣等随于四月二十六日起程，当因铜政虽经商定大局，尚有应查之案，饬令承办道员徐嗣曾、知府陈孝升先于二十四日起程，赴省检查。嗣于二十九日行抵永昌，接据提镇禀报，缅匪业将苏尔相等复行送出，臣等即暂住永昌督办，接收来人及勒取人贡之事，因即面商，两经飞檄该道等携卷，星驰来永核办。兹于五月二十一日，该道等甫抵永昌，现在查核明晰，商定梗概。

臣阿桂缘屡奉谕旨，令即回京，未便再为稽缓。而臣李侍尧初莅云贵总督之任，一切事务及查核大小官员俱须到省办理。现在边境无事，缅匪即有再送人贡之信，亦须至七月间，届时再赴永昌督办亦不致贻误。臣阿桂、臣李侍尧拜发此折后即行起程，所有铜务奏折沿途携带，定稿即速缮发。臣阿桂到省已无可办之事，即可径行赴京。为此恭折具奏，伏祈皇上睿鉴。谨奏。

朱批：览。

（《宫中档乾隆朝奏折》第三十八辑，第713~714页）

1917　大学士伯管云南总督李侍尧、云南巡抚裴宗锡
《奏报临安等府知府缺出，以拣发知州景椿等委署折》
乾隆四十二年六月初一日

大学士伯管云贵总督臣李侍尧、云南巡抚臣裴宗锡谨奏：为委署知府，循例奏闻事。

窃照知府缺出，遴员委署，例应随时具奏。兹云南临安府知府文德奉旨升授直隶大名道，新任知府德起尚未来滇；又东川府知府黄应魁病故，现在另拣请调，所遗该二府员缺，应先遴员署理。

臣等会同商酌，查有拣发知州景椿，才具明干，堪以委署临安府印务。现摄曲靖府篆之迤东道白玠，干练有为，堪以改委，兼摄东川府印务。其曲靖府员缺，先经奉旨补授之知府五德尚未到任，亦应递委接署。查有石屏州知州陆履吉，明白安详，堪以委署曲靖府印务。此外尚有丽江府知府张遐龄，经臣李侍尧请调普洱府知府，一面先行委署，其所遗丽江府知府，应俟部覆开缺。现有原任丽江府知府，因公降调引见、奉旨发往云南以知州补用之吴大勋，诚实明练，堪以暂委署理丽江府印务。除饬委外，臣等谨合词恭折奏闻，伏乞皇上睿鉴。谨奏。

朱批：该部知道。

（《宫中档乾隆朝奏折》第三十八辑，第 803 ~ 804 页）

1918　云南巡抚裴宗锡《奏报粤省委员办运滇铜扫帮出境日期折》
乾隆四十二年六月初一日

云南巡抚臣裴宗锡谨奏：为粤省委员办运滇铜扫帮出境日期，循例奏闻事。

窃照各省委员赴滇采办铜斤，往来俱有定限。钦奉上谕："嗣后到滇办运开行，即着该抚具奏。如有无故停留贻误者，即行指名参究。"等因。钦遵在案。

兹据署云南布政司事按察使汪圻详称："广西委员郁林直隶州知州张中煜，采买力苏箐等厂正耗余高铜一十三万一千七百一十五斤零、金钗厂正耗余低铜二十三万九千五百三十一斤零，以乾隆四十一年九月二十七日该委员领竣金钗厂铜斤之日起限，扣至四十二年七月初二日，方届限满。今于本年四月十八日，全数运抵剥隘扫帮出境，正在限内，并未逾违。"等情。详请核奏前来。臣覆查无异，除飞咨广西抚臣转饬接替催趱赶运，依限交收，并咨明户部外，所有广西委员张中煜办运铜斤扫帮出境日期，理合恭折具奏，伏乞皇上睿鉴。谨奏。

朱批：览。

（《宫中档乾隆朝奏折》第三十八辑，第 816 页）

1919　云南巡抚裴宗锡《奏报盘查司道各库钱粮系实贮无那移亏缺折》
乾隆四十二年六月初一日

云南巡抚臣裴宗锡谨奏：为盘查司道各库钱粮，恭折奏闻事。

窃照督抚接任，例应盘查司道库贮钱粮有无那移亏缺，核实具奏。

今臣奉命仍调云南巡抚，抵任之后，应即照例盘查。当经行据署布政使汪圻册报，存库正杂各款银二百一十一万四千七百二十六两零，又存铜务各款银六万四千三百八十九两零。粮储道徐嗣曾册报，存库粮务等款银三十五万七千五百四十一两零。驿盐道沈荣昌册报，存库各井课款银三十三万一千九百七十四两零，又存驿站公款银六百八十九两零。时因督臣李侍尧尚在永昌未回，不及会盘，臣随亲赴该司道库逐一清查盘察，均系照数实贮，并无那移亏缺等弊。所有盘查司道各库钱粮缘由，理合恭折奏闻，伏乞皇上睿鉴。谨奏。

朱批：览。

（《宫中档乾隆朝奏折》第三十八辑，第 816~817 页）

1920　云南巡抚裴宗锡《奏报闽省委员接运滇铜扫帮出境日期折》
乾隆四十二年六月初一日

云南巡抚臣裴宗锡谨奏：为闽省委员接运滇铜扫帮出境日期，循例奏闻事。

窃照各省委员赴滇采办铜斤，往来俱有定限。钦奉上谕："嗣后到滇办运开行，即着该抚具奏。如有无故停留贻误者，即行指名参究。"等因。钦遵在案。

兹据署云南布政司事按察使汪圻详称："福建委员张映台接运故员王欐采买尖山等厂正耗余高铜二十五万二千九百斤，金钗厂正耗余低铜二十二万三千二百斤，于乾隆四十二年四月初八日，由剥隘扫帮开行，并声明该员张映台接运故员王欐铜斤，系在百色剥隘地方秤交领运，与赴厂领运者有间，毋庸扣限。"等情。详请核奏前来。臣覆查无异，除飞咨沿途各省催趱前进，依限运局供铸，并咨明户部外，所有福建委员张映台接运铜斤扫帮出境日期，理合恭折具奏，伏乞皇上睿鉴。谨奏。

朱批：览。

（《宫中档乾隆朝奏折》第三十八辑，第 817 页）

1921 云南巡抚裴宗锡《奏报核明昭通府属新开银厂抽获银课实数折》
乾隆四十二年六月初一日

云南巡抚臣裴宗锡谨奏：为核明新厂抽获银课实数，恭折奏闻事。

窃照昭通府属乐马银厂新开磲硐及丽江府属新开回龙银厂，俱著成效，先经前署抚臣图思德委员办理，照例抽课，奏蒙圣恩，并声明俟岁底核明获课实数，作何奖励之处，另行具奏在案。

兹据署云南布政司事按察使汪圻详称："据委管乐马新硐、原任东川府丁忧留办知府陈孝升申报，自乾隆四十一年正月十五日开采起，至十二月底止，抽获课银一万五千九百三十二两零；又据委办回龙新厂、署丽江府事补授永北直隶同知庄肇奎申报，自乾隆四十一年二月二十五日煎炼起，至十二月底止，共抽获课银八千五百八十一两零，各具文批解到司。除照数允收，汇同各厂造册奏销外，查滇省委办银厂，向无议叙成例，惟新开铜厂案内议准，每年获铜四十万斤以上者纪录三次，五十万斤以上者准其加一级，现在遵行。伏思办铜五十万斤，每百斤按京铜价银九两二钱计算，除去价脚等项，可获息银一万余两。办铜四十万斤，可获息银八千余两。今新开两处银厂，于一年限内，据陈孝升办获课银一万五千九百余两，庄肇奎办获课银八千五百余两，似可按办铜议叙成例计算其获息之数，分别仿照议叙，以示奖励。"等情。详请核奏前来。臣复加查核无异，理合恭折奏闻，伏祈皇上睿鉴，敕部议覆施行。谨奏。

朱批：该部议奏。

（《宫中档乾隆朝奏折》第三十八辑，第 818 页）

1922 大学士仍管云贵总督昭信伯李侍尧、云南巡抚裴宗锡
《奏报省城被水情形及拟动项挑浚盘龙江事宜折》
乾隆四十二年六月初十日

大学士仍管云贵总督昭信伯臣李侍尧、云南巡抚臣裴宗锡跪奏：为奏闻事。

窃照云南省雨水、田禾、粮价情形，节经臣等先后奏报在案。时当夏令，据各属禀

报，雨水沾足，田禾俱极秀发。惟省城自六月初四日至初六日，昼夜大雨，山水汇注盘龙江，宣泄不及，城厢内外水深三四尺不等。居民房屋半系土壁泥墙，上淋下浸，致多倒塌。因水势逐渐增长，先时走避人口并无损伤。附郭低田间被淹浸，水即消退，尚无妨碍，不至成灾。臣等因被水各户一时栖身无所，纷纷趋避入城，现于宽空寺庙内酌量安置，给以口粮，一面饬司，督同府县查明确数，分别动项抚恤，务使被水穷黎安堵如故，以仰副我皇上加惠元元之至意。除查明办竣，照例题报外，所有省城被水情形，理合先行恭折奏闻。

再查盘龙江逼近省城之东，建设坝闸，随时开闭，蓄泄有资，昆明一县田亩不虞旱潦。从前题定动项岁修水利，实为有益。近年但经修筑堤埂，久未挑浚，以致岁修殊无实际，河身日渐淤浅，每届大雨时行，即致漫溢。今年更甚，若不及早挑浚，势必水利转成水患。臣等现拟亲履确勘，派委妥员实心估计，动支岁修存积银两，另行具奏办理。合并陈明，伏乞皇上睿鉴。谨奏。

朱批：览奏俱悉，余有旨谕。

（《宫中档乾隆朝奏折》第三十九辑，第27页）

1923 大学士仍管云贵总督昭信伯李侍尧
《奏报今春撤防日期、酌留兵数折》
乾隆四十二年六月初十日

大学士仍管云贵总督昭信伯臣李侍尧跪奏：为奏报撤防日期，酌留兵数，仰祈圣鉴事。

窃照出防兵丁，向于春深瘴发时，将应留防兵撤于水土平善之地，其余俱回原营差操。兹查上年冬间，派出张凤街、三台山及陇川、盏达、缅宁等处分驻防兵四千五百名，马四百匹，经前署督臣图思德于三月十五日撤兵九百名。嗣缘臣调任来滇，与钦差大学士公阿桂筹办边务，酌量于四月二十二日，续撤兵二千三百五十名，五月十八日，又撤兵三百五十名，并马四百匹，俱令各回原营差操，先后共撤回兵三千六百名。其沿边关卡，上年留兵六百八十名。现因缅匪送出苏尔相等，勒取杨重英及贡表、象只，酌留兵九百名，派临元镇总兵吴万年驻扎南甸，统率稽查，仍于腾越、永昌镇协官兵内按月轮换，以均劳逸。

至普洱出防茨通等处官兵，该处瘴气较早，已据普洱镇道禀报，先于二月二十一日陆续撤回，各归原营讫。

所有撤防日期、酌留兵数，臣谨恭折具奏，伏乞皇上睿鉴。谨奏。

朱批：知道了。

（《宫中档乾隆朝奏折》第三十九辑，第 28 页）

1924 大学士仍管云贵总督昭信伯李侍尧、云南巡抚裴宗锡《覆奏遵旨饬令民壮停习鸟枪折》
乾隆四十二年六月初十日

大学士仍管云贵总督昭信伯臣李侍尧、云南巡抚臣裴宗锡跪奏：为遵旨密饬民壮停习鸟枪，恭折覆奏事。

窃臣等接准军机处字寄，内开："乾隆四十二年二月二十六日，奉上谕：据国泰奏，各属民壮鸟枪应令实力操演，以收实用，并严定营员处分一折，此所谓知其一不知其二也。各省地方设立民壮，所以巡缉盗匪，防护仓监，原欲其协助营兵同资守御。但民壮之设，本系由乡民召募充当，虽系在官，究与入伍食粮者有间，况火药所关甚巨，亦未便散给人役。若概使演习鸟枪并令熟练进步连环之法，于戡暴防奸之事并无裨益。况各省训练纯熟火器者多人，则又不可不预防其弊。即如前年山东逆匪王伦滋扰一案，幸若辈乌合之众，不善施放枪炮，所以一举殄平，此其验也。国泰此奏不必行。其各省州县既有额设民壮，自当严饬有司尽心训练，操演寻常技艺，与兵丁等同资捍御，以收实效。其鸟枪一项不必演习。将此传谕国泰，并遇便密谕各省督抚知之。钦此。"遵旨寄信到臣等。

伏查民壮之设，止于缉盗防奸，与入伍食粮征调所需者有间。诚如圣谕，火药所关甚巨，未便散给人役。滇省各属民壮，向来执用铁尺、木棍等械，兼习刀枪技艺，演习鸟枪者本少。兹钦奉谕旨，臣等随密饬各属，专令民壮习练刀枪等项寻常技艺，期与兵丁同资捍御，其鸟枪一项停止演习。所有遵旨密饬缘由，理合恭折覆奏，伏乞皇上睿鉴。谨奏。

朱批：览。

（《宫中档乾隆朝奏折》第三十九辑，第 29 页）

1925 大学士仍管云贵总督昭信伯李侍尧、云南巡抚裴宗锡《奏报查明彭理在滇并无私置财产，亦无隐匿、寄顿情事》
乾隆四十二年六月初十日

大学士仍管云贵总督昭信伯臣李侍尧、云南巡抚臣裴宗锡跪奏：为遵旨查明奏覆事。

窃臣等接准军机处字寄："乾隆四十二年四月初二日,奉上谕:前因彭理来京陛见时,看其年力已衰,不胜臬司之任,加恩降旨以京堂补用,自应在京静候。乃伊于该旗佐领处具呈,请将伊原典买价银四千四百余两之房产缴抵分赔、代赔银二万六千余两,并称此外别无房产,实系尽绝,并无丝毫隐匿,余俟补官日将俸银扣缴等情,所呈实属取巧。旗员追赔官项,自应遵照例限,按期完纳。如果家产尽绝,力不能完,方准其由佐领族长取具结状,呈明都统查办,岂有分毫未经交纳,辄请将房产缴抵之理?彭理久经外任,家产何以仅止此数?况闻彭理此次来京,不过随身行李,跟役亦止二三人,如此行径,尤非情理。是必伊于进京之先预为安置停妥,是以一闻留京,遂急急呈缴家产。向来汉军习气,多于外任私置产业,以为日后安享地步。彭理久任湖广、云南,岂不防虑及此?所有伊历官处所隐匿寄顿,于直隶近京地方私置产业,谅所不免。着传谕李侍尧、周元理、裴宗锡、陈辉祖、敦福,于彭理历任各属及近京州县密访严查,有无隐匿、寄顿财产物件之处,逐一详查,据实覆奏,毋稍狗纵,亦不得声张滋扰。将此谕令知之。钦此。"遵旨寄信到滇。

臣等伏查,彭理向任外官,由州县洊升府道,自乾隆三十二年奉旨发滇补用,历任云南、东川二府,曾经委署臬司、盐道各篆,至三十八年,升授湖北驿盐道离任,在滇年久,不能保无积蓄赀财,私置产业,预留隐匿寄顿地步。当经密札两司,督率彭理正署各任地方府县密访详查,毋使稍有隐匿。倘敢瞻狗率忽,别经发觉,定即严参。去后,兹据署布政使汪圻、署按察使徐嗣曾查据云南、东川二府转据所属州县查明,彭理前在云南正署各任所并无私置财产,亦无隐匿、寄顿情事,出具如有隐漏,别经发觉,愿甘治罪印结前来,理合恭折奏覆。臣等仍留心密访,倘有瞻狗捏饰,隐寄丝毫,另行参奏。合并陈明,伏乞皇上睿鉴。谨奏。

朱批: 览。

（《宫中档乾隆朝奏折》第三十九辑,第30~31页）

1926　大学士仍管云贵总督昭信伯李侍尧、云南巡抚裴宗锡《奏参不能认真缉捕扰害土司贼匪之地方文武折》

乾隆四十二年六月初十日

大学士仍管云贵总督昭信伯臣李侍尧、云南巡抚臣裴宗锡跪奏:为参奏事。

本年四月十三日,臣李侍尧暂驻腾越办理边务,接据署宁洱县知县冯世机禀报:"三月十九日,闻县属普藤地方有贼匪扰害土司情事,当即亲往查勘。该土千总刀应达,因代办宣慰出防九龙江未回,讯据土属人等,金称:十七日黎明,雾气甚重,贼匪猝至,约有二三十人，或红布包头，或烟煤涂脸，手执标刀，声喊与土官有仇，吓禁救护，直奔土弁家内，放火杀其次子刀定宇、三子刀定章及亲属乜召、混召、混有，赴救之字识张九率夷民岩六、缅和尚波叶、岩珍、岩莽，客民龚璜、林迪五，均各遇害，其余附近夷民纷纷躲避，贼即散踪。是日薄暮，适刀应达长子刀定邦从防所探父回家，中途遇贼，亦被杀害。汛兵陆奉见而向捕，致被拒杀。验明各尸伤，饬属领埋。履勘，土弁住楼烧毁，并延烧叭目王有万等二十余户，复于楼基灰烬内刨出骨殖三具，询系刀应达幼仆阿黑、阿罕、阿亥，被烧身死，原贮备放兵粮谷一百一十石焚失无存。现在凶犯未获，仇盗未明，合先禀报。"等情。并据迤南道王銮禀同前由。

臣李侍尧因刀应达系刀绍文一族，现在代办宣慰，疑其别有衅端，恐凶贼来自江外，适与钦差大学士公阿桂檄调新升迤西道唐宸衡，询问九龙江一带边务，来至腾越。该道甫经交卸普洱府篆，熟悉该地情形，即委令驰往确查起衅根由，据实禀办。去后，兹据禀称："查得当日匪徒径入土弁家内，焚杀多人，并未掳掠，复于中途杀死刀定邦，未经伤及从人，仇杀情形确凿。随会同迤南道王銮，督同署县冯世机留心体访。刀应达近年代办宣慰，本不服众。伊出防九龙江，其子刀定邦代理一切，更复任意苛刻土民，且奸占滚科阿别之妻易毡阿别，因其代理土司，不敢为难，怀恨而去，临行曾有日后报复之语。当日逞凶焚杀，时客民王有万见有阿别在内。现在查讯跟缉。"等情。禀覆前来。

臣等查本案匪徒挟嫌聚众，放火逞凶，致毙多命。拒杀汛兵，凶恶已极，非寻常仇杀可比。现在虽已得踪迹，而署知县冯世机并不及早认真缉捕；署普洱镇中军游击王振元虽该地非其所辖，但彼时总兵萨灵阿、右营游击黄化先后染瘴身故，王振元理应身任其责，乃亦复漫不经心，以致三月之久犯无一获，均属玩纵。相应参奏，请旨将署宁洱县现补河西县知县冯世机、署普洱镇标中军游击腾越镇左营都司王振元革职，留于该地协缉，予限一年，如能全获案犯，或拿获首犯，或获犯过半，另行分别办理。倘限满无获，交部治罪。该管之迤南道王銮，职任监司，不能严督文武上紧缉拿，并请交部严加议处。所有焚失谷石及被烧各户，业经着落署县冯世机赔补实贮，抚恤得所。除再严饬该管镇道督率设法缉拿务获究拟，另折具奏外，臣等谨合词恭折参奏，伏乞皇上睿鉴训示。谨奏。

朱批：着照所议行。该部知道。

（《宫中档乾隆朝奏折》第三十九辑，第 32～33 页）

1927　大学士仍管云贵总督昭信伯李侍尧、云南巡抚裴宗锡《奏请以永昌府知府汤雄业调补东川府知府，遗缺以开化府知府特升额调补折》

乾隆四十二年六月初十日

大学士仍管云贵总督昭信伯臣李侍尧、云南巡抚臣裴宗锡跪奏：为要缺知府需员，恭恳圣恩俯准调补，以资治理事。

　　窃照云南东川府知府黄应魁病故，现在另疏题报。所遗员缺，例应在外拣调。查东川一府地处苗疆，该管之碌碌、大茂等厂，岁办京铜三百余万，现因采办竭蹶，解运不能如期，经臣李侍尧会同钦差大学士公阿桂遵旨酌议调剂，奏请改解紫板。筹办之初，必得干练之员实心经理，方不致有贻误。

　　臣等于通省知府内逐加遴选，或到滇未久，或人地未宜，实无合例堪调之员。惟查有永昌府知府汤雄业，年三十七岁，江苏贡生，捐纳知州，选授广西横州，调繁归顺，乾隆三十七年大计卓异，升补明江同知，钦奉谕旨，补授云南临安府知府，调补昭通府，旋调今职，于乾隆四十一年三月到任。该员诚实干练，遇事认真，若以之调补东川府，洵属人地相宜。本任永昌虽系调缺，但东川现在筹办京铜，更为紧要。合无仰恳皇上天恩，俯准以汤雄业调补东川府知府，不特该员感激天恩，倍加奋勉，臣等亦获收指臂之效。如蒙俞允，所遗永昌府亦系边疆要缺，查有开化府知府特升额，年三十七岁，镶黄旗满洲监生，由笔帖式保题吏部主事，旋升员外郎，乾隆三十九年京察一等，四十年五月，奉旨补授今职，于是年十月到任。该员才具明白，任事实心，虽开化、永昌同一边地，而开化仅辖一县，事务较简，若以特升额调补永昌府知府，实堪胜任。所遗开化府缺，现无可调之员，仰恳圣恩拣员补放。

　　臣等为铜务、边疆亟需干员起见，谨不揣冒昧，专折奏恳，仰祈恩准调补，庶于地方公事有裨。再汤雄业参罚在十案以内，另缮清单敬呈御览。特升额任内并无参罚。合并陈明，伏乞皇上睿鉴训示。谨奏。

　　朱批：该部速议具奏。

（《宫中档乾隆朝奏折》第三十九辑，第33～34页）

1928　大学士仍管云贵总督昭信伯李侍尧、云南巡抚裴宗锡　《奏报循例盘查道库，库贮银两无亏折》

乾隆四十二年六月十六日

　　大学士仍管云贵总督昭信伯臣李侍尧、云南巡抚臣裴宗锡谨奏：为循例盘查具奏事。

　　窃照司道库贮钱粮，例应于奏销时亲往盘查，缮折奏闻。臣李侍尧到任后，亦应盘察，因赴永昌腾越一带筹办边务，甫经旋省。适值乾隆四十一年钱粮奏销之期，行据署布政使事按察使汪圻、粮储道徐嗣曾一并造册，详送前来。

　　臣等检查册案，核明应存确数，会同亲赴司道各库，按款点验，抽封弹兑，实盘得司库存贮正杂各款银二百五十一万一千六百八十六两零，又铜务项下工本、运脚及节省等银四十五万三千七两零，粮储道库存米价、河工等银三十八万七千八百四十两零，均与册开实存数目相符，并无那借亏缺情弊。除另疏题报外，所有盘查司道库贮银两无亏缘由，相应恭折具奏，伏乞皇上睿鉴。谨奏。

朱批： 览。

（《宫中档乾隆朝奏折》第三十九辑，第87页）

1929　云南巡抚裴宗锡《奏报遵奉上谕，自行出资认修黔省号舍折》

乾隆四十二年六月十六日

云南巡抚臣裴宗锡谨奏：为钦奉上谕，恭折覆奏事。

窃臣于六月十五日，承准大学士于敏中字寄："乾隆四十二年五月三十日，奉上谕：礼部议驳裴宗锡奏请动项改办黔省号舍之处，应毋庸议一折已依议行矣。该省号舍虽系编竹为垣，砌土为凳，然士子相安，业经百数十年，并未闻其临时倾圮及因墙壁不固有乘隙滋弊之事，何以裴宗锡辄思动项改建？如果系应办之事，则该抚在任数年，早应具奏。若因本年系乡试之年，理须修葺号舍，则图思德现已到任，自当听其酌办。乃裴宗锡于接奉调任谕旨后急为此奏明，系该抚欲办此一事，以邀声誉，为黔省留去后之思耳！裴宗锡平日办事尚属认真，何以有此沽名之举？殊不可解。该抚既欲改建号舍，以图取悦士林，且有动支赶办之语。此时自已兴工，所有估需工料银四千余两，即应令裴宗锡自行认修，以遂其沽名之愿。伊历任巡抚有年，此项工价，亦力所优为。若因有此旨，将估修之项分派属员代出，甚至派累民间，则是裴宗锡自取罪戾，将来一经败露，恐不能当其咎也。将此由四百里传谕裴宗锡，并谕图思德知之。钦此。"寄信前来。臣跪诵纶音，愧悚战栗，无地自容。

伏念臣质地庸陋，仰蒙圣明知遇，特拔于丞贰之中，洊列封疆之任，教诲矜全，叠加无已，稍具人心，自当事事认真，力图报效。至若沽名一念，为患最深。臣屡蒙皇上训诫谆谆，敢不常存警惕？无如限于识见，动辄多迷。如黔省号舍一事，初因今岁乡试届期，例应预筹修葺。臣亲往查勘，只就一时浅见，以为竹垣土凳过时辄圮，与其徒糜额费，不如改办砖木，似属可以经久，而不知政最戒夫纷更，事实涉于邀誉。今经圣明指饬，如梦初醒。臣追咎思愆，万无可解。似此糊涂错谬，犹复上荷天恩，不加严遣，仅令自行认修，臣感愧交深，涕零汗下，不能自止。所有估需工料银四千六百八十一两零，即当遵旨交贵州清款外，臣惟有时深悔惧，益矢天良，务期实心实力，不敢一事稍涉虚浮，以庶几仰答高厚隆恩于万一。

所有感愧下忱，理合恭折覆奏，伏乞皇上睿鉴。谨奏。

朱批： 览。

（《宫中档乾隆朝奏折》第三十九辑，第88~89页）

1930 云南巡抚裴宗锡《奏报云南省城行在情形折》
乾隆四十二年六月十六日

云南巡抚臣裴宗锡谨奏：为奏闻事。

窃照云南省城，自六月初四日至初六日，昼夜大雨，山水汇注盘龙江，宣泄不及，城厢内外水深三四尺不等，旋即消退，不致成灾情形，业经督臣会折具奏，一面饬司，督同府县查明被水各户确数，分别动项抚恤在案。除俟造册详到，照例另疏题报，并将盘龙江及各支河应行挑浚河身，会同督臣亲履确勘，实力办理外，臣查省城大雨之后，连日天气晴霁，积水全消，其坍房乏食穷黎俱已抚恤得所，附郭低田虽间被淹浸，而水退甚速，禾苗依然勃发，无碍秋成。通省各属续据报到同时得雨及先后得雨者，均极调匀，并无骤雨暴涨之处，殊于农田有益。现在市粮充足，时价尚平，地方亦甚宁谧。理合恭折奏闻，仰慰圣怀，并另缮五月分粮价清单敬呈皇上睿鉴。谨奏。

朱批： 知道了。

（《宫中档乾隆朝奏折》第三十九辑，第89页）

1931 云南巡抚裴宗锡《奏报查明乾隆四十一年
分滇省钱粮完欠数目折》
乾隆四十二年六月十六日

云南巡抚臣裴宗锡谨奏：为查明钱粮完欠总数，循例奏闻事。

窃照各省每年完欠钱粮，例应随奏销时分晰查明，据实具奏。兹据署云南布政使事按察使汪圻等，将乾隆四十一年分额征钱粮已未完数目，详请具奏前来。

臣查滇省乾隆四十一年分应征民、屯条丁等银二十一万二千五百六十一两零内，有镇南州未完税秋折抵条编银二千三百二十六两零，另造册揭附参外，实征银二十一万二百三十五两零内，存留各府厅州县坐放官役俸工银五万二千七百六十四两零，征解司库银一十五万七千四百七十一两零，实征商牲、税课等银九万二百四十六两零，又带征浪穹县乾隆三十三、五、八、四十等年及邓川州四十年被水缓征条丁银五百三十三两零。

又应征税秋六款等麦米二十万七千五百二石零内，收本色麦三千五百一十六石零，本色米一十一万九千七百九石零，折色米、荞八万四千二百七十七石零内，有禄丰等十二厅州县未完一万一千三百五十六石零，该折征银一万九百八十六两零，另造册揭附参外，实征折色米、荞七万二千九百二十一石零，各折不等，该折征银七万一千九百九十二两零。又带征浪穹县乾隆三十三、五、八、四十等年及邓川州乾隆四十年被水缓征秋粮米六百八十三石零。除将未完银、米另揭开参，并缮黄册题报外，其余俱经征收全完。理合开列简明清单，恭折具奏，伏乞皇上睿鉴。谨奏。

朱批： 览。

（《宫中档乾隆朝奏折》第三十九辑，第 90 页）

1932　云南巡抚裴宗锡《奏报乾隆四十一年分滇省耗羡、公件等项银两收支、动存数目折》

乾隆四十二年六月十六日

云南巡抚臣裴宗锡谨奏：为核实耗羡、公件，循例奏闻事。

窃照滇省耗羡、公件等项充公银两，例应随同地丁核实具奏。兹据署布政使事按察使汪圻，将乾隆四十一年分耗羡、公件等项银两收支动存数目，详请具奏前来。

臣查旧管银二十二万二千二百六两二钱八分四厘，新收公件、耗羡、溢额、商税、牙帖、铜价、官庄租折截半、养廉等银二十七万四千一百一十两五钱六分五厘，管收共银四十九万六千三百一十六两八钱四分九厘，开除支给养廉、公费等项银二十二万七千六十五两七钱六厘，存库银二十六万九千二百五十一两一钱四分三厘，俱系实支实销，并无亏缺那移情弊。除将收支动存各款数目造册送部查核外，理合恭折奏闻，伏乞皇上睿鉴，并另缮黄册，开具简明清单敬呈御览。谨奏。

朱批： 览。

（《宫中档乾隆朝奏折》第三十九辑，第 91 页）

1933　大学士仍管云贵总督昭信伯李侍尧《奏报滇省军需案内制造火药铅弹等项委查确实，酌中定价折》

乾隆四十二年六月二十二日

大学士仍管云贵总督昭信伯臣李侍尧跪奏：为滇省军需案内制造火药铅弹等项委查

确实，酌中定价，仰祈圣鉴事。

窃照乾隆三十二、三、四等年，滇省大举案内各营配制火药、铅弹等项，请销价值多不画一，经部臣奏明，饬令委员查明实在情形，酌中定价。经前署督臣图思德檄委各该地方官亲往确查，按照地方情形、程站远近，详查定议，由军需局员汇核造册详报。去后，兹据办理军需局事务署布政使汪圻等详称："据委查之云南府知府永慧等详报，除炮位、矛头、旗纛等项，从前造销时即系照依则例，分晰工料入册，已奉准部咨定价删减，遵将火药、铅弹等项确查实在情形，酌中定价。如火药一斤，需硝一十一两八钱，定价银二分四厘；磺二两一钱，定价银六厘五毫六丝二忽五微；柳炭烧灰二两一钱，定价银二厘；器具、人工银一分二厘四毫，总以每药一斤，酌定价银四分五厘零；铅弹一斤，加耗一两三钱；厂本、人工定价银三分二毫七丝五忽；圆整、人工定价银三厘；炭火定价银一分，总以每铅弹一斤，酌定价银四分三厘二毫七丝五忽；运脚，以每两每站给银五丝一忽，计站加算，按款分晰，画一删减。通计七案，原请销银二十八万五千五十九两四钱五分，内除奉部准销银一十三万一千七百七十五两六钱二分九厘，口粮米三千一百四十四石四升八合七勺外，驳查银一十五万三千二百八十三两八钱二分一厘。除初次减银一万一千四百八十三两二钱九分七厘，二次减银一千八百六十四两八钱四分九厘，三次减银二百一十三两八分五厘外，此次再减银四千五百二十七两五钱七厘，共删减银一万八千八十八两七钱三分八厘，实请销银一十三万五千一百九十五两八分三厘，已于各册内各照彼案情形，分别应销应减确数登注。至核减银一万八千八十八两七钱三分八厘内，已据各标营完解银三千一百一十四两三钱一分一厘；又归入滇省武职俸饷银内公摊银八千七百四十三两五钱九分二厘，实未完银六千二百三十两八钱三分五厘，现在移催解缴归款，统俟解缴全完，另于下届汇总题结案内造报。"等情前来。

臣覆加查核，所定价值均属酌中。除册送部查核外，臣谨恭折具奏，伏乞皇上睿鉴，敕部核覆施行。谨奏。

朱批：该部议奏。

（《宫中档乾隆朝奏折》第三十九辑，第 167～168 页）

1934　大学士仍管云贵总督昭信伯李侍尧、云南巡抚裴宗锡《奏请拣发州县人员来滇以资差委折》

乾隆四十二年六月二十二日

大学士仍管云贵总督昭信伯臣李侍尧、云南巡抚臣裴宗锡跪奏：为请旨拣发州县，以资差委事。

窃照云南地处极边，距京遥远，州县等官遇有升迁事故出缺，部选人员到滇有稽时日，在在需员委署，且每年解运京铜八起，差务较多于他省。

查上次拣发与在部分发、川省改发，虽尚有知州四员、知县九员，现已悉行委署，差委实属乏人。相应仰恳圣恩，敕部于候补、候选人员内选知州四员、知县六员来滇，庶差委有人，于地方政务实有裨益。臣等谨合词恭折具奏，伏乞皇上睿鉴，敕部查照施行。谨奏。

朱批：有旨谕部。

（《宫中档乾隆朝奏折》第三十九辑，第 168～169 页）

1935　大学士仍管云贵总督昭信伯李侍尧《遵旨覆奏安插土夷及普藤地方劫杀之案情形折》

乾隆四十二年六月二十二日

大学士仍管云贵总督昭信伯臣李侍尧跪奏：为遵旨覆奏事。

本年六月二十一日，接准军机处大学士于敏中字寄："乾隆四十二年六月初九日，奉上谕：阿桂已于五月二十二日自永昌起程，与李侍尧沿途商办铜务。此时想已自省城起身，所有饬令缅匪送还杨重英及奉表纳贡各事宜，李侍尧自能酌量妥办。至阿桂、李侍尧会奏安插各土夷及仍复车里土司二折，已批交军机大臣会议具奏，自俱可照覆。其安插之人有应改徙乌鲁木齐等处者，李侍尧务须选派妥干员弁小心管押，并仿照从前押解广西省偷越安南人犯之例，沿途添派兵役护送，勿至稍有疏虞。又另折所奏普藤地方近有土夷劫杀土目家口之案，李侍尧自应即行严查妥办。但据称此皆十三版纳夷众不忘刀氏情形之语，殊未明晰。土夷自相劫杀，与不忘刀氏何涉？着李侍尧即将其故详悉覆奏。此旨着由五百里发往，并令阿桂知之。缅匪如有遣人续禀情形，仍着李侍尧迅速具奏。钦此。"遵旨寄信到臣。

伏查滇省铜务，业经会同阿桂，于五月二十六日具奏在案。阿桂已于本月初四日自省城起身。所有檄令缅匪送还杨重英及奉表纳贡各事宜，阿瓦尚无回音。惟绽拉机差人送禀到关，查系由老官屯所发前檄尚未到阿瓦，此固不足为据。除另折奏闻外，统俟阿瓦果有确信，臣自当相机妥办，迅速具奏。至安插各土夷内，有六本头人召猛斋、景线头目召那赛、猛叭土目线管猛眷属共六十余口，又鬼家夷目叭立斋等眷属共四百六十余口，俱应迁徙乌鲁木齐等处。查此等夷人野性未驯，眷口繁众，自应分定起数，陆续启行。臣谨遵谕旨，选派妥干员弁小心管押，仿照押解广西省偷越安南人犯之例，一面飞咨沿途各督抚，转饬添派兵役，逐站护送，勿致稍有疏虞。臣现将应办事宜预行布置停妥，俟军机大臣议覆，奉旨准行到日，即行照办。

又普洱所属普藤地方劫杀之案，经臣饬委迤西道唐宸衡驰往严查。旋据唐宸衡会同迤南道王銮禀称，查系土弁刀应达曾暂管宣慰事务，各土目依念刀绍文父子，是以不肯遵其约束。而刀应达之子刀定邦兄弟，乘其父在九龙江驻防，遂肆其淫虐，以致该处滚科等率众泄忿，其为仇杀无疑等因。臣业将迤南道王銮及该县冯世机、署游击王振元等参奏，并严饬该道、镇等勒限缉拿务获，解报在案。

至臣前会同阿桂所奏土夷劫杀土目，亦皆十三版纳不忘刀氏情形之语。盖此事总由刀应达暂管宣慰，各土目不忘刀氏，是以不服他人。适其子定邦又因淫虐启衅，以致一门俱遭惨杀，而各土目亦无相助相恤之意。如蒙圣恩准，令刀士宛复职宣慰，一切夷众受其钤束，此等劫杀事件自可消弭矣。臣谨遵旨据实覆奏，伏乞皇上睿鉴。谨奏。

朱批：知道了。

（《宫中档乾隆朝奏折》第三十九辑，第 169～171 页）

1936 大学士仍管云贵总督昭信伯李侍尧
《奏报缅匪绽拉机寄禀提镇及现在办理情形折》
乾隆四十二年六月二十二日

大学士仍管云贵总督昭信伯臣李侍尧跪奏：为缅匪绽拉机寄禀提镇及现在办理情形，仰祈圣鉴事。

窃臣于五月十一日，会同阿桂，将苏尔相等解京及檄令缅匪送还杨重英并奉表纳贡缘由，具奏在案。兹接据提督海禄、总兵吴万年札称："遵将发来檄文，饬令孟美等赍持回去后，旋据绽拉机差缅夷波凹、波撮觉到关外投缅文二件，由驻防杉木笼游击哈三等转呈前来，相应将原来缅禀一并呈送。"请示到臣。臣随即率同军需局员，令通事将缅禀译出。系老官屯绽拉机差送之禀，一投提镇，一系专投总兵吴万年，其情词大略相同。臣详阅两禀，总要将孟干等放回，余俱支吾搪塞，毫无实际。

伏思缅匪既经送还苏尔相等，自是悔罪之心。今孟美等赍持檄文回去，绽拉机自应送至阿瓦，候彼缅酋赘角牙及彼处大万与得鲁蕴议办回禀，奉表贡象，送还杨重英，方属正理。乃绽拉机于老官屯先行拆看，擅自差人送禀，要求放回孟干等，而还人进贡并无一语提及，转言得鲁蕴一人管不得事。是其从中作梗，迁延诡诈，尤属显然，且欲我处遣人前去，不无希图扣留，以抵孟干之心，甚为可恶。（**夹批**：是。）而急图放回孟干等情亦已毕露。臣即札知提镇，此番绽拉机来禀，不值给予回檄。（**夹批**：好。）统俟阿瓦有缅禀到时，或送人象进关，另行相机妥办。此外空文，自应遵照前奏，一切置之不理。只须令游击哈三严谕来差波凹等传谕绽拉机，以孟干等本已解京治罪，缘尔处送还苏尔相等，颇知悔过，是以赶回，暂留滇省，以俟尔处遵照檄谕，送还杨重英，奉表贡象到关，不但遣回孟干，并准开关通市。现有印檄为凭，何必又请差人讲话？况得鲁蕴一人既管不得，尔绽拉机又岂能管得？尔何不等檄文传到阿瓦，径行差人送禀，殊属非理。（夹批：此词甚正。）可见尔国全无纪纲，不成事体，务须晓谕绽拉机知之。

臣查现在边关以外瘴气甚盛，雨水连绵，计缅匪如果进贡还人，约须秋杪。此次绽拉机缅禀不足为凭，俟阿瓦确信到关，臣自当凛遵谕旨，妥酌办理，随时奏闻。

所有现据提镇札禀及饬令办理缘由，理合恭折具奏，伏乞皇上睿鉴训示，并将原来缅文及译出汉字各件恭呈御览。谨奏。

朱批： 所办甚合机宜。知道了。

（《宫中档乾隆朝奏折》第三十九辑，第 171 ~ 172 页）

1937　大学士仍管云贵总督昭信伯李侍尧
《奏报滇省司道库存无亏折》
乾隆四十二年六月二十二日

大学士仍管云贵总督昭信伯臣李侍尧跪奏：为奏闻事。

窃照督抚新任，例应将司道库贮钱粮盘明，有无那移亏缺，核实具奏。

臣蒙圣恩调补云贵总督，于乾隆四十二年三月二十二日，到云南永昌府接印任事，即在永昌、腾越一带办理边务，于六月初一日回省，行据布政使并粮储、驿盐二道，各将库贮银两按款造册呈送前来。除藩司、粮道库项现值乾隆四十一年钱粮奏销之期，会同抚臣裴宗锡一并盘查，另折会奏外，所有驿盐道库应存各井盐价课款银三十四万六千二百四十两零，又存驿站公款银六百八十九两零，臣按款确核，抽封弹兑，俱系实贮，并无那移亏空。理合恭折具奏，伏乞皇上睿鉴。谨奏。

朱批： 览。

（《宫中档乾隆朝奏折》第三十九辑，第 172 ~ 173 页）

1938　大学士仍管云贵总督昭信伯李侍尧《奏报缅匪送出苏尔相等
跟役人内刘应凤系应行解部质究之逸犯，应解部治罪折》
乾隆四十二年六月二十二日

大学士仍管云贵总督昭信伯臣李侍尧跪奏：为奏明事。

　　窃照缅匪送出苏尔相等跟役人内，有刘应凤一名，系乾隆三十九年私贩货物出关之尹小生等案内应行解部质究之逸犯，据腾越州知州吴楷查出扣留，经臣将提犯审办缘由，于五月十一日，会同钦差大学士公阿桂附折奏闻在案。兹据办理军需局事务云南粮储道徐嗣曾等查案录供，详解前来。

　　臣查刘应凤一犯，据先获各犯金供，系属货主雇尹小生骡头，驮载货物私贩出关，经前督臣彰宝就现犯审拟具奏，奉旨："着将尹小生、李萃二犯解交刑部审讯，刘应凤、尹德龙如经拿获，亦即解部，一并质讯治罪。钦此。"现据该犯供称，伊于乾隆三十八年十月初六日雇尹小生骡头，驮载青布等货，由小路偷越陇川，伊同尹德龙由大路前往，闻尹小生等被拿，即同尹德龙逃避野人山。尹德龙旋赴蛮暮，伊移往新街。因得鲁蕴有贡象还人之信，伊恐将来拿获治以重罪，故此跟随苏尔相回来投到，妄希免罪等情。除一面委员将该犯刘应凤解部质讯治罪，查取失察出关职名另参外，臣谨恭折具奏，并缮供单敬呈御览，伏乞皇上睿鉴。谨奏。

　　朱批：览。

　　　　　　　　　　　　　　　（《宫中档乾隆朝奏折》第三十九辑，第 173 ~ 174 页）

1939　大学士仍管云贵总督昭信伯李侍尧
《奏报滇黔两省地方情形折》
乾隆四十二年六月二十九日

　　大学士仍管云贵总督昭信伯臣李侍尧跪奏：为奏闻事。

　　窃照云南省城，因六月初四至初六日昼夜大雨，盘龙江宣泄不及，以致漫溢，居民猝被水患，业经臣会同抚臣裴宗锡将先行酌量动项抚恤缘由，恭折奏报在案。

　　兹查初七日以后，天气旋亦晴霁，积水全消，乏食贫民现已抚恤得所，附郭被淹低田因水退甚速，禾苗不致损伤，秋成无碍。省城中，米每仓石价银一两八钱六分，并未昂贵。其余各府州属雨水调匀，田禾畅茂，粮价如常。贵州省据报晴雨适均，早晚田禾青葱秀发，米价自七钱一分至二两五钱五分不等。两省兵民乐业，地方宁谧。臣谨恭折具奏，伏乞皇上睿鉴。谨奏。

　　朱批：览奏稍慰。

　　　　　　　　　　　　　　　（《宫中档乾隆朝奏折》第三十九辑，第 243 页）

1940 大学士仍管云贵总督昭信伯李侍尧、云南巡抚裴宗锡
《奏陈委署中甸同知普瑄，系署员承缉逃兵，
与本任之责成有间，仰恳圣恩从宽留任折》
乾隆四十二年六月二十九日

大学士仍管云贵总督昭信伯臣李侍尧、云南巡抚臣裴宗锡跪奏：为署员承缉逃兵，与本任之责成有间，仰恳圣恩从宽留任，以资差委事。

窃照滇省征缅案内未获逃兵，每年遵旨查参，将该管官照盗贼潜匿，地方不实力稽查例，降二级调用，未满年限者分别议处。

兹自乾隆四十一年二月二十四日起，扣至四十二年二月二十四日止，一年限满，据军需局、司、道查明应参文武员弁职名，详送前来。除照例恭疏题参外，臣等按册查核，其实系逃兵原籍，而该员又居本任实缺，查拿不力者，无论承缉、接缉，均属责无旁贷，自应照例处分，以儆玩忽。惟内有委署中甸同知普瑄一员，承缉一年零两个月，例干降调。查普瑄，正白旗满洲人，由户部笔帖式，乾隆三十年、三十三年两次京察一等，奉旨记名理事同知，三十四年拣发云南差遣委用，三十八年题署嵩明州知州，三十九年奉文实授，四十年十二月内，中甸同知边铺告病，悬缺行委暂署，四十一年三月，以宝宁县知县徐沆题升，九月内，经部议驳，十二月内，以候补同知姚士烺题补，本年正月改委候补通判，纵璞接署中甸同知，普瑄始回嵩明州本任。是普瑄本系暂行署事之员，因一时本任未得其人，辗转耽延，以致交卸在一年以上。况各属逃兵，原营即其原籍。惟中甸逃兵二名，一系籍隶鹤庆，一系籍隶剑川，该二州为原籍，承缉之员业经议处，特因原营驻扎中甸，是以将文员一并开参。若该员现属本任，自难宽其处分。今以委署之缺承缉别籍之兵，核其情罪，微有不同。该员人明白，办事实心，不蹈外吏虚浮习气，且在滇年久，厂务亦颇熟谙，前于筹办京铜案内，因各厂递年报收铜数多寡大相悬殊，恐有侵隐走私情弊，经臣李侍尧会同钦差大学士公阿桂奏明，派委干员清查定额，分厂查办，差委需人。合无仰恳皇上天恩，俯念普瑄应得处分究与本任而缉本籍逃兵者有间，将该员降二级调用之处，改为革职留任。容臣等委令勘查铜厂，如果出力认真，三年无过，另行请旨开复。不惟该员感激天恩，自必益加奋勉，而臣等亦得借收臂指之效，仰沐鸿慈于无既矣。

臣等为厂务需人起见，不揣冒昧，谨合词恭折具奏，伏乞皇上睿鉴，训示施行。谨奏。

朱批：已有旨了。

（《宫中档乾隆朝奏折》第三十九辑，第 243～245 页）

1941　大学士仍管云贵总督昭信伯李侍尧
《奏请将本年滇黔两省军政展限举行折》
乾隆四十二年六月二十九日

大学士仍管云贵总督昭信伯臣李侍尧跪奏：为奏请军政展限举行，以重考核事。

窃照五年军政，所以黜陟将弁，鼓励戎行，其材技之优劣，必须考验周知，确核甄别，方足以昭公当。

兹查云贵两省本年十月即届举行军政之期，臣奉命调任云贵总督，于三月二十二日抵永昌接印之后，即在彼办理边务，至六月初一日回省，计期未及半载。两省地方辽阔，将弁繁多，轮班调考有需时日，人材技艺骤难周知，且贵州提臣敖成甫于四月到任，而云南提臣海禄虽系上年十二月抵滇，久驻防所，于将备等官亦多未经考验。激扬钜典攸关，未便轻率从事。合无仰恳圣恩，俯准展至乾隆戊戌年四月，容臣照例举行，庶得考验周遍，详加甄别。臣仍随时留心查察，如有衰庸废弛之员，即行据实纠参，不敢稍存姑息，以期仰副我圣主整饬戎行之至意。臣谨会同云南提督臣海禄、贵州提督臣敖成恭折奏请，伏乞皇上睿鉴训示。谨奏。

朱批：该部知道。

（《宫中档乾隆朝奏折》第三十九辑，第245~246页）

1942　大学士仍管云贵总督昭信伯李侍尧、云南巡抚裴宗锡
《特参报解缺误之厂员，请旨革职审究，以速京运折》
乾隆四十二年七月十三日

大学士仍管云贵总督昭信伯臣李侍尧、云南巡抚臣裴宗锡跪奏：为特参报解缺误之厂员，请旨革职审究，以速京运事。

窃照滇省厂铜拨供京局鼓铸，最关紧要，全在承办厂员随收随解，转运源源，庶不致有贻误。近年各厂办铜短缩，泸店毫无储备，因之解运迟逾，屡经部臣驳查。钦奉谕旨，命钦差大学士公阿桂会同臣李侍尧悉心妥议，业将筹办缘由恭折具奏。

其丙申年三运、加运四起京铜，酌请本年十月全数扫帮，期于数年之后赶赴原定运限，一面严饬各厂赶收速解。讵有玩误短缺如委管发古厂之效力通判钟作肃，委管万宝厂之镇雄州州判张时中，委管狮子、万象二厂之降调府经历陈维名者，核其报收起运铜斤，均不足额，即据报存厂未运之数，发古厂应存铜十一万五千六百四十三斤零，万宝

厂应存铜十三万六千八百九十斤零，狮子、万象二厂应存铜十四万五千一百七十余斤，屡催不解。如果实存在厂，何以任催罔应？甚至每旬收铜若干，数月之久亦未列折报查，显系走私侵蚀，匿混迁延。滇省铜政废弛日久，当此清理整顿之时，若再稍为姑息，铜短运迟势必依然如故，纵使严定章程，终属无补于事。惟有严加惩创，方足以儆积玩而速京运。据藩司孙士毅、臬司汪圻准据该管各道府揭报前来，相应专折参奏，请旨将钟作肃、张时中、陈维名革职，以便提集各厂经手人役，严审究拟。除一面饬司行提发审，各厂铜务改委妥员接管，并将张时中所遗苗疆州判调缺查明另办外，臣等谨合词恭折参奏，伏乞皇上睿鉴训示施行。谨奏。

朱批：有旨谕部。

（《宫中档乾隆朝奏折》第三十九辑，第 355～356 页）

1943　李侍尧《奏报钦奉谕旨将赖君赐一起眷属七名口赏给为奴谢恩折》
乾隆四十二年七月十三日

奴才李侍尧跪奏：为恭谢天恩事。

窃照云南省向有边外土夷安插各府居住，经钦差大学士公阿桂遵旨会同奴才查核情节，酌量分别办理，恭折具奏。内赖君赐等眷属四起，均系罪人妻孥，因人数无多，拟请就近分赏滇黔督抚提镇为奴。兹接阿桂札会，准军机大臣议覆，钦奉谕旨，将赖君赐一起眷属七名口赏给奴才。除领回严加管束外，理合缮折叩谢天恩，伏乞皇上圣鉴。谨奏。

朱批：览。

（《宫中档乾隆朝奏折》第三十九辑，第 356 页）

1944　大学士仍管云贵总督昭信伯李侍尧
《奏报督标右营游击观德受病实已深重，请旨勒休折》
乾隆四十二年七月十三日

大学士仍管云贵总督昭信伯臣李侍尧跪奏：为游击病废，请旨勒休，以重官守事。

窃照游击身膺将领表率，备弁有训练稽查之责，必须强干精明，方足以资料理。

查有臣标右营游击观德，年四十一岁，镶黄旗蒙古人，由云麾使捡发云南，乾隆四十年三月，前署督臣图思德题补今职。是年八月，于署提标右营游击任内接领部札，尚未到任，随于闰十月内委署临元镇中营游击事务。臣到滇后，驻扎永昌，风闻该员染患腿疾，骑射维艰，因其时办理边务，未及调验，且以偶然抱病，可望调痊。月前回抵省城，阅验本标及城守官兵乏员训练，将临元镇中营游击改委署员，谕令观德速回本任。兹据该员来省进见，察其形神委顿，步履蹒跚，越阈登阶需人扶掖，坐后起立，膝颤身摇，年力虽未就衰，受病实已深重。询其致病原委，据称积染风湿而来。是该员久病难痊，恐成废疾，未便稍存姑息，贻误戎行。相应请旨，将观德勒令休致。

再照臣标右营游击现委城守营参将德舒代办，臣已谕令观德不必接回本任。除追起札付送销，另行选员题补外，臣谨恭折参奏，伏乞皇上睿鉴。谨奏。

朱批： 该部知道。

（《宫中档乾隆朝奏折》第三十九辑，第358页）

1945　大学士仍管云贵总督昭信伯李侍尧
《奏报迁徙土夷户口分起押解启行日期折》
乾隆四十二年七月十三日

大学士仍管云贵总督昭信伯臣李侍尧跪奏：为奏报迁徙土夷户口分起押解启行日期，仰祈圣鉴事。

窃照滇省安插边外土夷，钦奉谕旨分别查办一案，经钦差大学士公阿桂会同臣酌议具奏，拟将六本头人召猛斋、景线头目召那赛、猛叭土目羡管猛、鬼家夷目叭立斋等四起眷属，照依从前自安南投出之黄公缵家口迁徙之例，改徙乌鲁木齐等处安插居住，给与地亩佃种，俾各谋生计。兹接阿桂途次札会，准军机大臣议覆，奉旨："依议。钦此。"当即行知藩司孙士毅，将应徙各户口查明造册前来。

臣查该土夷等眷属在滇安插有年，虽平日尚属安静，究恐野性未驯，且共计四百九十一名口，人数繁多，长途远涉，防范不可不严。现在仿照广西省押解厂徒办法，酌分十二起，选派妥干文武专管解送，间一日行走，谕令小心管押，并知会沿途添拨兵役协同护解，仍派候补游击李凝和他郎通判李人龙督率，照料弹压，以免在途滋事疏虞。兹第一起于七月十五日，自滇省押解起程，其后十一起，间日挨次发解，赴陕甘督臣衙门验收，转发乌鲁木齐等处编管安插外，所有迁徙土夷户口分起管解启行日期，臣谨恭折奏闻，伏乞皇上圣鉴。谨奏。

朱批： 览。

（《宫中档乾隆朝奏折》第三十九辑，第359页）

1946 大学士仍管云贵总督昭信伯李侍尧、云南巡抚裴宗锡《奏报查明腾越镇不敷兵米，仍请官为采买折》

乾隆四十二年七月十三日

大学士仍管云贵总督昭信伯臣李侍尧、云南巡抚臣裴宗锡跪奏：为查明腾越镇不敷兵米，仍请官为采买，据实覆奏事。

窃臣等接准户部咨开："前署督臣图思德以腾越新设重镇，岁需不敷米石定价银一两三钱，发州采办，领买维艰，请将该州岁征条银四千六百八十二两，照价改征米石，令民输将，以供兵食，具题到部。经部臣查议，该州采买四十、四十一两年兵粮，每石例价银一两，因有不敷，援照龙陵之例核给银一两三钱，价值已增，自应办理裕如。今请将民间条银改交米石，在官自属简便，但地方官犹称领买繁难，州民能否折交，无所苦累？腾越地处边陲，民情之休戚，尤当加意体察，奏明请旨。"敕交臣等详查妥办，据实覆奏，再行定议等因。

伏查腾越州原系副将驻扎，设兵一千五百名，岁需米五千四百余石。该州额征米五千八百八十石有零，足敷供支。嗣于乾隆四十年，改协为镇，添驻兵一千五百名，岁需兵粮，除额米供支外，尚不敷米五千余石，邻封远隔，协拨为难，是以援照附近龙陵厅采买兵米之价，每石核定银一两三钱，给发采买。该州地处极边，从前办理军需，米价不无增昂，近年军务久已告竣，米粮价值渐次平减。臣李侍尧前驻腾越，留心体察，现在每米一石定价银一两三钱，官为采买，已无不敷。若令民间交纳，虽价值相等，而州属地方辽阔，粮户散处，有远隔在二三百里以外者，层峦复嶂，跬步皆山，以向来轻赍赴纳之条银，一旦改征米石，责令负重远行，纵使收纳公平，闾阎已多跋涉之劳，甚或不肖吏役借称兵粮必须干圆洁净，勒掯守候，欺压浮收，流弊将无底止。况粮价增减随时，年丰价贱，采买尚有节省，例应报解，一经改条备供，永无盈缩。价平之年既无节省之项，设遇米价增昂，小民赔垫，受累更深，诚非体恤边氓之道。应请将前署督臣图思德议令条银改征米石之处，毋庸置议，仍饬该州照旧征解条银。其不敷兵米，遵照每石一两三钱之价，递年按数采买供支。如值年丰价贱，获有节省，即令据实报解。倘敢私行派累，严行参究，庶兵糈备供有资，边徼群黎永无苦累矣。

所有臣等查明筹办缘由，理合据实覆奏，伏乞皇上睿鉴，敕部核覆施行。谨奏。

朱批：该部议奏。

（《宫中档乾隆朝奏折》第三十九辑，第 360~361 页）